"十四五"国家重点出版物出版规划项目
国家社会科学基金重大项目结项成果

国家出版基金项目
NATIONAL PUBLICATION FOUNDATION

百年中国古籍整理与古文献学科发展研究

总主编◎周少川

第三卷

古籍整理与古文献学的繁荣
（1979—2011）

本卷主编◎王记录

中国社会科学出版社

本卷主编：王记录

作　　者：王记录　李　峰　吴　浩　鞠明库

　　　　　葛风涛　吕亚非　肖炎明　王　珏

前　言

　　本卷是国家社科基金重大课题"百年中国古籍整理与古文献学科发展研究"的第三卷，主要梳理和讨论改革开放以来我国古籍整理及古文献学科的发展过程、取得的成就、形成的特点及存在的不足。就古籍整理来讲，主要讨论了古籍整理各项重大决策的出台及其影响，古籍整理的管理、研究与出版机构的成立及其对古籍整理的推动作用，古籍整理所取得的丰硕成果，古籍整理方式与方法的改进。就古文献学科的发展来讲，主要讨论了古文献学研究所取得的各项成就及古文献学科建设与人才培养等问题。以时间为经，以古籍整理与古文献学科发展的各项事业和成果为纬，从改革开放的社会大背景着眼，以文化发展的大趋势为参照，试图系统全面地展现改革开放新时期中国古籍整理与古文献学科发展的面貌。

　　始于1978年的改革开放是中国历史的一个重要转折点，自此以后，中国进入了一个对内改革、对外开放、解放生产力、提高综合国力的历史新时期，并迅速实现了各项事业的飞跃发展。随着改革开放的春风吹拂大地，我国的古籍整理与古文献学科的发展也进入了一个繁荣昌盛的历史新阶段。和此前相比，此期古籍整理与古文献学科的发展，是一个令人欣喜又面临挑战的新阶段。令人欣喜的是，古籍整理与古文献学科发展成就辉煌，成果斐然；面临的挑战是，古籍整理仍存在很多问题，古文献学研究和学科建设尚待深化。

　　改革开放新时期，古籍整理的数量猛增，范围扩大，精品不断，其发展之快，成就之大，迈越前代。首先，基本摸清了中华民族存世古籍的家底。1992 年启动编纂、2009 年出版的《中国古籍总目》，显示中国现存汉文古籍总数约 20 万个品种；1996 年启动编纂、2010 年开始出版的《中国少数民族古籍总目提要》，收录 55 个少数民族及古代民族文字的全部现存古籍约 30 万种。"汉文典籍加上少数民族文字典籍，总量达到五十万种，这就是中华民族存世典籍的基本家底。"① 虽然这还远不是中华民族现存古籍的实际数量，但这样的清理，为进一步深入整理古籍、研究古籍打下了基础，意义重大。其次，古籍整理图书出版数量巨大。由于统计来源的不同，加之每年都有新的古籍整理图书不断出版，要想得到一个精确的数字实属不易，但基本的数量还是可以估算出来的。据杨牧之统计，"截至 2002 年，新中国整理出版的古籍图书总计已逾 1 万种……近 20 年（即改革开放以来）整理出版的古籍图书，占新中国古籍整理出版物总量的 80%"②。另据报道，从改革开放之初到 2011 年，"我国已整理的古籍中，仅单本已有 1 万多种"③，这还不包括各种大型系列古籍的整理。邬书林指出："据统计，1949 年到 1978 年古籍整理出版两千余种，1978 年至 2009 年古籍整理出版近两万种。"④ 据顾青估算，新中国成立七十年，"我国整理出版的汉文古籍和少数民族古籍超过三万种，丛书子目超过六万种"⑤。按顾青的估计，去除 1949 年到 1978 年出版的两千余种古籍整理图书，改革开放至 2019 年，整理出版的古籍达 2.8 万种，这是非常让人惊叹的数字！最后，大型古籍整理项目引人瞩目，《历代史料笔记丛刊》《中华再造善本》《中华大典》《儒藏》《子藏》《子海》《大中华文库》《中国古籍总目》《中国农业古

　　① 顾青：《古籍整理出版七十年》，《文史知识》2019 年第 10 期。
　　② 杨牧之：《新中国古籍整理出版工作回顾与展望》，见杨牧之主编《古籍整理与出版专家论古籍整理与出版》，凤凰出版社 2008 年版，第 105 页。
　　③ 霍文琦、张凤娜：《古籍整理：抢救汉字文化文化遗产的重要工程》，《中国社会科学报》2012 年 9 月 3 日。
　　④ 邬书林：《无愧历史，珍惜时代，出好古籍精品》，《出版发行研究》2010 年第 11 期。
　　⑤ 顾青：《古籍整理出版七十年》，《文史知识》2019 年第 10 期。

籍目录》《中医古籍珍本集成》《中国传统工艺全集》《中国少数民族古籍总目提要》《中国少数民族古籍集成》《中国地方志集成》，等等。皇皇巨制，让人叹为观止！古籍数字化也同样数量庞大，成绩斐然。可以这样说，改革开放新时期，中国的古籍整理和研究，都是之前任何一个时期所无法望其项背的。这样的估量，应该是符合历史实际的。

改革开放新时期，随着中国经济的好转，国家对古籍整理费用的投入越来越多，古籍整理的总体布局迅速扩大，选题范围明显拓宽。传统文史哲古籍整理数量迅速增加，且出现诸多规模巨大、数量众多的古籍整理集大成之作；大量地方文献、少数民族古籍、科技类古籍等，都纳入整理规划之中。随着古籍整理范围的扩大，古籍整理的系统性和系列性也逐渐显现。出现了古籍整理目录系列、"四库"系列、"九全一海"系列、各类丛书集成系列、文学系列、史学系列等重要古籍整理成果。另外，各类大型出土文献、少数民族古籍、农学古籍、中医古籍、旧方志的整理也呈现出系统性和系列性的特点，颇具规模。

古籍今译是改革开放新时期古籍整理的一大趋势，较好地解决了传统文化的普及问题。这一时期古籍今译有三个明显的特点，一是有系统，二是部头大，三是理论探讨热烈。绝大多数古籍今译都不是单本出版，而是成批出版，构成系列。那些卷帙浩繁、古奥难懂、体量可观的大部头古籍也有今译。随着"古籍今译热"的出现，学界围绕古籍今译的理论、原则和方法进行了热烈讨论，为建构系统的古籍今译理论和方法论体系准备了条件。"古籍今译热"的出现也反映了在改革开放大背景下传统文化与现代化如何顺利接轨的问题。

改革开放开阔了人们的眼界，也向中国人提出了中国如何融入世界且引领世界的问题。这样的时代背景投射到古籍整理上，那就是加快了古籍整理出版"走出去"和"引回来"的步伐。中国古籍"走出去"，就是积极将中国优秀典籍翻译成外国文字，提高中华文化在人类文明中的话语权，这是古籍整理适应全球化时代的要求，提升中国文化软实力的重大举措。为了把历史上流散海外的中国古籍"引回来"，国家组织实施了"流失海外中国古籍回归工程"，流失海外的汉籍整理遂成为古籍整理的热点，流落海外的珍稀文献陆续被整理出版。

随着改革开放新时期古籍整理事业的不断发展以及古籍整理案例的不断积累，古籍整理的规范和标准逐渐引起人们关注。为了避免古籍整理工作出现混乱，改革开放伊始，就不断有古籍整理工作者归纳出古籍整理的通例，意欲成为古籍整理的一种规范或标准，内容涉及古籍标点释例、校勘释例、注释释例、今译释例、辑佚释例、索引释例、影印释例等。同时，行业部门古籍整理的规范也在逐渐确立。如指导中医古籍整理的《中医古籍整理规范》，使中医古籍整理有了可以操作的标准，也为其他专科类古籍整理树立了标杆，引领专科类古籍整理逐步走向规范化和标准化。

改革开放新时期，古籍整理方式多样，古籍数字化不断创新。影印、校勘、标点、注释、考订等古籍整理的常规方式在改革开放新时期的古籍整理中虽继续沿用，但得到不断创新。古籍今注、今译、注译结合；全集、总集、选集及资料汇编；绘图本整理样式等，形式多样，有的是以前较少使用的整理方式。利用外文文献进行校注、汉籍外译等，都是古籍整理的新方法。具有高科技水准的高保真复制手段以及古籍数字化、网络化技术也被应用在古籍整理中。

1981 年 9 月，中共中央下发了《关于整理我国古籍的指示》，把古籍整理的重要任务确定为"把祖国宝贵的文化遗产继承下来"①，侧重文化的传承，这和 1979 年以前强调"批判继承，古为今用"，侧重对传统文化进行批判的古籍整理原则有很大的不同。

这一时期古籍整理最基本的特征就是把它上升到国家层面来进行

① 《中共中央关于整理我国古籍的指示》，载杨牧之主编《古籍整理与出版专家论古籍整理与出版》，凤凰出版社 2008 年版，第 1 页。

组织管理，国家主导，规划有序。在当代中国，古籍整理一直是国家文化建设的重要组成部分。早在 1958 年，就成立了古籍整理出版规划小组，统筹规划古籍整理事业，可惜由于政治形势的变化，古籍整理不受重视，所谓国家层面的统筹安排已经名存实亡。改革开放以后，古籍整理再次被纳入国家文化建设的范围，自上而下成立了各类古籍整理出版领导机构，在不同层面上指导、规划、协调古籍整理工作。从国家最高层面来看，1981 年，中共中央决定恢复国务院古籍整理出版规划领导小组，领导、协调和主导全国的古籍整理出版工作。卫生部、国家民委、农业部都先后成立了中医古籍、少数民族古籍和农业古籍整理出版办公室，教育部批准成立了全国高校古籍与整理研究工作委员会，负责规划、协调各类古籍的整理出版工作。各省、市、自治区也先后成立了各种古籍整理出版领导机构，指导协调地方古籍整理出版。真正实现了国家层面有组织、有规划、有秩序、有目的地向前推进，表现为极强的连续性和系统性，为古籍整理事业的发展提供了一系列保障。

　　各古籍整理出版领导机构都制定了古籍整理出版规划，有计划地进行古籍整理。中国古籍浩如烟海，数量巨大，没有规划就会陷入盲目整理的泥淖之中。因此，改革开放新时期，古籍整理的规划性越来越强。就全国性古籍整理出版来讲，国务院古籍整理出版规划领导小组共制定了 6 个古籍整理出版规划，分别是《古籍整理出版规划（1982—1990）》《中国古籍整理出版十年规划和"八五"计划（1991年—1995 年—2000 年）》《中国古籍整理出版"九五"重点规划（1996 年—2000 年）》《国家古籍整理出版"十五"（2001—2005 年）重点规划》《国家古籍整理"十一五"（2006—2010 年）重点规划》以及《2011—2020 年国家古籍整理出版规划》。可谓目标明确，规划谨严。此外，各部委、各省市自治区也都制定了本部门、本行业、本地区的古籍整理出版规划。从国家到地方的古籍整理出版规划的科学制定，说明一个由国家主导、体现国家意志、代表国家水平的脉络清晰的古籍整理出版体系已经形成。

此外，政府还设立了诸多古籍整理出版机构与古籍整理研究和教学机构，有组织有系统地进行古籍整理图书的出版和古籍整理研究人才的培养。改革开放以来，为了适应古籍整理事业的发展，国家成立了一批专业的古籍出版社，古籍整理出版能力空前增强。20 世纪 80 年代初，全国高校先后建立起 70 多个古籍整理研究教学机构，进行古籍研究和人才培养。随着高等教育的发展，时至今日，已经在全国范围内形成了从本科生、硕士生到博士生的层次分明而又系统的古籍整理人才培养体系，培养了大批古籍整理与古文献学研究人才。国家对古籍整理的引导作用还表现在对优秀古籍整理图书的奖励方面，在国家层面上设立优秀古籍整理图书奖，逐步提升古籍整理质量，在古籍整理出版领域形成了良好的学风。

由此可见，改革开放新时期，已在古籍整理研究领域建立了一个由国家主导、古籍领导机构协调、专家发挥特长的古籍整理研究、出版和人才培养机制。

和古籍整理一样，改革开放新时期古文献学的研究同样也取得了超越前代的巨大成就，大量古文献学研究的通论性和专科性的论著出版，在学科理论建设、分支学科发展、研究方法探讨等方面都取得了突破性进展，反映了改革开放新时期古文献学科发展的趋势和特点。

与之前古文献学的发展有所不同，改革开放新时期古文献学学科体系的发展与古籍整理实践的关系更加密切，丰富的古籍整理实践以及引人瞩目的古籍整理成就，直接推动了古文献学学科理论及体系的发展。20 世纪 80 年代以来，学术界围绕"文献""文献学"等学科概念，以及"古典文献学""历史文献学"的学科设置展开激烈讨论，使古文献学的学科理论、学科架构的探索走向深入。与此相应，古文献学的论著不断出版，据不完全统计，20 世纪 80 年代以来，出版各类文献学通论方面的著作就有 400 余种。1982 年，张舜徽的《中国文献学》及吴枫的《中国古典文献学》出版，对文献学学科体系的建立起到了推动作用。他们所初步构建的文献学的学科框架，对后来的文献学著述影响很大。随后，又相继出版了一批各种名目的"文献学""古典文献学""历史文献学""传统文献学"著作，这些著作虽风格各异，但从它们所涉及的范围，可以看出古文献学大致包括对文献学史的梳理、对文献整理方法的研究与总结、对文献的归纳与分析、对文献分支学科的探讨等。与此同时，因古籍整理工作的迅速开展，对古籍整理理论与方法进行总结的著作也不断出版。

经过改革开放新时期的探讨以及学者们长期不断的努力，古文献学作为一门专业学科的地位已经奠定，其学科研究的对象、内容、范围渐趋明确，学科理论的提炼，学术史的总结也正在不断地推进，中国古文献学的学科知识体系渐趋成熟。在古文献学的学科知识体系渐趋成熟的同时，其理论建设也引起了专家学者的注意。白寿彝、张舜徽、刘乃和、周少川等人较早地对古文献学理论建设进行探索。人们开始注意到古文献学科发展与政治、经济、文化、社会的关系，开始辨析古文献学自身的理论体系。这些都反映了改革开放新时期古文献学科理论建设的迫切性。和古文献学的理论建设相联系，有关古文献学的学科定位问题，人们也提出了自己的看法。迄今为止，有关古文献学学科体系、研究内容及学科定位的讨论依然没有停止，这些讨论对于推进古文献学科的发展具有重要意义，对于我们认识古代文献学的思想内涵具有启发意义。

随着古文献学学科体系的逐步建立以及文献学研究范围的扩大，各分支学科的研究也发展迅速，相关论著层出不穷，在目录学、版本学、校勘学、辨伪学、辑佚学、出版史、藏书史、文献学史等领域都取得了令人瞩目的成就，成果丰硕，盛况空前，其中不乏填补空白的论著，极大地丰富了改革开放以来我国的古文献学研究，产生了诸如目录学、版本学、校勘学、辨伪学、辑佚学、注释学等诸多文献学分支学科。这些文献学的分支学科，既古老又年轻。说它们古老，是因为它们都有着悠久的历史，说它们年轻，是因为真正作为一门学科来建设，还只是改革开放新时期的事情。

　　改革开放新时期古文献学的研究出现了"交叉与综合"的趋势与特点，即传世文献研究与出土文献研究的结合，文献学研究与社会史、文化史研究的结合，文献学研究与学术史研究的结合，文献学研究与社会发展的实际需要的结合，文献学研究注意纸质文献和电子文献的结合，文献学的实证研究和理论研究的结合，域外汉籍研究与域内西书研究的结合，中外文献学研究方法的结合。① 这些结合昭示着古文献学研究正从单一研究向交叉综合研究发展。

　　改革开放以来，随着电脑网络的不断普及，古文献数据库不断得到建设，古文献数字化和网络化的范围不断拓展。这些古籍数据库，不仅实现了载体的变化，更是文献研究方法的变革，同样成为改革开放新时期古文献学研究的新特点。在这方面，人们做了很多具体的工作，并进行了理论上的探讨。借助现代科技手段进行古文献学研究，已经成为改革开放新时期古文献学科建设的一大趋势。

　　改革开放新时期，随着"域外汉籍"的不断整理和海外汉学研究的不断深入，中国古文献学研究的视野越来越开阔，学术研究借鉴西方的理论与方法成为一时潮流。和其他学科相比，古文献学研究借鉴西方的步子虽然迈得晚了一些，但依然显示出自身的魅力和良好的发展势头。西方文献学研究的成果、理论与方法逐渐进入中国学者的视野，中西文献学不同的学术传统和学术范式之间发生了碰撞。中国古文献学开始打破自我封闭式的状态，借鉴西方文献学研究的经验，从"他者"的角度审视自身的特点，从而更加准确地审视自我，完善自身的理论和方法论建设，虽然刚刚起步，尚未形成系统的研究，但发展的良好势头不容小觑。

　　改革开放固然为古籍整理与古文献学科的发展繁荣提供了有利条件，但毋庸置疑，由于外在经济利益的驱动，内在学识修养的不足，

---

① 　周少川：《新世纪古文献学研究的交叉与综合》，《文献》2010 年第 3 期。

这一时期古籍整理与古文献学研究都出现了一些问题。古籍整理低水平重复、粗制滥造、选题庸俗化等现象比较严重。古籍整理作品的知识产权保护不力,抄袭剽窃、数字盗版现象频出。文献学研究的问题意识不强,没有很好对古代文献学思想遗产进行清理和总结,少数民族文献学的理论建设极不成熟,古籍数字化理论和方法研究也亟待深入。如何解决这些问题,是新时期古籍整理和古文献学科面临的新挑战,这些新问题和新挑战,相信随着新时代中国特色社会主义文化的发展将得到解决,中国的古籍整理事业和古文献学科将迎来新的发展高潮。

本卷由王记录拟定撰写提纲,形成基本框架。具体分工情况如下:王记录撰写前言、第一章、第二章第五节、结语第一及第三部分,葛风涛撰写第二章第一、二、三、四节,肖炎明撰写第三章,鞠明库撰写第四章第一、二、四节及第三节第二部分,王珏撰写第四章第三节第一部分、结语第二部分,吕亚非撰写第五章,李峰撰写第六章。第七章由曾圣益等提供资料,王记录、吴浩汇总资料后撰写而成。最后由王记录通稿、修改并定稿。

本卷力求客观反映改革开放新时期古籍整理与古文献学研究的整体情况,展示它的独特风貌。在写作过程中,我们把学术史、文献学与社会史的研究方法结合起来,力争从繁复的资料堆中总结出古籍整理与古文献学科发展的大趋势,写出新意。但由于主客观两方面的原因,直到定稿,不尽如人意之处依然存在。从客观上讲古籍整理和古文献学研究成果累累,难以尽收书中,取舍甚难,不免有遗珠之憾;一些重要古籍整理和古文献研究成果的影响力还没有完全呈现出来,可能会影响我们对它的价值的正确评判。从主观上讲,每位作者的学识修养不尽相同,囿于学识和闻见,自然也会出现诸多问题。所有这些,还望读者诸君批评教正。

目　录

第 一 章
改革开放的时代要求与古籍整理的重大决策

从历史演变的角度看，一个民族、一个国家的转折、发展，总是和一些重要的历史事件紧密相连。就中华人民共和国来讲，1978 年的改革开放无疑是中国历史发展的极其重要的转折点。自此以后，中国进入了对内改革、对外开放、解放生产力、提高综合国力的历史新时期。改革开放不仅为中国经济的发展插上了翅膀，而且为文化的繁荣注入了活力。就古籍整理与古文献学科的发展来看，其真正的繁荣发展还是在改革开放以后。改革开放新时期为古籍整理与古文献学研究创造了有利的条件，提出了更高的要求，也催生了丰硕的成果。

第一节　文化的百废待兴与古籍整理工作的重新起航

当代中国的文化事业在经历了十年"文化大革命"的摧残以后，伴随着改革开放的春风逐步复苏、发展和繁荣起来。随着国家文化建设的稳步推进，古籍整理与古文献学研究也乘着改革开放以来文化建设发展的春风而重新起航了。

一　改革开放、精神文明建设与古籍整理

从 1966 年到 1976 年，十年"文化大革命"对传统文化造成了严重破坏。在这场文化浩劫中，中国的传统文化一律被视为封建主义的糟粕而遭到无情批判，中华民族几千年来形成的优秀文化遗产被人们

弃之如敝屣，任意践踏。在这样的政治背景下，"古籍整理出版工作完全遭到破坏，并且大量古籍当时被抄被焚，或者低价卖作废纸，书籍遭到很大损失"①，中国的文化发展及古籍整理事业一度陷入了低谷。

1978 年 12 月，中国共产党召开十一届三中全会，这是当代中国历史上一个关键的时刻，开启了中国现代化建设的新的历史篇章。这次会议重新确立了"实事求是"的马克思主义思想路线，做出了把全党工作重心转移到社会主义现代化建设上来、实行改革开放的战略决策。自此，中国历史进入了一个新时期。正如邓小平所言："以十一届三中全会为标志，（中国）才真正发生变化。"② 从此以后，中国人的经济生活、社会生活、文化生活、工作方式和精神状态都发生了巨大变化。

改革开放和经济体制改革呼唤着文化发展，以邓小平为核心的党中央领导集体及时总结历史的经验教训，认识到在进行经济建设的同时必须重视文化建设。当时有两个方面的讨论与古籍整理与古文献研究密切相关，一是中共中央关于建设"社会主义精神文明"的指示，二是关于如何对待和继承传统文化遗产的讨论。正是中共中央关于建设社会主义精神文明指示的出台和学术界关于如何对待文化遗产的讨论促进了新时期古籍整理事业的发展与古文献研究的繁荣。

1979 年 9 月，叶剑英在《在庆祝中华人民共和国成立三十周年大会上的讲话》中说："我们要在建设高度物质文明的同时，提高全民族的教育科学文化水平和健康水平，树立崇高的革命理想和革命道德风尚，发展高尚的丰富多彩的文化生活，建设高度的社会主义精神文明。这些都是我们社会主义现代化的重要目标，也是实现四个现代化的必要条件。"③ 这是改革开放以后正式提出建设社会主义精神文

---

① 国务院古籍整理出版规划小组：《古籍整理出版规划（1982—1990）》说明，1982 年 8 月 23 日。

② 《邓小平文选》第 3 卷，人民出版社 1994 年版，第 81 页。

③ 中共中央文献研究室编：《三中全会以来重要文献选编》上，人民出版社 1982 年版，第 234 页。

明这一命题，并把精神文明建设看成社会主义现代化的重要目标。
1979 年 10 月，邓小平在中国文学艺术工作者第四次代表大会上重
申，要在建设社会主义物质文明的同时，建设社会主义精神文明，并
号召人们行动起来，自觉为建设精神文明做贡献。1980 年 12 月，邓
小平在中央工作会议上作了题为《贯彻调整方针，保持安定团结》
的报告，就精神文明建设作了重要论述，首次概括了社会主义精神文
明建设包括思想建设和文化建设两大内容。1981 年 6 月，中国共产
党召开了十一届六中全会。会上通过了《关于建国以来党的若干历
史问题的决议》，从总结历史经验教训中提出了适合我国实际情况的
社会主义现代化建设的十个基本点，其中一个最重要的基本点就是
"社会主义必须有高度的精神文明"，标志着社会主义精神文明在社
会主义建设中所处的重要地位得到进一步确认。《决议》中说："社
会主义必须有高度的精神文明，要坚决扫除长期间存在而在'文化
大革命'期间登峰造极的那种轻视教育科学文化和歧视知识分子的
完全错误的观念，努力提高教育科学文化在现代化建设中的地位和作
用，明确肯定知识分子同工人、农民一样是社会主义事业的依靠力
量，没有文化和知识分子是不可能建设社会主义的。"[①] 1982 年 9 月，
中国共产党召开第十二次全国代表大会，报告指出，在建设高度的社
会主义物质文明的同时，一定要努力建设高度的社会主义精神文明，
这是建设社会主义的重要战略方针，关系到社会主义的兴衰与成败。
"我们要在建设高度物质文明的同时，提高全民族的科学文化水平，
发展高尚的丰富多彩的文化生活，建设高度的社会主义精神文明"[②]，
"不加强精神文明的建设，物质文明的建设也要受破坏，走弯路。光
靠物质条件，我们的革命和建设都不可能胜利"[③]。并提出了"社会

---

① 《中国共产党中央委员会关于建国以来若干历史问题的决议（节选）》，中共中央文献研究室编：《社会主义精神文明建设文献选编》，中央文献出版社 1996 年版，第 91 页。

② 《邓小平文选》第 2 卷，人民出版社 1994 年版，第 208 页。

③ 《邓小平文选》第 3 卷，人民出版社 1994 年版，第 144 页。

主义精神文明是社会主义的重要特征，是社会主义制度优越性的重要表现"的崭新观点。① 可以说，中国共产党充分认识到社会主义是经济、政治、文化三者的统一体，如果只关注经济制度和政治制度，而不注重文化建设，就不是完整的社会主义。这是在总结历史经验教训的基础上得出的正确结论。

社会主义精神文明建设可以为社会主义现代化建设提供强大的精神动力，而传统文化在社会主义精神文明建设中又起着极其重要的作用。众所周知，由于"文化大革命"长达十年的对传统文化的破坏，使得人们在对待传统文化和文化遗产问题上一直存在模糊认识。"文化大革命"的结束和中央提出建设社会主义精神文明的指示，引发了学界关于文化遗产的讨论。通过讨论，基本上形成了这样的共识：文化遗产不能全面否定；批判继承文化遗产是建设社会主义精神文明的需要；要批判继承文化遗产，就必须对文化遗产的重要载体——古籍——进行整理与研究。

文化遗产是一个民族的精神基因，反映了一个民族的特质和精神风貌。继承优秀文化遗产是一个民族赖以存在与发展的最基本要素。这本来不用大张旗鼓地讨论。可是，由于"文化大革命"对文化遗产采取全面否定的做法，因此首要的问题就是要在思想认识上正本清源，纠正"文革"的错误。早在 1977 年，就有学者针对"四人帮"对传统文化的破坏，提出"对文化遗产必须批判继承"，不能全盘否定。那种对文化遗产"全盘否定的虚无主义态度"，是"对马列主义、毛泽东思想的无耻背叛"②。人们引证马克思、恩格斯、列宁、毛泽东关于继承优秀文化遗产的言论，指出经典作家对文化遗产的态

---

① 胡耀邦：《全面开创社会主义现代化建设的新局面》，《中国共产党第十二次全国代表大会文件汇编》，人民出版社 1982 年版，第 29—30 页。

② 刘贵访：《批判·继承·发展——斥"四人帮"反对批判地继承文化遗产的谬论》，《中山大学学报》1977 年第 6 期。

度从来都是古为今用，推陈出新，是批判地继承。① "文革"对传统文化的全盘否定，是违背马克思主义原理的，必须摒弃。与此同时，人们把继承文化遗产与建设社会主义精神文明联系起来看，认为"社会主义的精神文明不是从天上掉下来的，它是人类历史进步遗产的继承和发展"，"建设社会主义精神文明，一方面要运用和发展以马克思主义为指导的科学文化和道德，另一方面又要继承和发扬我国精神文明的优良传统"②。还有学者指出："社会主义精神文明，是当前人类社会最高的、带有时代方向的一种文明。这种文明除了在新的社会、新的物质基础上进行建设外，其中很重要的一条，就是要对我国几千年文明社会的历史遗产，以马克思主义作指导，认真地进行批封继承，使之变成社会主义精神文明的一个部分……在建设社会主义精神文明中，吸收优秀的历史遗产，借以丰富现实生活中精神文明的内容，这是一个十分重要的课题。"③ 人们认识到，在改革开放新时期，批判继承文化遗产是建设社会主义精神文明的需要。那么，要批判继承文化遗产，就必须对传统古籍进行整理与研究。李侃指出："要学习，要批判地总结和继承历史文化遗产，首先就要了解我们的宝库中究竟有些什么东西，而这些东西除了其他各种历史文物之外，几乎都保存在大量的古书里面。因此，妥善地保管、搜集和有计划、有步骤地整理和出版古籍，也就成为学习、批判地总结和继承文化遗产的一个重要条件。"④ 李一氓也指出："古籍既是中国文明的历史标志，则就古籍本身而论，它和其他文化遗产一起，已成为中华民族共同心理的历史积累的基础。因此，整理古籍亦就自然成为我们所特有

---

① 邓绍基：《建国以来关于继承文学遗产的一些问题》，《文学遗产》1980 年第 1 期。

② 谭纪、刘显才：《社会主义精神文明是历史遗产的继承与发展》，《学术论坛》1982 年第 4 期。

③ 苏双碧：《建设社会主义精神文明和历史遗产的批判继承》，《社会科学研究》1983 年第 1 期。

④ 李侃：《古籍的命运和新时期的需要》，《古籍整理出版情况简报》1980 年第 5 期，总第 77 期。

的丰富的精神生产，成为和中国社会主义物质建设相适应的文化建设，并与中国现代化保有辩证的直接的内在联系。"① 周林则认为："大批的古籍是中华民族的历史瑰宝，它对于厘定我国的历史疆域，研究民族的历史，总结历代政治、经济、军事、文化、外交和社会发展的经验具有十分重要的价值。运用马克思主义、毛泽东思想的立场、观点和方法，对现存的古籍，去粗取精，去伪存真，系统地加以整理研究，在这个基础上，认真地继承和发扬，才能建立起符合我国的历史传统，具有中国特色和中国气派的社会主义精神文明。"② 在他们看来，古籍是中华文明的标志，保存着中华民族的历史记载，只有整理出这些古籍，才能建设具有中国特色和中国气派的精神文明。可以说，古籍整理是继承优秀文化遗产的基础性工作。正像有些学者所言，"古籍整理是我们了解古代社会文化和思想，批判、继承和发扬中华民族传统优秀文化，创建社会主义新文化的基础"；"古籍整理有利于培养民族自尊心、自信心、自豪感和爱国主义精神"；"古籍整理对于厘定历史疆域，研究民族历史，加强民族团结有重要意义"③。正是从这样的认识出发，夏衍认为："对文化遗产的继承，对文化遗产的整理和出版，确实是个问题，应该好好地抓一抓。"④ 白寿彝也认为："搞古籍整理是关系到社会主义现代化的百年大计，是一件大事，对于建设社会主义精神文明、振兴中华有重要意义。"⑤

总之，随着社会主义物质文明和精神文明建设的全面开展，作为我国固有的精神文明遗产——古籍的整理与研究的价值日益凸显。人们认识到，年代悠久、数量浩繁、内容丰富的古籍是中国古代优秀传统思想文化的文字载体，中华民族的民族精神仰赖这些古籍而被人们

---

① 李一氓：《论古籍和古籍整理》，《人民日报》1982年1月20日。
② 周林：《发扬民族灿烂文化，培养古籍整理人才——在教育部高校古籍整理研究规划会议上的讲话》，杨忠主编：《高校古籍整理十年》，江西高校出版社1991年版，第7页。
③ 孔繁士：《古籍整理与精神文明建设》，《殷都学刊》1988年第2期。
④ 《夏衍同志谈文化遗产的重要性》，《古籍整理出版情况简报》1980年第1期，总第73期。
⑤ 《白寿彝先生谈古籍整理工作》，《古籍整理出版情况简报》1981年第5期，总第84期。

传承下来。"建设精神文明的任务已经提到相当重要的地位，摆到日程上来了，社会科学今后将受到应有的重视，在此形势下对出版古籍的迫切感不免油然而生。"① 正是在这样的形势下，在陈云同志的直接推动下，1981 年 9 月 17 日，中共中央发出了《关于整理我国古籍的指示》，指出"整理古籍，把祖国宝贵的文化遗产继承下来，是一项十分重要的、关系到子孙后代的重要工作"②。为了让更多的人了解祖国的历史文化，汲取传统文化的精华，《指示》还专门提出"今译"，"整理古籍，为了让更多的人看得懂，仅作标点、注释、校勘、训诂还不够，要有今译，争取做到能读报纸的人多数都能看得懂"③。在建设社会主义精神文明的大背景下，古籍整理与研究受到党中央的高度关注，被上升到事关子孙后代文化传承的高度来认识。

可以说，是改革开放带来了文化事业的发展与繁荣，也是改革开放催生了人们对古籍整理的高度重视。"古籍的命运向来与国家的兴衰有关"④，改革开放以来古籍整理事业的发展和古文献学研究的繁荣，所折射出的恰恰也是国家的发展与繁荣。

二　陈云对改革开放新时期古籍整理工作的推动

讨论改革开放新时期古籍整理的发展，不能不提到一个关键人物，那就是陈云。作为中国共产党第二代领导集体的核心成员，陈云十分重视和关注古籍整理出版工作。改革开放新时期古籍整理工作能够顺利开展，是与陈云的努力分不开的。是他的关于整理中国古籍的建议得到中央的肯定，并于 1981 年 9 月以中共中央的名义向全国发

---

① 胡如雷：《对出版古籍的几点建议》，《古籍整理出版情况简报》1983 年第 104 期。
② 《中共中央关于整理我国古籍的指示》，杨牧之主编：《古籍整理与出版专家论古籍整理与出版》，凤凰出版社 2008 年版，第 1 页。
③ 《中共中央关于整理我国古籍的指示》，杨牧之主编：《古籍整理与出版专家论古籍整理与出版》，凤凰出版社 2008 年版，第 1 页。
④ 李一氓语，见魏亚南《一位老革命家的志趣——李一氓与中国古籍》，《古籍整理出版情况简报》1991 年第 238 期。

布了《关于整理我国古籍的指示》。由此开始，中国的古籍整理出现了再度繁荣的局面。可以说，陈云对古籍整理的关注和重视所产生的影响是巨大而深远的。

陈云重视整理古籍，重视继承祖国优秀文化遗产，除了他具有为国家和子孙后代着想的高远眼光外，还与他早年在商务印书馆工作以及喜欢学习历史的经历有关。也就是说，陈云早年的经历使他受到中国传统文化的熏陶，对中国古籍充满了感情。1919 年，陈云到上海，在商务印书馆发行所当学徒。五年后，转为该所虹口书店店员，"因悟性高，业务熟悉快，待人诚恳、谦虚，深受职工称赞"①。他在商务印书馆期间不仅进行革命活动，而且遍览书店图书，并用业余时间在商务印书馆所办上海图书学校学习了三年，成为当时年轻同事中学识最渊博的一个。② 1897 年创办于上海的商务印书馆，是近代中国历史最悠久的出版机构，在教育文化出版史上占有重要地位。近现代许多著名学者和文化界著名人士如张元济、蔡元培、茅盾、高梦旦、王云五、叶圣陶、胡愈之、郑振铎等，都曾任职于此。整理出版古籍又是商务印书馆的优良传统之一。陈云在商务印书馆工作，自然受到这种文化的熏陶，对我国的图书典籍颇为熟悉和热爱。陈云对商务印书馆的这段经历印象颇深，他曾回忆说："商务印书馆是我在那里当过学徒、店员，也进行过阶级斗争的地方。应该说商务印书馆在解放前是中国的一个很重要的文化教育事业单位。"③

陈云早年在商务印书馆所受传统文化氛围的熏陶，对他担任党和国家领导人后重视保护继承祖国文化遗产，有着深远影响。在革命战争的年代里，陈云一直比较重视学习历史，并号召人们为了革命的胜

① 中共中央文献研究室：《陈云年谱》（1905—1995）上卷，中央文献出版社 2000 年版，第 13 页。

② 中共中央文献研究室：《陈云年谱》（1905—1995）上卷，中央文献出版社 2000 年版，第 14 页。

③ 陈云为商务印书馆成立 90 周年的题辞，转引自李格《陈云与古籍整理》，《史学史研究》2005 年第 4 期。

利而学史、用史。他在 1939 年 5 月 30 日发表的《怎样做一个共产党员》中认为："要研究中国的历史和时事政治的情况，不然也就不能规定当前的革命工作的任务和方法。"① 同年 12 月，他进一步阐述："现在无论你怎样忙，为了把握伟大而又变化多端的中国革命运动，必须增加一点革命的理论，增加一点历史的知识。"② 在革命年代的陈云，已将历史的学习提到关乎革命工作成败的高度来看待。

根据现有资料，"文革"结束后在党内较早提出对古书进行标点整理的高级领导人是陈云。"1977 年春，陈云在杭州休养期间，思考得比较多的一件事，就是古籍整理工作。这以后的几年中，他对这个问题始终抓住不放。"③ 1977 年 5 月，在"文革"结束仅一年，国家各条战线亟待拨乱反正的时刻，他专程到浙江"青白山居"参观保存在那里的《四库全书》，并就整理古籍问题谈到，中国的古籍很多，但都是文言文，多数人特别是许多年轻人看不懂，这会影响对祖国文化遗产的继承。因此，对古籍应当进行整理，有的要断句，有的要翻译成白话文。④ 不久，他在对评弹工作者谈话时说："我看过《四库全书》。都是一九二三年看到的，时隔五十多年了！据说全国只抄了七部，你们浙江有一部，沈阳有一部。我在沈阳军管会时，有人要我出个布告，保护这部书，我是出了布告的。"⑤ 他谈话中再次提到整理古籍的问题："一九五三年，我主张集中一些老人，一些旧文学基础好的老人，对一些古典书籍做些圈圈、点点的工作。你们知道吗？古书是没有标点的，真难读哩！让这些老人做些圈圈、点点的工作，做些翻译工作，翻成白话。我觉得这项工作做好了，就是对古

---

① 《陈云文选》第 1 卷，人民出版社 1995 年版，第 143 页。

② 《陈云文选》第 1 卷，人民出版社 1995 年版，第 188 页。

③ 李洪峰：《陈云风范》，新华出版社 2015 年版，第 115—116 页。

④ 中共中央文献研究室：《陈云年谱》（1905—1995）下卷，中央文献出版社 2015 年版，第 207 页。

⑤ 中共中央文献研究室：《陈云传》下，中央文献出版社 2005 年版，第 1748 页。

书的研究工作做好了一半，这样就能传下来。"① 不久，他又强调古籍整理工作"要赶快做，如果那些老人都死了，就难办了"②。

可见，陈云从读者能够更好地阅读古籍的角度出发，较早提出要组织人力对古籍进行标点整理。因为在他看来，要了解中国的历史和文化，必须借助于阅读古籍。古籍是中国历史和文化的最重要的载体。然而，中国古籍无标点符号，对于缺乏古文基础的大多数读者来说，阅读它们是有一定难度的。通过标点、今译中国古籍，让年轻人读懂，从而继承祖国的文化遗产，一直是陈云思考的问题。

1981 年是陈云推动古籍整理工作向前迈进的重要一年，1981 年 4 月，陈云在一次谈话中阐述了自己对古籍整理的认识，形成了《整理古籍是继承祖国文化遗产的一项重要任务》一文，这是一篇影响改革开放新时期古籍整理工作发展方向的重要文献。在这篇文献中，陈云阐述了整理古籍的重大意义和具体做法。

在古籍整理的意义方面，陈云认为："整理古籍，把祖国宝贵的文化遗产继承下来，是一项关系到子孙后代的重要工作。"③ 在陈云看来，整理古籍工作的意义非常深远。它关系到我国文化遗产的继承问题和子孙后代的教育问题。他结合当时教育的实际情况，论述了整理古籍工作的必要性。他说："我们的学校教育，注意理工科比较多，这是发展国民经济的需要。但是，学理工的人也要有一定的中国文化传统的知识才行。"因此，陈云特别强调："今后，在继续办好理工科的同时，应该加强大学的文科教育。"并且还要"从小学开始，就要让学生读点古文"。正因为重视用传统文化教育子孙后代，陈云特别注重古籍整理要"让更多的人看得懂"，"整理古籍，为了

　　① 中共中央文献研究室：《陈云传》下，中央文献出版社 2005 年版，第 1748 页。
　　② 陈云：《在杭州评弹座谈会上的讲话》，中共中央文献研究室编：《陈云文集》第 3 卷，中央文献出版社 2005 年版，第 426 页。
　　③ 陈云：《整理古籍是继承祖国文化遗产的一项重要任务》，中共中央政策研究室编：《在新的历史条件下继承和发扬爱国主义传统——十一届三中全会以来有关重要文献摘编》，红旗出版社 1990 年版，第 50 页。

让更多的人看得懂，仅作标点、注释、校勘、训诂还不够，要有今译，争取做到能读报纸的人多数都能看懂。有了今译，年轻人看得懂，觉得有意思，才会有兴趣去阅读。今译要经过选择，要列出一个精选的古籍今译的目录，不要贪多"①。陈云对古籍整理工作以及中国传统文化的态度非常明确，就是要"古为今用"，要批判地总结和继承其精华，不能无批判、无选择地兼收并蓄。

陈云目光高远，他指出："整理古籍是一件大事，得搞上百年。"② 他从国家和民族的长远利益着想，对古籍整理工作的长远发展和可持续发展进行了具体规划和明确安排。

一是要成立古籍整理出版规划小组，建立一个领导班子。"整理古籍，需要有一个几十年连续不断的领导班子，保持稳定的核心力量。""李一氓同志表示愿意做这件工作，可以考虑请他来主持这件事，并组成古籍整理出版规划小组，直属国务院。"

二是要制订规划，有序开展古籍整理。"要由规划小组提出一个为期三十年的古籍整理出版规划。第一个十年，先把基础打好，把愿意搞古籍整理的人组织起来，以后再逐步壮大队伍。古籍整理出版规划，可以像国民经济计划那样，搞滚动计划，前十年分为两个五年规划，在第一个五年规划的基础上，经过充实，搞出第二个五年规划。"

三是要注意培养人才，做到人尽其才。"从事整理古籍的人，不但要知识基础好，而且要有兴趣。""古籍整理工作，可以依托于高等院校。有基础、有条件的某些大学，可以成立古籍研究所。有的大学文科中的古籍专业，如北京大学中文系的古典文献专业，要适当扩大规模。""目前，整理古籍的专业人才，有许多分配不对口，要尽

---

① 陈云：《整理古籍是继承祖国文化遗产的一项重要任务》，中共中央政策研究室编：《在新的历史条件下继承和发扬爱国主义传统——十一届三中全会以来有关重要文献摘编》，红旗出版社1990年版，第50—51页。

② 陈云：《整理古籍是继承祖国文化遗产的一项重要任务》，中共中央政策研究室编：《在新的历史条件下继承和发扬爱国主义传统——十一届三中全会以来有关重要文献摘编》，红旗出版社1990年版，第52页。

可能收回来，安排到整理古籍的各专门机构。一些分散在各地的整理古籍的人才，有的可以调到中华书局或其他专业出版社，有的可以分配他们担任整理古籍的某些任务。"

四是要提供经费等保障，为古籍整理人员创造较好的条件。"编制一个经费概算，以支持这项事业。这笔钱，用于整理古籍所需要的各种费用，主要是整理费用和印刷费用，也包括解决办公室、宿舍等费用。要为整理古籍的专门人才创造较好的工作条件和生活条件。"

五是要注意保护孤本、善本等古籍，要想方设法把散落在世界各地的中国古籍收回来。要有系统地翻印一批孤本、善本古籍，以便于利用。"现在有些古籍的孤本、善本，要采取保护和抢救的措施。""散失在国外的古籍资料，也要通过各种办法争取弄回来，或复制回来。同时要有系统地翻印一批孤本、善本。"[①] 这是在 20 世纪 80 年代初对域外汉籍回归整理的极其富有远见的决策。

陈云对新时期古籍整理工作的规划和安排既着眼于当前，又着眼于未来；既全面，又具体；既切实可行，又高瞻远瞩，为新时期古籍整理工作提供了方法指导和理论支撑。

1981 年 5 月到 7 月间，陈云又两次对古籍整理工作进行指示，指出古籍整理工作的重要性。5 月 22 日，陈云让秘书肖华光给中华书局打电话，索要古籍标点整理的材料，并说："古书如果不加标点整理，很难读，如果老一代不在了，后代根本看不懂，文化就要中断，损失很大，一定要把这一工作抓紧搞好。"[②] 中华书局向陈云呈交了关于古籍整理出版工作的情况报告。7 月 9 日，陈云委派秘书王玉清专程到中华书局传达他对古籍整理工作的指示："古籍整理还不光是

————————

① 以上均见陈云《整理古籍是继承祖国文化遗产的一项重要任务》，中共中央政策研究室编《在新的历史条件下继承和发扬爱国主义传统——十一届三中全会以来有关重要文献摘编》，红旗出版社 1990 年版，第 50—52 页。

② 杨牧之：《记陈云同志对古籍整理出版事业的巨大关怀》，杨牧之主编：《古籍整理与出版专家论古籍整理与出版》，凤凰出版社 2008 年版，第 74 页。

解决标点、注解，这还不行。要做到后人都能看懂，要译成现代语气。搞古籍整理工作，不是一朝一夕的事，要搞个十年、二十年、三十年。甚至更长一些时间。这件事一定要搞到底。要搞一个班子。这个班子要组织起来，要准备三代人。要花点钱。花十个、八个亿完全必要。当然，钱要慢慢地花。这个工作对我们的后代有好处。要搞个规划。开始不能搞得太大，要从实际出发。学理工专业的大学生，也要懂得中国的历史。"①

在陈云的《整理古籍是继承祖国文化遗产的一项重要任务》一文发表以及随后的调研、指示之后，古籍整理出版事业如雨后的禾苗，迅速生长。古籍整理出版事业的春天来了！时至今日，古籍整理领域硕果累累，成就斐然。回望 20 世纪 80 年代初陈云为之所付出的努力，不能不令人感叹。所以任继愈说："我们看到今天已有的成就，不能不想到陈云同志对古籍整理事业的重大贡献，其社会效益及其深远影响已大大超出古籍整理的范围。他发纵指使，为创建社会主义新文化打下基础，使我们开阔眼界，走上坦途。"② 王西梅也说："陈云关于整理古籍指示的精神，在宏观方面，着眼于古今中外，国家未来，明确历史不能割断，历代文明信息是靠古籍载体传递、延伸；在微观方面，着手为整理古籍出成果、出人才所需要的一切条件周到部署……在建设有中国特色的社会主义事业中，在培养劳动者素质这个关系到提高生产力第一要素的关键问题上，陈云关于整理古籍的指示的确发挥着百年大计的作用，意义深远，功在千秋。"③

① 杨牧之：《记陈云同志对古籍整理出版事业的巨大关怀》，杨牧之主编：《古籍整理与出版专家论古籍整理与出版》，凤凰出版社 2008 年版，第 76 页。
② 任继愈：《小题目，大手笔——怀念陈云同志》，杨牧之主编：《古籍整理与出版专家论古籍整理与出版》，凤凰出版社 2008 年版，第 73 页。
③ 王西梅：《功在千秋——陈云古籍整理指示与中国历史文献研究会的发展》，《陈云和他的事业——陈云生平与思想研讨会论文集》（下），中央文献出版社 1996 年版，第 975—976 页。

三 中央对古籍整理工作的指示与古籍整理事业的全面展开

在陈云的努力下，1981 年 9 月 17 日，中共中央书记处以陈云的意见为基础，讨论了整理我国古籍的问题，并以中共中央的名义下发了 37 号文件——《关于整理我国古籍的指示》（以下简称《指示》），颁布全国。《指示》明确指出："整理古籍，把祖国宝贵的文化遗产继承下来，是一项十分重要的、关系到子孙后代的重要工作。"[1] 该《指示》除了个别字句外，基本上全部吸纳了陈云《整理古籍是继承祖国文化遗产的一项重要任务》一文的内容。《指示》对古籍整理的意义、目的，古籍整理领导班子的成立、规划的制订、人才的培养、经费的保障等都提出了具体的办法和要求，并且提出："当前要认真抓一下，先把领导班子组织起来，把规划搞出来，把措施落实下来。"[2] 从此以后，古籍整理作为一项重大战略任务纳入到了中国特色社会主义文化建设的轨道，上升到国家层面，成为国家行为。中共中央认识到，祖国丰厚的优秀文化遗产，需要一代一代地传承下去。而中国浩如烟海的古籍文献，正是中华民族卓越智慧的载体。要继承这笔丰厚的文化遗产，发扬其优秀的成分，必须对古籍加以整理，以服务于当代和后代。这当然是一项"十分重要的、关系到子孙后代的重要工作"。章培恒评价说："一九八一年，陈云同志发表了关于古籍整理的重要指示，中央颁发了 37 号文件，从此开始了古籍整理研究工作的黄金时代。"[3]

中共中央《关于整理我国古籍的指示》在两个方面产生了巨大影响：一是在学界产生了巨大反响，鼓舞了学者的干劲，得到热烈拥

---

[1] 《中共中央关于整理我国古籍的指示》，杨牧之主编：《古籍整理与出版专家论古籍整理与出版》，凤凰出版社 2008 年版，第 1 页。

[2] 《中共中央关于整理我国古籍的指示》，杨牧之主编：《古籍整理与出版专家论古籍整理与出版》，凤凰出版社 2008 年版，第 1 页。

[3] 《章培恒同志在〈古代文史名著选译丛书〉首发式上的讲话》，杨忠主编：《高校古籍整理十年》，江西高校出版社 1991 年版，第 220—221 页。

护。二是古籍整理工作迅速展开，古籍整理出版规划领导小组迅速建立，各种古籍出版规划先后出台。从此，中国的古籍整理走上了有领导、有组织、有规划、出人才、分工明确的有序发展的道路。

其一，中央的《指示》在学界的反响异常强烈，引起了深受传统文化熏染的老一代文史研究者的强烈共鸣，一大批古籍整理专家对此都做了回应，并进一步阐述了对中央《指示》的理解，古籍整理变成了政府与学者共同关注的事业。

（1）许多著名学者对中央整理古籍的决策表达了坚决拥护和激动感奋的心情。如吴泽表示："古籍整理是一项关系到中华民族的悠久历史和优秀文化能否更好地延续与发扬光大的重要工作。这是为建设高度精神文明，为子孙后代计的高瞻远瞩，我衷心拥护。"[①] 周林指出："党中央的指示，是建设社会主义精神文明的重要组成部分，教育战线的广大学者表示热烈的拥护。"[②] 周扬也说："文化传统有它的继承性，不能割断。陈云同志指示要搞古籍整理，我是热烈的赞助人。"[③] 张政烺则说："看了中央关于整理我国古籍的指示以后，很受启发，很受鼓舞。"[④] 谭其骧也说："中央关于整理古籍的指示，充分体现了党对祖国文化遗产的重视，读后令人万分感奋。"[⑤] 这种对中央古籍整理决策发自内心的拥护和感奋，是新时期古籍整理事业迅猛发展的原动力。

（2）很多学者从文化传承、文明赓续的角度阐明了古籍整理的重要意义。如李一氓认为："古籍既是中国文明的历史标志，则就古

---

① 吴泽：《关于整理古籍的几点浅见》，《文献》1982 年第 2 期。

② 周林：《发扬民族灿烂文化，培养古籍整理人才——在教育部高校古籍整理研究规划会议上的讲话》，杨忠主编：《高校古籍整理十年》，江西高校出版社 1991 年版，第 6 页。

③ 周扬：《文化传统要继承，不能割断》，杨牧之主编：《古籍整理与出版专家论古籍整理与出版》，凤凰出版社 2008 年版，第 4—5 页。

④ 张政烺：《加强古籍整理队伍建设，加快古籍整理出版速度》，《古籍整理出版情况简报》1981 年第 5 期，总第 84 期。

⑤ 谭其骧：《当前最紧迫的任务是翻印古籍》，《文献》1982 年第 1 期。

籍本身而论，它和其他文化遗产一起，已成为中华民族共同心理的历史积累的基础。因此，整理古籍亦就自然成为我们所特有的丰富的精神生产，成为和中国社会主义物质建设相适应的文化建设，并与中国现代化保有辩证的直接的内在联系。所以中共中央认定：'整理古籍，把祖国宝贵的文化遗产继承下来，是一项十分重要的、关系到子孙后代的重要工作。'[①] 周扬也说："世界上还有甚至比我们还古老的文化，但都中断了。我们没有中断，所以这段文化遗产怎么来整理，是个很大的问题，是我们社会主义文化建设中的一个重大问题。"[②] 匡亚明则指出："作为一个中国人，要有民族风格、民族气派。这民族风格、民族气派是有渊源的，我们说我们中华民族有凝聚力，这凝聚力就是靠传统文化的认同。所谓渊源，所谓认同，都是指中华民族的优秀传统文化。"而这些优秀的传统文化，就蕴含在古籍之中，整理古籍，"是要从传统文化中找到至今仍然有生命力的东西，为社会主义精神文明和物质文明建设服务"[③]。把古籍整理上升到中华文化认同和中华文明延续的高度来认识，进一步彰显了古籍整理的必要性。

（3）不少学者更是结合现实，从社会主义精神文明建设的角度，着眼于国家民族发展的百年大计，强调古籍整理的重要地位和迫切性。如李侃、赵守俨认为，陈云对古籍整理工作的关心以及中央对古籍整理工作的指示，"体现了党对祖国文化遗产的重视和关怀，是从社会主义现代化的全局着眼和为子孙后代着想的百年大计，是关系到继承和发扬中华民族的优秀文化传统，建设高度的社会主义精神文明的大事。必须充分认识古籍整理和今译工作的重要性和迫切性，以高

---

① 李一氓：《论古籍和古籍整理》，卫生部中医司中医古籍整理出版办公室编：《中医古籍整理出版情况简报》1983 年第 1 期。

② 周扬：《文化传统要继承，不能割断》，杨牧之主编：《古籍整理与出版专家论古籍整理与出版》，凤凰出版社 2008 年版，第 4—5 页。

③ 匡亚明：《认真整理出版古籍，弘扬优秀传统文化》，杨牧之主编：《古籍整理与出版专家论古籍整理与出版》，凤凰出版社 2008 年版，第 22 页。

度对人民对后代负责的事业心和责任感，采取切实可行的措施，把这个工作抓紧搞好。否则，就可能使我们的子孙后代由于看不懂历史文化典籍而造成民族优良文化传统中断的危险"①。白寿彝也认为："中央的指示讲得很清楚，整理古籍，把祖国宝贵的文化遗产继承下来，是一项十分重要的、关系到子孙后代的重要工作。这是今后开展古籍整理工作的一个指导思想。""搞古籍整理是关系到社会主义现代化的百年大计，是一件大事，对于建设社会主义精神文明、振兴中华有重要意义"。"这些珍贵的历史资料都是我们今天搞四化应该认真研究、总结的东西，去粗取精、去伪存真，把其中有用的东西继承下来并加以发展……这对我们今天搞四化也不无好处。"② 张政烺说："这个指示充分体现了党中央对祖国文化遗产的重视和关怀。中华民族是世界上历史悠久、文明发达最早的国家之一，而且保存有极其丰富的文化典籍。但在十年浩劫中，这些珍贵的文化遗产损失惨重，假若今天再不加强这方面的工作，中华民族优良的文化传统就有中断的危险。所以这一工作在目前提出来更有它的特殊意义，这不仅是关系到继承发扬中华民族的优良文化传统的问题，而且更重要的是关系到子孙后代的百年大计。"③ 周林则指出："运用马列主义、毛泽东思想的立场、观点和方法，对现存的古籍，去粗取精，去伪存真，系统地加以整理研究，在这个基础上，认真地继承和发扬，才能建立起符合我国的历史传统，具有中国特色和中国气派的社会主义精神文明。"④

　　我们不厌其烦地罗列这些专家学者的言论，无非是要说明，中共

---

① 李侃、赵守俨：《一定要把古籍整理工作抓紧搞好》，《古籍整理出版情况简报》1981 年第 5 期，总第 84 期。

② 《白寿彝先生谈古籍整理工作》，《古籍整理出版情况简报》1981 年第 5 期，总第 84 期。

③ 张政烺：《加强古籍整理队伍建设，加快古籍整理出版速度》，《古籍整理出版情况简报》1981 年第 5 期，总第 84 期。

④ 周林：《发扬民族灿烂文化，培养古籍整理人才——在教育部高校古籍整理研究规划会议上的讲话》，杨忠主编：《高校古籍整理十年》，江西高校出版社 1991 年版，第 6—7 页。

中央关于古籍整理的指示发出以后，在学界引起了极大轰动。在整理古籍、继承优秀历史文化遗产这一问题上，政府与学者取得了空前一致的看法，这也是新时期古籍整理与研究事业飞速发展的重要原因之一。

其二，中央的《指示》出台后，各项措施得到落实，新时期古籍整理与研究工作全面展开。

（1）在组织机构方面，国务院成立古籍整理出版规划领导小组，各部委各省市也先后成立相关组织，领导古籍整理与研究工作的开展。

1981 年 12 月 10 日，国务院发出《国务院关于恢复古籍整理出版规划小组的通知》（国发〔1981〕171 号），决定恢复古籍整理出版规划小组。《通知》中说："1958 年在原科学规划委员会之下，曾成立古籍出版规划小组。二十几年中，曾整理和出版了古籍两千多种，但这与我国丰富典籍应该整理和出版的数量，还相差很远。而且这个规划小组，已很久没有工作，成员也逝世过多。鉴于这个工作对中华民族文化的继承和发扬，对青年进行传统文化教育，有极大的重要性。因此，国务院决定恢复古籍整理出版规划小组。"[①] 古籍整理出版规划小组由李一氓任组长，周林、王子野任副组长，成员为 53人，另聘 34 人为顾问。该小组直属国务院，不另设办事机构，具体工作事宜由中华书局负责。古籍整理出版规划小组成员有王玉清、王仲荦、王明、王春、邓广铭、邓绍基、石西民、叶圣陶、田余庆、史念海、白寿彝、冯友兰、任继愈、刘季平、阴法鲁、孙毓棠、杨廷福、李俊民、严北溟、严敦杰、余冠英、启功、林甘泉、季镇淮、张政烺、张岱年、周一良、周祖谟、庞朴、胡道静、荣孟源、夏鼐、屠岸、钱仲联、徐苹芳、徐震堮、翁独健、唐长孺、章培恒、韩儒林、

---

① 《国务院关于恢复古籍整理出版规划小组的通知》，中国文艺年鉴社编：《中国文艺年鉴》（1982 年），文化艺术出版社 1984 年版，第 162 页。

傅璇琮、傅熹年、楼宇烈、裘锡圭、詹瑛、虞愚、谭其骧、缪钺、冀淑英、瞿同祖。顾问有于省吾、王力、王季思、方国瑜、吕澂、朱士嘉、朱东润、朱德熙、牟润孙、陈乐素、陈述、季羡林、周谷城、周绍良、杨伯峻、郑天挺、郑德坤、胡曲园、顾廷龙、俞平伯、饶宗颐、钱钟书、徐中舒、郭绍虞、唐圭璋、容庚、容肇祖、萧涤非、常任侠、商承祚、程千帆、廖沫沙、谢国桢、蔡尚思。① 这个领导小组大家云集，可谓极尽一时之选。

　　1982 年 3 月，中央民族学院成立少数民族古籍整理出版规划领导小组，由副院长宋蜀华任组长，马学良、王钟翰任副组长。② 这是全国最早成立的民族古籍整理工作的专门机构。1983 年 3 月 26 日，国家民委召开"少数民族古籍整理问题座谈会"，讨论少数民族古籍整理工作，酝酿建立少数民族古籍整理工作机构。3 月 29 日，根据伍精华的指示，会议建议成立全国少数民族古籍整理工作筹备组。建议由民委副主任伍精华（或任英）任组长，李鸿范任常务副组长，宋蜀华、贾春光任副组长，成员若干人。③ 1984 年 7 月 14 日，"全国少数民族古籍整理出版规划小组正式成立，国家民委副主任任英兼任组长，李鸿范、贾春光任副组长"④。这是一个由国家民委牵头，全社会共同参与抢救、整理、保护少数民族古籍的单位。1982 年 4 月，卫生部召开党组会议，专门研究中医古籍整理出版工作，会议决定召开全国中医古籍整理出版规划座谈会，6 月，成立卫生部中医古籍整理出版办公室。1983 年 1 月 18 日，中医古籍整理出版办公室正式成

---

① 《国务院关于恢复古籍整理出版规划小组的通知》，中国文艺年鉴社编：《中国文艺年鉴》（1982 年），文化艺术出版社 1984 年版，第 163 页。

② 木舌：《古籍整理四十年大事记》，《古籍整理研究学刊》1989 年第 5 期。

③ 《中国少数民族古籍工作大事记（1981—1998）》，李冬生主编：《新中国民族古籍工作》，民族出版社 1999 年版，第 352 页。

④ 张公瑾、黄建明主编：《中国民族古籍研究 60 年》，中央民族大学出版社 2010 年版，第 335 页。

立，宋志恒任主任，中医古籍整理出版的工作均由中医古籍整理出版办公室负责。① 1983 年 2 月，教育部召开高等院校古籍整理研究规划会议，研究高校古籍整理研究、人才培养及古籍整理研究机构的设置。② 9 月 27 日，教育部批准成立了全国高等院校古籍整理研究工作委员会（简称高校古委会），周林任主任委员，彭珮云、白寿彝、邓广铭任副主任委员，另有 23 人任委员。③

在各部委建立本学科领域的古籍整理出版规划小组的同时，各省市也纷纷建立了古籍整理出版规划小组。"多数省市的高教（教育）部门，重视这件工作，认真进行组织，有的建立了规划小组或领导小组，河南省、四川省、安徽省的有关领导同志，都亲自主持领导小组的工作。湖南、江西、辽宁也分别成立了领导小组；浙江、江苏、吉林、福建、青海等省的高教部门，先后召开会议，布置工作，有的还发了文件"④。少数民族比较多的地区还成立了少数民族古籍整理出版规划小组，截至 1985 年，"全国已有北京、内蒙古、辽宁、吉林、甘肃、宁夏、青海、新疆、湖南、四川、贵州、西藏等十二个省、自治区、直辖市建立了少数民族古籍整理出版规划小组"⑤。各地的响应使新时期的古籍整理出版工作自上而下顺利展开。

（2）制订古籍整理出版规划，规范古籍整理与研究工作。

国务院古籍整理出版小组成立后，于 1982 年 3 月 17 日至 24 日在北京召开第一次全体会议，讨论制定了《古籍整理出版规划

---

① 张灿玾：《新中国中医文献整理研究工作简要回顾》，《中医文献杂志》2003 年第 3 期。
② 安平秋：《全国高校古籍整理研究工作十年》，杨忠主编：《高校古籍整理十年》，江西高校出版社 1991 年版，第 501 页。
③ 《第一届全国高等院校古籍整理研究工作委员会成立》，杨忠主编：《高校古籍整理十年》，江西高校出版社 1991 年版，第 16—17 页。
④ 章学新：《进一步落实中央指示，扎扎实实地整理地方古籍》，杨忠主编：《高校古籍整理十年》，江西高校出版社 1991 年版，第 25 页。
⑤ 李鸿范：《两年来民族古籍整理工作情况和对今后工作的一些意见》，《古籍整理出版情况简报》1985 年第 150 期。

(1982—1990)》①，这是新时期古籍整理的第一个规划，规划包括整理各类古籍3119种，其中文学924种、语言219种、历史814种、哲学400种、综合参考600种、今译20种、专著65种，共7类。② 8月23日，国务院批复同意这个规划，并决定从1983年开始，每年拨给教育部250万元、中华书局50万元、古籍整理出版规划小组120万元，用于古籍人才培养和有关古籍出版的经费补贴。③ 这些措施极大地促进了古籍整理出版工作的发展。与此同时，规划还要求相关部门制定出少数民族古籍、中医古籍、农业古籍、科技古籍的整理出版规划。④

1982年春，在农业部领导关怀下，农业古籍整理出版工作座谈会拟定了1982—1990年九年选题规划（草案）。⑤ 1982年6月7日至12日，卫生部在北京召开了中医古籍整理出版规划工作座谈会，初步讨论拟定了中医古籍整理出版九年规划，拟整理出版中医古籍686种（整理592种，影印94种）。9月，卫生部即将《1982—1990年中医古籍整理出版规划》发至全国各省市卫生厅、局，发动全国中医学术力量，参加这项工作。⑥ 1986年6月23日至28日，全国少数民族古籍整理出版规划会议在辽宁沈阳举行。会议经过讨论、研究，提出了1986年到1990年全国少数民族古籍整理出版规划，即"七五"规划。提出在今后五年内，完成少数民族古籍的搜集工作，编制民族古籍目录，有计划有步骤地进行民族古籍研究、整理和出版。⑦ 1983

---

① 《全国古籍整理出版规划会议在北京举行》，《人民日报》1982年3月25日。

② 《古籍整理出版规划（1982—1990）》说明，国务院古籍整理出版规划小组编制。

③ 《国务院关于古籍整理出版规划有关问题的批复》（国函字〔1982〕185号），新闻出版总署图书出版管理司编：《图书、音像、电子出版物出版管理手册》（2013年版），中国法制出版社2013年版，第298—299页。

④ 《古籍整理出版规划（1982—1990）》说明，国务院古籍整理出版规划小组编制。

⑤ 木舌：《古籍整理四十年大事记》，《古籍整理研究学刊》1989年第5期。

⑥ 《组织全国力量，搞好中医古籍整理出版工作》，《中医古籍整理出版情况简报》1983年第1期。

⑦ 吴肃民：《全国少数民族古籍整理出版规划会议在沈阳召开》，《古籍整理出版情况简报》1986年第161期。

年全国高等院校古籍整理研究工作委员会成立后，多次召开古籍整理研究工作会议，制订高校古籍整理研究规划。①

与此同时，各省市也根据自身的情况，先后制订了切实可行的古籍整理出版规划。

（3）设立研究机构，加快古籍整理与古文献学人才培养。

自1981年12月1日教育部批准成立北京师范大学古籍整理研究所以后，为了加速古籍整理人才的培养，又先后建立了多所古籍或古文献的教学研究机构。截至1991年，全国高校古委会直接联系的教学科研单位就有北京大学、北京师范大学、复旦大学、南京大学、吉林大学、山东大学、四川大学、南开大学、华东师范大学、东北师范大学、陕西师范大学、华中师范大学等高校的古籍研究所或文献研究所②，另外还有数量可观的地方高校相关机构。这些教学科研机构培养本科、硕士、博士等不同层次的古籍整理及古文献学研究人才，基本上解决了我国古籍文献整理研究领域人才匮乏、青黄不接的问题。

总之，在中央下达《关于整理我国古籍的指示》以后，随着各级古籍整理出版规划小组的成立，古籍整理与研究工作在全国有序展开。从此，中国古籍整理研究工作的历史揭开了新的一页，重新走上了有领导、有组织、出成果、出人才的发展道路。改革开放新时期的古籍整理与研究，基本上确立了有领导、有规划、条块结合、分工明确的工作格局。纵观改革开放以来我国古籍整理出版事业走过的道路，尽管其间有曲折，但总体上是前进的，是发展的，成绩是巨大的。有的学者探讨其发展的原因，认为"最重要的一条就是：我们有中共中央《关于整理我国古籍的指示》这一具有长期指导意义的历史性文件，有一个对全国古籍整理出版工作起着组织和协调作用的领导小组，有一个较好地体现了学术性、计划性和指导性的全国规

①　参见杨忠主编《高校古籍整理十年》，江西高校出版社1991年版。
②　参见杨忠主编《高校古籍整理十年》，江西高校出版社1991年版，第295—334页。

划，并进而形成了一个整理工作以高校为主体，出版工作以专业社为主体，条块结合，分工明确的基本格局"①。

第二节 全国古籍整理工作会议对古籍整理事业的引领

新中国成立以后，由于党和政府的高度重视，我国的古籍整理与其他学术研究略有不同，它一直是国家层面上的事业，由国家通过国务院古籍整理出版规划小组来主导全国的古籍整理和出版，全面系统分析评价古籍存量和现状，召开古籍整理出版规划会议，交流和总结古籍整理、研究与出版经验，制订古籍整理规划，规范古籍整理出版行为，确定古籍整理出版方向，体现的是国家的意志。教育部、卫生部、农业部、国家民委等部委及各省市也有相关古籍整理出版规划小组，其职责也和国务院古籍整理出版规划小组一样，主导本部门或本地区的古籍整理出版事宜，组织、联络、协调、指导古籍整理、研究与出版工作，体现的仍然是国家和政府的意志。这些古籍整理领导机构定期或不定期召开古籍整理出版规划会议，加强政府与学者之间的联系，商谈古籍整理各项事宜，引导古籍整理出版方向，协调古籍整理出版问题，规划古籍整理出版目标，直接推动古籍整理出版事业向前发展。

一 引导古籍整理方向

整理古籍是国家层面的行为，一直被上升到"国家战略"和"民族根基"的意义上来认识。恰如柳斌杰所言："整理和出版古籍在建设有中国特色的社会主义进程中，是一项重要而长期的工作，是社会主义精神文明建设中不可或缺的重要组成部分。搞好古籍整理出版工作，对于一个国家、一个民族具有重要的战略意义，是一个民族文化传承的根基。"② 怎样有步骤、有秩序地按照国家文化建设的需要，引导古籍整

---

① 诸伟奇:《古籍整理出版之我见》,《古籍整理研究丛稿》,黄山书社 2008 年版,第 9 页。
② 庄建:《古籍整理出版要以规划为坐标》,《光明日报》2009 年 7 月 3 日。

理出版的方向，就成了古籍整理工作会议的重要内容。

1982 年 3 月 17 日至 24 日在北京召开的首次古籍整理出版规划会议，对于引导古籍整理方向具有重要意义。会议虽然讨论的是 1982 年至 1990 年九年古籍整理出版规划，但学者们所提出的问题一直引领着新时期古籍整理发展的方向。此次会议群贤毕至，叶圣陶、夏衍、周谷城、王力、冯友兰、杨伯峻、常任侠、谢国桢、郭化若、翁独健、周祖谟等著名学者以及一批学有所长的中青年学者都参加了会议。学者们怀着搞好古籍整理，造福子孙后代的宏愿，荟集一堂，商讨古籍整理出版规划，提出了一系列对以后古籍整理影响较大的问题。一是在整理手段和方法上，提出主要采用标点、注释、校释、笺释、今译、辑佚、汇编、影印等形式，这既是对古代文献整理方法的继承，又适应了当时社会的发展，求简不求繁，以便于人们阅读和使用为准。① 二是有选择、有步骤、有组织、积极而又稳步地推进古籍整理工作。对于经典文献和基本古籍，要优先整理，尽快满足人们渴望了解传统文化的需要，然后再一步步展开更大规模的整理。② 三是注重培养人才。中国古籍浩如烟海，需要不断有人整理和研究，要使这项工作不中断，必须培养古籍整理的专门人才，要做到古籍整理与培养人才并举。四是要把整理与研究相结合，"仅仅搞狭义的整理还不够，必须提倡一下，或者说大力提倡，在文、史、哲各方面，多做些通论性的，或专题性的学术工作"③。五是搞古籍整理工作要以马列主义、毛泽东思想为指针，以历史唯物主义和辩证唯物主义为指导，尊重科学，实事求是。④ 今天看来，此次会议上所提出的五个主要问题一直成为改革开放新时期古籍整理工作的重心。

细绎改革开放新时期古籍整理工作的实际，我们发现，古籍整理

---

① 《李一氓同志关于古籍整理出版的意见（摘要）》，《出版工作》1982 年第 5 期。
② 《李一氓同志关于古籍整理出版的意见（摘要）》，《出版工作》1982 年第 5 期。
③ 《李一氓同志关于古籍整理出版的意见（摘要）》，《出版工作》1982 年第 5 期。
④ 石成金：《古籍整理出版规划会议散记》，《出版工作》1982 年第 5 期。

工作会议对古籍整理发展方向的引领主要表现在三个方面：一是古籍整理的指导思想，二是古籍整理规划制订的精神，三是对古籍整理错误发展方向的纠偏。

其一，端正古籍整理的指导思想。对于古籍整理指导思想，古籍整理专家一贯坚持以历史唯物主义和辩证唯物主义为指导，坚持科学精神和实事求是。对此，李一氓、匡亚明、周林等古籍整理出版规划小组组长多次在古籍整理工作会议上阐述这一观点。如匡亚明说："把马克思主义基本原理同中国三千年或者五千年的实际相结合，这个实际主要体现在中国传统文化的载体——年代悠久、数量浩瀚、内容丰富的古籍之中……所以古籍整理是这个结合的一项基础工程，是前提。从这个意义上讲，我们的古籍整理，首先要做好保存和还原工作，除此之外，还要用马克思主义的立场、观点、方法从中提炼总结出与当前密切相关、有借鉴意义的东西，进而把我们的古籍整理研究工作提到一个新的更高的层次。"[1] 这一思想在国家古籍整理出版规划上得到贯彻，如制订古籍整理"十五"规划的指导思想就是："坚持以马列主义、毛泽东思想和邓小平理论为指导，贯彻百花齐放、百家争鸣的方针，批判地继承历史文化遗产，弘扬优秀传统文化，为全面提高中华民族的整体素质服务，为科教兴国服务，为发展和繁荣我国的学术事业服务。"[2] 不仅是普通古籍整理要以此为指导，就是其他古籍整理也要以此为指导。1982 年卫生部召开中医古籍整理工作会议，时任卫生部长的崔月犁讲话指出，整理古籍是一项科研工作，要采取科学的态度。"整理过程中有些问题比较复杂，意见也不一致，要以历史唯物主义和辩证唯物主义为指导思想，贯彻'双百'方针，不能搞一言堂。因为科学问题不是一次能认识清楚的，学术问

---

[1]　匡亚明：《认真整理出版古籍，弘扬优秀传统文化》，杨牧之主编：《古籍整理出版专家论古籍整理与出版》，凤凰出版社 2008 年版，第 21 页。

[2]　全国古籍整理出版规划领导小组办公室：《国家古籍整理出版"十五"（2001—2005）重点规划》说明，2001 年 12 月。

题不知要经过多少次反复才能得出比较明确、比较可靠的结论。"①
要"提倡百家争鸣"②。

　　除了在宏观上以马克思主义为指导思想外，古籍整理还有自身的
指导原则，同样影响着古籍整理的发展方向。如经过多次古籍整理规
划会议讨论通过的《中国古籍整理出版十年规划和"八五"计划》，
就比较深入地阐述了古籍整理需要处理的关系，实际上就是古籍整理
应该遵循的原则。一是要处理好精华和糟粕的关系。古籍整理主要是
整理那些内容健康、对当今有利且有特定学术价值的精华，而那些迷
信淫秽、对人们身心有害的古籍，有些可作研究参考之用，但不宜公
开大量出版。二是要处理好质量与数量、内容与形式的关系。古籍整
理质量第一，同时也要有一定的数量。古籍整理要达到高质量高水
平，必须内容与形式兼顾，底本选择要精善，分段、标点、注释、考
证、今译等要准确，装帧、设计、印刷要精美。三是要处理好普及与
提高的关系，二者兼顾。既要为专业研究人员提供研究所需的古籍，
又要进行今译，让古代文献进入普通人的生活。四是要处理好"小
而精"与"大而全"的关系。古籍整理，小而精和大而全都是需要
的，都能满足不同读者的需求，不能一味追逐某种倾向，不能走极
端。五是要处理好一般与重点的关系，古籍整理需要反映中国古籍的
一般面貌，但由于古籍数量浩繁，还必须有重点地去进行整理，以重
点带动一般。③ 如此等等，都是古籍整理需要注意的问题，也是古
籍整理必须遵循的原则。这一原则被后来的古籍整理规划继承并发
展，如古籍整理"十五"规划的基本原则是："要正确处理社会效
益和经济效益的关系，坚定不移地把社会效益放在首位。要正确处

---

　　① 《卫生部召开会议制订中医古籍整理出版规划》，《古籍整理出版情况简报》1982 年第
91 期。

　　② 《卫生部召开会议制订中医古籍整理出版规划》，《古籍整理出版情况简报》1982 年第
91 期。

　　③ 国务院古籍整理出版规划小组：《中国古籍整理出版十年规划和"八五"计划》，1992
年 2 月 15 日，第 1—2 页。

理近期和长远、当前需要与未来发展的关系，既要充分反映最新研究动态和最新成果，又要注重基础研究和基本古籍资料的整理。要正确处理普及与提高的关系，既要进一步优化选题结构，提高普及读物的质量，避免粗制滥造和重复出版，又要注重学术总结性项目，注重填补学术空白的项目。要重视科技方面的古籍整理工作和电子读物、多媒体读物的出版工作。"① 明显看出来既有继承性又有发展。

其二，明确古籍整理规划制订的精神。中国的古籍整理是"规划式"整理，即各级古籍整理领导部门都要制订古籍整理规划，然后由学者们按自己的特长和科研计划去选择项目进行整理，以保持古籍整理工作的有序进行。尽管在实际的古籍整理工作中，人们可能并没有完全按照规划去做，但规划一直起着重要作用，按照什么样的精神制订规划，古籍整理就会按照什么样的方向发展。

匡亚明曾指出，要不断总结之前古籍整理规划实施的经验和教训，根据新情况提出新的指导思想，"要制订出有学术性、科学性、可行性、权威性的古籍整理出版规划，力求更好地推动古籍整理出版事业的稳步发展。既强调质量，又注意数量，还要考虑到普及与提高相结合的原则"②。在古籍整理出版十年规划和"八五"计划的讨论会上，形成了古籍整理的新的精神，那就是特别强调古籍整理规划的学术性、计划性、指导性和权威性。所谓学术性，就是要把那些真正具有学术价值的选题列入规划，在整理质量上要有更高的标准，既要突出重点，又要照顾全面，防止那些整理方法陈旧，版本选择不当，糟粕和精华不分的选题进入规划。所谓计划性，就是基于对我国古籍整理的历史与现状的分析与评估，既要保持整理工作的连续性，也要

---

① 全国古籍整理出版规划领导小组办公室：《国家古籍整理出版"十五"（2001—2005）重点规划》说明，2001 年 12 月。

② 《匡亚明同志在古籍整理出版规划小组办公室座谈会上谈小组和办公室工作问题（摘要)》，《古籍整理出版情况简报》1992 年第 254 期。

淘汰一些不成熟或价值不大的旧选题，补充一些具有重要价值、社会急需的新项目，克服古籍整理的盲目性。所谓指导性，就是规划要对今后古籍整理的方向起到指导作用，要力求通过规划，把古籍整理工作提高到一个新水平，要收到古籍整理与学术研究相互促进之效。要让人们认识到，古籍的整理出版和研究，是继承和弘扬中国优秀传统思想文化、使之古为今用的必由之径。所谓权威性，就是古籍整理规划一经国务院批准，就具有了法定权威，必须付诸实施。[①] 这一精神在其后的古籍整理规划中被继承下来，如"九五"重点规划中就说："我们一方面要坚持每隔五年制订一个定期的计划，以反映古籍整理出版的短期目标和阶段性成果，另一方面还应该考虑古籍整理的整体布局，放眼长远需要，要对古籍整理出版工作的历史、现状和未来发展，有一个整体的框架和科学的估测，制订出容量较大的长远规划，从而真正体现出规划工作的学术性、系统性和指导性。"[②] 由于规划制订会引领古籍整理的方向，因此，不同类别的古籍要有适合自己的整理规划。譬如民族古籍的整理，"规划应该是多层次的……各级规划应反映出各自特点，逐层筛选。那种把县级规划加在一起作为地区级规划，进而将各地区规划的总和作为省级规划的做法是不可取的。要区分轻重缓急，抢救性的珍贵古籍和当前需要的古籍可以先搞"[③]。民族古籍内容复杂，其整理更要分轻重缓急，有计划、有步骤地进行，不能不分主次一起上。掌握的原则就是"突出重点，认真选择"。优先整理那些年代久远、未曾整理过的典籍；有文字的民族，优先安排成文的项目，口头流传的先做收集工作，缓后整理；没有文字的民族的口碑文献，应先选择有价

---

① 国务院古籍整理出版规划小组：《中国古籍整理出版十年规划和"八五"计划》，1992年2月15日，第3—6页。

② 国家古籍整理出版规划小组：《中国古籍整理出版"九五"重点规划（1996—2000）》说明，1996年8月。

③ 李鸿范：《两年来民族古籍整理工作情况和对今后工作的一些意见》，《古籍整理出版情况简报》1985年第150期。

值的进行整理。① 总之，制订一个具有学术性、科学性、计划性、指导性、权威性和可操作性的规划，可以引导古籍整理出版工作沿着正确的方向发展。

其三，对古籍整理出版错误发展方向的纠偏。改革开放新时期的古籍整理出版进入 20 世纪 90 年代后，由于受市场经济的影响，一度出现偏离古籍整理正常轨道的现象。主要表现为选题庸俗、质量低劣、重复出版等情况。"在选题上，有些古籍图书把关不严，抉择不精，出版后带来了一些消极影响，如明清艳情小说出版过滥等，有单纯追求经济效益的现象。""有些古籍图书的整理质量不高，特别是一些今注今译的图书，贪大求快，动辄几百万上千万字，且又成于众手，时间仓促，译注的质量较差，甚至错漏很多"②。这种现象引起了古籍整理学者的高度关注和极端忧虑，在古籍整理出版工作会议上进行充分讨论，提出要"严肃解剖自己"，在古籍整理质量上下功夫，在市场经济大潮的冲击下站稳脚跟，"坚持出高品位、高质量的书，决不迎俗媚俗，降格以求"③。"在市场中找到自己的位置，创造自己的生存空间，完成自己的使命"④。看到古籍整理中存在的问题，提出解决方案，使古籍整理保持自己应有的品行，在健康发展的道路上前行，离不开全国古籍整理工作会议的讨论和指导。

二　协调古籍整理出版问题

因为古籍整理出版既是国家行为，又必须由学者来完成，故而涉

---

① 《全国少数民族古籍整理出版规划会议在沈阳召开》，《古籍整理出版情况简报》1986 年第 161 期。

② 《1994 年全国古籍整理出版工作座谈会纪要》，《古籍整理出版情况简报》1994 年第 11 期，总第 288 期。

③ 《1994 年全国古籍整理出版工作座谈会纪要》，《古籍整理出版情况简报》1994 年第 11 期，总第 288 期。

④ 《1995 年全国古籍出版年会纪要》，《古籍整理出版情况简报》1995 年第 9 期，总第 298 期。

及政府、官员、学科、学者等诸多方面，情况极为复杂。而各级古籍整理出版规划小组又非严格意义上的官员，对于古籍整理出版存在的诸多问题，只能通过古籍整理工作会议来解决。

譬如，1985 年 12 月，全国少数民族古籍整理工作会议在北京召开。目的是检查各地对国发办（1984）30 号文件《关于抢救、整理少数民族古籍的请示》的贯彻落实情况，交流经验，进一步推动民族古籍整理工作的开展。① 这次全国少数民族古籍整理工作会议，参加的就有内蒙古、西藏、新疆、宁夏、云南、广西、辽宁、青海、湖南、贵州、北京等 22 个省市自治区的官员、学者以及中宣部、文化部、教育部、国务院古籍整理出版规划小组的官员、专家等。这样可以纵向、横向沟通。纵向，了解上级古籍整理的精神，认真贯彻执行；横向，了解各地方的做法，相互借鉴经验。② 通过会议交流，发现民族古籍整理中存在着不少亟待解决的问题，一些省市自治区虽然建立了民族古籍整理出版机构，但人员不足，形同虚设；有些古籍整理出版规划制订出来了，但一直没有开展工作；人才缺乏；经费缺乏，一些省市自治区没有把古籍整理经费列入预算；出版难；民族古籍整理者的职称待遇没有解决等。这些问题在此次会议上得到部分解决，时任国家民委文化司司长、全国少数民族古籍整理出版规划小组副组长的贾春光对于规划问题、人才问题、经费问题、出版问题进行了协调，并要求地方政府解决应该解决的古籍整理经费。③

民族古籍整理是跨省区的工作，需要各省区协作完成。本次会议也进行了磋商，把由辽宁省牵头的辽宁、吉林、黑龙江、内蒙、北

---

① 《全国少数民族古籍整理工作会议在京召开》，《古籍整理出版情况简报》1985 年第 150 期。

② 《全国少数民族古籍整理工作会议在京召开》，《古籍整理出版情况简报》1985 年第 150 期。

③ 《全国少数民族古籍整理工作会议在京召开》，《古籍整理出版情况简报》1985 年第 150 期。

京、河北六地的满文古籍协作小组和同样由辽宁省牵头的辽宁、吉林、黑龙江、北京、新疆五地的锡伯族古籍协作小组合并为一。藏文古籍由西藏牵头，回族古籍由宁夏牵头，相关省区参与其中。① 这样调整是为了便于工作，提高效率。

但是，这些问题并没有得到充分解决。1996 年 5 月，第二次少数民族古籍工作会议召开，时任国务委员、国家民委主任的司马义·艾买提到会并作了题为《做好少数民族古籍工作，促进各民族的共同繁荣与进步》的报告。这次会上，人们又提出少数民族古籍整理中出现的问题。一是要继续建立、健全和完善少数民族古籍工作机构；二是各省、自治区、直辖市要把少数民族古籍整理经费列入财政预算，确保古籍整理正常进行；三是重视少数民族古籍专业人才培养；四是尽快解决少数民族古籍出版难的问题。② 这些问题由于司马义·艾买提的参加而引起了地方政府的重视，少数民族古籍整理机构、古籍整理经费等问题都得到解决或部分解决。

中医古籍整理也是如此。1983 年 4 月和 8 月，全国中医古籍整理出版工作会议分别在沈阳和青岛召开，前者讨论和落实《1982 年至1990 年中医古籍整理出版规划》中第一批 12 种古籍的出版任务，草拟了《关于十二种中医古籍整理出版工作中若干问题的规定》，对 12种中医古籍的整理提出了具体要求；后者主要落实中医古籍整理出版规划的第二批任务，将计划整理的 592 种书目合并为 561 种，12 种重点书目改为 11 种。③ 会上还提出了中医古籍整理改进措施：改进组织管理形式，取消划协作片区的做法，改由各省卫生厅中医处负责中医古籍整理；改进中医占籍整理任务分配和稿件审定程序；落实古籍

---

① 《全国少数民族古籍整理工作会议在京召开》，《古籍整理出版情况简报》1985 年第 150 期。

② 李晓东：《第二次全国少数民族古籍工作会议综述》，《古籍整理出版情况简报》1996 年第 8 期，总第 309 期。

③ 白永波：《四年来中医古籍整理出版工作的回顾和对今后工作的建议》，《古籍整理出版情况简报》1986 年第 157 期。

整理者的职称待遇问题；适当增加经费等。①

三 规划古籍整理出版目标

古籍整理会议一般分三种，第一种是古籍整理规划会议，重点研究古籍整理规划的问题。第二种是古籍整理工作会议，重点总结和研究古籍整理的成绩、经验及出现的问题。第三种是古籍出版会议，重点研究古籍整理的出版问题。三种会议都会涉及一个重要问题，那就是古籍整理出版的目标。

其一，制订和规划古籍出版目标。如 1982 年，卫生部初步拟定了中医古籍整理出版九年规划，分为前四年（1982—1985）、后五年（1986—1990）两个阶段。规划要整理 686 种中医古籍，分轻重缓急，重点整理的有 11 种，分别是《素问》《灵枢经》《太素》《难经》《脉经》《神农本草经》《中藏经》《伤寒论》《金匮要略》《针灸甲乙经》《诸病源候论》，这是中医的经典著作，整理的要求极高。必须进行严格的版本挑选，精心标点、注释、校勘，"扼要中肯，力戒烦琐"，"一本原意，阐述明了"②。

1986 年 6 月，全国少数民族古籍整理出版规划会议在沈阳召开，议题是讨论少数民族古籍整理出版规划，会议通过反复讨论，在少数民族古籍整理出版的目标方面达成一致。在之后的五年时间内，基本完成少数民族古籍的搜集工作；编制民族古籍目录；五年中计划整理出版民族古籍 600—800 部，其中全国重点项目有 100 部左右；大力培养民族古籍的专门人才，举办民族古籍培训班，五年内每个省区培养 5 位到 10 位民族古籍整理人才，全国达到 100 人左右；积极组织社会各方面的力量参与民族古籍整理，使民族古籍工作获得更广泛、

---

① 白永波：《四年来中医古籍整理出版工作的回顾和对今后工作的建议》，《古籍整理出版情况简报》1986 年第 157 期。

② 《卫生部召开会议制订中医古籍整理出版规划》，《古籍整理出版情况简报》1982 年第91 期。

更深厚的社会基础。① 如此等等，都是通过会议制订规划目标。

其二，对目标任务进行检查，确保目标的实现。如 2002 年，全国古籍整理出版规划领导小组为了了解国家古籍整理出版"十五"规划的完成进度，对承担项目的单位进行调研检查，通过检查，规划项目中有 1 项已撤销，有 1 项需撤销，有 6 项拟撤销，有 10 项"十五"期间不能完成。"古籍小组将根据调查反馈结果重新调整一些项目，并采取相应措施，如以出版补贴的方式对规划项目予以资助等，创造有利条件，加大支持力度，促进规划项目的实施与完成"②。

第三节 古籍整理出版规划的颁布：国家层面的支持

由于"古籍整理出版是国家的大事，要纳入严格的规划管理"；要"确保最需要整理而又具有较高整理价值的古籍项目进入规划"③。所以国家要对古籍整理出版进行干预，即通过制订规划等制度形式，以主导古籍整理出版的大方向，防止古籍整理出版的盲目与重复，实现传承文化、教育子孙后代的目的。制订一个具有学术性、科学性、计划性、指导性、权威性和可操作性的规划，对于做好古籍整理出版工作具有重要意义。

一 古籍整理出版规划（1982—1990）

该古籍整理出版规划于 1982 年 8 月 23 日经国务院批准实施，全部规划共计 3119 种，分为文学（924 种）、语言（219 种）、历史（814 种）、哲学（400 种）、综合参考（677 种）、今译（20 种）、专

---

① 《全国少数民族古籍整理出版规划会议在沈阳召开》，《古籍整理出版情况简报》1986 年第 161 期。

② 《国家古籍整理出版"十五"（2001—2005）重点规划执行情况综述》，《古籍整理出版情况简报》2002 年第 10 期，总第 380 期。

③ 庄建：《古籍整理出版要以规划为坐标》，《光明日报》2009 年 7 月 3 日。

著（65 种），共七类。①

这是改革开放新时期的第一个古籍整理出版规划，该规划适应了20 世纪 80 年代中国文化发展的实际，其特点如下：

一是按照人们的文化需要，按轻重缓急进行了选择。所列古籍整理书目，选取的基本上都是"未整理或需要重新整理的名著、基本古籍，以及参考价值较高、开展教学和科研工作所需的重要资料书"②。

二是根据中央《关于整理我国古籍的指示》，为让更多的普通民众阅读古籍，了解祖国优秀传统文化，特设"今译"。"为重要的古籍作今译，是为了使不具备古代汉语修养的一般读者特别是青年读者能够读懂古书，以利于继承和发扬中华民族优良文化传统和建设高度的社会主义精神文明。要做好这一工作，必须在研究的基础上今译，并附以必要的注释"③。规划根据精选的原则，选取了 20 种重要的、难懂的古籍进行译注，有《诗经》《文心雕龙》《尚书》《战国策》《史记》《汉书》《老子》《庄子》《屈原集》《世说新语》《贞观政要》《后汉书》《三国志》《孙子》《吕氏春秋》等。

三是进行分工协作，把一些特殊的古籍类别，交由相关部门进行整理出版。这主要涉及少数民族古籍、农书、医书、科技古籍、地方志等。"我国是一个多民族国家，除汉文古籍外，少数民族文字的古籍，也是宝贵的文化遗产，拟由中央民族学院和民族出版社共同制订规划，报请民委批准"；"医书、农书、其他科技古籍，有关部门已经进行了不少工作，很有成绩，今仍由卫生、农业和有关科技部门草拟方案，继续整理"；"地方志，不但数量多，内容也很丰富，规划的历史部分只列了《宋元方志丛书》和《明代方志选刊》两项，大量的清代方志，拟由地方史志学会统一规划，拟出选目，由各省县印行"④。

---

① 国务院古籍整理出版规划小组编制：《古籍整理出版规划（1982—1990）》。
② 国务院古籍整理出版规划小组编制：《古籍整理出版规划（1982—1990）》。
③ 国务院古籍整理出版规划小组编制：《古籍整理出版规划（1982—1990）》。
④ 国务院古籍整理出版规划小组编制：《古籍整理出版规划（1982—1990）》。

四是根据实际情况，影印一批古籍。主要有两类：一类是卷帙浩繁的资料书、工具书；一类是古籍中的善本、孤本。前者如《全唐文》《清实录》等，大多只供学者进行学术研究查考、参考之用，没有必要像文史哲名著一样，逐字逐句校勘标点。后者影印，主要在于保存版本，使一些不可多得的宋元古籍和明刊善本得以广为流传。

《古籍整理出版规划（1982—1990）》是改革开放新时期的第一个古籍整理出版规划，从学术渊源上讲，它上有所承。早在 20 世纪 50 年代末 60 年代初，国务院古籍整理出版规划小组在齐燕铭的领导下就制定了《整理和出版古籍十年规划（1962—1972）》，"开始将各项工作引上了正轨"[1]，可惜因为"文化大革命"而中断。此次古籍整理出版规划的出台，"使古籍整理出版工作走上初具规模的新阶段"[2]，开辟了古籍整理工作的新局面，"据不完全统计，九年中规划内外共出版古籍 4000 余种（其中规划内 900 种），成倍超出建国后前 32 年出版古籍的总和。整理质量也有明显提高，初步解决了古籍资料'书荒'的问题"。其中文史典籍的出版，逐步理出了学科或门类发展的脉络和体系，反映出古籍整理出版工作正走向计划性和系统性。[3] 由此可见，1982 年制定的古籍整理出版九年规划，在中华人民共和国古籍整理出版史上，具有里程碑的意义。

二　中国古籍整理出版十年规划和"八五"计划（1991—1995—2000）

20 世纪最后十年，是中国社会、政治、思想观念、文化意识等都发生剧烈变化的十年。处在世纪交替之际的古籍整理，无形中增添

---

[1]《中国古籍整理出版十年规划和"八五"计划》，国务院古籍整理出版规划小组，1992 年 2 月 15 日，第 2 页。

[2]《中国古籍整理出版十年规划和"八五"计划》，国务院古籍整理出版规划小组，1992 年 2 月 15 日，第 2 页。

[3]《中国古籍整理出版十年规划和"八五"计划》，国务院古籍整理出版规划小组，1992 年 2 月 15 日，第 2 页。

了时代的紧迫感。该规划的制订，有诸多鲜明的特点。

其一，提出古籍整理规划应该遵循的精神和原则。即学术性、计划性、指导性和权威性，指出古籍整理必须处理好精华与糟粕、质量与数量、内容与形式、普及与提高、小而精与大而全、社会效益与经济效益、一般与重点、分工与协作之间的关系，把高质量的古籍整理成果奉献出来。

其二，提出加强古籍整理的理论研究，加快古籍整理出版手段的现代化，这是上一个古籍整理规划所没有的。在加强古籍整理理论建设时，提出"一方面要对清代学者古文献整理的成就做出全面总结，真正弄清乾嘉学派的精华所在，并加以发扬光大；另一方面要强调马克思主义对古籍整理的指导意义，充分认识辩证唯物主义和历史唯物主义方法论在古籍整理工作中的作用和价值，从而建立起有时代特色的古籍整理理论基础"[①]。

其三，与《古籍整理出版规划（1982—1990）》相比，增加了出土文献和科技类古籍的整理。出土古籍包括地下出土和石窟、木塔所藏两个部分，科技类古籍包括通论、数学、天文学、地球科学、土建、交通、轻工、农业、医药卫生等九类。列入出土文献，是因为随着出土文献的增多，人们亟待通过它们了解古代社会，整理势在必行。列入科技文献，是因为科技文献长期遭人冷落，古人在科技方面的成就和贡献人们知之不多，故要加以整理。

其四，合理增加"小而全"的古籍整理的比重，整理一批精选、精注、精译、精编的古籍读物和大中小学生课外古籍读物，从多方面满足读者需要。[②]

该规划整理出版的重点，一是关于今人新编的总集、丛书，二是善本、珍本和孤本的影印工作，三是专集的整理，四是古典文学理论

① 《中国古籍整理出版十年规划和"八五"计划》，国务院古籍整理出版规划小组，1992年2月15日，第7页。

② 以上均见国务院古籍整理出版规划小组《中国古籍整理出版十年规划和"八五"计划》。

遗产的整理工作。并合理安排出版一批精选、精注、精译、精编的高学术质量的古籍普及读物和大、中、小学生课外古籍读物，从而满足多方面、多层次读者的需求。同时加强科技方面和少数民族古籍整理出版的规划工作，加快古籍整理出版手段现代化的步伐，做好古籍印本和电脑软盘的出口工作。这个规划，对古籍整理出版事业来说具有继往开来的作用。其中，前五年即"八五"计划的重点书目计为1004种，分文学类（196种）、历史类（245种）、出土文献类（20种）、哲学类（118种）、宗教类（23种）、语言文字类（59种）、科技类（289种）、综合类（54种）等八类，普及读物分属各类中。"八五"计划列入的古籍更加突出学术价值，比如，文学类的《全宋诗》《全宋文》《全元诗》《全元文》《全明诗》《全明文》《全明词》，历史类的《绎史》《国语》《汉纪》《南唐书》《文献通考》《通志二十略》《唐会要》等古籍都是学术研究的重要基础文献。①

三 中国古籍整理出版"九五"重点规划（1996—2000）

"九五"规划沿袭了《中国古籍整理出版十年规划和"八五"计划（1991—1995—2000）》的规划精神，因为"九五"规划本身就是1991—2000年十年规划的一部分。但是，因为古籍整理出版规划一直坚持长远规划和短期规划相结合，以便适时调整。故而它仍然有自身的特点，反映了古籍整理发展过程中学科体系的逐渐完备。

该规划分文学、语言文字、历史、出土文献、哲学、宗教、科技、综合、普及读物9大类。

其一，在分类上单列普及读物，这是"八五"规划当中没有的。1981年中央下达《关于整理我国古籍的指示》时，专门提出了古籍今译，以便让更多的人了解传统文化。《古籍整理出版规划（1982—

---

① 国务院古籍整理出版规划小组：《中国古籍整理出版十年规划和"八五"计划（1991—1995—2000年）》，1992年6月。

1990）》中专列"今译"，《中国古籍整理出版十年规划和"八五"计划（1991—1995—2000）》取消了"今译"，把古籍的普及通过精选本分散在各类中。此次"九五"规划又重新列出"普及读物类"，"是想对近年来今注今译热潮中的积极因素予以肯定，把此类读物的发展趋向引导到提高与普及的辩证轨道上来……为纠正目前普及读物存在的粗滥之风"①。可谓用心良苦。

其二，注重学术总结性的古籍整理。凡此前已经整理过的古籍，此次整理必须有新的整理方式或新的研究成果。鼓励集大成而又能成一家言的新作。

其三，重视填补学术空白的项目。如关于敦煌文献和《续修四库全书》等，均工程浩大、影响深远，前人未做，故列入。

其四，增加地方文献类整理项目。诸如《江苏地方文献丛书》《湖北地方古籍文献丛书》《桂林文库》等，富有鲜明的地方特色，具有很高的文献价值。

其五，提倡编撰大型工具书。规划列入了《中国古籍总目》《日藏汉籍善本书录》《中国通俗小说总目提要》等，充分肯定学术工具书的价值。②

从"九五"规划可以看出，经过近 20 年的努力，古籍整理的系统性逐渐显露，规划之间的继承发展日渐明显。

四 国家古籍整理出版"十五"重点规划（2001—2005）

古籍整理"十五"规划是进入 21 世纪以来的第一个五年规划。经过 20 世纪后期 20 年的努力，中国的古籍整理事业已经迈上了一个新的台阶，为新的古籍整理规划的制订提供了可资借鉴的理论基础和

---

① 国家古籍整理出版规划小组：《中国古籍整理出版"九五"重点规划（1996—2000）》，1996 年 8 月。

② 以上均见国家古籍整理出版规划小组：《中国古籍整理出版"九五"重点规划（1996—2000）》，1996 年 8 月。

实践经验，使得"十五"规划的制订有了更加充分的学术保障。

和前面的几个规划相比，"十五"规划有着明确的规划原则，"要正确处理社会效益和经济效益的关系，坚定不移地把社会效益放在首位。要正确处理近期与长远、当前需要与未来发展的关系，既要充分反映最新研究动态和最新成果，又要注重基础研究和基本古籍资料的整理。要正确处理普及与提高的关系，既要进一步优化选题结构，又要注重学术总结性项目，注重填补学术空白的项目。要重视科技方面的古籍整理工作和电子读物、多媒体读物的出版工作"①。如此明确地表达古籍整理的原则，是以往规划所没有的。

"十五"规划大致分文学艺术、语言文字、历史、出土文献、哲学宗教、科学技术、综合参考、普及读物 8 个门类。与"九五"规划在门类上没有什么区别，只是把"九五"规划中的哲学和宗教合并为一类而已。但是，细绎"十五"规划，即能发现它在继承之前古籍整理规划特点的同时，又有自身的发展。

其一，规划所列项目本身具有较高的版本价值和文化积累价值；在整理方式上比较妥善，有些还具有一定的原创性；整理成果达到了当代学术研究的新高度；项目的完成时间和出版质量有保证。

其二，注重对流散海外的中国古籍的整理与刊印。"十五"规划不仅对英藏、法藏、俄藏敦煌文献进行有计划的大规模整理和出版，而且强调对流散海外的孤本、善本的影印，如《中国古籍海外珍本丛书》计划选编美国、日本、欧洲及世界各地收藏的中国古籍，准备首批推出《美国哈佛大学哈佛燕京图书馆藏中国古籍珍本汇刊》，包括宋、元、明本 100 种。这些，对我国的学术研究贡献将是巨大的。

其三，积极迎接电子信息时代的到来，把古籍整理出版手段的现

---

① 全国古籍整理出版规划领导小组办公室：《国家古籍整理出版"十五"（2001—2005）重点规划》，2001 年 12 月。

代化纳入规划，特别关注古籍整理出版的电子化工程。"十五"规划要求古籍整理工作跟上时代步伐，提倡出版古籍的电子版，要求各整理单位大力推进古籍信息的网络流通。

其四，普及读物类除继续把相关古籍译成现代汉语以广流通外，还注意到对外文化交流，把部分古籍转译成英文等外国语言，把优秀传统典籍推向世界。如《大中华文库》就计划选取先秦至近代最有影响力和代表性的古籍 100 种，内容涵盖文学、史学、哲学、宗教、政治、军事、科技、医学、艺术等，先翻译成白话，再翻译成英文或其他语言，以期扩大中国文化在世界上的影响。①

五　国家古籍整理出版"十一五"重点规划（2006—2010）

古籍整理"十一五"规划在"十五"规划基础上又前进了一步。该规划以"学术性、计划性、指导性、权威性"为基本原则，经过广泛征求意见，多次论证，反复研究，慎重取舍，最后确定了 196 个重点古籍出版项目。分为文学艺术、语言文字、历史、出土文献、哲学宗教、科技、综合、普及读物 8 个门类，兼顾文、史、哲、科技等各学科的比例平衡，注重学术提高亦十分关注普及工作。

此次规划重点在提高质量上做文章，反映了古籍整理事业正走向成熟。其总体特点如下：一是所选古籍具有文化积累、传承和促进学术繁荣的价值；二是整理方式比较完善，版本选择较为精当，整理者水平较高，或具有原创性，或为后出转精，或为集大成者，既注重了学术的总结性，又注重了填补学术研究的空白；三是整理成果可达到当代学术研究的新高度；四是在完成时间和出版质量上确有保证。

另外，此次规划为了加强对未成年人进行爱国主义教育，为了使青少年了解中华民族的民族精神，专门列入了为未成年人量身定制的

---

① 以上均见全国古籍整理出版规划领导小组办公室：《国家古籍整理出版"十五"（2001—2005）重点规划》，2001 年 12 月。

大型传统文化普及丛书《长城丛书》；为重视和支持地方文献的整理出版工作，列入大型地方文献丛书 6 种。凡此，都反映出"十一五"规划的特点和价值。①

六 2011—2020 年国家古籍整理出版规划

改革开放新时期古籍整理规划最引人瞩目的有两个，一是 1982 年制订的《古籍整理出版规划（1982—1990）》，二是 2012 年出台的《2011—2020 年国家古籍整理出版规划》。前者引人瞩目，因为是改革开放新时期第一个古籍整理规划，具有首开先河的作用。后者引人瞩目，是因为中国古籍整理与古文献研究已经又走过了 30 年的历程，积累了丰厚的经验，取得了理论上的突破，需要在前人的基础上更进一步。

《2011—2020 年国家古籍整理出版规划》得到诸多赞誉，被认为"涵盖当前古籍整理研究界的最新成果，反映相关领域科学研究的总体水平，展现未来十年乃至几十年的发展趋势"②。主要是因为之前有了深厚的学术积淀。从 20 世纪 60 年代起，我国已陆续颁布实施和落实了 6 个出版规划，古籍整理事业取得了令人瞩目的成绩。几十年来，推出了一大批体现国家水准、能够传之久远的精品工程，如点校本"二十四史"和《清史稿》《中华大藏经》《甲骨文合集》《敦煌文献合集》《新中国出土墓志》《中国古籍总目》《续修四库全书》等。与此同时，古籍整理出版人才培养也稳步推进，初步形成一支由高等院校、科研院所和出版单位共同组成、具有较高业务能力和综合素质的古籍整理出版队伍。后来者居上，《2011—2020 年国家古籍整理出版规划》就是在以前 6 个国家级规划的基础上形成的，具有高远的

---

① 王凌：《〈国家古籍整理出版"十一五"重点规划〉将颁布实施》，《中国新闻出版报》2006 年 5 月 15 日。

② 杜羽：《古籍整理出版是文化传承的基础伟业——新闻出版总署署长柳斌杰谈〈2011—2020 年国家古籍整理出版规划〉》，《光明日报》2012 年 11 月 5 日。

眼光。

该规划全面反映了我国古籍整理研究领域新成果，体现了古籍整理出版的新思路，重点突出，特点鲜明。

就重点而言，当时提得最响亮的是"五大工程"，即基础性古籍目录出版工程、散失海外中国古籍珍本回归工程、出土文献整理出版工程、社会档案整理出版工程和古籍数据库工程。特别突出基础性文献、出土文献、科技文献及文化积累价值较高的文献的整理。该规划充分发挥其导向作用，有计划有步骤地系统整理经、史、子、集等各部古籍，全面梳理我国古籍资源，此为基础性项目；采用多种方式深入整理甲金、简帛、石刻、写本、文书等各类出土文献；全面整理数学、天文、历法、农医等科技典籍的出版项目；其他如《新编新注十三经》《中华古籍总目》《海外所藏中国珍稀文献丛刊》《马王堆汉墓简帛集成》《清华大学藏战国竹简》等一批具有文化积累价值、体现国家水准并能传之久远的古籍整理出版项目等。

从特点上看，该规划的编制紧扣我国经济、政治、文化和社会发展实际，注重反映古籍整理研究的新动向，探索古籍整理出版的新路径，呈现出鲜明的时代特点。"《规划》不局限于传统四部典籍，加大了艺术、文化、医学、天文、历法、水利、建筑、农学等各类典籍整理出版力度，如《清代样式雷建筑图档整理专题研究》《中国古农书集成》等；《规划》还首次在古籍整理的长期规划中增加了 20 个数字化项目，加强资源整合，创新技术手段，努力探索古籍整理出版新业态；规划汇集了一批极具文化传承价值和学术价值，既注重学术的总结性，又注重填补学术研究空白的大型项目，如中华书局组织实施的点校本'二十四史'和《清史稿》修订工程、《中华大藏经续编》等"①。

---

① 杜羽：《古籍整理出版是文化传承的基础伟业——新闻出版总署署长柳斌杰谈〈2011—2020 年国家古籍整理出版规划〉》，《光明日报》2012 年 11 月 5 日。

《2011—2020 年国家古籍整理出版规划》是十年规划，那么在
"十二五"（2011—2015）期间，古籍整理的规划重点则是加大对古
籍重点工程、前沿项目的扶持力度，如加强科技支撑，加速推进古籍
整理出版数字化；加快古籍出版"走出去"与"引回来"的步伐，
积极将中国优秀典籍翻译成外国文字，提高中华文化在人类文明中的
话语权；同时，尽快将中国流失海外的古籍善本系统地引回来，整理
出版存藏海外的中国古籍。①

总之，改革开放新时期出台的 6 个"国家古籍整理出版规划"，
形成了由国家主导、体现国家意志、代表国家水平的脉络清晰的古籍
整理出版体系，从而推动了中国优秀传统文化传承体系的建设。从某
种意义上说，"古籍整理出版规划"是一个时期内中国古籍整理出版
事业发展的总纲领。通过这样的全面规划，才能有计划、有系统、分
阶段、分层次地把我国浩如烟海的古籍按照国家和社会的需要整理和
出版出来，满足各方面读者的需求；只有通过全面规划，才能把全国
有限的整理古籍的专业人才，合理地组织起来进行工作，并在规划的
实践中培养一支宏大的古籍整理和研究队伍；只有通过全面规划，才
能使古籍整理和出版工作提高质量、迅速发展，适应社会主义经济、
社会、文化等各方面发展的要求。"对于传统文化，如何甄别优劣、
去伪存真，继承和弘扬中华传统文化的优秀基因和元素，是一个系统
工程，需要明确导向。《规划》突出了国家统筹规划在古籍整理出版
工作中的核心地位，体现具有学术性、科学性、前瞻性和权威性的宏
观指导，通过《规划》的编制和实施，全面梳理祖国传统文化典籍，
加强对优秀传统文化思想价值的挖掘和阐发，维护民族文化基本元
素，从而使优秀传统文化转化为新时代的精神力量，不断丰富中华民
族自强不息的精神追求和历久弥新的精神财富，不断夯实社会主义先

---

① 《"十二五"国家古籍整理出版五大工程确定》，中国文明网，http：//www. wen-
ming. cn/gxt_ pd/gxdt/201103/t20110330_ 126103. shtml，2011 – 03 – 30。

进文化的深厚基础，为建设中华民族共有精神家园提供重要支撑，增强国家文化软实力，提升中华文化国际影响力"①。

第四节　各部委及各省市区的古籍整理出版规划

除了国务院古籍整理出版规划小组制订全国古籍整理出版规划外，国家民委、卫生部、教育部、农业部等部委以及各省市的古籍整理规划小组也制订有古籍整理出版规划，以指导本行业、本地区的古籍整理。

一　各部委古籍整理出版规划的制订

国家民委、卫生部、教育部、农业部等部委下属的古籍整理出版规划领导小组，也制订了相关的古籍整理出版规划，这些规划的最大特点是有着浓重的民族或行业色彩，彰显了古籍整理多门类、多文字的新特色。

（一）全国少数民族古籍整理出版规划

1986 年 6 月，国家民委下属的全国少数民族古籍整理出版规划会议在沈阳举行。"会议经过讨论、研究，提出了 1986 年到 1990 年全国少数民族古籍整理出版规划"②。《规划》根据中国民族古籍的实际情况，提出从 1986 年到 1990 年，将编制出 50 多个少数民族的比较完整的古籍目录，并将整理出版 600 部至 800 部珍贵民族文献。其中包括 1100 年前用回鹘文写成的、世界最早的剧本之一的《弥勒会见记》以及藏族的《佑宁寺志》、蒙古族的《御制甘珠尔丹珠尔》、傣族的《大勐卯果占壁简史》等一大批有重要价值的民族古籍。体现了民族古籍整理的特色。《规划》对发掘和搜集少数民族文献极为

---

① 杜羽：《古籍整理出版是文化传承的基础伟业——新闻出版总署署长柳斌杰谈〈2011—2020 年国家古籍整理出版规划〉》，《光明日报》2012 年 11 月 5 日。
② 《全国少数民族古籍整理出版规划会议在沈阳举行》，《中国民族》1986 年第 8 期。

重视，希望各有关部门继续发掘和搜集少数民族古籍，特别是抢救濒临失传的古籍，大力培养整理出版民族古籍的专门人才。[①] 此后，国家民委少数民族古籍整理出版小组和国务院古籍整理出版小组一样，负责制订或长期或短期的古籍整理出版规划。由于我国很多少数民族都是跨省的，故而还要在规划之下制订各省合作的规划。譬如 1986 年 10 月在银川召开了来自甘肃、青海、新疆、北京、云南、河南、河北、山东和宁夏九省、市、自治区的回族古籍整理出版规划协作小组成立大会暨第一次工作会议。这次会议对有关回族古籍的搜集、整理、出版等问题进行商讨，对涉及省、市、自治区之间的问题，充分交换意见，民主协商，协调了一些项目。学者们认为，要重视回族古籍的搜集、整理和出版工作，回族在全国具有 "大分散、小聚居" 的特点，回族古籍的搜集、整理、出版工作，必须在全国范围协作进行。不搞协作，就不可能全面开展回族古籍的整理。由此，会议成立了九省、市、自治区古籍整理出版规划协作小组，并明确指出当前和今后一段时间内，回族古籍工作的重点应是搜集、整理并重，要设立一些项目，各地应从自己的实际情况出发进行安排。各地要特别重视散存于民间的文献资料和流传的口碑资料，尽量快地搜集起来，以免佚失。[②] 类似这样的跨省合作的少数民族古籍整理规划尚有很多。

（二）中医古籍整理出版规划

1982 年 6 月，根据《中共中央关于整理我国古籍的指示》精神和卫生部党组关于中医古籍整理出版的意见，卫生部中医局在北京召开了中医古籍整理出版规划工作座谈会，时任卫生部长崔月犁参加了会议并讲话。会议认为中医药学是个宝库，主要的理论和经验，都保存在浩如烟海的中医古籍里。中医古籍版本、种类极为繁多，文字古奥，不加整理、校勘、标点、注释、今译，必定会影响中医的继承和

---

① 《全国少数民族古籍整理出版规划会议在沈阳举行》，《中国民族》1986 年第 8 期。
② 雷晓静：《九省、市、自治区回族古籍整理出版规划协作小组成立大会暨第一次工作会议在银川召开》，《宁夏社会科学》1987 年第 1 期。

发扬。整理中医古籍对中医的发展有很重要的意义，是一件造福子孙后代的大事。会议初步拟定了中医古籍整理出版的九年规划，分为前四年（1982—1985）和后五年（1986—1990）两个阶段。九年内拟整理出版中医古籍 686 种，上自先秦，下迄清末，包括医经、基础理论、临床各科、针灸、气功、养生以及医案、医话等。规划内所列各书将根据不同情况分别进行校勘、标点、注释、笺释、训诂、今译（包括白话解）等，同时还有辑佚、汇编，并对珍本、善本、孤本进行审定、影印、出版等。在规划内的 686 种中医古籍中，重点整理11 种，即《素问》《灵枢经》《太素》《难经》《脉经》《神农本草经》《中藏经》《伤寒论》《金遗要略》《针灸甲乙经》《诸病源候论》。① 会议还决定成立"卫生部中医司中医古籍整理出版办公室"。同年 7 月 22 日，国务院古籍整理出版规划小组组长李一氓与卫生部及人民卫生出版社的相关人员座谈，再次强调了中医古籍整理出版的重要性和迫切性，明确提出此项工作是上对祖先、下对儿孙后代的大事。

1983 年 1 月 18 日，中医古籍整理出版办公室正式成立，办公室设在人民卫生出版社，负责办理中医古籍整理出版的具体工作。中医古籍整理出版办公室成立之后，着手制订正式的中医古籍整理出版规划。同年 3 月 22 日，卫生部（83）卫中字第 13 号"关于落实《伤寒论》等六本经典著作整理任务的通知"中，将《伤寒论》《神农本草经》《针灸甲乙经》《诸病源候论》《金匮要略》《中藏经》6 种中医古书列为第一批重点整理书目。与此同时，由人民卫生出版社组织并征求国内部分中医专家的意见，制定了《中医古籍整理出版十年规划》，拟定整理书目共 561 种。同年 4 月，卫生部中医司在沈阳召开了中医古籍整理出版座谈会。会议主要是讨论落实 1982—1990 年中医古籍整理出版规划中第一批 12 种古籍的整理出版任务。同年 8 月，卫生

---

① 《卫生部召开会议制订中医古籍整理出版九年规划》，《卫生工作简报》1982 年 6 月第24 期。

部中医司又在青岛召开了"全国中医古籍整理出版规划落实工作会议",落实了中医古籍整理出版第二批任务,共200种医籍。[1]

总之,在国家古籍整理出版规划领导小组和原卫生部中医司中医古籍整理出版办公室的领导下,中医古籍文献的整理研究及出版均取得了显著的成绩,中医古籍出版事业进入了一个繁荣、兴盛的时期。

(三) 全国高校古籍整理及古文献学研究规划

1983年全国高等院校古籍整理研究工作委员会成立后,多次召开古籍整理研究工作会议,讨论高校古籍整理研究规划。[2] 高校古委会的古籍整理及古文献学研究规划与少数民族、中医、农业等古籍整理出版规划有所不同,它主要依托高校,涉及古籍整理及研究、古文献学研究、古文献学学科建设、人才培养以及设置科研机构等诸多方面,具有综合性的特点。

1983年,全国高等院校古籍整理研究工作委员会就提出了古籍整理专门人才培养计划,并于1984年召开了高校古籍整理人才培养工作会议,就人才培养中存在的问题进行了讨论,确定了从本科生、研究生到讲习班等不同层次的古籍整理人才培养规格与要求。[3] 1985年5月,全国高校古委会在苏州召开一届二次会议,会议提出高校古籍整理研究"应该逐步把工作重点从抓组织队伍、建立机构转移到抓整理研究规划的落实,抓人才培养水平和成果质量方面来"[4]。并且提出制定规划的原则:"必须有一批有意义、有分量、有条件完成的骨干项目","应力求全面","要体现普及与提高相结合的原则"[5]。1986

---

① 刘从明:《新中国中医古籍出版工作概述》,《贵阳中医学院学报》2008年第5期。

② 详见杨忠主编《高校古籍整理十年》,江西高校出版社1991年版。

③ 《高校古籍整理人才培养工作会议纪要》,杨忠主编:《高校古籍整理十年》江西高校出版社1991年版,第31—34页。

④ 《全国高等院校古籍整理研究工作委员会一届二次会议纪要》,杨忠主编:《高校古籍整理十年》江西高校出版社1991年版,第44页。

⑤ 《全国高等院校古籍整理研究工作委员会一届二次会议纪要》,杨忠主编:《高校古籍整理十年》江西高校出版社1991年版,第44—45页。

年，在高校古委会的努力下，制订了《高校中国古文献学"七五"科研规划草案》，这个规划的特点是，"强调以马克思主义基本原理为指导，对古文献整理研究的历史与现状进行系统的总结，加强学科基础理论和方法的研究"；"发挥高校的优势，结合各研究机构的研究方向与学术特色，既有重大的科研项目，如《全宋文》《全宋诗》《全明诗》等，又有一批有价值、有意义的中型项目，如文史哲大家集、语言文字文献整理与研究等类目中的项目"；"科研与教学结合，与人才培养结合，在整理研究的基础上，编出中国古文献学的教材"；"贯彻中央关于古书今译的指示，做好提高指导下的普及工作，组织各研究机构的学术力量，共同完成大型的今译项目《古代文史名著选译丛书》"①。从此以后，高校古籍整理及古文献学研究步入了有序推进的轨道。

（四）农业古籍整理出版规划

1982年，农业出版社召开农业古籍整理出版工作座谈会，时任农业部副部长刘瑞龙在会上作了《把农史研究工作推向新阶段》的报告。与会专家重点讨论了《农业古籍整理出版九年规划（草案）》，并提出以下建议：一是成立农业古籍整理出版规划小组，有计划地开展工作，农业部将农业古籍的整理出版工作列入农业科技发展规划；二是发现和团结对研究农业古籍有经验的人才，加强农业古籍整理人才的培养；三是做好调查研究，对全国农业古籍进行一次普查，摸清家底；四是整理出版农业古籍应分轻重缓急，对当前生产、科研、教学有重要参考价值的，要优先整理；五是要出版研究农业史的工具书；六是做好现有农业古籍的收藏、保管和利用；七是出版地区性的农书，包括苏区、陕甘宁边区各抗日根据地的农史资料。②

在农业部具体指示下，农业古籍整理出版工作座谈会初步拟定了

---

① 安平秋：《安平秋古籍整理工作论集》，中国书籍出版社1994年版，第5—6页。
② 古农：《农业出版社召开农业古籍整理出版规划座谈会》，《中国出版年鉴》（1983），商务印书馆1983年版，第114—115页。

《1982—1990年农业古籍整理九年选题规划（草案）》，其中主要整理的农业古籍有：整理纂辑《中国农书丛刊》，包括综合、农田水利、农业气象、园艺花卉、茶叶、马政、畜牧兽医、蚕桑、古农具、经济作物10个部分；影印《中国农学珍本丛刊》，是对现存的珍本、孤本农业古籍进行影印，以便于人们研究利用；编纂《中国农史专题资料汇编》，从各种古籍中摘取相关资料，按照作物品种或农史研究专题分门别类地汇编在一起；编写《中国农史研究工具书》，编纂相关辞典、图谱、表等工具书，以便利农业科技史研究；纂辑《中国农史研究丛书》，展开对中国农史的研究；创办《中国农史研究》期刊；编写《中国农学普及丛书》，对重要的农书进行今译，供绝大多数人阅读学习，做好农业古籍的普及工作。[①] 规划还把梁家勉主编的《中国农业科技史》、杨向奎主编的《中国屯垦史》、吴觉农的《茶经述评》、谢成侠的《中国养牛羊史》、唐启宇的《中国农业史》、王毓瑚的《中国农学书录》、日人天野元之助的《中国古农书考》、石声汉校注的《南方草木状》、日本珍藏宋刻《全芳备祖》、梁家勉的《全芳备祖校释》、明刻本《农政全书》以及《中国地方志中农业资料汇编》《中国历代自然灾害大事记》等列为优先出版的农书。"此外，上自先秦，下至清末，凡经、史、子、集、地方志、私人杂考、笔记以及史前文物、甲骨、金文、少数民族资料中涉及农事的都在应整理出版之列。"[②]

（五）中国地方史志整理规划

旧方志是浩如烟海的中国古籍的重要组成部分，历史上流传下来的地方志"约占全部古籍总数的十分之一"[③]，蕴藏着历史上各地区

---

① 朱洪涛：《农业古籍整理出版工作的回顾与展望》，杨牧之主编：《古籍整理与出版专家论古籍整理与出版》，凤凰出版社2008年版，第135—136页。

② 朱洪涛：《农业古籍整理出版工作的回顾与展望》，杨牧之主编：《古籍整理与出版专家论古籍整理与出版》，凤凰出版社2008年版，第136页。

③ 《中国地方志整理编纂工作座谈会在武汉举行》，《古籍整理出版情况简报》1982年第90期。

的自然、社会和人文的丰富资料，其中有大量的珍贵资料不见于纪传、编年等历史典籍，具有极高的历史价值和科学价值。有计划、有步骤、有重点地进行整理，充分发挥方志资料的作用，具有重要意义。1982年5月，中国地方志整理编纂工作座谈会在武汉举行，中国地方史志协会会长梁寒冰等人参加会议。会议主要根据国务院古籍整理出版规划小组提出的任务，研究整理旧地方志的项目、内容和方法，提出关于整理规划的建议。经过讨论，座谈会初步研究制定了整理中国地方志的九年规划（草案），确定了旧志整理的基本项目："第一，综合参考部分：包括方志学文献，地方志工具书（地方志目录、地方志提要、地方志索引）。第二，重印旧志部分：分校点排印、原书影印、辑佚排印三种类型。整理重印一批旧地方志。准备择优选印清代地方志一百种，民国地方志十种，地方志稿本一百种，地方志辑本四百种，乡镇志一百种，山水志三十种，外国收藏的中国地方志孤本一百种。第三，资料汇编部分：编辑一套综合性的《中国地方志资料汇编》，准备用十年时间，组织全国各部门和各地方的力量，分门别类辑录出来，提供全社会使用。"① 经过修订，规划初步确定了首先编印《中国地方志联合目录》《中国地方志综编提要》；陆续标点、校注、刊印旧志中的珍本、善本、孤本、抄本及其他著名旧志等目标。② 旧地方志的整理从此拉开序幕。

二 各省市区古籍整理出版规划的制订

我国古籍浩如烟海，即使有选择、有重点地整理出版，任务也是相当艰巨的，国务院古籍整理出版规划小组不可能包揽全国所有的古籍整理。因此，规划小组于1982年11月致函有关省、市、自治区，

---

① 《中国地方志整理编纂工作座谈会在武汉举行》，《古籍整理出版情况简报》1982年第90期。

② 《中国地方志协会两年多来工作情况和今后工作的意见》，《新疆地方志通讯》1984年第1期。

希望各省、市、自治区党委、人民政府和所属出版社，组织力量、统筹安排、分工协作，搞好古籍整理出版工作。在这样的背景下，各省市自治区先后成立古籍整理出版规划领导机构，制订古籍整理出版规划。从各省市古籍整理出版规划来看，最大的特点就是重视整理乡邦文献，突出地方特色。

譬如山西省古籍整理出版规划小组制订的《山西省古籍整理出版规划（1986—1990）》和十年规划（1991—2000），提出了"立足本省，面向全国"的古籍整理出版原则。① 主要整理出版 1912 年以前山西历代作家、学者的著作，着重文史哲著作。以整理每个作家、学者的全集为重点，同时结合本省古文化研究力量，兼及一些省外、国外学者的有关著作和专著，有计划地进行出版。

以《山西省古籍整理出版规划（1986—1990）》为例，该规划共分六部分，除了第二部分《古籍整理研究小丛书》和第三部分《古典小说丛书》外，其余四部分都是整理山西学者的文献。其一，《三晋古籍丛书》。这部分是 1986—1990 年规划的主干、重点，也是今后制订规划的依据和整理出版古籍的基本立足点。主要列入历代山西籍比较重要的学者、作家 60 余人，以整理每个人的全集为目标，名著校注，一般校点，可以分册单独发行，也可以合册刊行，陆续出版。其二，《三晋名人名著研究丛书》。列入山西古代、近代名人评传丛书和山西作家研究论文集。其三，《近代山西学者古籍研究论著》，列入山西专家、学者长期研究的文史成果和专著，包括研究生阶段的研究成果和古籍整理项目。其四，其他。主要列入两种类型的著作：外籍作家描述山西的作品；有学术价值、填补空白性的作家集子，如《姜白石诗集笺注》等。② 山西省古籍整理出版规划的效果非常明显。

---

① 姚奠中：《关于〈山西省古籍整理出版规划〉的说明——在山西省古籍整理出版领导组成立大会上的发言》，《晋中师专学报》1987 年第 1 期。

② 姚奠中：《关于〈山西省古籍整理出版规划〉的说明——在山西省古籍整理出版领导组成立大会上的发言》，《晋中师专学报》1987 年第 1 期。

10 年时间，山西就整理出版了"三晋古籍丛书"30 种、"三晋古代名人评传丛书"10 种、"三晋古志传丛书"16 种及其他具有山西地方特色的古籍图书 35 种，"体现出浓郁的山西地方性特色"①。

1982 年 4 月在长沙召开了湖南省古籍整理出版规划会议，"会议认真讨论了湖南省的古籍情况，研究了湖南古籍整理出版规划的初步方案"②。在编制古籍整理出版规划时，也是立足湖南，首先整理乡邦文献。第一，明确湖南古籍整理出版的重点。就是要从湖南的实际出发，应以清代前后三百年为重点。这是因为湖南在清代出现的著作家最多，作品也最丰富，但对这些著作尚未进行系统整理，特别是乾嘉以后的著作，更谈不上整理。第二，要通盘考虑湖南的古籍整理。一要有延续性，承前启后，继往开来；二要有系统性，力争做到不遗漏，不杂乱，不零散；三要有科学性，哪些典籍需要点校，哪些需要注释，哪些需要今译，要全面规划；四要有实用性，便于收藏、研究、教学和普及。第三，要体现湖南的特色。要整理出版地地道道的湖南古籍。如《楚辞》等，要在这方面多下功夫。第四，要有具体的实施方案，保证规划的落实。③ 列入方案的古籍共 359 种，"其中列入第一批整理项目的有《王船山全集》《曾国藩全集》《左宗棠全集》《湘绮楼文集》《周敦颐集》以及王先谦的学术专著《庄子集解》《荀子集解》等 20 余种"④。地方特色非常明显。

1984 年，四川省古籍整理出版规划小组经过广泛征求意见，讨论制订了《四川省古籍整理出版规划（1984—1990）》，以指导四川的古籍整理与研究。这个规划有以下特点：一是整理出版的范围，

---

① 山西省古籍整理出版规划小组办公室：《山西省古籍整理出版十年成就显著》，《古籍整理出版情况简报》1994 年第 3 期。

② 《湖南召开古籍整理出版规划会议》，《中国出版年鉴》（1983），商务印书馆 1983 年版，第 115 页。

③ 胡代炜：《开掘宝藏，做好湖南古籍整理出版工作》，《求索》1982 年第 4 期。

④ 《湖南召开古籍整理出版规划会议》，《中国出版年鉴》（1983），商务印书馆 1983 年版，第 115 页。

"以具有四川特色的古籍为主"①，其中既包括四川人的著述，也包括寓居四川以及虽未到过四川而对四川有研究的外省学者的著述。二是整理出版的内容，"以文史哲为主"②，同时包括地理、农、医、艺术、科技等方面的古籍。三是整理出版的重心，"着重明清以来的著述，同时对宋代及宋以前的古籍也予以足够的注意"③。四是在古籍的选择上，既注重学术价值，又考虑应用价值。《四川省古籍整理出版规划（1984—1990）》共计划整理古籍 365 种，其中文学艺术 105 种，历史地理 150 种，哲学宗教 38 种，语言文字 11 种，科技 20 种，综合参考 4 种，并列有关四川政治、经济、文化、科技、民族等研究性著作 37 种，诸如《四川简史》《四川经济史》《四川文化史》《四川历代文学研究》《川剧史》《四川地区藏族史》等。古籍整理采取的形式有影印、校注、校点、辑校、辑注、新编、今译等。

此外，各地方出版社也都根据自己的特点和实际，分别制订了自己的规划。如湖南人民出版社拟先整理出版王船山、曾国藩、魏源、左宗棠、王先谦、王闿运六大家的全集，福建人民出版社拟出《八闽文献丛书》，云南人民出版社拟出《云南史料丛书》，四川人民出版社拟出《四川古代史地丛书》等。④ 彰显的都是地方特色。

从以上梳理可以看出，这种以行政为主导的古籍整理出版体制，能够有效利用和整合资源，尽快满足国家建设过程中对文化的需要。更为重要的是，古籍整理出版规划的编制发挥了众多专家学者的集体智慧和主观能动性，体现了很强的科学性和战略性。广泛听取专家意见，邀请专家参与古籍整理规划，将专家学者的专业智慧融入国家层

---

① 四川省古籍整理出版规划小组：《四川省古籍整理出版规划（1984—1990）》说明，1984 年 5 月。

② 四川省古籍整理出版规划小组：《四川省古籍整理出版规划（1984—1990）》说明，1984 年 5 月。

③ 四川省古籍整理出版规划小组：《四川省古籍整理出版规划（1984—1990）》说明，1984 年 5 月。

④ 《喜看一年来的古籍整理出版工作》，《出版工作》1983 年第 4 期。

面的规划之中，把学者与官员结合起来，利用政府的资源从事有利于国家文化建设的学术活动，是中国古籍整理出版的重要特色。从制订《1982—1990 年古籍整理出版规划》开始，就为古籍整理的发展提供了长期稳定的政策支持。统筹性的国家古籍整理出版规划的制订和持续不断的资助经费的投入，更加为我国古籍整理出版事业的繁荣注入了活力。尊重科学、尊重学者，组织古籍整理专家积极参与古籍整理出版规划的制订、执行和监督工作，已经成为新时期以来古籍整理界的优良传统。

第　二　章
古籍整理的管理、研究与出版机构

改革开放以来，为了进一步促进古籍整理事业不断发展，在国家层面上设立了诸多与古籍规划、整理、研究及出版相关的机构，形成了涵盖规划、整理、研究、出版的古籍整理的管理和出版体系，使得古籍整理出版事业始终在国家主导、规划有序、支持有力、管理有效的制度体系中向前推进。

第一节　各级古籍整理出版规划小组的成立与发展

中华民族具有丰富和完备的文化典籍，其文化具有历代相续、从未中断的特点。改革开放新时期，人们怀着对中华文化典籍的敬意，为了统筹安排古籍整理工作，从中央到地方，纷纷成立了古籍整理出版规划小组，负责古籍整理的各项事宜，为古籍整理事业的健康有序发展提供了制度层面的保证。

一　国务院古籍整理出版规划领导小组的恢复及作用

早在 1958 年 2 月，原国务院科学规划委员会之下就曾成立古籍整理出版规划小组，由时任文化部副部长的齐燕铭担任组长，成员包括叶圣陶、何其芳、吴晗、杜国庠、陈垣、陈寅恪、罗常培、范文澜、郑振铎、金兆梓、金灿然、赵万里、徐森玉、张元济、冯友兰、黄松龄、潘梓年、翦伯赞 19 人。小组成立后，确定了古籍整理出版的方针，起草了新中国第一部古籍整理出版重点规划《整理和出版古籍计划草案》，1960 年调整为《三至八年（1960—1967）整理和出版古籍的重点规划》。在古籍整理出版规划小组的努力下，整理和出版古籍千余种，形成"文化大革命"前古籍整理出版的第一个热潮。遗憾的是，"文革"爆发后，古籍小组的工作受到很大影响，古籍整理事业受到严重干扰，基本处于停滞状态。改革开放以后，因"文革"而中断的古籍整理出版规划小组恢复并开展了一系列工作，保证了古籍整理出版事业的稳步发展。

1981 年 9 月，中共中央《关于整理我国古籍的指示》具体指出："根据陈云同志的提议，中央决定，由李一氓同志主持这件事，并由中华书局、文化部、教育部、社会科学院、国家出版局等单位的负责同志参加，组成古籍整理出版规划小组，直属国务院。"[①] 明确地提出了组成古籍整理出版规划小组的要求。

基于这一要求，国务院于 1981 年 12 月 10 日发出了《关于恢复古籍整理出版规划小组的通知》。通知指出：1958 年成立的古籍整理出版规划小组，虽然取得了很大成绩，但由于"文革"的影响，已很久没有工作了，成员也逝世过多。鉴于古籍整理工作对中华民族文化的继承和发扬，对青年进行传统文化教育，有极大的重要性。因此，国务院决定恢复古籍整理出版规划小组。由李一氓同志任小组组长，周林、王子野任小组副组长，小组成员包括王仲荦、邓广铭、叶圣陶、田余庆、白寿彝、史念海、冯友兰、任继愈、周一良等 53人，另聘王力、朱东润、季羡林、周谷城、杨伯峻、郑天挺、谢国桢、蔡尚思等 34 人为顾问。该古籍整理出版规划小组直属国务院，不另设办事机构，具体工作事宜仍由中华书局负责。并请各有关部门对该小组的工作给予大力支持，密切协作，共同完成古籍整理的

---

① 《中共中央关于整理我国古籍的指示》，杨牧之主编：《古籍整理与出版专家论古籍整理与出版》，凤凰出版社 2008 年版，第 2 页。

光荣任务。① 古籍整理出版规划小组的恢复，为改革开放以后的古籍整理出版工作提供了组织保障。

　　古籍整理出版规划小组复建后，立即着手拟订古籍整理规划。1982 年 3 月 17 日至 24 日，国务院古籍整理出版规划小组在北京召开了全国古籍整理出版规划会议，讨论制订 1982—1990 年古籍整理出版的九年规划，主持完成了《古籍整理出版规划（1982—1990）》，并报请国务院批准。所列项目，根据实际需要和可能，按轻重缓急作了选择，大体包括过去规划小组列目而尚未整理或需要重新整理的名著、基本古籍，以及参考价值较高、开展教学和科研工作所需的重要资料书。② 对于少数民族文字的古籍，以及医书、农书、科技古籍，规划未进行安排，拟由国家民委和卫生部、农业部、科技部等有关部门另拟规划。古籍整理出版规划小组在给国务院的请示报告中指出："古代医、农、科技以及少数民族古籍的整理与出版，将分别请由卫生部、农牧渔业部、中国科学院和中央民族事务委员会另行制订规划。目前农牧渔业部和所属农业出版社，中央民族学院和民族出版社，卫生部和所属卫生出版社，正在拟定具体计划，以后另行申报。"③ 对于地方志，规划的历史部分只列了《宋元方志丛书》和《明代方志选刊》两项，大量的清代方志，拟由"地方史志学会"统一规划，拟出选目，由相关省市印行。清代档案、敦煌吐鲁番文书，也是亟须整理的重要资料，只列入了总项目。整理古籍，一方面要逐步满足专业人员的基本需要；另一方面也要做好向社会广大读者和青年的普及工作。普及工作中的一项重要任务，就是对古代文史哲名著进行今译，以便尚未掌握古代汉语的读者可以读懂，从而了解祖国的

　　① 《国务院关于恢复古籍整理出版规划小组的通知 1981 年 12 月 10 日》，《图书出版管理手册（2006）修订》，中国法制出版社 2006 年版，第 288 页。
　　② 国务院古籍整理出版规划小组编制：《古籍整理出版规划（1982—1990）》，1982 年印行，第 5 页。
　　③ 《古籍整理出版规划小组请示报告 1982 年 7 月 20 日》，《图书出版管理手册（2006）修订》，中国法制出版社 2006 年版，第 289 页。

优秀传统文化。为此，该规划中专列了"今译"一项，根据精选原则，先对于一批重要的、难懂的古籍全部进行今译。至于选注、选译，也是普及工作中重要的方面，将由研究、教学人员视当前需要并结合个人专长进行工作，与有关出版社联系出版，规划不做具体安排。这个规划的讨论制订，既考虑到研究和教学工作急需的基本古籍和常用古籍，也考虑到长远需要的一些较大规模的古籍整理项目。

1982 年 8 月 23 日，此项规划经国务院批准颁布实施。国务院原则上同意这项古籍整理出版的九年规划，强调在执行过程中，可根据实际情况适当调整，并同意建设一个专门为古籍出版服务的专业化印刷厂。同时从 1983 年开始每年拨给教育部 250 万元、中华书局 50 万元、古籍整理出版规划小组 120 万元，用于古籍人才培养和有关古籍出版的经费补贴。鉴于当时国家财政困难，要求本着节约的精神，从严掌握。① 此后不久，教育部及许多省、市也相继成立了规划小组。有些省市还制订了本地区的长远规划。不少高等院校还先后成立了古典文献专业或古典研究所，以培养和壮大古籍整理队伍。

20 世纪 80 年代的古籍整理出版工作在古籍整理出版规划领导小组的指导下顺利展开。在党中央和国务院的领导、关怀下，经各部门和有关科研单位及各地出版社的共同努力，古籍整理出版工作取得了明显的成绩，为新时期学术研究的开展和繁荣奠定了文献基础。

首先，规划小组恢复工作以后，积极开展工作，从 1982 年到 1985 年，中央及地方出版部门累计整理出版各类文史哲古籍 1400 余种，较好地完成了《古籍整理九年规划》规定的前四年的任务。其中，以 1985 年的工作尤为突出，全年共整理出版各类古籍 530 余种（不包括重印书、选本及研究专著），比 1984 年多出书 150 余种，增长 40% 以上。在规划小组的组织和指导下，重点大项目的工作进展

---

① 《国务院关于古籍整理出版规划有关问题的批复》1982 年 8 月 23 日，《图书出版管理手册（2006）修订》，中国法制出版社 2006 年版，第 289 页。

比较迅速。如《中华大藏经》（汉文部分）于 1984 年开始出书，1985 年又按计划出版了十册，累计出版十五册，为中国古代思想的研究提供了重要资料。《古本戏曲丛刊》经过两三年的筹备工作，1985 年由上海古籍出版社出版第五集，共收古本戏曲 85 种，与郑振铎生前编辑的一、二、三、四集配套，还要陆续出版六、七、八集，以期为古代戏曲研究及戏目的推陈出新提供较为全面而又完整的资料。此外，文物出版社完成印刷《嘉业堂丛书》《求恕斋丛书》等工作。顾炎武《肇域志》的整理本陆续交稿，还出版了清康熙、乾隆三个善本的《台湾府志》，等等。1985 年出版古籍整理图书 500 多种，达到了历史的最高水平，数量相当可观，质量也有所提高。如中华书局出版的《大唐西域记校注》，用于校勘的本子即达 14 种之多，用于参校的还有 11 种，使该书成为集诸本之长的精校本。此外，古籍的今译工作取得可喜的成绩。1985 年，除新出两种《诗经》全译本、两种《古文观止》今译本外，又有多种古籍今译本问世，如《山海经校译》，先把古涩难懂的这部奇书整理出一个文字较通顺的校本，然后逐字逐句译成语体文，为读者读懂该书提供了很大方便。再如《大唐西域记今译》，译文生动流畅，再现了玄奘笔下的古代印度和中亚诸国的山川城邑、风土民情以及当地流传的绚丽多彩的神话故事和民间传说。如此等等，为古籍整理树立了标杆。

其次，规划小组调动各方面的力量促进古籍整理出版工作的开展，古籍整理出版工作受到各省、市的重视，工作颇有起色，初步体现出地方特色。湖南完成《走向世界丛书》第一辑的整理出版工作，上海《李鸿章全集》《章太炎全集》的整理出版工作也进展顺利。云南出版的《徐霞客游记校注》，是这部古代名著的第一部完整注释本。广东出版的《潮州戏文五种》，均为明抄本，是研究南戏和潮州戏曲史的极为珍贵的资料。北京出版的《兰亭墨迹汇编》，内收唐代和元代各家临摹书写的兰亭序或诗，计八种，为书法爱好者汇集了值得鉴赏的古代书法艺术珍品。浙江古籍出版社出版的《黄宗羲全集》

在版本选择方面较齐全，比过去刊印的任何一种梨洲文集汇刊、汇编本都要完备。① 黑龙江的《黑龙江文史丛书》，福建的《八闽文献丛书》也陆续出书，都具有地方特色。

总之，改革开放新时期古籍整理出版规划领导小组恢复以后，在新规划的指导下，古籍整理出版工作全面开展起来，古籍的整理出版工作不但初步满足了教学与科研的需求，而且促进了教学与科研的开展。

20 世纪 90 年代，古籍整理出版工作迎来繁荣时期。1991 年，国务院根据工作需要和人事变动情况，开始调整国务院古籍整理出版规划小组的组成人员。1992 年 4 月，国务院办公厅颁发《关于调整国务院古籍整理出版规划小组成员的通知》，确定第三届国务院古籍整理出版规划小组由南京大学名誉校长匡亚明任组长，周林、王子野、刘杲任副组长，傅璇琮为秘书长，小组成员包括王元化、王运熙、田余庆、李学勤、任继愈、张岂之、庞朴、杨牧之、袁行霈等 47 人，顾问有史念海、季羡林、白寿彝、启功、邓广铭、杨伯峻、张岱年、周一良等 44 人。② 新一届古籍整理出版规划小组的建立，为 20 世纪 90 年代古籍整理出版工作的开展提供了组织保障。

根据国务院的指示，新的小组成立后立即着手编制新中国成立以来古籍整理出版的第三个规划，即 1991—2000 年的十年规划和 1991—1995 年的"八五"计划。1992 年 5 月，第三次全国古籍整理出版规划会议在北京召开，时任国家主席江泽民题词："整理出版古籍，继承祖国优秀的文化遗产，为建设有中国特色的社会主义服务。"国务院总理李鹏题词："让古籍为我国现代化建设服务。"宋平、李瑞环为会议写来贺信，李铁映出席开幕式并讲话。③ 会议提出一系列工作任务：（1）第三届古籍整理规划小组工作的重点应是提

---

① 中国出版工作者协会：《中国出版年鉴》（1986），商务印书馆 1986 年版，第 149 页。
② 国务院办公厅：《关于调整国务院古籍整理出版规划小组成员的通知》，1992 年 4 月 20 日。
③ 章宏伟：《改革开放 30 年出版大事记》，《编辑之友》2008 年第 6 期。

高古籍整理出版和研究的质量，力求把工作做得更精更细。（2）认真贯彻李铁映同志提出的"古籍整理和学术研究是两项既有联系又有区别的工作"的指示，摆正整理与研究的关系。（3）建立古籍整理、出版、研究基金。（4）改变目前职称评定中轻视古籍整理工作成果的倾向，以利于古籍整理队伍的建设和人才培养。（5）鉴于古籍出版社的特殊情况，给以税利优惠政策。（6）加强国际交流，鼓励和促进古籍进入国际市场，等等。① 会议审议制订了《中国古籍整理出版十年规划和"八五"计划》，针对当时的形势和需要对古籍整理工作的重点作了适当调整。1992 年 6 月，该《规划》经国务院批准颁布实施。《规划》立足长远需要，注意文化积累，兼顾古籍研究者、出版者、教育科研单位和地方行政等各方面的实际情况，贯彻学术性、计划性、指导性和权威性原则，力求把古籍整理出版工作提高到一个新的水平，使古籍整理出版和学术研究两者相互促进，继承和弘扬中华民族优秀文化，"古为今用"②。

经过规划小组的努力，古籍整理出版质量明显提高，并初步解决了古籍资料"书荒"问题，文史类古籍的出版已逐步理出了学科或门类发展的脉络和体系，古籍出版力量大大加强，古籍整理后备人才的培养和在职青年编辑的培训已日趋正规和经常化，整个古籍整理出版工作已逐步具有计划性和系统性，显示出进一步繁荣的趋势。

1993 年，国务院下发文件，对古籍整理出版规划小组再次进行调整，撤销国务院古籍整理出版规划小组，更名为国家古籍整理出版规划小组，小组组长、副组长及小组成员、顾问不变。更名后的国家古籍整理出版规划小组继续担负指导、规划和组织、协调全国古籍整理出版工作的职责。在古籍整理出版规划的指导下，在国家财政划拨的古籍整理出版专款的支持下，全国的古籍整理出版得到了有效的管

---

① 《第三次全国古籍整理出版规划会议纪要（节录）》，国家民委办公厅、政法司、政策研究室编：《中华人民共和国民族政策法规选编》，中国民航出版社 1997 年版，第 395 页。

② 中国出版年鉴社：《中国出版年鉴》（1993），中国出版年鉴社 1994 年版，第 78 页。

理和调控，迈着有领导、有规划、协调有序的步调，努力前进着。1996年8月，国家古籍整理出版规划小组在"八五"计划重点书目的基础上，制订《中国古籍整理出版"九五"重点规划》并颁布实施。

1998年，在国务院机构改革中，古籍小组划归新闻出版总署领导。1999年5月，根据国务院《关于国务院议事协调机构和临时机构设置的通知》和国务院办公厅《国家新闻出版署（国家版权局）职能配置、内设机构和人员编制规定》的文件精神，新闻出版总署党组会议研究决定组建全国古籍整理出版规划领导小组，负责国家古籍整理出版规划工作。原国家古籍整理出版规划小组成员、顾问改任全国古籍整理出版规划领导小组成员、顾问。领导小组组长先后由新闻出版总署署长于友先、石宗源、龙新民担任，常务副组长由新闻出版总署副署长杨牧之担任。改组后的全国古籍整理出版规划领导小组，从当时古籍整理工作的实际出发，强调出版规划的可行性，将规划、督促和落实项目的完成出版作为工作的重点，加大了对全国古籍整理规划项目的资助力度，规划和资助项目的完成率大大提高。规划领导小组还在全国古籍整理出版专门人才培训、古籍整理出版规范化，以及全国古籍出版社联合会等多个方面，做了大量行之有效的探索和尝试，使古籍整理出版的规划和领导与古籍整理工作的实际得到了更紧密的结合，充分发挥了它的有效管理和宏观调控作用。

2000年7月5日，新闻出版总署和全国古籍整理出版规划领导小组联合发出《关于制订"十五"期间（2001—2005年）国家古籍整理重点图书出版规划的通知》，提出了制订"十五"规划的指导思想和基本原则。全国古籍整理出版规划领导小组办公室邀请在京的部分小组成员和各学科专家组成了规划项目审议委员会，于2000年10月召开会议，审议了全国84家出版社申报的343项选题，以及各学科专家提议列入的选题。经过反复研究，慎重取舍，最后形成了"十五"规划的草案。草案产生以后，又有出版社陆续报来项目，申请列入"十五"规划。根据小组领导意见，于2001年12月初，对补报的项目又专门进行了一次审议。2002年2月，最后修改定稿的《国家古籍整理出版"十五"（2001—2005）重点规划》经报新闻出版总署和全国古籍整理出版规划领导小组批准，颁布实施。此规划所列200个项目中所包含的品种总数达到800余种，特别值得注意的是，这次规划把科学技术类古籍单独列为一大类，所收医学、农学、水利、荒政、园艺、天文项目共计18项，占到规划项目总数的十分之一左右。① 2006年4月，新闻出版总署和全国古籍整理出版规划领导小组颁布实施《国家古籍整理出版"十一五"（2006—2010年）重点规划》。"十一五"国家古籍整理出版规划，是在出版单位及其主管部门上报和专家学者提议的基础上，经古籍小组组织专家反复审议研究确定的。在规划制订过程中，全国古籍整理出版规划领导小组广泛征求科研和教学单位、出版单位的意见，并邀请有关方面专家学者多次进行了论证。经反复研究，慎重取舍，最后确定为196个重点项目。"十一五"国家古籍整理重点图书出版规划是一个动态的出版工程，全国古籍整理出版规划领导小组将根据形势的发展和需要，每年检查"规划"的执行情况，对那些不能按时完成或质量达不到要求的项目予以调整，并适时增补新的项目。②

　　2008年，鉴于全国古籍整理出版规划领导小组成员情况变动较大，新闻出版总署根据《关于调整全国古籍整理出版规划领导小组成员的通知》文件精神，对全国古籍整理出版规划领导小组成员进行调整，组长由新闻出版总署署长柳斌杰担任，副组长分别由新闻出版总署副署长邬书林和北京大学教授、中央文史馆馆长袁行霈担任，小组成员包括安平秋、田余庆、李学勤、李零、张岂之、陈来、林甘

---

① 全国古籍整理出版规划领导小组：《国家古籍整理出版"十五"（2001—2005年）重点规划》，2001年12月印行。
② 全国古籍整理出版规划领导小组：《国家古籍整理出版"十一五"（2006—2010年）重点规划》，2006年印行。

泉、庞朴、晁福林、葛兆光、傅璇琮、瞿林东等60余位。古籍小组划归新闻出版总署以后，相关职能部门逐步整合。2009年2月，古籍小组下设办公室（简称"古籍办"），由中华书局转到新闻出版总署与出版管理司合署办公，新闻出版总署出版管理司的另一个牌子就是全国古籍整理出版规划领导小组办公室，新闻出版总署出版管理司司长吴尚之任古籍办主任。① 同时，古籍整理出版规划在国家图书等出版物整体出版规划之中进行单列。2011年4月，《"十二五"时期国家重点图书、音像、电子出版物出版规划》颁布实施，其子规划"古籍整理出版规划"共列入85个项目。2012年7月，新闻出版总署、全国古籍整理出版规划领导小组印发实施《2011—2020年国家古籍整理出版规划》。该规划共列入491个项目，具体分为文学艺术、语言文字、历史、出土文献、哲学宗教、科学技术、综合参考、普及读物和古籍数据库等九个门类，各门类下视具体情况又分为若干小类。② 新闻出版总署和全国古籍整理出版规划领导小组每年将视具体情况对项目作适当调整和增补，同时将加强监督管理力度，建立淘汰机制，对不能按时完成或质量达不到要求的项目予以撤销。

　　古籍整理出版规划小组作为全国古籍整理出版规划工作的领导、组织、协调机构，主要职能为负责制定和组织实施国家古籍整理出版规划，审定出版资助项目和资助金额及其他有关重大事项等。改革开放以来，古籍整理出版规划小组通过四个阶段的多个规划，描绘了中国古籍整理出版的蓝图，逐步推进古籍整理出版和学术研究走向繁荣，为学术的发展和文化的兴盛奠定了基础。

---

　　① 新闻出版总署图书出版管理司：《图书出版管理手册（2006）修订》，中国法制出版社2006年版，第289页。

　　② 全国古籍整理出版规划领导小组：《2011—2020年国家古籍整理出版规划》，2012年7月印行，第1页。

二　各部委古籍整理工作组织机构的建立及作用

随着国务院古籍整理出版规划小组的恢复及相关工作的开展，各相关部委也陆续建立起专门的古籍整理工作领导机构。这其中，尤以教育部成立的全国高等院校古籍整理研究工作委员会、国家民委成立的全国少数民族古籍整理出版规划小组、卫生部成立的全国中医古籍整理出版办公室等组织机构以及农业部农业古籍整理出版规划等部委的古籍整理规划工作最为突出。

（一）全国高等院校古籍整理研究委员会的成立及其工作

1982 年 3 月，国务院古籍整理出版规划小组召开了第一次会议，推进古籍整理出版工作。为了贯彻中央关于整理我国古籍的指示，响应古籍小组的号召，同年 3 月 25 日，教育部急电十一所高等院校，当年增招一些古籍整理的研究生。北京师范大学、华东师范大学、中山大学、武汉大学、吉林大学、东北师范大学、山东大学等七所大学当年录取了 41 名硕士研究生，加上其他院校共 50 人以上。同年 12 月 2 日，教育部下发题为《关于开展古籍整理研究、培养整理人才的意见》的文件，内容共有六条。其中第六条为：国务院拨发专款，用于高等学校整理研究古籍及人才培养。经研究决定，设立高等院校古籍整理研究补助基金会，教育部部属有关院校及省、市、自治区所属有关院校，均可根据条件申请使用。[①]

为了更好地组织协调全国高校的古籍整理研究和人才培养工作，将中央的指示精神落到实处，1983 年 2 月，教育部召开了高等院校古籍整理研究规划会议。国务院古籍整理出版规划小组副组长周林在会上讲话，对高校古籍整理研究机构的设置，古籍整理人才培养的规划及高校的古籍整理研究工作作了部署。同年 9 月，经教育部党组批准，成立全国高等院校古籍整理研究工作委员会（简称"高校古委

---

① 吴肃民：《中国少数民族古籍概论》，天津古籍出版社 1995 年版，第 215 页。

会"），国务院古籍整理出版规划小组副组长周林任主任，教育部副部长彭珮云、北京师范大学教授白寿彝、北京大学教授邓广铭为副主任。① 高校古委会是教育部直属的事业机构，负责全国高等院校古籍整理研究与人才培养工作。其主要任务和职能包括：第一，负责组织、协调全国高校古籍整理的科学研究与人才培养工作。包括制订重点古籍整理研究项目的规划、审批直接资助项目、督促检查项目进展情况；指导和协调包括古典文献专业本科生、硕士、博士研究生在内的人才培养工作；组织高校古籍整理研究队伍，推进有关研究机构的建设。第二，负责国家"高等院校古籍人才培养及整理研究专项基金"的分配和使用，并检查、监督接受该基金的机构或个人的经费使用情况。全国高校古籍整理研究工作委员会由中国古文献学及古籍整理研究领域的知名专家、教育部及相关部门负责人组成。委员会设主任委员 1 人，副主任委员若干人，委员数十人。秘书处是高校古委会的常设办事机构，负责处理古委会日常工作，设秘书长 1 人，副秘书长若干人，均由教育部委任。秘书处下设办公室、古籍信息研究中心和《中国典籍与文化》杂志编辑部。办公地点在北京大学，人员由北京大学教师兼任。委员会下设两个业务工作组，即科研项目专家评议组、学科建设与人才培养工作组。② 全国高等院校古籍整理研究工作委员会的建立，使我国高校的古籍整理研究与人才培养工作进入了有组织、有领导、有规划、出成果、出人才的发展新阶段。

"高校古委会"十分重视古籍整理人才的培养，分别于 1984 年 10 月、1985 年 12 月和 1989 年 10 月召开了三次人才培养工作会议，专门讨论本科生、研究生和研讨班三种类别人才的培养工作。1985 年 5 月，全国高校古委会在苏州召开了一届二次会议。周林在会上作

① 《第一届全国高等院校古籍整理研究工作委员会成立》，杨忠主编：《高校古籍整理十年》，江西高校出版社 1991 年版，第 16 页。

② 全国高校社会科学科研管理研究会：《中国高校人文社会科学研究通鉴（2001—2010）》上册，武汉大学出版社 2013 年版，第 1120 页。

了《人才培养和古代文化遗产普及问题》的专题发言，强调"应该把培养人才放在第一位"。1989年10月16日至18日，全国高等院校古籍整理研究工作委员会在济南召开古籍整理人才培养工作会议。高校古委会主任周林、副主任夏自强、章培恒出席会议，会议讨论了人才培养工作中存在的问题，提出了解决这些问题的初步设想。大家建议要以多种形式办学，在每年的计划招生名额中拨出一定的数额用于定向培养、交换培养和在职代培，同时努力改善办学条件。古委会还准备设置"中国古文献学奖学金"，奖励优秀学生。①

1991年8月6日，国家教委党组发出通知，原则同意全国高等院校古籍整理研究工作委员会《关于组成第三届全国高等院校古籍整理研究工作委员会的报告》。第三届全国高等院校古籍整理研究工作委员会主任由周林继续担任，白寿彝、邓广铭、夏自强等任副主任，安平秋为委员会秘书长，委员包括许嘉璐、孙钦善、李国祥、来新夏、杨忠、袁行霈、楼宇烈等30余人。古委会除了做好直接联系各古籍研究所的调查摸底及加大资助力度的工作外，还要做有关学术会议的组织和主办工作以及做好全国高校古籍整理研究的规划工作。1993年，为纪念高校古委会成立10周年，在第三届高校古委会主办下，全国高校古籍整理研究十年成果展于同年12月18日至24日在中国人民大学图书馆展出，介绍10年来的工作成就。1983—1993年，全国高校教师出版的古籍整理研究成果达2700多项，培养出400余名本科生、300余名硕士研究生和60余名博士研究生，缓解了改革开放初期古籍整理青黄不接、后继乏人的状况。

（二）全国少数民族古籍整理出版规划小组及其工作

1982年1月，国务院古籍整理出版规划小组组长李一氓在《人民日报》上发表《论古籍和古籍整理》一文，文章中提出"对于少数民族语文古籍，自亦为中国古籍，如藏、蒙、满、回鹘、西夏、契丹等文，都应加以整理；但主要的应由民族学院、民族出版机构负起责来①。这是改革开放新时期首次由官方提出整理少数民族古籍，并提出主要由少数民族院校及机构负责。是年 2 月 27 日和 3 月 10 日，原教育部高教一司副司长纪啸风和文科科研处处长章学新两次到中央民族学院，邀集民院各族专家学者座谈，听取他们对整理民族古籍的意见。专家学者在会上介绍了各民族古籍情况，尤其是民族古籍自新中国成立以来损失之严重的情况和整理研究人员的缺乏情况。他们指出，懂民族古籍的老年人相继辞世，年轻的跟不上来，有些学科面临危险境地，故提出要"救书、救人、救学科"②。1982 年 3 月 13 日，国务院古籍整理出版规划小组召开了第一次会议。李一氓在开幕式的讲话中再次提出"藏文、蒙古文、满文以及其他少数民族文字的古籍，亦为中国文化的宝贵遗产，亦应加以整理"③。随后，教育部《教育通讯》于同年 3 月 22 日发表了题为"少数民族古籍亟待搜集整理"的增刊。时任国务院副总理兼国家民委主任的杨静仁在《教育通讯》（增刊）上做了批示。国家民委于同年 4 月 2 日下发 179 号文件，转发《教育通讯》（增刊），"以引起民委系统各级领导对少数民族古籍整理出版工作的重视"④。1982 年 5 月，中央民族学院党委根据中共中央（81）37 号文件和国务院古籍整理出版规划会议精神，决定成立中央民族学院少数民族古籍整理出版规划领导小组，由副院长宋蜀华兼任领导小组组长，马学良、王钟翰任副组长。下设少数民族古籍整理出版规划办公室。这是在全国最先成立的民族古籍整

①　李一氓：《论古籍和古籍整理》，《人民日报》1982 年 1 月 20 日。

②　张公瑾、黄建明主编：《中国民族古籍研究 60 年》，中央民族大学出版社 2010 年版，第 328 页。

③　张公瑾、黄建明主编：《中国民族古籍研究 60 年》，中央民族大学出版社 2010 年版，第 328 页。

④　张公瑾、黄建明主编：《中国民族古籍研究 60 年》，中央民族大学出版社 2010 年版，第 328 页。

理工作的专门机构。①

1983 年 3 月 26 日，国家民委副主任伍精华邀集北京的有关民族古籍方面的专家学者和有关单位的负责人，在民族文化宫举行少数民族古籍整理问题座谈会，酝酿成立组织机构，伍精华表示"国家民委抓古籍整理工作义不容辞"②。1983 年 6 月 5 日至 11 日，全国少数民族古籍整理工作座谈会在北京召开，来自内蒙古、新疆、西藏、广西、宁夏、云南、四川、贵州、青海、甘肃、辽宁、吉林、黑龙江、湖南、湖北、广东、福建 17 个省、自治区和中央 13 个部门的有关领导及专家、学者 70 余人参加了会议。会议由李鸿范主持，国家民委副主任伍精华、国务院古籍整理出版规划小组组长李一氓、副组长周林到会并讲话。国家民委副主任黄光学、洛布桑也出席了会议。会议除了学习中央《关于整理我国古籍的指示》《陈云同志关于古籍整理的指示》等有关文件，商讨如何开展少数民族古籍整理、研究和出版工作之外，其中一个重要的议题就是"酝酿建立全国少数民族古籍整理出版规划小组及各省、自治区建立相应组织"③。

1984 年 4 月国务院办公厅转发国家民委《关于抢救、搜集、整理少数民族古籍的请示报告》，其中指出：抢救、整理少数民族古籍，是一项十分重要的工作。各地、各有关部门要加强对这项工作的领导，并在人力、财力、物力方面给予支持；要为从事整理民族古籍的专门人员创造必要的工作条件和生活条件。少数民族古籍范围广、种类多，现在懂民族古籍的人已不多，且有的年事已高，在工作中要注意培养这方面的人才，把抢救、整理民族古籍的工作搞好。④

---

① 吴肃民：《中国少数民族古籍概论》，天津古籍出版社 1995 年版，第 215 页。

② 张公瑾、黄建明主编：《中国民族古籍研究 60 年》，中央民族大学出版社 2010 年版，第 330 页。

③ 吴肃民：《国家民委召开全国少数民族古籍整理工作座谈会》，《中国民族》1983 年第 7 期。

④ 国家图书馆研究院：《我国图书馆事业发展政策文件选编（1949—2012）》，国家图书馆出版社 2014 年版，第 102 页。

　　经过几年的探索和准备，1984 年 7 月，国家民委正式成立全国少数民族古籍整理出版规划小组，作为组织、协调、指导少数民族古籍的抢救、搜集、整理、出版及研究工作的办事机构。① 规划小组成立后，对少数民族古籍整理、研究、出版工作进行了组织、联络、协调、指导工作。1989 年，全国少数民族古籍整理出版规划领导小组办公室更名为全国少数民族古籍整理研究室，依然负责履行国务院赋予的组织、协调、联络、指导全国少数民族古籍保护、抢救、搜集、整理、翻译、出版和研究工作的行政职能。

　　在全国少数民族古籍整理出版规划小组及后来的全国少数民族古籍整理研究室的指导下，截至 2013 年，"全国已有 28 个省（区、市），百余个州（地、盟）及有关县建立了相应的少数民族古籍工作机构，蒙古、藏、彝、回（南方片和北方片）、满、壮、朝鲜、白、瑶、侗、苗、土家、畲等 14 个民族分别建立了相应的跨省区古籍协作组织"②。各地在搜集、整理出版民族古籍方面做了大量的工作，拟定不同层次的少数民族古籍整理出版规划，一批有影响的少数民族古籍陆续整理出版。另外，在一些民族院校和民族地区还建立了古籍研究所，民族古籍研究工作也快速发展。中国少数民族古籍工作涉及面广、专业性强、基础薄弱，各级少数民族古籍整理工作领导机构的建立，有效地保证了相关工作的顺利开展。

　　改革开放以来，"国家民委始终把建立健全少数民族古籍工作机构作为发展古籍事业的重要任务，逐步建立起从中央到地方的少数民族古籍组织机构，并不断加强自身建设，逐步完善工作运行机制"③，取得了极大成就。国家民委先后制订并实施了少数民族古籍整理的

---

① 全国古籍整理出版规划领导小组办公室：《功在千秋的事业——新中国古籍整理出版成就》，中华书局 2003 年版，第 48 页。

② 《保护民族古籍，传承民族优秀文化——访全国少数民族古籍整理研究室主任李冬生》，《中国民族报》2014 年 9 月 27 日。

③ 《保护民族古籍，传承民族优秀文化——访全国少数民族古籍整理研究室主任李冬生》，《中国民族报》2014 年 9 月 27 日。

"七五"到"十二五"重点项目出版规划,推动了少数民族古籍整理各项工作稳步开展。1985 年、1996 年和 2010 年,国家民委还分别召开了三次全国少数民族古籍工作会议,"出台了少数民族古籍工作实施意见,正式将'三救'(救人、救书、救学科)作为主要任务"。"各地少数民族古籍工作机构始终把'抢救'放在首要位置,扎实推进保护、抢救、搜集、普查、编目等基础性工作"①。总之,在全国少数民族古籍整理出版规划小组及全国少数民族古籍整理研究室的指导下,"各地保护、抢救、搜集、整理、翻译、出版了一大批濒临消亡的少数民族古籍:从口传资料到碑铭、石刻;从贝叶经文、竹木简牍、丝帛素书到活页函本、线装典籍;从经、史、文、哲到天文、地理、医药、工艺、美术;从契丹文、女真文、吐蕃文、西夏文、和阗文、察哈台文到我国现有的各民族文字古籍。搜集到的少数民族古籍版本极为珍贵,有刻本、印本、抄本、写本,还有孤本、珍本和善本。近年来,抢救、整理散藏在民间的少数民族古籍达千万余种(部、件、册)(不含馆藏及寺院藏书),包括许多具有历史代表性和学术资料性的孤本、珍本和善本,公开出版了数十万种。数千种少数民族古籍获得了国家图书奖等奖项"②。1997 年,国家民委少数民族古籍整理研究室正式启动实施相当于少数民族《四库全书》的《中国少数民族古籍总目提要》项目,这是一部收录我国 55 个少数民族及古代民族文献典籍、碑刻铭文、口传资料等现存全部古籍目录和内容提要的目录学巨著,2006 年被列入《国家"十一五"时期文化发展规划纲要》③,截至 2011 年,已有 30 多个民族卷完成了编纂工作。

(三)卫生部中医古籍整理出版办公室的成立及工作

在中央发出《整理我国古籍的指示》以后,卫生部积极采取措

---

① 《保护民族古籍,传承民族优秀文化——访全国少数民族古籍整理研究室主任李冬生》,《中国民族报》2014 年 9 月 27 日。

② 《保护民族古籍,传承民族优秀文化——访全国少数民族古籍整理研究室主任李冬生》,《中国民族报》2014 年 9 月 27 日。

③ 《中国民族年鉴》(2007),中国民族年鉴社 2007 年版,第 204 页。

施，推进中医古籍整理出版工作。1982 年 4 月，卫生部召开了党组会议，专门研究了中医古籍的整理出版工作。会议决定：召开全国中医古籍整理规划座谈会；成立卫生部中医古籍整理出版办公室。同年 6 月，卫生部中医司在北京西苑饭店召开了中医古籍整理规划工作座谈会，中医界一些知名的专家、学者、出席了这次会议，卫生部部长崔月犁到会讲话。经过一周的座谈讨论，初步拟定了中医古籍整理出版的九年规划和落实措施。为了加强领导，从组织上保证这项工作的开展，决定成立"卫生部中医司中医古籍整理出版办公室"，办理日常工作，办公室设在人民卫生出版社。[①] 会后，卫生部即将《1982—1990 年中医古籍整理出版规划》发至全国各省、市、自治区卫生厅、局，发动全国中医学术力量，参加这项工作。[②] 确定了在 1982—1990 年的九年内拟整理出版中医古籍 686 种，1985 年前重点整理好《素问》等 11 种中药中医古籍的任务。

1983 年 1 月，"中医古籍整理出版办公室"正式成立，3 月 11 日正式启用印章，办公室设在人民卫生出版社，宋志恒为主任。此后，中医古籍整理出版的具体工作，均由"中医古籍整理出版办公室"负责。同年，卫生部中医司作了两项工作，一是在沈阳召开全国中医古籍整理出版工作座谈会，讨论和落实九年规划中第一批 12 种（增加《内经知要》）中医重点古籍的整理出版任务，草拟了《关于十二种中医古籍整理出版工作中若干具体问题的规定》，"对提要、校勘、注释、语译、按语五项，一一提出了具体要求，对规格、体例也提出了具体要求"[③]。二是在青岛召开了全国中医古籍整理出版规划落实工作会议，参会者有 23 个省、市、自治区卫生厅、局中医负责人和

---

① 《组织全国力量，搞好中医古籍整理出版工作——一年来中医古籍整理情况简介》，《中医古籍整理出版情况简报》1983 年第 1 期。

② 上海中医学院：《中医年鉴》(1984)，人民卫生出版社 1985 年版，第 517 页。

③ 《全国中医古籍整理出版工作座谈会在沈阳举行》，《中医古籍整理出版情况简报》1983 年第 1 期。

中医专家、编辑等 42 人，"会议主要落实九年规划中第二批任务，落实古籍整理分片负责、分级管理的组织工作"①。及至 1983 年 9 月，卫生部颁布了《关于下达中医古籍整理出版第二批任务》的通知，指出"鉴于任务繁重、编者分散、学术水平不等的状况，将全国划为十个协作片，分片负责，层层把关，以确保编写质量……每一本古籍的校勘整理计划、样稿，由各片抓紧组织审核后，成熟一批，上报一批，尽速报送中医古籍整理出版办公室"②。紧接着，从 1983 年到 1984 年，京津片区、东北片区、鲁冀晋蒙片区、浙闽片区、沪徽片区相继召开会议，在卫生部中医古籍整理出版办公室指导下，成立了中医古籍整理研究办公室③，积极推进相关工作。

在卫生部全国中医古籍整理出版办公室的组织下，全国中医古籍整理出版工作取得很大进展。到 1985 年，12 种重点书的编写计划和样稿基本上已经全部寄到人民卫生出版社。第二批 200 种整理任务全部得到落实。第三批、第四批任务相继下达。经过整理后的古籍，均冠以"中医古籍整理丛书"名义出版。中医古籍出版社（北京）、广陵古籍刻印社（江苏）还出版了中医古籍影印本和刻印本。在此期间，规划落实了《中医方剂大辞典》《中华本草》《中医古今脉案》《中医年鉴》《汉方研究》5 个大项目。20 世纪 80 年代末至 90 年代末，一大批中医古籍经过整理后陆续出版，有力地推动了中医学术的进步和发展。全国协作的大项目《方剂大辞典》和《中华本草》，在国家中医药管理局的直接领导下，取得了令世人瞩目的成就。同时，各地有关部门、单位或出版社，也相继组织人力整理出版了一批中医药古籍。④进入 21 世纪，国家逐步加大了对中医古籍整理保护的力

---

① 《全国中医古籍整理出版规划落实工作会议在青岛召开》，《中医古籍整理出版情况简报》1983 年第 1 期。

② 《卫生部〈关于下达中医古籍整理出版第二批任务〉》，《中医古籍整理出版情况简报》1983 年第 1 期。

③ 《中医古籍整理工作各协作片召开会议》，《中医古籍整理出版情况简报》1984 年第 2 期。

④ 祝世讷等：《中医文化的复兴》，南京出版社 2013 年版，第 295 页。

度，2010 年中央财政公共卫生专项资金中医药古籍保护与利用能力
建设项目启动，规划整理 400 种中医药古籍。《中华医藏》大型整理
项目的确立，使中医古籍整理研究工作全面铺开并逐步走向繁荣。

（四）农业、科技古籍整理工作的开展

国务院恢复古籍整理出版规划小组后，李一氓就提出医书、农
书、科技古籍应由相关部门负责领导组织整理。① 1982 年颁布的《古
籍整理出版规划（1982—1990）》的说明中又明确指出："医书、农
书、其他科技古籍，有关部门已经进行了不少工作，很有成绩，今后
仍由卫生、农业和有关科技部门草拟方案，继续整理。"② 在此指导
下，农业部召开农业古籍整理出版工作座谈会，并初步拟订了《农
业古籍整理九年选题规划（草案）》。1982 年 3 月 24 日，农业出版社
召开农业古籍整理出版规划座谈会。农业部副部长刘瑞龙、蔡子伟，
农垦部副部长王发武，中国农业科学院副院长林山等与会，刘瑞龙在
会上作了《把农史研究工作推向新阶段》的发言。参加会议的有北
京图书馆、中国社会科学院、北京农业大学、中国农业科学院、农业
部教育局、全国农业展览馆及农业出版社的相关专家学者。会议先由
农业出版社有关编辑室就农书出版的一些情况作了说明，并将整理出
版农业古籍所用的几种方法和拟订的 9 年规划（草案）作了介绍。
专家们提议："聘请有关领导干部和专家，成立农业古籍整理出版规
划小组，有计划地开展工作。农业部将农业古籍的整理出版工作，列
入农业科技发展规划。"③ 由于种种原因，农业古籍整理出版规划小
组并没有成立，农业古籍整理出版工作由农业出版社具体负责，农业
古籍整理列入全国古籍整理出版规划。比如，2000 年 8 月，根据新
闻出版署和全国古籍整理出版规划领导小组联合发出通知的精神，中

---

① 李一氓：《论古籍和古籍整理》，《人民日报》1982 年 1 月 20 日。

② 国务院古籍整理出版规划小组：《古籍整理出版规划 1982—1990》说明，1982 年印行。

③ 古农：《农业出版社召开农业古籍整理出版规划座谈会》，《中国出版年鉴》（1983），商
务印书馆 1983 年版，第 114 页。

国农业出版社在北京召开了国家古籍整理出版"十五"重点规划农业部分论证会。全国古籍整理出版规划领导小组的领导以及南京农业大学、中国社会科学院、中国农业大学、中国农业博物馆、华南农业大学、中国科学院等农业历史专家学者出席了会议。中国农业出版社负责农业古籍整理出版工作的穆祥桐介绍了出版社拟申报的"十五"规划项目，并作了简要的说明。① 在农业部的领导下和农业古籍出版社的组织下，整理出版了《中国农书丛刊》《中国农史研究丛书》《中国农学珍本丛书》《中国农学普及丛刊》《中国水利古籍丛刊》《中国农学遗产选集》《中国农业古籍目录》等，农业古籍整理工作呈现出百花齐放、万卉争春的景象。

改革开放新时期，国家和学术界对科技典籍的整理越来越重视，影印、校点、校注、今译及外译了一批在国内外有影响的科技古籍，诸如《治水筌蹄》《九章算术注释》《测圆海镜今译》《考工记导读》《营造法式注释》等。中国科学院自然科学史研究所与大象出版社编纂了《中国科学技术典籍通汇》，该《通汇》分数学、天文、生物、物理、化学、地学、农学、医学、技术、综合 10 卷，影印了 540 多部清末以前最重要的科技著作，在国内外学术界影响极大。② 另外，"中国古代科技名著译丛"也由上海古籍出版社陆续出版，近 20 种科技古籍经注释、翻译，与大众见面。湖南科学技术出版社还计划出版"中国科技典籍选刊"五辑十八种，目前已经出版 8 种，分别是《王祯农书》《勿菴历算书目》《考工记图》《武经总要前集》《历引三种》《物理小识》《算海说详》《治历缘起》。③ 但是，由于国家缺乏对科技古籍整理的统一规划，加上科技古籍整理需要跨学科的知识

---

　　① 《国家古籍整理出版"十五"重点规划农业部分论证会在京举行》，《农业考古》2000年第 3 期。

　　② 郭书春：《科技古籍整理出版现状亟待改变》，《中国新闻出版报》2014 年 2 月 17 日。

　　③ 冯立昇：《我国科技古籍整理研究的新成果——"中国科技典籍选刊"简介》，《中华读书报》2018 年 1 月 3 日。

储备，懂科技的学者缺乏文史修养，懂文史的学者对科技知识了解甚少，致使科技古籍整理出现迟缓的现象。

三　各省市自治区古籍整理出版规划小组的建立

随着国务院恢复古籍整理出版规划小组及相关部委陆续组建古籍整理出版规划机构，许多省市自治区也相继成立古籍整理出版规划小组，加强地方古籍整理的规划、研究和出版工作。

湖南省古籍整理出版规划小组于1982年成立。当年4月26日至29日，中共湖南省委宣传部在长沙召开湖南省古籍整理出版规划会议。出席会议的有省内文、史、哲方面的专家、学者及有关方面代表110人。中华书局杨伯峻、上海古籍出版社副总编辑包敬第等应邀出席了会议。会议传达了中央关于整理我国古籍的指示，宣读了中共湖南省委有关决定，宣布成立湖南省古籍整理出版规划小组及岳麓书社。会议认真讨论了湖南省现存古籍情况，研究了湖南古籍整理出版规划的初步方案。会议期间，湖南省委、省政府领导孙国治、焦林义到会听取了部分专家、学者的发言，并作了讲话，表明了省委、省政府将为古籍整理出版提供必要条件的态度，勉励大家努力工作。①

1982年9月27日，上海市政府决定，成立上海市古籍整理出版规划小组，以陈其五为组长，舒文、马飞海、宋原放、余立、方行为副组长，马茂元、王元化等25人为顾问。并确定以上海古籍出版社（其前身为中华书局上海编辑所）为日常办事机构。"这个小组不是一个行政机构，也没有什么编制，以上海古籍出版社作为办事机构。我们小组的任务，就是做些协调的工作，调查研究，信息的沟通，纵横的联系。"② 之后，上海有关高校多次召开专门会议，研究落实措

---

① 中国出版工作者协会：《中国出版年鉴》（1983），商务印书馆1983年版，第115页。
② 王元化：《文化发展八议》，湖南人民出版社1988年版，第65页。

施，决定成立研究机构。华东师范大学和上海师范学院的古籍整理研究室（前身是二十四史标点组）都在原有基础上扩建成为古籍整理研究所。复旦大学创建了古籍研究所。1983 年 2 月 7 日，上海古籍整理出版规划小组举行第一次全体会议，会议在全国古籍整理出版规划的基础上拟订了《1982—1990 年上海古籍整理出版规划》（简称"九年规划"），计划整理古籍 2265 种。1986 年，上海市古籍整理出版规划小组举行第二次会议，就《1982—1990 年上海古籍整理出版规划》进行了修订。在修订基础上，又制订了《1986—1990 年规划》，预计到 1990 年的 5 年期间，将整理出版文史哲科技等各类古籍 2300 余种，其中重点项目有《中国古典文学丛书》《中国古典小说研究资料》等。上海的古籍整理出版，既有全集的整理、校注，又有各种中低程度的选注本，有的还采用古文今译的形式。① 在古籍整理出版上，上海已经成为一个重要的基地。1984 年全国整理出版古籍 479 种，上海有 96 种，占 20%，影印书 48 种，居全国首位。

　　1983 年，四川省古籍整理出版规划小组和四川省古籍整理学术委员会由四川省人民政府批准建立，规划小组组长由副省长何郝炬担任，省人大常委会副主任张秀熟任学术委员会主任委员，马识图、徐中舒、缪钺、杨明照任副主任委员。这个小组不是一般的学术团体，由四川省政府直接领导，省文化厅、出版局及一些文史单位参与工作。四川省古籍整理出版规划小组成立以后，于 1984 年 1 月召开规划小组与学术委员会会议，制订了《四川省古籍整理出版规划》（1984—1990），成为指导四川省古籍整理出版的重要指南。同年成立了巴蜀书社，具体承担四川古籍整理出版工作。四川省古籍整理出版规划小组成立后，在解决古籍印刷条件、协调图书馆藏书、落实出版规划、开拓古籍出版渠道等诸多方面做了很多工作，并编辑不定期

---

① 《古籍整理出版工作概况》，上海文化年鉴编辑部：《上海文化年鉴》（1987），中国大百科全书出版社 1987 年版，第 177—178 页。

刊物《四川古籍整理出版通讯》。①

山东省古籍整理规划小组于 1984 年由山东省人民政府公布成立，组长是吴富恒，办公室挂靠在山东省教育委员会，与省教委科研处合署办公，负责日常管理工作。1984 年 11 月，为进一步推进古籍整理研究工作，山东省古籍整理规划小组、山东省教育厅在济南召开了全省古籍整理研究工作会议。古籍整理专家学者及相关单位负责人等 80 多人参加了会议。省委副书记陆懋曾到会讲了话。会议传达学习了上级有关文件，总结了山东省古籍整理工作的开展情况，讨论了《山东省古籍整理出版规划草案（1984—1990)》，一些知名专家在会上介绍了自己从事古籍整理研究的经验和体会，加强了交流。统一了对古籍整理工作的认识，明确了任务。② 此后，山东省古籍整理规划小组相继起草编制了古籍整理研究“七五”“八五”“九五”三个五年规划并付诸实施，对全省古籍整理研究、机构建设、人才培养等作了统筹安排。其中《张尔岐遗书》《郝懿行遗书》《聊斋志异校注》《兖州府志》《针灸甲乙经校注》等古籍整理成果，在学术界产生了较大影响。自 1999 年开始，还对全省古籍整理研究的现状和存在的问题进行了全面的调研，起草了《关于“十五”期间我省古籍整理研究工作的意见》，提出了山东省古籍整理研究要与学科发展相结合，要整理与研究并重的发展思路。

安徽省古籍整理出版领导小组于 1984 年由中共安徽省委建立，当时的安徽省人大副主任、原副省长魏心一任组长，陶有法任副组长。同年，黄山书社成立，主要承担安徽古籍的出版任务。此后，安徽大学、安徽师范大学等高校相继建立了古籍整理研究所。从此，安徽省古籍整理出版工作在组织规划、队伍建设和整理出版方面掀开了崭新的一页。1989 年经安徽省政府批准，安徽省古籍整理出版领导

<hr>

① 袁庭栋：《四川积极开展古籍整理出版工作》，《古籍整理出版情况简报》1984 年第 128 期。

② 韩金远：《山东省古籍整理工作会议在济南召开》，《文史哲》1985 年第 1 期。

小组易名为安徽省古籍整理出版规划委员会（简称"安徽省古委会"），魏心一担任委员会主任，委员会下设办公室，处理"古委会"日常工作。同年，制定了安徽省古籍整理出版十年规划和长期计划，组建了《安徽古籍丛书》编审委员会，编委会主任为吴孟复，主要负责安徽省古籍整理规划的制订和年度出版计划中书稿的审订。安徽省委省政府对古籍整理工作非常重视，多次下发文件，明确古籍办的建制、管理、人员编制、工作内容和经费渠道，保证了古籍整理工作的有序进行。[①] 安徽省古籍整理的主体工作是整理出版《安徽古籍丛书》。1990 年 5 月，安徽省召开第一届古籍整理出版工作会议。会后，省政府向全省下发了本次会议纪要，纪要指出"编纂、出版《安徽古籍丛书》是今后一段时期我省古籍整理工作的重点"，强调"全社会都要关心和支持古籍整理出版事业"[②]。从 1989 年开始出版，截至 2007 年，《安徽古籍丛书》（连附辑）已经整理出版了 81 种 136 册，达 5000 万字，30 多种图书获得国家各级图书奖，在学术界和出版界产生了很大影响。[③] 其中的《朱熹全书》《张孝祥词笺校》《钱澄之集》《施愚山集》《戴震全书》《程瑶田集》《俞正燮集》《包世臣集》《杨仁山集》《毛诗后笺》等被国务院古籍整理出版规划小组列入《中国古籍整理出版十年规划和"八五"计划》，安徽成为全国古籍整理重点省份。2007 年，经安徽省民政厅批准，成立安徽省古籍整理出版基金会，基金会依照"整理出版安徽古籍，弘扬中华优秀传统文化"的宗旨，积极为安徽省古籍整理出版募集资金，资助优秀古籍整理与研究项目，奖励古文献学优秀研究生，调查、发掘、搜集古籍珍本、善本等有价值的版本，有力地推动了安徽古籍整理事

---

① 诸伟奇：《新时期安徽古籍整理出版的成就与特点》，《古籍整理研究丛稿》，黄山书社 2008 年版，第 2—3 页。

② 牛继清主编：《安徽文献研究集刊》（第四卷），黄山书社 2011 年版，第 362 页。

③ 诸伟奇：《新时期安徽古籍整理出版的成就与特点》，《古籍整理研究丛稿》，黄山书社 2008 年版，第 4—5 页。

业的发展。①

　　除以上省市以外，其他各省、市、自治区也都建立起归属不同部门的负责古籍整理出版规划的领导组织机构。如陕西省于 1983 年成立陕西省古籍整理办公室，与陕西省地方志办公室合署办公，并制订了《陕西省 1983—1990 年古籍整理初步规划》。1986 年从地方志办公室剥离，归属陕西省社会科学院，从 1990 年至 1999 年，分别制订了陕西省"八五""九五"和"十五"古籍整理规划。2004 年成立陕西省古籍整理出版工作领导小组，制订了《陕西省 2005—2010 年古籍整理出版规划》。② 1983 年，河南省成立河南省高等院校古籍整理研究领导小组，1984 年成立河南省古籍整理出版规划领导小组，组长是于友先。③ 同年，吉林省古籍整理领导小组和吉林省省属高等学校古籍整理协作组成立。④

　　另外，自 1983 年至 1987 年，辽宁、河北、山西、江苏、浙江、广东、福建、湖北、江西、甘肃、青海、云南、宁夏、贵州、西藏等省、自治区在省、自治区委、政府的支持下，也先后成立了古籍整理出版规划领导机构，指导协调本省的古籍整理工作。各地对中央指示和国家古籍整理出版工作规划的响应，有效地推进了全国古籍整理出版工作不断走向繁荣。

　　除此之外，民族地区各省、自治区和一些州、盟、地（市）也相继建立了民族古籍整理规划小组或相应机构。1983 年，新疆维吾尔自治区党委和人民政府成立了新疆维吾尔自治区少数民族古籍搜集整理出版规划领导小组，负责组织和指导全疆少数民族古籍工作，开展各少数民族古籍的搜集、保护、编目、整理、出版和研究工作，并

---

　　① 徐家良等：《中国社会组织评估发展报告（2014）》，社会科学文献出版社 2014 年版，第 239 页。

　　② 吴敏霞：《陕西古籍整理出版事业四十年》，《新西部》2018 年第 31 期。

　　③ 见胡涌、张文彬主编《河南社会科学手册》，河南人民出版社 1989 年版，第 194 页。

　　④ 《吉林省的古籍整理研究机构》，《古籍整理研究学刊》1985 年第 1 期。

先后制订了七五、八五、九五、十五、十一五、十二五古籍整理规划。① 同年，吉林省成立吉林省少数民族古籍整理出版规划小组。② 1984 年内蒙古自治区人民政府在原有的"内蒙古文献丛书委员会"基础上成立了自治区少数民族古籍领导小组。③ 同年，云南省民委成立了云南省少数民族古籍整理出版规划办公室，负责组织、联络、协调、指导全省的少数民族古籍抢救整理出版工作。之后，云南下属各县也相继成立古籍办公室或民族研究所。④ 1986 年，广西成立广西壮族自治区少数民族古籍整理出版规划领导小组。⑤ 同年，黑龙江省少数民族古籍整理出版办公室正式成立。⑥ 几乎同时，贵州省召开了全省首届少数民族古籍整理出版机构工作会议，成立了少数民族古籍整理工作机构，在全省范围内组织力量，广泛搜集、抢救民族古籍。⑦总之，改革开放新时期，边疆各省、区、市从加强组织领导入手，制订规划，培养人才，把民族古籍工作纳入了民族工作和地方工作的重要议程，努力开展民族古籍的普查、搜集、整理工作，取得了可喜的成绩。

此外，由于中国很多少数民族分布于不同省份，为了有利于相关古籍的整理研究，还成立了协作小组，以便在全国范围内协调少数民族古籍的搜集、整理与出版。如为了有利于回族古籍整理，1986 年在宁夏银川产生了由宁夏、甘肃、青海、云南、新疆、北京、河北、河南、山东组成的"九省、市、自治区回族古籍整理出版规划协作小组"，制订了《1986—1990 年回族古籍整理出版规划》。协作小组

---

① 赵晨：《新疆少数民族古籍工作综述》，《新疆地方志》2015 年第 2 期。
② 《吉林省的古籍整理研究机构》，《古籍整理研究学刊》1985 年第 1 期。
③ 哈斯托亚：《改革开放以来内蒙古自治区蒙古文古籍整理出版工作概述》，《内蒙古科技与经济》2010 年第 24 期。
④ 普学旺、徐畅江等：《穿越时空的守望——少数民族古籍抢救整理出版在云南》，《今日民族》2003 年第 5 期。
⑤ 黄桂秋：《新时期壮族古籍整理回顾（上）》，《百色学院学报》2010 年第 4 期。
⑥ 张嘉宾：《黑龙江省少数民族古籍整理工作综述》，《黑龙江民族丛刊》2001 年第 4 期。
⑦ 孟豫筑：《贵州民族古籍出版的传承与发展》，《贵州民族大学学报》2012 年第 5 期。

于 1990 年、1992 年、1994 年、1996 年、1998 年分别在云南、甘肃、新疆、青海、河北等地召开了回族古籍协作工作会议。协作小组成员也从 1986 年的九省市自治区逐步发展到 1998 年的十八个省市自治区（新加入了黑龙江、辽宁、吉林、上海、天津、湖南、广东、四川、陕西），协作内容亦从抢救、搜集、整理回族古籍发展到抢救、搜集、整理、出版、研究回族古籍。① 再如为了全面整理藏族文献，1988 年由西藏社科院牵头，成立了西藏、四川、青海、甘肃、云南五省区藏文古籍协作组织，负责协调藏文古籍的搜集、整理、出版工作。② 后来北京加入，变成六省、市、自治区藏文古籍协作组织。该组织召开多次协作会议，有力地推动了藏文古籍的整理和研究工作。

　　总之，各省、市、自治区古籍整理出版规划领导机构的建立，对推动全国古籍整理出版工作的开展作用重大。一方面，这些地方性古籍整理领导机构与全国古籍整理出版规划领导小组以及少数民族古籍整理规划领导小组等全国性古籍整理领导机构互通声息，上传下达，有利于全国古籍整理工作的有序开展；另一方面，这些地方性古籍整理领导机构，积极筹集资金、抢救古籍、设立项目、培养人才，有效推动了区域性古籍整理、研究与出版工作的开展，在保护古籍、弘扬优秀传统文化方面厥功甚巨。

第二节　文献学会的成立与古籍整理研究

　　整理古籍的目的是为研究古籍中所记载的历史和思想提供方便，理解过去，认识当下，普及优秀传统文化，展示中华文化在世界文化发展史上的地位和作用，提高全民的文化素养，提升全民的文化自信。有鉴于此，响应国家号召，一些古籍整理与研究的学术性社会团

---

① 雷晓静：《当代回族古籍整理事业的开拓与发展》，《回族研究》1999 年第 1 期。
② 苍铭：《整理藏文古籍，弘扬藏族优秀文化传统》，《民族工作》1995 年第 7 期。

体成立，成为古籍整理与研究大军中的重要生力军，为古籍整理与研究事业做出了重要贡献。

一　中国历史文献研究会的成立及其贡献

中国历史文献研究会成立于 1979 年 4 月，是改革开放后我国文史学界最早成立的学会之一，以组织和推动历史文献的整理和研究为宗旨，是全国文献学研究与教学工作者组成的学术性社会团体。该研究会积极组织与推动中国历史文献的研究、整理和教学工作；开展学术活动，组织国内外学术交流与学术合作；推荐出版会员的科研成果，培养文献学研究人才；促进中国历史文献学的发展。研究会下设学术委员会与学刊编委会，秘书处为常设办事机构。该会人才济济，会员近千人。张舜徽、刘乃和、仓修良、赵吉惠、施丁、张家璠、高振铎、宋衍申、卞孝萱、来新夏、朱杰人、周天游、周少川、周国林、赵生群等知名学者，是该会中坚人物。几十年中，学会还曾聘请谢国桢、尹达、白寿彝、赵光贤、李学勤、安平秋等著名学者为顾问。

中国历史文献研究会首任会长是著名的历史学家、历史文献学家张舜徽先生。1979 年 3 月、4 月间，30 多位来自全国各地 19 所高等院校从事文史教学和研究的学者，在广西桂林参加教材定稿会，会议期间酝酿成立学术团体。会上，张舜徽详细论述了文献学的内涵，提议成立的学术团体应命名为"中国历史文献研究会"。在筹备委员会的集体努力下，1979 年 4 月 2 日召开了会员大会，通过了会章，选举了第一届理事会；4 月 4 日，召开成立大会，正式宣告"中国历史文献研究会"的诞生。研究会成立之初，就体现出一个全国性学术团体的性质。出席成立大会的会员代表有 34 人，来自全国 19 所高校。大家一致推举著名文献学家张舜徽为会长，严沛、高振铎等人为副会长，从 19 所高校的代表中推举产生 21 名首届理事会理事。经会长提议，理事会全体通过，特聘请中国社会科学院历史研究所所长尹达、研究员张政烺、上海复旦大学教授周予同、华南师范学院教授陈千钧等 4 人为本会顾问。阙勋吾任秘书长，崔曙庭、陈抗生任副秘书长，组成秘书处，负责处理日常会务。①

张舜徽长期从事中国历史文献典籍的教学与研究，长于校勘、版本、目录、声韵、训诂、文字学，是"中国历史文献学"学科创立人之一，有丰富的文献学著作，新中国成立以来出版著作近 20 部，总数达七百万言。其中《说文解字约注》《清人文集别录》《中国文献学》等，尤为学术界称道。张舜徽担任文献研究会会长期间，对各项具体工做出谋划，殚精竭虑，主持编辑出版《中国历史文献研究集刊》，精心筹划召开学术年会，推进古籍整理和文献学的研究，其辛勤劳动为研究会的发展壮大做出了贡献。张舜徽经过三届理事会连选连任，担任会长整整十年。1989 年在上海嘉定召开第十届年会，鉴于张舜徽先生年事已高，理事会遂推举刘乃和先生为会长，张舜徽为名誉会长。② 其后，研究会由北京师范大学刘乃和教授担任会长，高振铎、仓修良、赵吉惠、阙勋吾、施丁等人任副会长，直至 1998 年。从 1998 年起，由华中师范大学周国林教授担任会长，仓修良、赵吉惠、施丁、宋衍申、张家璠、安平秋、周天游、周少川等任副会长。2007 年起，研究会会长由北京师范大学周少川教授担任，仓修良、施丁、张家璠、朱杰人、顾志华、郝润华、曹书杰等任副会长。

中国历史文献研究会自成立以来，取得了一系列成果，周少川曾总结学会取得成功的经验：一是依靠各级党政领导的支持，依照法律、法规开展活动，不断加强组织建设。二是坚持以学术研究为本位，严谨治学，发展繁荣学术，推进社会主义精神文明建设。三是树

① 周少川：《继往开来，迈向新世纪——中国历史文献研究会成立 20 周年回顾》，《历史文献研究》（总第 19 辑），华中师范大学出版社 2000 年版，第 2 页。
② 周少川：《继往开来，迈向新世纪——中国历史文献研究会成立 20 周年回顾》，《历史文献研究》（总第 19 辑），华中师范大学出版社 2000 年版，第 5 页。

立坚持正气、团结协作、争做贡献的优良会风。①　就是因为坚持了这三点，中国历史文献研究会才取得了以下引人瞩目的成就。

其一，搭建学术平台，认真开好每次学术研讨会（年会）。学术会议是学会开展科研活动、进行学术交流的重要形式，能否坚持举办高质量的学术活动，是考验一个学术团体是否具有学术领导力的重要手段。令人称奇的是，中国历史文献研究会自1979年成立以来，每年都要举行一次大型的学术研讨会（年会），围绕文献学的有关内容，展开充分讨论，交流心得，深入探讨。每次学术研讨会都内容充实而富有特色。改革开放新时期，像中国历史文献研究会这样每年都能举办学术会议的学术团体独此一家，绝无仅有。

为了适应中国文化建设和学术发展的需要，中国历史文献研究会在学术会议的组织上既保持连续性，也呈现出阶段性发展的特点。

"从1980年的第一届年会至1989年的第十届年会，在张舜徽先生的主持下，主要是围绕历史文献学和古籍整理研究工作的宏观问题展开，包括其学术价值、研究范围、工作任务、发展方向等。应该说，此举顺应甚至在一定程度上引领了当时国家文教建设和学术发展的趋势。"②改革开放之初，古籍整理事业重新起步，古籍整理的理论、方法等问题都亟待探讨，顺应这一形势，在1982年的兰州年会上，主要研讨文献学和古籍整理的理论与方法，会后出版论文集《古籍整理论丛》，影响很大。1983年开封年会上，对文献学的有关问题进行研讨和交流，会后出版论文集《古籍论丛》第二辑，并接受山东教育出版社编纂《二十五史辞典》丛书的任务。1984年长春年会，研讨司马光和《资治通鉴》，出版了《〈资治通鉴〉丛论》和《司马光与〈资治通鉴〉》两部论文集，极大地推动了"通鉴学"

---

① 周少川：《继往开来，迈向新世纪——中国历史文献研究会成立20周年回顾》，《历史文献研究》（总第19辑），华中师范大学出版社2000年版，第9—18页。

② 张涛：《中国历史文献研究会30年》，中国历史文献研究会编：《中国历史文献研究会成立30周年纪念集》，华东师范大学出版社2009年版，第20页。

研究。

"从 1990 年的第十一届年会至 1998 年的第十九届年会，主要在刘乃和先生的主持下，围绕地方文献和地域文化展开，从而进一步拓展了文献学研究的新领域。"① 中国是一个国土面积广大的国家，各地文化传统既有联系又有区别，出现很多地域文化。研究这些地方文献与地域文化，成为 20 世纪 90 年代中国历史文献研究会的特点。如 1990 年在汕头召开"潮汕历史文献与文化研究"研讨会，1991 年在西安召开"汉唐典籍与传统文化"研讨会，1994 年在驻马店召开"中原文化与传统文化"研讨会，1997 年在苏州召开"太湖历史文化研究"研讨会，1998 年在太原召开"三晋历史文化研究"研讨会等，都以地方历史文化和文献作为研究重点，在海内外产生了很好的学术影响。特别是 1990 年的汕头年会以后，有关潮汕历史文化研究形成了热潮。与此同时，鉴于中国是一个多民族国家，每个民族都对中华文化做出了重要贡献，刘乃和先生还倡导研究少数民族文化和文献，1992 年在呼和浩特召开"历史文献与民族文化"研讨会，多角度探讨了民族文献与民族文化问题。

"从 1999 年的第二十届年会开始，适应新世纪学术发展和文化建设的需要，在周国林、周少川先生等学会领导的主持下，年会更加重视跨学科研究，重视新材料和新方法的研究。"② 如 2008 年在重庆召开"出土文献与巴蜀文献"学术研讨会，出土文献研究备受关注，专家学者深入研究了出土文献的内容、体例、外部形制等，倡导出土文献与传世文献的比较研究，并就如何建立与完善简帛文献学、碑刻文献学、敦煌吐鲁番文献学、古文书学等文献学的分支学科进行了研讨。另外，关于古籍数字化、关于 20 世纪文献学研究的回顾反思等，

---

① 张涛：《中国历史文献研究会 30 年》，中国历史文献研究会编：《中国历史文献研究会成立 30 周年纪念集》，华东师范大学出版社 2009 年版，第 20 页。

② 张涛：《中国历史文献研究会 30 年》，中国历史文献研究会编：《中国历史文献研究会成立 30 周年纪念集》，华东师范大学出版社 2009 年版，第 21 页。

也都在这一阶段的年会上得到充分的讨论，促进了相关研究的发展。

其二，出版了学刊和多种年会论文集。中国历史文献研究会创办伊始，张舜徽先生就积极筹划出版学会刊物，以发表学会会员的科研成果。1980 年，《中国历史文献研究集刊》第一辑顺利创刊，每年一辑，自第六辑改名为《中国历史文献研究》。1990 年，编辑部迁往北京师范大学，同时刊名改为《历史文献研究》。1998 年，编辑部又迁至华中师范大学，刊名仍为《历史文献研究》。2008 年，编辑部再度迁往北京师范大学。会刊成为历史文献研究会会员科研实践的重要阵地，加强了研究会与国内外学术界的交流，在推进古籍整理与古文献学研究方面颇有成绩。在港台地区和美国、法国、德国等国家均有较好影响。①

除会刊外，研究会还出版了很多论文集，如《古籍整理论丛》（甘肃人民出版社）、《古籍论丛》（福建人民出版社）、《〈资治通鉴〉丛论》（河南人民出版社）、《司马光与〈资治通鉴〉》（吉林人民出版社）、《司马迁和史记》（中华书局）、《苏颂研究文集》（鹭江出版社）、《嘉定文化研究》（三秦出版社）、《潮汕文化论丛》（广东高教出版社）、《汉唐史籍与传统文化》（三秦出版社）、《历史文献与民族文化》（高等教育出版社）、《中原文化与传统文化》（高等教育出版社）、《学者笔下的贵州文化》（贵州人民出版社）、《洪皓、马端临与传统文化》（中国青年出版社）、《太湖文化研究》（中国档案出版社）、《三晋文化研究》（山西古籍出版社）、《章学诚国际学术研讨会论文集》（北京图书馆出版社）、《明清安徽典籍研究》（黄山书社）等，这些论文集出版后，产生了广泛的学术影响。②

其三，推出了众多有影响的研究成果。中国历史文献研究会自

---

① 周少川：《继往开来迈向新世纪——中国历史文献研究会成立 20 周年回顾》，《历史文献研究（总第 19 辑）》，华中师范大学出版社 2000 年版，第 14 页。

② 张涛：《中国历史文献研究会 30 年》，中国历史文献研究会编：《中国历史文献研究会成立 30 周年纪念集》，华东师范大学出版社 2009 年版，第 22 页。

成立之日始，就响应中央关于整理出版古籍、培养古籍整理人才的号召，设计古籍整理与研究课题，如 1982 年在兰州召开第三届年会时，"大会交流了古籍整理、史学史、历史文选的科研教学经验，制订了新的科研规划。该学会会员已进行和计划进行的古籍整理和著述项目有：（一）《历史文选教学经验汇编》；（二）《子书研究》（战国至秦汉）；（三）《历代史话丛书》，包括《人才史话》《地理沿革史话》《方志史话》《职官史话》等；（四）《史学名著研究》（《册府元龟》《资治通鉴》等）；（五）《宋史人物传记选注》（上、下册）；（六）《三国志选译注》；（七）《明史选注》；（八）《中国古代哲学家传记资料注释》；（九）《史记太史公自序注说会纂》；（十）《中国古代妇女资料汇编》；（十一）《司马迁思想资料注评》；（十二）《版本丛书》；（十三）《中国古代文学家传记选注》；（十四）《中国古代军事家传记选注》；（十五）《中国古代科学家传记选注》；（十六）《中国古代史学家传记选注》；（十七）《文献学论著辑要》；（十八）《中国史学家传》；（十九）《第三届年会论文集》等"①。这些课题大多都顺利完成。另外，学会还组织完成"二十五史辞典丛书""二十四史选注丛书""中国人物评传丛书"等大型研究课题。② 截至 1999 年，已经出版的集体项目有《册府元龟新探》《文献学论著辑要》《中国史学家传》《中国古代科学家选注》《中国古代史学家传选注》《中国古代军事学家传选注》《中国古代文学家传选注》《史记辞典》《汉书辞典》《后汉书辞典》《三国志辞典》《两五代史辞典》等。

另外，学会会员个人还推出了众多颇有价值的论著，尤其是在古文献学学科理论、内容和方法方面的研究，富有开创性，在古文献学界产生了重要影响。另外，学会会员关于中国古代史、史学史、思想

---

① 刘宣：《中国历史文献研究会制订古籍整理和著述规划》，《文献》1982 年第 3 期。
② 王西梅：《功在千秋——陈云古籍整理指示与中国历史文献研究会的发展》，《陈云和他的事业——陈云生平与思想研讨会论文集》（下），中央文献出版社 1996 年版，第 973 页。

史、学术史、文学史、地方史以及方志学、谱牒学、民族学、考古学、图书馆学等领域的研究成果,更是不胜枚举,难以一一述及。

其四,促进了地方精神文明建设和经济社会的发展。中国历史文献研究会继承中国古代学术经世的优良传统,响应国家号召,把学术研究与弘扬民族优秀的传统文化,与促进社会主义精神文明建设密切结合起来,特别是 20 世纪 90 年代以来,中国历史文献研究会眼光向下,每年年会都确立以某一区域文献和文化为研究主题,组织会员发掘地方历史文献,研究和宣传地方优秀历史文化、历史人物,普及历史知识,进行爱国主义和优秀历史文化教育。20 多年来,先后在上海嘉定、广东汕头、陕西西安、内蒙古呼和浩特、四川南充、河南驻马店、贵州贵阳、江西乐平、江苏苏州、山西太原、广西桂林、云南昆明、江西赣州、山东高密等地开展以地方文献和文化为主题的学术活动,有力地促进了当地的文化发展和精神文明建设,提高了地方的知名度,让外界更多地了解了地方文化,在当地引起持久的影响,显示了学术活动的文化影响力。[1] 如 1990 年在汕头举行的"潮汕历史文献和文化研究"学术研讨会,与香港学者饶宗颐先生关于加强潮学研究的倡议相呼应,在当地掀起了潮学研究的高潮。汕头大学和汕头市先后成立了"潮汕文化研究中心"和"潮汕历史文化研究中心",香港《国际潮讯》以大量的篇幅介绍研究会汕头年会的盛况,引起侨居海外 200 万潮人对家乡建设的关注。许多潮侨回乡寻根访祖,品味乡情,不仅捐资捐物开展潮汕文化的研究,也捐资投资于家乡的基础设施、福利事业和工商企业,从而大大推进了潮汕地区两个文明的建设步伐。而且,"潮州学"在香港学者饶宗颐的推动下,如今已成为一个国际性的课题,常年都有学者和会议开展研究。这些都与学会坚持历史文献研

---

① 周少川:《继往开来迈向新世纪——中国历史文献研究会成立 20 周年回顾》,《历史文献研究(总第 19 辑)》,华中师范大学出版社 2000 年版,第 16 页。

究为各地文化建设服务的方针有很大关系。① 改革开放新时期成立的全国性学术团体中，像中国历史文献研究会这样对地方文献与文化深入发掘，并深深影响地方文化发展的学会，并不多见。

二　区域性文献学研究会及相关学术团体的工作

除了全国性的文献研究会以外，有些省市也成立了区域性的文献研究会。由于各省市自治区都有自己的古籍整理出版规划领导机构，有关古籍整理的活动都由这些机构举办或谋划，故而各省市自治区所成立的文献学会并不多。地方上从事古籍整理和古文献学研究的学者大都参加各地的历史学会、文学研究会、方志学会、图书馆学会等，与从事古代历史、古典文学、古代方志、古代藏书研究、传统文化研究的学者共同研讨，开展古籍整理与古文献学的研究。

20世纪80年代初，为了适应两个文明建设，特别是配合编史修志的需要，贵州的专家学者秦天真、申云浦、李侠公等人联名倡议，建立一个跨部门的群众性的地方文献研究组织，搜集、抢救、整理和研究贵州历史文献。倡议发出后，得到贵州省文史研究馆、省地方志编委会、省政协文史资料委员会、省社会科学院、省民族研究所及各大专院校的支持和响应，由文史馆提出申请，经贵州省社会科学联合会1984年4月18日批准，正式成立贵州历史文献研究会，5月28日在贵阳市召开成立大会，出席会员110人。大会通过文献会《章程》，推举中共贵州省委顾问委员会副主任、贵州省地方志编委会主任秦天真为名誉理事长，省顾问委员会副主任申云浦为理事长，惠世如、李侠公、薛光、杨汉先、侯哲安为副理事长，侯存明、何祖岳、吴雪俦、陈福桐、史继忠、唐莫尧、陈青莲7人为执行理事，王虎文等51人为理事，侯存明为秘书长，何祖岳为副秘书长；办事机构设

---

① 张涛：《中国历史文献研究会30年》，中国历史文献研究会编：《中国历史文献研究会成立30周年纪念集》，华东师范大学出版社2009年版，第25页。

在文史馆内。大会还聘请周林等 28 人为顾问。成立大会上，理事长申云浦提出文献会的基本任务，一是全面调查贵州历史文献并编制目录；二是建议各部门对贵州历史文献资料进行搜集整理；三是调查会员整理研究文献的情况，通报信息，交流经验；四是举行各种学术研讨会。大会后，成立了经济、政治、文教、民族、自然地理 5 个研究组，在文献会理事会领导下分别开展活动。

1985 年 6 月 4 日召开首届年会，申云浦在开幕词中指出："文献会的工作，要遵循党中央关于整理古籍的指示，要服从于服务于当前的总任务总目标，为继承和发扬祖国的文化遗产，为建设有中国特色的社会主义，为'两个文明'建设服务，为培养广大人民群众，特别是青少年一代的民族自尊心、自豪感和爱国主义精神服务。"会上，叶光大等人建议组织贵州古籍文献出版机构，杨汉先、黄源等人建议翻译整理柏格里、鲍克兰、乌居龙藏所写的外文资料，徐泽庶建议查找任可澄的《且同亭集》日记，冯祖贻建议收集《周素园日记》等。会议决定聘请周林、韩念龙、宦乡、费孝通、谭其骧、翁独健等28 人为顾问。

贵州历史文献研究会的宗旨是对贵州各民族的历史文献资料进行搜集、整理和研究，为贵州的物质文明和精神文明服务。研究会自成立以来，举办了大中小型学术研讨会、座谈会数十次，会员研究成果丰硕，编辑、整理书刊、古籍数十种数百万字，有力地推进了贵州的地方文献研究，其在地方古籍整理和研究方面也取得了显著的成绩，为贵州文化事业做出了较大贡献。

文献会刚成立，就组织会员整理编印贵州古籍文献目录，在1985 年第一届学术年会后，先后征集了会员陈淑民、龚正英等辑录的《贵州省图书馆藏贵州古籍目录》《贵州省博物馆藏黔籍目录》《贵州地区 1909—1949 出版期刊目录》《贵州大学图书馆藏贵州古籍目录提要》《贵州民族学院图书馆藏贵州古籍目录提要》。之后不久，在理事长申云浦的倡议下，决定编辑一部《贵州古旧文献提要目录》

（原名《贵州地方文献联合目录》），并委托会员周鼎、陈琳、龚正英、贾忠匀具体负责。目录工程浩大，费时近 10 年，在第二届理事长苗春亭的领导下，1996 年 7 月正式印刷出版，收录贵州省图书馆、贵州大学图书馆、贵州师范大学图书馆、贵州民族学院图书馆、贵州省博物馆、遵义市图书馆六馆所藏贵州古旧线装书及稿本 1154 种，共 3600 万字，并按经、史、子、集、丛五类编排，是迄今为止贵州最完备的一部古籍文献工具书。会员康恒基编辑的《贵州地方文献目录》，贾忠匀编辑的《布依族研究资料目录》，何长风辑录的《贵阳文通书局编辑出版丛书丛刊的情况》，刘泳唐、刘仲勉编辑的《贵州文史资料目录索引》等，对贵州历史文献的研究，都起了很大的推动作用。

　　整理贵州文献古籍，是文献会的主要工作。20 世纪 80 年代，会员何祖岳等参与文史馆点校出版了民国《贵州通志·前事志》，这本书是 20 世纪贵州古籍整理中最大的一部，为当时编史修志提供了很大帮助。20 世纪 80—90 年代，一批会员的古籍整理研究成果出版，如王燕玉编《通鉴黔事辑证》、顾隆刚编《太平天国时期贵州农民起义军文献辑录》《东华录黔事摘抄》、黄永堂点校的民国《贵州通志·艺文志》《梅花缘传奇》、杜文铎等点校的《平黔纪略》、翁仲康等点校的《黔书·续黔书·黔记·黔语》、关贤柱点校的《黔诗纪略》、黄万机点校的《黎星使宴集合编》、谭用中点校的《西洋杂志》等，都是其中的优秀成果。20 世纪末与 21 世纪初，陈福桐等参与文史馆点校的民国《贵州通志·人物志》、文长康等辑录的《二十四史贵州史料辑录》、杨祖恺等参与点校《黔灵丛书》中的《黔灵山志》《黔南会灯录·锦江禅灯》《黔僧语录》《续黔僧语录》《贵州高峰了尘和尚事迹》、王羊勺等标点的《丁文诚公奏稿》、张彦夫等参与文史馆点校的民国《贵州通志·宦迹志》等，均为贵州地方古籍文献的整理，成就卓然。

　　另外，文献会还编辑出版了《贵州历史文献资料丛书》第一册

《太平天国时期贵州农民起义军文献辑录与考释》；支持地方会员积极参与贵州历史文献资料的整理，如遵义市红花岗区地方志办对《遵义府志》《续遵义府志》《播雅》等古籍文献的影印、点校等。会员个人在贵州历史、文化方面的学术专著、研究文章之多，科研成果在省级学会中名列前茅。[①]

改革开放新时期，各省市自治区历史学会、文学研究会、方志学研究会、图书馆学会、传统文化研究会等学术团体如雨后春笋一般，或恢复，或新建，推动了文化事业的发展。在这些学会中，活跃着一大批从事古籍整理与文献学研究的学者，这些学会也自觉把古籍整理与文献学研究当作自身的重要任务，推动地方文献的整理与研究。

第三节　高校古委会指导下的高校古籍整理研究

改革开放新时期，高等院校是古籍整理与古文献研究的重镇。为了调动高校教师从事古籍整理与古文献学研究的积极性，建立一支实力雄厚的古籍整理与古文献学研究的专业队伍，在全国高等学校古籍整理工作委员会的筹划和指导下，一批高校古籍整理研究所成立，切实推动了改革开放新时期古籍整理与古文献研究事业的发展。

一　高校古委会直属研究机构的建立与古籍整理

1981 年，中共中央在《关于整理我国古籍的指示》中明确提出："古籍整理工作，可以依托于高等院校。有基础、有条件的某些大学，可以成立古籍研究所。"[②] 有鉴于此，在教育部的具体指导下，在全国高等学校古籍整理工作委员会的具体筹划下，20 世纪 80 年代，一批有基础、有条件的高校陆续建立了古籍整理或古文献研究所

---

① 贵州省文史研究馆编：《贵州省文史研究馆志》，贵州人民出版社 2003 年版，第 149 页。
② 《中共中央关于整理我国古籍的指示》，杨牧之主编：《古籍整理与出版专家论古籍整理与出版》，凤凰出版社 2008 年版，第 2 页。

（室），其中 20 个研究机构（包括 18 个古籍研究所、1 个研究中心、1 个研究室）和 4 个古典文献学专业由全国高校古委会直接联系和指导。[①] 另外，全国其他高校也陆续建立了 70 个古籍整理或古文献研究所（室），[②] 高校古委会通过各省、市、自治区教育主管部门与之建立业务联系。由此逐步形成了一支实力雄厚的古籍整理研究的专业队伍。这一举措使原本分散的古籍整理研究工作纳入系统管理，成为有领导、有规划的国家文化建设事业的一部分，为古籍整理规划项目的实施和古籍整理人才的培养提供了保证。

表 2 – 1　　　　　**全国高校古委会直属研究机构一览**[③]

研究机构	建立时间	研究机构	建立时间
北京大学中国中古史研究中心	1981	武汉大学古籍整理研究所	1983
北京师范大学古籍整理研究所	1981	华中师范大学历史文献研究所	1983
华东师范大学古籍研究所	1983	中山大学古文献研究所	1983
复旦大学古籍整理研究所	1983	四川大学古籍整理与研究所	1983
上海师范大学古籍整理研究所	1983	陕西师范大学古籍整理研究所	1983
吉林大学古籍研究所	1983	北京大学古文献研究所	1984
东北师范大学古籍研究所	1983	南开大学古籍与文化研究所	1984
南京大学古典文献研究所	1983	南开大学地方文献研究室	1984
山东大学古籍整理研究所	1983	暨南大学中国文化史籍研究所	1984
杭州大学古籍整理研究所	1983	西南师范大学汉语言文献研究所	1984

全国高校古委会直接联系的 20 个古籍整理或古文献学研究所（室）在高校古委会的指导和自身的努力下，完成了一系列古籍项目

---

① 见全国高等院校古籍整理工作委员会秘书处编《辉煌十年——全国高校古籍整理研究成就》，上海古籍出版社 1994 年版，第 9 页。

② 见全国高等院校古籍整理工作委员会秘书处编《辉煌十年——全国高校古籍整理研究成就》，上海古籍出版社 1994 年版，第 9 页。

③ 表 2 –1 根据全国高等院校古籍整理工作委员会秘书处编《辉煌十年——全国高校古籍整理研究成就》（上海古籍出版社 1994 年版）第 21—72 页统计而成。

的整理与研究，取得了令人瞩目的成就。更为重要的是，除了进行一般的古籍整理及古文献学研究外，这些古籍整理研究所还根据自身的研究方向，形成了不同的古籍整理的特色，成为该领域重要的研究基地。

北京大学中国中古史研究中心由邓广铭、周一良、田余庆、宿白、王永兴五人于 1979 年发起，1981 年 5 月创建，首任中心主任是邓广铭先生。1999 年将"中国中古史研究中心"整合为"中国古代史研究中心"，张广达、何芳川、王天有、阎步克、邓小南、荣新江等是其中骨干。该中心前期主要从事魏晋南北朝史、隋唐五代史、宋辽金元史、中国西北少数民族史地、中亚史地及敦煌吐鲁番文献的研究与整理，更名后主要拓宽了研究领域，将中国古代史当作一个整体进行研究。除出版了一大批研究论著外，该中心重要的古籍整理成果有《大唐西域记校注》《大唐西域记今译》《通典》《隋唐五代经济史料汇编校注》《唐律疏议》《宋朝诸臣奏议》《宋人文集篇目分类索引》《涑水纪闻》《怀古录校注》《折狱龟鉴译注》《历代名臣奏议篇名目录及作者索引》以及《敦煌吐鲁番唐代法制文书考释》《敦煌遗书汉文纪年卷编年》等。

北京师范大学古籍整理所成立于 1981 年 12 月，首任所长为白寿彝先生，启功、郭预衡、刘乃和、许嘉璐、李修生、周少川、邱居里等人是中坚力量。该所以元代文献整理与研究、陈垣文献学研究为主要方向。完成的大型古籍整理项目主要有《全元文》《文史英华》《二十四史全译》《中华大典·文献目录典》《元人别集丛刊》《经世大典辑校》《古本戏曲剧目提要》《元史全译》《元曲辞典》《中国易学文献集成》《陈垣年谱配图长编》等。其中"元人别集丛刊"已经出版《胡祗遹集》《戴良集》《张之翰集》《欧阳玄集》《刘将孙集》《程钜夫集》《陈基集》《贝琼集》《吴莱集》《郑元祐集》《马祖常集》《袁桷集》《贡氏三家集》《许衡集》《傅若金集》《吴师道集》等。出版的传统文化研究论著主要有《古籍目录学》《元代书院研究》《元代史学思想研究》《元杂剧史》《元代文献探研》《中国文献学史述要》等。

华东师范大学古籍研究所的前身是成立于 20 世纪 70 年代初的"二十四史"标点组，承担过二十四史中《新唐书》《新五代史》的整理工作。1983 年，古籍研究所成立，徐震堮先生担任所长，骨干力量有程俊英、周子美、李国均、潘雨亭、林艾园、裴汝诚、严佐之、朱杰人、顾宏义等。20 世纪 90 年代，该所承担并完成了古委会重大项目《朱子全书》的校点整理工作，并由此形成了朱子学暨儒学文献研究的特点，并陆续整理出版了《朱子全书外编》《朱子学文献大系》《近思录专辑》《"朱陆异同"历史文献汇编》等。除"朱子学"文献整理外，该所还整理了《续资治通鉴长编》《文献通考》《王安石年谱长编》《王文公文集》《归有光全集》《顾炎武全集》等。

复旦大学古籍整理研究所成立于 1983 年，首任所长是章培恒先生，蒋天枢、顾廷龙、吕贞白、徐鹏、陆树仑、吴杰、潘富恩等学者曾担任该所专（兼）职教授。该所以《全明诗》编纂为契机，对明代文献与文化进行了较为系统的整理和研究，产生了一系列古籍整理与古文献学成果，主要成果有《全明诗》《明代碑传集》《新编明人年谱丛刊》《稀见明人文话二十种》《稀见明人诗话十六种》《唐顺之集》《李东阳集》《日本现藏稀见元明文集考证与提要》《因明大疏校释、今译、研究》《李慈铭年谱》《越缦堂书目笺证》《世说新语考释》《汉语历史方言研究》《东亚汉籍版本学初探》《西方校勘学论著选》以及《光华文史文献研究丛书》等。

上海师范大学古籍整理研究所的历史可以追溯到"文革"中设立的二十四史《宋史》标点组。1983 年与《汉语大词典》编写组一起成立了古籍研究所，程应镠先生为首任所长。骨干力量有戴建国、虞云国、汤勤福、徐时仪、朱易安、俞钢、张剑光等，该所以唐宋文献整理与文化研究为主，并编纂和研究辞书。参与国家重点项目

《汉语大词典》的编纂和统稿、审稿工作，整理出版大型古文献《宋史》《续资治通鉴长编》《文献通考》《〈汉书〉补注》《〈一切经音义〉三种校本合刊》《白鹿洞书院古志五种》《南朝宋齐梁陈会要》《传世藏书·宋金元别集》《全宋笔记》及《中华大典·历史典·编年史分典》（隋唐五代、辽宋金夏总部）等。

吉林大学古籍研究所是在于省吾、金景芳、张忠培等人的筹划下于1983年8月创建的，首任所长为姚孝遂先生，骨干力量有于省吾、金景芳、罗继祖、林沄、吕绍纲、陈恩林、张鹤泉、吴振武等。吉林大学古籍研究所建立后，在古文字学研究方面独树一帜。并整理出版了一大批的学术精品，诸如《甲骨文字释林》《殷墟甲骨摹释总集》《小屯南地甲骨考释》《甲骨文字诂林》《战国文字通论》《珍秦斋藏印》《居延汉简语词汇释》《上博简与郭店简比较研究》《中国东周时期金属货币制度研究》《商周青铜器族氏铭文研究》《〈周礼〉中商业管理制度研究》《张家山汉简〈二年律令〉集释》《张家山汉简〈二年律令〉研究》《中国奴隶社会史》《学易四种》《先秦军事制度研究》《周代采邑制度研究》《周代祭祀研究》《周易全解》《汉代客阶层研究》《菜根谭注释》《二十世纪古文献研究新证》等。

东北师范大学古籍整理研究所成立于1983年，首任所长是何善周教授，吴枫、刘乾先、高振铎、曹书杰、李德山等人是其骨干。该所主要从事中国古典文献学及东北地方古文献与历史文化的整理研究，创办了《古籍整理研究学刊》。该所先后整理出版了《中国儒学通典》《中国道学通典》《中国佛学通典》《韩非子选译》《二十二子详注全译》《魏晋全书》等，并出版了《简明古籍辞典》《中国古文献大辞典》《中国古典文献学》《古籍知识手册》《中国古籍辑佚学论稿》《东北古民族与东夷渊源关系考论》《中国东北古民族发展史》等辞书与专著多部。

南京大学古典文献研究所成立于1983年，首任所长是程千帆先生，周勋初、卞孝萱、程章灿、徐有富等是其中骨干。该所以整理中国古代有关文史哲诸学科文献、研究和弘扬传统文化为宗旨，对唐宋文献整理用功尤多。主要古籍整理成果有《中华大典·文学典·隋唐五代文学分典》《晚明史籍丛刊》《白雨斋词话足本》《全清词》《唐人轶事汇编》《册府元龟校订本》《〈唐语林〉校证》《唐诗大辞典》《校雠广义》等，并编辑出版有不定期学术集刊《古典文献研究》。

山东大学古籍整理研究所成立于1983年，首任所长是吴富恒先生。建立之初主要进行唐以前文献整理研究，萧涤非、王仲荦、董治安、王绍曾、蒋维崧、郑杰文、杜泽逊等人是其中坚力量。随着学校机构调整，更名为古典文献研究所，其学术特色也发生了变化，文献整理与研究主要集中在四个方面：以《两汉全书》为中心的两汉文献整理研究和两汉经学研究；以《子海》为中心的子部文献整理和研究；古籍目录版本校勘学及出版史研究；山东地方文献整理研究。主要成果有《清史稿艺文志拾遗》《山东文献书目》《两汉全书》《子海珍本编》《子海精华编》《柳宗元集校注》《杜甫全集》《蒲松龄全集》《清人著述总目》《十三经注疏汇校》等。

杭州大学古籍整理研究所的前身是1961年7月成立的中国科学院浙江分院语言文学研究室，1983年成立古籍研究所，首任所长是姜亮夫先生。杭州大学与浙江大学合并后，更名为浙江大学古籍整理研究所。沈文倬、徐规、崔富章、龚贤明、束景南、张涌泉、王云路等是其骨干，主要研究领域是敦煌学、三礼学、楚辞学、职官科举制度、中古汉语、中国文化史等，整理的古籍有《屈原赋校注》《楚辞书目五种》《楚辞通故》《重订屈原赋校注》《屈原赋今译》《仪礼译注》《敦煌文献合集》《敦煌变文集校议》《敦煌变文集汇校》《宋登科记考》《中古汉语语词例释》《中国声韵学》《古文字学》《昭通方言疏证》以及《春秋左氏疑义答问》《孟子正义》《古代游记选注》《清代散文选注》《西湖诗词选注》《两浙游记选注》《籀庼遗著辑存》《仪礼正义》《楚辞书目五种续编》《〈曲江集〉校注》《菜根谭译注》等。

　　武汉大学古籍整理研究所建立于 1983 年，首任所长是周大璞先生。武汉大学的古籍整理有着悠久的传统，从民国时期开始，黄侃、刘赜、黄焯诸先生精研典籍和小学，其《毛诗》《说文解字》《经典释文》《广韵》《文选》之学，精审无匹，卓然成家。20 世纪 80 年代以来，周大璞、李格非、夏禄、阙勋吾、宗福邦、廖延堂、骆瑞鹤等先生在继承章黄学派优良传统的基础上，逐渐形成了以传统语言学典籍的整理和研究为核心的学科特色，在国内独树一帜。整理研究成果有《汉语大字典》《故训汇纂》《古音汇纂》《尔雅音训》《经典释文汇校》《训诂学初稿》《中华大典·语言文字典·音韵分典》等。

　　华中师范大学历史文献学研究所成立于 1983 年 5 月，由张舜徽先生创建，骨干成员有王瑞明、李国祥、周国林、姚伟钧、顾志华、王玉德、刘韶军、董恩林等。该所主要侧重于对中国古代史籍文献的整理与研究，先后主持完成的古籍整理成果有《二十五史三编》《资治通鉴全译》《明实录类纂》《后汉书辞典》《三国志辞典》《中华民俗元典丛书》《老子集成》《中华大典·语言文字典·训诂分典》《中华大典·民俗典·物质民俗分典》《二十四史全译·魏书》《二十四史全译·北史》《尚书选译》《史记选译》《汉书选译》《明史选译》《太玄集义》《翼教丛编》《孝经大全校点》《广成集辑校》《清代〈大学〉〈中庸〉著述汇编》《中国古代民俗文献整理与研究》《旧五代史汇考》等。整理数十种老子《道德经注》，点校整理《儒藏》南宋文集 23 种。出版有《中国文献学》《古籍整理研究八种》《中国传统文献学概论》等。

　　中山大学古文献学研究所创建于 1983 年，首任所长是王季思先生，刘烈茂、麦耘、黄仕忠、陈永正等是其骨干力量。该所主要从事明清文学、岭南文献、古代语言文字等文献的整理与研究，成果有《全明戏曲》《全粤诗》《车王府曲本八百种》《子弟书全集》《明本潮州戏文五种校点》《岭南诗派研究》《国朝诗集征略》《木鱼书研究》《岭南佛学典籍丛刊》《岭南名山名寺志系列》《日本所藏善本戏曲丛刊》《明代稀见戏曲丛刊》等。同时与香港中文大学合作成立"华南文献研究中心"，共同展开对华南传统文献的整理与研究。

四川大学古籍整理研究所成立于1983年，汇聚了徐中舒、缪钺、杨明照、赵振铎、胡昭曦、曾枣庄、刘琳、舒大刚等著名学者，首任所长是徐中舒先生。该所主要研究方向为宋、辽、夏、金的古籍整理和文化研究。整理出版了《全宋文》《全宋文研究资料丛刊》《宋人年谱集目》《宋编宋人年谱》《宋文纪事》《现存宋人著述总目》《宋人别集序录》《宋人传记索引补编》《宋集珍本丛刊》等。承担了《中华大典·文学典·宋元分典》和《全金文献》的编纂工作，编辑《全金文献研究资料丛刊》等，并承担了《儒藏》《巴蜀全书》的整理与编纂。出版研究著作《儒学文献通论》《中国儒学通案》《古籍整理学》等，编纂"二十世纪儒学大师文库""宋代文化研究丛书""四川大学《儒藏》学术丛书""《儒藏》论丛"等。

陕西师范大学古籍整理研究所由黄永年先生创建，成立于1983年，骨干成员有黄寿成、贾二强等人。该所侧重于唐代文献、版本目录、民俗小说等的整理与研究，出版的《古籍整理概论》《古文献学四讲》《唐史史料学》和《古籍版本学》等著作，被国内多所大学选为文献学专业教材，在专业人才培养方面发挥了重要作用。整理出版《旧唐书选译》《大慈恩寺三藏法师传选译》《韩愈诗文选译》等。该所在古籍数据库建设方面也卓有成就，袁林教授主持开发的"汉籍全文检索系统"是同类数据库中影响较大的一种。

北京大学古文献研究所成立于1984年，裘锡圭、金开诚、孙钦善、倪其心、安平秋等人是其骨干。1999年12月，该所与古委会秘书处整合成立北京大学中国古文献研究中心，成为全国普通高等院校人文社会科学重点研究基地。该所自成立以来，取得一大批科研成果，大型古籍整理项目有《全宋诗》《古本小说集成》，其他成果主要有《广韵四声韵字今音表》《唐五代韵书集存》《尔雅校笺》《高适集校注》《古文观止译注》《古文观止校点》《离骚纂义》《天问纂义》《历代诗文要籍评解》《校勘学大纲》《文字学概要》《长沙子弹库战国楚帛书研究》《中国古代文化知识》《中国古代文化史》《荀子通论》《论语注译》《说苑新序选译》《阮籍诗文选译》《杜甫诗选译》《龚自珍诗文选》《三国志人名索引》《诗经索引》《古代文史名著选译丛书》《中国禁书大观》《屈原辞研究》《宋诗研究》《中国古文献学史》等。

南开大学古籍整理研究所成立于 1984 年，首任所长是杨翼骧先生，骨干成员有郑克晟、赵永纪、王达津、孙香兰、赵伯雄等。1993年更名为南开大学古籍与文化研究所。该所积极开展古籍整理与研究工作，整理编辑的大型古籍项目有《清文海》，承担了《汉魏文史丛书》《史学史资料编年》《清代四部序跋选》《古代文史名著选译丛书》《蔡邕集校注》《潘岳集校注》《中华英杰丛书》《众家编年体晋史》《清文前编》《历代文论选》《历代诗论选》的整理。出版了《明代文官制度》《明代周边政策》《明代史料学》《古代总集研究》《春秋学史》《古今姓氏书辨证》等研究著作。

南开大学地方文献研究室由来新夏先生倡议创建，1984 年 4 月成立，首任主任为来新夏先生。该研究室以搜集、整理、研究全国各地方志为主要任务，兼及其他地方文献。整理完成《天津地方风土丛书》《天津地方志纂要》《中国地方志综览》《河北省方志提要》《中国历代目录提要》《清嘉录》《闽小记·闽杂记》等多种古籍的整理点校工作。

暨南大学中国文化史籍研究所成立于 1984 年 11 月，首任所长为陈乐素先生，骨干成员有张其凡、毛庆耆、汤开建、程国赋、陈广恩等。整理有《海国图志》《梁廷枏集》《宋史选译》《诸葛亮文选译》《淮南子选译》《越绝书选译》《宋代吐蕃史料》《广东文选》《北泉草堂遗稿等七种》《历代通鉴纪事本末补后编》《隋唐五代小说研究资料》《唐宋传奇译注》《东坡事类》《利玛窦明清中文文献资料汇释》等，承担广东省《岭南丛书》的选编与点校。创办有《历史文献与传统文化》辑刊。

西南师范大学汉语言文献研究所成立于 1984 年，首任所长是李运益先生。该所以出土文献整理与语言文字研究、民族文献与文字研究为主要特色，出土文献研究涵盖甲骨文、金文、简帛、碑刻、敦煌文献。民族文献研究则以东巴文最为突出。形成了传世文献与出土文献语言研究相结合，以出土文献语言研究为主要特色的格局。骨干力量有刘重来、喻遂生、毛远明、张显成、王化平等，古籍整理成果有《墨子选译》《南史选译》《宋书选译》《史通选译》《墨子校注》《范仲淹集》《尹湾汉墓简牍校理》《汉魏六朝碑刻总目提要》《汉魏六朝碑刻校注》《梦溪笔谈译注》《苏轼全集校注》，研究专著有《简帛文献论集》《碑刻文献学通论》《战国楚简语法研究》《帛书易传研究》《简帛量词研究》《商代甲金文时间范畴研究》《纳西东巴文研究丛稿》《纳西东巴文分域与断代研究》《纳西东巴经跋语及跋语用字研究》等。出版有《出土文献综合研究集刊》《比较文字学研究》。

二 其他高校古籍整理研究所的成立与特色

除上述由全国高校古委会直接联系的高校古籍整理研究所以外，各省市自治区其他一些高校也相继成立了古籍整理研究机构，截至 1994 年，共计 70 所①，这些古籍所分布在全国各类高校，有综合性高校，有师范院校，有政法院校，有医学院校。它们因地制宜，在普通古籍整理研究、专业古籍整理研究和地方文献整理研究方面形成了自己的特色。当然，由于改革开放以来高等教育发展速度很快，高校之间、高校内部机构整合较多，很多 20 世纪 80 年代中前期建立的古籍整理研究机构被合并到其他研究部门，研究方向也有很大调整，这

---

① 见全国高等院校古籍整理工作委员会秘书处编《辉煌十年——全国高校古籍整理研究成就》，上海古籍出版社 1994 年版，第 9—10 页。

是我们在研究这一问题时必须给予关注的。

一般来讲，地方高校肩负着服务地方、振兴地方文化的职责，其下属的古籍整理研究所也顺应这样的潮流，在地方文献整理与研究中发挥着重要作用。如宁夏大学古籍整理研究所以西夏文献、黑水城文献、宁夏地方文献整理研究为重点，出版有《西夏书事校证》《西夏纪事本末》《西夏志略校证》《宋史夏国传集注》《宋西事案校证》等古籍整理成果，承担《党项与西夏资料索引》《西夏文佛经发愿文整理研究》《西夏碑石刻整理研究》《西夏书辑补校注》《〈西夏姓氏录〉整理研究》等项目。海南师范大学古籍整理研究室主要对与海南文史相关的古籍进行整理。完成了《海瑞全集》《世史正纲》《滇南诗选》《居儋录》《投笔记》《王宏海张岳崧诗选注》《邢宥〈湄邱集〉注释》《苏轼海南诗文选注》等点校、注释工作。1994 年，海南师范大学古籍研究整理室更名为"国学研究所"，古籍整理研究的目标扩大至更宽泛的传统文化的研究，并继续进行海南历史名人资料及方志的整理研究，完成《鸡肋集》《康熙临高县志》《光绪临高县志》等文献的整理工作。福建师范大学古籍整理研究则以整理研究福建古籍中有价值的著作为主要目标，整理出版《八闽丛书》（经、史、子、集等约 80 种），编写《福建地方文献及闽人著作书目》《福建版本资料目录》等。① 同样，安徽师范大学古籍整理研究所以整理研究安徽地方古代文献为主。曾完成安徽古代作家著作点校及校注29 种、辑录 2 种、资料选编 7 种、专题研究 1 种；出版《李商隐诗选》《诗经选注》《司空图和诗品》《文心雕龙选析》《魏晋南北朝史论稿》《古代名人传记选》等各类专著几十种等。南昌大学古籍研究所把整理研究古代江西籍人士的文、史、哲、经、法等著作为主，主要古籍整理项目有《黄山谷全集》《蒋士铨全集》《古韵标准》《晋

---

① 中国科学研究与技术开发机械要览编辑委员会：《中国科学研究与技术开发机构要览第一卷》，科学技术文献出版社 1987 年版，第 306 页。

学辨微》《续世说》《诗诂》《舆地广记》《鄱阳集》《江西通志训典》《文廷式全集》等。突出地方文献与文化特色，成为区域文献与文化研究的重镇。

另外，一些专门的古籍整理研究机构则在专业古籍整理与研究方面做出了重要贡献。如中国政法大学法律古籍整理研究所，是在全国率先成立的专门从事古代法律文献整理研究的机构，以古代法律文献的搜集、整理和研究为己任。整理出版的《中国历代刑法志译注》《大清律例通考校注》《中华大典·法律典·刑法分典》《沈家本全集》等成果得到法律界的普遍关注。清华大学中国科技史暨文献研究所旨在继承和发扬清华研究工程技术史的传统，开展科技史和古文献研究。影响较大的成果有《中华科技五千年》《中国机械工程发明史》《成语中的古代科技》《汉字中的古代科技》《清华大学图书馆藏善本书目》《中国科技典籍研究》《中国近代科学先驱徐寿父子研究》《中国古代农业机械发明史（补编)》《清代匠作则例》《科学技术史二十一讲》等。山东中医药大学中医文献研究所为全国高校建立最早的中医文献研究所之一，该所主要致力于中医药经典文献的整理、诠释和应用研究，整理研究成果主要有《黄帝内经素问校释》《针灸甲乙经校释》《中医方剂大辞典》《两宋名家方书精选丛书》《实用中药辞典》等，在中医药文献数字化研究方面进行了可贵探索。山西师范大学戏曲文物研究所的主要特色是戏曲文献的整理与研究，坚持田野调查，把文物资料、民俗资料与文献资料相结合。整理有《郑光祖集》《石君宝戏曲集》《李寿卿狄君厚集》《吴昌龄刘唐卿于伯渊集》《李行道孔文卿罗贯中集》，编著有《宋金元戏曲文物图论》《山西省曲沃县任庄村扇鼓神谱调查报告》《山西师大戏曲博物馆馆藏拓本目录》《戏曲文物散论》《太行神庙及赛社演剧研究》《戏剧与考古》《山西神庙剧场考》《山西戏曲碑刻辑考》《20世纪戏曲文物的发现与曲学研究》《中国神庙剧场》《蒲州梆子志》《六十种曲评注》《地方戏集锦》《蒲剧散论》等。并参与《全元曲》

点校。

　　总之，地方高校古籍整理研究所偏重于区域古籍整理与研究，与高校古委会直属高校古籍整理研究所各有所专，相互补充，成为高校古籍整理研究体系的重要组成部分。

三　高校古委会强有力的组织和领导

　　改革开放以来，高校古籍整理工作所取得的辉煌成就，不仅凝聚着高校古籍整理研究者的心血，"也凝聚着作为组织、协调的中枢机构的高校古委会及它的秘书处人员的心血与辛劳"①。讨论改革开放以来高校古籍整理研究所取得的成就，不能忽视高校古委会强有力的组织和领导。

　　高校古委会自1983年成立以来，在高校古籍研究机构建设、开展科研项目、指导人才培养等几个方面艰苦创业，带领全国高校古籍整理的教学科研队伍，不断进取，在古籍整理与古文献学研究、古籍整理人才培养等方面取得了丰硕成果。

　　在高校古籍整理研究机构建设方面，高校古委会对自己直接联系的20个古籍整理研究机构和4个古典文献学专业的建设和发展进行了悉心指导。在古籍整理与研究方面，高校古委会指导高校古籍整理研究机构要根据自身科研力量，形成各自古籍整理的特色。在一些重大古籍整理项目的承担上，高校古委会与各高校古籍整理研究机构及时沟通，进行差异化布局，避免重复性劳动。在科研经费与人才培养补贴经费方面，高校古委会尽心尽力，为全国高校古籍整理研究机构提供了大量的研究经费，并协调相关研究机构在学术活动方面相互协作，在教学、资料乃至人力上彼此支持，共克古籍整理、人才培养方面的难关。

　　在组织科研项目方面，三十多年来，高校古委会"共评出直接资

---

　　①　高甡伟：《高校古籍整理卅五年》，《中国出版史研究》2018年第1期。

助项目 1413 项，另外还有大量的间接资助项目，合计 5000 余项"①。其中比较有代表性的资助项目有学术界所说的"七全一海"，即南京大学与河南大学、苏州大学合作主持的《全唐五代诗》、北京大学主持的《全宋诗》、四川大学主持的《全宋文》、中山大学主持的《全元戏曲》、北京师范大学主持的《全元文》、复旦大学主持的《全明诗》《全明文》、南开大学主持的《清文海》。这些古籍整理成果部帙庞大，质量上乘，得到学术界认可。其中，《全宋诗》荣获第二届全国古籍整理图书一等奖、第四届国家图书奖荣誉奖、中国图书奖特等奖；《全宋文》荣获首届中国出版政府奖；《全元文》荣获第四届高校人文社会科学研究优秀成果一等奖，等等，成为改革开放以来古籍整理的标志性成果。此外，高校古委会还资助了海外汉籍复制工程、文史哲大家集、语言文字文献整理与研究、资料丛编与研究、大型古籍研究项目、古籍数字化工程等重点项目以及大量一般项目，取得了丰硕的古籍整理研究成果，为社会主义文化建设做出了重要贡献。

高校古委会特别重视古籍整理人才的培养，曾于 1984 年 10 月、1985 年 12 月和 1989 年 10 月召开了三次人才培养工作会议，研究本科生与研究生的培养规格、课程设置、外语要求及如何办好研讨班等问题。经过几年的努力，形成了两个渠道、三个层次的古籍整理人才培养格局，使古籍整理人才培养工作进入正轨。所谓两个渠道，一是通过具体的古籍整理项目带出队伍、培养人才，二是通过高校相关专业培养人才。所谓三个层次，即通过学校教育培养古籍整理的本科生、研究生和进修生。就研究生培养而言，截至 2017 年，"已招收硕士学位研究生 6000 人，博士学位研究生 1777 人。其中已经毕业走上工作岗位的，硕士生 5500 余人，博士生 1500 余人"②。在高校古委会的指导下，各高校培养出来的研究生中的一大批人已经晋升为教授、

① 高暇伟：《高校古籍整理卅五年》，《中国出版史研究》2018 年第 1 期。

② 高暇伟：《高校古籍整理卅五年》，《中国出版史研究》2018 年第 1 期。

研究员或编审，成为古籍整理与研究的中坚力量，在学术上取得了显著的成绩，强有力地支撑起改革开放以来古籍整理与古文献学研究的一片蓝天。

事实证明，改革开放以来高校古籍整理的成就，离不开高校古委会坚强有力的组织和指导；而高校古委会能发挥如此重要作用，又得益于前后两任古委会主任周林和安平秋的卓越领导。

高校古委会首任主任是原教育部副部长、中顾委委员周林。作为老革命、老干部，周林在战争年代和建设年代转战南北，在多个不同岗位上担任领导职务。但是，在他晚年，用力最多、投入最专注的则是高校古籍整理工作。1983 年，为贯彻落实陈云同志关于加强古籍整理工作的指示，周林创立高校古委会，并担任主任。他在主持古委会工作期间，"以推进高校古籍整理事业为己任，竭心尽力，团结下属，与广大学者一道开创了高校古籍整理工作的新局面"①。周林特别强调整理古籍同建设有中国特色的社会主义文化的密切关系，认为整理古籍是弘扬民族优秀传统文化的一项战略任务，并提出"古籍整理也是一门科学……是中国特有的科学"的论断②，进一步确立了古籍整理工作的价值、地位和意义。周林积极协调全国重点院校古籍研究所或中心的建设与发展，帮助他们整合力量，开展工作，坚持"把培养人才放在第一位"③，提倡把整理与研究相结合，切实推动高校古籍整理事业更上一层楼。周林倡导在古籍整理过程中"要兼顾普及和提高"④，不仅狠抓古籍整理的"高精尖"项目，还十分重视古籍的普及工作，如他积极推动古籍今译工作的开展，上马了《古

---

① 周国林：《周林先生的古籍整理思想》，《中国典籍与文化》2009 年第 4 期。

② 周林：《解放思想，更新观念，做好古籍整理工作》，《周林传统文化论集》，中国书籍出版社 1993 年版，第 80 页。

③ 周林：《关于古代文化遗产的普及问题》，《周林传统文化论集》，中国书籍出版社 1993 年版，第 18 页。

④ 周林：《弘扬民族传统文化，培养古籍整理人才》，《周林传统文化论集》，中国书籍出版社 1993 年版，第 10 页。

代文史名著选译丛书》，在全国掀起了"古籍今译"热。除了古籍今译外，他还注意普及性图书的编写，凭着敏锐的眼光，安排编写了《近现代国情丛书》和《爱国主义历史人物丛书》等。① 通过古籍的普及，使广大民众了解了历史，陶冶了情操，增强了自信。总之，周林在高校古委会十几年的工作，为高校古籍整理工作的繁荣发展，奠定了坚实的基础。

高校古委会第二位主任是安平秋教授。1996 年，安平秋接任高校古委会主任。作为学者型的领导，他的治学范围广泛，且以中国古典文献学与中国传统文化为中心，在先秦两汉文学、中国传统文化与社会生活、海外汉籍研究等方面造诣精深。主要代表作有《〈史记〉版本述要》《〈史记〉通论》《中国禁书大观》等，主编有《〈史记〉研究集成》《中国古代文化史名著选译丛书》《中国古代小说评介丛书》《北美汉学家名录》《欧美汉学名著译丛》《二十四史全译》等。其中，他主持的《日本宫内厅书陵部藏宋元版汉籍影印丛书》荣获第六届国家图书奖荣誉奖。除担任高校古委会主任外，安平秋还曾担任国务院古籍整理出版规划小组成员、副组长。兼任教育部人文社会科学基金评议委员会古文献学科评议组召集人、中国新闻出版总署国家图书奖专家评审委员会委员、国家图书馆学术咨询委员会委员、国家档案局"中国档案文献遗产工程"学术咨询委员会委员等。② 学术上的精深造诣以及担任重要学术职务的经历，使他对古籍整理工作有着更深入的理解。

自 1996 年以来，安平秋一直是高校古委会这个高校古籍整理中枢机构的领导者。二十多年来，他将更多的精力投入古委会的工作之中，鞠躬尽瘁、兢兢业业地付出，可以说，改革开放以来高校古籍整

---

① 夏自强：《弘扬传统文化功不可没——怀念周林同志》，贵州人民出版社 1999 年版，第 137 页。

② 见赵宣《且把金针度与人，衣带渐宽终不悔——安平秋先生谈汉籍引进工程与古籍整理工作》，《大学图书馆学报》2018 年第 1 期。

理事业的繁荣，更多的是与他领导下的古委会有关。

要言之，安平秋对高校古籍整理工作的组织和指导，有几个明显的风格：一是坚持以学术、科研为本。几十年如一日，狠抓高校古籍整理的学术发展不放松。二是秉持公平、公正的原则，处理各高校科研立项、经费分配的问题；并以学者的姿态深入古籍整理工作第一线，指导和推动高校古籍整理工作的发展。三是把握古籍整理研究发展的前沿态势，引领高校古籍整理开拓和创新。安平秋特别重视开展对外交流，注重国外汉籍引进，并付诸行动，启动了一系列国外汉籍引进工作。近些年来，他直面国外"数字人文学"的发展，一再呼吁在继续做强、做优海内外古籍整理的基础之上，密切关注学问和学术的呈现方式发生的种种改变，在古籍整理学科定位与人才培养方面提出学科渗透，注重跨学科训练，设想将大数据挖掘、文本分析、社会网络分析等技术引入古籍整理领域。[1] 其高远的目光，为未来的古籍整理工作指明了方向。

第四节　古籍出版社的建立与古籍出版

古籍整理的成果只有通过出版发行，将质量上乘的古籍文本呈现在人们面前，才能有效传播优秀传统文化，为当今的文化建设做出贡献。改革开放新时期，我国的古籍出版工作取得了辉煌的成就，新版古籍的品种数量之多，学术水准之高，出版能力之强，均超越前代。在古籍出版过程中，古籍出版社厥功至伟，其经验及特色值得深入总结。

一　古籍出版社的建立及出版特色

古籍出版社是古籍整理成果出版的重要机构，改革开放以前，

---

① 见赵宣《且把金针度与人，衣带渐宽终不悔——安平秋先生谈汉籍引进工程与古籍整理工作》，《大学图书馆学报》2018 年第 1 期。

专业的古籍出版社较少，古籍出版工作主要由中华书局及中华书局上海编辑所（上海古籍出版社的前身）等机构负责。改革开放以后，随着古籍整理事业的开展，部分省市自治区陆续成立了专门的古籍出版社，有力地推进了改革开放新时期古籍整理出版事业的发展。

表 2 - 2 　　　　　　　改革开放新时期新建古籍出版社一览①

出版社	建立时间	出版社	建立时间
上海古籍出版社	1978	巴蜀书社	1983
北京古籍出版社	1979	天津古籍出版社	1984
中国书店出版社	1979	黄山书社	1984
书目文献出版社	1979	江苏古籍出版社	1984
齐鲁书社	1979	吉林文史出版社	1985
中州古籍出版社	1979	三秦出版社	1985
中医古籍出版社	1980	上海书店出版社	1988
岳麓书社	1982	藏文古籍出版社	1989
浙江古籍出版社	1983	线装书局	1993
辽宁古籍出版社	1983	山西古籍出版社	1994

随着古籍整理事业的发展，为了做好古籍整理成果的出版工作，1999 年，成立了全国古籍出版社联合会。联合会成员由 22 家古籍出版社组成，它们分别是中华书局、上海古籍出版社、北京古籍出版社、文物出版社、广陵书社、国家图书馆出版社（原书目文献出版社、北京图书馆出版社）、齐鲁书社、中州古籍出版社、中医古籍出版社、岳麓书社、巴蜀书社、天津古籍出版社、浙江古籍出版社、三秦出版社、凤凰出版社（原江苏古籍出版社）、黄山书社、吉林文史

---

① 表 2 - 2 根据金声等人主编《中国出版社概览》（外文出版社 1992 年版）及其他相关资料整理而成。

出版社、中国书店出版社、上海书店出版社、三晋出版社（原山西古籍出版社）、线装书局、辽海出版社（原辽宁古籍出版社）。① 这些古籍出版社成为改革开放新时期古籍出版的中坚力量。

这些古籍出版社为我国古籍整理出版做出了重要贡献。具体而言，有以下几个方面。

第一，各出版社根据自身情况，形成了自己的风格，出版了众多古籍整理精品。比如中华书局，作为中国最具影响力的古籍出版机构，以传承和弘扬中华优秀传统文化为己任，出版了一大批古籍整理精品，如《甲骨文合集》《永乐大典》《殷周金文集成》《中华大藏经》以及"二十四史研究资料丛刊""新编诸子集成""理学丛书""中国古典文学基本丛书""中国古典名著译注丛书""历代史料笔记丛刊""学术笔记丛刊""中国古代地理总志丛刊""中外交通史籍丛刊""中外关系史名著译丛""中华史学丛书""中国近代人物文集丛书""中国近代人物日记丛书""中国佛教典籍选刊""道教典籍选刊""古逸丛书三编""清人书目题跋丛刊"，等等。为学术研究提供了大量基本典籍，积极地推动了学术研究与发展。再如上海古籍出版社（前身为古典文学出版社，1958 年 6 月改组为中华书局上海编辑所，1978 年在古典文学出版社和中华书局上海编辑所基础上成立上海古籍出版社），一直致力于古籍整理与出版事业，先后整理和出版《文心雕龙义证》《中国古典文学丛书》《古本小说集成》《敦煌吐鲁番文献集成》《中国古籍善本书目》《续修四库全书》《中国丛书综录》《唐诗小集》《宋词别集丛刊》《中国古典小说研究资料丛书》《山海经校注》《华阳国志校补图注》等一大批在国内外享有很高声誉的高质量的古籍整理和研究的著作。其中《中国古典文学丛书》计划出版 100 种，是经今人整理的规模最大、最系统的古代文

① 《全国古籍出版社联合会成员名单》，《第一届中国古籍数字化国际学术研讨会论文集》，五洲出版社 2009 年版，第 171—175 页。

学别集丛书。而《中国古籍善本书目》则倾注了一代专业人员的心血，了却了众多专家、学者的夙愿。① 《续修四库全书》更是一部鸿篇巨制，与《四库全书》配套，构成规模最大的古籍系统。《古本小说集成》则汇集了海内外所收藏的中国古代小说的孤本、善本428种，为研究中国古典小说提供了较为完备的研究资料。凤凰出版社（原江苏古籍出版社）以整理出版中国文、史、哲古籍及其研究著作为主，已出版了一批研究论著、工具书、资料书，尤其影印出版了一批有价值的珍本、善本、稿本、抄书和报刊资料，如《康有为〈大同书〉手稿》《宛委别藏》《雍正朝汉文朱批奏折汇编》《南京国民政府外交部公报》《中华民国史档案资料汇编》等。

其他地方古籍出版社则较为重视区域古籍整理成果的出版，如岳麓书社以"道承湘学，言纳百家，繁荣学术，积累文化"为宗旨，建社伊始，就充分利用博大精深的湖湘文化这一丰富的地方古籍出版资源，全力打造地方古籍出版品牌，把出版重点放在挖掘、整理湖南乡邦文献上，先后整理出版了《船山全书》《曾国藩全集》《左宗棠全集》《魏源全集》《郭嵩焘日记》《曾纪泽日记》《陶澍集》《江盈科集》《胡林翼集》等一大批湘籍名人的全集或要集。此外，还特别注重出版古典名著普及图书，率先出版《古典名著普及文库》《古典名著今译读本》《传统蒙学丛书》《韵文三百首系列》等一大批面向广大读者的古典名著。先后推出了《二十五史三编》《明通鉴》《汉诗大观》《诸子集成》《百子全书》《历代通俗演义》《通典》等大批很有影响的重点古籍图书。岳麓书社一方面出版以地方古籍为主的学术类、文化积累型图书，另一方面出版以古典名著为主的普及类、文化传播型图书，两者相辅相成，构成提高与普及相结合的两大出书体系。与此类似，中州古籍出版社（前身为成立于1979年的中州书画

---

① 中国出版工作者协会、中国出版科学研究所：《中国出版年鉴1989》，中国书籍出版社1991年版，第703页。

社）自建社以来，以弘扬中原文化、传播科学文明为己任，也形成了以地方古籍整理研究的出版为主体，以经典古籍和古代历史、文化知识普及的出版为两翼的格局。出版有《孙奇逢集》《汤斌集》《耿介集》《中原文化大典》《北京图书馆藏中国历代石刻拓本汇编》《中国禅宗典籍丛书》《中国古典讲唱文学丛书》《先秦两汉诸子系列套书》《李卓吾先生批评西游记》《歧路灯》《太平广记钞》《宋元小说话本集》《东观汉记校注》《战国策校注系年》《庄子歧解》等。除专业性古籍整理工作外，在传统文化的普及方面进行了多种努力，陆续出版了诸如《国学经典》《中国古典小说》《国学经典进课堂》等丛书。再如巴蜀书社在整理出版具有四川特色的古籍和有关古籍著述的同时，还出版了《全宋文》《古今图书集成》《道藏辑要》《唐诗纪事校笺》《华阳国志校注》《四川通志》及《古代文史名著选译丛书》《中华文化要籍导读丛书》等大批优秀图书。其他如黄山书社、齐鲁书社、三秦出版社、三晋出版社等，都立足地方，面向全国，挖掘本土古籍出版资源，形成了自己的古籍出版风格。

此外，文物出版社、中医古籍出版社、藏文古籍出版社等古籍出版社，立足本行业古籍的整理出版，为本行业古籍的出版做出了重要贡献。文物出版社出版了大批考古发掘报告和出土文献资料、各大博物馆及其他文物收藏与保护单位的重要藏品图录、文物考古类学术论著和工具书以及古代书画、碑帖、珍本图书的复制品等。中医古籍出版社主要任务为抢救中医孤、善、珍本古籍，编辑出版中医古籍及研究中医古籍的著作，出版了大批中医古籍整理图书，对于继承和发扬祖国医学遗产、保存善本、积累文化具有重要的意义。藏文古籍出版社以整理出版古典藏文文献为己任，先后出版一批有关西藏历史、宗教、医学、天文历算、人物传记等方面的图书，使数百年来只有手抄本、木刻版的藏文典籍有了各种精美的现代印刷版本，为学术研究提供了极大方便。

第二，总结古籍整理出版的经验和教训，推动了古籍整理出版工作的顺利开展。20 世纪 80 年代初，乘着古籍整理事业发展的春风，一批承担古籍整理出版的古籍出版社应运而生，发展势头较好。可是，进入 20 世纪 90 年代以后，随着改革开放的深入以及出版业的改制，很多非古籍出版社也开始出版古籍整理图书，图书出版业竞争激烈。在市场经济的浪潮之下，古籍出版社出现生存危机。在这样的形势下，如何做好古籍出版工作，就摆在了古籍出版社面前。为此，各古籍出版社的出版家和出版人开始总结和反思古籍出版工作，提出了很多有价值的古籍出版理论和方法。如金良年提出古籍普及读物出版的创新问题，主张在进行古典文献普及工作时，"必须选择严、注译精"[1]，根据不同的古籍进行不同的注和译，不能一窝蜂搞古籍今译。李国章认为古籍出版"必须坚持和强化专业意识，处理好继承和创新的关系，既要继承中华民族优秀文化传统，又要推陈出新，加强独创性，不断开拓与调整选题结构，以适应时代发展和读者的新需求"。他根据上海古籍出版社的做法，提出要出版"带有集成性与资料性的大型图书，体现文化积累的意义"；"学术研究著作的出版，（要）体现新组合、新视角、新思维，向系列化发展，形成规模效应"；"普及传统文化知识读物（要）更新换代，开辟新局面"等。[2] 严武则根据 20 世纪 90 年代古籍整理出版存在的重复出版现象严重、出版原创作品太少、整理质量低劣、有些选题格调不高等问题，提出古籍整理出版要做到："大力推进国家规划项目的落实，在古籍整理出版工作中树立文化积累的理念"；"加强国家出版补贴力度，切实保证重点项目能够如期出版"；"专业古籍出版社应通力合作，共同塑造古籍整理出版的精品形象，维护自己的专有权利"；"古籍整理出版要适应时代的要

---

① 金良年：《面临新世纪的古籍出版业》，《古籍整理出版情况简报》2000 年第 2 期，总 348 期。

② 李国章：《发挥专业优势，增强创新意识，使古籍出版光景常新》，《古籍整理出版情况简报》2000 年第 2 期，总 348 期。

求，在前进中应该积极探索，不断创新"①。

在总结古籍整理出版经验教训的过程中，古籍出版家还提出了什么是古籍出版的"学术优势"和"学术骨架"的问题。赵昌平提出古籍整理出版必须"坚持专业优势和学术骨架"，古籍出版社的专业优势在"学术领域"，学术骨架的核心是"古籍整理出版"。但在新的形势下，在坚持专业优势和学术骨架的同时，要将古籍整理出版的品牌"拓展到各个领域"，"坚持并扩大本专业的学术优势，但是又不能故步自封，在古籍出版资源十分有限的情况下画地为牢"。必须把古籍整理出版"由学术领域拓展到各个读者层次"②，古籍出版社必须顺应文化发展的潮流，巩固现有的优势，加强弱势版块的开发。黄葵提出古籍出版社要做好"古"字这篇大文章，认为古籍出版社的优势和核心就是"古"，出版领域的拓展也不能脱离"古"。"古籍出版社应当姓'古'，定位于'古'，贡献于'古'，有作为于'古'。"除了国家要有相应的政策和经济倾斜外，古籍出版社要"树牌子，高品位，高质量，独创性，在出版阵地站稳脚跟，走内在发展之路"，要"集中力量，发挥整体优势"，要"重视人才，稳定队伍"③。杨牧之提出古籍出版在坚持古籍整理根基的同时，要进行结构调整，划出档次，第一个档次是保护性的，出版"只需要保存的古籍文献"；第二个档次是研究性的，出版"供研究人员使用的"古籍；第三个档次是普及性的，"普及给亿万读者阅读"④。马建农认为"古籍出版社应该以'古'字为主业，但以'古'字为主业并不意味着仅仅局限在古籍整理方面，还

①　严武：《读金、李二文有感》，《古籍整理出版情况简报》2000 年第 2 期，总 348 期。

②　赵昌平：《坚持专业优势与学术骨架，将"上古"品牌拓展到各个层次》，《古籍整理出版情况简报》2001 年第 3 期，总 361 期。

③　黄葵：《做好"古"字这篇大文章》，《古籍整理出版情况简报》2000 年第 6 期，总 352 期。

④　杨牧之：《在全国古籍出版社领导座谈会上的讲话》，《古籍整理出版情况简报》2001 年第 1 期，总 359 期。

应该包含古籍的普及读本和普及传统文化知识的读物"，他同样建议古籍出版工作必须调整服务对象和服务方向，在出版上分出若干个层次："为文化积累、传承和学术研究提供服务的古籍整理出版项目；为满足一般读者对古代典籍和历史文化知识的求知而出版的普及读物；为适应兴趣广泛的读者以满足其文化休闲要求的文化消遣读物。"① 邬书林提出古籍出版必须增强改革创新意识，强化古籍整理出版中长期规划的指导作用，深化古籍整理专业出版社的体制改革，确保古籍整理出版的质量，培养古籍整理出版的专业核心队伍，推动古籍整理出版的数字化建设，实现古籍整理出版"走出去"和"引进来"的有机统一。唯有不断创新，当代古籍整理出版才能做到"无愧于祖先，无愧于时代，无愧于子孙"②。总之，古籍出版社在做好古籍整理出版工作的同时，还对古籍出版工作面临的形势进行总结反思，积极探索古籍整理出版之路。

二 中国出版协会古籍出版工作委员会及其工作

前面说过，改革开放之初，为了适应古籍整理出版的需要，各地纷纷成立了一批专门的古籍出版社。随着古籍出版工作的展开，为了更高质量、更高效率地出版古籍，避免重复出版，各古籍社之间的沟通、协调尤显重要。在此背景下，1999 年 7 月，中华书局承办第四届全国古籍图书订货会暨第十四届全国古籍出版社社长年会。会议期间，在中华书局的倡议下，全国古籍出版社联合会（简称古联会）成立，并召开第一届理事会，中华书局为主任单位。全国古籍出版社联合会在古籍出版方面做了大量工作，如协调各古籍社联合出版大型的古籍整理项目，定期举办文史古籍图书订货会，定期举行优秀古籍整理图书评奖活动，在海外举办中国传统

---

① 马建农：《对古籍出版发行工作的一点思考》，《古籍整理出版情况简报》2001 年第 11 期，总 369 期。

② 邬书林：《无愧历史，珍惜时代，出好古籍精品》，《出版发行研究》2010 年第 11 期。

文化及古籍整理图书精品展,研判古籍图书出版所面临的问题等。总之,在加强各古籍社之间横向联合,保护成员社的合法权益及群体出版资源,规范古籍出版的市场行为等方面,全国古籍出版社联合会发挥了积极的作用。

2009 年 1 月,经中国出版协会和新闻出版总署、民政部的批准,在全国古籍出版社联合会的基础上,成立了古籍出版工作委员会(简称古工委),隶属于中国出版协会,秘书处设在中华书局。[①]"古工委"第一届工作委员会由中华书局总经理李岩任主任,上海古籍出版社社长王兴康、齐鲁书社社长宫晓卫任副主任,黄松为秘书长。最初成员单位有中华书局、人民文学出版社、上海人民出版社、广东人民出版社、北京出版社、上海古籍出版社、文物出版社、宁夏人民出版社、上海书画出版社、上海辞书出版社、广陵书社、上海科学技术文献出版社、齐鲁书社、国家图书馆出版社、中州古籍出版社、中医古籍出版社、岳麓书社、巴蜀书社、天津古籍出版社、浙江古籍出版社、三秦出版社、凤凰出版社(原江苏古籍出版社)、黄山书社、吉林文史出版社、北京燕山出版社、社科文献出版社、中西书局、中国书店出版社、上海书店出版社、广西师范大学出版社、三晋出版社(原山西古籍出版社)、线装书局、辽海出版社等 33 家。[②] 随着事业的发展,加入委员会的出版社不断增加。

古籍出版工作委员会依照"贯彻执行党和国家的出版发行工作方针,遵守国家的法律法规,合法经营"的准则开展活动,在新闻出版总署、全国古籍整理出版规划领导小组的指导和中国出版协会的领导下,本着"团结合作,平等互利"的原则,加强各成员社之间的横向联合,承担国家古籍整理出版规划项目,从事古籍出版资源的开发,提升品牌的号召力;研究古籍整理出版及传统文化普及等重大

---

① 连晓芳:《中国版协古籍出版工作委员会成立》,《人民政协报》2009 年 1 月 19 日。
② 根据中华古籍网统计,http://www.guji.cn/web/c_ 000000020002/,2019-3-7。

课题，保护理事单位的合法权益及群体出版资源；规范古籍出版物的市场行为，扩大图书市场的份额，发挥整体优势，加强与各地图书市场的联系与沟通，特别是加强与承担古籍文史图书发行单位的联系与沟通，扩大理事单位图书在全国的市场覆盖面，提高出版社的社会效益和经济效益；开展向海外弘扬中华优秀传统文化的交流活动，更广泛地扩大在行业及海内外的影响。同时，支持办好"中华古籍网"和《古籍新书报》，并及时反映各理事单位的各方面情况；组织图书市场调查，了解各理事单位图书市场的需求变化及发展趋势，为出版社制订选题和安排图书重印提供依据；举办出版工作研讨会及编辑和出版人员培训班，结合古籍出版工作实践，总结交流出版工作经验，研讨促销措施，讲授发行业务知识，提高经营管理水平和人员素质，为发展古籍整理出版事业服务。①

第五节　创办杂志及其对古籍整理和古文献学科建设的推进

在 20 世纪学术发展史上，学术期刊一直发挥着极其重要的作用。伴随着晚清以来西方报纸杂志等新式媒体的传入及逐渐普及，"中国现代学术交流机制逐渐形成"②。一代报人戈公振甚至认为杂志多寡与学术兴衰密切相连，"一国学术之盛衰，可于其杂志之多寡而知之"③。尽管从 20 世纪初以来，现代意义上的古籍整理与古文献学研究已经起步，但是，长期以来都没有专门的学术杂志来发表相关成果、交流学术心得、开展学术争鸣。有鉴于此，改革开放初期，为适应古籍整理与古文献学研究的需要，《古籍整理出版情况简报》《文

---

① "中国版协古籍出版工作委员"，http：//www. pac. org. cn/index. php？ m = content&c = index&a = show&catid = 19&id = 65，2013 – 06 – 03。

② 左玉河：《学术期刊与中国史学研究的发展》，《河北学刊》2008 年第 5 期。

③ 戈公振：《中国报学史》，中国新闻出版社 1985 年版，第 152 页。

献》《古籍整理研究学刊》《历史文献研究》等古籍整理与古文献学
研究的专门杂志先后创办，为从事相关研究的学者迅速将研究成果公
之于世提供了极大便利，使学术成果交流、学术观点争鸣日趋便捷，
繁荣了学术，培育了人才，对古籍整理与古文献学研究的发展起到了
极大的促进作用。

一　《古籍整理出版情况简报》

《古籍整理出版情况简报》创刊于 1958 年。当时，担任科学规划
委员会古籍整理出版规划小组负责人的齐燕铭有感于古籍整理出版需
要加强信息交流，于是提出创办一份刊物，于是就有了《古籍整理出
版情况简报》这份内部刊物，刊物名称和题签均由齐燕铭亲自拟定和
题写。《简报》最初由中华书局编发，从 1958 年到 1966 年"文化大革
命"爆发的八年时间内，共出版 78 期。"在交流古籍整理出版工作情
况，反映学术动态，介绍文化遗产知识等方面起了很好的作用，受到
文史工作者和教学工作者的欢迎"①。不幸的是，"文化大革命"爆发
后，《简报》停刊。1979 年，随着改革开放的春风吹遍祖国大地，《简
报》得以复刊，仍由中华书局总编室编发，不定期发行。从 1982 年 6
月第 90 期开始，改由国务院古籍整理出版规划小组编发。

《简报》本着"整理出版古籍，继承祖国优秀的文化遗产，为建
设有中国特色的社会主义服务"的精神，及时反映古籍研究、整理、
出版各方面的新成果、新动态，向学术界、出版界以及其他广大读者
提供古籍整理研究与出版的各类信息。《简报》提倡实事求是的学
风，设立的栏目有古籍整理出版论坛、学术动态、出版信息、学者书
评、古籍研究出版机构介绍、新书要目等，反映古籍整理出版的成就
及存在的问题，通讯性与学术性并重，内容丰富，极大地推动了改革
开放新时期古籍整理事业的发展。

---

① 杨牧之：《中华书局〈古籍整理出版情况简报〉复刊》，《出版工作》1979 年第 9 期。

　　和其他学术杂志只是刊登学术研究文章有所不同，《简报》所刊登的文章主要有两大类：一类是信息报道，另一类是学术研究。前者主要刊登全国古籍整理出版的各种信息，诸如古籍整理出版的各类会议及最新动态、古籍整理与研究的出版信息、古籍整理研究出版机构介绍、新书要目等；后者主要刊登有关古籍整理出版的研究性文章，诸如古籍整理出版的理论与方法探讨、文献考证、书评、学者研究等。随着古籍整理出版事业的发展，《简报》刊载的内容也在发生变化，尤其是 2000 年以来，信息报道类的内容日渐减少，学术研究类的内容日渐增多，这是因为经过 20 世纪 80 年代到 21 世纪 20 年代的古籍整理出版实践活动，积累了经验，同时也暴露出很多问题，亟待加强古籍整理理论与方法研究，以进一步提高新世纪古籍整理出版的质量。总之，《简报》中信息报道与学术研究相得益彰，既有古籍整理出版的实践活动，又有古籍整理出版的理论探索，二者合在一起，基本上反映了改革开放新时期古籍整理与出版的面貌及发展趋向。

　　（一）古籍整理与出版的信息报道

　　其一，报道全国古籍整理出版规划小组以及各地古籍整理出版的各种活动，发布古籍整理出版规划的最新信息。

　　关于全国古籍整理出版规划小组的信息。全国古籍整理出版规划小组的活动是《简报》刊登较多的内容，主要有：全国古籍整理出版规划小组举行的规划会议、工作会议、研讨会、座谈会的主要精神；国家古籍整理出版规划小组资助的出版项目、编纂项目以及项目检查情况的报道；国家古籍整理出版规划完成情况的报道等。如《简报》在 2000 年第 7—9 期（总 353—355 期）连续刊登《"九五"规划执行情况的简要分析》①，对古籍整理出版"九五"规划的执行情况进行通报，肯定成绩，找出问题，为科学制订"十五"规划提供借鉴。

---

① 见《古籍整理出版情况简报》，2000 年第 353—355 期。

在全国古籍整理出版规划会议前后，《简报》还会集中刊登古籍整理出版规划小组的活动信息。如 1992 年 5 月全国第三次古籍整理出版规划会议在北京召开，讨论《中国古籍整理出版十年规划和"八五"计划》。《简报》第 259 期（1992 年 6 月 20 日）整期杂志全部是对第三次全国古籍整理出版规划会议的报道，刊登了《全国古籍整理出版专家、学者的又一次盛会——第三次全国古籍整理出版规划会议在京召开》《江泽民、李鹏同志题词》《宋平、李瑞环同志贺信》、李铁映《第三次全国古籍整理出版规划会议上的讲话》、匡亚明《认真整理出版古籍，弘扬优秀传统文化——第三次全国古籍整理出版规划会议上的讲话》《以"三心"，创"三成果"——第三次全国古籍整理出版规划会议闭幕大会上的讲话》、刘杲《第三次全国古籍整理出版规划会议闭幕大会上的发言》、傅璇琮《关于〈中国古籍整理出版十年规划和"八五"计划〉（讨论稿）制订工作情况说明》以及《第三次全国古籍整理出版规划会议上部分代表发言纪要》。[①] 这种集中式的信息报道，对人们及时了解古籍整理出版的政策、方向、原则、重点等提供了极大的便利。不仅如此，在 1992 年 5 月第三次全国古籍整理出版规划会议召开前后，《简报》连续对相关内容进行报道，在会议召开之前，《简报》在第 254 期刊登了《李铁映同志对古籍整理出版规划工作的指示》《匡亚明同志在古籍整理出版规划小组办公室座谈会上谈小组和办公室工作问题》《古籍整理出版十年规划和"八五"计划（征求意见稿）》等内容，并连续刊登《古籍整理出版规划问题笔谈》《古籍整理出版规划座谈会部分专家学者发言摘要》，《笔谈》连续四期刊出了王季思、吴组缃、戴逸、金开诚、冯尔康、陈贻焮、李学勤、弘征、程千帆、唐长孺、王运熙、黄永年、王锳、李解民等人关于古籍整理出版的理论认识。[②]

---

① 见《古籍整理出版情况简报》，1992 年第 259 期。
② 见《古籍整理出版情况简报》，1992 年第 254—258 期。

《座谈会部分专家发言摘要》刊出了安平秋、袁行霈、陈新、倪其心、李均明、楼宇烈、林甘泉等十几位专家对古籍整理出版规划制订的意见和建议。① 在会议召开之后，《简报》又连续刊登了《第三次全国古籍整理出版规划会议部分代表发言纪要》，有邓广铭、张岱年、程千帆、任继愈、胡厚宣、冯其庸、诸伟奇、余瀛鳌等学者的发言，以及未到会的周一良、蔡尚思、钱仲联、顾学颉等学者的建议。② 这样连续的报道，不仅反映出古籍整理出版界对古籍整理出版规划的关注，而且反映出经过 20 世纪 80 年代十年的古籍整理出版以后，在 90 年代初古籍整理出版界对以往古籍整理出版所进行的反思以及 90 年代古籍整理出版的原则和发展方向。

关于各部委及各省市自治区古籍整理出版的信息。除全国古籍整理出版规划小组的活动信息外，《简报》还特别注意报道各部委及各省市自治区古籍整理出版的活动信息，让人们了解全国古籍整理出版的整体情况。

反映各部委古籍整理出版信息。关于医学古籍整理出版情况，1982 年第 91 期刊登《卫生部召开会议制订中医古籍整理出版规划》、1986 年第 157 期刊登白永波《四年来中医古籍整理出版工作的回顾和对今后工作的建议》等；关于少数民族古籍整理出版情况，在 1983 年第 105 期刊登《国家民委召开少数民族古籍整理问题座谈会》、第 108 期刊登《全国少数民族古籍整理工作座谈会在北京召开》之后，1984 年第 119 期、1985 年第 150 期、1986 年第 161 期、1996 年第 309 期都刊登少数民族古籍工作的情况和报道；关于高校古委会的古籍整理情况，在 1984 年第 118 期刊登《全国高等院校古籍整理研究工作委员会首次会议在京召开》、1989 年第 203 期刊登安平秋《回顾与展望——近两年高校古籍整理工作情况汇报》之后，

---

① 见《古籍整理出版情况简报》，1992 年第 256 期。
② 见《古籍整理出版情况简报》，1992 年第 259—260 期。

第 219 期、1992 年第 254 期、1994 年第 278 期都刊登高校古籍整理有关报道。

反映各省市自治区古籍整理出版的信息。1984 年第 121 期刊登史宁的《西北五省（区）出版社决定协作出版〈西北史地资料丛书〉》、第 128 期刊登袁廷栋的《四川积极开展古籍整理出版的工作》、李惠铨的《云南古籍整理出版情况简介》、1992 年第 264 期刊登《安徽省第二次古籍整理出版工作会议召开》、1994 年第 280 期刊登《山西省古籍整理出版十年成就显著》、1998 年第 328 期刊登诸伟奇的《安徽省第三次古籍整理出版规划会议纪要》、1999 年第 340 期刊登胡迎建的《江西省古籍整理工作概况》、2001 年第 364 期刊登《安徽省古籍整理出版工作会议纪要》等。

其二，介绍古籍整理图书的出版情况，发布古籍整理新书要目，介绍古籍整理研究出版机构建制、研究课题和人才培养情况。

对于大型古籍整理图书的出版情况，《简报》都有比较全面的介绍，如 1983 年就介绍了《中国农学珍本丛刊》《甲骨文合集》《千顷堂书目》《古本戏曲丛刊》《金石录》《明清稀见史籍叙录》《理学丛书》《中国古典文学基本丛书》《元和郡县图志》等古籍的整理、编纂和出版情况。1988 年介绍了《通典》《通志》《文献通考》《北京图书馆藏中国历代石刻拓本汇编》《中国地方志集成》《全宋文》《中国兵书集成》《船山全书》等古籍的整理、编纂和出版情况。如此等等，几乎每期都会登载相关介绍。

1980—1990 年代，《简报》每隔几期就会刊登上年或本年出版的古籍目录，便于人们了解古籍出版情况。如 1983 年第 101 期刊登了 1982 年出版的古籍目录（文史哲部分），包括文学 113 种、语言文字 22 种、历史 66 种、哲学 14 种、综合参考 16 种。① 再如 1989 年第 206

---

① 《一九八二年出版的古籍目录（文史哲部分）》，《古籍整理出版情况简报》1983 年第 101 期。

期刊登了 1988 年出版的古籍目录（文史哲部分），包括文学 214 种、语言文字 24 种、历史 94 种、哲学 56 种、综合参考 85 种。① 同年第 213 期又刊登了 1989 年上半年出版的古籍目录（文史哲部分），包括文学 89 种、语言文字 9 种、历史 70 种、哲学 35 种、综合参考 28 种。② 进入新世纪以后，《简报》几乎每期都有《每月新书要目》，刊登每月新出古籍整理与研究的目录，以备检索。这些书目信息对于人们了解古籍整理图书出版情况，并用于自身的学术研究具有重要价值。

介绍古籍整理研究和出版机构也是《简报》报道的重要内容之一。对于古籍研究机构的介绍，以高校古籍研究所为主，内容主要涉及古籍研究所的人员构成、科研成果、人才培养情况等，如北京大学古文献研究中心、北京师范大学古籍所、四川大学古籍整理研究所、暨南大学古籍研究所、延边大学古籍研究所、西北师范大学古籍整理研究所、安徽师范大学中国诗学研究中心、郑州大学古籍整理研究所，等等。对于古籍出版机构的介绍，以古籍出版社为主，内容主要有古籍出版社的历史、所出重点图书等，如中华书局、商务印书馆、巴蜀书社、西藏藏文古籍出版社、书目文献出版社、人民音乐出版社、中国书店、齐鲁书社、黄山书社、中州古籍出版社等。

（二）古籍整理与出版的研究探索

开展古籍整理与出版研究是《简报》最重要的内容，其主要内容如下：

其一，对古籍整理价值与意义的阐述。中华人民共和国成立以后，古籍整理工作并未受到应有的重视，"文化大革命"十年，对古籍整理事业的破坏极为严重。因此，阐述古籍整理在建设社会主义精神文明中的价值和意义，确立古籍整理在国家文化事业中的重要地

---

① 《一九八八年出版的古籍目录（文史哲部分）》，《古籍整理出版情况简报》1989 年第 206 期。

② 《一九八九年上半年出版的古籍目录（文史哲部分）》，《古籍整理出版情况简报》1989 年第 13 期。

位，就显得尤为重要。对此，《简报》连续刊登白寿彝、庞朴、周扬、李一氓、李侃、匡亚明、周林、杨牧之、袁行霈、邬书林等人的文章，从文化传承、增强民族自信心、创造中国特色和中国气派的哲学社会科学、建设社会主义精神文明等不同方面深入论述了古籍整理工作的重大意义，确立了古籍整理出版的崇高地位，即"整理古籍，把祖国宝贵的文化遗产继承下来，是一项十分重要的、关系到子孙后代的工作"①。

其二，对古籍整理出版工作的回顾、总结与展望。对既往古籍整理工作进行回顾和反思，是新时期古籍整理研究的一大特点，目的是总结经验、找出问题，既有利于人们对古籍整理历史的了解，又有利于提高今后古籍整理出版的质量。在这方面，《简报》刊登了赵守俨的《建国以来古籍整理出版工作简述》、程毅中的《古籍新生四十年》、杨牧之的《新中国古籍整理出版工作的回顾与展望》、张志浩的《新世纪古籍出版的回顾与思考》、黄松的《快速发展，成绩显著——古籍整理出版三十年》、李岩的《新中国古籍整理出版六十年述要》等文章，对新中国成立以来的古籍整理工作所取得的成绩、存在的问题进行了回顾反思，对未来的整理工作进行了展望，提出了建议。另外，还有不少论文对某类或某地区、某部门的古籍整理进行总结研究，如黄龙祥的《建国以来古医籍整理若干问题的初步考察》、余瀛鳌的《中医药古籍文献整理研究的历史回顾与前景展望》、呼素华的《中医古籍整理出版的现状与展望》、刘丛民的《新中国中医古籍出版工作概述》等文章，对中医古籍的整理进行总结反思；朱洪涛的《农业古籍整理出版工作的回顾与展望》、穆祥桐的《农业古籍整理出版工作的回顾与展望》等文章，对农业古籍的整理进行回顾与展望；吴肃民、关照宏的《民

---

① 《中共中央关于整理我国古籍的指示》，杨牧之主编：《古籍整理与出版专家论古籍整理与出版》，凤凰出版社 2008 年版，第 1 页。

族文字古籍概述》、刘大林的《关于藏文古籍的整理出版工作》、朱桂同的《漫谈回族古籍的整理和研究》、阿扎提·依佐拉的《哈萨克族古文献综述》等文章，对少数民族古籍的存在状况及整理研究进行总结反思；姚景安的《三十年来的元代史籍整理》、陈铮的《最近十五年清代档案整理出版概述》、陈尚君的《唐代文学文献的研究与展望》、来新夏的《旧志整理工作的回顾与展望》等文章，对不同类别文献的整理研究进行了总结评论；汪家熔的《商务印书馆古籍出版工作概述》、李致忠的《北图的古籍典藏与古籍整理》、张志清的《国家图书馆古籍保护的历史、现状和任务》、宫晓卫的《齐鲁书社三十年》等文章，对出版社、图书馆的古籍整理保护出版的情况进行了研究；胡迎建的《江西省古籍整理工作概述》、吴敏霞的《陕西古籍整理出版事业三十年回顾》等文章，对地方古籍整理与出版的成就进行了回顾；陈力的《中国古籍数字化的现状与展望》等文章，则对古籍数字化问题进行了评论。学术研究每前进一步，都要回头进行理论总结，进行学术史的梳理，这是学术发展的需要。古籍整理工作也是如此。上述论文站在学术发展史的高度，总结探讨新中国成立以来古籍整理出版工作的指导思想、发展规律及取得的成就，同时研究古籍整理理论及实践中存在的问题，开拓思路，提出建议，使古籍整理出版工作在观念和实践上不断改进，呈现良好有序发展的势头。

其三，对古籍整理出版手段与方法的探讨。古籍整理出版涉及诸多具体的手段与方法，诸如版本的选定、目录的编排、文字的校勘、古籍的辨伪以及标点、今译、影印应该注意的事项等，对于较为专业的古籍，还涉及历史、文学、哲学、科技（医学、天文学）和地理、官制、氏族等专业知识。这些问题不解决，古籍整理就会劣本盛行，有害于优秀传统文化的继承和发扬。对此，《简报》刊登了大量有关古籍整理手段与方法的文章，以指导古籍整理出版实践。李一氓的《古籍整理的几个新问题》《对当前古籍整理的一些想法》、柳斌杰的《不断加强和改进新时期古籍整理出版工作》、金克木的《古籍整理小议》、邹逸麟的《对当前古籍整理工作的几点浅见》、陈金生的《谈谈哲学古籍整理的几个问题》、邓绍基的《谈文学古籍整理的实践与规范》、程毅中的《古代文学研究与文学古籍整理》、傅璇琮的《谈古代笔记的整理研究》、林文照的《试谈科技古籍的"资治"功能及其整理工作的几点困难》、潘吉星的《关于科技古籍整理的几点意见》、郭书春的《科技古籍整理刍议》、白永波的《浅谈中医古籍整理》、李仿尧的《关于贵州彝文古籍整理工作的几点建议》、徐苹芳的《关于考古发现的简帛文书的整理出版问题》等论文,从宏观上对古籍整理应该注意的问题进行了讨论,尤其有针对性地对诸如哲学古籍、文学古籍、科技古籍、中医古籍、少数民族古籍、出土文献等一些特殊类别的古籍在进行整理时应该注意的问题及必须具备的学术修养进行了分析。

除此之外,《简报》刊登最多的是讨论古籍整理中具体手段与方法问题的文章。关于古籍整理者的学术修养,《简报》发表不少文章,讨论古籍整理者不仅需要具备文、史、哲修养,还需要具备文字、音韵、训诂、官制等多方面的修养;关于古籍校勘,《简报》组织相关专家,从不同角度讨论了校勘古籍应该注意的诸多问题;关于古籍标点,《简报》刊发专文,对古籍标点应该注意的问题进行了研究,对古籍整理有非常直接的指导价值;关于古籍今译,《简报》发表杨伯峻等人的论文,对古籍今译的原则、方法进行了探讨;关于古籍注释,《简报》也刊登不少文章,对古籍注释中的具体问题进行了分析;关于古籍影印,《简报》刊登了许逸民等人的文章,对影印古籍的版本选定、注意事项进行了讨论;关于古籍整理的电子化,《简报》组织了不少稿件,讨论了数字化技术下古籍整理所面临的新问题以及古籍整理出版新技术的应用;关于新材料的发现在古籍整理中的运用,《简报》刊登了李学勤、裘锡圭等人的文章,阐明了考古材料对古籍整理的价值。另外,关于古籍整理的版本问题、版权问题,

《简报》同样刊文进行讨论，等等。所有这些古籍整理方法的探讨，都被应用到古籍整理的实践当中去，直接推动了新时期古籍整理事业的发展。

其四，对古籍整理出版人才培养的论述。古籍整理是几代人的事业，没有代代相承的人才队伍，古籍整理事业的发展是不可想象的。有鉴于此，《简报》特别注重发表有关古籍整理人才培养的文章。《李一氓同志关于古籍整理和人才培养问题的讲话摘要》、周林《发扬民族灿烂文化，培养古籍整理人才》、裴汝成《要尽快培养古籍整理人才》、杨伯峻《关于培养古籍整理队伍之我见》、王绍曾《培养古籍整理队伍小议》、许逸民《关于培养提高古籍整理队伍的三点建议》、余冠英《要办一些以学习古典文献为重点的文史学校》、黄永年《培养文献学研究生的经验体会》、周勋初《南京大学古典文献研究所的特色和人才培养》等文章，对古籍整理人才培养的重要意义、形式、方法、规格等问题都进行了深入探讨，很多建议都得以实施，经过几十年的努力，培养了大批优秀的古籍整理人才，基本满足了古籍整理的需要。

其五，对古籍整理图书的评论。为了向人们介绍古籍整理与研究的成果，《简报》经常特约各学科专家对一些重要古籍整理和研究的图书进行有深度的评论。《简报》所刊登的书评有一个重要特点，即实事求是，深入分析，肯定成绩，指出问题，商榷观点，从不溢美。不仅如此，往往还以批评居多。如张涌泉《地方文献整理的质量问题应引起重视——以〈西溪梵隐志〉为例》、丁双平《宋人笔记点校质量亟待提高》等，都是直接进行批评的书评。这样的图书评论言之有物，对读者有效利用古籍，保证古籍整理图书的质量，避免出现劣质图书有极大的帮助。

二　《文献》

《文献》创刊于 1979 年，由中国国家图书馆主办。《文献》创刊的第一年出版了两期，自 1980 年开始改为季刊，每年出版四期，从 2013 年开始改成双月刊，每年出版六期。

中国国家图书馆创办《文献》杂志，既有丰厚的资源基础，又有自身的学术传承。国家图书馆自 1909 年建馆到改革开放之初，庋藏了丰富的文献资料，特别是馆藏中国古代文献，其品种之多、质量之高、数量之巨，堪称世界第一，这是《文献》杂志借以立身的资源基础。1928 年 5 月至 1937 年 2 月，国家图书馆的前身北平图书馆创办杂志《国立北平图书馆馆刊》，是当时文献学研究的重要阵地，所发表的目录学、版本学、四库学、敦煌学等研究著述，至今仍具有重要参考价值，同时也造就了一大批国内外知名的专家学者。《文献》杂志继承原《国立北平图书馆馆刊》的宗旨，"以揭示珍稀文献、研究文献学各领域专题为己任"[1]。"以介绍我国古、近代文史等方面典籍的刊藏、整理与研究为主旨，着重披露北图或其他中外所藏具有参考价值的文献及其研究成果"[2]。《文献》提倡严谨朴实的学风，不仅在国内学术界得到首肯，而且"在国际学术界有其重要的地位"[3]。

《文献》自创刊到 2011 年，登载各类论文 4000 余篇，内容主要包括古籍整理的理论与方法、文献学、文献考证、文化探索、善本书叙录、民族文献研究、方志与图谱研究、年谱与族谱研究、出土文献研究、名家题跋、名人手札、敦煌吐鲁番文献研究、四库学研究、辑佚学、古代科技文献研究、目录学、版本考订、中国书史、藏书家与藏书楼、中外文化交流、中国现当代社会科学家、中国古代文化史知识、博士学位论文提要、新书评介、专题文献学研究综述等，囊括了古代、近代文献及传统文化的方方面面，内容丰富，细大不捐，成为刊发古籍整理及文献研究的重要阵地。

经过几十年的努力，《文献》形成了自己的办刊风格和学术特

---

① 《文献》增刊（百期总目及索引），序，国家图书馆出版社 2004 年版。
② 《〈文献〉杂志建刊十年感言》编者按，《文献》1989 年第 4 期。
③ 钱存训：《〈文献〉创刊十周年纪念祝词》，《文献》1989 年第 4 期。

色。归纳起来大概有以下几点：

其一，抓住学术热点，率先刊发古籍整理理论和方法以及古文献学科建设的文章，自觉引领改革开放新时期古籍整理与古文献研究的方向。1981 年中共中央发出《关于整理我国古籍的指示》后，立刻激发了学界对古籍整理出版及古文献学研究的兴趣，《文献》及时刊载了相关研究文章，直接成为古籍整理与古文献学研究的重要阵地，有力推动了古籍整理及古文献学科的发展。

古籍整理理论与方法方面，先后发表白寿彝的《关于整理古籍的几个问题》、周谷城的《对于把古籍译成现代文的意见》、顾廷龙的《整理出版古籍小议》、阴法鲁的《关于古籍中有些混乱字休和避讳字的清理问题》、谭其骧的《当前最紧迫的任务是大量翻印古籍》、冀淑英的《整理古籍与选择版本》、冯友兰的《建议出版中华佛教大藏经》、周祖谟的《要培养整理古籍的人才》、王力的《关于古籍今译的一些意见》、饶宗颐的《对古籍整理与出版工作的五点建议》、韩儒林的《谈谈辽、金、元史籍中少数民族的译名等问题》、吴小如的《古籍整理中的点、校、注、译问题》《彝族古籍亟待整理》、李鸿范的《关于少数民族古籍整理出版工作的意见》、梁家勉的《整理出版古农书刍议》以及周林、戴逸、谢国桢、萧璋、刘尧汉、郭预衡、刘乃和、任继愈、季镇淮、夏鼐、常任侠、唐圭璋、田余庆、姜亮夫、吕叔湘、叶圣陶等数十位著名学者的文章。这些专家学者的意见和建议都在改革开放新时期古籍整理出版的过程中得以贯彻，为改革开放新时期古籍整理出版的顺利进行奠定了理论与方法论基础。

古文献学科建设方面，先后发表白寿彝的《关于历史文献学问题答客问》、吴小如的《"文献"、"文献学"及其他》、王义耀的《"文献"小议》、傅振伦的《释"文献"》、孙钦善的《古代校勘学概述》《古代辨伪学概述》、程千帆的《校雠目录辨》、洪湛侯的《类书的文献价值》、张春辉的《类书的类型与编排》、刘尚恒的《中国古籍丛书概说》、汪耀楠的《古代注释史初探》等论文，对文献的本体问题、文献学学科体系问题、文献学分支学科的问题进行探讨。进入 21 世纪以后，随着古文献学科建设的发展，文献学研究面临深化与突破，《文献》又组织专家学者对"古典文献学的理论与实践"进行探讨，于 2010 年第 3 期发表了一组文章，分别是孙钦善的《关于古文献学内涵的全面认识与具体贯彻》、史金波的《中国少数民族文字古籍整理中的几个问题》、周少川的《新世纪古文献学研究的交叉与综合》、郑杰文的《中国汉语古籍整理研究方法的递变》、刘玉才的《古典文献学的定义、知识结构与价值体现》，这些文章反思以往文献学学科建设的成就与不足，引领文献学理论研究向纵深发展。

其二，刊布文献秘籍，为学界披露新的文献资料，介绍其内容，揭示其价值。《文献》杂志以国家图书馆以及国内外各大图书馆为依托，积极披露国家图书馆和其他公私藏书机构典藏的具有重要参考价值的文献及其研究成果，包括珍本秘籍，罕见抄本，名人佚稿、序跋、信札，稀见方志、舆图、谱牒、档案，甲骨金石，汉简，敦煌遗卷，佛道藏经，民族文献等。珍本秘籍方面，如李致忠的《北京图书馆善本书叙录》《北京图书馆藏宋版书叙录》以及薛英的《北京图书馆藏抄本叙录》等系列文章，系统地向学界介绍了国家图书馆所藏而外界稀见的珍贵文献；名人佚稿书札，因散乱各处，不易找寻，《文献》关注于此，刊布了收藏于各处的名人信札，尤以晚清民国名人信札为最多，包括林则徐、邓廷桢、曾国藩、翁同龢、曾纪泽、胡林翼、吴汝纶、俞樾、李鸿章、江标、孙诒让、蔡锷、宋教仁、黄遵宪、杨守敬、柯劭忞、孙中山、顾颉刚、王国维、胡适、章太炎、梁启超、郭沫若等一大批名人的书信往还；方志舆图方面，不仅刊登了介绍、研究国内方志舆图的论文，还介绍了国外对中国方志舆图的收藏情况，如任金城的《国外珍藏的一些中国明代地图》等；谱牒方面，有北图第二阅览部家谱整理小组的《北京图书馆藏满族宗谱叙录》系列介绍、李豫的《山西现存稀见家谱提要》、孙昊的《贵州民间珍藏家谱提要》等；金石碑刻方面，北京图书馆金石组撰写的《北京图书馆藏石刻叙录》，将国家图书馆所藏石刻文献披露于世，以资利用。其他如王新的《北京图书馆藏伯希和敦煌笔记》、史金波的《文苑瑰宝：国家图书馆藏西夏文文献》《国家图书馆藏西夏文社会文书残页考》，等等，都是此前稀见的文献资料。这些文献资料均借助于《文献》而被世人所知，为学界所用。人们从《文献》中"读到了前所未见的、未知的古籍和稀见的古抄本和古刻本的材料"，"读到了古代近代作家的集外作品和未刊作品"①。这是《文献》载文的一大特色。

其三，自觉深化文献学分支学科的研究。典藏、目录、版本、校勘、辨伪、辑佚等学科是文献学的重要分支，《文献》杂志作为文献学研究的重要阵地，一直非常注重刊登此类研究论文，并致力于深化相关研究。如设立"中国书史""藏书家与藏书楼"栏目，大量登载研究中国书史、文献典藏的论文。经过 30 多年的积累，所论内容包括各种书籍制度、刊印方式、典藏情况等，包罗万象，从具体的刻书制度、刻书方式、藏书家、藏书楼、文献典藏方式到长时段的书籍发展史、藏书史等论文，无不登载。所论内容从先秦到近代，时间跨度长，比较清晰地勾勒出一条古籍产生、典藏、传播的主要线索。再如版本考订，《文献》刊登相关论文数百篇，举凡经史子集、民间戏曲小说、官私档案等抄本、稿本、刻本，弥不涉及，考证版本源流，严谨而有法度。又如文献辑佚。由于政治、文化、军事及个人等原因，历史上很多文献出现佚文散篇，《文献》杂志特别注重登载文献辑佚的文章，达数百篇，内容涉及从两汉到晚清重要历史人物的佚文散篇，经过几十年的努力，使很多重要的佚籍、佚篇得以揭示和重现。这些佚文散篇的重见天日，为深化相关学术研究提供了资料支持。《文献》杂志还刊发了诸多有关目录、校勘、辨伪的文章，均有真知灼见。另外，《文献》也登载了研究敦煌文献、碑刻文献的论文，同

---

① 钱仲联：《〈文献〉读后感》，《文献》1989 年第 4 期。

样推动了相关研究的进步。

其四，拓展文献研究的领域，扩大文献研究的范围，开阔文献研究的视野。《文献》杂志在深化文献学分支学科研究的同时，还以独到的眼光，拓展文献研究的空间，主要表现在这么几个方面：一是少数民族文献的研究。改革开放新时期，少数民族文献的研究受到政府与学界的高度重视。《文献》引领风尚，刊载有关少数民族古籍研究的论文，内容包括古代契丹、西夏、女真等民族文献，也包括现代彝族、纳西族、白族、满族、藏族、苗族、蒙古族、维吾尔族、壮族等民族文献，内容丰富，推动了少数民族文献的整理与研究。二是中国古代科技文献的研究。改革开放之初，中国古代科技文献的整理和研究都比较薄弱，有鉴于此，《文献》杂志开辟古代科技文献研究的园地，发表相关研究成果，或论古代科技文献的价值，涉及《作篇》《九章算术》《考工记》《水经注》《灵台秘苑》《千金方》《步天歌》《耒耜经》《新仪象法要》《火攻书》《算法大全》《古今算学宝鉴》《农桑经》《药祟书》《农桑易知录》的版本及价值研究；或论古代科技文化的发展，涉及古代历法、图学、印刷术、天文学、药学、水利、工程、农学、数学、生物学、消防、传染病防治等学问的发展以及科学家研究。三是中外文献与文化交流的研究。中外文献与文化交流是改革开放后学术研究的热点，《文献》占据学术制高点，刊发了数百篇论文，对这一研究的兴起与繁荣起了重要的推动作用。从《文献》所载相关论文可以看出，相关研究主要涉及中国与日本、韩国、越南、菲律宾、缅甸、印度等亚洲国家以及中国与法国、英国、德国、比利时、奥地利、西班牙、梵蒂冈、俄国、美国等欧美国家的文献与文化交流。如《中国古代小说东传韩国及其影响》《明代朝鲜的求书》《日本保存中国文化典籍初探》《略谈日本古写本〈群书治要〉的文献学价值》《西域出土文献与印度古典文学研究》《中国同缅甸历史上的文化交流》《越南传入古籍略考》《中菲交往与中国印刷术传入菲律宾》《法国小说在中国》《〈资本论〉在中国的出版与传播》《奥地利国家图书馆所藏汉文珍本书目》《比利时所见清"粤海关外洋船牌"》《梵蒂冈图书馆藏白晋读〈易经〉文献初探》《美国所藏宋元刻佛经经眼录》等。揭示中外文献与文化交流的历史，对于我们认识异质文化的冲突与包容具有重要意义。四是现当代中国社会科学家研究。《文献》自创刊起，就特别注重登载中国现当代著名社会科学家的传记和自传，反映他们的治学成就和学术思想，总计百余人，这是其他文献研究类杂志所没有的，是《文献》杂志的特色。把这些著名学者的传记汇编在一起，就是一部鲜活的中国现当代学术史。

其五，提倡务实、求真的学风。《文献》杂志倡导务实求真、实事求是的朴实学风。所刊载的论文均不尚浮华、文风朴实、言必有据、信而有征，恰如缪钺先生所言："《文献》诸文，恂朴无华，论证详赡，虽无惊俗之语，而有笃实之功，其学术价值是经得起长期考验的。"① 从这些特征看，很明显是继承了乾嘉考据学派实事求是的学风，并进一步发扬光大。对此，张岱年先生认为，"《文献》发扬了实事求是的学风，对于历史文献的整理做出了有益的贡献"②。《文献》不仅刊登了数以千计的优秀成果，还树立了实事求是、笃实严谨的学风，引领了正确的文献学研究的方向。正如胡道静先生所言："《文献》已经发表了几代学者精心耕耘的无数的涉及文、史、哲、科各个学科的图书、文献的发现、整理与研究的学术论著，给我们的学术文化创造了丰富的有形财富。还有那非常可贵的无形的贡献，就是重新建立起了'务实'与'求是'的朴质的学风。"③《文献》给学界带来了两个最大的财富：有形财富是刊登了丰硕的学术研究成果，无形财富是树立了实事求是的学风。

和实事求是学风紧密相连的是，《文献》图文并茂，图文相互印证，征实可信。《文献》几乎每期都有和正文密切相关的插图，图文

---

① 缪钺：《〈文献〉杂志创刊十周年感言》，《文献》1989 年第 4 期。
② 张岱年：《〈文献〉杂志建刊十周年感言》，《文献》1989 年第 4 期。
③ 胡道静：《"务实"、"求是"学风的胜利》，《文献》1989 年第 4 期。

呼应，以图证史，以史解图。这些插图有名人手迹（书信、题跋、题词、文稿等）、各类图谱（山水图、形胜图、舆图等）、书影、拓片、人物照片、文书、地契、会票、遗址等，多为稀见图影，丰富多彩，引人入胜。

总之，"《文献》内容充实，资料信而有征，经史子集四部都涉及"；"对整理、发掘、赏析、弘扬我中华民族文化，厥功甚伟"①。

三 《历史文献研究》

《历史文献研究》创刊于 1980 年，是中国历史文献研究会的会刊，以中国古代文献、古文献学为主要研究对象。该杂志以书代刊，每年出一集，2016 年改为每年出两集，自创刊以来从未间断，不仅在中国有较大影响，而且声名远播荷兰、美国、英国、法国、德国、日本及东南亚，成为国内外学者发表研究成果、进行学术交流的重要园地。

1979 年 4 月，中国历史文献研究会在广西桂林成立，并倡议创办杂志。成立了以张舜徽先生为主编的集刊编辑部。1980 年，在张舜徽先生的努力下，《中国历史文献研究集刊》第一辑面世，《集刊》先后由湖南人民出版社、岳麓书社出版。1990 年，北京师范大学刘乃和先生接替张舜徽担任中国历史文献研究会会长，杂志编辑部迁移北京，更名为《历史文献研究》，集刊自总第十辑起，为突出北京版特色，加了"北京新一辑"标注，由北京师范大学出版社出版。1998 年，华中师范大学周国林教授继刘乃和先生之后担任中国历史文献研究会会长，编辑部迁移武汉，杂志由华中师范大学出版社出版。2008 年，北京师范大学周少川教授继任中国历史文献研究会会长，编辑部再次迁移北京。为适应学术研究的发展，杂志要求每篇论文前加"摘要"和"关键词"，由华东师范大学出版社出版。2013

---

① 唐圭璋：《刍感与期望——庆祝〈文献〉创刊十周年》，《文献》1989 年第 4 期。

年，华东师范大学朱杰人教授接任中国历史文献研究会会长，杂志编辑部遂迁移上海，杂志的版式设计更加新颖，继续由华东师范大学出版社出版。《历史文献研究》编辑部虽屡次更换地址和人员，但一直保持了张舜徽、刘乃和两位先生确立的办刊风格和高端的学术品位，使得杂志的影响力不断扩大。

《历史文献研究》集刊创刊 30 多年来，刊登论文 1200 余篇，主要包括四个方面的内容：一是关于文献学理论、文献学家、文献学史的研究；二是关于文献学相关学科的研究；三是关于传世文献的研究；四是关于出土文献的研究。①

关于文献学理论、文献学家、文献学史的研究。集刊创刊伊始，恰逢中央号召古籍整理、文献学研究复兴之时。如何进行古籍整理？怎样建设文献学学科？自然就成了集刊关注的对象。张舜徽的《关于历史文献的研究、整理问题》《与诸同志谈整理古籍的问题》《与诸同志再论历史文献的整理工作》等系列论文，解决了当时古籍整理及文献学界普遍关心的问题。张岱年的《历史文献研究的重要意义》《文献与考据》、傅振伦的《历史资料论》《历史与考古》、周少川的《中国历史文献学学科建设的思考》、赵吉惠的《论文献、文物对历史认识的检验》等论文，对于文献学学科进行了探索。另外，集刊大量关于目录、版本、校勘、辨伪、辑佚、典藏、考证以及文献学史的论述，内容极为丰富。对于文献学家及其成果的研究更是内容丰富，从先秦时期的孔子到近当代著名文献学家，无一不在研究之列。

关于文献学相关学科的研究。文献研究涉及面广，因此运用相关学科的交叉研究必不可少。尤其是文字、音韵、训诂学方面的研究。集刊发表有关这方面的成果较多。如谭戒甫遗著《"实意"误解为"语词"》、赵少咸遗著《广韵疏证序例》、商承祚的《"色斯举矣"

---

① 该部分内容大量参考了周少川的《文献研究的园地，学术交流的窗口——〈历史文献研究〉集刊的介绍与回顾》，见中国历史文献研究会编《中国历史文献研究会成立 30 周年纪念集》，华东师范大学出版社 2009 年版，第 113—117 页。

辨误》、张舜徽的《〈说文解字约注〉叙例》、裘锡圭的《"地君之御"与"制地君"》、黄永年的《释"地伯九约"》、王利器的《"上大人"备考》、吕友仁的《论训诂与广义校勘的关系》、顿嵩元的《扬雄〈方言〉及其对〈说文〉的影响》等，对相关学科研究及其在文献学中的运用，提出了许多真知灼见。

关于传世文献研究。传世文献数量浩繁，也是集刊研究的重点。集刊对历史文献的界定比较宽泛，举凡历史上流传的各种文献，均在研究之列。30 余年来，集刊发表了一大批研究传世文献的论文，在考辨疏通文献、解决学术疑难问题上精见纷呈。该类研究可分三种情况，一是对某类传世文献进行贯通或断代研究。如周少川的《略论古代典籍的起源》、邓瑞全的《论地方志的起源》、姚伟钧的《中国古代饮食文献考论》、钟肇鹏的《焚书考》、王瑞明的《宋人文集的史料价值》、戴南海的《宋代版本的优劣》、来新夏的《清人笔记随录》等；二是对传世文献的个案研究。这部分内容最多。先后发表过王欣夫遗著《补三国兵志》、蒙文通遗著《王弼〈老子注〉初校记》、顾颉刚的《〈尚书·西伯戡黎〉校释译论》、赵光贤的《〈左传〉编纂考》、卞孝萱的《新版〈旧唐书〉漏校一百例》、陈连庆的《〈周礼〉成书年代的新探索》、周绍良的《〈唐才子传·王昌龄传〉笺证》、傅璇琮的《柳宗元学术史上的力作》、饶宗颐的《大颠禅师与〈心经注〉》、李学勤的《严遵〈指归〉考辨》等；三是利用文献解决学术问题。如孟森遗著《清太祖死于宁远之战之不确》、柳诒徵遗著《明季清初镇江之繁盛与娱乐》、商鸿逵的《姚名圣与施琅》、阴法鲁的《历史上阳关之兴废》、瞿林东的《唐代史学考辨》等。相关成果不胜枚举，研究涉及经史子集四部，举凡校勘、笺释、考订、辨误、诠解，钩沉索隐，释疑解难，均显示了作者深厚的学术功力，为后人有效利用文献打下了基础。

关于出土文献研究。20 世纪以来，地不爱宝，大批出土文献面世，为文献研究和学术研究增添了新内容，激发了人们的研究兴趣。

集刊同样反映了这方面的研究内容。如马非百的《云梦秦简大事记集传》、张政烺的《释甲骨文尊田与土田》、王仲荦的《敦煌石室出沙州志残片三种考释》、周绍良的《读石证史》、赵吉惠的《郭店楚简与二十世纪〈老子〉文献研究》《二十世纪后期考古新发现与历史文献研究的新使命》、杨昶的《简帛疑辨二则》、黎虎的《原"吏民"——从长沙走马楼吴简谈起》、胡鸾的《〈银雀山汉简·孙膑兵法〉讹误辨正》等。这些论文与改革开放以来的出土文献研究热潮相呼应，为出土文献的校释、利用做出了贡献。

30 余年来，《历史文献研究》不仅以学风严谨、专业性强称誉学界，而且形成了自己的办刊特色。①

其一，以著名学者为引领，发表名家名作，以示范垂则。《历史文献研究》自创刊以来，几乎每辑都有学术名家的论文发表，既反映学术精品，又为年轻学者提供学习的典范。集刊创办之初，搜集发表了很多著名学者没有来得及问世的遗作，如潘祖荫、王国维、罗振玉、孟森、柳诒徵、陈垣、陈寅恪、马宗霍、蒙文通、王欣夫、周叔弢、陈乃乾等人的作品。又因为集刊的号召力，当代大批著名学者的论文也在集刊发表，如顾颉刚、谢国桢、罗继祖、孙楷第、程千帆、张岱年、商鸿逵、商承祚、赵守俨、单士元、陈述、邓广铭、许大龄、阴法鲁、周绍良、周一良、赵朴初、张舜徽、史念海、史树青、赵光贤、傅振伦、王利器、黄永年、刘乃和、叶嘉莹、李希泌、陈光崇、任继愈、何兹全、饶宗颐、来新夏、卞孝萱、郭预衡、刘家和、李学勤、傅璇琮、孙钦善、施丁、仓修良等，不少学者曾在集刊发表论文多篇，这些名家论文立意高远、学风严谨、论证周密，深受青年学者欢迎。

其二，以培养新人为目标，发表新人新作，以使文献学研究薪火

---

① 本节详见周少川《文献研究的园地，学术交流的窗口——〈历史文献研究〉集刊的介绍与回顾》，中国历史文献研究会编《中国历史文献研究会成立 30 周年纪念集》，华东师范大学出版社 2009 年版，第 116—117 页。

相传。集刊不仅出成果，还以此为阵地，培养新人。集刊自创刊以来，始终热情地为中青年学者发表成果提供机会，很多学者通过在集刊发表论文，交流和历练，而成为文献学研究的领军人物。20世纪90年代以来，中青年学者已成为本刊主要的作者队伍，据统计，90年代中期以后，集刊刊登的中青年作者的文章，已占每辑总量的百分之八十以上。这些论文富有时代气息，功力扎实，新见屡出，为集刊注入了新鲜血液，使集刊焕发了青春光彩。

其三，关注热点问题，引领学术研究方向。站在时代前沿，关注学术热点，引领学术研究方向，是集刊一直努力实践的特色。如20世纪80年代文献学刚刚复兴之时，集刊就刊载了一批讨论古籍整理及文献学学科建设的论文。20世纪90年代文献学研究不断深化，集刊开辟了"文献学理论问题笔谈"的专栏。为了及时了解国外汉学的进展，发表了美国学者 Ruth Dumell 的《美国八十年代的中国学研究》。随着出土文献研究热潮的到来，集刊刊登了大批研究新出土文献的文章，及时论证了这些材料的价值和问题。针对文献学研究的数字化，集刊也发表了诸如《简论电子时代历史文献的整理和研究》等论文。

其四，加强与港澳台学者及外国学者的学术交流，发表相关研究成果。为了加强广泛的学术交流，本刊不仅发表了诸如饶宗颐、马楚坚、郭伟川、李伟泰等港台学者的论文，而且发表了日本学者冈野诚、柴田浃、濑雄、真水康树、竹野忠生、朝山幸彦，美国学者 Ruth Dumell、Jonathan Chaves、凯瑟琳·卡尔丽兹，德国学者约翰尼斯·胡兹，法国学者龙乐恒等外国学者的论文。他们发表的论文如《日本在唐律文献学上的研究》《晚明版〈列女传〉中妇德的社会职能》等，在国内引起较大反响。通过集刊所进行的国际学术交流，开阔了文献学研究者的学术眼界。

其五，与历史文献研究会的学术活动相结合，凸显学会的学术研究特点。因为《历史文献研究》是中国历史文献研究会的会刊，因此自 20 世纪 90 年代以来，就特别注意把办刊与学会的学术活动结合起来。中国历史文献研究会特别注意研究地方文献和区域文化，每年一次的学术会议绝大多数都和地方文献和区域文化研究相关，先后开展了潮汕文化研究、中原文献与文化研究、太湖文化研究、三晋文化研究、出土文献与巴蜀文献研究等。与之相关，每次学术会议以后，集刊就要挑选提交会议的优秀论文发表，展示学会会员的学术研究成果。如 2008 年学会在重庆召开了"出土文献与巴蜀文献学术研讨会暨中国历史文献研究会第 29 届年会"，会议提交了许多高质量的出土文献研究论文，2009 年出刊的《历史文献研究》总第 28 辑就刊登了相关研究成果，包括《纳西东巴文文献学纲要》《论简帛制度对后世古籍制度的影响》《碑刻文献研究的几个问题》《简论花园庄东地甲骨的文献价值》《上博简〈诗论〉作者及成书年代问题补议》《吐鲁番文献的新收获》《读常熟新出明清墓志丛识》《李调元与〈蜀碑记补〉》等。再如 2010 年学会在赣州召开了"赣州历史与文化学术研讨会暨中国历史文献研究会第 31 届年会"，会议提交了诸多有关赣南文化研究的论文，2011 年出刊的《历史文献研究》总第 30 辑及时反映会议成果，刊登了《赣南风水塔与风水信仰初探》《赣南客家人与中原汉人的关系刍议》《从几部族谱看客家的起源》《客家地区碑刻研究述略》《试析宋代赣州铸钱题刻与宋代赣州铸钱业》《曾几与江西诗派》等论著，既反映了会议成果，又深化了赣南文化研究。

四 《古籍整理研究学刊》

《古籍整理研究学刊》（以下简称《学刊》）创刊于 1985 年，由教育部全国高等院校古籍整理研究工作委员会主管，东北师范大学古籍整理研究所主办。该杂志是刊载古籍整理研究成果的专门刊物，创刊之初为季刊，1989 年改为双月刊。

《学刊》开设的专栏较多，主要有文献研究、版本研究、文献目录、校勘注释、校点商榷、古籍辑佚、古文辨证、古注辨证、语言文字、出土文献、简帛研究、历史与文化、文学与文化、世纪学人、新书评介等，涉及古籍整理与古文献研究的方方面面。

《学刊》自创刊以来，就成为国内外著名专家学者发表学术成果的重要园地，李学勤、许嘉璐、王宁、陈奇猷、罗继祖、胡道静、林志纯、傅璇琮、李新魁、晁福林、何琳仪、刘钊、赵平安、李炳海、吴金华、张涌泉、臧克和、董志翘、方一新等一批著名学者都曾在《学刊》上发表论文，一大批青年学者更是《学刊》的忠实作者和读者。经过几十年的努力，《学刊》已经"成为展示古籍整理研究新领域、新观点、新成果的一个窗口，成为古籍整理研究者互相交流、切磋、合作的一条纽带，成为探讨发展古籍整理研究事业的一个论坛，成为培养、扶持、发现古籍整理研究新人的一块阵地"①。

从《学刊》所登载的论文来看，20世纪80年代，特别重视对古籍整理理论与方法的探讨，发表了大量论述古籍整理意义、价值以及探讨古籍注释、今译方法的论文。2000年以来，《学刊》发表的论文日渐丰富，特别是2005年以后，除了发表传统古籍研究的论文外，特别注重发表探讨古籍版本、古籍辑佚、出土文献以及对古籍校勘、注释、标点等进行正误的论文。

20世纪80年代，中国的古籍整理事业在迟滞了多年以后再次起步，古籍整理理论与方法的探讨实属必要。《学刊》预流而行，从1985年到1990年，发表了大量讨论古籍整理理论与方法的文章，为古籍整理奠定了理论与方法基础。

关于古籍整理的价值与意义，《学刊》先后组织多次笔谈展开讨论，1987年第1期组织"传统文化与古籍整理笔会"，发表傅振伦的《漫谈整理我国古籍问题》、陈连庆的《怎样对待中国的传统文化》、罗继祖的《我对传统文化和古籍整理的认识》、木舌的《应如何对待传统文化和史籍》、颜中其的《中国传统文化的精华必须发扬》、管

---

① 《编者的话》，《古籍整理研究学刊》1995年第1期。

成学的《现代化与科技古籍整理浅议》，集中论述了整理古籍对继承传统文化的作用，阐明了古籍是中国优秀传统文化最重要的载体，只有通过整理与研究古籍才能发掘和弘扬优秀传统文化这一深刻道理。1988 年第 1 期又组织了"古籍整理与现实"的讨论，发表高振铎的《古籍整理要面对现实》、李思乐的《古为今用的典范——鲁迅的〈故事新编·起死〉》、来可泓的《古籍如何为现实服务》、张瑞昌的《古籍整理应为现实服务》，这些论文从古籍整理的目的、作用、时代感等多方面论述了古籍整理的现实作用，阐明了古籍整理在当代文化建设中不可或缺的重要地位。此外，《学刊》还陆续发表力东的《论少数民族古籍的价值及其整理》、傅振伦的《我国地方志整理工作的回顾与前瞻》、张富祥的《历史文选教学与古籍整理研究》、李岩的《古籍整理技术手段现代化刍议》等论文，从不同侧面论述了古籍整理的重要性。《学刊》还发表了霍旭东的《中国古籍整理学学科建设刍议》，讨论古籍整理学科建设的问题。

关于古籍整理的方法，《学刊》主要讨论了古籍的注释和今译两个问题。关于古籍的注释，《学刊》先后发表了赵清华的《古书注解小议》、张振珮的《谈注释》、陈泽延的《注释小议》、陈焕良的《注释古书怎样吸收前人成果》、木舌的《不可迷信古注》、刘乾先的《古文注释掠疑举隅》等论文，对古籍注释的具体方法进行讨论。关于古籍的今译，《学刊》专门开设"古籍今译专家论坛"，发表了何满子、程俊英、吴枫、高振铎、殷焕先、陈奇猷、冯菊年、王义耀、管成学、张在义、李载霖、汪耀楠、赵清华、刘乾先等人的论文，讨论古籍今译的原则与方法。1988 年，王利器主编的《史记注译》由三秦出版社出版，《学刊》组织专家学者对该书进行评论，"借评论《史记注译》，交流和总结古籍整理的注释、译文的经验教训，以便推动古籍整理工作"①，先后发表了施丁、王树民、徐兴海等十几人

---

① 《评论〈史记注译〉笔会》，《古籍整理研究学刊》1990 年第 3 期。

对《史记注译》的评论，肯定成绩，提出了问题，评论皆能实事求是。通过对《史记注译》的个案分析，为古籍的注释、今译提供了可资借鉴的经验。总之，古籍注释和今译是古籍整理走向大众、传统文化普及民间的重要手段，《学刊》目光敏锐，开辟专栏专门讨论这些问题，为古籍整理的发展做出了贡献。

进入 21 世纪以后，古籍整理研究进入平稳发展的时期，《学刊》顺应时势，除了继续发表传统古籍整理研究的论文外，尤其重视发表研究古籍版本、古籍辑佚、出土文献以及对古籍整理作品进行正误的论文。

古籍版本是古籍研究的重要内容之一，弄清版本源流，比较版本异同和优劣，对于利用版本校勘整理古籍至关重要。《学刊》所登载的相关论文，涉及经史子集四部文献，或考证版本源流，或辨别版本异同，或鉴定版本优劣，为人们利用古文献提供了帮助。

古籍在流传的过程之中，由于"书厄"之灾，总会出现散佚。在古籍整理的过程中，也会出现一些散佚篇章未被收录的情况。对此，《学刊》专门开设"古籍辑佚"栏目，刊载古籍辑佚文章，内容涉及对《全唐文》《全元文》《全宋文》《全宋诗》《全明词》《全清词》等大型古籍整理成果的散佚篇章的辑佚，以及经书史籍的辑佚，还有众多学者文集佚文的收集等。通过这些辑佚文章，很多散落各处的佚文散篇被钩稽出来，使完整的古籍得以揭示和重现。

20 世纪以来，出土文献研究成为古籍研究的重要内容之一。《学刊》对出土文献研究非常重视，刊载了大量研究出土文献的论文，内容涉及甲骨文、金文、石刻文献、出土墓志、敦煌吐鲁番文书、睡虎地秦简、上博简、清华简、郭店楚简、尹湾汉简、张家山汉简、马王堆帛书、八角廊汉简等，成为《学刊》的一大特点。

进入 21 世纪以后，古籍整理已经取得可观的成就，一大批古籍整理成果出版。与此同时，这些成果也存在这样那样的不足，需要不断完善。为此，《学刊》有针对性地开设了"古籍辨正""校点商

榷"等栏目，发表那些针对现有古籍整理成果纠谬指瑕的文章。这
些文章针对古籍整理成果中的训诂、校勘、注释、标点等存在的问
题，或勘误，或校订，或辨正，或订补，订讹规过，对于进一步提高
古籍整理水平、使人们更好利用古籍都具有重要参考价值。

五　其他相关杂志

除上述《古籍整理出版情况简报》《文献》《历史文献研究》
《古籍整理研究学刊》四种影响最大的古籍整理与古文献研究的杂志
外，另外还有《古籍整理与研究》《中国典籍与文化》《古籍研究》
《古典文献研究》《西南古籍研究》《历史文献与传统文化》《安徽文
献研究集刊》《出土文献研究》《出土文献》《中国古籍研究》等，
它们在学术界同样有较大影响。

《古籍整理与研究》，创刊于 1986 年，由全国高等院校古籍整理
研究工作委员会主办，北京大学古文献研究所承办，孙钦善主编。该
杂志以书代刊，预计每年出两期，实际上每年出一期，一直到 1992
年改为《中国典籍与文化》为止。"其宗旨是反映以高等院校为主的
古籍整理与研究的成果，总结前人治学经验，倡导科学的精神，谨严
的学风，求实的态度，以推动古籍整理与研究的发展，促进社会主义
新文化的建设。"① 开设的栏目有：古籍整理与研究，包括目录、版
本、校勘、注释、辨伪、辑佚、作者与书籍考证等；古籍整理理论的
探讨；古籍整理史的研究；中国文化史相关问题研究；国外汉学及中
国学的研究；古籍整理方法论及手段现代化的研究；古籍整理研究成
果的评介；古籍整理人才培养、队伍建设的研究；有关教材编写工作
的讨论和优秀教材的选登与评介；学术动态与出版信息；有关资料及
知识等。该刊自创刊以来，刊登了任继愈、汤一介、吴小如、金开
诚、张忱石、黄永年、曾枣庄、楼宇烈、孙钦善、严绍璗、周大璞、

---

① 《编者的话》，《古籍整理与研究》总第 1 期，上海古籍出版社 1986 年版。

卞孝萱、傅璇琮、胡道静、王季思、王利器、赵守俨、邹逸麟、罗尔纲、裘锡圭、周勋初、赵逵夫等一大批著名学者的文章，并发表了李零、葛兆光、辛德勇、张涌泉、黄怀信等一批中青年学者的文章，这些论文涉及古籍整理和传统文化研究的方方面面，均有扎实的功底和深邃的思想，有力推动了古籍整理与传统文化研究的发展。

《中国典籍与文化》，创刊于 1992 年，是在《古籍整理与研究》的基础上改刊而成，主办和承办单位未变，由周林担任主编。改刊后的《中国典籍与文化》大力提倡走普及化道路，以适应 20 世纪 90 年代社会上"传统文化热"的需求。杂志"以弘扬优秀传统文化、交流海内外中国典籍文化研究的现状与成就、探讨社会普遍关心的文化问题作为办刊宗旨，倡导简明精炼、深入浅出、图文并茂、雅俗共赏的文风，着力塑造普及性学术刊物的面貌"①。2001 年起，在高校古委会主任、主编安平秋支持下，杂志又定位为综合性学术刊物，"主要面向广大知识群体，阐述文化理念，发布学术新见，交流治学心得，沟通资料信息，同时积极引导传统文化的关心爱好者，深入理解博大精深的中华文化，提高全民族的文化认同和人文素养"②。在内容方面，发挥综合性刊物的优势，进一步拓宽载文范围，在传统文化的背景下，整合文、史、哲、文献诸多学科，进行多角度、多层面的交叉研究。2010 年前后，随着学术环境的变化，该刊又进一步突出古典文献学特色，减少与文史专业期刊的内容交叉，更强调学术史、文化史背景的观照。载文则既倡导考据学风，又坚持学术性与可读性的有机结合。设置的栏目有文献天地、文史新探、文化广角、古籍研究、学界纪事、读书丛札等。

《古籍研究》（季刊），原为安徽省古籍整理出版领导小组与淮北师范大学（原淮北煤炭师范学院）共同主办的学术刊物，创刊于

---

① 《编后语》，《中国典籍与文化》2012 年第 1 期。
② 《编后语》，《中国典籍与文化》2012 年第 1 期。

1986 年 9 月，从 1986 年到 1988 年上半年，共出刊七期，发表古籍整理与研究、文献学研究、学术文化等学术论文 150 余篇，曾受到全国众多古籍整理与文献学研究的专家学者关注，有着良好的社会声誉。1988 年上半年因故停刊。1994 年 7 月，在有关领导和专家的建议下，安徽大学、山东大学、淮北师范大学三高校古籍所共同筹划，联合复刊，受全国高校古籍整理研究工作委员会资助指导。复刊后的《古籍研究》由吴孟复先生任主编，吴先生去世后，主办单位与编委会作了调整，自 1996 年第 1 期起，由安徽大学、淮北煤炭师范学院、安庆师范学院三家古籍所主办，主编为严云绶、贾文昭。后来主办单位又调整为安徽大学古籍所、安徽省古籍整理出版办公室、淮北师范大学古籍所、安庆师范学院文学院、安徽师范大学中国诗学研究中心。复刊后的《古籍研究》为季刊，2004 年起改为半年刊，由安徽大学出版社出版。《古籍研究》的办刊宗旨是："以马克思主义、毛泽东思想为指导，贯彻'百花齐放，百家争鸣'的方针，批判继承，古为今用，反映古籍整理研究成果，弘扬民族优秀的传统文化，为建设有中国特色的社会主义精神文明和物质文明服务。"①《古籍研究》提倡实事求是的学风和文风，提倡历史主义的态度和一分为二的方法，求真、求新、求深。该杂志发表的论文主要包括以下几类：关于古籍整理与研究工作的理论探讨和经验体会；关于历代学者及作品的研究和评论；关于典藏、校勘、目录、版本、训诂等文献整理方面的论述；关于古籍整理研究成果和知名古籍研究专家的评介；国内外关于古籍整理研究的学术动态等。还不时刊载已故学者的手稿、读书札记等。所发表的论文长短不拘，颇有新意，有些还具有填补空白的意义。其中尤以研究唐代、清代学者的论文为多，体现了该刊的特色。杂志复刊后得到许多专家学者的支持，程千帆、黄永年、周振甫、刘

---

① 汤华泉：《〈古籍研究〉（复刊）简介》，《古籍整理出版情况简报》1996 年第 8 期，总309 期。

乃和、钱仲联、王绍曾、王运熙、任继愈、吴孟复、邓绍基、曾枣庄、刘世德等著名学者都在上面发表大作，博得学界同仁赞誉。

《古典文献研究》，创刊于 1988 年，是南京大学古典文献研究所主办的学术集刊，最初的出版时间并不固定，从 1988 年到 2002 年，共出版五辑，自 2002 年开始，固定为年刊，每年出一辑，围绕古典文献学研究这一核心主题，主要登载以古典文献为中心而展开的各种专门性研究，包括各种传统学术问题的研究论文、书评、研究综述等。同时也刊发各种重要的史料整理、文献辑佚、校勘订补等研究成果。《古典文献研究》始终秉承义理、考据、文章三者结合的原则，倡导考据精深、视角新颖、阐释独特的学术方向。设立的栏目有文献与社会文化研究、文学与文学文献研究、古典文献学研究、文史新证、文献辑存、文献考证、文献辨伪、海外汉学研究、域外汉籍研究、中西文献学比较研究、学术丛札、书评等，涵盖了中国古典文献学尤其是文学文献学的各个领域。所发表的论文，不仅有周勋初、程千帆、卞孝萱等著名学者的扛鼎之作，也有徐有富、武秀成、程章灿等年富力强的中年学者的精心之作，更有大批学界后起之秀的作品。既有中国学者的论文，也有日本、韩国及西方汉学界著名学者的文章。杂志自创刊以来到 2011 年，发表论文 400 余篇，引起了海内外相关学界同人的广泛关注。

《西南古籍研究》，创刊于 1985 年，是以书代刊的学术集刊，由云南省高等院校古籍整理研究工作委员会主办，后来与云南大学西南古籍研究所合办，最初主编是尤中，从 2001 年开始，主编改为林超民。截至 2011 年，《西南古籍研究》共出版八期，分别是1985 年卷（总第 1 期）、1986 年卷（总第 2 期）、1987 年卷（总第 3 期）、2001 年卷（总第 4 卷）、2004 年卷（总第 5 期）、2006 年卷（总第 6 期）、2008 年卷（总第 7 期）、2010 年卷（总第 8 期）、2011 年卷（总第 9 期）。该杂志立足西南，主要发表有关西南地区古籍整理研究，尤其是云南省古籍整理研究的论文，包括西南少数民族古籍的发掘与研究、云南史地文献的发掘与研究、西南地区政治、经济、文化、地理、社会、风情的研究，集中展现西南地区专家学者对古籍，尤其是西南古籍深彻的研究成果，映射出西南悠久而灿烂的文化和文明。

《历史文献与传统文化》，由暨南大学中国文化史籍研究所主办，创刊于 1990 年。以书代刊，每年出一期。该刊以整理和研究历史文献，弘扬中华传统文化为宗旨，刊登古籍整理与古文献学研究、岭南文化研究、港澳历史文化研究的成果。

《安徽文献研究集刊》，创刊于 2004 年，淮北师范大学安徽文献整理与研究中心主办，是以书代刊的学术集刊，由黄山书社出版。截至 2011 年，已经出版了四期，分别是 2004 年卷、2006 年卷、2009 年卷和 2011 年卷。该杂志的主要任务是"搜集、整理、研究、传播安徽文献，古为今用，推陈出新，为繁荣安徽学术和弘扬民族优秀传统文化贡献力量"①。设立的栏目主要有安徽文献资料的整理与研究，包括文、史、哲、政治、法律、自然科学等各个领域文献的储存、编目、利用等信息；安徽文献研究综述；安徽文献学研究，包括安徽文献学史及安徽文献的版本、目录、校勘、辨伪、辑佚、考证、传播等研究；安徽学者作家研究；安徽文献的整理和具体学术内容的研究；安徽学术、文化研究；各种古籍整理形式、方法的研究等。

《出土文献研究》，创刊于 1985 年，由当时的文化部文物局古文献研究室主编，主要刊登有关出土文献的研究论文。1985 年出版第一辑后，直到 1989 年才出版"续集"。此后若干年，刊物未见出版。1998 年，《出土文献研究》连出两辑，改由中国文物研究所主编，此后，1999 年、2004 年、2005 年、2007 年各出一辑，此后几年时间，刊物又处于停刊状态。直到 2012 年，该刊转由中国文化遗产研究院主编后，才每年出版一辑，步入学术期刊的规范期。

---

① 《卷首语》，《安徽文献研究集刊》2004 年卷。

《出土文献》，由清华大学出土文献研究与保护中心编，李学勤主编，创刊于 2010 年，主要刊登简帛研究、出土文献研究的论文。该刊从 2010 年到 2014 年，每年出版一辑，自 2015 年开始，每年出版两辑。该刊主要刊登出土文献与古文字研究、出土文献与古代史研究、出土文献与古典学研究、出土文献与思想史、汉语史、科技史、文物保护等相关领域的交叉研究成果。

另外，还有一些无疾而终的古籍整理期刊。如《中国古籍研究》，创刊于 1996 年，由国家古籍整理出版规划小组主办，侧重发表实证性较强的考证性论文，原计划为年刊，但只出了创刊号，便无疾而终。创刊号收录了陈寅恪的遗作《〈唐人小说〉批注》、顾颉刚的遗作《〈春秋研究讲义〉按语》，前者以诗、史与小说互证明，后者可以看作一部《春秋学史》的简明纲要。并发表了杨明照、项楚、程毅中、景爱、陈尚君等人的佳作。再如《河南古籍整理》，创刊于 1985 年，由河南省高等院校古籍整理研究领导小组主办，1988 年改刊名为《古籍整理》，进入 20 世纪 90 年代，这份杂志就停刊了。

总之，古籍是传统文化研究的根基，根深才能叶茂，没有对古籍的深入探究，就不会有对传统文化的深入认识。从这个意义上讲，改革开放新时期创办的文献和古籍类的杂志，为古籍整理和古文献研究者提供了发表学术成果的园地，所做的都是致力于学术根基耕耘的工作。尽管这些杂志的侧重点有所不同，但都秉承了实事求是的学风，承担起了整理古籍、从事文献研究、弘扬传统优秀文化的责任。

第 三 章
古籍整理范围的扩大及丰硕成果

中国古代典籍是中华民族创造的宝贵文化遗产，是中华民族政治、经济、文化发展的载体，更是五千年中华文明绵延不绝的历史见证。从世界历史的角度看，也是全人类不可多得的精神财富。对浩如烟海的中国古籍进行整理，是文献学发展的重要基础性工作，也是继承和弘扬中华优秀传统文化的必然要求。

中华人民共和国成立后，党和政府就非常重视古籍整理工作，成立相关机构，指导古籍整理项目的实施。及至改革开放新时期，古籍整理工作驶上了快车道，取得了辉煌的成就，呈现出许多显著的新变化。从改革开放新时期古籍整理所取得的成就来看，主要表现在古籍整理出版物数量倍增、种类繁多两个方面。邬书林指出："1949 年到 1978 年古籍整理出版两千余种，1978 年至 2009 年古籍整理出版近两万种。"[1] 顾青又进一步估算，认为新中国成立七十年（1949—2019），"我国整理出版的汉文古籍和少数民族古籍超过三万种，丛书子目超过六万种"[2]。去除 1949 年到 1978 年出版的两千余种古籍图书，改革开放至今，整理出版的古籍达 2.8 万种。从这个数字可以看到，改革开放新时期古籍整理出版事业发展迅猛，成绩斐然，成就巨大。

---

① 邬书林：《无愧历史，珍惜时代，出好古籍精品》，《出版发行研究》2010 年第 11 期。
② 顾青：《古籍整理出版七十年》，《文史知识》2019 年第 10 期。

改革开放新时期，传统文史类古籍整理范围明显扩大，改变了以前古籍整理主要集中在小说名著、名家诗文集、历代正史的状况，更多的文史古籍得以整理出版。科技类古籍整理取得显著成果，中医药学及农学古籍得到大范围整理出版，而天文历算、工程工艺类古籍的整理也日益受到重视。少数民族古籍整理备受关注，卷帙浩繁而又流传形式独特的少数民族古籍正在逐步得到记录、整理与翻译，成为整个古籍整理事业的重要组成部分。古籍整理成果的大众化是这一时期较为突出的一个成就，越来越多面向大众的古籍整理成果得以出版，嘉惠民众。

改革开放新时期，以"历代史料笔记丛刊""九全一海""四库系列""中国地方志集成""中华再造善本""中华大典""儒藏""子海"等为代表的大型古籍整理工程取得了一大批重要的学术成果。这些成果，已经（或将要）成为推动学术进一步发展的重要力量。

第一节　古籍整理发展的总貌

学术的发展离不开对以往学术史的梳理与总结，就古籍整理而言，如何更好地理解和把握改革开放新时期古籍整理的发展过程及其取得的学术成果，对于今后古籍整理工作的顺利进行，是非常重要的一项工作。改革开放新时期，古籍整理的数量、种类以及古籍整理成果的大众化程度，都超过前代，值得重视。

一　古籍整理数量倍增

改革开放新时期，古籍整理与出版得到快速发展，大量的古籍整理成果面世。根据古籍整理图书出版的增长情况，我们把改革开放新时期古籍整理出版大体划分为三个阶段：第一阶段，1978 年到 20 世纪 80 年代末。这是古籍整理出版从"文化大革命"时期的停滞状态逐步复苏，并以高速增长的势头迅速发展的时期；第二阶段，20 世纪 90 年代。这一时期古籍整理出版达到一个高峰，之后每年一直保持着较为可观的出版数量；第三阶段，21 世纪以来。随着古籍整理范围的进一步扩大，古籍整理出版的数量又有了小幅的增长，而且以较为稳定的速度稳步提升。更为重要的是，这一时期古籍整理的质量有了较大提高。

党的十一届三中全会召开后，中国进入改革开放新时期，整个国家的经济、政治、文化都在开始转型。随着经济建设步入快车道，文化建设也受到关注，加上中央开始落实知识分子政策，给"右派"平反，使许多被划为"右派"的专家学者得以恢复名誉，重新开始科研工作。这是改革开放新时期古籍整理与出版得以快速发展的一个重要基础。1981 年 9 月 17 日，中共中央发出《关于整理我国古籍的指示》，古籍整理事业被提到国家层面，同年 12 月 10 日，国务院发布《关于恢复古籍整理出版规划小组的通知》，全国古籍整理出版规划小组得以恢复，重新开始发挥在古籍整理与出版方面的领导作用。党和国家对于古籍整理与出版工作的重视是改革开放新时期古籍整理事业迅速发展的重要推动力量。

从古籍整理成果出版的数字来看，1978 年、1979 年、1980 年的古籍整理出版物分别达到 78 种、159 种、264 种，每年的增长幅度都非常惊人，这也显示了积聚已久的古籍整理与出版力量开始重新被唤醒。从 1981 年至 1989 年的 9 年时间中，每年古籍整理出版的数字也在不断刷新：1981 年 296 种、1982 年 337 种、1983 年 386 种、1984 年 424 种、1985 年 586 种、1986 年 632 种、1987 年 625 种、1988 年 606 种、1989 年 537 种。1978—1989 年的 12 年时间里共出版古籍整理图书 4930 种，平均每年出版 411 种[①]，总量是新中国成立后到改革开放前 30 年古籍整理出版数量的两倍多！

---

① 该数据系笔者依据《新中国古籍整理图书总目录》统计得出，不包括再版古籍。

　　古籍整理出版数字飞速提升的背后，反映的是古籍整理与出版力量的恢复、巩固与发展。20世纪80年代，国家、各部委以及各省市自治区都成立了相关古籍整理领导机构，指导、协调、规划古籍整理出版事业；很多高校成立了古籍整理或古文献研究所，从事古籍整理和古文献学研究；不少高校开设了古典文献学、历史文献学等本科、硕士和博士学位课程，古籍整理人才的断层正慢慢接续；诸多专业古籍出版社建立，为古籍整理成果出版提供了便利条件；国家在古籍整理方面投入资金，为古籍整理提供经济支持；一些古籍整理专业刊物创办，为古籍整理和古文献学研究成果的发表提供了阵地。凡此种种，都为改革开放新时期古籍整理出版事业的飞速发展提供了强有力的支持。

　　进入20世纪90年代以后，随着国家经济实力的不断增强，人们的物质生活水平有了显著的提高，人们对精神文化产品的需求也不断上升，对传统文化的兴趣日益浓厚。在这样的背景下，国家对文化建设的投入日渐加大，20世纪80年代后期兴起的"文化热"在20世纪90年代日渐升温，"国学热"不断酝酿与发酵。20世纪90年代的"文化热"和"国学热"有其内在的原因：第一，进入20世纪90年代以后，中国社会自身的经济和政治条件发生了很多变化，从而导致文化观念的变革。第二，改革开放使得中国文化不断与外来文化发生接触，在文化上出现了一个与本土文化完全不同的参照系，从而促进中国人对本土文化与外来文化进行评判和选择。第三，由于社会发展和外来文化冲击，造成对传统和现实的本土文化信仰的反思和再估计。① 这场声势浩大的"文化热""国学热"极大地推动了社会各项文化事业的发展，传统文化经典作品的市场需求越来越大，这在客观上刺激了古籍整理，尤其是古籍普及读物的整理与出版。

　　20世纪90年代的十年时间里，古籍整理图书一直以较高的出版

---

① 具体可参看宗胜利《80年代文化热研究综述》，《理论前沿》1996年第16期。

数量稳步增长。从 1990 年到 1999 年，每年的古籍整理出版物数量分别为：1990 年 618 种、1991 年 631 种、1992 年 777 种、1993 年 949 种、1994 年 696 种、1995 年 732 种、1996 年 781 种、1997 年 867 种、1998 年 626 种、1999 年 526 种，总数达到 7203 种，平均每年出版 720 种[①]，几乎是 1978—1989 年的 1.5 倍。尤其是 1993 年，各种古籍整理出版物达到 949 种，创历年古籍整理出版数量之最。

文化事业的发展总是表现为一种聚集效应，进入 21 世纪以来，随着我国经济与社会的快速发展，国家对文化事业更加重视，文化建设与经济建设、政治建设、社会建设一道成为中国特色社会主义强国建设的重要组成部分。中共中央提出"弘扬中华文化，建设中华民族共有精神家园"的要求，"要全面认识祖国传统文化，取其精华，去其糟粕，使之与当代社会相适应、与现代文明相协调，保持民族性，体现时代性。加强中华优秀文化传统教育，运用现代科技手段开发利用民族文化丰厚资源。加强对各民族文化的挖掘和保护，重视文物和非物质文化遗产保护，做好文化典籍整理工作……增强中华文化国际影响力"[②]。另外，"近年逐步兴起的'国学热'，以及在世界各地开始兴建的孔子学院，为古籍整理出版工作提供了难得的发展机遇"[③]。再加上互联网多媒体的发展，传统文化的社会功能正日益凸显出来，优秀传统文化被高度重视，中华民族精神文化遗产的价值被高度认可，古籍整理作品屡屡成为畅销书，古籍整理事业迎来了进一步巩固与提高的时期。

伴随着这股传统文化回归之风，古籍整理出版物的数量也在以每年数百种的规模出版。从 2000 年到 2011 年的 12 年间，每年古籍整理出版物分别为：2000 年 485 种、2001 年 677 种、2002 年 430 种、

---

① 该数据系笔者依据《新中国古籍整理图书总目录》统计得出，不包括再版古籍。

② 胡锦涛：《高举社会主义伟大旗帜 为夺取全面建设小康社会新胜利而奋斗——在中国共产党第十七次全国代表大会上的报告》，人民出版社 2007 年版，第 35—36 页。

③ 邬书林：《无愧历史，珍惜时代，出好古籍精品》，《出版发行研究》2010 年第 11 期。

2003 年 537 种、2004 年 496 种、2005 年 613 种、2006 年 489 种、2007 年 672 种、2008 年 713 种、2009 年 542 种、2010 年 498 种、2012 年 514 种，总数达到 6666 种，平均每年 556 种。① 与前一阶段相比，这一阶段的古籍整理出版数量略有下降。这主要有三个方面的原因：一是古籍资源具有相对有限性，许多较为重要或是较易整理的古籍已经随着古籍整理工作的推进慢慢减少，一些难度较大的古籍整理需要假以时日。二是 20 世纪末，古籍整理出版已经走过了 20 年的历程，取得了很大的成绩，但也出现了质量低劣的问题，引起了古籍整理界的关注，进入 21 世纪后，古籍整理出版更重视质量，强调古籍整理的 "文化积累价值" 和 "原创性"②，"着力实施精品战略"③，不再过度追求数量。三是古籍整理人才后继力量不足。尽管改革开放后古籍整理人才培养取得了很大成绩，但不可讳言，面对市场经济大潮的冲击和日益严峻的就业压力，愿意从事古籍整理的年轻学者越来越少，"老者已去，新人匮乏，学术水平令人担忧"④。古籍整理出版事业面临新的挑战。

总之，从 1978 年到 2011 年，共出版各种古籍整理图书 18799 种，是 1949—1977 年的 8.5 倍。古籍整理图书出版的数量成倍增长，正是改革开放新时期以来古籍整理事业取得巨大成绩的有力说明。如此多的古籍整理成果的出版，不仅日益满足了学术研究的需要，而且成为广大民众重要的精神食粮。传统文化的理性回归正在这些古籍整理出版物中被慢慢书写！

---

① 该数据系笔者依据《新中国古籍整理图书总目录》统计得出，不包括再版古籍。另外，《新中国古籍整理图书总目录》只反映了 2003 年以前的数据，为避免遗漏，2004—2011 年的古籍整理出版数据主要依据当年的《全国总书目》统计得来。

② 全国古籍整理出版规划领导小组办公室：《国家古籍整理出版 "十五"（2011—2005）重点规划》说明，2001 年 12 月印行。

③ 杨牧之：《在全国古籍出版社领导座谈会上的讲话》，《古籍整理出版情况简报》2001 年第 1 期，总 359 期。

④ 邬书林：《无愧历史，珍惜时代，出好古籍精品》，《出版发行研究》2010 年第 11 期。

二　古籍整理出版种类繁多

中华民族在自身的发展过程中，留下了浩如烟海的古籍。据《中国古籍总目》的统计，总数量约 20 万种，都是前人智慧的结晶。经过中华人民共和国成立后一代又一代古籍整理专家与古文献研究者的努力，截至 2011 年，已经有 21000 余种各类古籍被整理出版，这是几代学人辛勤工作的成果。

中国的传统学术分类方法与现代的学科划分差别较大，一部作品往往既是语言文字优美的文学作品，也是撰述严谨的史学作品；而地理、哲学作品中，往往还包含有语言文字学、宗教方面的诸多内容。因此，在判断一部作品的学科门类时不能严格按照现代的学科划分来归类。通过结合这些古籍在传统目录学上的分类、参照现代学科划分的标准，我们将整理出版的古籍划分为文学类、历史类、科技类、语言文字类、文化艺术类、地理类、哲学类、宗教类 8 个不同的种类，就目前已经整理出版的古籍情况予以简要叙述。

文学作为一门古老的艺术，诞生于人类的蒙昧时期，已经有数千年的历史。就中国文学而言，《诗经》是留存下来最早的诗歌总集，之后历代文人墨客留下了大量的文学作品与作品集。文学类古籍也是目前数量最多的古籍种类，约占所有古籍数量的三分之一。截至 2011 年，已经整理出来的文学作品数量为 4817 种①，可以分为总集与别集两大类。总集是汇集众多作家作品的古籍，而别集则是某个作家的个人作品集。

在总集的整理方面，比较重要的古籍整理成果有《诗集传》《楚辞集注》《昭明文选笺证》《古文辞类纂》《乐府诗集》《宋文鉴》

---

①　本节所有古籍整理数量均为笔者根据《新中国古籍整理图书总目录》统计得出，不包括再版古籍。另外，《新中国古籍整理图书总目录》只反映了 2003 年以前的数据，为避免遗漏，2004—2011 年的古籍整理出版数据主要依据当年的《全国总书目》统计得来，下文不再一一注出。由于图书分类的不同，可能会造成统计数量的误差，仅供参考。

《宋诗别裁集》《宋诗钞》《全上古三代秦汉三国六朝文》《全唐文》《全唐诗》《历代赋汇》《骈体文钞》，等等。

在别集的整理方面，依据不同时代的划分，比较重要的古籍整理成果有：汉魏六朝时期的《贾谊集》《司马相如集校注》《曹操集校注》《陶渊明集》《谢灵运集校注》，隋唐五代时期的《骆宾王诗评注》《王子安集注》《孟浩然集校注》《李白全集》《杜工部诗集》《韩昌黎文集校注》《白氏长庆集》《柳宗元全集》《杜牧诗集》《李商隐诗歌集解》，宋辽金元时期的《欧阳修全集》《元丰类稿》《王安石全集》《苏东坡全集》《黄庭坚全集》《剑南诗稿校注》《辛稼轩诗文笺注》《元好问全集》《湛然居士文集》《郑光祖集》，明清时期的《高启诗选》《李东阳集》《张太岳集》《冯梦龙诗文初编》《瞿式耜集》《陈确集》《顾亭林诗文集》《方苞集》《龚自珍全集》《曾国藩全集》，等等。已经成为一个系列。

限于篇幅，我们不可能将所有的整理成果一一胪列，但可以肯定地说，比较重要的作家作品集都已整理完毕，许多不甚著名的作家作品集也正逐步被整理出来。另外，还有大量的戏曲与小说古籍被整理，如《古本戏曲丛刊》《笔记小说大观》《四库笔记小说丛书》等，都是汇集历代戏曲与小说作品的总集，使这些在古代不受士大夫阶层重视的文学作品得到较好的整理，为人们的研究提供了方便。

除文学古籍外，史学古籍的整理也备受重视，截至 2011 年，达到了 2328 种。作为传统学术研究的重点，史学古籍一直是古籍整理的重点领域，尽管中间经历了诸多困难和曲折，改革开放前还是完成了《二十四史》及《清史稿》《资治通鉴》等大部头史学名著的点校出版，代表这一时期所取得的辉煌成就。进入改革开放新时期以后，史学古籍的整理种类经历较大幅度的增长，出版了众多史学古籍的整理本。纪传、编年、纪事本末、杂史、史表、典章制度、军政、诏令奏议、传记、史评、笔记、金石考古等史书门类囊括了史学古籍的所有方面。纪传与编年类史学古籍在这一时期新整理出版的种类并不算很多，比较重要的有影抄本清代孙承泽的《元朝典故编年考》及校印本《明实录》，都在史学研究中发挥了重要作用。纪事本末类以中华书局出版的《历代纪事本末》为代表，汇集了几乎所有的纪事本末类史学古籍。而在杂史类中，《风俗通义校注》《六朝事迹编类》《安禄山事迹》《靖康稗史注》《辽东行部志注释》《国史唯疑》《中西纪事》等一大批反映历代政治、经济、文化发展的史学古籍被整理出版，具有很高的史料价值，是对正史的有力补充。

改革开放新时期所整理出版的史学古籍中，笔记占有相当大的比重，大量的史料笔记得到整理，总数量接近400种。其中尤以中华书局出版的《历代史料笔记丛刊》为代表。自1979年开始，中华书局选取历代笔记中史料价值性较强、参考价值较高的笔记进行点校整理，将唐五代以后的笔记分为《唐宋史料笔记丛刊》《元明史料笔记丛刊》和《清代史料笔记丛刊》予以出版。截至2013年共整理出版历代史料笔记188部，其中《唐宋史料笔记丛刊》包含86部，《元明史料笔记丛刊》包含38部，《清代史料笔记丛刊》包含64部。众多史料笔记被整理出来，为文史研究提供了丰富的资料。

古代科技类古籍（主要是医药学方面）被整理出来的作品也非常多，截至2011年，也达到2306种。医药学古籍因其特有的应用价值而备受广大中医、医学研究者的重视，大部头的医药学古籍丛编成为改革开放新时期医学古籍整理的突出代表。这其中既有对11种重点中医古籍的整理，出版了《黄帝内经素问校注》《难经校注》《脉经校注》《神农本草经辑校》《伤寒论校注》《金匮要略校注》《针灸甲乙经校注》《中藏经校注》《诸病源候论校注》《黄帝内经太素校注》等；又有代表一地医学发展成就的地方性医药学古籍丛编，如《广陵医籍丛刊》；还有反映中医全貌的《中国医学大成》《中医珍本丛书》《中医基础丛书》等。既有对诸病进行系统论述的医学典籍，如《医说》《明医杂著》等；又有汇集名医作品的全集，如《万密斋医学全书》《周氏医学丛书》《徐大椿医书全集》等。而在医经、本草、伤寒、诊法、方论、临症各科、针灸、养生等传统中医的范围内，各种古籍整理也不断增多。

相对于文史古籍而言，语言文字类、文化艺术类、地理类、哲学类、宗教类古籍的数量相对较少，但对它们的整理也取得了不小成绩，从改革开放之初到 2011 年，被整理出来的相关古籍数量分别达到：语言文字类 263 种，文化艺术类 549 种，地理类 494 种，哲学类 418 种，宗教类 372 种。

语言文字类古籍属于传统"小学"的范畴，而随着甲骨文、战国文字等材料的发现，又大大扩大了这一领域。文字、音韵、训诂、语法等语言文字类古籍都在这一时期得到深入整理与研究。出版的甲骨文、金文、战国文字等古文字字汇、字典等整理日益繁多，以《说文解字》等为代表的说文系列整理研究，以《切韵》《中原音韵》等为代表的音韵学整理研究，以《尔雅》《方言》等为代表的训诂学整理研究，以《马氏文通》等为代表的语法整理研究，都体现着改革开放新时期语言文字类古籍整理与研究的水平。

文化艺术类古籍中包含有教育、书画、音乐、服饰器物、饮食烹饪、杂占命相、博弈游艺等。改革开放之前，这些文献并不被主流学术所重视，只有一部分教育方面的古籍及少数书画史方面的古籍被整理出来。但是，改革开放以后，随着古代社会文化史的研究日趋深入，这些古籍开始进入人们的视野，受到古籍整理专家的关注，得到了整理。由此可见，那些被人冷落的古籍正随着学术史研究视野的扩大而受到重视。

地理类古籍以总志、方志、专志为主，以论述全国或某一地区的历史沿革、疆界四至、风土物产、历史典故等为主要内容。这类古籍的整理在改革开放前就已取得不小成绩，改革开放后又继续推向深入。《中国地方志集成》就是这一时期地理类古籍整理的典型代表。

哲学类古籍主要以历代思想家著作为主，包含易学、诸子、儒学、理学、心学等方面的著述，是中国人哲学思维的集中体现。改革开放之前就已经开始了对哲学类古籍的整理和研究，改革开放以后，则以新的整理本出现，更为精审。其中中华书局从 1982 年开始整理出版的《新编诸子集成》，影响尤巨。《新编诸子集成》依照传统的儒家、墨家、道家、法家、名家、兵家、杂家的分类方法，不仅包含了先秦诸子，还包含不少后代的思想家作品，而整理出版的 40 多部古籍中，全都是新的整理版本，体现了学术发展的时代要求。

宗教学古籍的整理以佛经、道经、伊斯兰教经解为主，是反映古代宗教发展的重要文献。虽然在改革开放前也有宗教类古籍的整理，但是数量非常少，宗教古籍整理更是成为鲜有人问津的畏途。而在改革开放新时期，这一情况发生巨大变化，从事宗教研究、进行宗教古籍整理的人日渐增多，《大藏经》《道藏》等古籍的整理日益受到重视。

总之，改革开放新时期整理出来的古籍种类较改革开放前有了非常大的变化，许多以前不被人重视的古籍得到整理。古籍整理的发展离不开传承，但更要有不断地发展与创新，改革开放新时期古籍整理种类的增多，正是"一代人有一代人的学术"的真实写照。

三　古籍整理成果的大众化

中国古代典籍是中华民族传统文化的重要载体，同时也是前人智慧与心血的结晶，如何继承和发扬中华民族优秀传统文化是摆在每个中国人面前的时代命题。随着中华人民共和国的成立，中华民族也迎来了复兴的重要历史时刻。中华民族的复兴离不开对传统优秀文化的传承与创新，而文化的传承与创新离不开每个人的参与。有鉴于此，为了让更多的人了解中国优秀传统文化，古籍整理成果的大众化一直是新中国古籍整理的一个重要方面，整理出版了数量庞大的古籍普及读物，基本上满足了广大民众的文化需求。

就笔者所作的统计，1950—2011 年共出版古籍整理图书 21000 余种，其中古籍普及读物达到 2734 种，约占古籍整理图书总量的

13%，在古籍整理出版中占有重要的地位。正是因为古籍整理普及读物的数量较多，全国古籍整理出版规划领导小组办公室编著的《新中国古籍整理图书总目录》特在各类目下设"普及读物类"。"对于各学科中由今人编撰的通俗性读物，如选注、选译、选讲、选评之类，既与古籍原本判然有别，亦拟独自设置一类，即普及读物类。"①并将古籍普及读物界定为："凡今人编撰的各种古籍选本，包括选注、选译、选讲、选评等，无论部头大小与学术水准如何，均视为普及读物。"②

通过仔细考察，我们发现古籍普及读物的大量涌现是在改革开放新时期。这主要有两个方面的因素：一是国家的号召，二是读者的需求。二者遥相呼应，使古籍整理成果大众化走向了良性发展的轨道。

一方面，国家对古籍整理成果的大众化工作高度重视，制订明确的规划，实施有效的措施来推动这一工作。1981年9月17日，中共中央印发了《中共中央关于整理我国古籍的指示》，以中央政府文件的形式对全国的古籍整理工作做出指导，凸显了古籍整理工作的重要性。其中明确指出："整理古籍，为了让更多的人看得懂，仅作标点、注释、校勘、训诂还不够，要有今译，争取做到能读报纸的人多数都能看懂。有了今译，年轻人看得懂，觉得有意思，才会有兴趣去阅读。"③将古籍整理成果的大众化提到了相当重要的程度，成为改革开放新时期古籍整理的一项重要任务。

另一方面，广大出版机构抓住人们学习传统文化的高涨热情，推出适合普通人的优秀古籍普及读物。随着改革开放新时期的到来，我国的经济社会取得长足发展，人们的精神文化需求也日益增长。随着

---

① 全国古籍整理出版规划领导小组办公室编著：《新中国古籍整理图书总目录·类目表》，岳麓书社2007年版，第1页。

② 全国古籍整理出版规划领导小组办公室编著：《新中国古籍整理图书总目录·类目表》，岳麓书社2007年版，第12页。

③ 《中共中央关于整理我国古籍的指示》，杨牧之主编：《古籍整理与出版专家论古籍整理与出版》，凤凰出版社2008年版，第1页。

20 世纪 80 年代 "文化热"、90 年代 "国学热" 的出现，广大出版机构看到了其中蕴含的巨大商机，适时推出了一大批优秀的古籍普及读物。例如，贵州人民出版社推出了 "中国历代名著全译丛书"，岳麓书社推出了 "古典名著普及文库"。两套丛书均包含近百种古籍图书，成为大型古籍普及读物。因其价格适中并适宜于普通读者阅读，成了广大读者家庭藏书的首选，古籍普及类图书成了畅销书，促进了古籍整理成果大众化的发展。

这些古籍普及读物与其他古籍整理作品相比，有着鲜明的特点，更适应普通读者的需求，具体来说可以概括为三个方面：

首先，这些古籍整理的成果以选本的形式呈现。作为面向普通人的古籍整理作品，先要考虑的就是读者的阅读兴趣及能力。许多古籍都有卷帙浩繁的特点，例如《史记》有 130 篇 50 多万字，《汉书》有 100 卷 80 多万字，其中的表、书、志部分对于普通人学习历史知识的帮助有限，与生动有趣的历史故事相比较为枯燥乏味，因此选编者会根据情况予以剪裁删削，"选" 出更能适应普通人阅读习惯与兴趣的内容。从实际的效果来看，许多优秀的名篇往往受到选编者的青睐，例如《项羽本纪》几乎是所有《史记》选本都不会舍弃的篇目，[①] 在这篇 1.1 万余字的文章中，不仅有扣人心弦的故事，更有司马迁优美的文学表达。那么是不是全本的古籍整理作品就不能作为古籍普及读物呢？当然也不是。因为还有许多篇幅不大的古籍同样可以作为进行古籍普及工作的选择对象。例如《周易》《道德经》等本身就篇幅不大，于是就有学者对全书进行直译、白话整理，这也是古籍普及类作品中存在的现象。

其次，这些古籍在整理手段上以注释、翻译、讲解、评论为主。

---

① 例如王伯祥选注的《史记选》（人民文学出版社 1957 年版），郑权中所著《史记选讲》（中国青年出版社 1959 年版），来新夏主编的《史记选》（中华书局 1990 年版），陈茂兹、吴添汉译注的《史记菁华》（上海教育出版社 2001 年版）等都包括《项羽本纪》的全篇。

古籍中保留着古代汉语的丰富信息，同时还包含古代官制、历史地理、用典等内容，给普通人阅读古籍带来不少障碍。选编者根据阅读人群的知识水平对有必要进行解释的语词予以注释，对文章内容进行翻译，再加上对历史事件的讲解与评论，使普通人能够在顺利阅读古籍的同时加深对古籍的理解。这样的形式在提高读者阅读古籍兴趣的同时，也增加了读者对古代语言文化的了解，是古籍普及的一条基本途径。当然，还有一些与前述不同的古籍普及读物，如《中华文化要籍导读丛书》，先通过"导读"部分对古籍进行较为全面的介绍，使读者对整部古籍有一个了解之后再通过第二部分的古籍篇章予以具体注解。其中蔡尚思先生所作的《论语导读》，就包括《论语导读》和附编《论语类编简释》（吴瑞武作）两部分。① 在导读部分用 4 万多字对有关《论语》的 15 个主要问题进行了论述，《论语类编简释》部分将《论语》中 9 个主要问题的论述进行分类总结，集中予以解说。这样的处理不仅使读者能够全面了解《论语》的基本情况，还能够对《论语》中谈论较多的问题理解得更为深刻。

最后，这些古籍整理成果以贴近大众为准。古籍普及读物重在普及，有些较为艰深晦涩的古籍不容易作为普及的对象。如佛经、医药学著作、科技类文献中不仅有晦涩的玄理，还有艰深的科技理论成分，这对古籍普及形成一定的挑战。让我们欣慰的是，现在这些方面也出现了许多优秀的成果。例如《百喻经译注》②《白话佛经》③《金匮要略选读》④《古代针灸医案释按》⑤，等等。通过整理，使许多从事这些方面工作的人更加方便地掌握和运用古籍中的相关知识，这是面向特定人群的普及。这就与通常意义上的古籍普及读物有所不同，

① 蔡尚思：《论语导读》，巴蜀书社 1991 年版。
② 蓉生译注：《百喻经译注》，浙江古籍出版社 1987 年版。
③ 国怀译编：《白话佛经》，中国社会科学出版社 1993 年版。
④ 成都中医学院、山东中医学院等编：《金匮要略选读》，上海科学技术出版社 1980 年版。
⑤ 田从豁等编：《古代针灸医案释按》，上海中医药大学出版社 1997 年版。

它们有更高的学术质量，但也贴近大众。

　　古籍小说的整理与出版一直是国家非常重视的一项工作，新中国成立之后，国家开始有计划地对古典小说名著进行整理，1952 年 10 月 27 日，《人民日报》发表《庆贺〈水浒〉的重新出版》的短评，标志着新中国古籍整理出版工作的全面启动。《三国演义》《西游记》《红楼梦》等一大批文学名著得到整理，《资治通鉴》、"二十四史"等史学名著也开始大规模整理。与此同时，古籍普及读物也相继问世。例如，1952 年就出版了《屈原九歌今绎》①《屈原九章今绎》②两种文学类的古籍普及读物。至"文革"爆发的 1966 年，全国共出版各类古籍普及读物 123 种③，这些古籍普及读物成为大众了解古代文化的重要渠道。

　　1978 年十一届三中全会以后，改革开放之风吹遍全国各地，古籍整理成果大众化也迎来了发展的春天。仅当年就出版各种古籍普及读物 14 种。为便于讨论，现将改革开放新时期每年出版的古籍普及读物汇总如表 3 – 1。

表 3 – 1　　　　　　　**改革开放新时期古籍整理普及读物**④

年份	古籍普及读物出版数量（种）	年份	古籍普及读物出版数量（种）	年份	古籍普及读物出版数量（种）
1978	14	1990	42	2002	47
1979	28	1991	124	2003	54
1980	38	1992	120	2004	67
1981	44	1993	69	2005	43
1982	41	1994	98	2006	66

①　文怀沙：《屈原九歌今绎》，棠棣出版社 1952 年版。

②　文怀沙：《屈原九章今绎》，棠棣出版社 1952 年版。

③　这一数字不包括古籍普及读物的再版，资料依据《新中国古籍整理图书总目录》统计得出。

④　其中 2003 年及以前的数据来源于《新中国古籍整理图书总目录》，此后的数据是笔者依据各年《全国总书目》统计而来，这些数据均不包含再版古籍普及读物。

年份	古籍普及读物出版数量（种）	年份	古籍普及读物出版数量（种）	年份	古籍普及读物出版数量（种）
1983	49	1995	80	2007	74
1984	66	1996	73	2008	87
1985	63	1997	94	2009	51
1986	64	1998	39	2010	49
1987	71	1999	50	2011	59
1988	71	2000	84		
1989	57	2001	56		

　　从表 3 - 1 的统计结果可以看出，20 世纪 90 年代初达到了古籍普及读物整理与出版的高峰，每年都有近百种古籍普及读物出版。这与整个古籍整理与出版的情况是一致的。

　　就古籍普及读物的种类来说，改革开放新时期呈现出逐步扩大的趋向。改革开放之前的古籍普及读物，主要集中在文学与史学方面，其他类古籍整理相对较少，只有方孝博的《荀子选》、蒋祖怡的《论衡选》、任继愈的《范缜〈神灭论〉今译》、李炳英的《孟子文选》、瞿果行的《孟子选读》、侯外庐编选《陈确哲学选集》、求那毗地译《百喻经》、大寨大队理论组等注释的《齐民要术选释》、江苏省建湖县《田家五行》选释小组选释的《田家五行选释》、秦伯未编《清代名医医案精华》、北京中医学院中药教研组编《药性歌括四百味白话解》、高镜朗编《古代儿科疾病新编》等 12 部著作，这在同时期出版的 133 部古籍普及读物中还不足十分之一①，可见在当时还是以普及文学类、历史类古籍为主。而在改革开放新时期，这一情况发生巨

---

　　① 1949 年后到改革开放之前各年出版古籍普及读物数量如下：1952 年 2 种，1953 年 2 种，1954 年 2 种，1955 年 10 种，1956 年 15 种，1957 年 18 种，1958 年 16 种，1959 年 17 种，1960 年 4 种，1961 年 5 种，1962 年 25 种，1963 年 2 种，1964 年 4 种，1965 年 1 种，1966—1973 年无，1974 年 2 种，1975 年 2 种，1976 年 2 种，1977 年 4 种，共 133 种（不包括再版）。

大变化，仅哲学类古籍普及读物就整理出版103种①，其他类图书（如文化艺术类、地理类、科技文献类）也有大量出版。

改革开放新时期古籍普及读物出现的另一巨大变化就是许多古籍出现众多普及版本，为人们了解传统文化提供了极大帮助。仅以《楚辞》为例，据笔者不完全统计，自1980年至2010年的30年时间里，就出现了40余种普及本，为《楚辞》的传播提供了较好的文献基础，也为读者提供了多样化的选择空间。

表3－2 1980—2010年《楚辞》普及读物一览

作者	整理形式	书名	出版机构	出版时间
金开诚	注释	《楚辞选注》	北京出版社	1980
陆侃如、龚克昌	注译	《楚辞选译》	上海古籍出版社	1981
刘让言	注释	《屈原楚辞注》	新疆人民出版社	1982
胡念贻	译注、考证	《楚辞选注及考证》	岳麓书社	1984
黄寿祺、梅桐生	译注	《楚辞全译》	贵州人民出版社	1984
张愚山	译注	《楚辞译注》	山东教育出版社	1986
赵浩如	译注	《楚辞译注》	云南教育出版社	1986
董楚平	译注	《楚辞译注》	上海古籍出版社	1986
人民文学出版社编辑部	赏析	《楚辞鉴赏集》	人民文学出版社	1988
谢庆贵	注释、讲疏	《楚辞少年读本》	陕西人民教育出版社	1991
徐建华、金舒年	译注	《楚辞选译》	巴蜀书社	1991
吕正惠	翻译、讲疏	《楚辞：诗之哀弦》	春风文艺出版社	1992
翁银陶	译注	《楚辞选》	福建教育出版社	1992
楚狂人	绘图注释	《绘图楚辞选》	湖北美术出版社	1993
钱杭	译注	《楚辞选》	上海书店出版社	1993
吴广平	译注	《白话楚辞》	岳麓书社	1996
刘永生	注释	《楚辞选》	天津古籍出版社	1997

---

① 具体可参看《新中国古籍整理图书总目录》，第762—767页。

续表

作者	整理形式	书名	出版机构	出版时间
潘啸龙	注评	《楚辞》	黄山书社	1997
黄凤显	注释	《楚辞》	华夏出版社	1998
崔富章等	注释	《楚辞》	浙江古籍出版社	1998
萧兵	译注	《楚辞全译》	江苏古籍出版社	1998
殷义祥、麻守中	译注	《楚辞译注》	吉林文史出版社	1998
熊竹沅	注释	《楚辞》	贵州人民出版社	2000
郝志达	译注	《楚辞今注今译》	河北人民出版社	2000
李振华	译注	《楚辞》	书海出版社	2001
耿建华	翻译	《楚辞今译》	西苑出版社	2001
郭竹平	注释	《楚辞》	中国社会科学出版社	2002
聂石樵	注释	《楚辞选注》	南海出版公司	2003
陈书彬	译注	《楚辞》	山西古籍出版社	2003
褚斌杰	注评	《楚辞选评》	三秦出版社	2004
康瑛	配图译注	《楚辞》	青海人民出版社	2004
杨义、邵宁宁	配图注评	《楚辞选》	岳麓书社	2005
汤漳平	译注	《楚辞》	中州古籍出版社	2005
李山	翻译	《楚辞选译》	中华书局	2005
廖晨星	译注	《楚辞》	崇文书局	2007
谢庆贵等	配图注释	《楚辞》	泰山出版社	2007
冀昀	译注	《楚辞》	线装书局	2007
刘庆华	译注	《楚辞》	广东旅游出版社	2008
陈苏彬	译注	《楚辞》	三晋出版社	2008
史东梅	译注	《楚辞》	内蒙古人民出版社	2009
张红霞等	注释	《楚辞》	太白文艺出版社	2010

　　改革开放之初，古籍整理类普及读物尚不能满足人们的文化需求，有学者以历史学为例谈到这个问题，"从全国范围来看，史学专著和刊物为数不少，其读者却不过是包括上千的史学专家学者在内，

还有十万名左右史学工作者和历史课教师。而可供占人口百分之九十九的人阅读的普及性读物却寥寥无几"①。完全不能满足改革开放以后人们精神文化逐步高涨的需求。因此，整理出版古籍普及读物，使普通人更方便地获取古籍中保留的历史文化信息，就成了改革开放新时期古籍整理工作者的重要任务，这也是改革开放新时期古籍整理普及读物飞速发展的原动力。

首先，数量众多的古籍普及读物使普通人更方便地获取古籍中保留的历史文化信息。古籍作为古代历史文化的载体，是我们"亲近"古人的桥梁，但由于语言文字的发展、时代的变迁，原本熟悉的汉字也变成了对我们的极大挑战。例如，《史记·太史公自序》中"是岁天子始建汉家之封，而太史公留滞周南，不得与从事，故发愤且卒"的"且"字，假如不注意语言文字的时代性而按照现在的通常意义"并且"理解，恐怕就会闹出笑话，实际上"且"在这里当"将要"解；又如《诗经·豳风·七月》中"七月流火"一语，若按照字面意思理解为"火热的七月"，那就与本义南辕北辙了，而应该是七月以后大火星（心宿二）向下行，天气开始渐渐转凉。这样的例子在古籍中俯拾皆是，给普通人阅读古籍带来极大不便。通过阅读古籍普及读物，不仅语言文字上面的问题能够得到解决，还为读者提供了大量的历史文化信息，为读者带来诸多助益。

其次，内容丰富的古籍普及读物对弘扬优秀传统文化起到重要的推动作用。在漫长的历史发展过程中，中华民族形成了丰富的传统文化积淀，许多就保留在古籍中。优秀的传统文化是前人留给我们的重要精神财富，有赖于古籍呈现在我们面前。仅以道德培养来说，传统的《三字经》《百家姓》《千字文》都是从娃娃开始就可以使用的优秀教材，作为蒙学读物，至今仍是许多家长和老师教育孩子的首选。而文学、史学、教育、艺术、科技等文化领域，也存在众多承载优秀

---

① 戚立煌：《也谈历史研究的任务和目的问题》，《光明日报》1985 年 6 月 12 日。

传统文化的作品。文化的传承需要的不是少数人的振臂高呼，更多地
需要每个人的积极参与。普通人只有更多地了解优秀传统文化，才能
更好地继承和延续传统文化。古籍普及读物为每个人做优秀传统文化
的继承者、传播者提供了诸多的便利。许多优秀的古籍普及读物印刷
数量非常大，而且还一再再版，足见人们对这些古籍普及读物的需求
程度。

最后，通俗晓畅的古籍普及读物对青年学子培养学术兴趣起到一
定作用。学术的发展需要一代代学人的不懈努力，而学术的薪火相传
靠的就是后来者的不断接续。青年学子不仅是未来的国家栋梁，也是
学术发展的有生力量。对于学术的兴趣并不是与生俱来的，它需要长
时间的环境影响，而古籍普及读物所具有的相对学术性往往能够培养
青年学子的学术兴趣。

在看到古籍普及读物巨大作用的同时，我们也应该看到古籍普及
读物整理与出版中存在的一些问题。这些问题不仅关系到古籍普及读
物的整理者与出版者，也关系到古籍普及读物的每一个普通读者，不
能不引起我们足够的重视。

其一，重复低质出版，无序竞争严重。古典诗词及小说名著整理
起来较为容易，是许多出版机构出版古籍普及读物的首选，"在近十
年来，就有一百种以上的四大名著同时上市，《唐诗三百首》之类就
更多得不计其数"①。许多出版社不是在如何提高古籍普及读物的质
量上下功夫，而是通过漂亮的装帧设计、精美的插图效果、高档的油
墨纸张来吸引眼球，推出各种各样的"豪华版""典藏版"来蒙蔽读
者，实际图书的内涵远远低于出版机构宣称的形式，无形中将文化的
价值与图书的价格挂钩，造成许多社会资源的浪费。与此同时，许多
跟风之作层出不穷。《论语》热，那就都出《论语》；《庄子》热，那
就都出《庄子》。一拥而上的无序竞争现象在古籍普及读物出版领域

---

① 张继红：《浅议古籍普及读物出版的几个问题》，《中国出版》2003 年第 10 期，第 47 页。

表现得非常突出。

其二，资金投入有限，政策支持不够。国家对于古籍出版与整理事业投入了巨大的资金，但与这项工作的巨大资金需求相比，还显得十分有限。许多古籍的出版本身就利润微薄或者没有利润，更多的是作为一项文化事业而不是产业在运行。在这种情况下，国家应该加大对古籍普及读物出版工作的政策支持，例如实行有计划的政府出版补贴、对优秀古籍普及读物及出版机构予以奖励等，调动出版机构积极参与古籍普及读物的出版热情，应以弘扬优秀传统文化、满足人们的精神文化需求为导向，而不是一味以市场为导向。

其三，恶意剽窃频现，创新整理渐弱。古籍普及读物在整理过程中，作者往往根据古注结合当下的读者接受能力来进行注释、解说等工作。对于古注出于简洁等原因省略出处是可以理解的，但是有些古籍普及读物的"相似度"过高，不能不令人感到怀疑。古籍整理的剽窃问题，近年逐渐增多。而在古籍普及读物的整理过程中，这一问题也非常突出，但是在认定上却缺乏实际的操作手段，原作者也往往感到无奈。另一方面，"原创性古籍整理、出版方面却显露出数量减少的趋势，令人担忧"①。据《中国古籍总目》统计，目前存世古籍总数在 19 万种以上，其中适合做古籍普及读物的古籍数量也十分庞大。但就目前的古籍普及读物整理情况来说，数量是十分有限的，基本还集中在文学、历史作品范围内。在古籍普及读物不断增长的背后，还隐藏着古籍普及读物整理范围日益下降的问题，主要表现就是古籍普及读物的再版越来越多。这其中存在许多优秀古籍普及读物得到社会广泛认可和大量需求的因素，而更多地则会给我们一种可以作为普及读物的古籍趋于枯竭的感觉。而实际情况并非如此，还有许多古籍可以进行整理普及。例如，《释名》作为一部具有语源学性质的书，中间存在一些穿凿的成分，但却是非常有意思的一部书。它所训

---

① 韩晓东：《原创性古籍整理出版有减少趋势》，《中华读书报》2008 年 1 月 30 日第 2 版。

释的对象不侧重于文献语言，而重于日常名物事类，涉及社会生活面广，从天文、地理到人事、习俗都有所反映。如果选取其中有价值而又能够引起读者兴趣的部分进行整理，也应该会有不错的效果。但就实际情况来说，目前对《释名》的整理还停留在纯学术研究的层面，离普通人的距离仍然较远。①

古籍普及读物作为古籍整理成果大众化趋向的集中反映，是现代学术发展与文化普及的典型代表。改革开放新时期，是古籍普及读物整理与出版的黄金时代，尽管其中存在着这样那样的问题，但我们有理由相信会随着学术界与出版界的努力而得到解决。毋庸置疑，古籍普及读物是这个时代带给普通人的文化大餐。

第二节　古籍整理领域的扩大

改革开放新时期，传统文史类古籍整理范围明显扩大，改变了以前古籍整理主要集中在小说名著、名家诗文集、历代正史的状况，更多的文史古籍得以整理出版。出土文献、明清档案与方志的整理成绩斐然。科技类古籍整理取得显著成果，中医药学及农学古籍得到大范围整理出版，而天文历算、工程工艺类古籍的整理也日益受到重视。少数民族古籍整理受到密切关注，卷帙浩繁而又流传形式独特的少数民族古籍正在逐步得到记录、整理与翻译。

一　文史古籍整理范围的扩大

文史类古籍在古籍中占有非常大的分量，若依四部分类法，史部和集部文献理所当然应该算作这一范围之内，经部和子部当中的绝大多数文献，也应该看作文史类文献。按照章学诚"盈天地间，凡涉

---

① 目前对《释名》的整理有两部重要的学术成果：任继昉：《释名汇校》，齐鲁书社 2006 年版；毕沅疏，王先谦著，祝敏彻、孙玉文点校：《释名疏证补》，中华书局 2008 年版。

著作之林，皆是史学。六经特圣人取此六种之史以垂训者耳。子集诸家，其源皆出于史"① 的观念，经史子集四部中的绝大多数都属于文史类古籍。近代以来，随着西方学术的输入，中国传统学术完成了从四部之学向七科之学的转化，传统意义上的经史子集被分解到近代各个学科之中。有鉴于此，所谓文史类古籍，我们也就不再做严格区分，只是把科技类古籍排除在外，这是本节我们讨论问题时必须予以说明的。就学术研究的重点来说，文史类古籍一直占据着最重要的位置；而与科技类文献相比，文史类古籍又较容易为普通人接受。因此，整理与出版文史类古籍一直是新中国古籍整理的一个重点。

1950 年出版的《敦煌曲子词集》②《绘图三国志演义》③《三国志》④《水浒传》⑤《绘图红楼梦》⑥《西游记》⑦ 等是开启新中国古籍整理序幕的作品，都属于文史类古籍。之后，国家开始有计划地对古典名著进行整理，《三国演义》《西游记》《红楼梦》等一大批文学名著得到整理，《资治通鉴》、二十四史等史学名著也开始大规模整理。在改革开放以前出版的 2218 种古籍整理作品中，文史古籍达到 1647 种，接近四分之三。而就整理出来的文史古籍数量来说，也达到 987 种之多。这些作品主要集中在文学及史学名著、名家作品集两个方面，一流文学家的作品集基本都有整理本，二十四史及《清史稿》也在 1977 年整理完毕并出齐。可以说改革开放以前的文史古籍整理工作已经取得了巨大的成绩。而进入改革开放新时期以后，随着

① 章学诚著，仓修良编注：《文史通义新编新注》外编三《报孙渊如书》，浙江古籍出版社 2005 年版，第 721 页。

② 王重民辑：《敦煌曲子词集》，商务印书馆 1950 年版。

③ 胡协寅校：《绘图三国志演义》，广益书局 1950 年版。

④ 罗贯中撰，毛宗纲评：《三国志》，中华书局 1950 年版。

⑤ 胡协寅校：《水浒传》，广益书局 1950 年版。

⑥ 胡协寅校：《绘图红楼梦》，广益书局 1950 年版。

⑦ 施耐庵：《西游记》，广益书局 1950 年版。

古籍整理事业的发展，越来越多的古籍得到整理，传统文史古籍的整理范围也一步步扩大，主要表现在整理作品不再局限于名著或一流学者作品集，而是向纵深和宽度发展，使文史类古籍整理的内涵不断丰富。

在中国古代文学及史学发展史上，诞生了一大批优秀的文学家和史学家，留下了许多文学及史学的名篇、名著，成为中华文明发展史上耀眼的星辰。屈原、陶渊明、李白、杜甫、白居易等人是我们耳熟能详的文学巨匠，司马迁、班固、司马光等人是后人敬仰的史学大家，《诗经》《楚辞》《史记》《汉书》都已成为不朽的经典篇章，优秀的文学家和史学家是历史长河中的精英，优秀的文史作品是他们留给后人的宝贵遗产。在传统文史类古籍整理过程中，这些一流学者、经典作品就成为整理者关注的重点，这些古籍也率先得到整理。

而进入改革开放新时期以后，这一状况有了不小的变化。一方面是由于传统的文史类经典古籍已经大多得到整理，可供开掘的"处女地"已寥寥无几；另一方面则是随着相关领域研究的不断深入，能够反映更多历史状况的史料需要进一步拓展和挖掘。在这样的背景下，扩大传统文史类古籍整理范围就成为一个紧迫的任务。

以唐代文学别集的古籍整理情况为例，这一表现就非常突出。许多知名度不高的作家作品被整理出版。例如，唐代的《张承吉文集》《王无功文集》《李群玉诗集》《聂夷中诗注析》《郑谷集笺注》《许用晦文集》《孙可之文集》，宋代的《张乖崖集》《张方平集》《文同全集编年校注》《毛滂集》《斜川集校注》《芦川词》《王灼集校辑》《友林乙稿》《新安许氏先集》《方凤集》，元代的《高则诚集》《郑廷玉集》，明代的《翁万达集》《林大钦集》《江盈科集》，清代的

《高凤翰诗集》《延芬室集》《天游阁集》等别集的整理①，就使得这些原本在文学史叙述中被忽略的作家作品得以呈现在世人面前。中国古代文学的发达、诗词歌赋散文的繁盛，不仅仅只是少数耀眼星辰的夺目，更是这些不太明亮的星辰与它们共同构成的满天繁星带给人们的震撼。也正是在不断地深入研究以及对这些文学典籍整理范围的不断扩大中，才让我们更加清楚中国古代文学的整体面貌，让我们能够理解为什么能够出现超越那个时代的伟大的诗人、散文家。中国古代文学大气磅礴的音律，不是少数人的独奏，是所有中国古代文学家的和声高唱。

同样的情况也表现在历史古籍的整理方面。以清代为例，有清一代产生了众多的史学作品，既有规模大小不一的史书，也有考史、史注、史评著述，是历代史籍产生与留存最多的。改革开放以来，越来越多的史学作品被整理出来，充实到各个方面的研究中去。据《新中国古籍整理图书总目录》，历史类典志目典礼门所包含的16种古籍，全是改革开放新时期整理出来的，包括汉郑玄注、唐孔颖达疏的《景宋本礼记正义》、唐萧嵩的《大唐开元礼》、宋聂崇义的《新定三礼图》、元陈澔的《礼记集说》、清孙诒让的《大戴礼记斠补》、胡培翚的《仪礼正义》、马齐的《万寿盛典》、董诰的《皇清职贡图》、郭嵩焘的《礼记质疑》等。② 具体到某一朝代，也是如此，如历史类杂史目下清代部分所包含的69种杂史，就有65种是改革开放新时期整理出来的，包括《中西纪事》《庄氏史案本末》《一是纪始》《尚史》《时务通考》《四朝大政录》《台湾外纪》《霆军纪略》《许氏方舆考证》《历朝史案》《福寿鉴》《古今史学萃珍》《异号类编》《牧令书》《康雍乾间文字之狱》《清代野史》《清朝掌故汇编》《清朝野

---

① 具体可参看全国古籍整理出版规划领导小组办公室编《新中国古籍整理图书总目录》，岳麓书社2007年版，第35—80页。

② 具体可参看全国古籍整理出版规划领导小组办公室编《新中国古籍整理图书总目录》，岳麓书社2007年版，第359—360页。

史大观》《道咸以来朝野杂记》《满洲源流考》《西巡盛典》《南巡盛典》《靖海纪事》《防海纪略》《剿平三省邪匪方略》《平定两金川方略》《广治平略》《慈禧后宫实录》《庚子北京事变纪略》等①，反映了清代各方面的历史状况。这些都突出反映了史部古籍的整理正一步步向纵深发展，许多之前不为人们所关注的史学古籍正慢慢受到关注并被整理出版。

这一倾向表现了改革开放以来古籍整理者学术视野的扩大，他们不再仅仅局限于少数经典作品的重复整理，而是将古籍整理的触角延伸到文史古籍的各个领域，那些先前不被人重视的作品正逐渐被整理出来，为古代文史研究提供了便利，推动了中国古代历史文化研究的发展。可以说，更大范围的文史类古籍整理将会使我们对整个文学史、史学史的认识更加全面和深入。唯有更多古籍被重视与整理，才是古代学术研究真正发展的源泉。

二　出土文献整理成果突出

随着考古学的不断发展，越来越多的出土文献呈现在世人面前。这些文献以青铜器铭文、简帛文献、碑刻文献为主，里面含有丰富珍贵的历史信息。改革开放以来，出土文献的整理成就斐然，尤其是其中的简帛文献与碑刻文献的整理，引人瞩目。以简帛而言，其中有的就是古代典籍，如《论语》《尉缭子》等；而更多的散篇简帛文献和碑刻文献则通过图片或隶定、释文，以汇编成书的形式整理出版，成为古籍整理新的生长点。

简帛佚籍与碑刻墓志在古代历史上就曾有发现，而随着现代考古学在中国的兴起与发展，这些发现越来越多。进入改革开放新时期，地不爱宝，这样的发现层出不穷，不断掀起学术研究新热点。相较而

---

① 具体可参看全国古籍整理出版规划领导小组办公室编《新中国古籍整理图书总目录》，岳麓书社 2007 年版，第 349—352 页。

言，简帛文献的发现一般较为集中。20 世纪 70—80 年代出土的敦煌汉简是改革开放以来首次简帛文献的重大发现，之后又陆续有悬泉置汉简、尹湾汉简、张家山汉简、郭店楚简、上海博物馆购藏战国竹简、长沙走马楼吴简、岳麓书院购藏秦简、北京大学收藏汉简、清华大学收藏战国竹简等几批重大简帛文献被发现或收藏。目前所发现的简牍总数达到 28 万枚之多，主要包括战国楚简、秦简、汉简、三国两晋简等几部分。[①] 如上所述，其中有的已经整理出版或陆续出版，有的正在整理中，具体包括：

战国时期楚简 1 万多枚，其中曾侯乙墓（1978[②]）240 枚，临澧九里（1980）100 余枚，江陵九店（1981）344 枚，荆门包山（1987）448 枚，慈利石板村（1987）1000 余枚，荆门郭店（1993）804 枚，新蔡葛陵（1994）1500 余枚，上海博物馆购置（1994）1200 余枚，枣阳九连墩（2002）约 1000 枚，清华大学收藏（2008）约 2500 枚。

秦简约 4 万枚，其中天水放马滩（1986）460 枚，云梦龙岗（1989）150 枚，沙市周家台（1992）390 枚，江陵王家台（1993）800 余枚，湘西龙山里耶（2002）3.6 万余枚，岳麓书院入藏（2007）2100 余枚。

汉简约 6 万枚，其中阜阳双古堆（1977）6000 余枚，敦煌马圈湾（1977—1978）1422 枚，青海大通上孙家寨（1978）400 余枚，西安未央宫遗址（1980—1989）115 枚，江陵张家山（1983）2787 枚，敦煌悬泉（1990—1992）3 万余枚，连云港尹湾（1993）157 枚，沅陵虎溪山（1999）1000 余枚，内蒙古额济纳（1999—2002）500 余枚，随州孔家坡（2000）500 余枚，长沙走马楼（2003）2 万余枚，长沙东牌楼（2004）500 余枚，北京大学入藏（2009）3300

---

① 据王立诚《30 年来的中国历史文献整理与研究》所载进行了修订和补充，见张海鹏主编《中国历史学 30 年（1978—2008）》，中国社会科学出版社 2000 年版，第 388—389 页。

② 此为出土文献的发现或收藏年份，以下不一一注明。

多枚。

三国两晋简 17 万余枚，其中长沙走马楼三国吴简（1996）17 万余枚，郴州苏仙桥西晋简（2004）600 余枚。

简帛古籍整理方面，较为重要的整理成果有《睡虎地秦墓竹简》《居延汉简甲乙编》《疏勒河流域出土汉简》《楼兰尼雅出土文书》《包山楚简》《尹湾汉墓简牍》《郭店楚墓竹简》《武威汉简》《上海博物馆藏战国楚竹书》《清华大学藏战国竹简》等；而改革开放之前历次发现的简帛文献，也有一些在这一时期得到整理与出版。

现汇总如表 3 - 3。

表 3 - 3　　　　　改革开放新时期出土简帛整理成果一览

编著者	书名（篇名）	出版机构	出版时间
睡虎地秦墓竹简整理小组	睡虎地秦墓竹简	文物出版社	1978
中国科学院考古研究所	居延汉简甲乙编	中华书局	1980
马王堆汉墓帛书整理小组	马王堆汉墓帛书（壹）	文物出版社	1980
定县汉墓竹简整理组	《儒家者言》释文	《文物》	1981 年第 8 期
阜阳汉简整理小组	阜阳汉简《苍颉篇》	《文物》	1983 年第 2 期
马王堆汉墓帛书整理小组	马王堆汉墓帛书（叁）	文物出版社	1983
张震泽	孙膑兵法	中华书局	1984
阜阳汉简整理小组	阜阳汉简《诗经》	《文物》	1984 年第 8 期
林梅村、李均明	疏勒河流域出土汉简	文物出版社	1984
林梅村	楼兰尼雅出土文书	文物出版社	1985
马王堆汉墓帛书整理小组	马王堆汉墓帛书（肆）	文物出版社	1985
银雀山汉墓竹简整理小组	银雀山竹书《守法》《守令》等十三篇	《文物》	1985 年第 4 期
银雀山汉墓竹简整理小组	银雀山汉墓竹简（壹）	文物出版社	1985
吴九龙	银雀山汉简释文	文物出版社	1985
河南省文物研究所	信阳楚墓	文物出版社	1986

续表

编著者	书名（篇名）	出版机构	出版时间
谢桂华、李均明、朱国如	居延汉简释文合校	文物出版社	1987
邓球柏	帛书周易校释	湖南人民出版社	1987
骈宇骞	银雀山汉墓竹简晏子春秋校释	书目文献出版社	1988
林梅村	沙海古卷·中国所出佉卢文书（初集）	文物出版社	1988
甘肃省文物考古研究所编，薛英群、何双全、李永良注	居延新简释粹	兰州大学出版社	1988
天水放马滩秦简整理小组	甲种《日书》释文	甘肃人民出版社	1989
甘肃省文物考古研究所、甘肃省博物馆、中国文物研究所、中国社会科学院历史研究所	居延新简·甲渠候官与第四燧	文物出版社	1990
李均明、何双全	散见简牍合辑	文物出版社	1990
魏启鹏	马王堆帛书《德行》校释	巴蜀书社	1991
湖北省荆沙铁路考古队	包山楚简	文物出版社	1991
甘肃省文物考古研究所	敦煌汉简	中华书局	1991
吴礽骧、李永良、马建华	敦煌汉简释文（不含图版）	甘肃人民出版社	1991
甘肃省文物考古研究所	敦煌汉简（含图版）	中华书局	1991
江陵张家山汉简整理小组	江陵张家山汉简《奏谳书》释文（一）	《文物》	1993 年第 8 期
青海省文物考古研究所	上孙家寨汉晋墓	文物出版社	1993
甘肃省文物考古研究所、甘肃省博物馆、中国文物研究所、中国社会科学院历史研究所	居延新简·甲渠候官	文物出版社	1994
江陵张家山汉简整理小组	江陵张家山汉简《奏谳书》释文（二）	《文物》	1995 年第 3 期

续表

编著者	书名（篇名）	出版机构	出版时间
商承祚	战国竹简汇编	齐鲁书社	1995
湖北省文物考古研究所、北京大学中文系	望山楚简	中华书局	1995
河北省文物研究所、定州汉墓竹简整理小组	定州汉墓竹简《论语》	文物出版社	1997
连云港市博物馆、东海县博物馆、中国社会科学院简帛研究中心、中国文物研究所	尹湾汉墓简牍	中华书局	1997
刘信芳、梁柱	云梦龙岗秦简	科学出版社	1997
荆州市博物馆	郭店楚墓竹简	文物出版社	1998
长沙市文物工作队、中国文物研究所、北京大学历史系	长沙走马楼三国吴简·嘉禾吏民田家莂。	文物出版社	1999
湖北省文物考古研究所、北京大学中文系	九店楚简	中华书局	2000
马承源	上海博物馆藏战国楚竹书（第一册）	上海古籍出版社	2001
中国文物研究所、湖北省文物考古研究所	龙岗秦简	中华书局	2001
湖北省荆州市周梁玉桥遗址博物馆	关沮秦汉墓简牍	中华书局	2001
张家山汉简二四七号汉墓竹简整理小组	张家山汉墓竹简（二四七号墓）	文物出版社	2001
胡平生、张德芳	敦煌悬泉汉简释粹	上海古籍出版社	2001
马承源	上海博物馆藏战国楚竹书（第二册）	上海古籍出版社	2002

续表

编著者	书名（篇名）	出版机构	出版时间
马承源	上海博物馆藏战国楚竹书（第三册）	上海古籍出版社	2003
刘乐贤	马王堆天文书考释	中山大学出版社	2003
马承源	上海博物馆藏战国楚竹书（第四册）	上海古籍出版社	2004
马承源	上海博物馆藏战国楚竹书（第五册）	上海古籍出版社	2005
甘肃省博物馆、中国社会科学院考古研究所	武威汉简	中华书局	2005
长沙市文物考古研究所	长沙东牌楼东汉简牍	文物出版社	2006
孙家洲	额济纳汉简释文校本	文物出版社	2007
马承源	上海博物馆藏战国楚竹书（第六册）	上海古籍出版社	2007
马承源	上海博物馆藏战国楚竹书（第七册）	上海古籍出版社	2008
银雀山汉墓竹简整理小组	银雀山汉墓竹简（二）	文物出版社	2010
李学勤	清华大学藏战国竹简（一）	中西书局	2010
甘肃省文物考古研究所、中国文化遗产研究院古文献研究室、中国社会科学院简帛研究中心	肩水金关汉简（一）	中西书局	2011
李学勤	清华大学藏战国竹简（二）	中西书局	2011
北京大学出土文献研究所	北京大学藏西汉竹书	上海古籍出版社	2012
李学勤	清华大学藏战国竹简（三）	中西书局	2012
甘肃简牍保护研究中心等	肩水金关汉简（二）	中西书局	2013
李学勤	清华大学藏战国竹简（四）	中西书局	2013

改革开放以来，碑刻墓志的整理，成绩巨大。有学者统计，从北宋至 1949 年约 900 余年时间，流传下来的与碑刻墓志有关的著作共 1127 本，而 1949—2009 年仅 60 年时间，出版此类著作就达 817 本。[①] 日本学者高桥继男统计了 1949—2007 年间出版的与碑刻相关的书籍，竟达 3000 余种之多。[②] 两位学者数字统计的差异如此之大，主要是因为收书标准的不同。但不管哪种统计数据，都反映了新中国成立以后特别是改革开放以后碑刻墓志整理与研究的巨大发展。

这一时期，大型碑刻墓志汇编整理引人瞩目，如《中国金石集萃》（1995）、《新中国出土墓志》（1994—2004）、《中国历代石刻史料汇编》（2000）、《石刻文献全编》16 册（2003—2004）、《中国古代砖刻铭文集》（2008）、《中国碑刻全集》（2010）、《故宫博物院藏历代墓志汇编》（2010）、《地方金石志汇编》80 册（2011）以及《石刻史料新编》共四辑 100 册（1977—2006）等。[③] 这些碑刻墓志的汇编整理，卷帙浩繁，内容丰富，时间跨度长，涉及地域广，保存了大量的珍贵资料，成为历史研究的重要参考。

按时间划分，有《汉碑全集》（2006）、《北朝墓志英华》（1988）、《中国北朝石刻拓片精品集》（2008）、《汉魏六朝碑刻校注》（2008）、《汉魏南北朝墓志汇编》（1992）、《新出魏晋南北朝墓志疏证》（2005）、《隋唐五代墓志汇编》30 册（1991）、《隋代墓志铭汇考》6 册（2007）、《唐代墓志铭汇编附考》18 册（1984—1994）、《隋唐墓志百种》10 册（1995）、《唐代墓志》（2003）、《新出唐墓志百种》（2010）、《唐代墓志汇编》（1992）、《唐代墓志汇编续集》（2001）、《五代墓志汇考》（2012）等。可以看出，汉魏南北朝隋唐碑刻墓志整理成果较多，宋元明清碑刻墓志整理成果较少。

① 曾晓梅编著：《碑刻文献论著叙录》，线装书局 2010 年版。

② ［日］高桥继男：《中国石刻关系图书目录（1949—2007）》，东京，汲古书院 2009 年版。

③ 为叙述方便，本节涉及的碑刻资料汇编，不再一一注明出版社。

按地域划分，有《中国西南地区历代石刻汇编》（1998）、《中国西北地区历代石刻汇编》10 册（2000）、《秦晋豫新出墓志蒐佚》4 册（2012）等。"按照省市区域进行的石刻整理数量极为庞大，从收集的相关著作来看，几乎各省都进行过相关的工作"①。其中尤以河南、陕西、山西三省的墓志整理成果最为突出。河南碑刻墓志的整理成果主要有：《千唐志斋藏志》（1984）、《洛阳出土历代墓志辑绳》（1991）、《洛阳新获墓志》（1996）、《洛阳出土北魏墓志选编》（2001）、《邙洛碑志三百种》（2004）、《洛阳新出土墓志释录》（2004）、《洛阳新获墓志续编》（2008）、《洛阳新见墓志》（2011）、《洛阳新获七朝墓志》（2012）、《洛阳出土鸳鸯志辑录》（2012）、《洛阳流散唐代墓志汇编》（2013）等。陕西碑刻墓志的整理成果主要有：《西安碑林全集》（2000）、《西安碑林博物馆新藏墓志汇编》三册（2007）、《咸阳碑石》（1990）、《安康碑石》（1991）、《高陵碑石》（1993）、《昭陵碑石》（1993）、《华山碑石》（1995）、《楼观台道教碑石》（1995）、《鸳鸯七志斋藏石》（1995）、《汉中碑石》（1996）、《潼关碑石》（1999）、《榆林碑石》（2003）、《澄城碑石》（2005）、《户县碑刻》（2005）、《临潼碑石》（2006）等。山西碑刻墓志的整理成果主要有：《河东出土墓志录》（1994）、《山西碑碣》（1997）、《山西古代石刻集萃》（2005）、《晋城金石志》（1995）、《五台山碑文选注》（1995）、《河东盐池碑汇》（2000）、《高平金石志》（2004）、《长治金石萃编》（2006）等。

其他省份也都有碑刻墓志的整理，如河北有《河北金石辑录》（1993）、《涿州碑铭墓志》（1991）、《宣化出土古代墓志录》（2002）、《保定出土墓志选注》（2003）、《景州金石》（2004）、《河间金石遗录》（2008）等。山东有《济宁全汉碑》（1990）、《泰山石

① 刘琴丽：《近七十年来中古墓志的整理与研究》，《理论与史学》第 2 辑，中国社会科学出版社 2016 年版，第 137 页。

刻大全》（1992）、《泰山石刻》（2007）、《济南历代墓志铭》（2002）等。江苏则有《苏州碑刻》（2000）、《寒山寺碑刻集》（2000）、《常熟碑刻集》（2007）等。浙江有《温州历代碑刻集》（2002）、《衢州墓志碑刻集录》（2006）、《天一阁明州碑林集录》（2008）、《宁波历代碑碣墓志汇编》（2012）等。甘肃有《敦煌碑铭赞辑释》（1992）、《甘南藏族自治州金石录》（2001）、《武威金石录》（2001）等。其他如《贵州省墓志选集》（1986）、《江西出土墓志选编》（1991）、《青海金石录》（1993）、《黑龙江碑刻考录》（1996）、《辽宁省博物馆藏碑志精粹》（2000）、《吐鲁番出土砖志集注》（2003）、《楚雄历代碑刻》（2005）、《厦门碑志汇编》（2004）、《广东碑刻集》（2001）、《广州碑刻集》（2006）等，都是区域碑刻的整理。另外，收藏国外的碑刻墓志也被整理出来，如《柏克莱加州大学东亚图书馆藏碑帖》（2008），收录了美国柏克莱加州大学东亚图书馆收藏的中国古代善本碑帖和金石拓本 2696 种，分善本碑帖图录和总目提要 2 册。

此外，为碑刻墓志编目，也成为整理的重要形式，如《六朝墓志检要》（1985）、《1949—1989 四十年出土墓志目录》（1993）、《北京图书馆藏墓志拓片目录》（1990）、《河南碑志叙录》二册（1992）、《洛阳出土墓志目录》（2001）、《洛阳出土墓志目录续编》（2012）、《陕西石刻文献目录集存》（1990）等。

上述这些简帛古籍、碑刻墓志的整理出版，丰富了古代文史研究的材料，也成为改革开放新时期古籍整理范围不断扩大的一个突出表现。

三 明清档案与旧方志的大量整理

明清档案是明清时期保留在宫廷大库的一些原始档案资料，相对于传世古籍而言，它们可以称为"第一手史料"，因此自 20 世纪初期以来就受到学界的重视。刊布与整理明清档案一直是第一历史档案馆的重要职责所在，而进入改革开放新时期，档案资料的刊布与整理工作大大加快了脚步，越来越多的稀见史料呈现在世人面前。"中国共产党十一届三中全会以后，党中央作出了开放历史档案的决定，使整个国家的档案工作进入了建国以来最为蓬勃发展的新阶段。明清档案编纂公布工作得到了空前的重视，全国许多档案馆及历史资料研究和保存的单位，纷纷设立专门的编辑机构及建立编辑队伍，编辑出版了大批的明清档案史料书刊。"①

1978 年到 20 世纪末，中国第一历史档案馆单独和联合出版了明清档案汇编 66 部，居所有编纂机构和个人的前列。中国社会科学院的有关部门出版了明清档案汇编 12 部。辽宁省出版了 8 部，吉林省出版了 8 部，天津市出版了 6 部，四川省出版了 5 部，西藏、黑龙江、云南省各出版了 3 部。太平天国博物馆也整理了自己保存的太平天国时期档案，出版了 5 部档案汇编。全国各个高校参与编纂的明清档案汇编总和达到 21 部，个人编纂者共出版了 42 部，其余的机构和个人编纂出版了 25 部。② 而从 2000 年到 2011 年的 10 年时间内，出版的明清档案汇编就达到了 330 部③，而 1949—1999 年 50 年间我国出版的明清档案汇编成果才 287 部，足见改革开放新时期档案文献整理所取得的巨大成就。

在目前所刊布的这些明清档案中，以第一历史档案馆、第二历史档案馆所刊布的文献数量最为巨大。如第一历史档案馆所刊行的《鸦片战争档案史料》④《清政府镇压太平天国档案史料》⑤《十七世

① 朱金甫：《建国以来明清档案史料编纂工作概论》，《建国以来档案文献编纂工作得失研讨论文集》，档案出版社 1988 年版，第 14 页。
② 具体整理出版目录可参看姚迪《建国后明清档案编纂研究》，硕士学位论文，辽宁大学，2012 年，第 12—21 页。
③ 具体整理出版目录可参看姚迪《建国后明清档案编纂研究》，硕士学位论文，辽宁大学，2012 年，第 23—39 页。
④ 天津古籍出版社 1993 年版。
⑤ 社会科学文献出版社 1990—2001 年版。

纪蒙古文文书档案（1600—1650）》① 《清宫广州十三行档案精选》②
《清代江河洪涝档案史料丛书》（7 种）③，涵盖了政治、经济、民族、
外交、科技等领域，是明清时期官方档案的集中刊布。第二历史档案
馆所编的《中华民国史档案资料汇编》为最大型的综合性民国档案
史料汇编，目前所编刊的专题史料已愈百种，其中《中华民国史档
案资料丛刊》（14 种）和《中国旧海关史料，1859—1948》④ 都是卷
帙浩繁的大部头之作，为中国近现代史研究提供了大量第一手的史料
资源。

需要特别指出的是，自 2002 年国家清史编纂委员会成立以来，
清史编纂工程正式启动，清代档案整理进入一个全新的发展时期，中
国第一历史档案馆、故宫博物院等机构的大量馆藏档案、一些分散于
地方和国外的档案以及西藏档案馆藏藏文档案，内蒙古赤峰、阿拉善
的满文、蒙古文档案，还有大量图片档案等被整理出来，大大拓宽了
清史研究领域。截至 2018 年年底，国家清史工程已出版档案丛刊 20
种 889 册，文献丛刊 74 种 2434 册，编译丛刊 71 种 130 册，图录丛刊
10 种 10 册。⑤

另外，档案目录的刊布也为研究者利用档案提供了巨大便利。如
第一历史档案馆编行的《明清档案通览》⑥《中国第一历史档案馆所
存西藏与藏事档案目录》⑦，第二历史档案馆编行的《全国民国档案
通览》⑧ 都为更好地利用这些档案资料提供了方便。

中国古代有"盛世修志"的传统，一部部内容丰富、结构严谨

---

① 内蒙古少年儿童出版社 1997 年版。
② 广东经济出版社 2002 年版。
③ 中华书局 1981—1998 年版。
④ 京华出版社 2001 年版。
⑤ 朱诚如：《清史研究 70 年回顾与展望》，《明清论丛》第 19 辑，紫禁城出版社 2020 年版。
⑥ 中国档案出版社 2000 年版。
⑦ 中国藏学出版社 1999 年版。
⑧ 中国档案出版社 2005 年版。

的志书，比较完整地保存了各地的历史风貌，成为历史研究的宝贵资料。中华人民共和国成立后，方志文献的整理受到人们重视，如1960—1966 年，上海古籍书店曾编印《天一阁藏明代方志选刊》，收录明代志书 107 种。"据不完全统计，中华人民共和国成立后至 1966年，全国各地重印旧方志达 200 余种。"① 改革开放新时期，随着古籍整理工作的进一步开展和经典古籍整理的日渐完备，地方志书的整理研究开始受到越来越多的学者特别是地方学者的关注。1983 年，中国地方志指导小组在河南洛阳召开中国地方志规划会议，通过了《中国旧方志整理规划实施方案》。1984 年，中国地方志指导小组在天津召开旧方志整理工作会议，成立了中国地方志指导小组旧方志整理工作委员会，负责方志文献的整理，确定了方志整理工作的范围、内容与方式等。紧接着，陕、豫、闽、皖、黔、黑、川、浙、晋、吉、粤、桂等省区，也相继建立旧方志整理领导机构，致力于地方志的普查、搜集、整理和研究工作，地方志整理成果突出。

其一，规模宏大、收录丰富、涵盖全国的方志汇编引人瞩目。如《中国地方志集成》《中华山水志丛刊》《宋元方志丛刊》《稀见中国地方志汇刊》《清代孤本方志选》《乡土志抄稿本选编》《孤本旧方志选编》《宋元珍稀地方志丛刊》《明代孤本方志专辑》等。② 其中《中国地方志集成》精装 900 余册，皇皇巨制，分省纂辑我国历代各级各类志书 3000 余种，达 47000 余卷；《中华山水志丛刊》广辑博收，共影印中国历代有价值的山岳、河湖、川泽志书 319 种，为山水志资料之渊薮；《宋元方志丛刊》囊括了 41 部地方志，涉及地域包括今天的陕、鲁、豫、沪、苏、浙、闽、皖、鄂、粤诸地。这些大型

---

① 吴家驹：《方志丛书出版述论》，《中国地方志》2009 年第 12 期。

② 《中国地方志集成》由巴蜀书社出版，《宋元方志丛刊》由中华书局出版，《稀见中国地方志汇刊》由中国书店出版，《宋元珍稀地方志丛刊》由四川大学出版社出版，《中华山水志丛刊》《清代孤本方志选》《乡土志抄稿本选编》《孤本旧方志选编》《明代孤本方志专辑》均由线装书局出版。由于这些方志汇刊多为大部头丛书，出版时间较长，不再一一具列。

方志丛书的整理编印，为人们利用地方文献提供了丰富的资源。

其二，以省、自治区、直辖市等为范围的志书整理成果丰硕。粗略统计，这方面的主要整理成果有《中国西藏及甘青川滇藏区方志汇编》《中国西北稀见方志》《安徽历代方志丛书》《海南地方志丛刊》《贵州历代方志集成》《宋元浙江方志集成》《岭南古代方志辑佚》《山西古方志辑佚》《广东历代方志集成》《宁夏旧方志集成》《四川历代方志集成》《河南历代方志集成》《黑龙江历代方志集成》《江苏历代方志全书》《闽台历代方志集成》等。① 这些方志"汇编""集成""丛刊""全书"，或已经整理成书，或正在实施之中，大有对地方旧志一网打尽之意。其中《中国西藏及甘青川滇藏区方志汇编》凡 9900 余万字，将民国以前的中国藏学和其他藏区的各种方志及有关文献的汉文史料基本网罗无遗，史料价值极高；《安徽历代方志丛书》校注、影印了近百册安徽旧志；《贵州历代方志集成》影印整理贵州省内旧志 137 部；《广东历代方志集成》共收入 400 余种志书，分省通志部、广州府部、潮州府部、惠州府部、韶州府部、南雄府部、肇庆府部、高州府部和雷州府部等 9 部编排，附设琼州府部和廉州府部；《宁夏旧方志集成》收录了宁夏传世旧方志 30 种、专业志 2 种，将宁夏存世旧志全部收罗完毕。

其三，馆藏方志得到有效整理。如《国家图书馆藏明代孤本方志选》《天一阁藏明代方志选刊》《天一阁藏明代方志选刊续编》《南京图书馆孤本善本丛刊·明代孤本方志专辑》等，都是这方面值得关注的整理成果。2005 年，国家图书馆出版社筹划"著名图书馆藏稀见方志丛刊"，目前已出版的有《陕西省图书馆藏稀见方志丛刊》《北京师范大学图书馆藏稀见方志丛刊》《福建师范大学图书馆藏稀见方志丛刊》《上海图书馆藏稀见方志丛刊》《复旦大学图书馆藏稀见方志丛刊》《南京大学图书馆藏稀见方志丛刊》《安徽师范大

---

① 以下涉及的方志汇刊较多，为了节省篇幅，出版社、出版时间等信息不再列出。

学图书馆藏稀见方志丛刊》《广东省立中山图书馆馆藏稀见方志丛刊》《北京大学图书馆藏稀见方志丛刊》《四川大学图书馆馆藏珍稀四川地方志丛刊》《重庆图书馆藏稀见方志丛刊》《吉林大学图书馆藏稀见地方志丛刊》《浙江图书馆藏稀见方志丛刊》《华东师范大学图书馆藏稀见方志丛刊》等，在相当大的程度上补充了《中国地方志集成》等大型方志丛书收录之不足。

其四，流失海外的部分志书不断整理回国。我国有大量地方志流失海外，尤以流散到日、美、法、加等国的为最多。日本现存我国旧方志就有4000多种，经过整理，《日本藏中国罕见地方志丛刊》和《日本藏中国罕见地方志丛刊续编》得以出版，使部分流传异域的珍稀方志回归祖国。

其五，编纂方志目录、提要等。1985年，由中国科学院北京天文台主编的《中国地方志联合目录》出版，此目录以其所收方志之多、地区之广、馆藏之详而成为方志研究者必不可少的参考用书。此后，《河北历代地方志总目》《山西方志要览》《皖志综述》《江西历代地方志存书目录》《江西省地方志综合目录》《山东省地方志联合目录》《河南地方志综录》《安徽地方志综合目录》《四川省地方志目录》《馆藏广东方志目录》《广西地方志总目录》《宁夏地方文献联合目录》《陕西历代方志目录》等各省方志目录纷纷出台。随后，方志提要的编写也应运而生，主要有《中国地方志总目提要》《河北地方志提要》《江苏省旧方志提要》《河南地方志提要》《安徽方志考略》《广东方志要录》《广西方志提要》《四川历代旧志提要》等。可以说，改革开放新时期，几乎各省市自治区都编有地方志目录及提要。

另需特别提及的是，中国台湾地区的方志整理自20世纪50年代开始，也取得了不俗的成绩，先后编纂出版的大型方志丛书就有《台湾方志汇刊》（1957—1959）、《中国省志汇编》（1967—1969）、《新修方志丛刊》（1967—1973）、《中国方志丛书》（1967年起陆续出版）、《宋元地方志三十七种》（1980）、《宋元地方志丛书》

（1987）、《台湾方志集成》（1995）等。其中《中国方志丛书》收录宏富，集全国府、州、厅、县志之大成。这些方志与大陆出版的方志相互补充，共同传承着中华数千年的悠久文明。

改革开放新时期地方志的整理虽然成效卓著，但仍有不少工作要做，一是现存的万余种旧方志中，没有得到整理发掘的仍有很多；卷帙浩繁的方志丛书的整理，基本上还处在影印复制的层面上，还需进一步点校整理等；流失海外的孤本、善本方志，大部分还没有整理回国。所有这些都表明，方志文献的整理任重道远，还需古籍整理研究者再接再厉，不断努力。

四　科技类古籍整理取得显著成果

中国有卷帙浩繁的古代典籍，不仅保留着古代政治经济文化等人文知识，还包含着先人对于自然、科技的许多知识，慢慢形成了内容非常丰富的科技类典籍。作为古代世界上一直保持较为领先科技的国家，中国有许多重要的科学技术和发明创造为人类文明的发展做出了卓越贡献。而保留着前人智慧结晶的科技类古籍，对于今天的我们仍有着特殊的意义。被称为"人类抗疟疾最后一道防线"的青蒿素，它的发现就受到中医古籍《肘后备急方》的启发[1]，传统科技类古籍是前人留给我们的重要科技遗产，直到今天仍有不可忽略的价值。可是，在传统的学术话语体系中，一直存在重"学"轻"术"的倾向，科技类古籍受到传统学者的忽视。中华人民共和国成立后，科技类古籍整理逐渐受到国家重视。改革开放以后，科技类古籍整理迅速发展，取得了显著成绩。

作为具有一定专业技术内涵的科技类古籍，它们的整理除了要求

---

[1]　据青蒿素的发现者屠呦呦记述："通过学习古文献《肘后备急方》将青蒿'绞汁'用药的经验，思索为什么不用传统的水煎煮？从'青蒿一握，以水一升渍，绞取汁，尽服之'截疟，悟及可能有忌高温或酶解等有关的思路。改用低沸点溶剂，果然药效明显提高。"见屠呦呦《青蒿及青蒿素类药物》，化学工业出版社 2009 年版，第 1 页。

整理者具备一定的古汉语知识以外，更多的则需要具备扎实过硬的专业素养。用现代的科学技术知识去理解古籍中的科学技术信息，用现代的科学技术术语去诠释古籍中的科学技术原理，是科技类古籍整理的基本要求。就中国古代科技类典籍而言，主要包括农学类、医药学类、天文历算类、制作工艺及综合性著述方面的文献，尤以农、医为大宗。在过去的30多年中，科技类古籍整理日益受到重视，专家学者倾注心血，通过自己的努力正一步步实现古今科技领域的对话。

（一）农学古籍的整理

在过去几千年的古代社会，中国一直以农业立国，农业被称为"本"而与其他各个行业区分开来，"重农抑商"也作为一项政策受到历代统治者的推崇。在前人进行农业生产活动过程中，他们将积累下来的经验以各种形式保留下来，小到农谚，大到卷帙庞大的农学专著，无不体现着农业科技领域的智慧结晶。农学古籍"是记载我国传统农业生产知识的著作，其内容以农业生产技术经验为主，兼及农业经营管理和农本思想"[1]，"以讲述（广义的）农业生产技术以及与农业生产直接有关的知识的著作为限"[2]。就改革开放新时期的农学类古籍整理情况而言，突出表现在农学古籍留存情况基本摸清、重要农学典籍基本整理并出版完毕、农学典籍整理与研究中心业已形成等方面。

首先，通过系统地普查与调查走访，农学古籍留存情况已经基本摸清。1956—1957年，全国近30个藏书单位安排了专人对馆藏古代农学著作进行全面清理，并编制出馆藏目录。而进入改革开放新时期以后，这方面的工作又有了进一步的发展。1985年，《中国农学遗产文献综录》的出版[3]，标志着农学古籍普查情况的阶段性完成。1990

---

[1]　惠富平等：《中国农书概说》，西安地图出版社1999年版，第1页。
[2]　王毓瑚：《中国农学书录》，转引自石声汉《中国古代农书评介》，农业出版社1984年版，第5页。
[3]　犁播编：《中国农学遗产文献综录》，农业出版社1985年版。

年中国农史学会联合 8 家古代农业文献收藏丰富的馆所，在普查的基础上编成《农业古籍联合目录》①，收录广义的农业古籍和校注、解释农业古籍的图书 2634 种，基本反映了古代农学文献的基本状况。之后《中国古蚕桑书录》②《中国明清时期农书总目》③ 等目录的出现又将这一工作推向深入。目前的农学古籍留存情况已经基本摸清，为下一步进行农业古籍整理与深入研究打下了坚实的基础。

其次，历代重要的农学古籍已经基本整理完毕并出版。从《管子·地员篇》开始，历代产生了众多的农学专著、专篇，《四民月令》《齐民要术》《四时纂要》《农政全书》《授时通考》等，构成了农学古籍的基本骨架。许多农史学家对这些农学古籍进行了系统化的整理与疏解，很多还进行了现代汉语的翻译，例如王毓瑚所作《先秦农家言四篇别释》④、石声汉所作《农桑辑要校注》⑤，都成为农学古籍整理领域的经典之作。到目前为止，已经整理出版的农学古籍达到 106 种（去除重复）⑥，内容涵盖农业通论、农业气象与物候、耕作与农田水利、大田作物与园艺、野菜、蚕桑、畜牧兽医、水产等方面，而不同版本的农学古籍整理出版物则多达 189 种，仅《齐民要术》就多达 9 个整理版本。许多古籍的海外孤本也得以呈现在世人眼前，如日本金泽文库本《齐民要术》、朝鲜刻本《四时纂要》、日藏宋刻本《全芳备祖》、朝鲜徐有榘本《种薯谱》等，这些珍本秘籍的整理出版都对相关古籍的整理产生了重要影响。

最后，全国形成了四大农学古籍整理与研究中心。在系统整理和

---

① 中国农学会农业历史学会：《农业古籍联合目录》，农业出版社 1990 年版。
② 华德公：《中国蚕桑书录》，农业出版社 1990 年版。
③ 王达：《中国明清时期农书总目》，共分为 5 个部分刊载于《中国农史》2000 年第 1 期，第 102—113 页；2001 年第 2 期，第 104—109 页；2001 年第 3 期，第 104—112 页；2001 年第 4 期，第 106—110 页；2002 年第 1 期，第 74、108—113 页。
④ 王毓瑚：《先秦农家言四篇别释》，农业出版社 1982 年版。
⑤ 石声汉：《农桑辑要校注》，农业出版社 1982 年版。
⑥ 这一数字 2003 年前部分依据《新中国古籍整理图书总目录》，2003—2011 年部分依据当年《全国总书目》而得，具体包括总论 11 种，农艺 47 种，园艺 21 种，畜牧 27 种。

研究古代农业文献的过程中，经过多年有计划地广泛搜集和积累，使农学古籍逐渐集中入藏在全国各大图书馆，并形成了南北四个古代农业文献收藏中心。它们分别是：江苏的南京农业大学、广东的华南农业大学、陕西的西北农林科技大学、北京的中国农业博物馆。这些中心以农学古籍收藏、整理与研究为主，而又有不同的侧重点。如南京农业大学农业遗产研究室是我国最大的农史研究机构，经过近60年几代学人的不断努力，先后整理出版了《中国农史资料》正续编、《方志综合资料》《方志分类资料》《方志物产》等总计7000万字、近1300册的古代农业资料汇编，为全面研究古代农史提供了丰富的资料。华南农业大学农史室建立的"中国古代农业文献专藏"，入藏有古农书及有关古籍约5万册，其特点是园艺类农书种类最全，且有善本书970余册。西北农林科技大学图书馆藏书独特之处在于各类农书较全，收藏农书达290余种，尤其是《齐民要术》《农政全书》等更是众本毕备。

改革开放新时期的农学古籍整理已经取得了显著的成果，越来越多的农学古籍整理人才逐步成长起来，为今后进一步进行农学古籍的全面整理打下基础。就整理的成果数量来说，农学古籍整理还有非常大的空间需要后人不懈耕耘，在这片肥沃的土地上不断结出丰硕的果实。

（二）中医药古籍的整理

中医作为有着几千年历史的学科门类，在漫长的历史长河中留下了丰富的医药学典籍。这其中既有对医理、药用进行阐发的通论类医书，也有本草、医方类药物学著作；既有阐发伤寒、金匮等医理的专门性理论著作，也有医案、医话等具体病例研究作品。中医是包含门类齐全的综合性医学体系，直到今天还在国民卫生事业、世界性医学难题破解等领域发挥着重要作用。

中华人民共和国成立后到改革开放之前的医药学古籍整理，取得了非常大的成绩，所整理出的医药学古籍数量位居科技类古籍之首，达到 581 种之多。具体包括通论类 90 种、本草与伤寒类 56 种、医方类 52 种、医经类 38 种、中医内科类 36 种、金遗类 30 种、针灸类 26 种、诊断类 25 种、医案、医话类 25 种、外科类 25 种、妇产科类 17 种、儿科类 15 种、五官科类 14 种、外治类 6 种、文献目录类和法医学类各 1 种。[①]《神农本草经》《本草经集注》等一大批古籍善本经过仔细校勘后得以影印出版，《伤寒论》《本草纲目》《肘后备急方》等重要医学古籍则以校释、疏解的方式整理出版，为中医的继承发展提供了可靠的文献基础。

　　1982 年 6 月，卫生部中医司在北京西苑饭店召开了中医古籍整理出版规划工作座谈会，提出了中医古籍整理出版的九年规划和落实措施，初步拟定整理出版中医古籍 686 种（整理出版 592 种，影印出版 94 种）。这些中医药古籍上自先秦，下迄清末，包括医经、基础理论、临床各科、针灸、气功、养生以及医案、医话等。这是改革开放新时期中医药古籍整理与出版的一个重要里程碑，使中医药古籍的整理与出版纳入国家层面的规划实施中。在这样的背景下，改革开放新时期，中医药古籍整理取得了更为突出的发展，具体表现在有计划地对重要医药学古籍进行整理、大量中医药善本古籍得以影印出版、更多科研院所与出版机构参与其中等几个方面。

　　首先，中医古籍整理出版重点书目开始纳入国家古籍整理出版规划之中。随着医药学古籍整理的发展，国家对医药学古籍的整理也日益重视，尤其是国家卫生部对于医药学古籍整理工作的全方面领导与系统化开展，出现了大量医药学古籍整理精品。1992 年通过的《中国古籍出版十年规划和"八五"计划》更是加大了对科技类古籍的重视，"古籍中蕴藏着相当丰富的科学技术的史料，涉及农学、医学、数学、天文学、物理学、化学和工程技术等自然科学领域。过去

---

① 管成学、冯秋季：《建国后科技古籍整理述略》，《古籍整理研究学刊》1989 年第 5 期。

在这方面的整理工作是较为薄弱的。如据统计,中医古籍现存有一万二千多种,过去的十年大致出版了五百种,这与现实需要极不相称。至于其他天文历算、土木水利等,出版的更少。修改稿将科技古籍也专立一类,其中有不少大型的重点项目,如《中国科技典籍通汇》《中国古代科技要籍丛刊》《中国天文史料汇编》《农业古籍丛刊》《中医珍本丛书》等,都有相当的规模和较高的学术价值。而将科技古籍列入规划,这也是过去两届古籍整理出版规划所未曾有的,体现了新的时代特色"①。之后的历次国家古籍整理出版规划都有不少医药学方面的古籍整理项目。

其次,更多的中医药古籍善本得以影印出版。听诊用药是事关人命的大事,而医药学著作中的错讹往往会造成不可挽回的后果,因此医药学古籍中的善本价值就更为突出,寻求善本影印一直是中医药古籍整理的一项基础性工作。在这一阶段,许多珍贵的医药学古籍善本得以影印出版,并且配以详尽的校勘记。例如,上海科学技术出版社的《中国医学珍本丛书》及《珍本医书集成》、中国书店的《中医基础丛书》、上海书店的《中医古籍善本丛刊》、上海古籍出版社的《四库医学丛书》、上海三联书店的《历代中医珍本集成》等,都是质量不错的影印本,特别是江苏广陵古籍刻印社影印的《广陵医籍丛刊》,遍收扬州医家及流寓扬州的外籍医家的各种刻本和稿本,在每项著作前都加入题跋及序,开中医地方典籍出版之先河。

最后,更多的科研院所与出版机构参与到医药学古籍整理与出版工作中来。作为医药学古籍整理与使用的主要力量,全国众多的中医药高校、中医院所一直致力于此项工作。随着中医古籍整理人才的培养与力量的壮大,越来越多的科研院所可以承担和从事相应的医药学

---

① 傅璇琮:《关于〈中国古籍整理出版十年规划和"八五"计划〉制订工作情况说明》,傅璇琮:《唐宋文史论及其他》,大象出版社 2004 年版,第 365 页。

古籍整理工作，已经不再局限于先前的少数顶尖科研院所，如《万密斋医学全书》《喻嘉言医学全书》《王孟英医学全书》[①] 的点校者就分别来自浙江省立同德医院、湖北中医学院、上海市中医文献馆。另外，更多的出版机构也加入医药学古籍出版的行列中来，如中国中医药出版社的《明清中医临证小丛书》和《唐宋金元名医全书大成》及《明清名医全书大成》、人民卫生出版社的《中医临床必读丛书》、中医古籍出版社的《中医古籍名著文库》、辽宁科学技术出版社的《中国医学名著珍品全书》、华夏出版社的《历代中医名著文库》及《中医必读百部名著》、科学出版社的《历代中医名著精华丛书》、学苑出版社的《中医古籍校注释译丛书》、三秦出版社的《中医入门必读系列》、科学技术文献出版社的《黄帝内经注释丛书》等[②]，少数几家出版社包揽中医古籍出版的局面被打破了。

作为前人智慧结晶的中医药古籍是祖国医学的精华所在，经过改革开放新时期的努力，目前的中医药古籍整理工作已经收获颇丰。中医的价值正被越来越多的人所重视，通过不断总结这些整理工作的经验教训，会对下一步更好地发掘中医药古籍中的瑰宝打下坚实的基础。中医也必将在 21 世纪发散出属于自己的光芒。

（三）其他科技类古籍的整理

天文历算作为与农业生产、日常生活有密切关系的重要知识总结，历来为人们所重视。尤其是其中天文星象部分关系到政治灾祥，更是受到政治家、史学家的关注，历代史传目录著录有大量相关作品。而对这些古籍的整理，则需要天文、数学等相关专业知识，往往成为少数人从事的专门事业。在改革开放以前，所出版的这方面的古籍整理作品数量有限，仅有影印本《周髀算经》、点校本《春秋历学

[①] 傅沛藩编著《万密斋医学全书》、陈熠编著《喻嘉言医学全书》、盛增秀编著《王孟英医学全书》，分别由中国中医药出版社于 1996 年、1999 年、2001 年出版。

[②] 这些大部头的医学丛书，大多是边整理边出版，时间跨度较长，难以一一注明出版时间，故省略。

三种》《勾股举隅》《算经十书》《朝野·论气·谈天·思怜诗》以及资料汇编《历代天文律历等志汇编》数种，其中钱宝琮点校的《算经十书》，以毛氏影宋钞本、南宋鲍瀚之刻本、武英殿聚珍本互校，参以通行之本，是经典之作。进入改革开放新时期以后，天文历算类古籍的整理依然面临着种种困难，但出现的成果较之前仍有较大提升。从数量上来说，已经达到近 30 种，尤以白尚恕所作《九章算术注释》[①]、郭书春所作《汇校〈九章算术〉》为精[②]。其中还有出土文献方面的算学古籍也被整理出来，如《张家山汉简算术书注释》等[③]。

　　工艺类古籍的源头可以追溯到《考工记》，虽然这类古籍数量相对较少，但对于了解古人的工艺制作过程及继承并发展相关工艺有着极为特殊的重要价值。而其中的《营造法式》《天工开物》等作品，更是详细记载了门类繁多的工艺流程。而清代留下的大量工部则例，则是对于诸多工艺门类所确定的"国家标准"，也有着不可忽略的重要价值。这些古籍的整理，改革开放前极少，仅有影印本《营造法式》《考工记图》《园冶》三种。而改革开放以后，工艺类古籍的整理出版则达到 33 部之多，除《营造法式》与《天工开物》有了多个点校整理本外，《钦定工部则例正续编》[④]《景德镇陶录详注》[⑤]《中国历代考工典》[⑥] 等大型工艺类古籍的整理出版也使古代工艺研究有了更为方便的资料基础。由华觉明主持的《中国传统工艺全集》项目，是对我国古代工艺类文献的一次集中整理，包括陶瓷、丝绸织染、酿造、金属工艺、传统机械调查研究、漆艺、雕塑、造纸与印刷、金银细工和景泰蓝、中药炮制、文物修复和辨伪、历代工艺名家

---

① 白尚恕：《九章算术注释》，科学出版社 1983 年版。

② 郭书春：《汇校〈九章算术〉》，辽宁教育出版社 1990 年版。

③ 彭浩辑注：《张家山汉简算术书注释》，科学出版社 2001 年版。

④ 北京图书馆出版社编：《钦定工部则例正续编》，北京图书馆出版社 1983 年版。

⑤ 傅振伦注、孙彦整理：《景德镇陶录详注》，北京图书馆出版社 1994 年版。

⑥ 广陵书社编：《中国历代考工典》，广陵书社 2003 年版。

和民间手工艺等方面，出版的《中国传统工艺全集》成为我国传统工艺著作整理和研究的代表作。①

古代的综合类科技古籍当首推沈括的《梦溪笔谈》，除此以外则鲜有对科技进行综合记述与论述的科技类古籍，仅有一些笔记作品对不同科技门类进行零星记载。因此，《梦溪笔谈》的整理与出版受到科技史研究者的重视。据笔者统计，《梦溪笔谈》在改革开放以后的整理本就有7种，尤以胡道静校注本《梦溪笔谈校证》为精善②，多次印行。

这些科技类古籍的整理与出版都在改革开放新时期有了一个迅猛的发展，这既是学科建设、科技史研究发展的必然趋势，也与相关专业人才的不断增长有较大关系。但毋庸置疑，改革开放新时期的科技古籍整理也存在不少问题：一方面是专业人才仍然较少，愿意从事科技类古籍整理与研究的人不多。天文历算、工艺则例，往往被古文献学习者视为畏途，因为这些知识的专业性较强；而从事相关专业领域研究的人，则往往更关注相关领域的最新科研进展，对于古籍整理则少有问津。能够进行科技类古籍整理的人，要么是古文献学者中对科技有较强学术兴趣者，要么是专门的科技史研究者，导致科技类古籍整理成果增长缓慢，而这一状况在短时间之内不会有显著改观。另一方面，科技类古籍整理作品存在较多的错误，精品佳作相对较少。在已经整理出来的近70种前述各类科技古籍中，能够得到学界认可的非常少。除影印本选本不佳以外，更多的则是校勘、校释方面的错误。例如，阮元所作《畴人传》为历代天文历算家的传记，它的整理本中就出现误"癸卯"为"登科"、西汉数学家乘马延年误为"马延年"等诸多错误③，这些问

---

① 路甬祥主编：《中国传统工艺全集》，大象出版社2007年版。

② 胡道静《梦溪笔谈校证》曾由古典文学出版社于1957年出版，1987年上海古籍出版社重印该书，胡道静先生又作了一些补证。

③ 具体参看管成学、冯秋季《建国后科技古籍整理述略》，《古籍整理研究学刊》1989年第5期。

题不能不引起古籍整理者重视。

从改革开放新时期科技类古籍整理与出版的情况来看，人们进一步认识到了科技类古籍的价值，对科技类古籍整理的重视程度正日益加深，科技类古籍整理取得了长足的进步。古文献研究者、科技史研究者以及相关专业研究者正在不断努力清理古人留给我们的宝贵科技财富，为相关领域的发展提供来自古人的智慧借鉴。虽任重道远，但已显露出成功的曙光！

五 少数民族古籍整理备受关注

中华民族是由 56 个民族构成的多民族共同体，在漫长的历史长河中，这些民族休戚与共，创造了辉煌灿烂的华夏文明。与汉民族相比，少数民族大多居于边疆地区，创造出有着鲜明民族特色的独特文化类型。就粗略统计，55 个少数民族所保留下来的古籍总数超过 30万种，远远超过汉民族古籍数量。随着改革开放新时期经济社会的全面发展，少数民族古籍的整理工作也越来越受到重视，少数民族古籍整理工作取得巨大的成绩。

"民族古籍的涵义，不完全同于现在称谓的汉文古籍。现在所说的汉文古籍就是指古书而言，不含其他。而民族古籍由于历史原因，古籍的含义是广义的，它不仅是指那些有文字记录的手写的或印刷的出版或非出版物，还包括至今仍流传在民间的口碑文献。"[1] "中国少数民族古籍（简称民族古籍），是指汉族以外 55 个少数民族在历史上形成的古代书册、文献典籍和口头传承及碑刻铭文等各类文献的统称。"[2] 这其中也包含着许多现有民族形成后已经消亡（或不再使用）的少数民族文字所撰写的古籍文献，例如突厥文、回鹘文、察合台文、于阗文、八思巴字、西夏文、东马图画文字、东巴象形文字、水

① 吴肃民：《中国少数民族古籍概论》，天津古籍出版社 1995 年版，第 12 页。
② 齐宝和、吴贵飙、崔光弼：《中国少数民族文字古籍文献现状调查》，中国民族图书馆编：《第九次全国民族地区图书馆学术研讨会论文集》，辽宁民族出版社 2006 年版，第 294 页。

书、满文，等等。

全国少数民族古籍整理研究室主任李冬生曾将民族古籍的特点概括为内容丰富、版本多样、载体特殊、传承奇特四个方面，并进一步解释说："内容丰富是指其涉及宗教、文学、历史、语言、医学、天文历算等各方面；版本多样是指由于不同民族文字的差异、不同抄写人的笔录差异等因素影响，造成同一种古籍有不同版本；载体特殊是指由于各民族生活的环境和所处的社会发展阶段不同，制作古籍时所使用的载体材质和装帧形式多种多样，如傣族的贝叶经是书写在贝叶上等；传承奇特主要是指口传古籍，这是由于一些少数民族没有本民族的文字，只能依靠口耳相传的方式来传承文化。"① 这些文献分属于不同的少数民族语系，例如藏缅语系、壮侗语系等，与汉民族古籍单一的汉语系统差别较大，因此民族古籍的整理研究需要更加丰富的语言文字学、文化人类学、历史学、文学等多方面的知识。

由于少数民族古籍形式多样，载体各异，整理难度很大。譬如书籍类古籍，这是用各种少数民族文字记载的古代书籍，是少数民族古籍中最丰富、最重要、最有价值的一部分，其特征是：载体形式多种多样，如竹木、纸质、贝叶等；散存情况严重；内容丰富，尤以宗教典籍为多；手抄本居多，考据较难；缺乏整理和保护，残缺破损严重。又如铭刻类古籍，是各少数民族遗留下来的用民族文字书写或镂刻在金石器物上的各种文献，是研究我国各少数民族历史文化的活化石，主要有碑铭、摩崖、石幢、符牌、印章、钱币、钟鼎、题记等9种类型。铭刻类古籍特别是碑刻和印章所涉及的往往是历史上较为重大的事件或关键人物，是少数民族古籍的重要组成部分。再如文书类古籍，包括敕令、奏报、账册、档案、公文、信札、契约等，形式多

---

① 《保护少数民族古籍，传承民族优秀文化——访全国少数民族古籍整理研究室主任李冬生》，《中国民族报》2014年9月27日第13版。

样，内容丰富。这些文书对各少数民族的社会、经济、政治、军事、文化等方面有较为详细的反映。还有讲唱类古籍，是指口碑载体古籍，是各少数民族在历史上以口耳相传留下来的具有文学和历史价值的各种史料，反映本民族的风土人情、生活习俗、民族性格、宗教信仰等。主要包括神话、史诗、传说、故事、歌谣、谚语、谜语等。①这些古籍保留了各民族的民族情感与集体记忆，也是各个民族相互交流融合的历史证据，更是中华民族优秀传统文化的有机组成部分，是我们研究少数民族历史与文化的重要载体，更是研究中华民族发展历程的重要史料依据。

从历史上看，历代汉族学者所整理的古籍，基本都是汉民族典籍，对少数民族古籍的整理非常少，只有少量的蒙古文、满文古籍得到整理。少数民族学者则对本民族古籍进行了整理与结集，例如藏族文献《甘珠尔》《丹珠尔》，彝族文献《西南彝志》《彝族源流》《夜郎史传》，等等，都是由少数民族学者所进行的古籍整理作品。但是，这与数量众多的少数民族古籍相比，还是九牛一毛。进入近代以后，对少数民族古籍的整理也非常有限。这一状况随着中华人民共和国的成立、各民族平等关系的确立而得以改善。"上世纪 50 年代初期，就在全国范围内开展了少数民族社会历史和语言调查，其间发现、搜集了大量少数民族古籍。"②

真正意义上开始全面系统对少数民族古籍进行整理，是改革开放新时期的事。1982 年，李一氓在《人民日报》上发表题为《论古籍和古籍整理》的文章，指出："对于少数民族语文古籍，自亦为中国古籍，如藏、蒙古、满、回鹘、西夏、契丹等文，都应加以整理。"③

---

① 齐宝和、吴贵飙、崔光弼：《中国少数民族文字古籍文献现状调查》，载中国民族图书馆编《第九次全国民族地区图书馆学术研讨会论文集》，辽宁民族出版社 2006 年版，第 294—299 页。

② 《保护少数民族古籍，传承民族优秀文化——访全国少数民族古籍整理研究室主任李冬生》，《中国民族报》2014 年 9 月 27 日第 13 版。

③ 李一氓：《论古籍和古籍整理》，《人民日报》1982 年 1 月 20 日。

在这样的背景下，学界也展开了对少数民族古籍相关问题的研究。1983 年 6 月 5 日至 11 日，第一次全国少数民族古籍整理座谈会在北京召开，这次会议对少数民族古籍的内涵及相关问题达成了共识，为少数民族古籍整理工作的开展奠定了基础。

1984 年，全国少数民族古籍整理出版规划领导小组成立。1985 年 12 月，第一次全国少数民族古籍工作会议在北京召开。会议对已经开展的少数民族古籍整理工作进行了总结，并就民族古籍整理工作的组织、规划和落实情况予以部署。经过研讨，国家民委将"三救"（救人、救书、救学科）作为少数民族古籍整理的主要任务，这也是少数民族古籍整理工作的指导原则。1996 年 5 月、2010 年 12 月，还分别召开了第二次、第三次全国少数民族古籍整理工作会议，足见国家对少数民族古籍整理工作的重视。

与此同时，全国各省（市）、自治区以及少数民族聚集的州、盟、县也都对少数民族古籍整理工作非常重视，纷纷建立了相应的少数民族古籍工作机构，蒙古、藏、彝、回（南方片和北方片）、满、壮、朝鲜、白、瑶、侗、苗、土家、畲等 14 个民族还分别建立了相应的跨省区古籍协作组织。

改革开放新时期，少数民族古籍整理工作取得巨大的成绩。大批濒临消失的少数民族古籍得到保护抢救和整理出版，素质过硬的少数民族古籍整理队伍逐步建立，大型少数民族整理工程稳步推进，使少数民族古籍整理工作在古籍整理中的重要性日益凸显。

少数民族古籍整理中的巨大成就之一，就是对濒临消失的少数民族古籍的保护和抢救。由于少数民族古籍的特殊载体包括传人，而随着传人的消失，这些古籍也将失传，因此"救人"始终是少数民族古籍整理工作的当务之急。通过大量细致的工作，许多少数民族古籍的传承人受到保护，他们所传承的少数民族古籍得到记录与整理。据不完全统计，仅从传承人身上得到记录与整理的古籍就多达近万种。

少数民族古籍整理面临的重要挑战之一就是语言文字的难题，建立素质过硬的少数民族古籍整理人才队伍也取得明显成效。少数民族古籍不仅包含没有文字的口碑资料，还面对着许多已经不再使用、现在难以释读的"死文字"，通过不断提高自身的专业知识水平，这些问题正在或已经得到解决。据不完全统计，我国目前共有少数民族古籍专兼职人员5000余人，一支素质优良、结构合理的专业人才队伍初步形成。

与此同时，少数民族古籍整理还发挥"集体攻关"的优势，推进大型少数民族整理工程的开展。1997年，国家民委正式启动实施《中国少数民族古籍总目提要》项目，按照不同民族对民族古籍进行分卷编排，这是对少数民族古籍进行的一次全面清查和系统整理，是一项收录我国历史上全部少数民族文字古籍和口传资料的重点文化工程。《中国少数民族古籍总目提要》共60余卷，约110册，每册收录书目约3000条，全书共收录书目30余万条。2006年，《中国少数民族古籍总目提要》被列入国家"十一五"时期重点文化项目。截至2010年，已经有《纳西族卷》《白族卷》《东乡族/裕固族/保安族卷》《土族/撒拉族卷》《锡伯族卷》《哈尼族卷》《柯尔克孜族卷》《羌族卷》《仫佬族卷》《毛南族/京族卷》《达斡尔族卷》《土家族卷》《鄂温克族卷》《鄂伦春族卷》《回族卷》（铭刻类）等19个民族卷的古籍提要完成了编纂出版任务，其余各民族卷的编纂工作均在有序进行中。"《中国少数民族古籍总目提要》的完成将填补我国文化史上的一项空白，为中华民族留下一份宝贵的文化遗产。对于继承和弘扬各民族优秀传统文化，巩固和发展平等、团结、互助、和谐的社会主义民族关系，促进各民族共同团结进步、共同繁荣发展，具有重要的历史意义和现实意义。"① 除此之外，经过近40年的努力，"保护、抢救的珍贵

---

① 杨玎：《寻古觅籍，成绩卓著，任重道远——国家民委副主任丹珠昂奔谈少数民族古籍工作》，《中国民族》2010年第12期。

少数民族古籍已达百万余种"，并且"择优整理出版 5000 余优秀的精品少数民族古籍"①。

为了更好地整理少数民族古籍，国家还在中央民族大学建立了"国家民委少数民族古籍保护与资料信息中心"，在西南民族大学建立了"国家民委少数民族古籍文献人才培养与科学研究基地"。国家民委和文化部还联合编制了《中国少数民族文字古籍定级标准》。这三项举措将成为推动少数民族古籍工作迈向科学化、持续化发展的重要支撑，使得少数民族古籍整理有了一个权威性的资料库，有了人才培养的基地，有了少数民族古籍工作的国家级行业标准。这些都将为少数民族古籍的科学保护和有效管理提供重要保证。

除了国家层面的支持以外，各少数民族地区的古籍整理事业也取得了巨大成就。譬如新疆维吾尔自治区为了摸清少数民族古籍分布情况，"先后组织 56 批 200 多人次到全疆各地进行调查摸底"，"搜集、登记造册的少数民族古籍达到 10091 册（件）。其中自治区古籍办收藏书籍类古籍 6170 册（件），其中察合台文 2082 本、契约文书 1025 部、阿拉伯文 851 本、波斯文 923 本、哈萨克文 379 本、柯尔克孜文 51 本、蒙古文 383 本、锡伯文 329 本、塔塔尔文 147 本。各地州市古籍办和有关收藏单位收藏 4564 册（件）。估计在民间还有 1 万件古籍，有待搜集。这些古籍文献就文种而言，有回鹘文、龟兹文、婆罗米文、阿拉伯文、波斯文、察合台文、维吾尔文、哈萨克文、托忒蒙古文、柯尔克孜文、满文、锡伯文、乌孜别克文、塔塔尔文、藏文、汉文等 16 种文字"②。据专家统计，从 1984 年以来，新疆少数民族古籍办、各地

---

① 杨玎：《寻古觅籍，成绩卓著，任重道远——国家民委副主任丹珠昂奔谈少数民族古籍工作》，《中国民族》2010 年第 12 期。
② 赵晨：《新疆少数民族古籍工作综述》，《新疆地方志》2015 年第 2 期。

州市古籍办以及高等院校、科研院所组织各民族专家学者陆续整理出版了 480 余本（部）古籍。① 其中有维吾尔族的《福乐智慧》、哈萨克族的《医药志》、柯尔克孜族的《玛纳斯》、蒙古族的《江格尔》、锡伯族的《萨满神歌》等经典古籍。再如，云南省是少数民族众多的省份，各种类型的"少数民族古籍蕴藏量达 10 余万册（卷），口传古籍 4 万余种"②，这些古籍散存在云南各少数民族地区和海内外，整理任务非常繁重。改革开放新时期，在古籍编目工作上，云南少数民族古籍整理专家除编纂了《中国少数民族古籍总目提要》纳西族、白族、哈尼族等各少数民族卷之外，还编纂了《云南民族口传非物质文化遗产总目提要》《东巴经分类目录》《大理州公共图书馆地方民族文献书目提要》《楚雄彝族自治州图书馆馆藏彝族文献联合书目提要》《云南少数民族古籍文献联合目录及提要》《白族古籍目录》《彝族古籍目录》《傣族古籍目录》《壮族古籍目录》《纳西族古籍目录》《藏族古籍目录》，等等。在少数民族古籍整理上，完成了《纳西东巴古籍译注全集》《中国贝叶经全集》《彝族毕摩经典译注》等鸿篇巨制。编纂《云南民族古籍丛书》，已出版彝、傣、回、白、瑶、藏、苗、普米、纳西、傈僳、哈尼、景颇、基诺等民族的古籍 58 部。2011年，云南又开始编纂《云南少数民族古籍珍本集成》，计划用十年时间结集出版云南各民族古籍善本、珍本和孤本 100 卷册。此外，云南对抢救和保护少数民族古籍极为重视，抢救各少数民族古籍 3 万余册。③ 又如黑龙江省，"自 1986 年以来，已整理出版人口较少民族古籍方面的编、译、著等 24 部 600 万字"。"从 20 世纪 80 年代开始，对赫哲、鄂伦春、鄂温克、达斡尔族的语言和'口碑古

---

① 赵晨：《新疆少数民族古籍工作综述》，《新疆地方志》2015 年第 2 期。
② 王丽萍：《建国以来云南省少数民族古籍工作述论》，硕士学位论文，云南大学，2010 年。
③ 《云南抢救少数民族古籍逾 3 万册》，《云南日报》2009 年 9 月 23 日。

籍'进行了大规模录音、录像等抢救工作"①。此外，《黑龙江少数民族古籍丛书》于 2007 年被列为"十一五"全国少数民族古籍出版重点项目，准备对满、朝鲜、蒙古、回、达斡尔、赫哲、鄂伦春、鄂温克、锡伯、柯尔克孜等 10 个世居民族的古籍进行整理，是一套大型少数民族古籍整理工程。

新疆、云南、黑龙江在少数民族古籍整理上所取得的成就，只是中国少数民族古籍整理的缩影，其他少数民族较多的省份，如贵州、宁夏、内蒙古、甘肃、广西等省区，在少数民族古籍整理方面都取得了一系列成就。这些古籍不仅为各民族文化的研究提供了珍贵的第一手资料，而且为各民族人民奉献了难得的传统文化精品，让人们更加了解各民族的文化，更好地互鉴互助。

尽管少数民族古籍整理越来越受到重视，并且在过去的 30 多年中取得了可以引以为豪的成绩，但我们也应该对面临的难题有清醒的认识。譬如少数民族古籍整理人才队伍建设滞后；少数民族古籍的载体具有特殊性，流失速度非常惊人。因此，对少数民族古籍的整理需要与时间赛跑，需要各民族专家通力合作，才能克服困难，充分把握少数民族古籍整理的规律，攻克难点，为少数民族古籍整理的继续推进贡献力量。

第三节 大型古籍整理工程的学术价值

随着大型古籍整理工程的增多，越来越多的古籍资源变得易于得到和便于使用，极大地促进了改革开放以来的学术发展。纵观近 30 年的大型古籍整理工程，"历代史料笔记丛刊"的整理、"九全一海"工程的实施、"四库"系列古籍整理、《中国地方志集成》的整理、

---

① 左岫仙：《构建北方人口较少民族古籍整理研究的核心基地——三十年来黑龙江少数民族古籍整理研究工作取得重大成果》，《黑龙江民族丛刊》2014 年第 3 期。

《中华再造善本》的整理、《中华大典》的编纂、"儒藏"的整理、"子海""子藏"的整理等是其中的重要代表。这些古籍整理工程的成果，已经（或将要）成为推动学术进一步发展的重要基础。这些大型古籍整理工程的学术价值，凸现了改革开放新时期古籍整理事业的重要成就。

一 "历代史料笔记丛刊"

自 1979 年开始，中华书局选取历代笔记中史料价值较高、参考价值较大的笔记进行点校整理，将唐五代以后的笔记分为《唐宋史料笔记丛刊》《元明史料笔记丛刊》和《清代史料笔记丛刊》予以点校整理。① 这一套丛书的出版，不仅充分发掘了笔记史料的价值，也开拓了笔记史料研究的新领域。通过《历代史料笔记丛刊》的整理出版，为学界甄选出内容较为丰富的史料笔记资料，同时推进了史料笔记作品的相关研究。而且，各种笔记的整理者均为相关研究领域的专家学者，保障了笔记整理成果的严谨可靠。

（一）甄选内容较为丰富的笔记进行整理

笔记的写作体式较为灵活，深得历来文人学者的喜爱，在历史上产生了大量的笔记作品，成为古代政治、经济、文化、风俗、社会生活等历史内容的载体。但毋庸讳言，这些笔记的价值参差不齐，需要甄别之后加以利用。经过各方面专家学者近 30 年的努力，他们从浩繁的笔记中挑选出那些史料价值较高的作品进行点校整理，便于人们利用，沾溉学林。截至 2012 年，共整理出版历代史料笔记 188 部，其中《唐宋史料笔记丛刊》86 部、《元明史料笔记丛刊》38 部、《清代史料笔记丛刊》64 部，而最终完成的规模在四五百部左右。对于历代笔记的价值，陈寅恪认为："（唐代史料笔记）不失为珍贵之社

---

① 见《出版工作》1979 年第 9 期。有些整理出版于改革开放之前的笔记后来也被纳入《历代史料笔记丛刊》中，例如整理出版于 1959 年的《南村辍耕录》《万历野获编》等，在编纂《历代史料笔记丛刊》时，依然将它们纳入其中。

会史料也。"① 瞿林东则认为："（历史笔记）所记虽不如正史系统、全面，但在揭示时代特点和社会风貌方面因少有拘谨、言简意赅而具有独特的价值。"② 正因如此，该系列丛书的整理出版才受到学界的普遍欢迎和认可，对学术发展产生积极的影响。从整理出版的史料笔记看，20 世纪 80 年代以后编选的历代史料笔记最多，为文史研究提供了新的素材。

表 3 - 4　　　　　　　　《唐宋史料笔记丛刊》目录

书名	作者	整理者	出版时间
隋唐嘉话	（唐）刘𫗬撰	程毅中点校	1979
朝野佥载	（唐）张鷟撰	赵守俨点校	1979
老学庵笔记	（宋）陆游撰	李剑雄、刘德权点校	1979
春明退朝录	（宋）宋敏求撰	诚刚点校	1980
东斋记事	（宋）范镇撰	汝沛点校	1980
东坡志林	（宋）苏轼撰	王松龄点校	1981
归田录	（宋）欧阳修撰	李伟国点校	1981
旧闻证误	（宋）李心传撰	崔文印点校	1981
默记	（宋）王铚撰	朱杰人点校	1981
渑水燕谈录	（宋）王辟之撰	吕友仁点校	1981
桯史	（宋）岳珂撰	吴企明点校	1981
燕翼诒谋录	（宋）王栐撰	诚刚点校	1981
游宦纪闻	（宋）张世南撰	张茂鹏点校	1981
龙川略志 龙川别志	（宋）苏辙撰	俞宗宪点校	1982

---

① 陈寅恪：《唐代政治史述论稿》，上海古籍出版社 1980 年版，第 84 页。
② 瞿林东：《中国史学史纲》，北京出版社 1999 年版，第 360 页。在《宋人史料笔记撰述的旨趣》（《天津社会科学》2016 年第 4 期）一文中，瞿林东将史料笔记的重要性概括为五个方面："第一，它们是官修史书的补充；第二，它们是私家系统的历史著作的补充；第三，它们对学术史的关注，是史学走向广阔的社会层面的标志之一；第四，它们所反映出来的历史思想与史学思想，是中国史学的思想遗产的组成部分；第五，从断代的观点来看，它们所反映的社会风貌、思想倾向，也在一定程度上呈现出某一时代的特征。"

续表

书名	作者	整理者	出版时间
齐东野语	（宋）周密撰	张茂鹏点校	1983
邵氏闻见录	（宋）邵伯温撰	李剑雄、刘德权点校	1983
邵氏闻见后录	（宋）邵伯温撰	李剑雄、刘德权点校	1983
铁围山丛谈	（宋）蔡絛撰	冯惠民、沈锡麟点校	1983
泊宅编（附青溪寇轨）	（宋）方勺撰	许沛藻、杨立扬点校	1983
春渚纪闻	（宋）何薳撰	张明华点校	1983
东轩笔录	（宋）魏泰撰	李裕民点校	1983
鹤林玉露	（宋）罗大经撰	王瑞来点校	1983
鸡肋编	（宋）庄绰撰	萧鲁阳点校	1983
大唐新语	（唐）刘肃撰	许德楠、李鼎霞点校	1984
石林燕语	（宋）叶梦得撰，宇文绍奕考异	侯忠义点校	1984
湘山野录 湘山野录续录	（宋释）文莹撰	郑世刚、杨立扬点校	1984
玉壶清话	（宋释）文莹撰	郑世刚、杨立扬点校	1984
青箱杂记	（宋）吴处厚撰	李裕民点校	1985
芦浦笔记	（宋）刘昌诗撰	张荣铮、秦呈瑞点校	1986
唐语林校证	（宋）王谠撰	周勋初校证	1987
癸辛杂识	（宋）周密撰	吴企明点校	1988
涑水记闻	（宋）司马光撰	邓广铭、张希清点校	1989
四朝闻见录	（宋）叶绍翁撰	沈锡麟、冯惠民点校	1989
西溪丛语	（宋）姚宽撰	孔凡礼点校	1993
家世旧闻	（宋）陆游撰	孔凡礼点校	1993
东观奏记	（唐）裴庭裕撰	田廷柱点校	1994
明皇杂录	（唐）郑处海撰	田廷柱点校	1994

续表

书名	作者	整理者	出版时间
清波杂志校注	（宋）周煇撰	刘永翔校注	1994
云麓漫钞	（宋）赵彦卫撰	傅根清点校	1996
建炎以来朝野杂记	（宋）李心传撰	徐规点校	2000
麟台故事校证	（宋）程俱撰	张富祥校证	2000
北梦琐言	（五代）孙光宪撰	贾二强点校	2002
范成大笔记六种（揽辔录、骖鸾录、桂海虞衡志、吴船录、梅谱、菊谱）	（宋）范成大撰	孔凡礼点校	2002
过庭录	（宋）范公偁撰	孔凡礼点校	2002
侯鲭录	（宋）赵令畤撰	孔凡礼点校	2002
可书	（宋）张知甫撰	孔凡礼点校	2002
墨客挥犀 续墨客挥犀	（宋）彭乘辑撰	孔凡礼点校	2002
墨庄漫录	（宋）张邦基撰	孔凡礼点校	2002
曲洧旧闻	（宋）朱弁撰	孔凡礼点校	2002
师友谈记	（宋）李廌撰	孔凡礼点校	2002
西塘集耆旧续闻	（宋）陈鹄撰	孔凡礼点校	2002
南部新书	（宋）钱易撰	黄寿成点校	2002
封氏闻见记校注	（唐）封演撰	赵贞信校注	2005
容斋随笔	（宋）洪迈撰	孔凡礼点校	2005
开元天宝遗事 安禄山事迹	（五代）王仁裕撰 （唐）汝能撰	曾贻芬点校	2006
朝野类要 附朝野类要研究	（宋）赵升编	王瑞来点校	2007
后山谈丛 萍洲可谈	（宋）陈师道撰 （宋）朱彧撰	李伟国点校	2007

书名	作者	整理者	出版时间
教坊记	（唐）崔令钦撰	吴企明点校	2012
次柳氏旧闻	（唐）李德裕撰	吴企明点校	2012
开天传信记	（唐）郑繁撰	吴企明点校	2012
乐府杂录	（唐）段安节撰	吴企明点校	2012
苏氏演义	（唐）苏鹗撰	吴企明点校	2012
中华古今注	（后唐）马缟撰	吴企明点校	2012
资暇集	（唐）李匡文撰	吴企明点校	2012
刊误	（唐）李涪撰	吴企明点校	2012
孙公谈圃	（宋）孙升撰	杨倩描、徐立群点校	2012
丁晋公谈录	（宋）丁谓撰	杨倩描、徐立群点校	2012
国老谈苑	（宋）王君玉撰	杨倩描、徐立群点校	2012
孔氏谈苑	（宋）孔平仲撰	杨倩描、徐立群点校	2012

表3－5　　　　　　　　　　《元明史料笔记丛刊》目录

书名	作者	整理者	出版时间
草木子	（明）叶子奇撰	不详	1959
南村辍耕录	（元）陶宗仪撰	不详	1959
四友斋丛说	（明）何良俊撰	不详	1959
万历野获编、补遗	（明）沈德符撰	谢兴尧点校	1959
水东日记	（明）叶盛撰	魏中平点校	1980
玉堂丛语	（明）焦竑撰	顾思点校	1981
典故纪闻	（明）余继登撰	不详	1981
广志绎	（明）王士性撰	吕景琳点校	1981
戒庵老人漫笔	（明）李诩撰	魏连科点校	1982
三垣笔记	（明）李清撰	顾思点校	1982
归潜志	（金）刘祁撰	崔文印点校	1983
今言	（明）郑晓撰	李致忠点校	1984
寓圃杂记	（明）王锜撰	张德信点校	1984

续表

书名	作者	整理者	出版时间
谷山笔麈	（明）于慎行撰	吕景琳点校	1984
继世纪闻	（明）陈洪谟著	盛冬铃点校	1985
菽园杂记	（明）陆容撰	佚之点校	1985
松窗梦语	（明）张瀚著	盛冬铃点校	1985
治世余闻	（明）陈洪谟著	盛冬铃点校	1985
庚巳编	（明）陆粲撰	谭棣华、陈稼禾点校	1987
客座赘语	（明）顾起元撰	谭棣华、陈稼禾点校	1987
贤博编	（明）叶权撰	凌毅点校	1987
粤剑编	（明）王临亨撰	凌毅点校	1987
原李耳载	（明）李中馥撰	凌毅点校	1987
玉镜新谭	（明）朱长祚撰	仇正伟点校	1989
山志	（清）王弘撰撰	何本方点校	1999
双槐岁钞	（明）黄瑜撰	魏连科点校	1999
山居新语	（元）杨瑀撰	余大钧点校	2006
五岳游草　广志绎	（明）王士性撰	周振鹤点校	2006
玉光剑气集	（清）张怡撰	魏连科点校	2006
玉堂嘉话	（元）王恽撰	杨晓春点校	2006
枣林杂俎	（清）谈迁著	罗仲辉、胡明校点校	2006
陶庵梦忆　西湖梦寻	（明）张岱撰	马兴荣点校	2007

表3－6　　　　　　　　**《清代史料笔记丛刊》目录**

书名	作者	整理者	出版时间
广阳杂记	（清）刘献廷撰	汪北平、夏志和点校	1957
陶庐杂录	（清）法式善撰	涂雨公点校	1959
听雨丛谈	（清）福格著	汪北平校点	1959
永宪录	（清）萧奭撰	朱南铣点校	1959
北游录	（清）谈迁撰	汪北平点校	1960
世载堂杂忆	刘禺生撰	钱实甫点校	1960

续表

书名	作者	整理者	出版时间
扬州画舫录	（清）李斗撰	汪北平、涂雨公点校	1960
履园丛话	（清）钱泳撰	张伟点校	1979
啸亭杂录	（清）昭梿撰	何英芳点校	1980
巢林笔谈	（清）龚炜撰	钱炳寰点校	1981
道咸宦海见闻录	（清）张集馨撰	不详	1981
归田琐记	（清）梁章钜撰	于亦时点校	1981
浪迹丛谈、续谈、三谈	（清）梁章钜撰	陈铁民点校	1981
清秘述闻三种	（清）法式善等撰	张伟点校	1982
吴下谚联	（清）王有光撰	石继昌点校	1982
乡言解颐	（清）李光庭撰	石继昌点校	1982
檐曝杂记	（清）赵翼撰	李解民点校	1982
竹叶亭杂记	（清）姚元之撰	李解民点校	1982
安乐康平室随笔	（清）朱彭寿撰	何双生点校	1982
不下带编	（清）金埴撰	王湜华点校	1982
池北偶谈	（清）王士禛撰	靳斯仁点校	1982
巾箱说	（清）金埴撰	王湜华点校	1982
旧典备征	（清）朱彭寿撰	何双生点校	1982
柳南随笔、柳南续笔	（清）王应奎撰	王彬、严英俊点校	1983
枢垣记略	（清）梁章钜、朱智撰	何英芳点校	1984
郎潜纪闻初笔二笔三笔	（清）陈康祺著	晋石点校	1984
冷庐杂识	（清）陆以湉撰	崔凡芝点校	1984
广东新语	（清）屈大均撰	不详	1985
异辞录	刘体智著	刘笃龄点校	1988
古夫于亭杂录	（清）王士禛著	赵伯陶点校	1988
庸闲斋笔记	（清）陈其元著	杨璐点校	1989
分甘余话	（清）王士禛撰	张世林点校	1989
蕉廊脞录	（清）吴庆坻撰	张文其、刘德麟点校	1990
郎潜纪闻四笔	（清）陈康祺著	褚家伟、张文玲整理	1990

续表

书名	作者	整理者	出版时间
海国四说	（清）梁廷楠著	骆驿、刘骁校点	1993
蕉轩随录　蕉轩续录	（清）方浚师撰	盛冬铃点校	1995
苌楚斋随笔、续笔、三笔、四笔、五笔	（清）刘声木撰	不详	1998
榆巢杂识	（清）赵慎畛撰	徐怀宝点校	2001
柳弧	（清）丁柔克撰	宋平生、颜国维等整理	2002
养吉斋丛录	（清）吴振棫撰	童正伦点校	2005
在园杂志	刘廷玑撰	张守谦点校	2005
阅世编	（清）叶梦珠撰	来新夏点校	2007
清嘉录 桐桥倚棹录	（清）顾禄撰	来新夏点校 王稼句点校	2008

（二）推进了史料笔记作品的相关研究

在笔记的整理过程中，整理者往往对笔记的版本源流、作者生平等进行考证钩玄，使笔记本身所具有的"身份信息"明确清晰，通过《前言》《点校说明》等形式展示给读者，为进一步认识笔记的史料价值、思想价值提供了帮助。

首先，通过研究笔记的版本源流，厘清了笔记文献流传过程中的授受源流和版本优劣等相关问题。例如在《泊宅编·点校说明》中，整理者通过研究目前流传的十卷本和三卷本《泊宅编》，认为"二者既有重文，又有差异"①，并且针对孰先孰后的问题系统研究了该书的版本源流：三卷本系方勺的初稿本，万历时期被商濬编入《稗海》得以流布；十卷本被乾道八年（1172）即"版行于世"的《厚德录》征引，此距《泊宅编》撰成不过30年（据洪兴祖序），因此十卷本当为《泊宅编》的最早刊本；十卷本系明代秦如立藏宋刻翻印而成，

---

① （宋）方勺撰，许沛藻、杨立扬点校：《泊宅编》，中华书局1983年版，"点校说明"第1页。

保留有明显的宋刻风格，十卷本是在三卷稿本的基础上由方勺增删厘定付梓的原本。① 通过这一研究，解决了自《四库全书》编纂时起长达200多年的关于《泊宅编》版本的聚讼，厘清了《泊宅编》的版本源流。又如在《麟台故事校证》"前言"中，整理者对《麟台故事》的版本及流传情况进行了详细考辨：该书在清以前就已散佚，目前流行的两个版本，一为《四库全书》辑佚本五卷，二为明后期以来就流传的影宋残本。由于辑本在编排上凭空臆断，二者不可互补，后来陆心源在《十万卷楼丛书·三集》中，将两本合刊，影宋残本编为前三卷，辑本的《沿革》《省舍》《储藏》《职掌》《禄廪》作为第四卷，将《官联》《选任》《修纂》篇中残本没有而辑本有的十三条作为《补遗》置于卷首，又从《玉堂杂记》和《南宋馆阁录》中各采补一条放在《补遗》之下；光绪二十一年（1895）增补的《武英殿聚珍版书》则将残本中有而辑本没有的46条作为《拾遗》二卷附于辑本后，将陆氏采补的两条也附入，另作《考异》一卷，实际是在以残本来补辑本。② 通过考辨，我们能够看到《麟台故事》一书版本的流传情况以及各个版本之间的关系，对利用该书有很大帮助。

其次，通过钩玄作者的生平事迹，使笔记的成书背景、写作旨趣等信息得以显现。例如，在周勋初点校整理的《唐语林校正·前言》中就对作者的生平与交游进行了较为详细的考察：作者王谠，《宋史》无传，《直斋书录解题》中记载其"字正甫，长安人"，据《宋史》《资治通鉴》《宋会要辑稿》知其为吕大防的女婿，历任东京排岸司、国子监丞、少府监丞、邠州通判等职，大约卒于崇宁、大观年间，终年在六七十岁左右；王谠的父亲王彭、从兄王铣与苏轼关系非常好，王谠所作《唐语林》与苏轼周围的文人赵令畤所作《侯鲭录》、孔平仲所作《续世说》有很多材料与体例的相似之处，"看来

---

① 可参看（宋）方勺撰，许沛藻、杨立扬点校《泊宅编》，中华书局1983年版，"点校说明"第1—2页。

② 参看张富祥《麟台故事校证》，中华书局2000年版，"前言"第9—11页。

孔氏成书在前，王氏成书在后，后者曾受前书的影响"①。由此，使王谠的生平事迹有了比较清晰的记载。在知人论世的基础上，整理者就《唐语林》的性质进行了分析，指出了该书的材料来源、作者对材料进行的整理去取，认为《唐语林》是一部私人的创作而不是材料的摘录，但并未最终定稿。②整理者不仅对《唐语林》本身，还对其中所引用的50种书进行了细致的研究，是《唐语林》研究的开山之作，"程千帆先生称赞此举是救活了一部死书"③。通过整理者的研究，我们不难发现该书是在《东坡志林》《侯鲭录》《续世说》等笔记的影响下创作的一部笔记作品，"是一部少而精的笔记小说总集"④，同时具有校勘与辑佚的突出作用。

最后，通过对笔记作品的研究，使笔记中的史料价值与思想价值得到发掘。例如在《清波杂志校注》一书的《前言》中，整理者将该书的价值概括为七个方面：一，记载了宋代一些名人的逸事；二，保留了不少宋人的佚文、佚诗和佚词；三，所录诗文，抑或见于他书，但文有异同，可资校订；四，记载了当时的一些典章制度和风俗习惯，是研究宋代政治和社会的珍贵史料；五，记载了当时的一些物产资源，对我们今天的资源开发和利用具有重要的参考价值；六，可纠他书之缪，补他书之阙；七，持论公允和精辟。⑤虽然这是就《清波杂志》一书而言，但其中也有许多方面可以看作笔记史料的共同价值，是对笔记史料价值的精当概括。李致忠在《今言·校点说明》中，通过《今言》中的具体材料，就明代前期的边患、倭患、宦官干政、治河、漕运等问题进行了分析；又指出"其他如记述明代皇帝的禅接顺序、陵寝的安葬规格、礼仪祭祀的规制，以及典章制度的

---

① 王谠撰，周勋初点校：《唐语林校证》，中华书局1987年版，第1—4页。
② 可参看周勋初点校：《唐语林校证》，中华书局1987年版，第4—17页。
③ 周勋初：《〈唐语林校证〉惨淡经营始末》，《古典文学知识》1994年第2期。
④ 王谠撰，周勋初点校：《唐语林校证》，中华书局1987年版，第18页。
⑤ 可参看刘永祥《清波杂志校正》，中华书局1994年版，"前言"第3—7页。

考辨等，也都很细致，很有参考价值"①。这是对《今言》史料价值的充分揭示，为使用者对《今言》的研究和利用提供了指南。《历代笔记史料丛刊》整理者的这些分析，不仅提升了笔记史料的使用价值，也体现了整理工作的学术意义。

（三）笔记整理成果严谨可靠

在笔记的点校整理过程中，中华书局往往延请各方面的专家学者来完成。例如，司马光的《涑水记闻》就由邓广铭和张希清点校，李心传的《建炎以来朝野杂记》就由徐规点校，洪迈的《容斋随笔》就由孔凡礼点校，叶梦珠的《阅世编》由来新夏点校，刘肃的《唐语林》由周勋初点校，郑晓的《今言》由李致忠点校，王辟之的《渑水燕谈录》由吕友仁点校，等等。《历代笔记史料丛刊》的整理队伍可谓专家荟萃，由于这套笔记丛刊持续出版时间比较长，因此集中了各个时期的知名专家，也体现了从 20 世纪 80 年代到 21 世纪初不同时期的专业水平。各方面专家学者严谨的学术作风、深厚的学术功底对整个整理工作的开展发挥了重要作用。通过整理后出版的史料笔记，不仅为学界使用这些史料笔记带来极大的便利；而且在整理过程中，整理者们通过校勘、注释和研究，也纠正了史料笔记在流传过程中出现的一些脱漏舛误，甚至在注释和《前言》的一些研究成果中纠正了原作者的一些错误，从而大大提高了笔记的学术质量。

当然，《历代史料笔记丛刊》系列丛书也存在一些值得讨论的问题。例如，收录的标准并未明确界定，这就造成对"史料笔记"的不同理解，史考类的《旧闻证误》、职官类的《麟台故事》、政书类的《建炎以来系年要录》是否都可以作为"史料笔记"来看待？收录笔记的年代界限也未确定，造成许多宋元之际、明清之际的笔记归在错误的丛刊目录下，在元朝还生活 11 年的周密，其作品《癸辛杂识》放在《唐宋史料笔记丛刊》中是否合适？丛刊中的有些书名未

---

① 郑晓撰，李致忠点校：《今言》，中华书局 1984 年版，第 5 页。

使用原书的名字，如《唐语林校证》《封氏闻见记校注》《清波杂志校注》《麟台故事校证》等，这是否与《历代史料笔记丛刊》的这一丛书命名相悖？等等。然而，这些问题终是瑕不掩瑜，《历代史料笔记丛刊》的学术价值应该受到我们的重视。

二　"九全一海"工程的实施

20 世纪 80 年代以来，全国高校古籍整理工作规划委员会协调、组织和资助了《全唐五代诗》《全宋文》《全宋诗》《全元文》《全元戏曲》《全明文》《全明诗》《清文海》的整理，号称"七全一海"，加上《两汉全书》《魏晋全书》的整理，便是号称"九全一海"的"十全"古籍整理大工程。① 这些工程，远绍清康熙年间官方编纂《全唐诗》、嘉庆年间设馆编修《全唐文》的文化事业，使宋以后我国历代诗文大都有了总集。这些项目，在过去主要是由翰林院编修编纂、宰臣主持其事、皇帝亲撰序文的，是一个时代学术水平的标志，是特定时代文化兴盛的表现。在今天，这些工程的实施和逐步完成，是许多学人共同努力的结果，是古籍整理成果的重要体现。

通过"九全一海"工程的实施，历代诗文总集的编纂取得了丰硕的成果，这可以与历史上《全唐文》《全上古三代秦汉三国六朝文》《全唐诗》的编纂相媲美，是具有标志性意义的断代文学总集编纂成果。陈尚君曾提出断代文学全集评价标准应包含八个方面：其一，搜辑追求全备；其二，注明文献出处；其三，讲求用书及版本；其四，录文准确，备录异文；其五，甄别真伪互见之作；其六，限定收录范围；其七，作者小传及考按；其八，编次有序。② 就"九全一海"工程的价值来说，主要体现在以下四个方面。

---

① 《典籍耀故邦，学术惠四海——访全国高校古籍整理研究工作委员会主任、北京大学中文系教授安平秋》，《光明日报》2012 年 5 月 12 日第 2 版。
② 陈尚君：《断代文学全集的学术评价——〈全宋诗〉成就得失之我见》，《文汇报》2004 年 11 月 14 日。

（一）汇聚一代诗文作品，突出"全"之特点

"九全一海"工程都是卷帙浩繁的大部头文学总集，是对历代诗、文、曲作品的集中整理，必须通过集体协作的方式才能得以完成。通过全国高校古籍整理工作规划委员会的协调组织，全国古籍整理的力量得到统一调度，从20世纪80年代开始有条不紊地推进"九全一海"工程的实施。这些古籍整理工作都由各个领域的专家学者担任主编，带领古籍整理的专业人才开展工作，拟定编写方案、制定编纂凡例、进行文献整理，逐步完成这一巨大的文化工程。各个文献整理项目的基本概况可参看表3-7。

表3-7　　　　　　　　　**文献整理项目的基本概况**

整理项目	开始时间	主编	整理机构	整理情况	出版机构	完成时间
两汉全书	1996	董治安	山东大学	36册，近900名两汉人物的论著，1300多万字	山东大学出版社	2010
魏晋全书	2001	韩格平	东北师范大学	4册	吉林文史出版社	2008
全唐五代诗	1992	周勋初、傅璇琮、郁贤皓、吴企明、佟培基	苏州大学、河南大学、南京大学	与《全唐诗》相比增加诗人约1000人，诗作近5000首	陕西人民出版社	2015
全宋文	1985	曾枣庄、刘琳	四川大学、复旦大学、华东师范大学、上海师范大学	360册，作者9000多人，收录文章10万余篇，总字数超过1亿	安徽教育出版社、上海辞书出版社	2006
全宋诗	1986	傅璇琮、倪其心、孙钦善、陈新、许逸民	北京大学	72册，3785卷，4000万字，收录诗人9800余位	北京大学出版社	1999

续表

整理项目	开始时间	主编	整理机构	整理情况	出版机构	完成时间
全元文	1990	李修生	北京师范大学	61 册，1880 卷，约 2800 万字，收录作者 3200 余人，文章 35000 多篇	江苏凤凰出版传媒集团、凤凰出版社	2006
全元戏曲	1986	王季思	中山大学	12 卷，600 余万字	人民文学出版社	1999
全明文		钱伯诚、魏同贤			上海古籍出版社	
全明诗	1985	章培恒、倪其心	复旦大学			
清文海	1986	郑克晟	南开大学	106 册，约 2000 万字，收录作者 1800 余人，15000 余篇文章	国家图书馆出版社	2010

"九全一海"工程囊括了自西汉时期到清代两千多年的文学作品，包括诗歌、文章、戏曲等文学形式，按照时代、根据作品形式予以结纂。其中《两汉全书》《魏晋全书》为各类文献的全集，《全唐五代诗》《全宋诗》《全明诗》为断代诗歌总集，《全宋文》《全元文》《全明文》为断代文章总集，《全元戏曲》为断代戏曲总集，《清文海》为断代文章选集。除《清文海》外，"九全一海"工程均是对断代文学作品的全面结纂，"全"是其突出的特点，所谓"义取全备，巨细兼收"。而《清文海》的编纂，也为《全清文》的编纂打下基础。

中国古代留存下来了大量的文学作品，它们的作者既有文人骚客、政坛领袖，也有市井小民、释道方人，作品的种类非常丰富。就断代文学总集的编纂来说，南朝梁昭明太子萧统所编的《文选》，北宋所编的《文苑英华》，清代所编的《全唐诗》《全唐文》，都为整理和保存前代所遗留下来的大量文学作品做出了贡献。而随着科学技术的发展及出土文献、碑刻档案的整理，呈现在我们面前的前人文学作品也越来越多。

在所完成的各个断代文学总集中，荟萃了一代文学作品的全部内容。如《两汉全书》就囊括了汉代近 900 名人物的论著；《全宋诗》囊括了整个宋代 9800 余位诗人的 20 余万首诗作；《全宋文》囊括了宋代 9176 位作者的文章 178292 篇；《全元文》囊括了整个元代 3200 余人的文章 35000 多篇，等等。"九全一海"工程中的每个断代文学作品总集（或选集）都是对一代文学成就的总结和集中展示，是我们更好地学习和弘扬传统文化的重要资源。

（二）努力勾稽散篇佚文，以求完璧

文学作品在流传过程中，除了以诗文集的形式传播以外，还有些则由于失收、亡佚复出等原因以"集外文献"的形式留存下来；而有些碑刻、墓志铭、题诗等作品则连同其载体的发现而得以面世。因此，历代都有大量的散见文献因为没有编纂结集而存在。在"九全一海"的编纂过程中，除了收集作者已有诗文集中的诗文进行整理外，各种散篇佚文也都充分勾稽，通过辑佚抢救了大量文献。

"九全一海"除《清文海》外，编纂宗旨是"全"。既然要"全"，就必须巨细无遗，将一代诗文全部收录，这就涉及勾稽散篇佚文的问题。在这方面，各书均为一代诗文的汇集做出了榜样。例如，《全宋文》的编纂，宋人现存的别集之文（集内文）、别集未收之文（集外文）、无集传世的作者之文以及无名氏之文，都在搜采之列，几乎囊括无遗。对于集内之文，因有别集传世，搜采相对容易，对于集外之文和无集传世作者之文，就需要遍查各种文献，仔细勾稽，下大力气进行辑佚，以确保一代诗文的"全"。《全宋文》辑出之集外文达 7768 篇，所辑佚文远超前人所辑。如宋祁之文，其原集 150 卷已佚，清四库馆臣从《永乐大典》中辑出《宋景文集》52 卷，含文 790 篇，清孙星华补辑《宋景文集拾遗》22 卷，又实得佚文 301 篇，而《全宋文》在以上两种辑佚文集之外又辑得佚文 79 篇；再如张载之文，其原集已佚，明万历中沈自彰辑其遗著佚文为《张子全书》，今人章锡孙整理《张载集》，辑出佚文 4 篇，《全宋文》又多辑得 20 篇，其他如蒋堂、刘敞、舒亶、曾肇、王灼、吴芾等一大批作家的集外佚文都得以辑出，庶几达于完备。另外，还有一些宋人的集子为后人所编，遗漏甚多，也被《全宋文》一一辑出，如辑出傅尧俞佚文 101 篇、蒋之奇佚文 57 篇、孙觉佚文 20 篇、孙升佚文 86 篇、张浚佚文 351 篇、岳飞佚文 52 篇、洪迈佚文 220 篇等。相对于集外文的辑佚而言，无集作者之文的辑佚就更加困难，也更加必要。《全宋文》所收有文无集之作者 8792 人，佚文 55903 篇，数量巨大。黄震、富弼、范镇、李清臣、虞允文、张商英、李焘等人均在此列，所收佚文数量较多，大可编出新的集子。①

　　同《全宋文》一样，《全元文》也从各类文献（包括石刻、方志等）中勾稽了大量的集外文和有文无集者的佚文，如赵孟頫已有整理本《赵孟頫集》，《全元文》编纂者又从书画法帖及方志中辑出佚文 321 篇，其他如姚燧佚文增辑 19 篇、阎复佚文增辑 13 篇、元明善佚文增辑 25 篇，辑出王鹗佚文 22 篇、李冶佚文 16 篇、杨果佚文 3 篇、王磐佚文 34 篇、徐世隆佚文 14 篇、高鸣佚文 8 篇、李谦佚文 39 篇、鲜于枢佚文 13 篇、冯子振佚文 12 篇、曹元用佚文 21 篇等。《全元文》对有文无集者的佚文搜罗也很全面，如辑出宋子贞佚文 5 篇、李昶佚文 4 篇、王博文佚文 8 篇、王利用佚文 10 篇、王思廉佚文 16 篇、尚野佚文 8 篇、刘赓佚文 14 篇等，《全元文》共搜集有文无集之作者 3000 人，为广大学者从事元代文史研究带来了极大方便。②

---

　　① 参见刘琳《从〈全宋文〉的"全"看其学术价值》，《宋代文化研究》第 17 辑，四川大学出版社 2009 年版，第 1—25 页。

　　② 参见周清澍《全元文出版的意义及今后的展望》，《学史与史学——杂谈和回忆》，上海古籍出版社 2011 年版，第 243—254 页。

"九全一海"全面勾稽散篇佚文，不仅使散佚篇章进入人们视野，丰富了学术研究的资料，而且对整理各代作者别集提供了极大便利，意义是多方面的。

（三）精心选择版本，汇聚异本认真校理

进行断代诗文总集的编纂，版本的选择至关重要，否则就会出现各种错误，影响全书的质量。"九全一海"文化工程的一个突出特点就是精心选择底本，汇聚异本进行认真校理，保证了这些巨大文化工程的质量，显示了古籍整理的巨大价值。

《全宋文》《全宋诗》《全元文》等在文集底本的选择上，都确立了选择较好、较全的本子作为底本，也就是"尽可能选用足本、校勘性善本为底本"①。以《全元文》为例，在文集底本的选择上，就特别注意选取那些刊板流传较早，能够较完整地保存作者文章原貌的版本，同时也重视收存抄录、校勘精良的善本。"《全元文》合计收录元刊本、元刻明修本、明刊本、明刊清修本 44 种；丛书中影印的元明善本 24 种；明抄本 5 种；文渊阁《四库全书》本 61 种；其他各类刊本、抄本、影印本 69 种。"②据学者研究，在《全元文》采录的元刊本中，大部分是作者文集的始刊本，如马祖常的《石田先生文集》最早刻于后至元五年，《全元文》即据此始刊本收录马氏文章。即便一些元刊本或元刊明修本没有采用始刊本，也大多采用现今存世的最早刊本，如陈旅有元至正间刊本《安雅堂集》13 卷，今不存，国家图书馆藏有元刊明修本《陈众仲文集》13 卷，是今存陈旅文集的最早版本，《全元文》即据此版本收录陈旅集中之文 184 篇、补集外文 6 篇。其他如元人文集的明刊本、清刻本等，也不乏最早的传世刻本。③在尽量选择善本的同时，"九全一海"工程还尽量选择

---

① 《全宋文》，巴蜀书社 1988 年版，"凡例"。
② 李修生：《〈全元文〉编纂始末》，《中国典籍与文化》2007 年第 2 期。
③ 参见邱居里《元代文献探研》第十章《元人文集的整理与总结——〈全元文〉编纂特点与得失》，北京师范大学出版社 2014 年版。

全本，如元人刘敏中有《中庵集》25 卷，清修《四库全书》时未见其书，认为已经散佚，乃从《永乐大典》中辑出《中庵集》20 卷，其中文章仅 142 篇。其实刘敏中集子并未佚失，国家图书馆就藏有元元统二年刊本《中庵先生刘文简公文集》25 卷微缩胶卷以及清抄本一部，《全元文》即以全本《刘文简公文集》为底本，收录刘敏中之文 219 篇，补以集外文 15 篇。对于有多部文集的作者，在收文时往往综合多部文集，以广收采，保证全面。① 《全宋诗》还要求尽量保存底本原貌，使读者通过《全宋诗》见到现存传世的多种宋集善本的情况。②

　　除了选择善本足本外，"九全一海"工程还广聚异本，认真校勘，精益求精，进一步提高了学术质量。例如，《全宋诗·穆修诗》就是采用述古堂影宋抄本《河南穆公集》为底本，参校文渊阁《四库全书》本，发现文渊阁《四库》本所作校勘大多是正确的。如诗题《和秀才江墅幽居好十首》中，文渊阁《四库》本于"秀才"上有"毛"字，而诗序中说"荥阳先生有墅在宣城之南"，道光许印林抄本、张石洲抄本皆作"毛生"③，可见文渊阁《四库》本所题是有道理的，也符合诗序的内容。④ 又如，《全元文·耶律楚材文》所收 79 篇文章，就以无锡孙氏小绿天藏影元写本《湛然居士文集》《西游录》为底本，参校清光绪袁昶刻浙西村社本，校出不少有价值的异文。如在《进西征庚午元历表》中，"盖建立都国而各殊"，浙西村社本作"国都"；"夫端人取友必端矣，京城楚卿、子进、秀王辈，此数君子皆端人也"，浙西村舍本"王"作"玉"等⑤，通过校勘能够发现文献中

　　① 参见邱居里《元代文献探研》第十章《元人文集的整理与总结——〈全元文〉编纂特点与得失》，北京师范大学出版社 2014 年版。

　　② 《全宋诗》编纂委员会：《〈全宋诗〉编纂说明》，《中国文化》1989 年创刊号。

　　③ 傅璇琮、倪其心、孙钦等主编：《全宋诗》第 3 册，北京大学出版社 1999 年版，第 1610页。

　　④ 《全宋诗》编纂委员会：《〈全宋诗〉编纂说明》，《中国文化》1989 年创刊号。

　　⑤ 李修生主编：《全元文》第 1 册，江苏古籍出版社 1999 年版，第 212 页。

的讹错倒衍等问题。这样的例子在"九全一海"中非常普遍，实现了"版本力求选择足本善本，校勘力求精审，标点力求准确"的目标。①

（四）钩沉考证作者生平，丰富人物事迹

在古代众多的作家中，能够进入正史传记中的数量是非常有限的。正史的儒林传、文苑传中所记载的诗文家数量有限，能够专门立传者更少。因此，非常多的作家往往并不为人所知，甚至在史传中不着一字。对于完全不了解作者信息的文学作品，自然给理解和研究带来诸多问题，故而必须对文献作者生平进行探究，以做到知人论世。

"九全一海"收录诗文的作者数量庞大，如《两汉全书》收录作者近900人，《全宋诗》收录作者9800余人，《全宋文》收录作者近9000人，如此多的作者，"九全一海"编纂者在编纂过程中都尽最大可能对作者生平予以准确详细的描述，于史无传者也旁搜博考尽量找到作者的有关信息。正史无传者，则通过查考时人文集、诗文唱和之作、碑铭行状等来获得相关信息。例如，宋代的张保雍，《宋史》无传，而在同时代人曾巩的《元丰类稿》中则收有《刑部郎中张府君神道碑》，从中基本可以勾勒他的一生，"字粹之，禹城（今山东禹城）人。景德二年中进士甲科，授山阴主簿，监尉氏酒，知三泉，通判齐州、鄜州、晋州。仁宗即位，以屯田员外郎知汉州，擢拜都官。还朝，连拜职方度支判官、契丹国信使、荆湖北路转运使，迁祠部郎中。满岁，更两浙转运使，加刑部郎中。明道二年九月卒，年五十九"②。《全宋文》即据其撰写作者小传。又如宋代的王初，《直斋书录解题》卷20曾著录其有诗一卷，但云"未详何人"，《全宋诗》编纂者据嘉靖《建宁府志》卷十五考知其为福建建瓯人，仁宗天圣二年进士③。再如宋代的胡恢，《宋史》无传，也找不到记载其生平

---

① 《全宋文》，巴蜀书社1988年版，"前言"。

② 曾枣庄、刘琳主编：《全宋文》第15册，上海辞书出版社、安徽教育出版社2006年版，第132—133页。

③ 《全宋诗》编纂委员会：《〈全宋诗〉编纂说明》，《中国文化》1989年创刊号。

的碑铭行状等资料，但沈括在《梦溪笔谈》卷十五中曾提到其为金陵人，所任官职为华州推官，虽然这些资料提供的信息非常有限，并不能完整地将其生平仕履予以一一说明，但《全宋诗》的编纂者也将这些信息予以说明，并注明材料来源。①

除勾稽考作者信息外，"九全一海"编纂者还对所收录文献的作者归属、真伪歧异等问题进行甄别，以保证作者与诗文准确对应。古代文献在流传过程中有时候会出现作者失题、真伪掺杂、题序与本文混乱等情况，给作品的作者归属带来很大麻烦。如"欧阳修《六一诗话》记九僧诗，谓惠崇有'春生桂岭外，人在海门西'。按此二句见释希书《怀广南转运陈学士状元》诗，为五律中的颔联，见《清波杂志》卷十一。希书今存诗十八首，此为其一。同样情况，《六一诗话》所谓惠崇'马放降来地，雕盘战后云'，实为惠昭《塞上赠王太尉》五律中二句，也见于《清波杂志》卷十一。这大约是欧阳修的误记"②。这样的情况在古文献中是非常突出的，但经过"九全一海"工程的排查与钩玄，很多问题都得到了解决。

总之，"九全一海"对作者生平的钩沉考证，丰富了各个断代的人物事迹，不仅使断代文学史有了具体依据，事实上也为中国古代史或古代文化史增添了许多内容。

另外，"九全一海"工程在编纂过程中也有许多经验是值得我们重视的。第一，集体讨论编纂的体例和方法。对于如何编纂各个总集，不同的学者有不同的考虑。在每部书开始编纂之前，基本都采取了开编纂研讨会的方式来就编纂原则、收文原则、编写体例以及具体分工等问题进行反复的研讨，尽量使参与者能够采取基本一致的方法来进行编纂，这对保障各个工程的顺利实施是非常有帮助

---

① 傅璇琮、倪其心、孙钦善等主编：《全宋诗》第 6 册，北京大学出版社 1999 年版，第 4268 页。

② 傅璇琮、倪其心、孙钦善等主编：《全宋诗》第 1 册，北京大学出版社 1999 年版，"编纂说明"第 18 页。

的。第二，借鉴前人经验，采用更为科学合理的编纂体例。总集的编纂体例，历史上出现过很多的类型，尤其是其中对于作品编排的顺序、各文体的分类标准、作者生平介绍等内容，有着诸多差异。而在这些工程的实施过程中，对历史上总集编纂的体例进行了斟酌损益，制定了更符合现代学术规范、更利于现代学者使用的编纂体例。第三，编写出许多很有特点的实用索引。索引对于使用和研究大型书籍具有不可替代的独特价值，而实用性强的索引更是不可多得的优秀学术作品。在这些工程中，有很多都在总集的最后附有较好的索引。例如《全宋文篇目分类索引》参照《清代文集篇目分类索引》《元人文集篇目分类索引》《全唐文篇目分类索引》的编排方法，分为人物传记、史事典章、宗教、艺文杂撰四大部分；而在每部分的细目，则结合宋代的社会实际、名物典章制度具体设置，与前面三书略有不同。

当然，"九全一海"工程也存在一些问题。例如，其中的《金明文》《金明诗》最后没有做完；其他总集"全而未全"，绝对的"全"也是不可能的，失收文献数量也有很多；成于众手，整理工作的结果存在不少错误；等等。学界也刊发了不少对"九全一海"批评、补遗、辨误的论文，所指出的问题将在今后各个总集的续编或再版时逐步得到补充和纠正，以求完璧。这些批评对今后大型古籍整理工程的实施有所启示。

三　四库系列丛书

《四库全书》作为清代所修的一部历史上最大的丛书，保留了许多重要的文献材料，是古人留给我们的一份重要文化遗产。然而，由于专制统治的高压政策和文网，在编修《四库全书》的过程中，许多古籍被列入"存目"的范围，还有许多古籍被禁毁，同时还存在一些未被《四库全书》收录的古籍。这不得不说是《四库全书》编修后留下的重大缺憾，而随着历史的发展，清代中后期还产生了数量众多的古籍，这也是《四库全书》所无法涵盖的范围。因此，改革开放以来，除影印《四库全书》以外，自 1992 年起，国家先后投入力量编纂出版了《四库存目丛书》《续修四库全书》《四库禁毁书丛刊》《四库未收书辑刊》等"四库"系列古籍整理工程，对学术研究和文化发展产生了重要影响。

（一）四库系列丛书的整理出版

《四库全书》是在乾隆皇帝的主持下，由纪昀等 360 多位高官、学者编撰，3800 多人抄写，费时十三年编成。丛书分经、史、子、集四部，故名"四库"。共收书 3500 多种，7.9 万卷，3.6 万册，约 8 亿字，基本上囊括了中国古代所有图书，故称"全书"。张舜徽先生说："古今丛书之大，未有逾于《四库全书》者也。"[①] 当年，乾隆皇帝命人手抄了 7 部《四库全书》，下令分藏于全国各地。先抄好的四部分贮于紫禁城文渊阁、辽宁沈阳文溯阁、圆明园文源阁、河北承德文津阁珍藏，这就是所谓的"北四阁"。后抄好的三部分贮扬州文汇阁、镇江文宗阁和杭州文澜阁珍藏，这就是所谓的"南三阁"。20 世纪 30 年代，商务印书馆以文渊阁本为底本，刊刻《四库珍本初集》，这是《四库全书》成书以来出版印行的第一次。不过，囿于当时的条件，《四库珍本初集》选印量仅全书的二十分之一。1970—1982 年，台湾商务印书馆据文渊阁本将《四库全书》影印行世，《四库全书》全本首次得以问世。1989 年，上海古籍出版社再次影印出版文渊阁本《四库全书》。1997 年，武汉大学出版电子版文渊阁本《四库全书》，《四库全书》的使用变得更为便捷。

1992 年夏，中国东方文化研究会历史文化分会正式提出编纂出版《四库全书存目丛书》的计划，1992 年 12 月该计划获得国务院古籍整理出版规划小组批准，列为国家级重点项目。1993 年 1 月组成了由刘俊文任主任的《四库全书存目丛书》编纂出版工作委员会，

---

① 张舜徽：《学林脞录（中）》，南开大学出版社 2018 年版，第 488 页。

开始调查存佚、规划体例、募集资金等筹备工作。1994 年 5 月又成立了由季羡林任总编纂、国内外近百位专家学者参加的《四库全书存目丛书》编纂委员会，开始编纂工作。通过对全世界两百多家图书馆、博物馆及一些私人收藏的文献进行大规模查访，弄清了存目书现存四千多种，另有近两千种书没有下落，估计大都已经失传。查明下落的这四千多种书经选择善本、剔除重复等工序，共得 4508 种，按传统分类法分为经史子集四部，计经部书 734 种，史部书 1086 种，子部书 1253 种，集部书 1435 种，由齐鲁书社于 1995—1997 年影印出版，精装 16 开本，一千二百册，每册都编了序码，四部序码自成起止，便于翻查。

1994 年 7 月，以中国出版工作者协会主席宋木文为主任的"续修四库全书工作委员会"和以顾廷龙、傅璇琮为主编的"续修四库全书编纂委员会"宣告成立。到 2002 年，上海古籍出版社出齐《续修四库全书》，共收书 5213 种，分装 1800 册，其中经部 260 册，史部 670 册，子部 370 册，集部 500 册。其收录范围包括《四库全书》成书前传世图书的补选以及《四库全书》成书后著述的续选。

《四库禁毁书丛刊》具体是以姚觐元《清代禁毁书目》、孙殿起《清代禁书知见录》、雷梦辰《清代各省禁书汇考》和陈乃乾《索引式的禁书总录》所著录的图书为主要收录范围。它不是清代所有禁书的总汇，不收录清乾隆以后的各种禁毁小说、戏曲。所收禁毁书以刻本、活字本、抄本为主，石印本、铅印本、影印原刻本酌情收录，点校本不予收录。本书共分十期，每期内依经、史、子、集四部排列。1997 年 6 月由北京出版社出版，16 开精装 300 册。

《四库未收书辑刊》主要根据《四库未收书分类目录》所收录的清乾隆四库馆臣未见和清乾隆以降至清末问世的书籍，几乎网罗了当时存世《四库全书》以外的优秀书籍，共收录典籍近 2000 种，分十辑精装影印出版，每辑据所收部类按经、史、子、集排序，版本均力遵"分类目录"著录的版本征访，每种书前均加书名页，其中著录书名、卷数、作者、版本等。《四库未收书分类目录》在文献学和目录学上都极具权威性，从而使在"分类目录"框架内编辑的《四库未收书辑刊》在文献的保存、类目的划分、底本的遴选上都有充分合理的依据和可靠的学术保证。《四库未收书辑刊》以"尊重历史、保存典籍，择善而从、整旧如旧"为编纂出版的宗旨，于1997年12月由北京出版社影印出版，16开精装300册。

（二）四库系列丛书的价值

四库系列古籍整理工程的实施，是嘉惠学林的一项重要举措，它的价值主要体现在以下四个方面：

首先，信息量大，所收文献覆盖中国古代文明的整个历史时期。《四库全书》集我国古代文献之大成，共计收清乾隆以前历代图书3462种（各阁所收《四库全书》种数不同，此据文津阁本），以其种类之广、收藏之巨而被誉为"文献渊薮，学术津梁"。而改革开放新时期整理出版的四部丛书，分别为：《四库存目丛书》收录图书4508种，《四库禁毁书丛刊》收录图书634种；《续修四库全书》收录图书5213种，《四库未收书辑刊》收录图书近2000种。这四套丛书所收古籍基本上没有重复，故四者合计收历代图书12355种。从数量上看，是《四库全书》的3倍多；从时间上看，覆盖了辛亥革命以前整个有文字记载的历史时期；从形式上看，不仅有装订成册的图书，还有新出土的简帛类文献、敦煌卷子等；从文献收藏的地域范围上看，遍及海内外各大图书馆、博物馆与公私藏家。特别值得关注的是，"四库系列丛书"还收录了大量清乾隆以后的著作，荟萃中国古代文明最后两百年的辉煌成就，弥补了古籍丛书在这方面收藏的不足。

其次，学术性强，囊括历代重要作品，特别是补充明代和清乾隆以后的重要著述。

一是补充收录了编纂《四库全书》时失收的确有学术价值的作品。《四库全书》编纂时，受政治标准的影响，不少著作或被查禁、焚毁，或列入存目，如明李贽的《藏书》与《续藏书》、明张居正的《太岳集》、清黄宗羲的《南雷文定》等有关哲学、政治思想方面的著作，现都收入《续修四库全书》中；佚名的《元典章》、清顾炎武的《天下郡国利病书》等史地方面的著作，《元典章》被收入《四库存目丛书》中，《天下郡国利病书》被收入《续修四库全书》中；明何乔远的《名山藏》、明茅元仪的《武备志》、清钱曾的《读书敏求记》等子部书籍，都被收入《续修四库全书》中；明华淑的《明诗选》、清钱谦益的《列朝诗集》等文学作品，其中《明诗选》被收入《四库禁毁书丛刊》中，《列朝诗集》被收入《续修四库全书》中，等等。这些著作在相关领域，都具有重要的地位和影响。

二是收录了新出土的竹简帛书、敦煌遗书以及新从域外访回的古籍。如收录在《续修四库全书》中的马王堆汉墓帛书本《老子》《五星占》、银雀山汉墓竹简本《孙膑兵法》、武威汉简本《仪礼》、敦煌残卷本《古文孝经》、日本藏南宋刻本《历代地理指掌图》等，都是当年四库馆臣所未见到的古籍。它们的发现或回归，填补了学术研究方面的空缺，修正了以往人们认知上的某些错误，其价值不言而喻。

三是荟萃清代特别是乾嘉以后的学术成果。前面已经说过，《四库全书》的一个特点（或者说是一个不足）是"贵远贱近"，明清人的著述收录很少，清乾隆及乾隆以后的学术著作更无从谈起。而这一时期却是我国学术的又一个繁盛期。诚如王国维所说："自汉以后，学术之盛，莫过于近三百年。此三百年中，经学、史学皆足以陵驾前代，然其尤卓绝者则曰小学。"[①] 清代中期以纪昀、戴震、翁方纲、姚鼐、王念孙、阮元为代表的乾嘉学派，后期以魏源、龚自珍、康有为、梁启超、严复、章太炎、王国维为代表的新学，集中反映了中国传统文化在专制社会晚期的嬗变与发展，而《续修》及《禁毁书丛

---

① 王国维：《周代金石文韵读序》，《观堂集林》卷八，中华书局 2004 年版。

刊》向人们全面展示了这一时期的重要作家与学术成果，承上启下，建立起了一座由古代通向现代学术研究的桥梁。

再次，版本珍稀，尽现古代刻印技术与书写艺术的辉煌成就。

在编纂《四库全书》的过程中，清政府除了摒弃、销毁所谓有"违碍""悖逆"内容的图书外，对收入《四库全书》的书籍也进行严格的政治审查，凡是认为有诋侮满族等少数民族的文字均加以改窜，甚至成段成篇地删除。加上《四库全书》为手工誊录，抄录者有时根据自己的理解，随意改动文字，这就使得所录文献的原始性受到一定的影响。而《续修》等三大丛书采用现代影印技术，真实地再现了原书的风貌，在提供文献利用的同时，也使人们领略到古代刻印技术与书写艺术的辉煌成就，这是《四库全书》所不能比拟的，也是时代使然。在底本的选用上三大丛书都极为审慎，多方搜集、比较，力争采用最好的本子。如《四库存目丛书》选用宋刻本 15 种，宋写本 1 种，元刻本 21 种，明刻本 2152 种，明钞本 127 种，清抄本 330 种，清刻本 1634 种，三成以上为孤本或稀见本。《四库禁毁书丛刊》所收孤本约占全书的 15%，善本约占全书的 75%。而《续修四库全书》除大量采撷宋、元、明善本外，还大量采用出土文献、敦煌卷子、海外藏书作为底本，并由此形成一大特色。以《续修四库全书·经部·易类》为例，在所收录的 252 种古籍中，清以前成书的有 68 种，所采用的宋、元、明刻本、抄本或出土文献、敦煌卷子、海外藏书就达到 51 种之多，具体如表 3 - 8 所示。

表 3 - 8　　　《续修四库全书·经部·易类》所收书（部分）

书名	著者	版本
马王堆帛书周易经传释文	廖名春释文	
敦煌周易残卷	（魏）王弼注	影印法国国家图书馆藏卷
关氏易传	题（后魏）关朗撰，（唐）赵蕤注	影印上海图书馆藏明范氏天一阁刻本

续表

书名	著者	版本
周易经典释文残卷	（唐）陆德明撰	影印法国国家图书馆藏卷
周易正义	（唐）孔颖达撰	影印国家图书馆藏宋刻递修本
周易注疏	（魏）王弼注 （晋）韩康伯注 （唐）孔颖达疏	影印国家图书馆藏宋两浙东路茶盐司刻宋元递修本
易经解不分卷	（宋）朱长文撰	影印湖北省图书馆藏明崇祯四年刻本
周易新讲义	（宋）龚原撰	影印复旦大学图书馆藏日本文化五年活字印佚存丛书本
泰轩易传	（宋）李中正撰	影印复旦大学图书馆藏日本宽政十二年活字印佚存丛书本
易经训解	（宋）熊禾训解	影印复旦大学图书馆藏明崇祯十六年刻本
周易通义八卷、发例二卷、识蒙一卷、或问三卷	（元）黄超然撰	影印上海图书馆藏明抄本
周易旁注二卷卦传十卷前图二卷	（明）朱升撰	影印首都图书馆藏明刻本
易经旁训	（明）李恕撰	影印南通图书馆藏明万历二十四年陈大科刻本
周易通略	（明）黄俊撰	影印南京图书馆藏明抄本
易学象数举隅	（明）汪敬撰	影印安徽省图书馆藏明嘉靖十八年汪奎刻本
玩易意见	（明）王恕撰	影印山东省图书馆藏明正德元年刻本
周易赞义	（明）马理撰	影印国家图书馆藏明嘉靖三十五年郑絧刻本
泾野先生周易说翼	（明）吕柟撰	影印国家图书馆藏明嘉靖三十二年谢少南刻泾野先生五经说本
莲谷先生读易索隐	（明）洪鼐撰	影印辽宁省图书馆藏明嘉靖二十六年顺裕堂刻本
学易记	（明）金贲亨撰	影印国家图书馆藏明嘉靖刻本

续表

书名	著者	版本
易学四同	（明）季本撰	影印北京大学图书馆藏明嘉靖刻本
易学四同别录	（明）季本撰	影印北师大图书馆藏明嘉靖刻本
读易记	（明）王渐逵撰	影印南京图书馆藏明刻本
周易义丛十六卷首一卷	（明）叶良佩辑	影印国家图书馆藏明嘉靖刻本
周易不我解	（明）徐体乾撰	影印南京图书馆藏明万历刻本
胡子易演	（明）胡经撰	影印天一阁藏明抄本
读易纂五卷首一卷	（明）张元蒙撰	影印北京大学图书馆藏明万历王世贞刻本
易经正义	（明）鄢懋卿撰	影印上海图书馆藏明嘉靖四十年吴初泉刻本
周易传义补疑	（明）姜宝撰	影印国家图书馆藏明万历十四年古之贤新安郡斋刻本
易象汇解	（明）陈士元撰	影印国家图书馆藏明万历刻归云别集本
今文周易演义十二卷首一卷	（明）徐师曾撰	影印国家图书馆藏明隆庆二年董汉策刻本
周易象义六卷读易杂记四卷	（明）章潢撰	影印国家图书馆藏明抄本
九正易因	（明）李贽撰	影印辽宁省图书馆藏清初毛氏汲古阁刻本
易原	（明）陈锡撰	影印北师大图书馆藏明万历二十七年刻本
易学	（明）沈一贯撰	影印首都图书馆藏明万历刻本
易意参疑首编二卷外编十卷	（明）孙从龙撰	影印上海图书馆藏明万历五年书林翁时化刻本
生生篇	（明）苏濬撰	影印浙江省图书馆藏明万历二十五年刻本
易筌六卷附论一卷	（明）焦竑撰	影印中国科学院图书馆藏明万历四十年刻本
易象管窥	（明）黄正宪撰	影印复旦大学图书馆藏明刻本
新刻易测	（明）曾朝节撰	影印南京图书馆藏明万历刻本
周易正解二十卷读易一卷	（明）郝敬撰	影印浙江省图书馆藏明万历郝千秋郝千石刻郝氏九经解本

续表

书名	著者	版本
石镜山房周易说统	（明）张振渊撰	影印浙江省图书馆藏明万历四十三年石镜山房刻本
周易古本全书汇编	（明）李本固辑	影印北京大学图书馆藏明万历刻本
周易象通	（明）朱谋㙉撰	影印国家图书馆藏明万历刻本
周易可说	（明）曹学佺撰	影印甘肃省图书馆藏明崇祯刻本
周易揆	（明）钱士升撰	影印浙江省图书馆藏明末赐余堂刻本
周易宗义	（明）程汝继辑	影印国家图书馆藏明万历三十七年自刻本
周易疏义	（明）程汝继撰	影印上海师大图书馆藏明崇祯八年姚学心等刻本
周易爻物当名	（明）黎遂球撰	影印北京大学图书馆藏明崇祯刻本
说易	（明）乔中和撰	影印复旦大学图书馆藏明崇祯十年乔钵刻跻新堂集本
易经解醒	（明）洪守美 （明）郑林祥辑著	影印杭州大学图书馆藏明末东吴铭新斋刻本

从表3-8所列出的古籍版本可以看出，仅就《续修四库全书·经部·易类》来说，这部分古籍凡是有宋、元、明旧刊者，均被收入其中；而马王堆帛书本、敦煌写卷本、日本藏本、明抄本等，也都被采纳，足见《续修四库全书》所收古籍版本的精审。

最后，体例有所创新，能够顺应时代与新兴学科的发展变化。

四部分类，起于西晋，历代相沿，体例不断完善，至乾隆朝编纂《四库全书》时达到顶峰，《续修四库全书》等四大丛书沿袭传统的四部分类法，按经、史、子、集四部分类，部下再细分类目。但为了适应时代的发展与新兴学科的出现亦有所变更与创新，如古代重诗歌散文而轻小说戏曲，《四库全书》就不收小说戏曲类的作品。《续修四库全书》突破了这一禁区，于集部新增"戏剧类"和"小说类"，所收书目见表3-9。

表3－9　　　　　　　　　　《续修四库全书·集部·戏剧类》

书名	作者
古今杂剧三十种	一
改定元贤传奇十六卷（存六卷）	（明）李开先辑
元曲选一百卷论曲一卷	（明）臧懋循辑，（明）陶宗仪等撰
古杂剧	（明）王骥德编
新镌古今名剧柳枝集	（明）孟称舜编
新镌古今名剧酹江集	（明）孟称舜编
盛明杂剧初集	（明）沈泰辑
盛明杂剧二集	（明）沈泰辑
杂剧三集	（清）邹式金辑
奇妙全相注释西厢记五卷卷首题咏一卷	（元）王实甫，（元）关汉卿撰
新校注古本西厢记五卷汇考一卷	（明）王骥德撰
杨东来先生批评西游记	（明）杨讷撰
四声猿	（明）徐渭撰
灯月闲情十七种	（清）唐英撰
吟风阁	（清）杨潮观撰
乔影	（清）吴藻撰
永乐大典戏文三种	
六十种曲	（明）毛晋辑
新刊元本蔡伯喈琵琶记	（元）高则诚撰
新刊重订出相附释标注月亭记	（元）施惠撰
连环记	
新编林冲宝剑记	（明）李开先撰
重刊五色潮泉插科增入诗词北曲勾栏荔镜记	
新编目连救母劝善戏文	（明）郑之珍撰
牡丹亭还魂记	（明）汤显祖撰
新刻博笑记	（明）沈璟撰
玉茗堂批评红梅记	（明）周朝俊撰
鸣凤记	（明）王世贞撰

续表

书名	作者
重校玉簪记	（明）高濂撰
东郭记	（明）孙锺龄撰
新刻全像古城记	—
怀远堂批点燕子笺	（明）阮大铖撰
一笠庵汇编一捧雪传奇	（清）李玉撰
一笠庵彙编清忠谱传奇	（清）李玉等撰
秣陵春传奇	（清）吴伟业撰
十五贯	（清）朱䃅撰
风筝误传奇	（清）李渔撰
钧天乐	（清）尤侗撰
长生殿传奇	（清）洪昇撰
桃花扇传奇	（清）孔尚任撰
临川梦	（清）蒋士铨撰
雷峰塔传奇	（清）方成培撰
新刊耀目冠场擢奇风月锦囊正杂两科全集四十一卷（存三十八卷）	（明）徐文昭辑
新刻京板青阳时调词林一枝	（明）黄文华选辑
新刻群音类选官腔二十六卷诸腔四卷北腔六卷清腔八卷补五卷（官腔存卷六至卷二十六，北腔存卷一、卷四至卷六）	（明）胡文焕辑
新刊分类出像陶真选粹乐府红珊	（明）秦淮墨客辑
新刊徽板合像滚调乐府官腔摘锦奇音	（明）龚正我辑
鼎锲徽池雅调南北官腔乐府点板曲响大明春	（明）程万里辑
彩云乘新镌乐府遏云编	（明）槐鼎，（明）吴之俊辑
新镌出像点板缠头百练	（明）冲和居士辑
重订缀白裘新集合编十二集	（清）钱德苍辑
审音鉴古录	—
梨园集成	（清）李世忠编

续表

书名	作者
新镌楚曲十种（存五种）	—
虞初志	—
虞初新志	（清）张潮辑
虞初续志	（清）郑澍若辑

表 3 – 10　　　　　《续修四库全书·集部·小说类》

书名	作者
飞燕外传	题（汉）伶玄撰
隋遗录	题（唐）颜师古撰
游仙窟	（唐）张鸷撰
梅妃传	—
杨太真外传	题（宋）乐史撰
李师师外传一卷附录一卷	—
清平山堂话本二十七种	（明）洪便辑
古今小说	（明）冯梦龙辑
警世通言	（明）冯梦龙辑
醒世恒言	（明）冯梦龙辑
拍案惊奇	（明）凌濛初撰
二刻拍案惊奇三十九卷杂剧一卷	（明）凌濛初撰
新增补相剪灯新话大全四卷附录一卷	（明）瞿佑撰
新增全相湖海新奇剪灯余话大全	（明）李昌祺撰
聊斋志异	（清）蒲松龄撰
新齐谐二十四卷续新齐谐十卷	（清）袁枚撰
萤窗异草	（清）浩歌子撰
夜雨秋灯录八卷续八卷	（清）宣鼎撰
三国志通俗演义	（明）罗贯中撰
李卓吾先生批评忠义水浒传一百卷引首一卷	（明）施耐庵、罗贯中撰，（明）李贽评
李卓吾先生批评西游记一百回	（明）吴承恩撰、（明）李贽评

续表

书名	作者
红楼梦	（清）曹雪芹撰，题（清）高鹗补撰
儒林外史	（清）吴敬梓撰
镜花缘	（清）李汝珍撰
儿女英雄传	（清）文康撰
侠义传	（清）石玉崑撰
二十年目睹之怪现状	（清）吴趼人撰
官场现形记	（清）李宝嘉撰
老残游记二十卷二编九卷外编（残稿）一卷	（清）刘鹗撰
孽海花	曾朴撰

　　这其中就包含像《古今杂剧三十种》《牡丹亭还魂记》这样的戏剧作品和《红楼梦》《儒林外史》等小说，改变了以往四部分类法下没有戏剧小说作品地位的局面，更为真实地反映出中国古代文学发展的全貌。

　　又如，清代后期西学东渐，出现了大量的翻译著作，对我国资产阶级启蒙思想的形成和科学技术的发展，都产生了重要影响。《续修》于子部增列"西学译著类"，收清严复翻译的英赫胥黎的《天演论》、明徐光启笔受的《几何原本》等西方学术著作多种，真实地反映了这一时期学术思想的新趋向。这都是对传统四部分类法的大胆创新，也是从目录学上反映学术发展，"辨章学术，考镜源流"的最好注脚。

　　综上所述，《续修四库全书》等四大丛书与《四库全书》一起，构筑起了一座中国古代典籍的基本库，它们对保存和弘扬传统文化、进行学术研究与文献资料的整理利用都将产生重要的作用和影响。但是，由于这四部丛书规模浩大，涉及面广，编纂时间又比较仓促，因此也难免会有一些不尽如人意的地方。例如，有少量的重复收录、遗漏失收等，这些问题还有待今后广大古籍整理者的继续努力加以解决。

四　《中国地方志集成》

中华民族历史悠久，地方志是一个巨大的知识宝库，其中大量的珍贵史料，具有很高的历史价值和科学价值。地方志的修纂起源很早，如果从战国时期的《禹贡》算起，已有2000多年历史，至宋代日趋兴盛，明清以来方志修纂几乎遍及州县乡镇。且无论官修私纂，记载的范围都相当广泛，凡政治、经济、自然、军事、文化等无不涉猎，对后人进行研究和开展实际工作有重要的参考价值。新中国成立后，特别是改革开放以来，一些国民经济建设项目，由于参考了方志，避免了一些损失，也带来了可观的经济效益。

然而，由于旧方志在修纂之时刊印数量就很少，长期以来又大量失传，现存的方志中，宋、元、明刻本已是极为稀见的珍本，即便是清代的刻本，几乎大部分也是复本不多，流传不广。据有关资料统计，就各地区的藏书单位来说，按全国各省、自治区平均统计，大约收藏有本省、区方志的70%，其中甘肃达95%，湖南达90%，福建达85%。这就是说，大部分省、区还有30%以上本地的方志在本省、区没有收藏，而收藏其他省、区旧方志的数量就更少。另外，尽管旧方志留存下来的种类很多，但每一种存世的部数都很少，查阅极其不便，一些稀世孤本简直无从查阅，这对研究方志和利用方志进行其他工作造成了困难。早在1979年，陈光贻就提出编辑《中国地方志集成》①，在专家学者的呼吁下，1987年启动了《中国地方志集成》的选编工程，1990年编辑完成，由江苏古籍出版社（凤凰出版社）、上海书店、巴蜀书社联合陆续出版。

（一）《中国地方志集成》的编纂

我国的地方志书种类繁多，卷帙浩繁。《中国地方志联合目录》

---

① 陈光贻：《建议编辑〈中国地方志集成〉》，《史学史资料》1979年第1期。

所著录的方志就有8343种，119687卷，实际存书尚不止此数。从种类来说，大者有通志（省志）、道志、府志、厅志、州志、卫志、市志、县志、关志等；小者有镇志、乡志、村志、所志、屯志，乃至山、水、湖、塘、堤、寺、祠、园、楼、亭、桥、书院等，也编有志书。《中国地方志集成》编辑出版的指导思想是积累文化遗产，提供完整资料。那么，选收哪些种类的志书和以哪种志书为重点呢？章学诚在《州县请立志科议》中说："史事责成，当始于州县之志。"州县志是基层志书，记载当地事物比较真实。在现存的地方志书中，县志数量居于首位，有5441种，70904卷。乡志、镇志、村志、里志等，更是资料可靠，至今存世尚有三百余种，因此乡镇志等也是收录的重点。至于作为方志重要支流的山志、水志、寺志、祠志、园林志、书院志等专志，内容丰富，特点显著，它们在世界文化史上，堪称罕见，整理出版这类专志，对于推进文学、历史、宗教和旅游等领域的研究，都是重要的和必须的，因而《中国地方志集成》也予以收录。总之，《中国地方志集成》收录方志的原则是：依照方志记载内容的范围，凡综合记录一定行政单位的地理、自然、历史、政治、经济、军事、文化等内容的方志和专记某一项或主要是某一项内容的志书，均择优选录，也就是说择优选录方志中的"通志"和"专志"。具体的选录范围主要包括：（1）通志、道志、府志、厅志、州志、边关志、县志、乡镇志、卫所志、土司司所志、盐井志、岛屿志等。（2）山志、水志、寺志、祠志、园志、亭志、书院志、风土志、名胜志、艺文志等。（3）边疆及少数民族聚居地区方志较少，选收范围放宽。如海南的《西沙群岛小志》《团沙群岛小志》等。（4）伪满、伪汪和日本占领台湾时期所修的方志，如台湾的《琉球漫志》等。以上方志，不论官修私纂，均择优选录；各类方志的考异、辨讹、备考、校补、勘误、举正等，也予收录，附于各该方志之后。

《中国地方志集成》的具体编辑方法如下：其一，《中国地方志集成》是在现今存世的近九千种方志中选收三千余种方志的大丛书，每种方志均完整地予以收录。每种方志有一"出版说明"，具体介绍原书的纂修和刊行情况，提供底本的收藏单位等。其二，《中国地方志集成》选录方志以实用为原则。历来修志的传统，是代代相因，补充积累而成，后志一般都保留前志的主要内容而略加增删，所以后修的志书一般比前志内容丰富，所收资料也较前志全面。加之后修志书距我们今天更近，对于现在的社会发展，包括政治、经济、文化等各个方面，有着直接的关联和影响，更便于今人利用。在一府一县有多种志书的情况下，基本上是一省一省志，一府一府志，一县一县志，择优选择资料丰富、编辑严谨的志书予以收录。有的县没有县志，仍付阙如。其三，府县志在现存的方志中数量最多，因此以我国现行的省、区为每辑的基本单位，乡镇志及山水志、寺庙志、园林志等专志作专辑归类影印，每一辑有前言，概述本辑所收方志的概况，前言邀请对方志素有研究的方志学专家、学者撰写。书前有《总序》《编辑弁言》和《凡例》，介绍《中国地方志集成》的选收标准、选收范围及所收方志的概况、价值等，《总序》由享有盛誉的方志学家傅振伦先生撰写。其四，由中国地方志指导小组负责人梁寒冰、郦家驹及著名专家、学者傅振伦、史念海、朱士嘉、任乃强、来新夏、陈桥驿、吴丰培、洪焕椿、胡道静、顾廷龙、韩长耕、谭其骧组成《中国地方志集成》的编辑指导委员会，负责学术方面的审定，保证了《中国地方志集成》的学术质量。其五，由三家出版单位和北京、上海、南京、四川、中国科学院等地图书馆的有关人士组成《中国地方志集成》的编辑工作委员会，具体负责本书的编选出版工作，保证了编辑出版质量。江苏古籍出版社（凤凰出版社）、上海书店和巴蜀书社影印出版《中国地方志集成》，从 1991 年起，截至 2011 年，已经连续不间断地出版了 25 个省的《府县志辑》和一个《乡镇志专辑》，目前还在陆续出版。2014 年，凤凰出版社还出版了《中国方志集成·善本方志辑》，该丛书依据《中国地方志集成》之体例，精选影印清乾隆以前 339 种善本方志，并修描补配原志书缺损模糊之处，使之更加精善。是辑所选方志藏本较少，书品较佳，为国内各大图书馆所藏方志之精华。

(二)《中国地方志集成》的价值

《中国地方志集成》有极高的学术价值，主要体现在以下三个方面：

其一，收录相对完整的各种方志。《中国地方志集成》选收方志的范围相当宽，不仅选收了我国现存的省志、府志、州志、厅志、县志、乡镇志等各种行政等级的方志，这些方志在内容上大体包括一地的疆域、沿革、山川、厄塞、田亩、物产、矿藏、人口、灾异、风俗、丁役、赋税、胜迹、人物、文献，被称为"全志"。此外，还选收了山水志、寺庙志、园林志、风土志、书院志等专记某一项内容或主要是某一项内容的"专志"，这就使所选录的方志在资料性方面相对的完整。例如，关于山水、寺庙的有关记载，一般而言，省志大多寥寥数语而已，即使是府州县的方志，也只是对境内高山巨刹的记载较为详细，诸多山水寺庙的具体内容则要仰赖属于专志性质的山水志和寺庙志。这种专志对于山水、寺庙的记载要比一般方志详细得多、充实得多。

其二，便利方志文献的使用和查阅。我国幅员辽阔，藏书单位数以百千计，系统地收藏本地区方志的图书馆为数不少，但是收藏有全国各省、区有代表性的方志的图书馆却为数不多。据统计，全国藏有地方志 2000 种以上的单位不到百家，《中国地方志集成》的出版将使这样的收藏单位大为增加，它将把各地修志的轮廓展现在人们面前，使绝大多数读者不出本省（区、市）即可查阅到全国各地的有代表性的方志，特别便于人们利用。

其三，选择内容更贴近实用性。《中国地方志集成》选收的方志以实用为基本原则，在各地的修志史上，府县志多次修纂的情况屡见不鲜，如江苏常熟一县的县志就多达 16 种，而《中国地方志集成》在一地多志的情况下，选取其中资料性最强、内容最丰富的府县志作为整理刊行对象；加之《中国地方志集成》又大量收录各种专志，以弥补府县志中对于某些方面记载内容的不足，这就使《中国地方志集成》具有相当的实用性。随着全国各地地方志修纂工作的大力开展和旧志整理工作的深入进行，这样一部收录方志资料比较完整、收录范围比较普遍的方志大丛书的出版，将不仅会受到有关专家、学者的欢迎，也将会受到各行各业工作人员的欢迎。

总之，在我国方志编纂、整理、出版史上，像《中国地方志集成》这样大规模集中地进行选择刊印是绝无仅有的，世界上其他国家也不可能有这样历史悠久和内容丰富的大丛书。《中国地方志集成》的编辑出版无疑将有助于这一宝贵文化遗产久远流传、充分利用。

五　《中华再造善本》

"中华再造善本工程"是 2002 年正式立项建设的国家重点文化工程，由文化部、财政部共同主持，国家图书馆具体承办，北京图书馆出版社独家编辑、印制、发行。该工程选取唐、宋、金、元、明、清各代的珍稀善本，采用现代高保真印刷技术和中式线装技术，精工细作，仿真出版，极为精美。古籍珍品借此"化身千百"，既能确保其底本得到更加有效的保护，同时也将使那些向来不轻易示人的中华古籍珍品能为学界所利用、大众所共享。《中华再造善本》计划收书1300 余种，共分两期出版，2007 年第一期工程已经完成，2008 年 9月第二期工程开始启动，全书按版本写刻时代和文字的不同，分为《唐宋编》《金元编》《明代编》《清代编》《少数民族文字文献编》五编，每编下以经、史、子、集、丛编次。典籍选录范围包括我国内地和港澳台地区，最大范围地涵盖了中华文化典籍的精髓。这是弘扬中华优秀传统文化、繁荣学术研究的一项民族文化工程，是一件功在当代、泽被万世的伟业。它的有效实施，将在古籍善本整理流通史上树起一座丰碑。

表3-11　　　　　《中华再造善本》（一期）部分古籍信息

书名	作者	版本	函册
禹贡论	程大昌	宋淳熙八年泉州州学刻本	1 函 4 册
广韵	陈彭年	宋刻本	1 函 5 册
隶韵	刘球	宋刻拓本	1 函 4 册
春秋公羊疏	徐彦	宋刻元修本	1 函 1 册
东谷郑先生易翼传	郑汝谐	元大德十一年庐陵学官刻本	1 函 2 册
仪礼集说	敖继公	元大德刻明修本	3 函 24 册
六书统溯原	杨桓	元至大元年江浙行省儒学刻元明递修本	1 函 6 册
五服图解	龚端礼	元泰定元年杭州路儒学刻本	1 函 1 册
诗集传附录纂疏	胡一桂	元泰定四年建安刘君佐翠严精舍刻本	2 函 8 册
复古编	张有	元至正六年吴志淳好古斋刻本	1 函 2 册
四书经疑问	董彝	元至正十一年同文堂刻本	1 函 2 册
详音句读明本大字毛诗		元至正二十七年盱南孙氏刻本	1 函 4 册
大唐西域记	玄奘	宋绍兴二年王永从刻安吉州思溪法宝资福禅寺大藏本	1 函 6 册
通鉴纪事本末	袁枢	宋淳熙二年严陵郡庠刻本	8 函 42 册
新入诸儒议论杜氏通典详节		宋绍熙五年择善堂刻本	1 函 8 册
致堂读史管见	胡寅	宋嘉定十一年衡阳郡斋刻本	2 函 30 册
新刊名臣碑传琬琰之集	杜大珪	宋刻元明递修本	3 函 24 册
续资治通鉴长编撮要	李焘	宋刻本	4 函 48 册
周书王会补注	王应麟	元至元六年庆元路儒学刻明初修本	1 函 1 册
通鉴总类	沈枢	元至正二十三年吴郡庠刻本	4 函 40 册
经史证类备急本草	唐慎微	宋嘉定四年刘甲刻本	4 函 32 册
新刊仁齐直指方论小儿方论医脉真经伤寒类书活人总括	杨士瀛	宋景定元年至五年环溪书院刻本	1 函 6 册
续幽怪录	李复言	宋临安府太庙前尹家书籍铺刻本	1 函 2 册
重添校正蜀本书林事类韵会		宋刻本	2 函 22 册

续表

书名	作者	版本	函册
甲申杂记闻见近录	王巩	宋刻本	1 函 3 册
王黄州小畜集	王禹偁	宋绍兴十七年黄州刻递修本	1 函 8 册
韦苏州集	韦应物	宋乾道七年平江府学刻递修本	1 函 3 册
晋山林集拾遗	米芾	宋嘉泰元年筠阳郡齐刻本	1 函 10 册
昆山杂咏	龚昱	宋开禧三年昆山县齐刻本	1 函 3 册
中兴以来绝妙词选	黄昇	宋淳右九年刘诚甫刻本	1 函 4 册
王状元集百家注分类东坡先生诗	王十朋	宋建安黄善夫家塾刻本	2 函 12 册
乐府诗集	郭茂倩	宋刻本	4 函 24 册
东莱标注三苏文集	吕祖谦	宋刻本	1 函 9 册

从表 3 - 11 可以看出，《中华再造善本》所选善本乃善中精善，版本珍稀，许多属于一级甲等或乙等善本，久已绝版而又传世孤罕，平时难于寓目，通过再造，化身千百，广泛流通，意义重大。

《中华再造善本》工程的实施具有重要的学术价值，主要体现在以下四个方面。

其一，有利于善本古籍的安全保护。我国五千年文明史上，古圣先贤积累了丰富的文化典籍，正如民族坎坷的命运一样，这些典籍千百年来屡遭灾厄，历尽劫难。由于古籍不可再生的特性，珍贵的古代典籍，迄今遗存下来的，已是吉光片羽。根据 1990—1998 年出版的《中国古籍善本书目》统计，现存古籍传世孤本中有古籍善本 4500 余种，准孤本（仅存两部者）约 4100 种，许多现存善本的保存状况堪忧，这些珍稀善本古籍中，有许多亟须抢救。

"中华再造善本工程"对古籍是一种积极的保护。今天虽然处于难得的和平时期，但并不意味着永远不会发生战争和天灾人祸，要想确保珍稀善本的传承安全，必须做到多处收藏，遇险才不至于同归于尽，否则一旦发生不虞，将无可挽回。"中华再造善本工程"仿真影印存世珍稀善本古籍，既能使那些久已绝版而又传世孤罕的古籍善本永无失传之虞；又可广泛传播，便于披览研读，从而达到"继绝存真，传本扬学"的宏远目标。

其二，解决了古籍藏与用的矛盾。多年以来，古籍善本藏与用的矛盾一直存在。善本不仅具有文献价值，也具有文物价值。由于年代久远，珍贵古籍全部都有不同程度的破损，有的几近破碎，每翻阅一次，古籍的保存寿命就会减少约 60 年，这种特性决定了它不能像新印古籍那样任人自由翻阅，为了稳妥起见，各大图书馆一般还是立足于藏。所以，查阅古籍善本往往受到种种条件的严格限制。这些古籍利用率较低，很难与读者见面，无法充分发挥作用，基本封存于深阁大库。但利用善本的文献价值，又是学术研究中必不可少的环节，这样便形成了善本的使用与收藏的矛盾。长期如此，不利于善本的保护和学术的繁荣。

"中华再造善本工程"的启动给古籍的保护与利用找到了一个很好的结合点，将极大地缓解古籍善本藏与用的矛盾。善本再造工程从根本上解决了上述矛盾，既保护了善本，又使它的化身能为学术研究广泛利用，可以促进古籍善本最大限度地传播，使得原本可藏而学者可用的目的得以实现。

其三，遴选严格，学术价值高。《中华再造善本》力求最大范围涵盖中华文化典籍的精髓。书的选录之丰富、影印之精致、学术价值之大，均达到前所未有的高度。它选取在中国书籍史和版印史上具有代表性的珍贵典籍；海内外仅存的孤本或流传稀少、具有重要版本价值的典籍；有众多学者、藏书家题跋批校的珍贵典籍；著名著述的稿本或有代表性的抄本；反映中华民族优秀传统文化，包括思想、政治、文化、历史、经济、军事、科学、教育、地理等方面的经典性著述的珍贵版本以及具有独特历史文献价值的特藏古籍。

其四，制作精美，装帧典雅，具有高仿真的特点。《中华再造善本》利用现代科技，采用传统的线装形式，8 开本，全部依据原书版式，拍摄制版，采用影印复制形式，统一装帧，封面仿清代内库藏书，用瓷青纸印制。正文用纸分两种，大部分用宣纸，铺色黑白印刷；少数用瑞典进口蒙肯纸，全行彩印。配以蓝布四合函套，古色古香。通过现代影印技术，再现了中国古代图书的神采风韵，既为古籍善本的版本学研究提供了较为逼真的版本状貌，又为古籍鉴赏者提供了古色古香的艺术精品，形成多种效益。

《中华再造善本》在有着明确的编纂宗旨，即"确保珍稀古籍的传承安全"，遴选原则是"宋元从宽，明清从严，数地归一，数部归一"，工程一期提出了"一传本，二扬学"的选书基调。① 另外，还选择了一些少数民族文字古籍，以体现多民族共铸中华文明的辉煌史实。特别是那些同书同本而又长期分藏几地者，此次则尽可能使其珠联，成为完璧；有的书珠联之后虽仍不能成为完璧，但现存合龙，毕竟便于读者。"再造善本"所收每一种书均撰写提要，简介作者生平，考辨版本源流，评述其学术价值。在遴选编纂方面体现出系统性、权威性，在出版方面体现出高质量、高品位是"再造善本"的最大特点，也使得该丛书具有了极高的文献资料价值、学术研究价值和保存价值。

六 《中华大典》

《中华大典》是1990年经国务院批准，由中宣部和新闻出版署组织编纂的古籍整理项目。1992年9月，成立了《中华大典》工作委员会和编纂委员会，标志着该项目的正式启动。2006年，在经过十余年的编纂出版探索之后，重新启动，形成编纂出版高潮。这是我国历史上空前的大型文化出版工程，是对我国现存古籍的内容进行的一次大规模的全面系统的分类整理，是继《永乐大典》《古今图书集

---

① 李致忠：《继绝存真，传本扬学——〈中华再造善本〉编纂出版情况简介》，《中国出版》2003年第9期。

成》之后最大的一部类书。全书共摘录从先秦到清末的各类汉文古籍 2 万多种，约 8 亿字，字数超过历代类书的总和，规模与《四库全书》相当。结构上，《中华大典》采取经纬交织的框架，经目分成典、分典、总部、部四级，纬目包括题解、论说、综述、传记、纪事、著录、艺文、杂录、图表等九项。全书分 24 典，114 分典，具体名目见表 3 – 12。

表 3 – 12 《中华大典》名目

典	主编	分典	出版机构	字数（万字）
哲学典	任继愈	（1）儒家分典（2）诸子百家分典（3）佛道诸教分典	云南教育出版社	3119
宗教典	任继愈	（1）儒教分典（2）佛教分典（3）道教分典（4）伊斯兰、基督教诸教分典	河北人民出版社	3000
政治典	杨寄林	（1）先秦分典（2）秦汉分典（3）魏晋分典（4）隋唐分典（5）辽宋夏金分典（6）元明清分典	人民出版社	4200
军事典	刘继贤	（1）军事理论分典（2）军事制度分典（3）军事技术分典（4）战争战例分典（5）军事人物分典（6）军事地理分典	辽宁大学出版社	4000
经济典	宁可	（1）财政赋役分典（2）经济综合分典（3）货币金融分典（4）商业贸易与城市分典（5）土地制度分典（6）户口分典（7）经济思想分典	巴蜀书社	4500
法律典	张晋藩 马建石	（1）法律理论分典（2）刑法分典（3）民法分典（4）经济法分典（5）行政法分典①（6）诉讼法分典	西南师大出版社	4200
教育典	孙培青 李国钧	（1）教育思想分典（2）教育制度分典	上海古籍出版社	2500

---

① 该分典由巴蜀书社出版。

续表

典	主编	分典	出版机构	字数（万字）
语言文字典	朱祖延 宗福邦	（1）音韵分典（2）文字分典（3）训诂分典	湖北教育出版社	2400
文学典	程千帆	（1）先秦两汉文学分典（2）魏晋南北朝文学分典（3）隋唐五代文学分典（4）宋辽金元文学分典（5）明清文学分典（6）文学理论分典	江苏凤凰出版社	5400
艺术典	金维诺	（1）绘画分典（2）陶瓷艺术分典（3）工艺美术分典（4）书法分典（5）服饰纹样分典（6）戏曲文艺分典（7）音乐分典	岳麓书社	2500
历史典	熊月之	（1）史学理论与史学史分典（2）历史纪事分典（3）历史人物分典（4）历史编年分典	上海古籍出版社	5000
历史地理典	葛剑雄	（1）总论分典（2）历史人文地理分典（3）历史自然地理分典（4）域外历史地理分典	西泠印社出版社	3320
民俗典	白化文	（1）物质民俗分典（2）风俗民俗分典（3）区域民族民俗分典（4）口头民俗分典	北京同心出版社	2100
数学典	郭书春	（1）中国传统数学分典（2）数学概论分典（3）中西数学会通分典（4）数学家与著作分典	山东教育出版社	1100
物理化学典	金正耀	（1）中西会通分典（2）古代物理分典（3）人物典籍分典（4）总论分典（5）化学分典	山东教育出版社	1400
天文典	江晓原	（1）天文分典（2）历法分典（3）仪象分典	重庆出版社	1050
地学典	郑国光	（1）海洋分典（2）地质分典（3）气象分典（4）测绘分典（5）自然地理分典	重庆出版社	1050

续表

典	主编	分典	出版机构	字数(万字)
生物典	吴征镒	(1) 植物分典 (2) 动物分典	云南教育出版社	1600
医药卫生典	傅世恒 李明富 余瀛鳌 赵立勋 曹洪欣	(1) 药学分典 (2) 医学分典 (3) 卫生学分典	巴蜀书社	5750
农业典	穆祥桐	(1) 水利分典 (2) 园艺、救荒作物分典 (3) 综合分典 (4) 粮食作物分典 (5) 农具、仓储分典 (6) 蚕桑分典 (7) 畜牧兽医分典 (8) 渔业分典 (9) 农业灾害分典 (10) 农学、农书分典 (11) 经济作物分典	河南大学出版社	4700
林业典	尹伟伦	(1) 森林利用分典 (2) 森林培育与管理分典 (3) 林业资源分典 (4) 园林及风景名胜分典 (5) 林业思想文化教育分典	江苏凤凰出版社	1500
工业典	魏明孔	(1) 综合分典 (2) 矿业与冶炼分典 (3) 制造业分典 (4) 纺织业分典 (5) 造纸与印刷分典 (6) 陶瓷分典 (7) 建筑业分典 (8) 近代工业分典 (9) 食品与酿造分典	上海古籍出版社	4000
交通运输典	葛剑雄	(1) 交通运输总论分典 (2) 国内交通运输分典 (3) 中外交通运输分典	上海交大出版社	1000
文献目录典	周少川	(1) 文献学分典 (2) 古籍目录分典	广西师大出版社	3500

　　为了避免传统类书层层转抄从而一误俱误、讹舛甚多的缺点，《中华大典》直接从原书中摘录资料，并且强调尽量选用古人的精校精刻本或学术界公认的近现代学者的校点整理本，这就从源头上减少了出现错误的概率。传统类书引文删节从不标明，而且有撮述原文大意的做法，《中华大典》在引文的省略处用"［略］"标出，给使用者以准确的信息。在资料出处的标注上，《中华大典》非常具体，出处包括书名或作者名、篇名或卷次，对卷帙浩繁的著作兼标卷次及篇

名，以利读者核查。为避免混淆，对异书同名者，兼标作者名。对作者、书名皆同，而内容不同者，兼标编纂者名。一书之前刻后刻内容不同者，则标明刻本。出处均以黑体字标明，非常醒目。

《中华大典》各典从 1999 年开始陆续出版，受到学界关注，围绕《大典》编纂的内容、形式和意义展开了讨论。任继愈先生曾将《中华大典》的学术价值概括为三个方面：

其一，《中华大典》所收资料时间跨度长，收录范围广，是涵纳中国几千年汉文古籍文献分类资料的大型类书。这部规模空前的大型综合性工具书，具有当今时代的鲜明特点，它不仅弥补了许多中国历史上各种类书因时代所限而未收入的资料，而且大量收入了近三百年来新结撰的著述以及经过整理的古籍版本和考古学所发现的新成果，还包括流散在国外的罕见典籍，因而显得弥足珍贵。

其二，《中华大典》跳出了以往类书的旧轨，创立了独特的科学分类方法，即将数千个部各分为九项，以一驭九，把有关事物的资料系统、完整地收录书中。这种经目与纬目相互交织的框架结构，突出了资料归类的科学性、条理性和实用性，而且其引书标注格式具体，便于检索和查阅，为广大读者和研究者提供了一个便捷的、综合性的中国古代文化文献典籍资料库。

其三，《中华大典》对所收资料坚持"双百方针"，对传统文化中的不同学派、不同观点的资料兼收并蓄，这样便保证了《中华大典》包罗宏富，涵纳儒家、诸子百家、佛道诸教，以及志书的优秀文献资料，征引资料客观、全面、门类齐备。同时，对于所收集的资料，在普查的基础上精心选编、校勘、标点，使得这部类书不仅资料完整可靠，而且准确可信，这是以前的类书所未能做到的。①

除此以外，《中华大典》工程对古籍保护、现代各个学科发展、

---

① 任继愈：《为中华文化建设的高峰筑基铺路——就编纂〈中华大典〉答河北学刊主编提问》，《河北学刊》2008 年第 4 期。

文献学的发展，都有十分重要的意义。比如，《中华大典》的编纂有利于古籍的保护。类书所采用的将各条文献材料以类相从进行编排的方式，将众多的古籍散入不同的条目，有利于这些古籍材料的流传和保存。另外，通过对2万余种古籍的研究，在选择相关材料时对这些古籍材料也同时进行了校勘，进一步提升了古籍整理与保护的广度。其次，《中华大典》的编纂有利于现代各个学科发展。由于按照现代的学科内涵与体系来进行相关古籍材料的编排，许多古籍中的材料成为现代许多学科的有力支撑。在浩如烟海的文献典籍中不仅保留了前人对社会历史的看法和记载，还保留有丰富的经济、数学、自然科学、农林学、医药学的知识，通过分类和集中研究这些材料，对相关学科的发展也有重要的作用。最后，《中华大典》的编纂有利于文献学的发展。通过对相关材料的标点校勘，许多文献上存在的错讹倒衍等问题得以解决；通过更为全面与深入的发掘，许多以前不受重视或是完全忽视的材料呈现在学者眼前，他们可以利用这些集中的材料从事相关的研究；通过对相关材料的甄别去取，促进了校勘学、辑佚学、版本目录学等文献学分支学科的发展。当然，编纂整理这样的大书，错误在所难免，在使用过程中有些重要材料能够利用原书校对则更为妥当。

七　《儒藏》

儒学是中国传统文化的核心和主干，其发展源远流长，已经有2500余年的历史。儒学不仅是中国文化的核心和主干，其影响力还遍及世界，特别是影响了整个东亚地区，形成了儒家文化圈。自汉代中期以来，儒家文化得到历代统治者、士人和民众的重视，迅速发展，与佛教、道教形成三足鼎立之势。但是，尽管明清两代学者孙羽侯、曹学佺、周永年等人提出编纂《儒藏》的设想，由于种种原因，儒学终究没有像佛、道那样编出一部大型的丛书。正如汤一介先生所言："在我国历史上儒、释、道三家并称，它们深刻地影响着中国文化与中国社会。而自宋以来，历代王朝都编有《佛藏》《道藏》，却始终没有把儒家思想文化的典籍编成《儒藏》，这与儒家在中国历史上的地位极不相称。"① 正因为此，改革开放新时期，随着中国国力的强盛，《儒藏》整理、编纂被提上议事日程。1997 年，四川大学提出编纂《儒藏》的设想，随后，北京大学、中国人民大学都把《儒藏》整理编纂列入古籍整理规划，使得儒学文献有了一个集中反映，这项宏大工作对于中华文化的复兴具有重大意义。

（一）四川大学《儒藏》的编纂整理

1997 年初，四川大学古籍整理研究所率先提出《儒藏》编纂工程，当年即被学校立为重点建设项目。1999 年，《儒藏》又被列为"国家 211 工程"重点学科建设项目。2004 年，四川大学成立了以校领导为正副组长的四川大学《儒藏》工作委员会，加快了《儒藏》编纂进度。2005 年，四川大学"《儒藏》编纂"项目被列为"中国孔子基金会"的重大项目。由此可见各方面对《儒藏》编纂的重视。

川大《儒藏》的编纂原则是"保存原貌，容纳新知，分类著录，方便学人"。计划收书 5000 余种，分装 500 余册，预计用十年时间编纂完成。在分类体系上，川大《儒藏》独具特色，采用了"三藏二十四目"的分类方法，所谓"三藏"，就是把所有儒学文献分为"儒经""儒论""儒史"三大部类，编成《儒藏》就是"经藏""论藏""史藏"。"经藏"收录的是以儒家"经书为主体的经注、经解和经说系列"，是经学类著作；"论藏"收录的是"以儒家理论阐发为主要内容的儒家子学、礼教、政论、杂议系列"，是儒学理论类的思想性著作；"史藏"收录的是"以记载儒学历史为主要内容的人物、流派、制度、书目、学校等"，是儒学史类的著作。② 这样的分类是对传统四部分类中经部体系的突破。所谓"二十四目"，就是在"三

---

① 汤一介：《我们为什么要编纂〈儒藏〉》，《北京大学学报》2006 年第 2 期。
② 舒大刚：《〈儒藏〉编纂之分类体系初探》，《国际儒学研究》第 13 辑，成都时代出版社 2004 年版。

藏"下再分细目，经藏"分为元典、周易、尚书、诗经、三礼（含三礼及总论）、春秋（含三传及总论）、孝经、四书（含大学、中庸、论语、孟子）、尔雅，再加群经、谶纬、出土文献（含简帛、石刻、敦煌遗书）等"。论藏"分儒家、性理、礼教、政治、杂论等"。史藏"分孔孟、学案、碑传、史传、年谱、别传、杂史等"。① 共 24 目。在编纂方式上，书前撰有提要，简要介绍该书作者生平、著述源流和内容梗概。对于正文，大部分都采取"校点"加"影印"的方式进行整理，在影印本上加标点处理，并对其中的讹误进行必要的校勘，写成《校记》，附于各卷之后。总之，川大《儒藏》采用了分类、总序、分序、小序、提要、标点、校勘、影印相结合的整理方式。

在古籍整理专家的辛勤工作下，2005 年，川大《儒藏》首批成果"史部"50 册出版，包含"孔孟史志""历代学案"和"儒林碑传"三编，收书 80 余种，总字数约 2600 万。2007 年，《儒藏·史部》第四编《儒林年谱》共 50 册出版，搜集整理了清朝以前 200 多个重要儒学人物的年谱近 300 余种。2009 年，《儒藏·史部》第五编《儒林史传》80 册出版。本编专录儒者之传记，汇集历代儒者的传记史料，主要由三大类文献构成：一是正史之儒传，二是通录性儒传，三是专录性儒传。2010 年，又出版《儒藏·史部》第六编《学校史志》68 册，主要收录儒学史上有关学校教育类文献，共收录历代有关中央官学及民间书院的文献 110 余种。截至 2010 年，川大《儒藏》共整理出版了 248 册，总字数达到 7000 万，"经、论、史"三藏中的"史藏"基本完成。② 与此同时，为了适应网络信息技术的发展，川大《儒藏》编纂委员会又于 2009 年年底 2010 年年初启动"网络儒

---

① 舒大刚：《儒藏总序——论儒学文献整理的必要性和紧迫性》，《西南民族大学学报》2005 年第 9 期。

② 杨世文：《〈儒藏〉编纂与儒学文献整理》，舒大刚主编：《经学年报 2010 年》，四川文艺出版社 2012 年版，第 229—231 页。

藏"编纂工作,以冀有计划地推进《儒藏》数字化进程。这一项目计划用五年时间完成。①

(二)北京大学《儒藏》的编纂整理

北大《儒藏》的编纂与汤一介先生的努力分不开。1990 年,汤一介就想着手编纂《儒藏》,由于种种原因,未能付诸实施。2002年,汤一介提议北大编纂《儒藏》。② 同年,汤一介在北大主持召开"北京大学儒藏学术研讨会",季羡林、张岱年、程郁缀、李中华、陈来等人参加,讨论了《儒藏》编纂的重要性和可行性。北大副校长吴志攀指出,北大将成立领导小组,起草议案,做好申报筹备工作。2003 年,北大"《儒藏》编纂与研究"课题被教育部设立为2003 年度哲学社会科学重大攻关项目。由此,北大成立了以校长许智宏为首的《儒藏》编纂领导小组和以汤一介为首席专家的《儒藏》编纂工作小组。2004 年,该课题又被列入国家社会科学基金重大项目,《儒藏》的编纂进入快车道。

如果说川大《儒藏》所整理的是狭义上的儒家文献的话,那么北大《儒藏》所整理的应该是广义的儒家文献,包括儒家思想影响下的经史子集四部文献。按照编纂计划,北大《儒藏》将以校点排印的方式整理出版,并分两步走,先选取历代有代表性的、影响大的儒家典籍,编纂整理成"小而精"的《儒藏》精华编,然后在此基础上再编纂整理"大而全"的《儒藏》大全编。在分类体系上,基本上按照传统的经、史、子、集四部分类法。北大《儒藏》工程先行编纂的"精华编"采用标点排印方式整理出版,并附有简明校勘记。预计"收录国内儒家文献 501 种,韩国、日本、越南儒学著作150 余种,共计 330 册,2 亿多字,计划于 2015 年完成",《儒藏》

---

① 李冬梅:《信息技术与儒学文献研究——兼谈四川大学"网络儒藏"编纂始末及意义》,《儒藏论坛》第七辑,四川大学出版社 2014 年版。

② 汤一介:《传承中华文化,推进人类文明——就〈儒藏〉编纂答〈河北学刊〉主编问》,《河北学刊》2008 年第 2 期。

"大全编"将"收录海内外儒家文献近 6000 种，约 15 亿字，计划于 2022 年完成"①。

在汤一介领导下，北大《儒藏》编纂整理联合了海内外诸多古籍整理力量，很快结出硕果。截至 2012 年，北大《儒藏》精华编已经整理出版 56 册，包括经部易类典籍 20 种、书类典籍 4 种、诗类典籍 17 种、礼类典籍 12 种、春秋类典籍 5 种、四书类典籍 16 种、小学类典籍 2 种，子部杂学类典籍 2 种，集部典籍 21 种，出土文献 10 种。② 截至 2014 年，北大《儒藏》精华编已经整理出版儒家文献 100 册，包括经部易类典籍 32 种、书类典籍 14 种、诗类典籍 19 种、礼类典籍 14 种、春秋类典籍 11 种、群经总义类 1 种、四书类典籍 25 种、小学类典籍 2 种，谶纬类典籍 2 种，史部传记类典籍 5 种、史评类典籍 1 种，子部周秦诸子类典籍 4 种、儒学类典籍 38 种、杂学类典籍 4 种，集部典籍 40 种，出土文献 10 种，越南之部经史类典籍 8 种。③ 皇皇巨制，成就可观。

（三）中国人民大学《国际儒藏》的编纂整理

中国人民大学的《儒藏》编纂始于 2002 年，其最大的特点是整理编纂《国际儒藏》。2002 年，中国人民大学在国内高校率先建立了孔子研究院，专门从事孔子及儒家思想的研究。在 2002 年 10 月召开的孔子研究院第一届学术委员会会议上，孔子研究院提出了"《儒藏》编纂与研究工程计划书"。在同年举行的"儒学在世界传播与发展"的国际研讨会上，来自海内外的 130 多位学者就《儒藏》编纂与研究计划进行了讨论，遂确定了立足于搜集整理海外儒学文献、整理出版《国际儒藏》的任务目标。

---

① 《〈儒藏〉出版已见规模》，《北京大学学报》2011 年第 3 期。关于《儒藏》"精华编"和"大全编"所收儒家典籍的数量和字数，各种文献上的说法不尽相同。

② 《〈儒藏〉精华编已出书书目》，《儒家典籍与思想研究》第 5 辑，北京大学出版社 2013 年版。

③ 《〈儒藏〉精华编已出百册书目》，《儒家典籍与思想研究》第 7 辑，北京大学出版社 2015 年版。

儒学早在公元前 3 世纪就已经传播海外。朝鲜半岛、日本、越南等国深受儒家文化影响，形成了东亚儒学文化圈。在历史上，他们把儒学作为主流意识形态，深受儒学文化熏染。儒学与这些国家的传统文化相融合，形成了有其自身特点的儒学。在历史长河中，东亚国家也涌现出了诸多儒学家，形成众多学派，留下了大量的著作，丰富了儒学的内容，使儒学成为世界性的学问。但由于历史的原因，这些著作分散在世界各地，查找困难，搜集不易。而且大都未经标点整理，不便于研究和利用，因此对其进行抢救性整理出版刻不容缓。中国人民大学孔子研究院致力于搜寻世界各国儒学著作，力争编纂一部完备的《国际儒藏》，以惠及学术界。

按编纂计划，《国际儒藏》将分为《韩国编》《日本编》《越南编》和《欧美编》四部分。仿照《四库全书》体例，按国别进行编纂，所编纂的国际儒学文献按照古籍整理的原则进行校勘、标点等，并撰写简明提要，对收入《国际儒藏》的儒家典籍的作者生平、思想及著作内容、版本源流、后世评价及影响进行简单介绍。《国际儒藏》最初准备分经、史、子、集四部[①]，但从目前所出版的几种《国际儒藏》来看，所收依然是狭义的儒家文献，可能随着编纂数量的增加，庶几可能实现涵盖四部的最初设想。

2010 年 12 月，《国际儒藏·韩国编》的"四书"部分整理出版，在北京第七届国际儒学论坛上举行了首发式。《韩国编》收录韩国成均馆大学校大东文化研究院编纂的《韩国经学资料集成》中注解阐释"四书"的汉语书籍或篇章，"计有《大学》著作 123 种，《中庸》著作 120 种，《论语》著作 116 种，《孟子》著作 105 种，总计 460 种"[②]。按"四书"分为"大学卷""中庸卷""论语卷""孟子卷"，卷内篇目按作者生年先后顺序排列。中国人民大学组织编纂《国际

---

① 中国儒学年鉴社：《中国儒学年鉴》2011 年总第 11 卷，第 126 页。

② 杨世文：《儒藏编纂与儒学文献整理》，舒大刚主编：《经学年报 2010 年》，四川文艺出版社 2012 年版，第 231 页。

儒藏》,力求搜集海外儒学文献,经过整理,结集出版,形成大型丛书,充分显示出了中国人和中国文化的宏伟气魄和不凡精神,对中国文化的传播、全球文化的互鉴,具有重大意义。

简而言之,川大、北大和人大三校的《儒藏》工程,各有侧重,各具特点,都取得了巨大成就。这项文化工程的主要目标和价值"是以现代的学术眼光和技术手段,对曾在中国以及东亚传统文化中居于主流地位的儒家的典籍文献做一次全面的整理,并像《佛藏》《道藏》那样,集大成地编纂成为一个独立的文献体系,这对推进儒家思想的研究和发展,具有重要的意义"①。

八 《子藏》和《子海》

中国古代典籍积蕴深厚、种类繁多,子书就是其中的一种。先秦时期,诸子之书产生,成为我国传统思想、传统学术的源头活水,其学术和社会影响力无论在当时还是在后世都引起人们极大关注,或对之校勘注释,或继承其学说,或阐发其义理,或践行其思想,形成了前后有序、源远流长、汪洋浩大的子学传统,与儒家经典一道,为培育中国人的核心价值观和民族精神做出了不可磨灭的贡献。因此,全面整理子部文献也就成为改革开放新时期的重要文化工程之一。

(一)《子藏》的编纂整理

《子藏》的编纂任务由华东师范大学承担。2010 年,华东师范大学在上海召开了《子藏》编纂论证会,提出中华民族的传统文化博大精深,只有儒、佛、道三"藏"是不够的,必须编纂一部"子藏"以补其所缺。② 基于这样的认识,《子藏》编纂正式开启,成为继《儒藏》编纂之后的一个超大型学术工程。

---

① 王波:《〈儒藏〉工程编纂工作研讨会》,《中国儒学年鉴》2010 年总第 10 卷,第 144 页。

② 李秀华、陈毅华:《〈子藏〉工程专家论证会综述》,《诸子学刊》第 4 辑,上海古籍出版社 2010 年版,第 474 页。

按照《子藏》编纂负责人方勇教授的解释，"《子藏》之'子'非'经史子集'之'子'，而是'诸子百家'之'子'，所录子书以先秦汉魏六朝为期，历代相关研究著作原则上截止于 1949 年"①。《子藏》在编纂上注重以下三点：其一，搜罗整理要求"全"而"精"。"《子藏》之纂，要义有二，一曰'全'，二曰'精'。'全'也者，即凡例合收录原则者，务必搜尽无余，俾世之治是学者，得尽窥全豹焉。'精'也者，仿《四部丛刊》之法，版本必善，务欲精益求精，庶无贻讥于大方也。故手稿、抄本，搜辑具备，用昭册府；诸印本并存者，则较善甄择，然后去取焉。"其二，原大影印，以存本真。"明清以还，传学多有眉批、圈点，皆足见读者会心，若标点整理，或仅摘版心，缩小影印，则大失原意，此学者之所病也。《子藏》版面，设为十六开本，原大影印，以存本真，不施点画，以免重蹈诸丛编之失。"其三，每书均撰写提要，介绍著者生平、著作内容和版本源流等。"并为众著，各制提要，按子系列，先出单行之本，后则汇为总目提要。"② 其四，《子藏》还模仿《道藏》，分"儒家部""道家部""法家部"等，以诸部统摄诸子。《子藏》"共将汇辑影印海内外所存诸子白文本和历代诸子注释、研究专著约 5000 种，分编为《老子》《庄子》《墨子》《子华子》《管子》《鹖子》《晏子》《邓析子》《文子》《尹文子》《亢桑子》《惠子》《公孙龙子》《曾子》《子思子》《孔子家语》《孔丛子》《商君书》《慎子》《申子》《尸子》《鬼谷子》《孙子》《吴子》《司马法》《尉缭子》《六韬》《三略》《素书》《关尹子》《鹖冠子》《阴符经》《荀子》《韩非子》《吕氏春秋》《新语》《新书》《淮南子》《春秋繁露》《盐铁论》《新序》《法言》《太玄》《桓谭新论》《白虎通》《论衡》《独断》《中论》《申鉴》《昌言》《傅子》《抱朴子》《金楼子》《刘子》等系列"③，分辑刊行。"完成后

---

① 方勇：《〈子藏·庄子卷〉：庄学文献集大成者》，《文汇报》2011 年 12 月 26 日。
② 方勇：《子藏总序》，《光明日报》2011 年 12 月 5 日。
③ 方勇：《〈子藏·庄子卷〉：庄学文献集大成者》，《文汇报》2011 年 12 月 26 日。

的《子藏》，总册数约为 1000 册（16 开本）、10 亿字，超过整部《四库全书》总字数"①。总之，"《子藏》工程是有史以来首次针对百家遗籍的全面系统收集和整理，务求遍稽群书，无所遗漏"②。

2011 年年底，《子藏·道家部·庄子卷》编纂完成，在人民大会堂举行了发布会。《庄子卷》共收录先秦至 1949 年前《庄子》白文本及校勘、注释、研究著作 302 部，精装 16 开本 162 册。《庄子卷》很好地贯彻了《子藏》工程所确定的"全"而"精"的编纂原则。辑录了大量传世稀少的孤本、珍本、手稿及抄本，集庄子文献之大成，嘉惠学林。《子藏·道家部·庄子卷》的成功整理，为《子藏》工程的进展奠定了基础，相信后续会有相关部类不断出版。

（二）《子海》的编纂整理

《子海》工程由素有子学研究学术传统的山东大学承担。2010 年，全国哲学社会科学规划办公室委托山东大学实施国家社科基金重大项目"《子海》整理与研究"，开始了《子海》的整理编纂。

"子海"是"子书渊海"的简称。山东大学《子海》编纂工程与华东师范大学的《子藏》工程有所不同，所收对象不仅包括诸子，而且包括诸子在内的整个子部文献。《子海》分"精华编""珍本编""研究编"和"翻译编"四大部分，"精华编"计划收录子部要籍 500 种，"珍本编"计划收录子部古籍 5000 种，"研究编"计划收录子学研究专著 100 种，还有介绍子学要籍主题内容的对外"翻译编"。最后"成书 5600 余种，总体规模为《四库全书》收书数量的一倍半"③。

---

① 万姗姗：《华东师范大学召开〈子藏〉工程专家论证会》，《诸子学刊》第四辑，《诸子学刊》第四辑，上海古籍出版社 2010 年版，第 471 页。

② 卿希泰：《中华元典精神——评〈子藏〉第二批成果发布》，《诸子学刊》第十一辑，上海古籍出版社 2014 年版，第 427 页。

③ 邢霞、伏庆芝：《两岸子部古籍珍本"合璧"——访山东大学〈子海〉编纂中心主任郑杰文教授》，《中国社会科学报》2014 年 2 月 20 日。

　　《子海》的整理编纂得到中国台湾地区学者的支持，开启了两岸文化合作的新模式。海峡两岸学者共同合作，尽最大努力将散存在海峡两岸乃至海外的子学文献整理出来，形成完璧，其价值不言而喻，也为两岸文化交流合作提供了有益的借鉴。《子海》在整理方法上颇有特色，《子海精华编》的整理方式是："其一，部头较大且前人未曾整理者，采用标点、校勘的方式整理；其二，前人曾经标点、校勘者，或采用抽换底本的方式整理，或采用集校的方式整理，或采用注释疏证的方式整理，或综合使用以上方式；其三，前人已有较好的注本者，采用集注、汇评、补正等方式整理；其四，若整理者对所整理的典籍有深入独到的研究心得，创获较多，亦可采用研究性、综合性的整理方式"①。这四种整理方式都表明《子海》整理要在质量上超越前人。

　　2011 年 6 月，《子海特辑》首发，共收录高亨、丁山、栾调甫、王献唐四位山东大学已故学者的未刊子学论著 20 种，目的是展现山东大学深厚的子学研究传统。2013 年，《子海》工程首批成果《子海珍本编》第一辑出版。"此辑分为大陆卷 124 册、台湾卷 50 册，收子部古籍 543 种，多选珍稀精善之本，有极高的文献价值，弥足珍贵"②。大陆卷包含国家图书馆、天津图书馆、山东省图书馆以及山东大学图书馆所藏子部文献；台湾卷含台湾"中研院"傅斯年图书馆、台湾"国家图书馆"所藏子部文献。"大陆、台湾两卷共收宋金元本 47 种、稿本 84 种、明清抄本 148 种、明刻本 224 种，计 503 种，占总数的 92.6%；文献价值极高的海内外孤本不下 80 种，学术价值重大。"③ 为学界提供了最为全面的珍贵子学资料。另外，《子海》还

---

　　① 李才朝：《两岸共襄文化业，子海再出新成果——"子海"工程首批重大成果〈子海珍本编〉第一辑问世》，《管子学刊》2014 年第 1 期。

　　② 齐林泉：《"子海"工程：向文明更深处前行——山东大学"子海整理与研究"项目首批重大成果问世》，《中国教育报》2013 年 12 月 11 日。

　　③ 邢霞、伏庆芝：《两岸子部古籍珍本"合璧"——访山东大学〈子海〉编纂中心主任郑杰文教授》，《中国社会科学报》2014 年 2 月 20 日。

与日本、美国等国家合作，将流散在海外的子学文献整理回国，形成真正的子学文献渊海。

华东师大、山大两校的《子藏》《子海》工程，各有所长，大量子学文献被整理出来，嘉惠学林，有益文化建设。

总之，改革开放新时期的古籍整理工作取得了巨大的成就，但与此同时我们也不应回避问题。在古籍整理的选题上，重复现象非常突出。对于经典作品的整理本来就是古籍整理的重点，存在因学术观点差异造成的不同整理本是正常现象，在一定意义上也是学术发展与繁荣的表现。但如果在短时间之内，很多人都将选题放在同一部古籍上，而大家的学术观点甚至整理方式又并无多大差异，那结果就是重复劳动，造成资源与人力的浪费。譬如以上讨论的《儒藏》《子藏》《子海》的整理，在取得巨大成就的同时，也确乎存在针对同类文献，各高校各起炉灶进行整理，从而造成重复劳动的现象。所有这些，均不利于古籍整理资源的整合。

在具体的古籍整理实践过程中，在如何进行整理和整理成果质量方面也存在不少问题。例如，在古籍校勘过程中的底本选择、异本搜集过程中，许多古籍整理工作者做得并不好。如《群经平议》作为"《儒藏》精华编"的一部分，在整理过程中采用的是王先谦等人编著的《清经解续编》本《群经平议》，而没有采用版本较早、且经俞樾本人手定的《春在堂全书》本，而对于存在的稿本残卷更是径自舍弃，这样往往会影响整理结果的可信度，人为给古书造成很多冤假错案，是对古籍整理的一大危害。当然，《群经平议》的整理还不是问题最为严重者，比之更为严重的古籍整理问题还有很多，这是在总结改革开放以来古籍整理成就时必须予以重视的。

凡此种种，都需要在今后的古籍整理中进行反思，以保证古籍整理事业的健康发展。

第　四　章
古籍整理方式的变革与方法的改进

改革开放新时期，古籍整理工作取得了巨大成绩，与之相伴随的是古籍整理方式与方法的不断改进。一方面是传统的古籍整理方式与方法得到延续和发展，另一方面是新的方式、方法出现并快速应用。古籍数字化成为古籍整理的新方式，并对古籍整理观念、方法、文献学相关学科产生了巨大影响和推动；大型丛书的汇编影印也随科技手段和技术的进步而更加快捷、高效；古籍今译与外译成果更多，方法更进步；等等。与此同时，古籍整理领域也产生了新的问题，古籍数字化缺少统筹规划与统一标准，整理工作存在"失范"与缺少规范化标准，版权官司大大增加，著作权保护迫在眉睫。这一切都需要在古籍整理工作的继续发展中不断解决。

第一节　古籍数字化与古文献整理的变革

改革开放以来古文献整理领域最大的变革莫过于古籍的数字化，这是在信息技术不断发展的过程中，出于更好保存、方便利用古籍文献及进行古籍文献整理的客观需要，古文献整理领域出现的顺应时代发展的新变化。作为古文献整理领域中的新现象和新形式，古籍数字化不仅给古籍的保护、检索、传播带来了极大便利，也为古籍整理和出版提供了高效的工具，而且对古籍整理观念、整理方法以及文献学相关学科的发展带来了很大的冲击和挑战。

一　改革开放以来古籍数字化的发展

改革开放新时期，中国的古籍数字化获得了巨大发展。从改革开放之初的蹒跚起步，到今天规模和水平远超海外；从单部文献的电子化制作，到大部头、综合性、多功能的古籍数据库建设；从图书馆古籍藏书目录数字化制作，到科研院所专业数据库研发，到数字公司的大规模古籍数字化产品开发与传播；从早期的一般古籍的数字化，到众多专题类古籍数字资源库的建设；从早期浅层次的数字化，到如今的注重整理与保真兼顾的深层次开发；从单一的光盘式小容量载体，到大型网络化古籍数字化系统……改革开放的三十多年来，中国的古籍数字化工作，从无到有，从小到大，由浅入深，由单一走向综合，实现了跨越式发展，取得了非常巨大的进步。

关于中国古籍数字化发展的历程，学界研究不少，分期标准不一。如有学者将之分为三个阶段"起步探索阶段"（20 世纪 70 年代末—90 年代初）、"发展过渡阶段"（20 世纪 90 年代初—21 世纪初）、"成熟完善阶段"（21 世纪初至今）。[①] 为了展现中国改革开放以来古籍数字化发展的基本面貌，我们大致将三十多年来的历程划分为两个阶段，一为初步发展阶段，时间为 20 世纪 70 年代末至 90 年代中后期；二为跨越式发展阶段，时间为 20 世纪后期至当前。需要首先指出的是：时间段的划分只为研究的方便，并不是一条严格意义上的绝对界限，因为很多工作从酝酿、筹备、完成经历了很长时间，甚至跨越本文所划分的两大阶段。因此，两大时段的划分只是大致划分，是相对时间段，而非绝对时间段。

（一）改革开放后古籍数字化工作的初步发展（20 世纪 70 年代末至 90 年代中期）

古籍数字化是伴随着电子计算机技术的发展而出现，因此中文古

---

① 崔雷：《中文古籍数字化研究》，博士学位论文，吉林大学，2010 年，第 6—11 页。

籍数字化工作也最早是从计算机技术发展最早、最发达的美国开始。20 世纪 70 年代末，美国 OCLC（Online Computer Library Center 联机计算机图书馆中心）和 RLIN（Research Libraries Information Network 研究图书馆网）建立了诸如《朱熹大学章句索引》《朱熹中庸章句索引》《王阳明传习录索引》《王阳明大学问索引》《戴震孟子字义疏证索引》等之类的小部头书目检索数据库。随后，欧洲、日本、中国台湾地区亦在 20 世纪 80 年代初期启动了中文古籍数字化工作。

相比以上地区，中国大陆地区古籍数字化工作启动较晚。1983 年，全国语言学学科规划会议上提出古籍整理应与计算机相结合。大约在同年，彭昆仑等完成"《红楼梦》检索系统"，这是大陆学者运用计算机进行古籍数字化的初步尝试。1984 年，钱钟书先生倡导古典文献整理和研究应尽早与计算机结合。在他的倡导和推动下，中国社会科学院文学研究所于 1985 年开始建设"《论语》数据库"①，两年后人民日报出版社顺利出版了第一部使用电脑编制的《论语》数据库。早期由于经费、技术等因素的限制，部分机构和个人的古籍数字化努力只是初步的，不仅进行数字化的古籍部头小、功能简单，而且成果影响也不大。1986 年年底，中国社会科学院计算机室建成含有 45000 汉字的汉字库及一套造字系统，为古籍数字化工作提供了字库支持。1987 年，中国社会科学院开始较大规模进行大量文献数据的建设任务，启动《全唐诗》《先秦汉魏晋南北朝诗》《诸子集成》《十三经》等古籍的数字化工程。② 此外，1989 年中国广播电视出版社出版了李晓等主编的《史记索引》，其中包括了七个专项索引，这也是古籍数字化过程中的一个划时代的成果。

20 世纪 80 年代以后，精密型汉字编排系统、汉字情报检索系统、汉字终端设备、计算机图像处理技术、OCR 光学识别技术、字

---

① 参见田奕《古籍整理与研究的电脑化》，《中国文化》1994 年第 1 期。
② 参见田奕《古籍整理与研究的电脑化》，《中国文化》1994 年第 1 期。

处理技术、智能化信息处理技术、网络技术、存储技术的发展以及GB2312—80 汉字字符集的建立，都为古籍数字化工作提供了很好的条件和基础。

进入 20 世纪 90 年代，尤其是进入到 90 年代中期，古籍数字化发展已相当迅速，不仅数量增多，而且类型增加，科研机构、图书馆、商业公司等纷纷加入，不仅建成较大规模古籍数据检索系统，而且出现了多种古籍书目数据库，网络古籍资源库也纷纷出现，古籍数字化发展步伐大大加快。

首先，一些科研机构和个人继续进行古籍数字化工作，如中国社会科学院先后完成了《全唐诗》《先秦魏晋南北朝诗》《全上古三代秦汉三国六朝文》《十三经》及《全唐文》等古籍数字化检索系统。四川大学制作了《全宋文》检索系统，河南大学研制了《宋人笔记检索系统》及《南宋主要历史文献数据库》，广西大学编制了《古今图书集成索引续编检索系统》等。

其次，一些图书馆也开始启动所藏古籍书目数字化建设。如东北师范大学古籍研究所将所藏部分古籍进行数字化编目，实现了该馆部分古籍书目的电子检索。随后，辽宁图书馆将《中国古籍总目》集部部分书目数字化，国家图书馆建立宋元版书目电子检索系统，并规范了电子著录规范和格式；南京图书馆也编制了《中国古籍总目》《南京图书馆藏书目录》和《南京图书馆藏地方志目录》数据库。通过这些古籍书目数据库，读者可以通过书名、著者、分类等途径检索到馆藏古籍的版本及相关信息。

最后，低端网络古籍数字化产品开始出现。这些网络古籍数字化产品大体分为两种类型，一为图像版，二为文字版。上海图书馆选择馆藏 17 万册古籍善本实施大规模的古籍数字化工程，成立于 1993 年的"超星数字图书馆"录入了包括大量古籍在内的书籍，并于 2000 年在互联网上正式开通。这些古籍虽多是以图像方式呈现出来，但与以前纸质本相比，依然是非常大的突破。同时，在一些读书网站中也出现一批文字版数字古籍，如"新语丝"等，已收录了涵盖儒家经典、诸子典籍、古典小说、历代史籍等的电子文本。客观而言，这些文字版数字古籍多数存在着讹、脱、衍、倒等文字问题，更失去了原本的版式，但这些网络文字版古籍的大量出现，扩大了古籍的传播，方便了人们的阅读。

大体来看，这一时期出现的数字化古籍成果，部头相对较小，且多为世人熟悉，虽然制作技术仍不成熟，但已展现出古籍数字化的强大生命力。

（二）改革开放后古籍数字化工作的跨越前进（20 世纪 90 年代中后期以来）

20 世纪 90 年代中期以后，与古籍数字化相关的各种技术均得到快速发展，从而推动了古籍数字化工作的迅速发展。这一时期，参与古籍数字化的机构、企业及研究人员越来越多，数字化产品数量越来越多、技术含量越来越高、规模越来越大、类型越来越丰富，古籍数字化概念、古籍数字化整理标准与规范基本形成，古籍数字化学科概念也日渐成型，古籍数字化对古籍整理、文献研究、学术发展的挑战与影响越来越深刻！

1. 古籍数据库数量越来越多

20 世纪 90 年代中期以来，大陆地区的古籍数字化建设依靠海量的文献资源、广阔的应用市场、丰富的人才优势后来居上，开发的重点也由早期的书目数据库的建设，转向书目数据库、全文数据库齐头并进，并且，后者逐渐成为当前古籍数字化的主流。总体来看，这一时期的古籍数字化成果主要反映在如下几个方面：

其一，大型古籍书目数据库的纷纷建立。20 世纪 90 年代中期开始，随着图书馆建设古籍书目数据库所依托的三大系统平台（图书馆自动化系统、中国高校文献保障系统和自行开发系统）先后投入市场，图书馆系统，无论是公共图书馆，还是科研院所图书馆，古籍书目数据库的开发建设均获得快速发展。从目前已经建设的古籍书目数据库来看，很多省份和著名大学建设有馆藏古籍书目数据库。综合来看，这些图书馆系统建设的古籍书目数据库著录的范围大致有如下几类：一是反映馆藏古籍的书目数据库，二是反映古籍特藏的书目数据库，三是突出地方特色的书目数据库，四是古籍书目之书目数据库。① 其中，以中国国家图书馆《联机公共目录查询系统》及《中国古籍善本书目联合导航系统》的建立最具代表性。中国国家图书馆《联机公共目录查询系统》的《汉语古籍文献库》包含中文及特藏数据库、中文普通图书库、中文期刊、中文报纸、中文缩微文献、台港图书及海外出版的中文图书、普通古籍、善本古籍文献、地方志、家谱文献等。通过该系统，读者可以用多种方式进行检索，还可以选择记录的显示格式、检索结果的呈现格式，功能强大，非常方便。《中国古籍善本书目联合导航系统》将线装书局的排印本《中国古籍善本书目》数字化，总数据量达 29 万余条。主要功能包含：古籍分类导航、古籍藏地导航、版刻朝代导航、关键词检索、高级检索、数据分析等，信息丰富、使用方便。

其二，大型古籍全文数据库的集中涌现。大型古籍电子出版成果的涌现是这一时期古籍数字化影响最大的现象。20 世纪 90 年代中期以来，一些大的图书馆、出版单位、学术机构和商业公司积极参与古籍的数字化工作，古籍数字化的规模迅速扩大，一些规模宏大、制作精良的古籍数字化产品开始走向市场。文渊阁《四库全书》电子版（由上海人民出版社、香港迪志文化公司、书同文公司）、《四部丛刊》全文检索版（书同文公司）、《国学宝典》（国学公司）以及北京大学刘俊文教授组织的《中国基本古籍库》等古籍数字化产品因其容量巨大、检索便捷多样、便于永久保存的特点已在社会上广获美誉，② 甚至一些国外知名高校都开始使用由中国研发的古籍数字化产

---

① 参见毛建军《中文古籍书目数据库的调查与分析》，《图书馆论坛》2007 年第 5 期。

② 许逸民：《关于制作古籍数据库的几点想法》，《古籍整理出版情况简报》2003 年第 11 期。

品。在这一大型古籍电子出版成果涌现的时代，有几件具有标志性的事件需要特别指出：

一是《四库全书》与《四部丛刊》电子版的出版。1999年年底，上海人民出版社、香港迪志文化出版有限公司推出《文渊阁四库全书》电子版，它在保持原书真迹、版式的基础上，首次实现了书名、作者、类目、标题、年代以至全文中的字、词、语多途径的检索。阅读时，可以做笔记，可摘录内容，也可编排打印。不仅如此，该数据库还挂接了《中华古汉语字典》《四库大辞典》《四库全书简明目录》等电子工具书，可以提供在线即时帮助。[①] 它的出版，对社会震动很大，好评如潮。学界认为"它给读者带来了过去难以做到的更广泛、更深入、更卓有成效的古籍研读及整理，充分体现中国传统文化与高新技术的完美结合"[②]；"标志了中国信息处理技术有了重大突破"，"为我国古籍整理、保护和开发利用奠定了良好的基础开了一个好头"，"必将推动我国信息资源数字化，加速全球网上中文资源的展现"[③]。应该说，文渊阁《四库全书》全文检索版的出版，在古籍数字化领域具有里程碑式的意义。随后，书同文公司再接再厉，开发出《四部丛刊》电子版，再一次引起社会的强烈关注。《四库全书》和《四部丛刊》电子版的出版，无论从规模上还是从技术上说，均是史无前例的。这些大规模、基础性的古籍著作被开发成为真正意义上的数字化产品并走向市场，标志着中国大陆古籍数字化发展走向了一个新的阶段。

二是《国学宝典》的研制与"古籍电子定本工程"的实施。与《四库全书》电子版的出版同年，北京国学时代文化传播股份有限公

[①]　孙建越：《中华古籍的数字化〈文渊阁四库全书〉电子版》，《中国电子出版》1999年第4期。

[②]　孙建越：《中华古籍的数字化〈文渊阁四库全书〉电子版》，《中国电子出版》1999年第4期。

[③]　孙建越：《中华古籍的数字化〈文渊阁四库全书〉电子版》，《中国电子出版》1999年第4期。

司组织国内一批文史专家，历经长达六年的资料搜集和精心校勘，并借助先进的网络技术研制完成了《国学宝典》。这套中华古籍全文资料检索系统，自 1999 年推出 V1.0 单机版以来，不断补充和完善，现今单机版已升级至 V9.0，系统容纳数据的数量和质量、软件的性能和功能，均可谓精进百倍。为扩大普及范围，2005 年 2 月国学公司正式推出《国学宝典》互联网版。目前已收录历代典籍 4000 余种，总字数逾 10 亿，近 10 万卷，对《四库全书》未收或收录较少的小说、戏曲等文献进行了大规模增补，且广泛搜罗了晚清民初时期的古籍文献，基本涵盖了文史研究领域所有重要的文献资料，且以每年 1—2 亿字的速度扩充数据库内容。顺应信息技术发展和进一步扩大普及范围，2006 年 12 月国学公司继续推出《国学宝典》手机版，2008 年 2 月推出以超小型笔记本电脑为载体的金典版。①

伴随着《四库全书》《四部丛刊》电子版以及《国学宝典》在社会上的风靡，古籍数字化成果越来越多，给学术研究、文化传承提供了很大方便。但相伴而来的是，这些数字化古籍产品也存在着不少问题，正如尹小林先生所指出的："在当前的古籍数字化发展欣欣向荣的同时，我们也应看到这一领域整体缺乏规范引导，质量参差不齐，良莠混杂，或错漏百出，或以讹传讹，或断章删节，割裂经典，或淫搜秽采，滥取糟粕，不但误导读者，也给研究人员的使用带来了阻碍。"② 有鉴于此，首都师范大学电子文献研究所与北京国学时代文化传播股份有限公司于 2005 年以《国学宝典》这一当时国内最大的古籍全文检索数据库为基础启动"古籍电子定本工程"，意在"尽量消除古代典籍在电子化过程中的各种差错，最终可实现古籍电子化的'零差错率'"。③ 经过三年努力，2008 年年底与该工程配套的古籍整理软件平台研制完成，"古籍电子定本工程"正式运作。"凡列

---

① 《国学宝典》介绍，http://www.guoxue.com/cp/gxbd.htm2015.11.11。
② 尹小林：《关于"古籍电子定本工程"方案》，《中国索引》2009 年第 3 期。
③ 尹小林：《关于"古籍电子定本工程"方案》，《中国索引》2009 年第 3 期。

入该工程的古籍书目，均将依据严格的标准和流程加工制作，最终可实现古籍电子化的零差错率。从而奉献给读者'水明沙净'的优质电子文本，达到使研究人员无须核查原书即可放心引用的目的。"①可以预料，随着该工程的推进，这种"对古籍数字化整理起到规范化、标准化作用的'电子定本工程'的全面启动与实施，无疑将会对我国古籍的保存、传播或使用发挥更大的作用，起到深远的影响"②。可以说"古籍电子定本工程"的实施，为古籍数字化的规范化、标准化起到了标杆作用。

　　三是《瀚堂典藏》和《中国基本古籍库》的出现。《瀚堂典藏》由北京时代瀚堂科技有限公司开发，前身名为《龙语瀚堂典籍数据库》，初建于2005年，2010年改为现名。在当时，《瀚堂典藏》是行业内唯一采用国际Unicode标准七万六千汉字之超大字符集，精心数字化加工、存真性校勘建置的典籍类B/S服务器浏览器模式巨型数据库。它基本解决了生僻汉字在计算机平台上无法录入、显示、编辑的难题，形成以古代字书、类书和出土文献为特色的，独步全球的集成性古代文献检索与图文同步呈现之专业古典文献研究环境。全库集成管理15000多种古籍，两万五千种民国报纸期刊，近4000万条记录与海量清晰图片直接对应，汉字总量超过40亿。该资源库文献内容持续修订、种类定期扩增，并可根据读者要求定制添加，可以说是一个不断建构中的数据库资源。③

　　几乎与《龙语瀚堂典籍数据库》建设同时，2005年《中国基本古籍库》研制成功并出版。该项目由北京大学刘俊文教授策划、编纂、监制，北京爱如生数字化技术研究中心开发制作，先后被列为"全国高等院校古籍整理研究工作委员会重点项目"和"国家重点电

---

　　① 《电子版本的新突破——古籍电子定本工程》，http：//www.guoxue.com/zt/dzdb/001.htm，2015年11月11日。
　　② 尹小林：《关于"古籍电子定本工程"方案》，《中国索引》2009年第3期。
　　③ 《瀚堂典藏》使用说明，http：//www.hytung.cn/，2015年11月11日。

子出版物十五规划项目"，是国内目前规模非常大的一项古籍数字化工程。分为 4 个子库、20 个大类、100 个细目，总计收书 1 万种、17 万卷、版本 12500 个、20 万卷，全文 17 亿字、影像 1200 万页，数据总量 330G。其收录范围涵盖全部中国历史与文化，其内容总量相当于 3 部《四库全书》。不但是全球目前最大的中文古籍数字出版物，也是中国有史以来最大的历代典籍总汇。① 就其特色而言，一是收录范围精致广泛，并重视古籍版本的选择。二是数据库具有全新的分类方法。三是提供了多种检索途径。需要特别指出的是，《中国基本古籍库》所提供的特别的纠错扩充机制、灵活的版本型号规格以及强烈的版权保护意识给古籍全文数据库的开发提供了重要启示。②

以上所举几种大型古籍数字化成果，同时存在，在给人们提供了非常方便选择的同时，也不免使人无所适从，孰优孰劣，孰高孰下，各自有何特点，很多人并不清楚，在使用时不免产生迷惑。关于《中国基本古籍库》与《国学宝典》的比较，可参考孙琴《两大中文古籍数据库比较研究》；③ 关于《中国基本古籍库》和《瀚堂典藏》的比较，可参考王大盈《〈中国基本古籍库〉和〈瀚堂典藏〉两大古籍数据库比较研究》。④

当然，除了以上所提及的几种大型古籍数字化成果外，这一时期还有很多其他古籍数字化产品，如还有"高校古文献资源库"等。"高校古文献资源库"是一个汇集高校古文献资源的古籍数字化系统，为中国高等教育文献保障系统（CALIS）三期建设的子项目之一。该资源库由北京大学牵头，2004 年开始实施，国内 23 家高等院

① "中国基本古籍库 V7.0 产品介绍"，http：//www.er07.com/spring/ffront/productinfo/find-ById? id=30，2015 年 11 月 11 日。

② 毛建军：《〈中国基本古籍库〉的特色与启示——兼谈古籍全文数据库的标准与规范》，《管理学刊》2009 年第 5 期。

③ 孙琴：《两大中文古籍数据库比较研究》，《新世纪图书馆》2007 年第 1 期。

④ 王大盈：《〈中国基本古籍库〉和〈瀚堂典藏〉两大古籍数据库比较研究》，《情报杂志》2011 年增刊第 1 期。

校图书馆合力建设，意在推动高等院校图书馆馆藏古文献的数字化，实现高校古文献数字资源的共建共享。"学苑汲古"是该资源库的发布和服务平台。[①] "该资源库突破了以往联合目录仅有书目记录而无全文和图像的局限，不仅提供各成员馆的馆藏目录，而且在元数据中给出全文及图像的链接，采用了元数据、书影图像、电子图书多种形式并重的建库方式。"由于该资源库的数字化对象是高校图书馆馆藏古文献，因此它对其他古籍数字化产品起着有益的补充作用。[②] 其他古籍数字化产品，限于篇幅不再一一详述。

其三，各种特色古籍数据库的不断出现。除了那些大型古籍数字化产品的出现外，这一时期各种特色古籍数据库也不断出现。大陆地区不少公共图书馆和科研院所除了建设一批古籍书目数据库外，也开始投入特色古籍全文数据库建设。由于图像版数据库具有技术实现容易，运行成本低廉，可以保存古籍原貌等优势，公共图书馆和科研院所多数采用图像版进行数据库建设。

在特色古籍数据库建设方面，国家图书馆已经制订和实施了一个庞大的古籍特藏文献的数字化计划，如碑帖菁华、西夏碎金、敦煌遗珍、数字方志以及甲骨文、《永乐大典》等，其中有些项目已经完成，其成果可以通过网络为读者提供服务，有的项目正在进行中。《甲骨世界》收录甲骨元数据 2964 条，影像 5932 幅；甲骨拓片元数据 2975 条，影像 3177 幅，并将不断更新。《碑帖菁华》现已有元数据 23000 余条，影像 29000 余幅。《敦煌遗珍》中方 IDP 数据库图片数达 138375 余幅，并收录中国国内散藏敦煌文献联合目录、研究论著目录数据等。《西夏碎金》收录馆藏西夏古籍书目数据 125 条，馆藏西夏古籍原件影像近 5000 幅。《数字方志》收录 1949 年前纂

---

① "'学苑汲古'使用说明"，http://rbsc.calis.edu.cn：8086/aopac/jsp/xxsm.jsp，2015年11月12日。

② 姚伯岳：《"高校古文献资源库"检索功能综述》，《中国索引学会第三次全国会员代表大会暨学术论坛论文集》，2008年。

修的 6868 种古旧地方志类图书，跨越明、清、民国三个朝代。《民国图书》收录 15028 种民国图书全文影像资源。《数字善本》将馆藏宋元旧椠、明清精刻、名刊名抄、古代戏曲小说、方志家谱等善本古籍全部影像化，并提供查询、阅览服务。《宋人文集》精选所藏宋人文集善本 275 部，首选宋元刊本，次及明清精抄精刻，或经名家校勘题跋之本，通过缩微胶卷还原数字影像，并辅以详细书目建成本全文影像数据库，免费呈献供公众利用。① 当然，国家图书馆特色古籍数据库建设项目还有其他方面，这是一个不断构建和充实的过程。

除国家图书馆外，其他地方图书馆和科研院所也致力于建设自己的专题、特色古籍数据库，打造区域、专题特色。尤其是随着中国高等教育文献保障系统（China Academic Library Information System，简称 CALIS）的实施，大大推动了专题特色古籍数据库的建设。近些年来，各种专题特色古籍数据库不断出现，如清华大学的《中国科技史数字图书馆资料库》、华东师范大学的《中国年谱数据库》、兰州大学的《敦煌学数据库》、南京中医药大学的《中医药古籍文献数据库》、徐州师范大学的《汉画像石砖数字资源库》、四川大学的《巴蜀文化特色数据库》、郑州大学的《河南地方文献数据库》、河南大学的《宋代文献数据库》、苏州大学图书馆的《中国历代名人图鉴数据库》、浙江图书馆的《中国历代名人图像数据库》、首都图书馆的《明清北京城垣资源库》。② 需要指出的是，这些公共图书馆及科研院所所建特色数据库中古籍资源部分绝大多数采用图像格式进行建设，对于保存地方特色古籍资源具有重要意义。

在诸多的特色专题古籍数据库中，农业古籍、民族古籍、中医古籍、敦煌学等方面数字化建设表现突出，少数民族主题类古籍数

---

① "国家图书馆官网古籍资源库介绍"，http：//www.nlc.cn/dsb_zyyfw/gj/gjzyk/，2015.11.12。

② 参见孙琴《国内古籍特色数据库建设现状分析》，《四川图书馆学报》2006 年第 2 期。

字化也受到高度重视，这体现古籍数字化工作向纵深领域拓展的趋势。

其四，数字化古籍产品的商业化与普及。在大型古籍全文数据库集中涌现的大潮中，除高校与科研院所积极努力外，古籍数字化企业也纷纷加入，而且成为主体，主要有出版社和数字化公司。在他们的推动下，古籍数字化产品的商业化特征非常明显，商业化也给古籍数字化工作的发展注入了活力。在这一过程中，中国大陆形成了一批大型、专业化程度很高的古籍数字化制作、出版公司。其中，规模较大的有北京爱如生数字技术有限公司、北京书同文数字化技术有限公司和北京国学时代文化传播公司等。他们以市场需求为导向，出版了一大批选题新颖、内容丰富、制作精良、功能强大的古籍数字化产品，大大推动了中国古籍数字化的发展。

北京爱如生数字化技术研究中心，成立于 1998 年，原名北京爱如生文化交流有限公司，2003 年改今名。爱如生专注于中国古籍数字化事业，成立十多年来，独立创编了百余种古籍数字化产品，其中精工锻造的 15 个大型数据库，总共收录历代典籍 10 万种、敦煌汉文文献 3 万件、金石拓片 20 万件、明清档案 100 万件、近代报刊 3000 种、外国涉华历史文献数千件，基本上构建起涵盖全部中国历史与文化的数字源。其中被列为国家重点电子出版物的代表性产品《中国基本古籍库》，以其宏伟的规模、精粹的内容、实用的设计和优质的服务，蜚声世界，享誉学林。① 自 2006 年起，该公司先后设计并展开了三项宏伟工程："中国古籍数字再造工程""基本古籍数字定本工程""'历史中国'搜寻平台工程"，列入三大工程的不少古籍数字产品有的已经问世，有的正在进行，相信随着"三大工程"的完成，必将对中国古籍数字化建设起到极大的推动作用。

---

① 北京爱如生数字化技术研究中心：《公司简介》，http：//www.er07.com/spring/ffront/news/findById? id = 174，2015.11.12。

表4-1　　　　　　北京爱如生数字化技术研究中心古籍数字精品①

系列产品类型	数字精品名称
全文检索版大型数据库（14个产品）	中国基本古籍库、中国近代报刊库、中国方志库、中国谱牒库、中国金石库、中国丛书库、中国类书库、中国辞书库、中国经典库、中国史学库、中国俗文库、历代别集库、敦煌文献库、明清档案库
全文检索版系列数据库（9系列82个产品）	四库系列、国学要籍系列、史学常备系列、别集丛编系列、通俗大观系列、教育史料系列、历代碑志系列、地方文献系列、近代名刊系列
全文检索版数字丛书（50个产品）	明清实录、永乐大典、四部丛刊、正续道藏、全清经解、说文书荟、禅宗要籍、搢绅全录、千人年谱、百部官箴、典制通览、野史大观、边疆文献、清人朱卷、佚书合编、宝卷新集、理学全书、老庄辑要、法律汲古、兵书指掌、中医典海、农书汇录、天算管窥、术数搜奇、鉴赏宝典、百工遗文、茶书食经、诗话文论、邦计书集成、水利书集成、艺术书集成、女子书集成、历代地理总志、明代日用类书、清帝朱批奏折、二十五史订补、明代科举三录、金石志书汇编、历代笔记汇纂、历代诗文总集、重刊道藏辑要、增订宛委别藏、增订诸子集成、增订四部备要、古今图书集成、中国文化要籍、历代养生秘笈、敦煌世俗文书、增订丛书集成初编、小方壶斋舆地丛钞
原文影像版数字原典（8个产品）	全四库、八藏合集、丛书总汇、琴书瑟谱、历代法帖、古代版画、明清印谱大观、晚清民国大报数据库
全文检索版拇指数据库（9类1000个产品）	经部典籍、史部典籍、子部典籍、集部典籍、方志舆图、戏曲小说、敦煌文献、明清档案、近代报刊

　　北京书同文数字化技术有限公司成立于2000年5月10日，前身是书同文电脑技术开发有限公司暨《文渊阁四库全书》电子版工程中心，专注于中国经典古籍善本、历史文献档案的数字化以及汉字信息技术处理的应用研发、生产和销售。②十几年来，研制开发经典古籍善本全文数字化产品及承接的数字化工程如表4-2所示。

---

① 北京爱如生数字化技术研究中心：《产品中心》，http：//www. er07. com/2015. 11. 12。
② 北京书同文数字化技术有限公司：《公司简介》，http：//www. unihan. com. cn/Index. asp 2015. 11. 12。

表4-2　　　北京书同文数字化技术有限公司古籍数字精品①

《〈文渊阁四库全书〉电子版》	《〈四部丛刊〉全文检索版》
《〈中国历代石刻史料汇编〉全文检索版》	《〈康熙字典〉电子版》
《〈十通〉全文检索版》	《〈大清历朝实录〉电子版》
《〈大清五部会典〉电子版》	《军机处上谕档》
《大明实录》	《〈四部丛刊〉全文检索版》
《清宫陈设档》	《石渠宝笈》
《天禄琳琅》	《秘殿珠林》

北京国学时代文化传播股份有限公司（以下简称国学公司）成立于 2002 年 4 月，主要从事古籍数字化研究、网络文献检索开发和网站建设，是中国最大的专业古籍电子文献数据公司之一。②

表4-3　　　北京国学时代文化传播股份有限公司古籍数字精品③

系列产品类型	数字精品名称
国学宝典	国学宝典网络版、国学宝典单机版、国学宝典金典版
国学电子馆	基础版、政务版
中国历代基本典籍库	先秦两汉魏晋南北朝卷、隋唐五代卷、宋辽夏金元卷、明清卷
国学智能书库	G3-A、G4-A、G5-A、G5-B、G6-A、G6-B、G7-A、G8-A、G9-A、宋会要辑稿、古代小说典、中国历代笔记、中国历代碑帖精华、中国古代文学史、通鉴全编、清稗类钞、全上古三代秦汉三国六朝文、全唐文、中国古代戏剧专辑、飞鸿堂印谱、古代文论典、国学精品图库、十三经注疏、六十种曲、香艳丛书、崔东壁遗书

① 北京书同文数字化技术有限公司：《业务产品》，http：//www.unihan.com.cn/Business.html 2015.11.12。

② 北京国学时代文化传播股份有限公司：《公司简况》，http：//www.guoxue.com/? page_id=2，2015.11.12。

③ 北京国学时代文化传播股份有限公司：《国学产品系列》，http：//www.guoxue.com/cp/cpfront.htm，2015.11.12。

系列产品类型	数字精品名称
经典文库系列光盘	国学备览、书法备览、绘画备览、兵学备览、蒙学备览、唐诗备览、宋词备览、元曲备览、篆刻备览、小说备览
国学图书出版	国学备览丛书、开心学国学、美哉世博画册

除了以上介绍的三大古籍数字化企业以外，这一时期中国还有不少类似的古籍数字化企业。从他们推出古籍数字化产品的数量、类型、质量以及取得的经济和社会效益来看，这些公司在古籍数字化建设中已充当了主力军作用。比如爱如生公司，截至 2013 年 10 月，其"数字产品共行销京、津、沪等国内 24 个省市自治区和港、澳、台、日、韩、新、德、英、法、荷、美、加等 12 个国家和地区，机构用户超过 200 个，多为一流大学、著名图书馆和重要学术研究机关，如中国国家图书馆、美国国会图书馆、德国柏林国立图书馆、日本东洋文库、北京大学、香港大学、哈佛大学、牛津大学、莱顿大学、早稻田大学、首尔大学、中国国家博物馆、台湾'中研院'、法国法兰西学院等"①。这些专业性古籍数字化公司的形成及不断壮大，尤其是其产品的丰富、技术的先进、功能的强大及影响的扩大，标志着中国古籍数字化发展已远远超过海外，实现了跨越式发展。

其五，古籍数字化国际合作不断增多。由于多种原因，中国流散在国外的古籍数量庞大，种类繁多。据有关资料，中国战时流失日本的古籍至少有 300 万册，在美国国会图书馆中的中华古籍不下 4000 余种，地方志不下 2000 余种。②然因时间、空间及其他因素制约，这些古籍并未被国内学者很好地利用，原生性回归希望渺茫，再生性回归是实现海外古籍回归的主要方式。这种方式主要是通过计算机技术

---

① 北京爱如生数字化技术研究中心：《公司简介》，http：//www.er07.com/spring/ffront/news/findById? id＝174，2015.11.12。

② 潘德利、胡万德：《流散海外古籍文献回归策略研究》，《图书情报工作》2009 年第 7 期。

获取古籍文献信息，不涉及古籍实体的转移，因而具有成本低、应用方便、操作性强的特点。① 近些年来，国内图书馆通过国际合作的方式将流散海外的古籍文献数字化，实现不少中华古籍数字信息回到祖国，实现了海外古籍的再生性回归。可以说，古籍数字化成为当今海外古籍文献再生性回归的主要途径，也给学者利用海外中华古籍提供了极大方便。以下仅以近些年来规模和影响较大的古籍数字化国际合作项目略作阐释，以窥一斑。

中华古籍善本国际联合书目系统：由中文善本书国际联合目录项目发展而来的新数据库。中文善本书国际联合目录项目由美国研究图书馆组织（Research Libraries Group，RLG）建立。1991 年，首批正式参加该项目的图书馆包括普林斯顿大学图书馆、哥伦比亚大学图书馆、中国科学院图书馆及北京大学图书馆，最终包括中国 7 家图书馆在内的全球约有 30 余家图书馆参加了该项目。该项目著录了北美图书馆的几乎全部中文古籍善本藏书和中国图书馆的部分藏书，数据达到 2 万多条。2009 年之后，该项目中心由美国普林斯顿转移至中国国家图书馆，在原来项目基础上建设"中华古籍善本国际联合书目系统"新数据库。该系统在内容方面尽可能地借鉴原数据库，但是在形式上更贴近中国的学术传统和需求。2010 年 5 月 20 日，该系统通过中国国家图书馆网站正式对公众发布。经过多年的实施，该项目不仅大大方便了广大学者了解海外中华古籍资讯，更成为学术研究的津梁、图书馆界编目的参考。②

国际敦煌项目（International DunHuang Project，IDP）：最初由大英图书馆发起，1994 年正式启动，多国敦煌文献主要收藏机构参与并彼此合作，是一个典型的古籍数字化国际合作的项目。IDP 的目标

---

① 龙伟、朱云：《中华古籍数字化国际合作及实践探讨》，《图书馆工作与研究》2013 年第 7 期。

② "《中华古籍善本国际联合书目系统》数据库介绍"，http：//mylib. nlc. cn/system/application/search/display/zhonghuagujishanben/db. htm，2015. 11. 12。

是使敦煌及丝绸之路东段其他考古遗址出土的写本、绘画、纺织品以及艺术品的信息与图像能在互联网上自由地获取，并通过教育与研究项目鼓励用户利用这些资源。项目具体运作方式是：项目参与国敦煌文献主要收藏机构将所藏敦煌文献编目到数据库中，并对敦煌文献数字化，通过网络实现互联共享。IDP 成员机构，他们既是多文种网站与数据库的主办者，也是数据提供者。中国于 2001 年签约正式参与项目合作，目前已完成大部分国家图书馆所藏敦煌遗书的数字化工作。该项目的实施，不仅有效保护了敦煌文献这一中华文明瑰宝，也大大推动了敦煌文化的发展。①

东京大学东洋文化研究所汉籍全文影像数据库：2002 年开始建立，在互联网上免费提供开放性服务。2009 年中国国家图书馆与东京大学东洋文化研究所签署合作意向书。东洋文化研究所将所藏中文古籍 4000 余种，以数字化方式无偿提供给中国国家图书馆，中国国家图书馆负责创建与维护"东京大学东洋文化研究所汉籍全文影像数据库"，并免费在国图网站上面向读者提供服务。② 这批数据包括收藏在东洋文化研究所和一些专藏文库中的珍贵宋、元、明、清善本和民国时期抄本，经史子集各类俱全，以小说、戏曲为大宗，具有重要的史料价值。③ 该项目的合作，不仅有力促进了海内外中文古籍文献的保护、整理与编目，也大大方便了学者对这些古籍的研究与利用。

哈佛燕京图书馆藏善本特藏资源库：2009 年 11 月，中国国家图书馆与美国哈佛图书馆经过合作洽谈，签订合作协议，数字化哈佛燕京图书馆馆藏中文古籍善本，双方计划在 6 年时间内，完成中文善本

---

① "《国际敦煌项目：丝绸之路在线》介绍"，http：//idp. nlc. cn/2015. 11. 12。

② "《东京大学东洋文化研究所汉籍全文影像数据库》介绍"，http：//mylib. nlc. cn/web/guest/dongwenyanhanjiyingxiangku，2015. 11. 12。

③ 龙伟、朱云：《中华古籍数字化国际合作及实践探讨》，《图书馆工作与研究》2013 年第 7 期。

古籍 4210 种 51889 卷的数字化拍照。2010 年 9 月 8 日，中文古籍善本数字化合作项目的成果"哈佛大学哈佛燕京图书馆藏善本特藏资源库"正式开通，首批发布的中文古籍善本及齐如山专藏共 204 种，其余数字化成果将在中国国家图书馆网站上陆续更新。该系统可以多维度方式进行检索和分类浏览，书目信息为中英文对照，更方便海外读者使用，同时提供全部书影的阅览，以便于用户的全面阅读和深入研究。哈佛大学哈佛燕京图书馆藏中文善本古籍特藏，以其质量之高、数量之大著称于世。该资源库的建设，标志着中华珍贵典籍数字化回归取得重要突破。①

除了以上所列之外，还有"中美百万册书数字图书馆计划"（China-US Million Book Digital Library Project）、"高等学校中英文图书数字化国际合作计划"（CADAL）等国际合作项目。这些国际合作项目的开展，不仅为学者研究提供了更为广阔的资料范围，促进了合作双方经验的交流和业务能力的提高，实现了海外中华古籍再生性保护和数字化回归，扩展了古籍数字化的范围与影响，也代表了中外图书馆间资源共建共享的新趋势。同时，我们也应看到古籍数字化国际合作也存在不少问题，如缺乏研究机构间的深度交流、政府规划形式各异、各国古籍的版本不尽统一、人才与技术的交流不够深入、科研与工程结合不够紧密等。② 这些都是在未来的国际合作项目实施中应该注意并努力解决的问题。

以上所列五方面成果，只是大体反映了 20 世纪 90 年代中后期以来大陆地区古籍数字化成果的概貌，这些提炼与正如火如荼展开的古籍数字化大潮未必完全契合，挂一漏万在所难免。③ 诸多的数字化古籍，无论是图像版，还是文字检索版，还是图文兼备版，随着互联网

---

① "《哈佛燕京图书馆藏善本特藏资源库》介绍"，http：//mylib. nlc. cn/web/guest/hafoyan-jing，2015. 11. 12。

② 张文亮、党梦娇：《古籍数字化国际合作项目中的问题》，《图书馆学刊》2015 年第 3 期。

③ 参见张三夕、毛建军主编《汉语古籍电子文献知见录》，世界图书出版公司 2015 年版。

技术的迅速普及而进一步扩大其影响。凭借互联网的交互性、联系的迅捷性和传播的广泛性，人们能利用到的数字化古籍一定也会越来越丰富。而在这一过程中，人们也会逐渐了解及加深对古籍数字化这一古籍整理新方式、新现象的认识和研究，在理论研究上取得可喜的进步。

2. 古籍数字化研究快速发展

20 世纪 90 年代中后期以来，伴随中国古籍数字化的跨越式发展，人们不仅取得了很多古籍数字化技术的突破，而且对与古籍数字化有关的理论问题有较为成熟的认识和思考。[①] 在这时期，古籍数字化的概念、规范、标准逐渐形成；相关专业开始设立，人才培养机构逐渐建立，专题会议有规律召开，专题教材、著作逐渐增加，学科相关研究取得较为深入的进展。概而言之，大致体现在如下几个方面：

其一，古籍数字化概念与内涵的基本形成。在大陆地区古籍数字化起步和初期发展阶段，并没有"古籍数字化"这一概念。1984 年，栾贵明、李秦指出："微电脑的应用，必将改变古文献的传统研究方式，达到空前的高效率"，"随着微型机数量的增加、功能发展以及分布的扩大，其信息的贮存量会愈来愈多，并在一定范围，从一个地区到全国以及世界各地组成网络，形成一个巨大的资料库，所有信息资源便可共享。"[②] 这里只是看到电脑在古文献研究中的重要作用。1988 年曹书杰提出可利用计算机辅助进行古籍今译、古籍注释、训诂、古籍校勘、古籍辑佚、古籍汇编等古籍整理工作，并提出了"机整"的概念。[③] 20 世纪 90 年代前半期，随着计算机越来越多运用在古籍数据库的开发及古籍整理的实践，学术界开始出现古籍电脑

---

① 有关古籍数字化研究成果，可参见葛怀东、许剑颖《国内古籍数字化研究文献计量分析》，《情报探索》2014 年第 6 期。

② 栾贵明、李秦：《古籍整理出版情况简报》1984 年第 127 期。

③ 曹书杰：《古籍整理与电子计算机应用研究的思考》，《古籍整理研究学刊》1988 年第 1 期。

化、古籍自动化、古籍电子化以及古籍数字化等术语，但都没有具体的内涵界定，处于一种混用状态。"古籍数字化"术语最早出现在大陆始于 1996 年，当时上海图书馆启动重点科研项目——古籍善本全文光盘，其工作人员刘炜、陈秉仁使用了"古籍数字化"① "古籍善本数字化"② 的术语。但这些词并没有被业界普遍接受和使用，事实上这个阶段"古籍电子化""古籍数字化""古籍的数字化"是交替使用的。③ 进入 21 世纪以后，学界才广泛接受了"古籍数字化"这一术语。④

那么，到底什么是"古籍数字化"呢？仁者见仁，智者见智，不少学者给出了自己的看法。毛建军认为："古籍数字化就是从利用和保护古籍的目的出发，采用计算机技术，将常见的语言文字或图形符号转化为能被计算机识别的数字符号，从而制成古籍电子索引、古籍书目数据库和古籍全文数据库，用以揭示古籍文献信息资源的一项系统工作。"⑤ 王立清认为："古籍数字化是指利用现代信息技术将传统古籍整理后转化为数字媒体形式的书目数据库和全文数据库，通过光盘、网络等介质保存和传播，以达到保存普及传统文化和服务学术研究之目的。"⑥ 这些概念较为恰当地表述了古籍数字化的内涵，对探讨古籍数字化问题具有重要意义。

其二，古籍数字化规范与标准的基本确立。从 20 世纪 80 年代中国古籍数字化起步以来的 30 多年时间，尤其是十几年来，古籍数字化取得了非常大的成绩。作为新事物，古籍数字化具有很强的生命

---

①　刘炜：《上海图书馆古籍数字化的初步尝试》，《图书馆杂志》1997 年第 4 期。

②　陈秉仁：《古籍善本数字化的尝试：中国古籍善本查阅系统述略》，《现代图书情报技术》1998 年第 1 期。

③　史睿：《论中国古籍的数字化与人文学术研究》，《北京图书馆刊》1999 年第 2 期；孙建越：《中华古籍的数字化〈文渊阁四库全书〉电子版》，《中国电子出版》1999 年第 4 期。

④　参见毛建军《古籍数字化概念的形成过程探析》，《科技情报开发与经济》2006 年 22 期。

⑤　毛建军：《古籍数字化理论与实践》，航空工业出版社 2009 年版，第 5 页。

⑥　王立清：《中文古籍数字化研究》，国家图书馆出版社 2011 年版，第 20—21 页。

力、吸引力，诸多公共图书馆、科研院所、数字化公司及个人纷纷加入，但也存在诸如"储存上格式众多""检索上平台各异""方式上千差万别""协作上缺乏沟通"等问题，"至今我国没有相关的标准和规范，造成了目前古籍数字化在概念上百家争鸣、在开发理念上千差万别、在质量上参差不齐和在标准上各自为政的局面，给使用者带来了不便，也严重困扰了古籍数字化工作的健康、快速、协调发展。"①

虽然如此，但最近十几年，在古籍数字化方面还是有些相关标准出台的，如《古籍著录规则》（CB3792.7 - 2008）、《汉语文古籍机读目录格式使用手册》《古籍描述元数据著录规则》《CADAL 数字化文本元数据规范》《北京大学古籍数字图书馆拓片元数据标准》《上海图书馆古籍系统元数据方案》等。② 但这些标准主要集中于古籍书目数据库，而对影响更大的古籍全文数据库建设却没有统一的相关标准出台。针对这一状况，十几年来学界和业界有关古籍数字化实践与理论、标准与规范的讨论与研究也逐渐开展，并取得一定成效。比如，姚伯岳等指出：古籍数字化要保持古籍文献内容的原始性，实现文本字符的数字化，具有基于超链接设计的浏览阅读环境、强大的检索功能、研究支持功能。③ 姚俊元认为古籍数字化应该："统一概念认识，明确古籍数字化的真正内涵"；"统一工作宗旨，明确古籍数字化的基本特征"；"统一方式标准，明确古籍数字化的基本方法"；"统一存储格式，明确古籍数字化的技术标准"；"统一数据形式，对古籍数字资源进行元数据标引"；"统一汉字编码，完善汉字字符代码集"④。毛建军认为古籍数据库的标准与规范，应注意以下几个方

---

　　① 姚俊元：《关于制定古籍数字化标准的思考》，《图书馆理论与实践》2010 年第 2 期。

　　② 王立清：《中文古籍数字化研究》，国家图书馆出版社 2011 年版，第 160—163 页。

　　③ 姚伯岳、张丽娟、于义芳、廖三三：《古籍元数据标准的设计及其系统实现》，《大学图书馆学报》2003 年第 1 期。

　　④ 姚俊元：《关于制定古籍数字化标准的思考》，《图书馆理论与实践》2010 年第 2 期。

面问题：选题的标准、版本的标准、储存标准、系统标准及主界面标准。① 王立清认为需要修订和完善古籍数字化著录标准，加强 MARC 元数据与都柏林核心元数据的转换；建立古籍数字化规范数据库；尽可能统一古籍数字化文件格式。② 贺科伟、邓蕾认为目前古籍数字化存在的问题主要有：版本上认识不一、书目分类标准不一、字符集无法统一、储存格式上种类繁多、影像处理上千差万别、检索上途径各异、元数据著录上各行其是。提出开放性、系统性、实用性、拓展性应该成为古籍数字化标准体系建设中遵循的四大原则。认为古籍数字化应当统一古籍版本标准，选择善本进行古籍数字化出版；统一古籍书目分类，建立合理的数字化古籍书目分类方法；统一字符集标准，完善汉字字符集功能；统一存储格式标准，提高古籍数字化的利用效率；统一古籍影像的处理标准，提高影像资料的使用范围；统一检索标准，建立科学的估计库检系统；统一元数据标准，实现不同数据库间的资料共享；③ 等等。一些文献学研究者也在其著作中提出理想电子文献的标准：文本要可靠；僻字能正常显示；每一种书都有版本信息，提供数字文本与图版文本互相对照的功能；检索程序功能完善；能很好地兼容常用软件。④ 还有一些学者主张从国家层面上，需要成立一个专门的古籍数字化领导小组，统筹规划古籍数字化工作，避免无序竞争、标准缺位、无谓浪费，提高数字化产品质量、利用效率，推动古籍数字化更好发展。葛怀东认为"古籍数字化标准体系"应由技术标准体系、管理标准体系、工作标准体系三大部分组成；古籍数字化标准体系的构建应秉持开放性、系统性、实用性、拓展性四大原则。⑤ 还认为古籍数字

① 毛建军：《〈中国基本古籍库〉的特色与启示——兼谈古籍全文数据库的标准与规范》，《管理学刊》2009 年第 5 期。

② 王立清：《中文古籍数字化研究》，国家图书馆出版社 2011 年版，第 164—166 页。

③ 贺科伟、邓蕾：《我国古籍数字化标准体系建设刍议》，《科技与出版》2011 年第 8 期。

④ 杨琳：《古典文献及其利用》，北京大学出版社 2010 年版，第 42—49 页。

⑤ 葛怀东：《论古籍数字化标准体系建设》，《图书馆学刊》2013 年第 1 期。

资源库的建设应注重数字资源内容创建、古籍元数据、系统服务、长期保存等规范化建设环节。① 这些探索对古籍数字化规范化、标准化建设都具有非常重要的意义。

在学者竞相探索古籍数字化规范与标准问题的同时，一些数字化企业也意识到这一问题，自己订立古籍数字化标准，提高自己产品的质量和市场竞争力。如国学公司提出并建设"古籍电子定本工程"和爱如生公司的"基本古籍数字定本工程"。"古籍电子定本工程"是首都师范大学电子文献研究所与北京国学时代文化传播股份有限公司"针对目前古籍电子版本错讹多，信誉低，仅能用于查询索引，难以准确引用的弊端，动员多方力量，经过三年艰苦努力，于2008年11月完成的古籍整理软件平台。凡列入该工程的古籍书目，均将依据严格的标准和流程加工制作，最终可实现古籍电子化的零差错率。从而奉献给读者'水明沙净'的优质电子文本，达到使研究人员无需核查原书即可放心引用的目的"②。为实现这一目的，国学公司订立了《古籍电子定本整理体例》③。评审组专家对该工程给予高度评价："'古籍电子定本工程'综合了当前中文信息化中最优秀的成果，技术手段先进，使用便捷，运用了现代信息技术手段，在古籍整理现代化方面作了大胆的创新与尝试，顺应时代发展的需求，对古籍数字化整理起到规范化、标准化的作用，它的全面启动与实施，无论在技术、功能和应用价值上都是古籍数字化领域的新突破，无疑将对我国古籍的保存、传播或使用发挥更大的作用，产生深远的影响。"④ 略晚于国学公司，爱如生公司于2009年启动"基本古籍数字定本工程"，其目标是达成足堪信赖并可以直接引用的数字善本。截

---

① 葛怀东：《古籍数字资源库规范化建设》，《档案与建设》2014年第6期。
② 《电子版本的新突破——古籍电子定本工程》，http://www.guoxue.com/zt/dzdb/001.htm，2015年11月15日。
③ 古籍电子定本整理体例，http://dzdb.guoxue.com/，2015年11月15日。
④ 《古籍电子定本工程·首批电子定本网上公示：六朝文絜》，http://www.guoxue.com/zt/dzdb/，2015年11月15日。

至 2012 年 1 月，已完成 200 种零错误率的核心古籍定本和 1800 种万分之一以下错误率的基本古籍善本，整个工程正在积极推进中。[①] 两大古籍数字化专业公司"定本工程"的实施，既是对学界关于古籍数字化规范与标准讨论、探索的积极呼应，更为业界进行古籍数字化树立了标杆，对于纠正业界弊端、提高古籍数字化水平有着极大促进作用。

其三，古籍数字化学科建设取得长足进展。随着古籍数字化成果的涌现和相关理论研究的推进，古籍数字化学科提出建立"电子文献学""数字文献学""古籍电子文献学"等学科的呼声应声而出，相关学科建设活动不断开展，基础不断厚实，专门性学科建设逐渐水到渠成。基本情况如下：

一是有关古籍数字化学科建设的讨论积极展开。在学界热烈讨论古籍数字化成果、概念、存在问题、规范与标准等问题的同时，也开始积极探索古籍数字化学科建设问题，涉及学科性质、学科归属、研究对象、研究内容与学科体系等问题。

关于古籍数字化学科性质：学者们不约而同地认为其是一门古典文献与现代信息技术紧密相连的综合性交叉学科。张存良、毛建军认为，古籍电子文献学是古典文献在现代信息技术影响下而产生的一门综合性交叉学科。[②] 葛怀东认为："古籍数字化"是一门揭示古籍文献信息资源建设的新兴学科，属于古籍整理的研究范畴，其涉及文献学、古籍整理、信息学、计算机科学与技术、图书馆学等多个学科，具有边缘性、综合性、交叉性的学科特点。[③]

关于古籍数字化学科归属：张存良认为，当前的学科归属似乎不

---

① "爱如生公司·公司愿景·三大工程"，http://www.er07.com/spring/ffront/news/findBy-Id? id=173，2015 年 11 月 15 日。

② 张存良：《试谈电子文献学的学科建设》，《第二届中国古籍数字化国际学术研讨会论文集》，五洲传播出版社 2011 年版；毛建军：《古籍电子文献学学科建设刍议》，《第四届中国古籍数字化国际学术研讨会论文集》，2013 年。

③ 葛怀东：《古籍数字化的学科建设》，《中国科技信息》2012 年第 1 期。

明，至少应该划至"图书馆、情报与文献学"之下的二级学科。① 而葛怀东将古籍数字化看作是文献学的分支学科②，毛建军则认为应归属于中国语言文学（一级学科）之下，是与中国古典文献学平行的二级学科。③

关于古籍数字化学科研究对象：张存良认为凡是能够数字化并且能够利用和研究的对象，均可以成为电子文献学研究的内容；④ 葛怀东认为，古籍数字化学科是研究古文献在数字化、信息化过程中的特质和规律，指导数字技术在古籍整理领域中的应用，以优化信息环境下的古文献学科研究领域。⑤

关于古籍数字化学科研究内容及学科体系：张存良谈及学科建设的构想，涉及"电子文献学"的基本理论、电子文献学的实际运用、电子文献学与古文献学、电子文献学与新兴技术学科、电子文献学与当代学术等。⑥ 葛怀东认为古籍数字化学科应包括数字化古籍整理学、中文信息处理技术、古籍数字化管理理论等内容。⑦ 毛建军认为应包含古籍电子文献开发技术研究、古籍电子文献资源整合与利用研究、古典文献学的电子应用研究等内容。⑧

除以上讨论之外，网络上另有一些博文对"数码文献学"也有讨论，"如舸斋王依民的博客"中《开宗明义：什么是数码文献学?》

① 张存良：《试谈电子文献学的学科建设》，《第二届中国古籍数字化国际学术研讨会论文集》，五洲传播出版社 2011 年版。
② 葛怀东：《古籍数字化的学科建设》，《中国科技信息》2012 年第 1 期。
③ 毛建军：《古籍电子文献学学科建设刍议》，《第四届中国古籍数字化国际学术研讨会论文集》，2013 年。
④ 张存良：《试谈电子文献学的学科建设》，《第二届中国古籍数字化国际学术研讨会论文集》，五洲传播出版社 2011 年版。
⑤ 葛怀东：《古籍数字化的学科建设》，《中国科技信息》2012 年第 1 期。
⑥ 张存良：《试谈电子文献学的学科建设》，《第二届中国古籍数字化国际学术研讨会论文集》，五洲传播出版社 2011 年版。
⑦ 葛怀东：《古籍数字化的学科建设》，《中国科技信息》2012 年第 1 期。
⑧ 毛建军：《古籍电子文献学学科建设刍议》，《第四届中国古籍数字化国际学术研讨会论文集》，2013 年。

《古籍数字化的历程和数码文献学的成立》《数码文献学与传统文献学》等博文对"数码文献学"相关问题有所讨论，兹不赘述。[1]

二是古籍数字化学科建设取得可喜进步。一个学科的形成和发展需要多方面的基础和积累，涉及专业教材建设、课程开设、研究机构成立、学科会议举办、人才培养、期刊出版等问题。而这些方面，近十几年来取得了很大成绩。

关于古籍数字化教材与课程建设。相关专题教材并不多，只有毛建军的《古籍数字化理论与实践》、蔡先金等的《电子文献学引论》[2]等。不过，最近十几年伴随古籍数字化发展，不少文献学或古籍整理教材也与时俱进地增加了与之相关的内容，如刘琳、吴洪泽的《古籍整理学》第九章《古籍整理手段的现代化》[3]；张三夕的《中国古典文献学》第九章第二节《电子文献的检索和利用》[4]；张大可、俞樟华的《中国文献学》第十章第五节《电子文献的检索与利用》[5]；王俊杰的《中国古典文献学概论》第十章第二节《电子文献的检索和利用》[6]；项楚、罗鹭的《中国古典文献学》第十章第五节《电子文献的检索与利用》[7]；等等。随着这些教材的不断出版和使用，与古籍数字化相关的课程也在很多高校开设，成为文献学专业学生的重要课程，大大拓展了古籍数字化的影响。[8]

关于古籍数字化研究机构设立与学科形成。专业研究机构的成立

---

[1]　http：//blog. sina. com. cn/s/articlelist_ 1117326873_ 5_ 1. html，2015 年 11 月 15 日。

[2]　毛建军：《古籍数字化理论与实践》，航空工业出版社 2009 年版；蔡先金、赵海丽编著：《电子文献学引论》，电子工业出版社 2012 年版。其他为研究性著作或工具书性质，如王立清《中文古籍数字化研究》（国家图书馆出版社 2011 年版）、张三夕、毛建军《汉语古籍电子文献知见录》（世界图书出版公司 2015 年版）等。

[3]　刘琳、吴洪泽：《古籍整理学》，四川大学出版社 2003 年版。

[4]　张三夕：《中国古典文献学》，华中师范大学出版社 2003 年版。

[5]　张大可、俞樟华：《中国文献学》，福建人民出版社 2005 年版。

[6]　王俊杰：《中国古典文献学概论》，齐鲁书社 2006 年版。

[7]　项楚、罗鹭：《中国古典文献学》，中国人民大学出版社 2013 年版。

[8]　参见毛建军《古籍电子文献学学科建设刍议》，《第四届中国古籍数字化国际学术研讨会论文集》，2013 年。

是一个学科成长的重要基础。2003 年首都师范大学设立电子文献研究所，这是国内第一个古籍电子化专业研究机构。该机构成立以来，在尹小林先生带领下，取得了诸多成就，学科建设突飞猛进。2007年，首都师范大学正式建立数字文献学交叉学科；2008 年 4 月，首都师范大学成功申报数字文献学为北京市重点交叉学科。"它的申报成功，标志着古籍数字化终于得以开宗立派，为学术界所认可。"①也是在 2008 年，淮南师范大学建成一个古籍数字化实验室（古籍数字化中心），重点开展安徽地方文献的数字化研究。但目前而言，专业性的古籍数字化研究机构并不多，专业实验室也不够。有鉴于此，2015 年 9 月 24 日至 25 日在北京举行的"第五届中国古籍数字化国际学术研讨会"以"古籍数字化实验室建设"为主题，呼吁设立更多古籍数字化研究机构，推动古籍数字化的发展。

关于古籍数字化专题学科会议的举办。在建设专业研究机构的同时，专业会议也得到连续举办，已成为古籍数字化学科发展的重要依托。2007 年至今，由首都师范大学电子文献研究所联合中国诗歌研究中心和中国传统文化数字化研究中心等单位，已于北京举办了七届"中国古籍数字化国际学术研讨会"，自 2007 年的第一届开始，每两年一届，至 2019 年共办了七届。从连续七届会议来看，"中国古籍数字化国际学术研讨会"已经成为古籍数字化业界专题会议，参加单位和个人越来越多，讨论主题也越来越丰富，对于古籍数字化学科发展已具有非常重要的推动意义。

关于古籍数字化人才培养。由于古籍数字化是一个新事物，又涉及学科较多，无论是图书馆学，还是文献学与古籍整理学，还是计算机学科，均无法单独培养符合古籍数字化发展的复合型人才，因此古籍数字化专业人才培养尤显迫切。不少研究者都在不同的场合提出这

---

① 《第二届中国古籍数字化国际学术研讨会隆重开幕》，国学网，http://www.guoxue.com/zt/gjszh02/，2015 年 11 月 15 日。

一问题。随着 2013 年首都师范大学数字文献学专业开始招收第一届硕士研究生，标志着古籍数字化人才培养走上了健康发展的轨道。此外，也有不少高校开始设立与古籍数字化相关的专业方向，招收研究生，培养古籍电子化的专门人才，以满足社会发展的需要。如北京大学在"图书馆学"下设"古籍数字化资源研究"、南京大学在"中国古典文献学"下设"计算机与古籍整理"招收硕士研究生，中山大学在"历史文献学"下设"历史文献书目控制与数字化"、中国中医科学院在"中医医史文献"下设"古籍整理与数字化研究"招收博士研究生。还有一些学校虽未设带有明显古籍数字化特征的专业方向，但允许及支持学生从事古籍数字化研究。应该说，目前古籍数字化人才培养已开始逐渐走上快车道。

以上这些方面的积累和准备，为古籍数字化学科的形成和发展奠定了很好的基础。随着古籍数字化学科建设的进一步发展，对古籍数字化的推动会越来越大，古籍数字化的前景会越来越光明。当然，当前的古籍数字化工作与古籍整理新方式的高层次要求还有一定的距离，仍处于大发展阶段，规划统一和标准统一工作还要进一步推进，学科建设、人才培养任重而道远，精深领域的拓展仍有大量工作要做。

二　数字化与古籍整理观念的新变化

对于传统古籍整理来讲，古籍数字化是个新现象，为古籍整理提供了"新"材料、新手段、新思路，提出了新挑战，它的出现和快速发展，自然对传统古籍整理观念产生了非常大的影响。

（一）古籍数字化成为古籍整理的新趋向

陈寅恪先生曾说："一时代之学术，必有其新材料与新问题。取用此材料以研求问题，则为此时代学术之新潮流。治学之士，得预于此潮流者，谓之预流。其未得预者，谓之未入流。此古今学术史之通义，非彼闭门造车之徒所能同喻者也。"回顾中国历史文献载体形式的发展，可知大致经历了甲骨时代、青铜时代、丝帛时代、简牍时代、纸张时代、电子时代（数字时代）。在电子时代以前的古籍中，尤以纸质古籍为主体，也就是对于今人而言古籍的主要载体是纸质本。然而纸质古籍由于其质地本身的局限，其保存与利用之间存在着较大矛盾，不少珍贵古籍文物因需保护而影响了对其有效利用。随着古籍数字化的发展，古籍文献载体发生了质的改变，由纸质形态发展到数字形态，古籍的存储和共享模式均发生了巨大变化。原本藏之馆阁、视为珍品的古籍，现已飞入了寻常百姓家；原来动辄数千卷的大部头古籍丛书，已变成薄薄的光盘或网上点击的电子资源。数字本以其超文本链接功能、强大的检索功能、研究支持功能、即时交互特征以及文字复制功能等更能赢得人们的青睐，若无特殊要求，人们在阅读和研究中一般会首选数字本。这是一个观念上的巨大变化！

在古籍载体发生变化的大背景下，作为学术研究的古籍整理工作也应该随之改变。古籍整理是对古籍原文进行整理加工的过程，目的在于便于人们阅读和研究。然而改革开放以来，随着信息传播手段的不断现代化，读者的阅读兴趣和手段都在悄然发生变化，数字化古籍以其信息量大、检索快捷方便、不受时空限制等特质，使古籍使用者的效率大大提高。在此背景下，传统的古籍整理工作遇到了前所未有的困境和挑战，无论是传统的以学术性为主的古籍整理，还是以普及性为主的古籍整理，在选题、成果发行等方面都遇到很大困难。尤其是进入20世纪90年代之后，古籍整理与出版行业步履艰难，每况愈下，人才流失日益严重，于是古籍数字化就成为古籍整理和传播的未来方向，是时代发展的必然趋向。众多图书馆、古籍整理研究者、古籍出版社纷纷加入古籍数字化大军即说明这一趋向。

（二）古籍数字化成为古籍整理的新方式

曾经在相当长一段时期，学界及社会存在一个误解，认为古籍数字化与古籍整理是对立的两回事，甚至认为古籍数字化是蚕食古籍整理的领地，古籍数字化企业是与古籍出版机构争夺市场、抢夺饭碗。

其实二者是一脉相承、密不可分的关系，古籍数字化只是古籍整理的新方式、新体现。

首先，古籍数字化与古籍整理的目标是一致的。古籍整理是对古籍原文进行整理加工，目标是要努力把古籍整理成为尽可能精良的传世无愧的定本，便于人们阅读和研究。古籍数字化是"利用现代信息技术将传统古籍整理后转化为数字媒体形式的书目数据库和全文数据库，通过光盘、网络等介质保存和传播，以达到保存普及传统文化和服务学术研究之目的"①。从二者目标来看，其实是一致的。

其次，古籍数字化与古籍整理相辅相成，是古籍整理的新方式。"古籍数字化首先有个文本对象的选择问题，其中涉及的版本问题非常复杂。这就需要内容专家考订版本源流，选择善本为底本，广校异同，精心标点，之后还需广征群籍，拾遗补阙。数字化古籍的整理同样要经历这样一个过程，与承担'辨章学术，考镜源流'的传统校勘学并无实质不同。如果将古籍数字化理解为只是古籍存储形式的简单变换，而没有前期的古籍整理过程，那古籍数字化的价值将大打折扣。"显然，即使古籍数字化只是将古籍内容从纸质介质转变为电子介质，也并非只是拥有技术手段就行了，而是要求贯穿着古籍整理知识的综合运用。

当前，从社会及网络上存在的古籍数字化产品来看，古籍数字化还存在许多不完善的地方，也即有学者称为"数字化初级阶段"，"主要体现在目前推出的古籍整理数字化成果，大多为纸本古籍整理成果的介质转换，亦即将古籍由纸介质直接转换为数字化介质"②。客观而言，这一转换并不容易，想做到"零差错"更是难上加难。检索现有古籍数字化成果，可知多数不同程度地存在文字错漏、版本选择不精、信息缺漏等问题，从严格的古籍整理要求来衡量，不尽符

---

① 王立清：《中文古籍数字化研究》，国家图书馆出版社 2011 年版，第 20—21 页。
② 方广锠：《数字化：开创古籍整理新局面》，《中国社会科学报》2015 年 11 月 10 日。

合传统古籍整理的要求。

　　传统古籍整理工作，内容相当丰富，包括校勘、标点、笺注、辑佚、今译等多项内容。古籍数字化初级阶段所实现的介质转换及追求的文字"零差错"，也只是传统古籍整理工作中校勘的内容，也是最基础的部分。而这最基础的部分，尚只能"校异同"，而不能"校是非"，与传统古籍整理中的校勘学既校异同、又校是非的要求尚有很大距离。除校勘外，传统古籍整理工作还有标点、笺注、辑佚、今译等多层次要求，目前的古籍数字化成果正在尝试做一些突破，但是全面解决尚难做到。"数字化的古籍应该是经过认真整理的古籍，需要运用目录、版本、校勘和文字、音韵、历史文献等各方面知识进行点校，成为现有最好或较好的版本。"① 对照这一标准，可以说，很多现有的古籍数字化与传统古籍整理的要求还存在很大的不同。一方面，我们应意识到："古籍数字化只是技术手段上的革新，其本质上仍然属于古籍整理的范畴。古籍的数字化也面临着版本的选择、文字的校勘、文献的考证等古籍整理的基本环节。"② 而另一方面，"由于目前古籍整理界还没有真正摆脱传统古籍整理模式的束缚，从而使上述数字化成果的质量也难以突破传统古籍整理的水平，限制了数字化古籍各种功能的充分发挥"③。

　　令人欣喜的是，学界及业界已经关注到目前的古籍数字化存在的诸多问题，尤其是与传统古籍整理要求存在较大距离问题。如前所述，国学公司 2008 年已开始实施"古籍电子定本工程"，订立了《古籍电子定本整理体例》，希望奉献给读者"优质电子文本"。这里要特别指出的是该体例不仅要求古籍数字化在进行介质转换时的正确度，而且尝试做深层次的古籍数字化开发。比如，其第一条云："古籍电子定本遵循'择优而定，从善为本'的原则，慎重选择学界公

---

① 程毅中：《古籍数字化须以古籍整理为基础》，《光明日报》2013 年 4 月 30 日。
② 葛怀东：《古籍数字化学科的建设》，《中国科技信息》2012 年第 1 期。
③ 方广锠：《数字化：开创古籍整理新局面》，《中国社会科学报》2015 年 11 月 10 日。

认的权威版本为底本进行整理。每种书由一套底本原图和三套电子文本组成。三套电子文本是：①原图版式简体，②原图版式繁体，③标点整理简体（网页格式）。"第九条云："凡属底本明显衍脱讹倒之处，均据他本予以订正，并出校勘说明。"① 显然，这里已经涉及了版本选择、标点、校勘等多项传统古籍整理工作的内容。尤其需要指出的是，该定本工程在文字校勘上，已不是简单地将原本文字再现，追求实现"零差错"，更是校正原本文字中的"衍脱讹倒之处"，并出校勘说明，这已是从介质转换进入到古籍整理其他领域中了。让古籍数字化与古籍整理的其他手段结合，也让古籍数字化迈向更深层次的开发阶段。

（三）古籍数字化为古籍整理提供新思路

古籍数字化给人们提供了海量的古籍资源，用古人所言"汗牛充栋"一词已难以描述；同时，古籍数字化又给人们进行资料检索提供了极大便利，"秒阅"万卷书成为现实。可以说，古籍数字化大大提高了古籍整理的效率，拓宽了古籍整理研究的广度和深度，为古籍整理提供了很多新的思路。

其一，古籍数字化可以提高古籍版本考证的可操作性。选择版本是进行古籍整理的第一步，也是最基础的一步。在传统时代，因古籍藏于各地，若想分辨出一部古籍版本的优劣，研究者需要跑很多图书收藏机构、查寻很多资料，费力、费时、费钱。古籍数字化时代，我们可以利用各种古籍书目数据库进行大范围检索，不仅能摸清国内所存相关古籍版本情况，也能收集到日本、北美等其他国家所存中文版本信息；不仅能搞清某部古籍的所有版本信息，甚至能看到、得到各个版本的原书影像；不仅节省时间、精力、经费，而且得到的版本信息更全面、更精确。这对于研究者进行古籍整理选择版本来说是非常便利的途径。

---

① 古籍电子定本整理体例，http://dzdb.guoxue.com/，2015 年 11 月 15 日。

其二，古籍数字化可以提高古籍校勘的效率和精准度。校勘是古籍整理最为重要和基础的工序。传统的"校雠"法费时、费力，效率很低。在数字化时代，一方面数字化古籍能够给古籍校勘提供非常丰富的不同版本参照，另一方面利用数字化技术，通过人机互动的切字、认字、定字、校勘等工作环节最终完成古籍整理。方广锠先生提出的具体思路如下：第一步，利用软件"把古籍原本上的每一个文字、每一个符号都切割下来，并将它们全部转换成计算机可识别的具有计算机内码的文字与符号，由此形成基础工作文本与基础字库"。第二步，"系统排比基础工作文本，提示整理者辨析异本"。第三步，"由系统自动比对不同文本，如果对应的文字相同，系统自动忽略，仅将不同的文字用色标显示，提示研究者进行勘校"。这种数字化互动模式彻底改变古籍整理中大量出现重复劳动的现状，而且大大提高精准度。① 另外，古籍数字化还可为勘校者提供可资利用的海量的数字化古籍资料，不仅用来校出异同，亦可用来校定是非。

其三，古籍数字化可以提高古籍辑佚、注释的效率和质量。传统古籍辑佚主要依靠大型类书和其他相关资料，从中一条条搜罗，似大海捞针，不仅费时费力，更因资料范围所限往往遗漏甚多。而在数字化时代，利用数字化古籍的海量内容、强大的检索能力，只要设定好检索词，可以在极短时间内，搜检到大量需要的资料，这是传统辑佚所无法实现的。而且，今天我们可以用来检索的数字化古籍数据库越来越多，如《四库全书》《中国基本古籍库》《国学宝典》，我们可以在不同的古籍数据库进行全面检索，检索更为全面，速度更快。当然，因为资料太多，重复度相对较高，这就涉及如何剔除重复条目的问题。客观而言，对于辑佚来讲，资料多一定比资料少要好得太多了。古籍数字化也给古籍注释提供了新的思路，提高了效率。没有数

---

① 方广锠：《数字化：开创古籍整理新局面》，《中国社会科学报》2015 年 11 月 10 日。

字化资源之前的古籍注释，完全靠注释者的知识积累，依赖于注释者拥有的有限的工具书，其可利用资源的范围有限，而人之所知也有限，故而其古籍注释的精确度也受限。数字化背景下，工具书也有了数字化版本，而且工具书的整合程度非常之高，在网络环境下，已形成了高质量的在线工具书库，使传统的古籍注释发生了翻天覆地的变化。不利用在线工具书检索系统，就像老牛拉慢车，效率低而质量也受限。① 在实际操作中，一方面我们可以利用专门的工具书数据库如方正 Apabi 的"中国工具书资源全文数据库"、中国知网的"中国工具书网络出版总库"检索所需信息，免去翻阅类型繁多的工具书的麻烦；另一方面也可使用各种古籍全文数据库，便捷地查询相关文史知识，两方面结合对古籍注释很有补益，起到事半功倍的效果。总之，数字化时代的古籍辑佚、注释等工作已大不同于传统时代，效率和质量均大有提高。

当然，除了以上几个方面古籍数字化为古籍整理提供的新思路外，古籍整理的其他方面，比如古籍标点、古书今译、古籍汇编等，也都可以充分利用古籍数字化成果。限于篇幅，不再一一赘举。总之，古籍数字化大大提高了古籍整理的效率、质量、易操作性，也提升了提高古籍整理的广度和深度，为古籍整理提供了新思路、注入了新活力。同时，我们也需认识到古籍数字化并不能代替古籍整理者个人的研究和知识积累，二者结合起来，才能推动古籍整理的更好发展。

（四）古籍数字化对古籍整理提出新挑战

第一，古籍数字化对古籍整理人员素质提出新要求。从古籍数字化的概念、性质以及与古籍整理的关系可知，他的知识结构应该是现代计算机技术、网络技术与传统文献学的有机结合，能适应古

---

① 申利：《利用数字化资源提高古籍整理效率的实践和思考》，《图书情报知识》2012 年第 5 期。

籍整理的新方式。古籍数字化致使古籍文献载体、古籍资料检索、古籍整理方式、古籍整理观念、古籍整理方法等方面都出现了新变化，给古籍整理工作带来了深刻的变革。因此，古籍数字化时代从事古籍整理的人员，既需掌握较为扎实的传统古籍整理专业知识，又需要懂得现代计算机、网络技术知识，更要熟悉古籍数字化发展情况。

一方面，从事古籍整理工作需要懂得计算机及网络技术。目前，社会上虽然出现了很多古籍数字化成果，但不少老学者因对计算机操作和网络运用不熟悉，面对很多现成的数字化古籍资源却没有办法利用，大有望"库"兴叹之感。而对于不少文献学专业或古籍整理方面的年轻学子，因多出身于文史专业，对计算机和网络技术掌握得不够，也不能很好地充分运用现有的数字化古籍资源，更不用说让他们参与数字化古籍系统的开发工作了。

另一方面，从事古籍数字化需要有扎实的古籍整理基础知识。尽管古籍数字化如火如荼地展开，但并不意味着传统文献学基本知识没有用武之地，也不意味着传统的考据学功夫过时了。目前的古籍数字化成果，多是由掌握计算机、软件技术、网络技术的技术专家实际开发，掌握古籍整理知识、文献学知识的专家参与不够。正因如此，目前社会上的古籍数字化产品，程度不同地存在着版本选择不精、文字校勘水平不高等问题，与古籍整理的标准还有不少距离。参与《四库全书》电子版开发过程的李运富曾指出："《四库全书》电子版在经过一段时间的独立开发后，尝试聘用若干具有古籍专业知识者参与合作，起到积极的作用。笔者有幸参与其事，了解到该电子版本的开发情况，发现其中既有许多的成功经验值得吸取，但同时也存在着一些处理原则问题，因而劝导该工程作了一些调整。但由于我们是中途介入，工程技术人员跟我们的看法也不完全一致，有些问题已积重难返，加之古籍专业人员太少，无法对整部《四库全书》的用字作全面整理，因而该电子版本的用字仍然难免存在混乱和错误。"① "只有熟悉对象（古籍）内涵的主体，即内容专家，才有能力决定实现古籍数字化的基本路线和基本框架，技术专家的作用是在既定的框架内如何最便捷、最优化地实现目标。"② 而古籍数字化作为古籍整理的新方式，其深层次的开发务必需要熟悉古籍的专家全程参与，发挥更大的作用，不然无法真正提高古籍数字化的层次，也无法提升数字化古籍成果的质量。可以说，古籍数字化对古籍整理人员的综合素质提出了很高要求。

第二，古籍数字化对古籍整理人才培养提出新期待。有鉴于古籍数字化对古籍整理人员素质的新要求，古籍整理人才培养也应该适应数字化发展趋势，顺势而为，有所变革，只有如此，才能满足古籍数字化发展的需要。然而，当前很多文献学专业或古籍整理专业人才培养仍然滞后于古籍数字化发展的趋势，其专业课程很多还是目录学、版本学、训诂学、文字学等老面孔，而且多年来没有太大变化。这一现象与古籍数字化发展的趋势是不相适应的。为此，笔者认为古籍整理人才培养单位需要重新定位人才培养目标、切实革新课程设置、积极改革实践教学模式等。在人才培养目标上，应定位于培养既掌握扎实的传统古籍整理专业知识，又熟悉计算机技术、数据库技术、网络技术等现代信息技术知识，甚至能够参与或主持古籍数字化工作的复合型人才。在课程设置上，除了目录、版本、校勘、训诂等传统课程外，增设计算机、数据库技术等相关课程，增强学生使用古籍数据库、参与相关古籍数字化项目开发的能力；增设古籍数字化或电子文献学等相关课程，提高学生对古籍数字化相关理论、成就、发展现状及存在问题的认识。在实践教学模式上，一方面指导学生进行传统的古籍整理训练，另一方面培训学生进行古籍的数字化实践工作。可以先做单本古籍数字化，如有机会，积极参与图书馆、科研机构或古籍

---

① 李运富：《谈古籍电子版的保真原则和整理原则》，《古籍整理研究学刊》2000年第1期。

② 史睿：《数字化条件下古籍整理的基本问题（论纲）》，2009年10月26日，http://www.guoxue.com/gjszh/yjwz_010.htm。

数字公司的项目开发工作。张三夕曾云："从历史文献学传统知识训练和计算机信息现代技能训练这两个方面着手，我们在历史文献学人才的培养上就能与时俱进。"① 其所言对于历史文献学的人才培养，对于古籍整理人才的培养都非常重要。

第三，古籍数字化拓展了古籍整理研究内容的深度和广度。传统古籍整理研究内容多涉及古籍的版本、目录、校勘、注释、汇编等问题，而且限于条件，对有些问题的研究并不能深入拓展。古籍数字化则能够大大拓展古籍整理研究的深度和广度。仅以《三国演义》版本研究加以说明，"以往的《三国演义》版本比对，靠的是逐行、逐页、逐本翻检的手工操作，辛辛苦苦寻出来的例证，往往带有偶然性、片面性、不确定性，甚至主观随意性。古籍数字化后，研究者可同时打开多个版本的《三国演义》进行比对研究。版本比对时能作文本比对、分窗口文本比对、图文对照、同词脱文分析、文本差异分析、相似程度分析、分拆文本等"②。可以说，古籍数字化大大深化了《三国演义》版本研究，带给该问题研究的是革命性贡献。除版本研究外，古籍数字化也对编目、校勘等传统古籍整理研究的其他内容有着拓展和深化的作用。

此外，古籍数字化可以增加古籍整理研究的新领域、新内容。古籍数字化作为古籍整理的新方式，给传统古籍整理工作带来了很多机遇和挑战。对于这一新生事物，古籍整理学界需要加以研究，尤其要加强对古籍电子出版物、古籍数字化发展、古籍数字化与古籍整理、历史文献学关系等诸多新问题的深入研究。同时，数字化后的古籍，也存在着如何兼顾保真与整理、如何做深层次开发、如何实现传统古籍整理方法的新适用等问题。对这些因古

---

① 张三夕：《简论电子时代历史文献的整理与研究》，《历史文献研究》总第 21 期，华中师范大学出版社 2002 年版。

② 欧阳健：《数字化与〈三国演义〉版本研究论》，《东南大学学报》（哲学社会科学版）2005 年第 7 期。

籍数字化而产生的新问题，学界应该纳入古籍整理研究的范畴。唯有如此，才能对之有一个更科学的认识，才能更好地推动古籍数字化的健康发展。

总之，改革开放以来古籍数字化的发展如火如荼、日新月异。海量的数字化古籍已经成为古籍整理与研究的基础保证；古籍数字化开拓了古籍整理研究的新视野，提高了古籍整理与研究的效率，推动了古籍整理的创新，激起了古籍整理与研究的新一轮高潮。古籍数字化带给古籍整理行业很多观念上的新变化，它成为古籍整理的新趋向、新方式，为古籍整理提供了新思路，也使其面临着新挑战。

三　数字化与古籍整理方法的变革

古籍数字化时代，一些新技术、新手段在古籍整理过程中逐渐加以运用，虽然有些尚处于探索阶段，但已经对传统古籍整理工作的方式、方法产生了很大影响，给古籍整理带来了方法上的变革。

（一）古籍自动校勘的实现

随着古籍数字化的发展，古籍数字化的数据容量越来越大，需要校勘的文字也越来越多，传统的校勘方法已无法满足大型古籍数据库的校勘工作需要。在此背景下，自动校勘方法应运而生。

"古籍自动校勘，指利用计算机自动发现并标记出古籍不同版本之间的文字差异，并提供各种辅助工具帮助专家勘误。""这是一个以计算机为主、人工为辅的半自动校勘过程。"[1] 早期古籍数字化开发过程运用的自动校勘，是利用校勘软件实现联机无纸校对。其基本原理是：用校勘软件对同一种古籍的若干幅不同版本的全文书影进行浏览，提供对同一种古籍多种不同版本中的一定数量的文字内容进行全文文本比较，也提供将古籍的书影与数码化的文字对照比较，对内

---

[1]　常娥等：《古籍自动校勘的研究和实现》，《中文信息学报》2007 年第 2 期。

容差异的部分，通过文字的不同颜色进行区别显示，还提供局部放大功能，协助研究者开展校勘工作。① 如果说早期的古籍数字化自动校勘尚处于不断摸索状态的话，今天的自动校勘则发展得相对成熟，业已形成较为系统的程序和步骤：首先，"把古籍原本上的每一个文字、每一个符号都切割下来，并将它们全部转换成计算机可识别的具有计算机内码的文字与符号，由此形成基础工作文本与基础字库。"其次，"系统排比基础工作文本，提示整理者辨析异本。"再次，"系统自动比对不同文本，如果对应的文字相同，系统自动忽略，仅将不同的文字用色标显示，提示研究者进行勘校"②。这种自动校勘的方法及校勘记自动生成的方法，并不是停留在理论探讨中，在实际的运用中已经能做到。如书同文公司开发了"校得快""校得准"和"校得精"联机校对软件，在古籍数据库建设中实现了自动校勘；南京农业大学中国农业遗产数字化研究所承担的"中国农业科技遗产信息数据库"，在建设过程中也已采用自动校勘方法。③ 最后，周学文等也曾使用校勘软件对《元朝秘史》进行自动校勘。④

当然，做这些工作的前提是开发有先进的校勘软件，同时也需要研究者的人工干预，但与"一人读书，校其上下""一人持本，一人读书，若怨家相对"式的传统校雠相比，无疑是一项重大的技术进步。它除了具有人工校勘的意义外，"可以提高工作效率""可以提高校勘质量"。⑤ 更为先进的是，自动校勘"系统针对不同情况，设计了校勘记的规范表述格式并按要求自动生成校勘记"⑥，这更是校勘方法的巨大进步。

需要指出的是，与传统校勘的对校、本校、他校、理校四法相类

① 陈国庆：《数字技术在古籍整理中的运用初编》，硕士学位论文，兰州大学，2008 年。
② 方广锠：《数字化：开创古籍整理新局面》，《中国社会科学报》2015 年 11 月 10 日。
③ 常娥等：《古籍自动校勘的研究和实现》，《中文信息学报》2007 年第 2 期。
④ 周学文、江荻：《〈元朝秘史〉的计算机自动校勘方法》，《语言文字应用》2007 年第 3 期。
⑤ 常娥等：《古籍自动校勘的研究和实现》，《中文信息学报》2007 年第 2 期。
⑥ 方广锠：《数字化：开创古籍整理新局面》，《中国社会科学报》2015 年 11 月 10 日。

比，在目前大型古籍数据库开发过程中运用的自动校勘法基本属于对校层次，其他三种方法尚没有很多的实施空间。校勘工作大致可分校异和勘误两步，自动校勘在校异方面已很成熟，但要做到勘误则有很大难度。因为勘误是一种分析判断的思维活动，需要校勘者掌握丰富的知识和经验。为了实现最优化的校勘成果，尽最大可能，在最大程度上减少讹误，古籍数字化成果开发者一方面要充分使用先进的文字识别软件、校勘软件，另一方面也要求校勘者具备相当扎实的古籍整理知识。只有两方面结合起来，才能进一步提高校勘的准确度。

（二）古籍自动标点的进步

标点是古籍整理最难的工作之一，鲁迅先生说："标点古文真是一种试金石，只消几圈几点，就把真颜色显出来了。"① 人工标点已很困难，计算机自动标点是否可行呢？

其实从 20 世纪 90 年代开始，社会上已经开始了关于计算机电子标点的尝试。1997 年，北京大学计算语言研究所和北京大学古文献研究所合作开发《全宋诗》系统，通过选取任一诗作的第一句和偶句的尾字与系统中储存的韵书和押韵规则相匹配，自动判断诗作的押韵状况与韵脚。② 这已经是对诗作自动标点的尝试。③ 随着古籍数字化要求的提高及古籍整理研究的发展，人们开始考虑进行自动标点问题，并提出自己的思路。如李铎认为："已经标点的文献一亿两千万汉字，把这些文献交给计算机去自学习，它会分析统计出字与字之间的亲和度，哪些字用作句首，哪些字用作句尾，哪些字用不连用，哪些字组不可分等等古汉语的规律；再加上如《诗经》、五言诗及成语、人名、地名、职官等众多专用词的数据库，计算机以此作为它自

---

①　《鲁迅全集》第 5 卷《点句的难》，人民文学出版社 1981 年版，第 574 页。

②　《第三届中国古籍数字化国际学术研讨会在京举行》，2015 年 11 月 23 日，http：//www.guoxue. com/？p = 4464。

③　参见黄建年《古籍计算机断句标点与分词标引研究》，安徽师范大学出版社 2012 年版，第 30 页。

学习的基础并生成新的知识库；然后对未加标点的古籍全面扫描切分。"① 郑永晓也总结了自动标点的具体办法："先选用已经标点且质量较高的古籍文本让计算机学习、模拟，从而不断扩充知识库，在此基础上完全可能实现对大规模古籍的标点工作。"② 黄建年、侯汉清也已在农业古籍整理中探索并总结出部分农业古籍标点识别模式。③在2011年举行的"第三届中国古籍数字化国际学术研讨会"上，首都师范大学电子文献研究所重点演示了最新的古籍自动标点和自动比对技术。古籍自动标点技术使用最前沿的人工智能算法，自动标点准确率在99.5%以上，机器无法完全识别的情况会自动提示专家进行人工干预。④ 从目前学界对古籍自动标点技术的探索及运用来看，自动标点技术已取得了很大成绩，大大减轻了人工标点的工作量，并在一定程度纠正人工标点错误。但需要指出的是，无论自动标点软件的设计再精妙、基础知识库再丰富，其也无法做到完全正确，必须有人工干预的参与。

（三）古籍自动辑佚与自动汇编的运用

古籍辑佚不仅需要有容量巨大的文献库（如古代大部头的类书等）作为辑佚来源，同时也需要辑佚者具备极其扎实的文献功底。随着古籍数字化大规模发展，辑佚工作的难度降低了不少。目前，辑佚所需的资料库已不成问题，以《中国基本古籍库》《国学宝典》《四库全书》等为代表的大型古籍数据库的问世为古籍自动辑佚提供了海量文献资源。关键是如何设定检索词，如何在海量的搜索结果中比较异同、整理、编排、标注出处了，而这就需要辑佚者必须要具备较为扎实的文献学功底。

① 李铎、王毅：《关于古代文献信息化工程与古典文学研究之间互动关系的对话》，《文学遗产》2005年第1期。
② 郑永晓：《古籍数字化与古典文学研究的未来》，《文学遗产》2005年第5期。
③ 黄建年、侯汉清：《农业古籍断句标点模式研究》，《中文信息学报》2008年第4期；黄汉年：《古籍计算机断句标点与分词标引研究》，安徽师范大学出版社2013年版，第30—34页。
④ 钟哲、李慧子：《第三届古籍数字化国际学术研讨会在京召开》，2011年8月18日。

　　古籍数字化为古籍汇编也提供了极大便利。用传统方法进行古籍汇编工作，无异于大海捞针；而利用海量的古籍数据库做这项工作，则省时省力、科学准确。在数字化古籍数据库中，只要设置好检索词，就能够快速找到所需资料，再进行编排、整理，大大缩短汇编编制的时间。当然自动汇编不是万能的，有些工作如检索词的科学设定、对检索资料的鉴别、验证、选择、排序、整理等，还需要汇编这具备较为扎实的文献学、古籍整理学功底。

（四）古籍自动注释与自动翻译的展望

　　在古籍整理工作中，古籍注释或笺注工作难度极大，注释者需要掌握非常丰富的知识、经验才可胜任。随着计算机、数据库和网络技术的广泛应用，尤其是古籍数字化的快速发展，让古籍注释所需的资料查找、分析变得非常快捷，古籍自动注释成为可能。实现古籍自动注释，至少需建立两个基础：一是建立一个由冷僻字词、字典、词典、类书、专类辞典等组成的庞大的工具书数据库；二是利用已点校、注释的古籍整理成果建立同义词、关联词数据库。"当扫描古籍文本时，如果发现有与数据库中的字词相似或相同的情况，则立即调用该字词的解释并写到程序设定的位置。读者在阅读该数字化古籍时，只需要用鼠标点击，即可看到相关的注释，非常方便阅读和理解。"① 但古籍注释是一项需要专业知识和经验的思维活动，自动注释不能解决全部问题，非人工参与定夺不可。

　　正如可以实现中文与其他国家语言自动翻译一样，古文亦有可能实现与现代汉语的自动翻译。古籍自动翻译，至少需要两个基础条件，一是字词典数据库的建立，二是语法规则数据库的建立。建设字词典数据库相对容易，而建设语法规则数据库则相对较难。一个基本思路是：将已有的经过翻译的、水平较高的古籍译本数据化，作为古籍电子翻译的基本参照源。这样一来，就为古籍电子翻译提供了基本

---

① 王立清：《中文古籍数字化研究》，国家图书馆出版社 2011 年版。

资料。正如今天中文与其他语言文字的自动翻译效果不佳一样，即使建立起这两大系统，也并不意味着实现了古籍的电子翻译了，而是一定需要具备扎实古汉语功底和文献学知识的专家加以核查和纠错。况且，古文翻译讲究"信、达、雅"三个层次，而计算机不可能做到这些。随着相关数据库的发展，古籍电子翻译会进一步提高准确率，减轻人力负担，节省时间，但古籍电子翻译始终离不开人工的干预。

总之，作为古籍整理的新方式，古籍数字化带给古籍整理方法的变革是巨大的，可以说使古籍整理逐渐步入了自动化时代。但因古籍整理的过程需要很多专业知识的渗入，很多活动属于人类思维认识过程，不能完全通过计算机来实现，因此这种自动化是不完全的，只能是半自动化。与传统的费时、费力的古籍整理活动相比，这种半自动化的实现已是革命性的变革。甚至在某些方面，其所达到的精度和准确度还要超过传统古籍整理方法。我们相信，随着古籍数字化的进一步发展，这种自动化的程度会进一步加深，其与传统古籍整理知识的充分结合，会大大提高古籍整理的效率，提升古籍整理的精准度，古籍整理工作在数字化时代必将焕发新的生机和活力。

四 数字化与文献学相关学科的发展

古籍整理与古文献学密切相关，两者之间是实践与认识之间的互动关系。因此，古籍数字化不仅给古籍整理带来了观念、方法的变革，自然也会给古文献学相关学科的发展带来巨大挑战，推动古文献学这一古老学科与时俱进走入新时代。[1]

（一）古籍数字化对古文献学传统观念的挑战

其一，"文献"的载体及内涵发生变化。传统古籍"文献"载体主要是纸质本，人们阅读、研究、收藏的也基本是纸质本古籍。然随

---

① 参见鞠明库《古籍数字化与传统文献学》，《清华大学学报》2011 年第 5 期；王记录《中国史学思想通论》（历史文献学思想卷），福建人民出版社 2011 年版。

着古籍数字化的普及，古籍"文献"的载体主要由纸本形态而转向数字形态。目前，我们查询古籍"文献"，除了纸质文献以外，还要重点考虑古籍电子文献，古籍电子文献因其数量巨大、易于储存、便于查找、快速检索等优势对研究者的吸引力越来越大，甚至在寻找古籍"文献"之前，首先想到的是查找古籍电子文献。这不能不说是人们对"文献"态度的一大变化。

其二，文献学概念、内涵发生变化。有关传统文献学的概念、内涵等问题，学界涉及较多①，此不赘述。伴随着古籍数字化这一古籍整理新方式的出现、快速发展以及对古籍整理、文献学的多重、复杂影响，成立相关专门学科的呼声此起彼伏。学界出现了一些新的概念，如数码文献学、数字文献学、电子文献学、古籍电子文献学等。不仅如此，不少学者开始较为深入、广泛地讨论数字文献学（或数码文献学、电子文献学、古籍电子文献学）作为一门学科成立的可能性、必要性，分析了数字文献学作为文献学分支学科的学科性质、学科归属、研究对象、学科体系、研究方法等问题，也有学者为之编出了部分教材。首都师范大学于 2007 年甚至正式建立数字文献学交叉学科，并于次年 4 月成功将该学科申报为北京市重点交叉学科。以上情况，前文已有阐述，不再赘举。这些现象的出现，说明传统文献学已增加了新的内容，学科体系得到丰富和发展。

其三，文献学学科建设增加新的内容。首先，文献学教材增加了反映古籍数字化的内容。在数字文献学逐渐成为文献学分支的同时，传统文献学也逐渐反映古籍数字化的内容，相关教材与时俱进地增加与之相关的内容。这些文献学教材内容的改变，反映了古籍数字化的发展，拓展了传统文献学研究的范畴。如前文所述，随着古籍数字化研究的需要，也出现了研究古籍数字化相关问题的新型机构。在人才培养方面，一些高校的文献学学科下也增设了与古籍数字化有关的研

---

① 董恩林：《论传统文献学的内涵、范围和体系诸问题》，《史学理论研究》2008 年第 3 期。

究方向，以培养相关的专门人才。

当然，古籍数字化对传统文献学的挑战远不止这些，它还对传统文献学中的目录学、校勘学、版本学、考据学专学的研究等均产生了巨大而深远的影响。

（二）古籍数字化与传统目录学的兴衰

目录学是传统文献学的基础和核心，也是治学之门径。其功能无论是归结为"即类求书，因书究学"，还是"辨章学术，考镜源流"，皆随着古籍数字化潮流的冲击而有了很大变化，传统目录学发生了深刻的变革。

其一，"即类求书，因书究学"的弱化。传统时代，查找古籍不得不依赖各种书目、索引、引得，而随着各种古籍书目数据库的建立，我们可以直接通过这类数据库搜索古籍，不仅速度非常快，而且所得信息更为全面。正如郑永晓所言："随着古籍数字化进程的加快和学者年龄及知识结构构成的变革，传统文献索引这样的学科工具必将结束其历史使命。"① 甚至，我们不用检索这类古籍书目数据库，直接在大型古籍全文数据库（如《中国基本古籍库》等）中搜索古籍名称，即可得到古籍全文，方式更为便捷。

其二，"辨章学术，考镜源流"的弱化。"辨章学术，考镜源流"，是中国古代目录学的优良传统，亦是其编制的总体思想。然而，随着专题性古籍书目数据库和具有海量内容和强大检索功能的大型古籍全文数据库的普及，传统古籍目录学著作已少有人问津，其中存在于其间的"序言""解题""类例"等这些辨别学术、揭示源流、评骘优劣的内容也少有人关注，传统目录学"辨章学术，考镜源流"的功能不可避免地趋于弱化。当前，摆在我们面前的一个重要问题是：如何把中国传统目录学那种"辨章学术，考镜源流"，示

---

① 郑永晓：《古籍数字化对学术的影响及其发展方向》，《社会科学管理与评论》2006 年第4 期。

人以治学门径与学术史内涵的功能与数字化古籍数据库穷尽式的检索能力结合起来？如何有效解决这一问题，需要学界进一步探讨。

其三，建立古籍数字目录学之必要。随着古籍数字化的发展，尤其是大量古籍书目数据库的出现，使得传统目录学在概念、研究对象、学科体系、研究方法等方面面临着严峻挑战。为更好地反映古籍数字化时代目录学的发展，建立古籍数字目录学成为必然。2005年，南开大学柯平教授提出数字目录学概念，认为其功能在于"主要解决电子资源的分类编目与检索问题，包括数字图书馆目录、网络编目、联机编目、文后电子资源著录、网络资源分类、网络资源组织、网络信息资源的二次开发等问题"①。虽然该概念不是针对古籍目录学而言，但对建立古籍数字目录学有着重要启示意义。葛怀东提出了数字化背景下古籍目录学的研究内容："形成统一的古籍分类法"，"完善数字化古籍的著录标准"，"加强辅助支持功能的研究与开发"，"提要目录编纂要有所突破"②。然而这些研究与真正形成古籍数字目录学还有很大的距离，有关数字化时代古籍数字目录学研究还有很长的路要走。

（三）古籍数字化与传统校勘学的革新

古书在长期流传过程中因多种原因产生了讹、脱、衍、倒等文字错误，实有校勘的必要，为此传统文献学中发展起来一种专门学问——校勘学。长期以来，陈垣先生的"校勘四法"因其科学性、系统性，一直被奉为校勘学的圭臬。然而伴随着古籍数字化的快速发展，传统校勘学受到了严峻挑战。

其一，传统校勘学增加了数字古籍校勘内容。传统校勘学只针对纸质本的古籍校勘，而数字化时代则增加了数字古籍校勘的内容。数字古籍的校勘，无论是校勘对象载体形式、校勘工作平台、校勘的方

---

① 柯平：《中国目录学的现状与未来》，《图书馆杂志》2005年第3期。
② 葛怀东：《古籍目录学与古籍数字资源库建设》，《情报探索》2014年第3期。

式方法、校勘记的编写等都与传统校勘学有了巨大革新。数字古籍校勘，其校勘对象载体形式从传统的纸质本转变为数字本；校勘工作平台由人工转变为电脑屏幕；校勘的方式方法由人工转变为校勘软件的自动校勘；校勘记的编写由人工编写转变为计算机自动生成，等等。这一切都是传统校勘学所没有涉及的，数字时代的古籍校勘大大增加了传统校勘学的内容，这些方法和内容是今后校勘学需要论述和分析的新对象。

其二，传统校勘方法的适用性发生变化。在传统校勘实践中，"校勘四法"能得到较好实施，而在数字化时代其适用性则受到挑战，其中最明显的当属对校法。传统对校"一人持本，一人读书，若怨家相对"，而数字化时代这一工作发生了变化，可以通过使用联机无纸校对软件或其他古籍自动校勘软件，在电脑上进行，对校速度非常快，正确率也相当高，大大减轻了人工劳动，提高了校勘效率。当前，传统古籍对校方法依然在使用，但发生了两点变化，一是由纸本变成了机校，实现了纸机转换；二是对校的重点从"校"转换到"证"和"断"的环节上了，即通过储藏丰富的数据库，对校对结果反复进行取证和判断。然校勘不仅需要校异同，而且要求校是非，传统校勘中校异同易而校是非难；在大型古籍数据库建设中，因容量太大，不仅校异同不易，校是非更难，这也是我们要予以充分注意的。

（四）古籍数字化与传统版本学的嬗变

传统版本学是指研究历代典籍雕版源流、传抄经过、纸地墨色、字体刀法、藏书印记、装潢形式以及内容校勘考订等问题的学科。随着古籍数字化的发展，传统版本学亦面临严重挑战和冲击。

其一，版本的概念、内涵发生变化。随着古籍数字化的快速发展，数字化古籍的大量出现，古籍由原来的实物形态转换成数字形态，即数字古籍。"'数字古籍'就是指传统古籍文献在经过一系列的数字化处理之后所形成的可识读、可浏览、可检索的'数字文本'

或'电子文本'。"① 然而，同是数字化古籍，又有光盘版、单机版、网络版、优盘版等不同载体，有图像版、文本版、图文版等不同呈现形式，更有 txt、doc、chm、pdg、pdf、djvu 等不同格式。即使以相同主题开发的数字古籍，也因开发者不同而形成不同的版本。如同以文渊阁《四库全书》数字化为选题，就有香港迪志文化出版公司等 1999 年版、湖南电子音像出版社等 1998 年版、武汉大学出版社等 1998 年版；同是《二十五史》，有台湾"中研院"历史语言研究所 1985 年版、陕西师范大学 1995 年版、人民邮电出版社出版 2000 年版等。即使同一载体、形式、格式的数字文献，也因升级等因素呈现出不同的版次。如天津永川软件技术公司的《二十五史全文检索阅读系统》有 3.0 版与 2.0 版，台湾"中研院"《汉籍全文资料库》也有 1.0 版和 2.0 版等。因此，数字文献的版本问题是实际存在的。所谓的数字古籍的"版本"，要考虑的问题"除了古籍版本本身的实体差异之外，实质上就是古籍被数字化之后所形成的不同格式、不同存在模式和不同实现方式之间的差异以及相同模式之间的异同和优劣"②。在古籍数字化迅速发展的今天，不只是纸质本古籍文献有版本的差异，数字古籍文献也存在版本的优劣，研究古籍版本问题，除了关注纸质版本外，还要将数字古籍版本纳入研究的范畴。

其二，版本鉴定方法趋向现代化。版本鉴定是传统版本学的重要内容，也是对版本知识、经验要求很高的专业工作。随着古籍数字化的大发展，大量图像版、全文检索版古籍数据库的出现，为版本鉴定提供了极为有利的条件，古籍版本鉴定方法得到新的拓展。比如在鉴定版本时，我们不仅可以通过检索各种古籍书目数据库和全文数据库，轻松查到古籍著录情况；也可以利用图像版古籍数据库所提供的

① 刘冰等：《数字古籍"版本"商榷》，《河北科技图苑》2012 年第 5 期。
② 刘冰等：《数字古籍"版本"商榷》，《河北科技图苑》2012 年第 5 期。

古籍电子书影进行比对，进行鉴定版本；不仅可以利用数字化古籍成果检索有关古籍作者、刻者、藏者及所载内容等相关信息进行古籍版本鉴定；还可以建立专业古籍鉴定网，加强专业人士交流，方便古籍鉴定。① 总之，数字化时代的版本鉴定必须与时俱进，如何使新旧方法相辅相成，在传统的基础上充分利用新工具；如何大幅度提高版本鉴定的效率和准确性，使版本鉴定工作得到长足发展，这些都是版本学在新形势下要分析总结的问题。

其三，传统版本学针对新的研究对象"数字古籍"，需要增加新内容——数字版本学。随着数字古籍的大量出现，传统版本学已无法解决其面临的新问题，建立"数字版本学"就成为时代发展的趋势。建立数字版本学，就是为了鉴定不同数字古籍的价值、区分其优劣，对其进行综合归纳、梳理和分析，其核心任务之一是如何鉴别数字古籍版本的优劣。"数字文献版本的鉴别，对于古籍文献的使用和检索，对于快速查找版本优劣取舍，以及二次加工整理校勘都有莫大的帮助，尤其在当前电子文献盗版现象严重的情况之下，用于规范和标准化电子文献的制作，推进电子文献学的发展和进步都有鞭策和促进作用。"② 当前，"数字版本学"尚未建立，面对古籍数字化发展大潮，这一任务显得非常紧迫。

（五）古籍数字化与传统考据学的现代化——e 考据

古籍数字化除了给传统文献学及其分支学科如目录学、校勘学、版本学等带来巨大影响外，还对传统考据学带来巨大机遇和挑战。在数字化时代，传统考据学无论在观念上，还是在手段上都有了巨大革新。

这种革新，最明显的体现就是 e 考据的出现。e 考据，一般认为是台湾新竹清华大学黄一农教授最早提出的概念。他曾在其《两头蛇：明末清初的第一代天主教徒》的自序中强调："随着出版业的蓬

① 董运来：《数字时代古籍版本鉴定方法的新拓展》，《图书馆论坛》2007 年第 3 期。
② 杨清虎：《数字文献的版本鉴定》，《黑龙江史志》2009 年第 17 期。

勃以及图书馆的现代化，再加上国际网络和电子资料库的普及，新一代的史学工作者常拥有博闻强记的前辈学者们梦寐以求的环境。我们有机会在很短时间内就掌握前人未曾寓目的材料，并填补探索历史细节时的许多隙缝，或透过逻辑推理的布局，迅速论断先前待考的疑惑或者矛盾。事实上，一个有机会孕育'e-考据学派'的时代或已出现。"① 由于是书在大陆地区的发行，加之黄先生对该观点的推广，最近十年 e 考据风行学界，影响日增。不少学者围绕此方法之是非得失展开激烈地争论，观点碰撞，热闹非凡，引人瞩目。梳理学界争论，基本意见如下：

其一，关于 e-考据的实质。吴夏平认为："e-考据就是利用发达的网络和海量的数字化古籍库，涸泽而渔式地占有史料并解决学术问题。"② 樊丽萍认为："所谓'E 考据'，即是充分利用现在的网络资源，用考据学研究历史的方法。"③ 尚永亮认为："充分利用电子资源进行词语检索、问题考证的方法，被称作 E 考据。"④ 张瑞龙认为："e 考据是传统文史考据方法在 e 时代的衍生、革新和研究手段的多元化、立体化，是 e 时代由于新工具和新方法的使用出现的史学革新，是一种新的知识类型。"⑤ 综合各家所述可知，e 考据是在充分利用丰富的古籍数字化资源进行历史研究的新手段、新方法，对于传统考据学而言，是一种研究手段的革新。

其二，关于 e 考据的优劣。吴夏平认为："e 考据在某些方面要比传统考据更有效率，比如要比传统考据学单纯用人脑和手工的阅

① 黄一农：《两头蛇：明末清初的第一代天主教徒》，上海古籍出版社 2006 年版。
② 吴夏平：《谁在左右学术——论古籍数字化与现代学术进程》，《山西师大学报》（社科版）2010 年第 3 期。
③ 樊丽萍：《"现在是做文史最好的时候"——台湾历史学家黄一农在沪推荐"E 考据"史学方法》，《文汇报》2011 年 9 月 9 日。
④ 尚永亮：《E 考据与文史教学的应对方略》，《中国大学教学》2014 年第 10 期。
⑤ 张瑞龙：《e-考据是"立体"史学而非"伪考据"》，《中国社会科学报》2013 年 9 月 23 日。

读、记忆、分类和排比，在广度、速度和准确性方面都有很大的提高。同时，e 考据能在合理时间内进行先前较难施行的分析，并因此有机会开创新的研究格局。"① 谢乃和针对 e 考据云："新技术的运用使得新一代历史工作者能够在很短时间内就掌握前人所未曾寓目的材料，弥缝过去未曾注意到的历史细节，从而比博闻强识的前辈们拥有了更加梦寐以求的学术环境。"② 显然，e 考据优势在于可以为学者搜集丰富史料、典故、词汇，甚至对某个特定字词在不同语境中的意义进行拉网式普查和展现，为研究者的判断或利用提供极大便利，有助于开创新的研究格局。

与此同时，学者们也敏锐地捕捉到 e 考据可能存在的问题。吴夏平认为，e 考据会造成研究者的惰性和迷失。关于"惰性"，他认为"长期使用网络和各种古籍库的研究方式，使研究者逐渐养成勤于检索的工作习惯，以致形成依赖，离开网络就无法工作。"关于"迷失"，他认为"海量信息让人无所适从。若能执简驭繁，恰当地处理信息，则利大于弊；若不能排除无用信息的干扰，如同'一部十七史，从何说起'，则弊大于利"③。尚永亮也认为：e 考据"存在因资料存量大而杂乱无序，因录入、校勘不精而多有误差等弊端。更重要的在于，过度地依赖电子文本，易于导致对传统纸媒特别是原著阅读的忽视。习惯了网络资源的摄取和电子文本的便捷，易于导致使用者贪多求快，不讲关联，不作深思的治学惰性。"④ 以上两人的观点代表了学界对 e 考据的担忧和质疑者的基本态度。

其三，关于 e 考据的科学、理性态度。既然 e 考据有优有劣，怎样对待 e 考据才是科学和理性的呢？一个基本的态度是：e 考据

---

① 吴夏平：《谁在左右学术——论古籍数字化与现代学术进程》，《山西师大学报》（社科版）2010 年第 3 期。

② 谢乃和：《别让"E 考据"成为"伪考据"》，《中国社会科学报》2013 年 1 月 25 日。

③ 吴夏平：《谁在左右学术——论古籍数字化与现代学术进程》，《山西师大学报》（社科版）2010 年第 3 期。

④ 尚永亮：《E 考据与文史教学的应对方略》，《中国大学教学》2014 年第 10 期。

不是简单的 e 搜索，只有内行人才玩得转。黄一农曾明确地指出："别以为你每天坐在电脑前面，就可以做出不一样的搜寻。'E 考据'是建立在传统基础之上的，是要把传统的东西做出一个有效的梳理。在这个过程中，我们需要培养不一样的问题思维，问些不一样的问题。"① 张国刚认为，e 考据是搜集材料的一个现代手段，但是这个现代手段是以传统文史的积累为基础，以对现代技术的掌握为前提的，而只有两种能力兼备，才能够在 e 时代进行 e 考据，并取得相当的成果。② 总之，e 考据不是简单的 e 搜索，它是传统考据学在信息技术时代的延伸，是研究手段的革新。"真正的 e – 考据，必须是既具有传统文史考据的知识和素养，又能熟练运用各种数据库和网络资料，并能借鉴和使用社会科学理论、方法与工具的考据。真正的 e – 考据，是运用 e 时代的新工具和新方法而产生的一种新知识类型，它极其讲究工作效率，展现的是一种'立体'史学，而不是平面的、描述的，更不是史料的堆砌和罗列。"③

　　总之，改革开放新时期，伴随着电子信息技术发展，古籍数字化取得了飞速发展，数字化古籍成果得到迅速普及，古籍数字化已成为古籍整理的新方向，亦是古籍整理工作的新方式。它给传统的古籍整理带来观念上的新变化，也大大推动了传统古籍整理方法的变革，并大大促进了文献学相关学科的发展，让传统古籍整理学、文献学，乃至传统学术发展面临巨大的机遇与挑战。学界应该敏锐地把握古籍数字化带给古文献整理的变革机遇，积极思考学科建设的新领域、新方向，更好地推动数字化时代我国古籍整理工作的发展。

---

① 黄一农：《析探〈春柳堂诗稿〉作者宜泉之交游网络》，《红楼梦学刊》2013 年第 6 期。
② 张国刚：《"两头蛇"的行藏——读黄一农〈两头蛇：明末清初的第一代天主教徒〉》，《博览群书》2006 年第 7 期。
③ 张瑞龙：《e – 考据是"立体"史学而非"伪考据"》，《中国社会科学报》2013 年 9 月 23 日。

第二节　大型丛书文献的汇编和影印

改革开放新时期，尤其是进入 21 世纪以来，为了更好地保存古籍、方便学术研究、弘扬传统文化等多方面需要，中国大型丛书的汇编取得了巨大成就。出现了传记文献、史籍史料、书目版本、文学艺术、方志地理、哲学宗教、金石文献等多个类型的专题性汇编丛书，更出现了涵盖面很宽的综合类丛书，产生了巨大的学术和社会影响。其代表者如"四库"系列丛书、《历代史料笔记丛刊》《中国地方志集成》《中华再造善本》《儒藏》《子藏》等陆续问世，嘉惠学林。关于这方面的成果，前有所述，此不赘举。此外，在古籍整理过程中，以影印促保护，化藏为用，影印出版古籍数量巨大，仅国家图书馆出版社就推出了十几项重大古籍影印出版项目。在现代技术和数字化大潮中，传统大型古籍丛书汇编与影印方法也有所变化，呈现出传统与现代交融的态势。

一　大型丛书文献的汇编及方法

中国历来有汇编文献的传统，根据不同的汇编形式，大致可以分为文献汇纂、文献类编、文献抄撮、文献选录四大类，① 其中文献汇纂主要有两种类型，一是集众书于一书，如《四库全书》等，二是汇众文为一集，如《全上古三代秦汉三国六朝文》等；文献类编即"类书"，将古籍原文内容分类抄录，以类相从，重加编辑，如《太平广记》等；文献抄撮乃文献学家根据自己的兴趣在读书时抄录、摘要而成之作品，如历代"史钞"等；文献选录则是在浩如烟海的文献中辑选出单篇文章，重加编辑而成，如《古文观止》等。改革开放新时期，随着古籍整理事业的备受重视，这四种类型的文献汇编

---

① 参见董恩林《中国传统文献学概论》，华中师范大学出版社 2008 年版。

在在多有，成就巨大。再加上数字化时代的到来，为人们寻找善本、足本等提供了方便，汇编众善本于一集成为可能。在此，我们仅以卷帙最为浩繁的大型丛书文献的汇编及其方法作为讨论对象，集中展示改革开放新时期大型文献汇编的成就。

（一）汇编的意图和范围

汇编大型文献最重要的是树立明确的汇编意图和范围。不同的古籍汇编，有着不同的汇编意图，意图不同，收载文献范围、性质、时代、区域等均不一样。

实用性是大型文献汇编的主要原则。实际上，文献的二次汇编整理大都遵循实用性原则。如果文献的原始状态方便实用，也就不用再来重新汇编改造了。这一原则在改革开放新时期的大型丛书汇编中体现得比较明显。简言之，汇编文献的实用性无外乎三个方面，一是便于文献的保存和流传。历史上很多单行本文献，随着时间的推移，或湮没无闻，或散佚不见，不易得到。从文献保存和流通的角度来看，大型丛书特别有利于将单行本文献保存下来，流传开去。二是便于研究者利用。除了综合性丛书外，大多数专题性丛书都会将该专题文献囊括无遗，便于人们查找阅览。三是便于集中展示某一时代某类文献的整体状况。中国古代典籍浩如烟海，人们很难确知某类文献的数量，而号称"全面"的丛书汇编，则为人们了解文献的存留情况提供了方便。譬如笔记史料的编纂，就极具实用性。中国古代笔记，门类繁复，数量众多，分散各处，寻觅不便。早在1979年，中华书局就选择其中史料性较强、参考价值较高的笔记，编纂了《历代史料笔记丛刊》。因这套丛刊所收笔记自宋至清（包括近代），时间跨度大，所出虽皆为精品，但难以囊括全部笔记作品。为此，上海师范大学古籍所自2000年起，开始整理《全宋笔记》。该丛书对现存近500种宋人笔记进行系统整理，是迄今为止部头最为庞大的断代史笔记资料的汇编。宋代是中国古代笔记的成熟期，其内容或得之于亲历，或得之于耳闻，或得之于书本，内容庞杂，史料价值极高。由于笔记作者身份各异，所记内容涉及不同社会阶层和社会生活的方方面面，可补正史之不足。但是，由于这些笔记分散各处，有些传世稀少，且多数版本芜杂，错讹丛生，给人们有效利用其价值带来诸多困难。《全宋笔记》的整理汇编，"为学术界提供了一套经过整理点校、收罗齐全、便于查找和使用的宋人笔记总汇"①。《全宋笔记》在编纂上求全、求正，工作底本采用较全、较早或经过名家校勘的版本，详加校勘，施以标点，如遇残佚之书，则广搜佚文，以求补全，向人们展示了宋代笔记的整体面貌，成为点校较精的宋代笔记史料渊薮。《全宋笔记》与《全宋诗》《全宋文》《全宋词》一起，"构成了一个比较完整的宋代研究资料库"②。"这些珍贵的宋人笔记，埋藏了近千年，此次公开出版，可以让更多人了解宋代人真实的生活"③。其实用性可见一斑。

　　学术性是大型文献汇编的主要目的。改革开放新时期，凡大型丛书的编纂，均把学术性放在首位，以保证丛书编纂的质量。在全面汇聚文献、严谨编排体例、选择精善版本、认真校点辨析、搜罗佚篇佚文、补全各种信息等方面，吸取古人编纂同类文献的经验教训，希冀达到尽善尽美，展示了古籍整理者的学术水准和学术追求，为人们提供了精善完备的学术资料库。譬如《子藏》的编纂，就明显地体现出学术性。《子藏》之纂，求"全"求"精"。所谓求"全"，即凡符合收录原则者，务必竭泽而渔，搜罗殆尽，这是绝大多数丛书汇编所追求的，《子藏》亦不例外，甚至超过以往丛编之作。《子藏·道家部·庄子卷》162册，收入了302部历代庄子学著作，将目前所知有关庄子的白文本、注释本、节选本、抄本、校注本、批校本等悉数

---

　　① 《古籍研究所〈全宋笔记〉编纂整理与研究取得阶段性成果》，《上海师范大学学报》（哲学社会科学版）2010 年第 6 期。

　　② 戴建国：《宋代社会生活场景的生动呈现——〈全宋笔记〉编纂整理与研究》，《光明日报》2011 年 8 月 23 日。

　　③ 杨雅莲：《〈全宋笔记〉：取笔记之精华，补正史之缺失》，《中国新闻出版广电报》2018年 8 月 17 日。

收录，超出20世纪70年代台湾地区学者严灵峰所编的《庄子集成》（包括初编、续编、补编等）130部，一些深藏于中国国家图书馆、上海图书馆、北京大学图书馆、复旦大学图书馆等各大图书馆的珍本、孤本庄学著述，严灵峰等人或未曾见到，或未予收录者，《庄子卷》都一一收录其中，其"全"超越前人。其他各卷亦皆如此。此外，《子藏》还辑录了部分有关各子的研究性代表作，如《列子卷》收录了民国时各种专著中有关列子的论述，诸如吕思勉《先秦学术概论》中的《列子》、蒋伯潜《诸子通考》中的《列子考》等均予收录。这些材料的搜集与汇聚，是对目前各子文献的整合，填补了大量的空白，为相关研究的进一步展开奠定了坚实的基础。所谓求"精"，就是追求编纂的学术质量，为人们留下一套具有较高学术价值和利用价值的子学丛书。《子藏》选取版本，善中求善，手稿、抄本俱搜集齐全，凡诸印本并存者，择善而从。其版面设为十六开本，原大影印，不施点画，印制精美，唯求留真，避免了以往诸丛书编纂之失。在编排上纵横结合，横向上将诸子按道家、法家等学术源流分门别类，以部标识各家，分摄众子，条理清晰，一目了然。纵向上以著者生年先后为序排列著述，体系严整。更为重要的是，编纂者在每卷之前精心撰写序言，考述各子生平事迹，梳理各子研究脉络，探究版本流变情况，列出各家书目，提纲挈领，统摄全卷，无异于各子学术源流史。以往学界关注较少的《鹖子》《鹖冠子》《子华子》《慎子》《申子》等，序言更是进行了较为详尽的考证，对了解其生平及学说流变等多有补益。对各子研究中悬而未决的问题，诸如慎子生平、《关尹子》成书年代、《鹖冠子》真伪等，均在序言中进行了深入剖析，颇具研究价值。应该说，各书之序言，内容翔实，考辨精当，导读性与学术性并重，学术价值极高。①

---

① 参见徐志啸《旨在传世的〈子藏〉工程》，《诸子学刊》第七辑，上海古籍出版社2012年版；卿希泰《中华元典精神——评〈子藏〉第二批成果发布》，《诸子学刊》第十一辑，上海古籍出版社2014年版。

在大型丛书的编纂中，综汇并兼也有着明确的编纂目的，那就是根据文献的思想价值、史料价值等，通过不同的整理方式，将不同的文献分类，以使人们能够充分利用。所谓"综"，就是将某类文献全部收罗，以展示其全貌，所谓"汇"，就是在"综"的前提下，将不同价值、不同收藏单位的文献重新编排，汇聚一集，以便利用。在这方面，《子海》的编纂有一定代表性。《子海》分"精华编"500种、"珍本编"5000种、"研究编"100种以及相应的"翻译编"（未定数量）四大板块进行汇编整理。各编的整理方式不同，"精华编"是《子海》的核心，前人未曾整理的，进行标点、校勘；前人标点、校勘过的，要么抽换别具学术特色的底本，要么进行校笺、疏证、集校、集注，要么综合运用以上多种方式重新整理；前人已有较好注本的，则采用汇评、补正的方式进行整理。总之要从数量庞大的子部文献中选取最有价值的典籍进行重新整理，以求精审。"珍本编"则采用影印方式进行，按大陆地区、台湾地区、海外分类，大陆地区、台湾地区按各大图书馆收藏分卷，如《子海珍本编》第一辑（大陆卷）影印国家图书馆、天津图书馆、山东省图书馆、山东大学图书馆所藏珍贵子部文献543种，第二辑（大陆卷）影印上海图书馆所藏子部文献174种；《子海珍本编》第一辑（台湾卷）影印台湾"中研院"傅斯年图书馆、台湾"国家图书馆"所藏子部文献93种等。① 海外则按国别分卷，《子藏珍本编·海外卷（日本）》也将搜罗日本各大图书馆所藏子部文献，影印出版。"研究编"则搜罗子部文献研究方面的扛鼎之作，编辑出版。这种综汇并兼的编纂方式，将价值不同的子部文献用不同的方式整理出来，指明图书来源，达到了研究者各取所需的目的。

（二）汇编的方式和体例

大型丛书的汇编，往往涉及海量典籍，如果没有严格的方式和体

---

① 分别见李才朝《两岸共襄文化业，子海再出新成果》，《管子学刊》2014年第1期；《子海珍本编·大陆卷第二辑·上海图书馆卷（上）》简介。

例，必然造成编排混乱，为人们有效利用典籍制造困难。综观改革开放新时期大型丛书的编纂，其方式和体例大约可分以类相从、分集编排、以时代或地区编排三大类。

以类相从是大型丛书文献汇编最常用的方式，如《历代史料笔记丛刊》《国家图书馆藏古籍题跋丛刊》等，均将同类文献编排在一起，以见某一专题（专科）文献之面貌。在以类相从的丛书编纂方式之下，多数丛书的编纂采取了以时间串联文献的简单方式，眉目尚属清晰。但有些丛书涉及典籍浩繁，简单以时间顺序排列并不能反映该类文献之间的关联性及内部结构，必须采取行之有效的体例，才能"辨章学术，考镜源流"。在这方面，四川大学《儒藏》的编排值得肯定。

川大《儒藏》采用"三藏二十四目"的分类方法囊括儒家典籍，"三藏"就是将儒学文献分为"经""论""史"，以"经藏""论藏""史藏"三大部类入《儒藏》。"经藏"收儒家经学类文献，"论藏"收儒学理论类、思想性文献，"史藏"收儒学史类的文献。在"三藏"下再分二十四细目，如"经藏"分周易、尚书、诗经等，"论藏"分性理、礼教等，"史藏"分孔孟、学案、碑传、史传、年谱等，然后以时间顺序排列。这种以"丛书"和"类书"结合的方法来区别处理儒学文献的做法，无疑充分考虑了儒学文献的内部结构，使之成为"一部具有系统体例、用图书构建起来的大型儒学史"①。

分集编排也是传统丛书汇编常用的方式，如《四库全书总目》以及由此而衍生的四库系列丛书，基本都是以经、史、子、集分编的。这种编排方式不仅应用于涉及四部的综合性大型丛书编纂中，人们还推陈出新，对于专科类丛书的汇编，也分集编排，如北京大学《儒藏》的编纂，就采取了分集编排的方式。

---

① 舒大刚：《儒藏总序——论儒学文献整理的必要性和紧迫性》，《西南民族大学学报》2005 年第 9 期。

　　由于北大《儒藏》所整理的是广义上的儒家文献，包罗甚广，儒家思想影响下的经、史、子、集四部文献都在收罗在内，因此在体例编排上仍然采用四部分类法，把以往所有儒家文献分为经部、史部、子部和集部汇编，每部之下再分细目。如经部分易类、书类、诗类、礼类、春秋类、群经总义类、四书类、小学类、谶纬类等，史部分传记类、史评类等，子部分周秦诸子类、儒学类、杂学类等，集部分别集等，外加出土文献、外国儒学文献等。每类再按时间编排。这种分集编排的体例，根据汇编文献的具体情况，将综合性丛书的编排方式应用于专题类（专科类）丛书的编纂之中，是一大创新。

　　在大型丛书文献的汇编中，以时代和地区编排的方式也常常被运用。所谓以时代编排，就是按照文献产生的时代汇聚文献，贯穿着较强的时间观念。如《北京图书馆藏珍本年谱丛刊》即按年代顺序汇编历代人物年谱，《历代史料笔记丛刊》也按时代汇编，分为《唐宋史料笔记》《元明史料笔记》《清代史料笔记》等。《中华再造善本》亦按时代编排，自唐迄清分为《唐宋编》《金元编》《明代编》《清代编》四编，外加《少数民族文字文献编》，每编之下再以经、史、子、集、丛编次，如此等等，这类编排方式在大型丛书汇编中占比最高。

　　所谓按地区编排，有按文献作者的籍贯而分者，有按文献产生的地区而分者，还有按文献所记载的地区而分者，均有着较强的地域观念。如《中国地方志集成》即按省区、府县为单位汇编各类方志。而中国人民大学《国际儒藏》则以国别汇编儒学文献，整部《儒藏》分《韩国编》《日本编》《越南编》《欧美编》等国家和地区，搜罗这些国家的儒学文献。从已经出版的《国际儒藏·韩国编》来看，在以国家或地区编排的同时，还按类区分典籍，《韩国编》的"四书"部分，收录韩国成均馆大学校大东文化研究院编纂的《韩国经学资料集成》中注解阐释"四书"的汉语书籍或篇章，其分类仍遵循韩国经学资料集成的分类方式，按"四书"分为"大学卷""中庸卷""论语卷""孟子卷"，卷内篇目按作者生年先后顺序排列①。可以看出，人大《儒藏》在以地区汇编文献的同时，遵从了各国文献编纂的原始状态。

由上论列可以看出，不同的汇编意图会有不同的汇编体例。明确的汇编意图给大型古籍丛书的汇编指引了方向，严谨的体例则保证了大型古籍丛书汇编的质量和有效利用。

二 大型丛书文献的影印及方法

古籍影印是指采用按原本照相或电脑扫描制版复印的方法，对古籍进行整理出版。它是古籍整理与出版的一种形式，可以有效保持古籍原貌，是古籍再生性保护的重要手段，是解决古籍保存与使用矛盾的重要途径。从源流上来看，古籍的影印可追溯到古书的翻刻（或曰覆刻）与影抄活动。18 世纪欧洲发明石印法，可以 "用机器将原书摄影上石，字迹清晰，与原书无毫发爽，缩小放大，悉如人意"②。清道光年间，石印法传入中国，动摇了中国传统的印刷术。改革开放新时期，影印古籍因不需要对原书进行校勘、标点以及笺注等环节，整理难度低，且具有成书快、印数多、存真求实、可信度高、资料密集、便于查阅等优点，获得快速发展，成为大型丛书的首选刊印方式。据贾贵荣统计，自新中国成立以来尤其是改革开放后的几十年时间里 "大约有近 30000 种中国历代典籍得以影印行世，大大促进了古籍经典的普及和传统文化学术研究的繁荣"③。

改革开放初期，为了较快解决学术研究的 "书荒" 问题，古籍影印成为古籍整理的首选。但由于对古籍影印认识的不足，也没有一个合乎学术要求的影印规范，改革开放初期的影印古籍，体例驳杂混乱的现象比较严重。对于影印古籍底本的选择、提要的撰写、目录的

---

① 舒大刚主编：《经学年报》（2010），四川文艺出版社 2012 年版，第 231 页。
② 黄永年：《古籍整理概念》，陕西人民出版社 1985 年版，第 40 页。
③ 贾贵荣：《古籍影印百年回眸》，《博览群书》2015 年第 10 期。

编定等，各种影印本自行其是，甚至没有做任何整理研究和编辑加工，就匆匆刊印出版了，以至于体例混乱，错误频出，既不能为保存古籍版本提供更多的助益，也无法为学术研究提供更多的帮助。实际上，古籍影印是要具备很多条件的，比如所选底本应该具有一定的文物价值、学术价值，还应该是校勘精良的本子，选择好精良的底本作为影印的本子后，还应该撰写提要，对该古籍的著者、内容、版本流传等进行简要介绍，并编定符合时代要求的目录或索引，便于人们利用。正因为此，古籍影印需要考虑各种因素，严格按照程序确定影印的内容和步骤。

（一）精选底本，完善缺本

许逸民曾指出，影印古籍的目的大致有二："一为存真收藏，一为流通使用。着眼于前者，则欲使古籍中的善本、孤本化身千百，能够以本真面目永存世间。着眼于后者，则欲使珍稀版本或卷帙浩繁的资料以翻检便捷的形式出现，为学术研究者和广大读者提供阅读的便利。"① 影印古籍之前，首先要从这两个方面考虑影印的目的和用途，也就是要确定影印古籍的主要读者和所达到的效果，从而决定影印的形制。但无论从哪个方面考虑，作为古籍整理的一种方式，古籍影印一定需要坚持"保真"与"整理"相结合的原则，将最好的古籍版本呈现给世人。要实现这一目的，精选底本、完善缺本，尤显重要。

进行大型丛书汇编需要选择善本，影印古籍更需要如此。无论是"线装原大影印"，还是"缩小线装影印"，抑或"缩小平装或精装影印"等方式，第一步需要精选好底本。影印古籍，除部分属孤本别无选择外，都需要考虑如何精选底本的问题。同是善本，也需要考虑内容是否完整、字迹是否清晰、是否有破损及破损程度轻重等问题，不是说只要属于善本就可以不加区分拿来就印。因此，进行古籍影印，底本的选择尤其关键，整理人员务必高标准、严要求，决不能掉

---

① 许逸民：《古籍整理释例》，中华书局 2011 年版，第 101 页。

以轻心，要尽最大可能调查古籍的版本信息，尽最大可能找到不同的版本，尽最大可能比对同一古籍不同复本间的差别，精选内容完整、字迹清晰、页面完整的本子作为影印底本，只有如此才能保障影印古籍的出版质量和学术价值。在传统时代，摸清古籍版本家底因各种因素的阻隔并不容易。比如，古旧文献容易存在残缺、虫蛀、霉蚀等现象，影印者单靠一个文献收藏单位的藏本是难以满足影印底本要求的，需要从多个藏书单位搜集同一古籍，甚至需要借助海外收藏的中文古文献进行底本比对和完善，传统时代尤其是做到后者是相当困难的。但在数字化时代，就可以充分利用古籍书目数据库和全文数据库等数字化产品，充分调查国内外的古籍版本情况，甚至找到不同版本的数字图像版，从最大范围内精选底本。譬如《子藏·庄子卷》的影印，在底本选择上就精益求精。台湾学者严灵峰编的《庄子集成》，其收入的本子中，不少选用了民国上海涵芬楼的影印本作为底本，而涵芬楼在影印北京白云观所藏明正统《道藏》本时，将各书中众多的扉画全部删除，并改动了版式，而《子藏·庄子卷》直接以北京白云观原藏梵夹本的明正统《道藏》为底本，保证了原貌的完整性，便于读者和研究者看到原著的本来面貌。北宋吕惠卿的《庄子义》十卷，一般人只能见到宋末褚伯秀《南华真经义海纂微》的引录文字，以及民国陈任中整理的《宋吕观文进庄子义》十卷，而无法见到深藏于国家图书馆的金大定十二年（1172）刊本《壬辰重改证吕太尉经进庄子全解》十卷，《庄子卷》则收录此书，让吕惠卿的《庄子义》得以以全貌展示于众。其他如《鹖冠子卷》收录国图藏明弘治九年碧云馆活字本《鹖冠子》三卷，是目前所知碧云馆印书唯一传世本，是中国现存最早的木活字刻本实物，文献与文物价值极高；《关尹子卷》所收国图藏清曹炎抄本《关尹子阐玄》三卷为孤本，等等。至于《中华再造善本》，所选版本更是善中之善，精良无比，具有极高的文物价值和文献价值。

当然，由于影印古籍的目的不同，对版本的选择也会略有差异，

"如影印的目的主要出于保存收藏，则底本的选择自然是越古越好，一切孤本、稿本之类，也当在首选之列。但倘若影印主要是为了切合实用，则应不拘泥于时代早晚，而要把考虑的重点放在是否足本、是否精校精注上"①。而实际上，近些年来的古籍影印，在版本选择上基本都是既重实用价值，又重版本价值。《中华再造善本》极为重视版本价值，但其实用价值也因为版本价值之良善而得到提升，使这些精良典籍化身千亿，造福学界。

　　对于底本缺损、模糊难辨的情况，需以严肃认真的工作态度和精密细致的工作方法，参照其他复本对书版审慎地进行必要的配补和改正工作。实际影印工作中，有的底本存在的缺字、虫蛀、污损、刊刻不清、墨污、溢墨、搭痕、双影、黑眼、装订错误、缺卷、缺页等问题，对此不能睁一只眼，闭一只眼，需认真研究，综合考证，参照其他复本，谨慎配补、改正、描润，并可做校勘记加以说明。在描修的过程中，只作去除灰底、墨点、污渍的工作，除缺笔而又特别容易辨识的字外，尽量不涂描字迹笔画，以免误认而增加错误。如果用作影印的古籍出现个别书页因污损而无法阅读，甚至缺失卷次，遇到这种情况就需要配页、补页了。配补上去的书页必须与原书是同一个版式，行款完全一致，配补上去的书页与前后页完全能通读，否则不能配补。如果影印古籍缺失较多，比如缺失一卷或者数卷，而又无法用同一版本配补，则可配以其他版本甚至抄本。总之，这种配补及改正工作必须以充分的调研与考证为前提。而这些工作，均可充分利用古籍数字化成果提高其效率和准确度。

　　（二）运用数字化技术，提高影印质量

　　影印技术的发展是随着科技的发展而不断进步的。早期只是普通相机拍照，后来发展到用复印机复印、扫描仪扫描，但相机光照和扫描仪高温等均对原书有一定损伤。而有些古籍，文物价值很高，甚至

---

① 许逸民：《古籍整理释例》，中华书局 2011 年版，第 103 页。

堪称国宝，既不能用普通相机拍照，也不能用复印机复印，更不能用扫描仪扫描，以免对原书有所损伤，这就对影印设备提出了非常高的要求。如何能做到不接触那些文物价值甚高的古籍原本，最大限度减少对原本的损伤，又能轻松取得清晰原本图像，这就成了古籍影印工作的急迫需求。在这种市场需求下，高端数码照相设备、古籍拍照式扫描仪、非接触式古籍扫描仪等先进设备先后引进或发明，给古籍影印工作提供了很大方便，同时也最大程度上保存了古籍原本。如文津阁《四库全书》影印过程中，商务印书馆就采用高端数码照相设备进行拍摄，并运用数字技术，在非直接接触的原则下，对珍藏的原书进行数据处理，真正做到了毫发无损，全息化保存全书形态。之后，再利用图像编辑软件对图像进行处理，清除原本文字着色不均、污渍、透字等问题，使得文字清晰、版面干净。[①] 此外，有些企业如北京方圆慧图科技有限公司携手 michobox 公司引进的德国 Book2net 非接触式古籍扫描仪，可以通过矩阵式非接触式点对点扫描技术，实现页面向上式扫描，扫描过程只需翻页，像看书一样轻松高效地完成扫描工作。难能可贵的是，使用这种先进的扫描设备，不用用力按压扫描对象，可降低原书折损；同时也可解决传统扫描仪扫描图像扭曲变形、带有黑边，数据采集不完整等问题。[②] 新技术的出现，新设备的引入，给古籍影印工作带来极大便利，大大推动了古籍影印手段的革新。

在现代科技手段的支持下，也出现了新的整理方式，高保真复制手段就是较为典型的例子。2002 年启动的中华再造善本工程，利用现代高仿真影印的手段，对一批珍贵古籍进行影印，从开本、用纸、装订都做到与原本一致，原本如为彩色，也应用电脑技术，使之保持与原色一致，实现了文物性与艺术性的统一，使珍本秘籍走出图书

---

① 孙晓晖：《影印〈四库全书〉与数字出版》，《光明日报》2007 年 10 月 23 日。
② 北京方圆慧图科技有限公司：《古籍保护最佳利器，非接触式高清古籍扫描仪来帮您》，2015 年 11 月 30 日，http://www.bookeye.com.cn/News_Article.asp?pid=1036。

馆，达到"继绝存真，传本扬学"的宗旨。再如新近出版的《清文海》，采用了底本影印的方式，底本、标点、校勘一同影印，避免了排印出版中可能出现的种种错误，是古籍整理新方式的有益尝试。

数字化技术的普遍使用体现了古籍整理方式变革的新特点。电脑数字化技术对古籍影印的影响日趋增大，一方面，数字化技术为古籍影印提供了便利条件，资料的检索与查询异常便捷。特别是在选择善本的时候，编纂者可以充分利用国内外众多的古籍书目数据库或全文数据库，还可以把查询的范围从中国内地拓展至港澳台地区，甚至能延伸至国外，而且能通过诸多数据库找到古籍善本的原始影像，为汇编、影印提供方便。另一方面，古籍整理的成果也在以数字化的方式呈现出来。如国家图书馆出版社就在 2013 年制作完成了《中华再造善本数据库》，利用率极高。

（三）影印与整理相结合

古籍影印并非不加任何整理的简单的"纯影印"，而是要兼顾"保真"与"整理"。按照许逸民的说法，"合格的古籍影印本一般应具备以下条件：（1）所采用的底本具有一定的学术价值；（2）参校他本做出校勘记；（3）有足以反映当代研究成果的序文（或称前言、出版说明）；（4）正文有断句或新式标点；（5）编制有新的目录或索引；（6）附录有相关研究资料"①。事实上，改革开放新时期，古籍影印基本上沿着"纯影印"和"影印加整理"两条道路在走。

20 世纪 90 年代中后期以来，古籍数字化迅猛发展，计算机技术为古籍影印提供了便利条件，"纯影印"的古籍越来越多，人们通过数码相机拍摄或扫描仪扫描，将古籍数字化为图像文件，存储于电脑中，然后再通过图像处理软件处理图像，通过排版软件，将图像按原书的顺序排列，或原样影印，或缩放，随时可以变化，极为方便。这种"纯影印"的古籍，仅添加书眉和页码，往往没有校勘、标点和

---

① 许逸民：《古籍整理释例》，中华书局 2011 年版，第 103 页。

索引，并不能达到最大限度方便读者的目的。

　　而实际上，在古籍影印的热潮中，有不少利用数字技术进行"影印加整理"，取得了很好的效果。

　　所谓影印加整理，就是在影印古籍的基础上，辅之以前言、后记、校勘、索引、相关资料及标点，以利于读者使用。这一工作前人已经作过，比如 1965 年中华书局影印《四库全书总目》，就以浙江杭州本为底本，依据武英殿本、广东刻本校勘，附有校勘记、索引等内容，而且用顿号或黑点加以断句，堪称影印加整理模式的典范。近几年来，随着计算机技术的发展及在古籍整理中的应用，影印加整理模式越来越受到重视。比如国家图书馆出版社影印《清文海》，就是在工作底本上直接标点、粘贴校勘记，然后影印，达到了保真和整理并存的目的。近些年四川大学《儒藏》也采用新方法，在工作底本的 pdf 文件上，用插入法，插入标点和校记，然后影印，更加整齐规范。再如上海古籍出版社 2011 年影印出版的《玉台新咏汇校》除插入序文、后记、篇目索引外，不仅在正文行间嵌入逗号、句号、分号、冒号、问号等新式标点，而且在正文出校处添加了代表卷末所附校勘记序号的汉文数字，更加完善。另外，近几年来，影印本的体例也在发生变化，一是出现了将影印与排印合璧的现象。譬如上海辞书出版社 2009 年出版的《邻苏园藏书目录》，前半部分为原书图版，后半部分为原书录文；上海古籍出版社 2009 年出版的《三国志通俗演义史传》则在一页之中上印书影，下印录文，都可算作影印与排印合璧的成功案例。二是出现了不同版本之合刊。如上海书画出版社影印之《礼记正义》，取该书的日本足利学校藏宋刻八行本初印本与潘氏宝礼堂旧藏宋刻八行本后印本合刊，一页之中分上下两栏，上栏影印足利本之一叶，下栏影印潘本之一叶，二者文本内容相应，又同处一页，渊源异同，开卷了然，极大地方便了研究者。①

---

① 蒋鹏翔：《古籍影印的体例革新与定位变化》，《新世纪图书馆》2016 年第 1 期。

这种影印加整理的模式，既能再现古籍原貌，又便于阅读和利用，这样的影印方式会逐渐得到推广。

第三节 古籍的今译与外译

古籍今译与外译都是古籍整理的不同呈现形式，更是社会文化发展的现实需要，目的是向国内年轻一代及外国人传播中国传统文化。改革开放新时期，无论是古籍今译，还是古籍外译，均取得了巨大成就，但也程度不同的存在不少问题，回顾和总结改革开放以来古籍今译与外译的成就与不足，厘清古籍今译与外译应该遵循的原则与方法，对于普及传统优秀文化，扩大中华文化在世界文化中的话语权，具有重要的意义。

一 古籍的今译

浩如烟海的古代典籍是中华民族特有的精神财富，然而随着语言文字的由繁入简，白话文取代文言文，以文言书写的古籍对于年青一代越来越陌生，实有必要加以整理，去粗存精、去伪存真、推陈出新、古为今用。为此，进行古籍今译就成了十分重要的事情。

（一）改革开放新时期古籍今译的发展

中华文化的丰富内涵和思想精髓大多保存在流传下来的各种古代典籍中。因此，如何对古籍进行译注，从而普及历史文化，就成了人们关注的重要问题。早在汉代，司马迁就已经在编纂《史记》的过程中，尝试着将《尚书》中部分佶屈聱牙的文字替换成更为简易明了的句子。"五四"运动之后，受新文化运动的影响，以郭沫若等人为代表的古典诗文的白话文今译运动形成了一定的规模。自此以后，古籍今译的工作便没有停止过。而改革开放以来古籍今译渐成古籍整理领域的"显学"，则起始于1981年中共中央发出《关于整理我国古籍的指示》。《指示》指出："为了让更多的人看得懂，仅作标点、注释、校勘、训诂还不够，要有今译，争取做到能读报的人多数都能看懂。"① 由此开始，古籍今译事业突飞猛进地发展，以至于形成了"古籍今译热"，一大批古籍被译成现代汉语，惠及民众，其功至伟。

改革开放新时期，人们对"古籍今译"的目的与意义的认识比任何时期都更加深入，直接促成了"古籍今译热"的出现。

其一，对古籍今译社会价值与意义有深刻认识。1985 年，全国高等院校古籍整理研究工作委员会在苏州召开一届二次会议，讨论古籍整理问题，当时就提出，"我们为什么要搞今译？我们的目的是什么呢？无非是古为今用、传之久远。这是一桩严肃的学术问题，也是国家大事"②。认为要面向青少年、面向社会，"有计划地抓一批优秀古籍的今注、今译项目"，"使古代文化精华成为今天教育青少年、提高全民族思想文化素养的教材"③。很清楚，古籍今译的目的就是古为今用，要用古代文化的精华教育青少年、提高全民的文化素养。

1986 年，在《古代文史名著选译丛书》编委会上，专家学者又指出古籍今译的意义是"发扬我国民族文化的优良传统，进行爱国主义教育，普及文化知识，建设具有民族特色的社会主义精神文明"④。人们认识到，古籍今译是"弘扬民族优秀文化，激励爱国主义精神"的"最好桥梁"，"是'存亡继绝'的工作"⑤。古书今译是"弘扬中华优秀文化"的重要手段⑥。"中华文化亟须宣传、普及和弘扬"是古籍今译工作的深刻基础，它能满足广大人民群众"用优秀的历史文化丰富自己的精神世界，提高自身的素质"的需要⑦。总

① 《中共中央关于整理我国古籍的指示》，杨牧之主编：《古籍整理与出版专家论古籍整理与出版》，凤凰出版社 2008 年版，第 1 页。
② 周林：《周林传统文化论集》，中国书籍出版社 1993 年版，第 19 页。
③ 杨忠主编：《高校古籍整理十年》，江西高校出版社 1991 年版，第 45 页。
④ 杨忠主编：《高校古籍整理十年》，江西高校出版社 1991 年版，第 85 页。
⑤ 杨忠主编：《高校古籍整理十年》，江西高校出版社 1991 年版，第 223 页。
⑥ 季羡林：《漫谈古书今译》，《群言》1992 年第 2 期。
⑦ 许嘉璐：《说今译》，《中国典籍与文化》1992 年第 2 期。

之，"提倡古籍今译无疑是一个普及传统文化、提高民族文化素质以至进行爱国主义教育的有效途径，并且是泽及子孙后代的事"①。由此看来，自改革开放之初陈云提出古籍今译问题以来，专家学者不断从理论上给古籍今译注入新的社会意义，并将普及古代文化知识、弘扬中华优秀文化、提高全民文化素养、进行爱国主义教育等古籍今译的功能固化下来，成为人们的共识。

其二，对古籍今译在古籍整理工作中的地位与作用进行阐发。"古书今译，应该是古籍整理研究的组成部分，它涉及文字学、版本学、校勘学、训诂学等"②。古籍今译"是古籍整理工作不可缺少的重要一环"，是校勘、标点、注释的总成和结晶，在古籍整理系统中处于十分重要的地位。古籍今译还是"一项十分艰难的工作"，对今译者的学识修养要求非常高。古籍今译不仅更加适合现代大多数人的需要，从某种意义上也是"适应语言发展的一种必然趋势"③。今译需从标点、校勘、注释做起，"实际上包含了古籍整理的全过程……必须解决古籍中的一切难点，无法藏拙取巧、避难趋易……今译是学术性很强的困难工作"④。古籍整理包括辑佚、校勘、标点、注疏、汇辑、今译、编目等，"其中今译，从一定意义上讲，则是综合运用和全面反映古籍整理研究成果的主要形式之一"⑤。总之，古籍今译在整个古籍整理系统中占有重要地位，涉及目录、版本、校勘、训诂、注释等诸多问题，体现了古籍整理的综合性特征，"一方面是对古籍文献的系统整理，另一方面也承担着以现代语言文字替代古代语言文字的重任"，整理难度极高，"是一项富有挑战性的工作"⑥。古

---

①　敏泽：《关于古籍今译问题》，《人民日报》1995 年 1 月 24 日。
②　傅璇琮：《唐宋文史论丛及其他》，大象出版社 2004 年版，第 504—505 页。
③　刘乾先：《古籍今译势在必行大有可为》，《古籍整理研究学刊》1989 年第 5 期。
④　杨忠：《古籍今译四议》，《中国典籍与文化》1992 年第 1 期。
⑤　卢心铭：《〈资治通鉴〉今译体例的一个创新》，《古籍整理研究学刊》1992 年第 5 期。
⑥　周少川、陈祺：《百年古籍整理事业与古文献学的历史性发展》，《淮北师范大学学报》2011 年第 4 期。

籍今译看上去是普及，实际上是在提高的基础上普及，"今译的水平是要从高起点来评价的……我们选译的古代文史哲都是名著，而名著的翻译，必须达到极高的质量要求，这个要求就是高起点"①。

现存的古籍均为文言文，随着时代的发展和白话文运动的兴起，古代书面语言与当今书面语言已经产生了巨大的差异。这就使得未掌握古汉语知识的人无法阅读古书，使古籍与民众的距离日益遥远。因此将古籍译成便于人们阅读的现代汉语书面语，让更多的人了解中华优秀文化，是古籍整理的重要任务之一，在古籍整理工作中占有重要地位。经过改革开放以来的讨论，这已经成为一种共识。

改革开放新时期，随着国家和学界对古籍今译重要性认识的逐步深入，古籍今译事业也有了突飞猛进的发展。诸多出版社积极规划出版古籍今译著作，全译、选译、节译、译注等应有尽有，成就辉煌。就我们目光所及，大型的古籍今译丛书就有数十种。如岳麓书社的《古典名著普及文库》、巴蜀书社的《中国古代文史名著选译丛书》《中国古代哲学名著全译丛书》、吉林文史出版社的《中国古代名著今译丛书》、中华书局的《中国古典名著译注丛书》《中华古典小说名著普及文库》《佛教经典译注丛书》、上海古籍出版社的《中华古籍译注丛书》《中国古代科技名著译注丛书》《国学经典译注丛书》、贵州人民出版社的《中国历代名著全译丛书》、线装书局的《国学读本精注精译精评》等。和这些大型古籍今译丛书相媲美的还有专门类的古籍今译，如《十三经译注》《四书五经译注》《二十四史全译》《资治通鉴全译》等。除此之外，还有不可胜数的单部古籍今译不断出版，甚至出现一部古籍多个译本的现象。简言之，改革开放以来古籍今译有计划、有系统、规模大，成绩巨大，业已成为广大民众了解中国优秀传统文化的一条重要途径。

与此同时，改革开放以来的古籍今译也存在不少问题。特别是

---

① 周林：《周林传统文化论集》，中国书籍出版社 1993 年版，第 19 页。

20世纪90年代社会上出现"古籍今译热"的时期，古籍今译作品泥沙俱下、鱼龙混杂的现象多有发生，译文有误，编校有错，"质量低劣的译本充斥市场，令人堪忧"①。《精选白话史记》《文白对照全译战国策》《文白对照二十四史精华》《全译本白话四书五经》《唐伯虎全集白话全译》等一批古籍今译作品都存在不合格问题。其他因不明古义、不通语法、不谙古文修辞、不明历史文化知识、标点错误、不知通假、望文生义等而造成今译错误百出的现象极为普遍。对此，国家新闻出版署于1995年发布了《关于加强古籍整理今译图书出版管理的通知》，提出"古籍整理今译图书出版工作要坚持质量第一的原则，把古籍整理今译工作提高到新的水平"。"出版社要认真选择组织从事古籍整理今译的作者，编辑人员要具备较为全面的文、史、哲知识修养，特别是要有严谨的工作作风和良好的职业道德。要坚持社会效益第一的原则，正确处理社会效益与经济效益的关系，坚决克服'快译、快出、快赚钱'的思想。"② 可以这样说，在古籍今译领域，精品之作与粗制滥造并存，古籍今译门槛低、质量差、选题盲目、态度轻率成为古籍整理与文献学研究领域热议的话题。由此，古籍整理的专家学者对古籍今译的原则、标准和方法进行了深入讨论，并涉及今译者的素养等一系列问题，为古籍今译理论和方法论体系的建构做出了贡献。

（二）对古籍今译方法的讨论

古籍今译，必须掌握一定的原则和方法，否则就可能出现严重的乱译现象。改革开放新时期，学者们围绕直译、意译、注译结合、原文与译文结合等问题展开了讨论。

直译与意译的结合。在直译和意译问题上，或主张直译，或主张意译，或主张直译与意译结合，众说纷纭，看法不一。多数学者都认

---

① 王育红：《近50年来中国古籍出版的成就、缺失及其对策》，《中国出版》2002年第3期。
② 中华人民共和国新闻出版署政策法规司：《中华人民共和国现行新闻出版法规汇编（1991—1996）》，人民出版社1997年版，第534页。

为，直译和意译都有自己的优点，同时也存在诸多不足，直译偏重于"信"，可以克服意译的"乱译"或"臆造"，意译更偏重于"达""雅"，可以克服直译的"死译"或"硬译"，最好的做法就是把二者结合起来，"绝对的直译不可能，绝对的意译不可取，还是要把二者结合起来，根据具体作品的实际情况选择最佳点为好"①。有些文体和语句宜于直译，有些文体和语句适合意译，"直译和意译都是行之有效的今译方法……最好是'因文制宜'：该直译的直译，该意译的意译"，不管是直译还是意译，都要把"信"放在第一位，"都必须忠实于原文"②。具体而言，直译适宜于翻译议论文、记叙文和说明文，意译适宜于翻译诗、词、赋、曲等文艺作品，直译要防止生硬死板，意译要防止主观臆断。③总之，"达到一定水准的古籍今译本，直译意译是相互依存、不可或缺的。优秀的古籍今译者，应该具体情况具体分析，灵活使用两种方法"④。也有学者虽然赞成直译、意译要因文制宜，灵活掌握，但他们提倡能直译的要尽可能直译，以便更大限度地保持原文的内容和特色，不得已才可以意译。无论选择何种译法，都必须遵循"信"和"达"的标准。⑤直译、意译"当随书所宜、随文所宜……凡能直译处，应首先考虑直译；当直译不能够完整表达原文大意，或不足以再现原文的风格时，则可改用意译"⑥。翻检改革开放新时期诸多古籍译本，我们发现多为直译、意译兼用，而以直译为主，比如任继愈主编的《中国古代哲学名著全译丛书》，因涉及的多是思想艰深的哲学文献，较为难懂，也较为难译，因此该书《凡例》规定："要用准确、流畅、规范的现代汉语表达出原著的

①　刘乾先：《古籍今译势在必行大有可为》，《古籍整理研究学刊》1989 年第 5 期。
②　管敏义：《略论古籍今译》，《宁波师院学报》1996 年第 2 期。
③　管敏义：《略论古籍今译》，《宁波师院学报》1996 年第 2 期。
④　周国林：《关于古籍今译的几点思考》，《中国古代历史文化研究论集——熊铁基先生七十华诞纪念》，华中师范大学出版社 2002 年版。
⑤　刘琳、吴洪泽：《古籍整理学》，四川大学出版社 2003 年版，第 232—237 页。
⑥　许逸民：《古籍今译释例》，《古籍整理出版情况简报》2007 年总第 442 期。

哲学思想，力求体现原著风格和艺术韵味。不拘于直译、硬译。"这实际上就是把直译和意译相结合。该套丛书第一册就收有任继愈的《老子全译》，其中《老子》第一章"道可道，非常道；名可名，非常名。无名天地之始，有名万物之母。故常无欲，以观其妙；常有欲，以观其徼。此两者同出而异名，同谓之玄，玄之又玄，众妙之门"。任继愈译为："'道'，说得出的，就不是永恒的'道'；'名'，叫得出的，就不是永恒的'名'。'无名'是天地的原始；'有名'是万物的根本。所以经常从无形象处认识'道'（无名）的微妙，经常从有形象处来认识万物（有名）的终极。这二者（有形和无形）同一个来源。只是名称不同。都可以说是深远的，极远极深，是一切微妙的总门。"① 《老子》思想，号称难懂，这一段中的"无名""有名"就极其玄妙，直译显然无法达意，任先生在翻译过程中用"道"指"无名"，用万物指"有名"，显然把意译贯彻其中了，让人读后清晰明白，起到了传播老子思想的作用。这也说明聚讼多年的直译、意译之争可以告一段落，直译中包含意译，意译中有直译的成分，二者相得益彰，真正高水平的古籍今译作品都是二者并用的。

注释与今译的结合。在注译结合问题上，多数学者认为，注译结合是古籍今译的良好途径，比如《尚书·禹贡》有"华阳黑水惟梁州。岷、嶓既艺，沱、潜既道，蔡、蒙旅平，和夷厎绩"一段话。王世舜《尚书译注》译为："从华山的南面西至黑水，是梁州地区。岷山和嶓冢山都已经能够种庄稼了，沱江和潜水也都疏通了。蔡山和蒙山的工程也已完工，和水一带的民众也前来报告治理的成绩。"② 这段翻译文通字顺，从字面上解决了《尚书》文字艰深难懂的问题，但是，文中提到的"黑水""梁州""岷""嶓""沱""潜""蔡""蒙"等究竟何指？在今天的什么位置？如果没有注释，是很难准确

---

① 任继愈主编：《中国古代哲学名著全译丛书》第 1 册，巴蜀书社 1992 年版，第 1—2 页。
② 王世舜：《尚书译注》，四川人民出版社 1982 年版，第 59 页。

理解《禹贡》原文的。为此，王世舜对这些山水名称及地理方位进行了详细注释，只"黑水"一条，就列举七种说法①，这样详尽的注释，可以帮助人们更加准确地理解译文。对此，许逸民在《古籍整理释例》中也举《论语·子罕》"子曰：吾自卫返鲁，然后乐正，《雅》《颂》各得其所"来说明注译结合的好处。这段话不难翻译，但"自卫返鲁""《雅》《颂》各得其所"这两个典故涉及孔子删《诗》这一学术公案，要用文字全部翻译出来，非常复杂，必须以注释的形式加以说明。② 总之，今注今译并举，注释可以充分展开，帮助读者了解古代的典章制度、文化知识，译文则本着信、达、雅的原则，传输古人的思想。也就是说，今译大体上可以做到明白畅达，但原文中的专用术语，不宜直接对译，可以通过注释进行说明，"以全面揭示原文的真谛"③。

在原文与译文结合问题上，人们都主张文白对照，"今译古籍，应先列原文，然后登载译文"④，目的是让读者核对原文以判断译文的得失。无论怎样，今译是不可能也无法替代原文的，所以"古籍的今译著作最好采取言文对照的形式，以便读者根据译文理解原文，对照原文检核译文"⑤，从而更好地提高读者鉴赏玩味古代文献的能力。"出版古籍译文，最好带有原文，并与注释并行"⑥。古籍今译不附原文，便会造成译者随心所欲，想当然"硬译"，导致今译质量不高，贻误读者。⑦

对今译范围的认识。对于是不是所有的古籍都可以今译的问题，学者们也进行了讨论。季羡林认为，古书今译应该有个限度，

---

① 王世舜：《尚书译注》，四川人民出版社 1982 年版，第 60 页。
② 许逸民：《古籍整理释例》，中华书局 2011 年版，第 66 页。
③ 许逸民：《古籍今译释例》，《古籍整理出版情况简报》2007 年总第 442 期。
④ 王力：《关于古籍今译的一些意见》，《文献》1982 年第 14 辑。
⑤ 杨忠：《古籍今译四议》，《中国典籍与文化》1992 年第 1 期。
⑥ 管敏义：《略论古籍今译》，《宁波师院学报》1996 年第 2 期。
⑦ 刘范弟：《〈三国志今译〉误译举隅》，《古籍整理研究学刊》1992 年第 6 期。

古书的文采、艺术修辞、文章风格等都难以今译出来，因此，"有
的古书可以今译，有的难于今译，有的甚至不可能今译"①。张政烺
指出，"古籍今译的局限和缺点是不应讳言的"，在他看来，"古今
文章的文法不同，常常只译出每个词义而译不出意境……何况佶屈
难读或涉及典章制度、名物服器的文集、笔记"，因此，张先生认
为"应该提倡今注，今译就要慎重从事"，"普及古籍，今注远胜之
译"②。管敏义认为古籍今译是存在局限性的，客观原因是古籍的字
词、表达方式、思想情感等都与现今存在很大差异，主观原因是译
者本人的立场观点、文化素养等都使得译作不可避免地带有极大的
主观性。这些都必须予以承认。③ 刘琳等人认为古书中的很多内容和
一些文体很难翻译，甚至不能翻译，一些文学作品即便译出它的内
容，也很难译出它的韵味，"今译所能起到的作用只能是让读者知道
古书古文的大致内容，而很难达到对古书古文的精确理解"④，因此
古籍今译的局限性非常大。刘梦溪的观点更为极端，他认为与其今译
不能正确传达经典的本义，不如不译，"除史书等少数例外，大多数古
代典籍一般都不需要今译"。在他看来，文言作为古代典籍的载体，本
身就包裹着中华民族活的文化传统，用当今的白话文翻译、取代文言
文，实际上是"抹杀了文言文传承历史文化的伟大功绩"。作为中华优
秀文化载体的经典具有不可替代性，常读常新，"不涵泳原典原文，难
以得其滋味"，"今译得再好，也难逃离'本'之讥"，"今译成为流
行，原典反被冷落"，不利于优秀传统文化的继承。因此他主张"古籍
今译不宜大力提倡，不必大规模的施行"，要培养人们"阅读原典原文
的风气"⑤，让读者自己体会古今文化的关联，把历史的中国与今天的

---

① 季羡林：《漫谈古书今译》，《群言》1992 年第 2 期。
② 张政烺：《关于古籍今注今译》，《传统文化与现代化》1995 年第 4 期。
③ 管敏义：《略论古籍今译》，《宁波师院学报》1996 年第 2 期。
④ 刘琳、吴洪泽：《古籍整理学》，四川大学出版社 2003 年版，第 206 页。
⑤ 刘梦溪：《古籍今译不宜大力提倡》，《北京日报》2015 年 7 月 20 日。

中国联系起来。

其实，陈云早在 1981 年就指出："今译要经过选择，要列出一个精选的古籍今译的目录，不要贪多。"① 人们认识到，对古籍应该有选择地进行译述，应该选择优秀的文献典籍进行今译，繁难复杂、内容落后的古籍和内容就不必今译。"今译以选粹为宗旨"，"在浩如烟海的古籍中，选取那些在我国历史和文化史的发展中真正发生了重大影响的精粹之作，只有这样，才能真正起到在群众中普及传统文化精粹之目的"②。今译要少而精，选题要精，质量要高，要选那些需要普及而又适宜于普及的古籍来进行今译，在今译时要考虑古籍的重要性、可译性和可读性。③ 总之，"值得投入今译的古籍，应是历史上的名著，文化遗产中代表性的精品"④。实际上迄今出版的大多数古籍今译作品大都遵循了这样的原则，比如贵州人民出版社出版的《中国历代名著全译丛书》，在"出版说明"中明确表示，在选取作品时"首先重点选取我国古代哲学、历史、地理、文学、科技各领域具有典型意义的不朽巨著，又兼及历史上脍炙人口深入人心的著名选本；既考虑所选书目为广大读者应该了解并使之世代流传下去，又顾及各书是否能全部译成现代汉语的实际情况"。这种认识是符合实际的。历史上的典章名物，不好翻译，诗词歌赋，不用翻译，能够用来今译的，还是那些优秀的散文作品。

总之，改革开放新时期，古籍今译工作的实践已经如火如荼展开，有关古籍今译的理论和方法的探讨也逐步深入。但是，毋庸讳言，古籍今译理论和方法论的建构还远远滞后于古籍今译的实践活

---

① 陈云：《整理古籍是继承祖国文化遗产的一项重要任务》，《陈云文选》第 3 卷，人民出版社 2003 年版，第 289 页。

② 敏泽：《关于古籍今译问题》，《人民日报》1995 年 1 月 24 日。

③ 刘琳、吴洪泽：《古籍整理学》，四川大学出版社 2003 年版，第 206—207 页。

④ 张大可：《古籍今译略论》，安平秋、杨富平主编：《逐鹿中原》，陕西人民教育出版社 2006 年版。

动，"与今译实践上的热闹相比，对它的理论探讨却显得相当乏力"①。从某种意义上讲，理论的滞后已经成为制约古籍今译事业发展的瓶颈。没有古籍今译理论与方法体系的建构，古籍今译的乱象就不可能从根本上克服，其事业的发展就会后劲不足。可以这样说，在古籍今译过程中总结经验，加强理论和方法研究，应当是今后古籍整理的主要课题之一。

实际上，随着古籍今译的开展以及大量今译著作的出版，今译理论和方法的探讨就没有停止过。一是对单部古籍今译文本进行研究，或大力表彰，借鉴成功经验；或纠谬指瑕，归纳致误原因，探索今译方法。二是对多种古籍今译文本进行研究，归纳古籍今译的通例，涉及古籍今译的标准、要求、方法、直译、意译等，或为释例，或为致误通例，在总结古籍今译方法方面迈进一步。三是对古籍今译的目的、意义、原则、方法等进行探讨，甚至形成了相关理论著作。这些都为建构系统的古籍今译理论和方法奠定了基础。

二　古籍的外译

改革开放以来，随着中国经济走出去的步伐加快，中国文化也加快了走出去的步伐。其中向全世界推介中华优秀传统文化的一个重要方式和载体就是中国经典古籍的外译。

（一）改革开放新时期古籍外译的发展

中国古代典籍外译工作可以追溯到早期的西方传教士和汉学家，他们很早就进行了中国传统经典的译介工作。

最早始于何时，并无确切记载，但最早开始将中国传统经典译介到西方的是早期的西方传教士和汉学家们。自 16 世纪到 20 世纪上半叶的很长一段时期，我国文化典籍的外译传播主要以欧洲为主，并逐步扩展到北美，随后又扩展到全世界。自 17 世纪开始，法国逐渐成

---

① 邵宁宁、王晶波：《古籍今译与现代文化建构》，《中国典籍与文化》1993 年第 4 期。

为中国文化典籍在欧洲翻译与传播的中心，对中国文化典籍的翻译主要集中在中国古典诗歌以及古典戏剧和古典小说等著作上，法国由此成为欧洲"中国热"的中心。19 世纪的英国是海外汉学家从事中国典籍外译的重镇，如亚瑟·韦力（Arthur Waley）就曾把《诗经》《楚辞》《唐诗》等翻译成英文。随后，德国、意大利、葡萄牙、比利时、荷兰、美国等也陆续有中国典籍译介。与此同时，亚洲诸国的中国古代典籍翻译也逐渐展开。中国学者向西方译介中国典籍则相对较晚。辜鸿铭曾英译《论语》《中庸》等，苏曼殊曾英译古诗 110首。到 20 世纪 20—40 年代，林语堂曾把《墨子》《庄子》《镜花缘》《老残游记》等典籍翻译到国外，还翻译有《古文小品选译》《中国著名诗文选读》等。此外，《离骚》《聊斋志异》等作品都有英译本问世。中国学者所从事的古籍外译工作，多呈零星散译状态。

中华人民共和国成立之后，典籍英译事业开始受到重视，华人译者异军突起，逐渐成为我国文化典籍外译的主力军，产生了一批在翻译界享有盛誉，对中国文化典籍外译做出了杰出贡献的译者，如杨宪益与戴乃迭夫妇、刘殿爵、许渊冲、汪榕培、萧乾、叶君健、林戊荪、梁良兴、刘德友、李士俊等。其中杨宪益先生贡献最大，积极推动中国文学作品的外译。改革开放以后，中国典籍外译进入了快速发展时期，"经历了从选译到全译，从零星翻译到结集成套翻译的过程，翻译质量也日臻完善，各地方出版社陆续推出了多种中国典籍英译系列丛书"①，而尤以许渊冲和汪榕培成就最大，并出现了一批新生代的翻译家，如王刚毅、王复、江宛棣等。

改革开放之前及改革开放初期，中国古籍外译主要有以下几个特点：其一，外译典籍涵盖面广。几乎包含所有类型的文化典籍作品，诸如哲学、宗教、文学、历史、社会学、语言学、艺术学和其他社科

① 刘伟、王宏：《中国典籍英译：回顾与展望——王宏教授访谈录》，王祖友等：《外语名家访谈录》第 2 集，世界图书出版广东有限公司 2016 年版，第 87 页。

类作品。其二，转译现象较为普遍。尤其在外译初期，那些汉学不发达的国家和地区，转译现象较为常见。其三，外译形式多样。有独译、合译，也有节译、全译。总的趋势是由节译走向全译，由零星散译走向集合型翻译，由偶然随意性翻译走向计划系统性翻译。其四，外译主体呈多样性。既有本国译者，也有外国译者，外国译者以来华传教士和汉学家为主，本国译者以海内外学者、翻译家为主。①

随着改革开放的深入，中国文化走向世界的要求越来越迫切。涉及"四书五经"及"诸子"等哲学古籍，《道藏》等宗教古籍，"二十四史"等史学古籍，《红楼梦》等文学古籍，《梦溪笔谈》《天工开物》等自然科学古籍的外译本越来越多。② 1993 年，时任国家新闻出版署图书司司长的杨牧之提出实施"大中华文库"工程，1994 年该工程获得立项，并开始实施。"大中华文库"是一个跨世纪的工程，项目规划的外译中国典籍涵盖历史、文学、政治、经济、军事等多方面，首批选目约 110 种，采用汉语与英文和法、德、俄、日、西班牙等语种相对照的方式出版，这是中国第一次系统推出古籍外译的文化工程，是弘扬中华优秀传统文化的基础工程。"我们试图通过《大中华文库》，向全世界展示，中华民族五千年的追求，五千年的梦想，正在新的历史时期重放光芒"③。1999 年，《大中华文库》第一辑出版，包括《老子》《庄子》《论语》《孟子》《荀子》《孙子兵法》《红楼梦》《水浒传》《西游记》《封神演义》《儒林外史》11种。2007 年，"已经由 13 家出版单位出版了前后三辑，共 52 种 94册，约 6000 万字"④。截至 2011 年，《大中华文库》汉英对照版 110种已经出齐。⑤ 这一工程集中体现了新时期中国古籍外译的最高

---

① 季红琴：《我国文化典籍外译历史与现状（上）》，《外语学刊》2014 年第 2 期。
② 参见马祖毅、任荣珍《汉籍外译史》，湖北教育出版社 1997 年版。
③ 杨牧之：《迎接新世纪的太阳——〈大中华文库〉总序》，《出版广角》2000 年第 8 期。
④ 杨牧之：《国家"软实力"与世界文化的交流——〈大中华文库〉编辑出版启示》，《中国编辑》2007 年第 2 期。
⑤ 《〈大中华文库〉汉英对照版 110 种即将出齐》，《中华读书报》2011 年 3 月 23 日。

成就。

随着 2005 年党的十六届五中全会提出加快实施文化产品"走出去"战略，中国典籍外译受到高度重视，并上升为国家战略，直接推动中华文化走向世界。国家在先期启动"大中华文库出版工程"之后，又投入巨资先后启动了"经典中国对外国际出版工程""中国图书对外推广计划""中国文化著作翻译出版工程"等。古籍外译工作步伐加快，成果也越来越多，水平和层次也越来越高。各出版社纷纷推出系列"译丛"，如山东友谊出版社的"儒家经典译丛"，外语教学与研究出版社和中国文学出版社联合推出的"汉英对照中国文学书系""英汉对照中国文学宝库·古代文学系列"，外文出版社的"古诗苑汉英译丛""经典的回声"，江苏教育出版社的"中国古典文学走向世界丛书"，上海外语教育出版社的"中国文化汉外对照丛书"等，都有大量中国经典外译作品出版。以"中国图书对外推广计划"和"中国文化著作翻译出版工程"为例，自 2006 年启动以来，截至 2012 年 9 月，"两个工程"共向国外推荐中国图书 5938 种。"中国图书对外推广计划"与 57 个国家、412 家出版机构签订了 695 项资助协议，涉及 1798 个项目，36 个文版。"中国文化著作翻译出版工程"与 14 个国家、31 家出版机构签订了 44 项资助协议，涉及图书 657 种，8 个文版。① 其中不少都是经典古籍。另外，创刊于 1973 年的香港中文大学《译丛》（*Renditions*）杂志及其系列丛书，四十多年来也出版了大量的中国经典英译作品。

（二）古籍外译的规划与方法

相对于古籍今译，古籍外译的规划与方法尚不完全成熟。但在改革开放以来的古籍外译工作中，学界逐渐形成了一些较为有效的措施。为梳理古籍外译的规划与方法，笔者以最能体现我国古籍外译成

---

① 吴娜：《图书里的中国——"中国图书对外推广计划"和"中国文化著作翻译出版工程"成果综述》，《光明日报》2012 年 9 月 2 日。

果的"大中华文库"项目为例进行阐述。

其一，精选外译古籍书目。外译古籍的基本目的是向国外介绍中国文化，扩大中国文化的影响。因此，在组织实施古籍外译之前，首先应该考虑哪些古籍进行外译，哪些古籍最能代表、最能反映中国文化。《大中华书库》项目在确定外译古籍书目上相当慎重，先由"大中华书库"工作委员会提出初步意见，然后组织相关专家反复论证，最终确定《孟子》《老子》《论语》《楚辞》《牡丹亭》《西厢记》《红楼梦》《水浒传》《陶渊明集》《汉魏六朝诗三百首》《孙子兵法》等110种在中国古代文化中最有影响、最具代表性的经典古籍进行外译，力图最为全面地展现中国传统文化。

其二，精心组织出版力量。在确定了外译古籍书目之后，就需要组织力量进行编辑出版的具体策划与实施工作。大型古籍外译工程参与单位、人员多，任务重、要求高、环节多，因此精心组织尤为必要。《大中华书库》"在编纂之初，工作委员会就从多家出版社抽调骨干编辑成立了出版小组，确保'四统一'，即统一终审、统一排版格式、统一用纸、统一印刷装帧，以保证工程的整体质量"。为确保《文库》的出版质量，工作委员会"组织外文出版社、湖南人民出版社、中华书局、商务印书馆、新世界出版社、译林出版社、人民文学出版社、世界图书出版公司等15家出版单位具体承担该项目浩繁的编辑出版工作"①。

其三，确保古籍外译质量。在确定了外译古籍书目和编辑出版单位后，需要精选翻译人才承担具体外译任务，并采取措施确保外译质量。承担古籍外译工作的人选，应当是那种既具有扎实的专业知识又擅长外文翻译的专家。在外译过程中，要注意对学界已有成果的调查、审订与利用。如《大中华书库》在编纂过程中，"对于已经有英

---

① 王坤宁：《〈大中华文库〉：中国文化走向世界的使者》，《中国新闻出版报》2009年5月20日。

译本的，选择公认的权威译本，购买版权，请专家重新审订后收入《文库》。对目前还没有英译本，或者对目前的译本不满意的，则组织中外专家进行翻译"①。如果所选外译古籍没有外译本，则需要调查有无高质量的权威中译本。如有，则可依据高质量的权威中译本进行外译工作。如果所选外译古籍没有高质量的权威中译本，则务必选择权威古籍版本，组织专家对之进行精心点校整理，形成准确流畅的中文白话译本，然后再组织各专业的中外专家进行外译，这样一来就实现了经典的整理本、准确的白话译本和权威的外文译本集于一体。除以上工作外，外译中务必遵守"信""达""雅"这三条翻译的基本标准，以保证古籍外译的质量。

其四，强化编审制度。编审工作对保证古籍外译质量至关重要，大型古籍外译工程一般均需严格编审制度。《大中华文库》工程在实施过程中，强化编审制度，实行"五审"制度，"出版社三审完成后，总编辑委员会还请中外文专家四审，《文库》总编辑、副总编辑五审，出版社按四审、五审意见改正后才能发排"②。层层审核的目的，是最大限度地减少文稿错误，尽最大可能保证古籍外译质量。正是因为坚持了超规格的"五审"制，《大中华文库》初期成果出版后，社会反响热烈，赞誉有加。国家图书馆原馆长任继愈称赞道："《文库》因整体筹划周全、版本选择权威、英译准确传神、体例妥当完善，代表了中国的学术、出版和翻译的最高水平，浓缩了中华五千年文明，可以向世界说明中国。"③ 随着在国内国外的影响的不断扩大，《文库》"已经成为对外汉语教学、国外图书馆和科研机构以及外国友人收藏的首选中国图书，一些国家的读者还将其作为学习中

---

① 王坤宁：《〈大中华文库〉：中国文化走向世界的使者》，《中国新闻出版报》2009 年 5 月 20 日。

② 王坤宁：《〈大中华文库〉：中国文化走向世界的使者》，《中国新闻出版报》2009 年 5 月 20 日。

③ 王坤宁：《〈大中华文库〉：中国文化走向世界的使者》，《中国新闻出版报》2009 年 5 月 20 日。

文、了解中国文化的有效途径"①。国家领导人外访，也多次将该
《文库》作为国家礼品赠送给外国友人，《文库》真正成为中国文化
走向世界的使者。

　　总之，"《大中华文库》从选目、版本到古今翻译、中英文翻译，
都非常严谨。对选题和版本，各方面的专家人才——加以认真地论证
和细致地校勘、整理。无论是由古文译成白话文，还是由白话文译成
英文，基本上是组织了内地最适合的专家人才来做，保证了整体筹划
成功、版本选择权威、英译准确传神、体例妥当完善"②。

　　不仅《大中华文库》工程的实施需要如此，其他古籍外译也要
讲究以上原则与方法。我们的古籍外译成果，需要不断创新。这是因
为"中国典籍的西译绝不仅仅是知识论的问题，它涉及对自身文化
的认识、对翻译的重新理解以及对西方汉学如何认识"③。譬如"古
诗苑汉英译丛"，为了让西方人理解中国古诗词，在英译时采取了新
的方法。以往诗词英译，均以词牌的名字取代了词名，但同一作家同
一词牌的作品不在少数，以词牌名代替词名，容易造成混乱，因此该
书采取了在词牌名下统统加上本词首句英译文的办法④，有效帮助了
外国人了解中国古诗词的体式。可见，要想让中华典籍走向世界，我
们的古籍外译成果必须做到：既能准确地传达中国经典古籍文本的内
容，又能充分保留中国文化的特征和原貌；既能再现中国的艺术和创
作语言水平，又能具有很好的可读性等。唯其如此，才能更充分弘扬
中国文化，提高中国在世界上的文化软实力。

---

　　①　王坤宁：《〈大中华文库〉：中国文化走向世界的使者》，《中国新闻出版报》2009 年 5 月
20 日。

　　②　杨牧之：《国家"软实力"与世界文化的交流——〈大中华文库〉编辑出版启示》，《中
国编辑》2007 年第 2 期。

　　③　张西平：《中国古代典籍外译研究的跨文化视角》，《新疆师范大学学报》（哲学社会科
学版）2015 年第 2 期。

　　④　野莽：《把三千年的过去译给未来——古诗苑汉英译丛总序》，《唐诗》，外文出版社
1999 年版。

第四节　古籍整理出版的规范化与著作权保护问题

改革开放新时期，古籍整理事业兴旺发达，在古籍整理的方式方法上出现了跨越式发展。数字化技术在古籍整理中的运用，是前所未有的新现象；大型丛书的汇编影印，超过了以往任何时期；大量古籍的今译和外译，更是形成了热潮。也正是在这一过程中，古籍整理的繁荣昌盛与古籍整理规范化及著作权保护之间的矛盾日益凸现。古籍整理事业要想健康发展，不仅要注意整理和出版的规范化，更要注意著作权的保护，亦即知识产权的规范化。总之，改革开放新时期古籍整理方式和方法跨越式发展的一个重要表现，就是古籍整理各方面的规范化。

一　古籍整理与出版的规范化

改革开放以来，古籍整理与出版取得了巨大成绩，但也存在着不少问题，比如低水平重复出版、水平参差不齐、粗制滥造、改头换面、错误频出、严重抄袭等，也有学者称为"伪整理""学术包装下的非学术追求"[①]。也就是说，古籍整理与出版存在着较为严重的不规范问题。

（一）古籍整理出版存在的"失范"问题

主要包含两个方面，一为古籍整理学术层面存在的不规范问题，二为古籍整理出版行业层面上存在的乱象。二者密切联系，相互影响。

就学术层面的不规范问题，体现在古籍整理环节的多个方面，如选题的重复、低俗；校勘中的底本选择不当、校勘欠精细、校记处理

---

① 徐俊：《古籍整理出版规范化问题漫谈》，全国古籍整理出版规划领导小组办公室编：《古籍整理出版丛谈》，广陵书社 2005 年版，第 183—190 页。

不当；标点中的当断不断、不明语法句法等；注释中的当注不注、不明典故、不辨褒贬等；今译中的不明语义误译、不明句读误译等；辑佚中的漏收、误收、重出等。① 当然，还有相当多的是属于抄袭问题。

就古籍整理出版行业乱象来说，也相当复杂。首先，一些不具资质的出版社蜂拥而上加入古籍整理出版大军。20 世纪五六十年代，国内专业从事古籍整理的出版社只有中华书局（北京）和中华书局上海编辑所（上海古籍出版社前身）两个机构，人民文学出版社的古典文学部也从事古籍整理出版工作，学界也俗称这三个单位为古籍出版界的"两家半"。改革开放后，随着社会上对传统文化的日益重视，普及型古籍出版物如"四书五经""四大名著""二十四史"、《资治通鉴》等社会需求量大增。面对如此诱人的市场商机，一些不具资质的出版社蜂拥而上加入古籍整理出版大军。截至 2014 年，加入中国出版协会古籍出版工作委员会（2009 年成立）的出版社已达35 家。除了这些单位纷纷进行古籍整理出版外，还有一些没有加入该委员会，同时并不具备古籍编辑出版能力的出版社也实际从事了古籍出版业务。一时之间，出版古籍尤其是受市场青睐的普及型古籍成为出版社的热点追求。其次，古籍出版物低水平重复现象严重。随着社会对普及型古籍出版物需求的增多，众多出版社加入古籍整理出版队伍，致使同一古籍有众多不同的版本先后出版，低水平重复出版问题十分严重，其中尤以"四大名著"、"十三经"、"二十四史"、《全唐诗》、《全宋词》、《资治通鉴》等为重。古典白话小说的四大名著，目前社会上存在着至少一百多个版本；"二十四史"，曾在 20 世纪50—70 年代经中华书局组织专家历经 20 余年整理出版，为新中国最大的古籍整理工程。然而最近几年，不时有出版社以之为基础改头换面出简体字本或普及翻译本，尤其是前四史出版的最多。十三经，或每部单行，或结集出版，种类繁多，市场上随处可见。其他如《全

---

① 参见赵有福《古籍整理规范化研究》，硕士学位论文，曲阜师范大学，2007 年。

唐诗》《全宋词》《资治通鉴》《古文观止》《唐诗三百首》等也出现同样的情况。同一部古籍有如此众多的版本，其实并没有几种版本有创新性，低水平重复，乃至抄袭问题十分严重，纠纷不断。最后，一些不具能力的人参与古籍整理工作，成果粗制滥造。古籍整理是一项需要扎实专业知识的工作，非专家不可为，不是什么人都可以做的。然而，现实的古籍整理出版中，有些出版社为抢占市场，追求短期效益，找了一些本不具备古籍整理能力和经验的年轻人进行古籍整理工作，仓促成书，不顾质量。有些人对古籍整理没有丝毫敬畏之心，不知天高地厚，为追求功利，粗制滥造。曾有一种文白对照的《资治通鉴》，由几个年轻人几个月做出来的，错误百出，闹出了把"赤壁千里"译成"大地一片通红"的笑话。因不规范而产生抄袭现象更是屡见不鲜，甚至产生不少"学术官司"。

当然，改革开放新时期，无论是古籍整理学术层面存在的不规范问题，还是古籍整理出版行业层面上存在的乱象，远不止以上所提的方面，其实相当复杂和严重，这些造成了整个古籍整理与出版行业的乱象丛生。

（二）古籍整理出版的规范化建设

古籍整理出版领域存在的"失范"问题，早已引起社会及业内人士的关注，虽然目前尚未形成统一、正式的规范，但古籍整理出版规范化建设还是取得了很大程度的进展。

其一，相关讨论研究日渐增多。伴随着古籍整理出版取得巨大成绩，尤其是不断暴露出来的问题，学界、媒体及社会对之高度关注，出现不少讨论、研究的成果。如徐俊的《古籍整理出版规范化问题漫谈》讨论了古籍整理出版行业存在的不规范问题；[1] 熊国祯的《古籍图书整理出版规范浅谈》认为从事古籍整理类图书编辑出版工作的人要过好文字规范关、标点规范关、编辑加工规范关，唯如此才能

---

[1]　全国古籍整理出版规划领导小组办公室编：《古籍整理出版丛谈》，广陵书社2005年版。

生产出合格的产品；① 王小琪的《古籍整理出版亟待规范化》分析了古籍整理出版行业存在的四对矛盾以及各自带来的结果和引出的问题。认为"要解决这些矛盾，就必须借助行政手段与法律手段来规范古籍整理出版的各个环节，也只有这样，才能促使我国的古籍整理出版事业早日走上健康有序的良性循环轨道"②。赵有福的硕士论文《古籍整理规范化研究》，考察了古籍整理中选题、校勘、标点、注释、今译、辑佚等方面存在的不规范问题，提出了以上诸方面的规范化要求。③ 另外，古籍整理出版行业存在的问题，尤其是因此而产生的"学术官司"还引起媒体对古籍整理出版规范化问题的关注。《光明日报》《人民日报》等都对古籍整理出版行业存在的不规范问题进行探讨，认为推出古籍整理出版规范非常必要。④ 客观来说，这些讨论使古籍整理出版进一步引起了社会关注，对于推动古籍整理出版规范的建设十分重要。

其二，规范化建设初见成效。伴随着改革开放以来古籍整理出版的发展，相关规范建设也一直在进行，并且取得了一定的进步。首先，因"二十四史"及《清史稿》整理而形成的规范。作为新中国成立后第一部大型古籍整理工程，因集合了全国业界精英，加之整理出版过程中方法科学、态度谨慎、作风严谨，在很长时间内起到了古籍整理出版标杆的作用。应该说，近几十年来，古籍整理出版的很多规范、标准和做法，很大程度上都是通过"二十四史"及《清史稿》的整理逐渐成形。其次，相关专家个人经验总结形成的规范。针对古籍整理出版，一些古籍整理专家或文献学专家在自己的著作、教材或文章中总结了自己多年来从事古籍整理出版的经验、教训，提出了不少具体的规范和做法，这些成果也有利于推动古籍整理出版规范的形

① 熊国祯：《古籍图书整理出版规范浅谈》，《中国编辑》2012 年第 5 期。
② 王小琪：《古籍整理出版亟待规范化》，《社科信息文荟》1997 年第 9 期。
③ 赵有福：《古籍整理规范化研究》，硕士学位论文，曲阜师范大学，2007 年。
④ 杜羽：《古籍整理出版：繁荣难掩隐忧，行业亟须规范》，《光明日报》2015 年 3 月 18 日。

成。代表者如程毅中、许逸民等古籍整理专家先后撰写《古籍标点释例》《古籍校勘释例》《古籍注释释例》《古籍今译释例》《古籍辑佚释例》《古籍影印释例》《古籍整理学术语解释》等专题文章，对古籍整理过程中的标点、校勘、注释、今译、辑佚、影印等问题进行了较为系统的总结归纳。最后，出版单位和特殊古籍整理行业已提出规范。如中华书局 2007 年印发《古籍整理规范手册（征求意见稿）》，收录了很多有关古籍整理出版规范讨论方面的成果。中华中医药学会 2012 年发布《中医古籍整理规范》对中医古籍整理中的校勘、标点、注释、今译、辑佚、评述、影印、汇编、索引、编排 10 个方面确立规范。① 这些成果或为出版单位自发，或为特殊行业拟定，尚不是整个古籍整理出版行业的统一的且具有官方强制性的学术规范手册，但它们的出现，无疑是对古籍整理出版规范化建设的大大推动。

通过以上分析可知，虽然改革开放以来古籍整理出版行业规范化建设取得了一定进步，但仍然没有形成官方统一、具有强制性的整体行业规范，也缺少特殊行业领域（如农业、科技等古籍）、少数民族语言载体的古籍整理出版规范。同时，随着古籍数字化成果的涌现，与此有关的相关规范也没有建立起来。关于这方面的问题，前面已有谈论，兹不赘述。可以说，古籍整理出版行业规范化建设仍然任重道远。

二　古籍整理知识产权的规范化

改革开放以来，随着人们文化需求的不断增加，古籍整理作品的越来越多，加之古籍整理出版一定程度上的"失范"，致使不少古籍整理作品被盗版、抄袭、篡改等，古籍整理作品的著作权问题日益突出。如何有效防范古籍整理作品被侵权盗版？如何有效保护自己的著作权？这是古籍整理学界及相关出版社一直非常头疼的问题。

---

① 中华中医药学会：《中医古籍整理规范》，中国中医药出版社 2012 年版。

（一）古籍整理著作权保护问题日益突出

近些年来，有关古籍整理著作权方面的诉讼案不断增多，引起社会广泛关注。1999 年，湖南大学教师李全华向长沙市岳麓区人民法院起诉岳麓书社，状告其侵犯了自己为《红楼梦》和《史记》标点的著作权。由此，轰动一时的"一堆标点"引发的官司拉开了序幕。① 该案的焦点在于古籍"标点"是否应该得到著作权保护，一时之间引起社会的广泛关注。同年 7 月 12 日，国家版权局版权管理司专门回函《关于古籍"标点"等著作权问题的答复》（下文简称《答复》），不完全认同对古籍"标点"属于著作权意义上的独创性劳动，因此不完全受著作权保护。② 此文件在学界引起了很大争议，对古籍整理学界和出版界造成的影响非常大。虽然 2011 年该《答复》在《国家版权局废止第四批规范性文件的决定》中被废止；但这一《答复》，对此后古籍整理著作权司法实践产生了重要影响，此后古籍整理领域的侵权现象有增无减，相关诉讼案不断增加。仅中华书局一个单位，就对不同主体发起几十起版权诉讼案。如中华书局 2005 年诉天津索易著作权纠纷案、2007 年诉东方音像电子著作权纠纷案、2007 年诉北京天方金码科技发展有限公司著作权纠纷案、2010 年诉汉王科技侵犯著作权纠纷案、2012 年诉北京国学时代传播公司案……除中华书局外，其他单位与古籍整理著作权相关的诉讼案还有很多，如郑福臣诉大众文艺出版社等侵犯著作权案等。古籍整理著作权保护问题日益突出，也引起社会对古籍整理作品著作权争议的广泛关注。

（二）古籍整理著作权的保护意识逐步增强

在诸多有关古籍整理著作权诉讼案中，有些案件的判决结果存在相互矛盾之处，这更让社会对古籍整理作品是否应受著作权保护产生

---

① 李颖：《"一堆标点"，一场诉讼》，《中华读书报》1999 年 11 月 3 日。
② 《国家版权局版权管理司关于古籍"标点"等著作权问题的答复》（权司 1999 第 45 号），2015 年 12 月 13 日，http://www.guoxue.com/? p = 4099。

歧义。一种看法认为古籍整理成果不受著作权保护。如 2011 年，郑福臣诉大众文艺出版社、北京时代文瑞文化传播有限公司侵犯著作权案，北京市朝阳区人民法院审理结果认为："鉴于对古籍断句是在遵循古籍原意的前提下在本应该停顿的地方进行标点，故对古文知识具有一定水平的人分别对古籍进行标点，所产生的表现形式是极其有限的，因此对内容完整的古籍断句和标点不产生受著作权法保护的表达方式。"[1] 也就是说，古籍点校对原作品所产生的表现形式非常有限，并未形成创新性的新作品，不享受著作权保护。这一判决，给社会尤其是古籍整理界传递一个信息就是：古籍点校成果不受著作权保护，可以随意使用。另一看法认为古籍整理作品受著作权保护。如 2005 年中华书局诉天津市索易数据技术有限公司案，北京高院判决结果肯定古籍整理成果的著作权保护。[2] 又如，2012 年年底中华书局诉北京国学时代传播公司侵犯自己"二十四史"和《清史稿》点校本著作权案，北京市第一中级人民法院终审认为，"二十四史"和《清史稿》的点校本是整理已有作品形成的"新作品"，应该受到著作权保护。涉案古籍点校本属于智力劳动成果，涉案点校行为可被视为具有独创性思维的表达。对古籍的点校行为并非简单的劳务或技巧，而是需要付出大量的创造性智力劳动。就古籍点校整理而言，其独创性包括选择最佳底本、改正错字、校补遗缺、加标点分段落、撰写校勘记等。针对同一部古籍，不同的点校者进行点校后形成的点校作品可能并不完全相同，这体现了不同点校者的判断和选择。因此古籍点校工作并非仅有或非常有限的表达方式。国学时代构成对中华书局"二十五史"著作权和署名权的侵犯，判决国学时代公司立即停止侵权

---

　　① 《郑福臣与大众文艺出版社、北京时代文瑞文化传播有限公司侵犯著作权纠纷》，北京市朝阳区人民法院（2010）朝民初字第 37629 号。

　　② 中华书局诉天津市索易数据技术有限公司案，北京市高级人民法院民事判决书（2005）高民终字第 442 号。

行为并赔偿 17 万余元。① 显然，这一判决与郑福臣诉大众文艺出版社等侵犯著作权案的判决结果明显相左。到底古籍点校本是否属于创新"新作品"，是否该拥有著作权，一时之间该问题成为社会各界热议的话题。这种对古籍整理作品的不同司法判决，也引起学界的热烈讨论，古籍整理著作权之争议越来越热烈。

一段时间，学界及社会围绕古籍整理作品是否具有独创性、是否受著作权保护、如何保护古籍整理作品著作权等问题，展开了热烈讨论，或发表文章，或组织座谈会，或利用其他方式，认可者有之，否定者亦有之。

2011 年 5 月 22 日，"古籍整理的版权与保护"学术研讨会在北京召开，来自法律界、媒体出版界、高校的十几位专家参会。会议就古籍整理规范、知识产权保护、古籍版权界定、网络维权等多个相关议题进行了讨论。尽管争议很大，但"大家一致认为在当前建立相应的法律法规十分重要。法律界、出版界、学术界都有责任、有义务以博大的胸怀参与到这项文化事业中来，为保障国家古籍整理行业的健康发展，保障国家优秀传统文化的繁荣昌盛尽己之力"②。

2011 年 9 月 23 日至 25 日，中国出版协会古籍工作委员会于浙江萧山召开的第一次会议也即"全国古籍出版社社长专题研讨会"，与会的古籍工作委员会理事单位和观察员单位"具体研讨当前全国古籍出版方面进行机制性的规范和健全，专题研讨《著作权法》第三次修订工作，成立全国古籍出版反侵权盗版联盟，从而进一步完善我国的古籍印务出版体系和市场规范行为"③。

2012 年 5 月 8 日，上海市文学艺术家权益维护中心与上海文学

① 王巍：《中华书局古籍点校获赔 17 万》，《法制晚报》2012 年 12 月 26 日。
② 《"古籍整理的版权与保护"学术研讨会召开》，2015 年 12 月 15 日，http://www.guoxue.com/?p=4103。
③ 谭佳娜：《全国古籍出版社社长专题研讨会在义桥召开》，2015 年 12 月 14 日，http://www.xsnet.cn/news/zcsq/2011_9/1416100.shtml。

艺术院联合召开"古籍汇编整理版权学术座谈会",就古籍出版涉及汇编整理等方面的版权保护问题,进行深入探讨。大家认为,"古籍中的注释、辑佚不是原作品简单的复制,演绎者在原作品的基础上充分发挥自身知识和智慧,理应享有相关著作权"。对古籍汇编整理中的标点,与会法律专家持不同意见,认为在认定过程中还应具体情况具体分析。①

　　2012 年 6 月 26 日至 27 日,中国出版协会古籍工作委员会在北京举办"古籍整理作品版权保护——《著作权法》修改草案座谈会"。来自新闻出版总署、司法界、文献学界、出版界的人士参加了会议,会议就"古籍整理作品是否应受法律保护""如何保护独创的积极性和作品的质量""如何界定抄袭行为""网络时代如何保护古籍整理著作权"等问题进行了热烈的讨论。② 会议认为"古籍整理作品应有版权""古籍整理者劳动应受到尊重""古籍整理作品具有独创性",同时提出应该"提高古籍整理出版门槛""应弄清古籍整理的概念""合同签订包含数字出版""将古籍整理作品版权集中管理"等一些建议和意见。③ 会议也呼吁《著作权法》第三次修改应体现对古籍整理作品、古籍整理作者、古籍整理出版机构的保护。

　　当然,除了以上几场有关古籍整理作品著作权问题的会议外,其他相关讨论还有不少。无论是司法实践,还是学术层面、社会层面的论争,眼下有关古籍整理作品著作权保护问题的争议依然在持续,其中有思想认识的因素,更有经济利益的驱动。在古籍整理作品是否具有独创性、是否受著作权保护、如何保护古籍整理作品著作权等问题

---

　　① 《维权中心与文学院召开"古籍汇编整理版权学术座谈会"》,2015 年 12 月 15 日,http://www. shwenyi. com. cn/renda/2012shwl/introduction/node16103/work/case/u1a1781529. html。

　　② 《业界讨论古籍整理作品版权法律保护问题》,2015 年 12 月 15 日,http://www. law - lib. com/fzdt/newshtml/shjw/20120703223640. htm。

　　③ 《著作权法修改草案座谈会热议古籍整理版权保护》,2015 年 12 月 15 日,http://www. cmpmn. cn/news/50739. html。

上，各界依然没有定论，著作权行政管理部门、出版界、法律界、古籍整理界、古籍数字化公司等各自有自己的利益诉求，都希望《著作权法》第三次修改能做出有利于己的改变。

（三）古籍整理著作权的立法进展

很长时间以来，对于古籍整理作品的著作权保护问题，并未引起社会的太多关注，相关法律也涉及不多。1990 年，第七届全国人民代表大会常务委员会第 15 次会议通过《中华人民共和国著作权法》。与古籍整理作品著作权问题相关的内容主要有：第十二条："改编、翻译、注释、整理已有作品而产生的作品，其著作权由改编、翻译、注释、整理人享有，但行使著作权时不得侵犯原作品的著作权。"第三十五条："出版改编、翻译、注释、整理、汇编已有作品而产生的作品，应当取得改编、翻译、注释、整理、汇编作品的著作权人和原作品的著作权人许可，并支付报酬。"第三十七条："使用改编、翻译、注释、整理已有作品而产生的作品进行演出，应当取得改编、翻译、注释、整理作品的著作权人和原作品的著作权人许可，并支付报酬。"第四十条："录音录像制作者使用改编、翻译、注释、整理已有作品而产生的作品，应当取得改编、翻译、注释、整理作品的著作权人和原作品著作权人许可，并支付报酬。"以上四条虽与古籍整理作品著作权问题有关，但非常模糊，没有具体化，执行起来非常困难，这也造成了社会上对古籍整理作品是否具有独创性、是否受著作权保护等问题产生了很大争议。

1990 年通过的《中华人民共和国著作权法》，后虽经 2001 年 10 月第一次修正、2010 年 2 月第二次修正，然而有关古籍整理作品著作权相关规定并没有发生什么变化。2011 年 7 月，《著作权法》第三次修改工作正式启动。2012 年 3 月，国家版权局公开《中华人民共和国著作权法（修改草案）》第一稿，向社会征求意见。该稿第十三条规定："以改编、翻译、注释、整理等方式利用已有作品而产生的新作品为演绎作品，其著作权由演绎者享有。使用演绎作品应当取得演绎作品的著作权人和原作品著作权人许可，并支付报酬。"① 同年 7 月，国家版权局公布了《中华人民共和国著作权法（修改草案）》第二稿，继续向社会征求意见。比较该稿第十四条内容，基本与第一稿相同，但删去了"并支付报酬"五字。同年 10 月，国家版权局公布《中华人民共和国著作权法（修改草案）》第三稿，关于古籍整理作品著作权问题的规定与第三稿相同，没有变化。2014 年 6 月 6 日，国务院法制办公室将国家版权局报请国务院审议的《中华人民共和国著作权法（修订草案送审稿）》及其修订说明全文公布，征求社会各界意见。该稿第十六条："以改编、翻译、注释、整理等方式利用已有作品而产生的新作品为演绎作品，其著作权由演绎者享有。使用演绎作品应当取得演绎作品的著作权人和原作品的著作权人许可。"

综观《著作权法》修订的历次文稿，都没有专门提及"古籍整理作品"，更没有全部列出哪些古籍整理的形式属于"演绎作品"，哪些演绎作品具有独创性且受到著作权法保护。即使有法律意义上的"整理"的界定，也与古籍整理学界对古籍"整理"的界定差距很远。如 1999 年的《著作权法实施条例》第五条第十二项："整理，指对内容零散、层次不清的已有文字作品或材料进行条理化、系统化的加工，如古籍的校点、补遗等。"这一规定中的"整理"对象是"内容零散、层次不清"的作品或材料，而对于具有完整形态的古籍作品的标点则不属"整理"范畴。为此，1999 年国家版权局公布《关于古籍"标点"等著作权问题的答复》。该《答复》认为："对内容完整的古籍作品进行校点，如果在原作的基础上产生了演绎作品，即新的作品，则校点者仅就新的演绎部分享有著作权。如果对内容完整的古籍作品的'校点'，仅仅为标点，则不属于著作权意义上的独创性劳动，不产生新的演绎作品。由此可见，在古籍的校点和整

---

① 国家版权局：《关于〈中华人民共和国著作权法〉（修改草案）公开征求意见的通知》，http://www.ncac.gov.cn/chinacopyright/contents/483/17745.html。

理方面，并非所有的智力劳动都受著作权法保护。"① 此文件引起的争议相当大，尤其是对古籍整理学界和出版界造成的影响非常大。2011 年该《答复》在《国家版权局废止第四批规范性文件的决定》中被废止。然而，目前针对古籍校点作品的著作权问题，尚无明确清晰的法律、法规以及规范性文件的规定。其他古籍整理作品著作权保护也存在着法律规定模糊、界定不清、难以具体参照执行等问题，层出不穷的古籍整理著作权纠纷案件遇到了法律适用瓶颈。"古籍整理与开发利用遭遇的版权瓶颈，不仅考验着立法者的智慧，还考验着古籍整理、出版和开发利用者的法律意识、道德境界与行为规范，而且要求共同努力来寻找保障古籍事业可持续健康发展的版权利益平衡支点和解决问题的具体办法。"②

（四）古籍数字化与著作权保护

改革开放以来，古籍数字化工作取得了巨大成绩，但也在著作权保护上存在不少问题。一方面是古籍数字化产品与传统古籍出版单位之间的著作权之争，另一方面是古籍数字化产品自身的著作权保护问题。

首先，古籍数字化产品与传统古籍整理出版物的著作权之争。随着古籍数字化的快速发展，其对传统古籍整理成果的利用存在不少问题。古籍数字化企业或出于对古籍整理成果著作权的模糊认识，或利用著作权法的模糊空间，在开发古籍数字产品时存在着侵权的行为，这自然引发古籍数字化产品与传统古籍整理出版物的著作权之争。有的古籍数字产品制作者直接将出版社已出版的古籍整理成果（如点校本）的纸质本内容通过扫描、识别等方式变成文字格式，或搬到网络发表，或纳入古籍检索数据库，或直接将纸质版古籍整理成果扫

---

① 《关于古籍"标点"等著作权问题的答复》，北大法宝，https：//www. pkulaw. com/chl/ead9c384322c493bbdfb. html。

② 秦珂：《古籍整理和开发利用中的版权问题及其解决之策》，《图书馆论坛》2013 年第 3 期。

描后制成图像式电子书在网上发布或售卖。由此而产生的著作权诉讼案层出不穷。前文所提中华书局发起的著作权诉讼官司大多与古籍数字化企业有关。如2005年因未经允许，其点校的"二十四史"和《清史稿》被复制、发行，并在因特网上传播，认定其享有的署名权、复制权、发行权、信息网络传播权等著作权受到了侵害，中华书局向天津市索易数据技术有限公司、天津电子出版社和北京中基伟业科技发展中心提起诉讼。北京市第一中级人民法院判决：令被告立即停止复制、出版、发行和销售"二十五史"全文检索阅读系统及该系统的网络版，向原告中华书局书面致歉并共同赔偿经济损失128万元。① 最近一些年，同样因一些企业出版发行的数字产品侵犯了其著作权，中华书局分别向北京锦绣红旗国际文化传播有限公司、东方音像电子出版社、北京银冠电子出版有限公司、北京天方金码科技发展有限公司、汉王科技有限公司、北京国学时代传播公司等企业提起诉讼。中华书局副总编顾青曾说："目前，中华书局几乎所有的新整理古籍都遭到侵权，法律顾问常年要为这类情况去维权。"② 其中不少是中华书局向出版、发行古籍数字产品的相关企业和单位维权，这说明在古籍电子出版界存在着古籍整理成果著作权认识模糊或严重侵权的问题。可以预见，在目前法律规范的空间内，传统出版社与技术运营商之间的冲突、新旧媒体间的版权之争在相当长的一段时间会程度不同地存在。

其次，数字化古籍产品的自身著作权的保护。随着改革开放以来尤其是20世纪90年代中期以来古籍数字化的快速发展，古籍数字化已成为古籍整理的新方式。然而，目前有关古籍数字化尚缺乏统一规范、标准，更缺乏明确的著作权法规定，加之可观的经济利益驱动，因而古籍数字化产品本身也面临着被侵权的问题。如2004年，南开

---

① 《点校〈二十四史〉和〈清史稿〉被侵权中华书局获赔128万元》，新华网，2015年12月15日，http：//www.bj.xinhuanet.com/bjpd_sdzx/2005-01/03/content_3499639.htm。
② 见秦珂《基于立法视角的古籍整理著作权问题分析——关于〈著作权法〉第三次修改的思考》，《图书馆理论与实践》2013年第3期。

大学因未经授权在学校网站"精品电子图书"栏目发布"国学宝典"供免费浏览、下载，被北京国学时代文化传播有限公司告上法庭。这一案例属于古籍全文数据库整体被侵权问题，相对容易界定。而"古籍全文数据库所应注意的知识产权问题主要是避免数据库内容被侵权……由于著作权法的基本原则是只保护数据库整体，不保护其内容。因此，这会纵容部分商业机构将古籍全文数据库的全部或部分内容加以拷贝，重新编排，进而生成一个全新的数据库，而这种行为并不侵犯原数据库的著作权，这对古籍全文数据库著作权的维护极为不利，也严重打击了古籍全文数据库开发者的积极性"[1]。因此，近些年来，在"数字技术环境中，古籍整理的著作权矛盾和纠纷呈现出频发性、技术性、复杂性、激烈性的特征，案件此起彼伏，可谓司法实践的一道'风景线'"[2]。解决这一问题，一方面需要从立法层面适当调整对古籍数字化产品的"独创性"定位，适当地放宽认定范围，激励并保护古籍数字化企业开发产品的积极性。"只要一个数据库在对其内容的编排上采用了新的编排结构和方法，并付出劳动就可认定该数据库具有独创性，因而就应受到著作权保护。"[3] 另一方面需要制作、出版古籍数字化产品的企业和单位采取一定的版权保护技术手段，实现对古籍数字化产品自身的著作权保护。[4] 如此，才能有效维护数字化古籍产品开发者的正当权益，促进古籍数字化工作的良性发展。

---

[1] 毛建军：《古籍数字出版中的著作权问题》，《图书馆论坛》2012 年第 2 期。

[2] 秦珂：《基于立法视角的古籍整理著作权问题——关于〈著作权法〉第三次修改的思考》，《图书馆理论与实践》2013 年第 3 期。

[3] 毛建军：《古籍数字出版中的著作权问题》，《图书馆论坛》2012 年第 2 期。

[4] 毛建军：《古籍数字出版中的著作权问题》，《图书馆论坛》2012 年第 2 期。

第　五　章
古文献学研究的成就

改革开放以来是古籍整理取得巨大成绩的新时期，也是古文献学研究获得大发展的重要时期。在这个时期里，古文献学思想得到了总结和阐释，版本、目录、辨伪、校勘、考证、注释、辑佚、流通、典藏等古文献学的分支和边缘学科的研究成就斐然，出土文献的研究更是硕果累累，呈现出欣欣向荣的新气象。

第一节　古文献学通论著作及文献学体系的架构

1930 年郑鹤声、郑鹤春合著的《中国文献学概要》出版，"文献学"首次成为书名，标志着文献学作为一门独立的学科正式建立。此后，关于文献学的研究成果陆续出版，特别是改革开放以来，文献学研究进入了快速发展的时期，出版了一系列的通论性著作，为文献学的学科建设做出了重要贡献。

一　古文献学通论著作及特点

改革开放以来，通论性古文献学著作出版出现了一个热潮。从1982 年张舜徽先生的《中国文献学》、吴枫先生的《中国古典文献学》、王欣夫的《文献学讲义》出版以来，通论性古文献学著作的编写一直处于兴盛状态，先后有 40 余部著作出版，这是百余年来通论性古文献学著作出版最兴盛的时期。这些著作或称"文献学"，或称

"古典文献学"，或称"历史文献学"，或称"古代文献学"，或称"传统文献学"，虽名称不一，但都试图构建古文献学的学科体系，使古文献学的学科内涵不断充实，对古文献学学科建设做出了重要贡献。

表5-1 改革开放新时期通论性古文献学著作一览

编著者	书名	出版社	出版年
张舜徽	中国文献学	中州书画社	1982
吴枫	中国古典文献学	齐鲁书社	1982
王欣夫	文献学讲义	上海古籍出版社	1986
王余光	中国历史文献学	武汉大学出版社	1988
张家璠、黄宝权	中国历史文献学	广西师范大学出版社	1989
罗孟祯	古典文献学	重庆出版社	1989
杨燕起、高国抗	中国历史文献学	书目文献出版社	1989
倪波	文献学概论	江苏教育出版社	1990
洪湛侯	中国文献学新编	杭州大学出版社	1994
王燕玉	中国文献学综说	贵州人民出版社	1997
张玉勤	实用文献学	山西古籍出版社	1998
谢玉杰、王继光	中国历史文献学	民族出版社	1999
潘树广等	文献学纲要	广西师范大学出版社	2000
杜泽逊	文献学概要	中华书局	2001
曾贻芬、崔文印	中国历史文献学	学苑出版社	2001
刘青松	中国古典文献学概要	湖南大学出版社	2002
黄永年	古文献学四讲	鹭江出版社	2003
张三夕	中国古典文献学	华中师范大学出版社	2003
熊笃、许廷桂	中国古典文献学	重庆出版社	2003
陶敏	中国古典文献学教程	湖南教育出版社	2004
张大可、俞樟华	中国文献学	福建人民出版社	2005
牟玉亭	中国古典文献学	社会科学文献出版社	2005
赵荣蔚	中国古代文献学	中国文史出版社	2005

续表

编著者	书名	出版社	出版年
孙钦善	中国古文献学	北京大学出版社	2006
王俊杰	中国古典文献学概论	齐鲁书社	2006
郝桂敏	中国古典文献学简明教程	吉林人民出版社	2006
陈广忠等	古典文献学	黄山书社	2006
万刚	中国古代文献学	北京大学出版社	2007
迟铎、党怀兴	中国古典文献学	西北大学出版社	2007
董恩林	中国传统文献学概论	华中师范大学出版社	2008
董洪利	古典文献学基础	北京大学出版社	2008
王宏理	古文献学新论	中山大学出版社	2008
罗江文	中国古典文献学纲要	巴蜀书社	2008
郭英德、于雪堂	中国古典文献学的理论与方法	北京师范大学出版社	2008
冯浩菲	文献学理论研究导论	山东大学出版社	2009
杜道群	中国古代文献学纲要	西北农林科技大学出版社	2009
黄爱平	中国历史文献学	中国人民大学出版社	2010
司马朝军	文献学概论	武汉大学出版社	2010
崔军红等	实用古典文献学	光明日报出版社	2010
项楚、罗鹭	中国古典文献学	中国人民大学出版社	2013
张升	历史文献学	北京师范大学出版社	2016

　　不同时期的文献学著作具有不同的特点。20世纪80年代的古文献学著作，为后来的文献学学科体系的架构奠定了基础。张舜徽先生的《中国文献学》无疑是这一时期具有里程碑意义的著作。张舜徽在本书的前言中认同梁启超将文献学看作广义史学的观点，认为"我们整理文献，绝对不可局限于校勘、注释几部书就够了，而要担负起的任务却大有事在"[①]。该书分十二编，内容基本上分

---

① 张舜徽：《中国文献学》，中州书画社1982年版。

四大部分，一是理论阐述，主要讨论文献学研究的范围、任务和目的；二是介绍文献编纂的形式，主要分析著作、编述、钞纂的区别；三是讨论古代文献整理的核心知识，主要对版本、校勘和目录进行了研究；四是对文献学史的梳理，总结了前人文献整理的丰硕成果，介绍了杰出的校雠学家整理文献所取得的成就及清代考证学家整理文献的业绩，并罗列近代学者对整理文献的重大贡献。该书提出的整理文献的重要工作以及整理文献的主要目的和重大任务等问题，对文献学科的发展意义深远。吴枫先生的《中国古典文献学》共八章，侧重对文献本身进行讨论，介绍了古典文献的积聚、散佚，古典文献的载体（甲骨、金文、简牍、帛书）以及写本、雕版等情况，对古典文献的分类（四部）、类别、体式以及类书、丛书、辑佚书进行了分析，详尽介绍了目录、版本、校勘、辨伪等文献整理的手段，对古典文献的典藏、阅读也进行了研究。王欣夫先生的《文献学讲义》是他 1957—1960 年在复旦大学讲授文献学时的讲义，该书分两大部分，一是阐述了文献的含义以及学习文献学的目的和要求，二是重点介绍了目录、版本、校雠等内容及历史发展。王余光的《中国历史文献学》在绪论部分讨论了何为历史文献、文献学和历史文献学，简单梳理了历史文献整理的发展，提出了历史文献整理的思想和方法，正文分四编介绍历史文献的内容（主要包括纪传、编年、典制、档案、方志、少数民族文献、出土文献等）、历史文献的实证（主要包括辨伪、校勘、考证、辑佚等）、历史文献的解释（史注）、历史文献的整序（目录学）。张家璠、黄宝权的《中国历史文献学》共十章，绪论部分讨论了历史文献、历史文献学研究的对象和任务，然后依次介绍历史文献的产生与聚散、表现形式与类别、目录、版本、校勘、考证、辨伪、辑佚、标点、注释、今译、典藏、阅读、检索以及历史文献的研究史。罗孟祯在《古典文献学》的前言中提出"整理古籍必须具有目录学、版本学和校勘学的基础知识，三者既有区别又有联系，是

古典文献学的主体"①。该书共四编，作者除在绪论和第一编中介绍
了文献、古典文献、古典文献学以及早期图书的一些基本情况外，剩
下的三编便分别介绍了目录学、版本学和校勘学的相关知识。杨燕
起、高国抗编写的《中国历史文献学》则更是一部包罗广泛，具有
承上启下意义的文献学著作。该书共分三编，除介绍历史文献学及其
分支学科目录学、传注学、校勘学、版本学、辨伪学等学科的基本情
况外，还将文献学史引入文献学通论著作中，分阶段、按朝代顺序介
绍了各个时期我国文献学发展的成就。此外，该书还开创性地对文献
学领域的最新成果电子文献和文献数据库建设进行了介绍，对于打破
传统文献学的藩篱，拓展文献学的研究视野具有重要意义。

　　20 世纪 80 年代的文献学著作大多从文献学的主要概念、理论、
文献学的发展历史、目录、版本、校勘以及前人在整理文献和文献研
究方面取得的成果等方面对文献学进行阐述，仍将研究范围局限在传
统文献学的版本、目录、校勘、辑佚、辨伪等方面，兼及介绍古籍的
基本状况和前人成就。

　　有了 20 世纪 80 年代的铺垫，20 世纪 90 年代出版的文献学著作
的研究视角更加多样化，倪波主编的《文献学概论》一书是在"文
献信息理论、文献符号系统、文献载体和文献记录方式四者相互联系
的基础上拓展开来的……作者吸收了目录学、版本学、校勘学的营养
之外，又运用了图书馆学、情报学、档案学、文献计量学、文献工作
标准化的最新研究成果，并紧密联系编辑、出版、发行等工作"② 撰
写而成。使文献学的学科体系不再局限于目录、版本和校勘。这一时
期另一个特点就是更加注重文献学史的研究。洪湛侯在其编写的
《中国文献学新编》中专门辟出"历史编"和"理论编"，"历史编"
分朝代叙述从先秦到近当代的文献学成就，"理论编"则试图总结古

---

①　罗孟祯：《古典文献学》，重庆出版社 1989 年版。

②　倪波：《文献学概论》，江苏教育出版社 1990 年版。

代文献学的理论。同时，有些著作还注重文献研究者古汉语功底的培养，例如王燕玉编写的《中国文献学综说》将文字、音韵、训诂作为文献学的提高学科写入文献学著作。

进入21世纪，文献学通论著作又表现出新的特点。首先，注重对文献学进行进一步的划分。潘树广等人编写的《文献学纲要》就提出，"文献学的学科体系历来有'古典'与'现代'之别。古典文献学以古籍为主要研究对象，以目录学、版本学、校勘学为三大支柱，以文史哲为主要学科领域。现代文献学则以日新月异的多语种文献为主要研究对象，以现代信息技术尤其是计算机网络为依托，活动领域遍及自然科学与社会科学各学科，且更关注理、工、农、医、政、经、法"①。郝桂敏在《中国古典文献学简明教程》中则将文献学分为普通文献学和专业文献学。其中"专业文献学按学科可分为历史文献学、文学文献学、数学文献学，等等"②。其次，注重对文献电子化成果的介绍和研究。随着计算机技术在文献学领域的广泛应用以及文献数字化成果的不断涌现，文献学著作也越来越多地将视角投射到这一方面。进入21世纪以后出版的文献学著作，例如陶敏的《中国古典文献学教程》，张三夕的《中国古典文献学》，迟铎、党怀兴的《中国古典文献学》等，大都将运用计算机技术对文献进行检索和整理的内容包括在内。特别是崔红军、刘云霞、毛建军等编写的《实用古典文献学》更是用两个章节的篇幅专门介绍了古籍书目数据库和古籍全文数据库的概念、类型以及中外数据库建设情况，体现了鲜明的时代特色。

很显然，改革开放以来古文献学学科体系是随着古文献学通论著述的不断探索而得到不断完善的。这些通论性著述，尽管内容的侧重点有所不同，但综而观之，基本上架构了古文献学的主干体系。

---

① 潘树广、黄镇伟、涂小马：《文献学纲要》，广西师范大学出版社2005年版，"前言"。
② 郝桂敏：《中国古典文献学简明教程》，吉林人民出版社2006年版，第4页。

二　古文献学史的研究

改革开放之前，并没有专门而系统的古文献学史著作。改革开放新时期，古文献学史研究日益受到人们重视，成果越来越多。主要可分为古文献学通史研究、断代古文献学史研究、专题及个案研究等类型。

古文献学通史重在对古文献学发展演变的研究，王余光的《中国文献学史要略》是较早对中国文献学史进行梳理的著作①，筚路蓝缕之举功不可没。孙钦善的《中国古文献学史》按照历史发展的顺序，梳理了先秦至近代文献学发展的历史，每一个断代先论述这一时期文献学发展的特点，分析文献学发展与政治、经济、文化思潮等因素的关系，然后论述该时代著名文献学家在文献学方面的成就和思想。② 该书征引资料宏富，是迄今为止最为详尽的古文献学通史。曾贻芬、崔文印的《中国历史文献学史述要》按照时间顺序，论述了先秦时期孔子整理"六经"至清代的文献学发展及其成就，勾勒出我国历史文献学的大体发展轨迹③，该书不求全面，抓住每一时代最重要的文献学成就进行论述。

为了深入探讨某一历史时期古文献学的成就，断代古文献学史应运而生。王国强的《汉代文献学研究》是首部全面系统论述汉代文献学发展的著作④，该书论述了汉代文献学发展史、汉代文献的编纂、传播和收藏，详细分析了汉代文献整理的思想与方法，归纳了汉代文献学的特点、影响和历史地位。张富祥的《宋代文献学研究》从目录学、校勘学、注释学、辨伪学、考证学、金石学、图谱学、辑

---

① 广西人民出版社 1993 年版。
② 中华书局 1994 年版。
③ 商务印书馆 2010 年版。
④ 线装书局 2007 年版。

佚学、版本学、传统小学十个方面对宋代文献学进行了深入研究①，该书"全面系统地总结宋人的文献学工作，展示两宋时期古典文献学的多方面的成就，弥补了过去文献学研究的某些空白"②，是断代文献学研究的力作。叶树声的《清代文献学简论》则按辑佚、辨伪、目录、分类等，对清儒整理文献的工作进行了介绍。③

专题及个案也是改革开放以来文献学史研究的重点。刘跃进的《中古文学文献学》对中古时期文学文献进行了探究。④ 查洪德的《元代文学文献学》深入分析元代诗文、词曲、戏曲、小说笔记、诗学词曲学等文献的情况与特征，并为 20 世纪元代文学史著、文学研究论著撰写提要，展示了元末至今人们对元代文学认识和评价的变化。⑤ 余敏辉的《欧阳修文献学研究》是对欧阳修文献学成就进行全面研究的著作，详尽分析了欧阳修文献收藏、著录、校勘、辨伪、注释方面的成就及特点，对欧阳修金石学、家谱学给予了特别关注，总结了欧阳修文献学研究的特色，即"求国家之治"和"实事求是"。⑥ 吕斌的《胡应麟文献学研究》分析了胡应麟在典藏学、目录学、辨伪学方面的成就及思想，并作《胡应麟年谱》补正。⑦ 姚淦铭的《王国维文献学研究》分上下两编，上编研究了王国维在文献学上的开拓和贡献、文献学的渊源、文献学方法论等，下编分析了王国维在古文字学、训诂学、音韵学、《尚书》文献等方面的造诣。⑧

除此之外，还有大量的文献学家研究的论著发表或出版，这些论著对中国古代文献学家的生平及在文献学上的贡献进行了深入探讨，

① 上海古籍出版社 2006 年版。
② 刘乃和序，见张富祥《宋代文献学研究》，上海古籍出版社 2006 年版。
③ 安徽大学出版社 2004 年版。
④ 江苏古籍出版社 1997 年版。
⑤ 中国社会科学出版社 2002 年版。
⑥ 人民出版社 2010 年版。
⑦ 中国社会科学出版社 2006 年版。
⑧ 江苏古籍出版社 2001 年版。

向人们展示了中国古代文献学丰富多彩的面相，因成果较多，不一一
具列。

三 古文献学思想的总结和阐释

中国不仅有浩如烟海、内容丰富的文献典籍，还有整理、研究这
些典籍的悠久历史，并在具体的文献整理中形成了丰富的古文献学思
想。对这些思想进行总结和阐释，是深化和提高古文献学研究的重要
工作，也是推进古文献学研究不断向前发展的必由之路。1978 年以
来的古文献学思想研究，在众多个案分析的基础上，催生了古文献学
思想的集成之作。

（一）古文献学思想的个案研究

改革开放新时期，较早对古代学者的文献学思想进行研究的是孙
钦善，20 世纪 80 年代末 90 年代初，他就对王阳明、章学诚的文献学
思想进行了梳理和总结①，为文献学思想的个案研究树立了榜样。随
后，一大批学者对孔子、朱熹、王鸣盛、李兆洛、周永年、纪昀、梁
启超、陈垣的文献学思想进行了论述。② 瞿林东则较早对断代文献学
思想进行探讨，他总结了魏晋南北朝隋唐时期历史文献学的发展以及
在许多具体的领域所取得的突出成就，认为这一时期人们对历史文献
的价值的认识更深入，有着更自觉且成体系的历史文献学史的意识，
对史注的见解也更丰富，这些都标志着这一时期历史文献学思想开始

---

① 孙钦善：《章学诚的古文献学思想和成就》，《北京大学学报》（哲学社会科学版）1989
年第 5 期；《论王守仁的古文献学思想》，《古籍整理研究学刊》1991 年第 2 期。

② 李广德、许福明、吴奇才：《孔子文献学思想和方法研究》，《图书馆理论与实践》2004
年第 5 期；陈良武：《"训诂""义理""功用"——朱熹文献学思想研究之一》，《闽台文化交
流》2008 年第 3 期；庞祖喜：《王鸣盛的文献学思想及其实践》，《广西师范大学学报》（哲学社
会科学版）1992 年第 3 期；管锡华：《乾隆四库谕文献学思想初探》，《中国文化研究》1998 年
第 4 期；孙振田：《李兆洛文献学思想述论》，《图书馆学刊》2006 年第 6 期；刘伟、马曼丽：
《周永年交游及其文献学思想考略》，《新世纪图书馆》2009 年第 4 期；李云霞：《纪昀文献学思
想探析》，《云南档案》2009 年第 7 期；吴春梅：《略论梁启超的历史文献学思想》，《安徽大学
学报》2004 年第 2 期；王纯：《陈垣文献学思想评述》，《图书与情报》2001 年第 1 期；肖雪：
《论陈垣先生的历史文献学思想》，《图书与情报》2004 年第 3 期；等等。

走向成熟,① 是断代文献学思想研究的重要成果。周少川则从文献专史的角度，考察了文献典藏所蕴含的文献学思想，认为文献典藏的目的可以反映出文献学思想的发展，并梳理了文献典藏从深密封闭到公开借阅的典藏态度和价值观的演变的过程，从典藏心态变化的视角论证了文献学思想的发展，极富新意。② 彭树欣的专著《梁启超文献学思想研究》详细论述了梁启超对文献学内涵、范围、研究意义的阐释，对文献学研究原则和标准的确立，以及在近现代目录学、辨伪学开创上的成就，全面地运用西学观念和方法来整理古文献，取得了提出文献整理和研究的普及化等文献学思想上的成就，是古文献学思想个案研究的佳作。③

（二）古文献学思想的通论之作

前述孙钦善的《中国古文献学史》虽是按照历史分期系统梳理古文献学发展脉络和规律的专著，但他在每章中都选择各个时期代表性的古文献学家，对其文献学思想、实践和成就进行论述，可以说为专门的通论性的古文献思想著作的产生做了十分有益的探索。吴怀祺主编、王记录著的《中国史学思想通论·历史文献学思想卷》是目前唯一一部对古文献学思想进行专门研究的著作。全书 30 余万字，首为绪论，梳理了中国历史文献学思想发展的历程，总结了中国历史文献学思想的特点及理论贡献；第一章对文献的含义、文献学的内涵与架构、历史文献学思想的内容进行了阐发；第二至七章，依次论述了"信而好古，广收博采"的文献搜求和典藏思想、"辨章学术，考镜源流"的文献分类叙录理论、"实事求是，订误存真"的文献校勘观念、"疑古惑经，正讹考信"的文献辨伪思考、"传注训解，疏通

---

① 瞿林东：《论魏晋至隋唐的历史文献学思想》，《安徽大学学报》（哲学社会科学版）2004 年第 2 期。

② 周少川：《从私秘图书到公开藏书：文献学思想的发展》，《淮北师范大学学报》（哲学社会科学版）2007 年第 4 期。

③ 光明日报出版社 2010 年版。

疑难”的文献阐释特色、“求实致用，正经考史”的金石学与文献考证成就，分专题对古文献学各分支学科的思想特色做了概括和详细的讨论；第八章紧随时代脉搏，重点探讨了数字化时代古籍整理的理论与方法。① 该书率先对中国古文献学思想进行系统总结，指出古代文献学思想包括对文献本身的认识和对文献活动及工作的认识两大部分，前者包括对文献的社会意义、史料价值、差异性、外部形式等的认识，后者包括对文献整理工作的价值的认识（包括文献整理的目的和原则、文献学史的思想、利用文献的态度、文献学家的修养等）、对具体文献学工作的认识（包括分类叙录、版本校勘、辑佚辨伪、文献典藏、文献注释等的目的、原则、方法等）。② 这样的认识厘清了中国古代文献学思想的内在逻辑体系，揭示了中国古文献学的民族特点，发掘了古文献学的优良传统，填补了前人在这一研究领域的疏略，拓展了古文献学研究的空间，是一部具有开拓性的古文献学著作。

通观改革开放新时期中国古文献学通论著述，我们可以很清楚地看到，从一般文献学概论性质的著述到古文献学史的梳理再到古文献学思想的发掘，古文献学的研究领域不断拓展，研究内容不断丰富，为古文献学研究的进一步深化打下了良好基础。

第二节　古文献版本、目录研究

版本、目录是古文献学研究的重要对象，也是其他文史研究开展的重要辅助，在长期的古文献版本鉴定和编目实践的基础上而形成的专门研究其规律的古文献版本学、目录学，在改革开放新时期都获得了前所未有的发展，取得了丰硕的成果。

---

① 王记录：《中国史学思想通论·历史文献学思想卷》，福建人民出版社 2011 年版。

② 王记录：《中国史学思想通论·历史文献学思想卷》，福建人民出版社 2011 年版，第 57—62 页。

一 古文献版本研究

20 世纪前半期，尽管出现了一些版本学著作，涌现了一些版本学家，但总的来说，版本学依然作为校勘学和目录学的附庸而存在，理论研究尚属空白，这一局面一直持续到改革开放之前。改革开放以后，随着国家对古籍整理事业的重视，版本学研究成果在 20 世纪 80 年代大量涌现，90 年代以后，研究日趋严谨，进入 21 世纪以后，更是向精细化发展，产生了一些重要的版本学理论与版本学史的研究著作，出版了许多古籍书目、版本图录类著述，直接推进了古籍版本学研究不断向纵深发展。

（一）版本学著作

改革开放新时期，出版了大量版本学、版本鉴定、版本考订、版本图录类的著述，这些著述各有特点，各有侧重，为古籍整理和古文献学研究提供了极大帮助。

1. 版本学通论著作

改革开放以来，随着古文献学科的发展，版本学概论性质的著述如雨后春笋，不断涌现。施廷镛的《中国古籍版本概要》（1987）是改革开放后首部公开出版的古籍版本学专著，全书分四章，主要讲述了雕版印书的起源和发展，介绍各种版本类型，论述古籍版本鉴别的原理、方法。该书文笔雅洁，资料丰富，体现了作者数十年从事图书馆工作的成果。戴南海的《版本学概论》（1989）是作者在长期从事图书馆古籍工作，积累了丰富实践经验的基础上撰写而成，全书体例结构稍显杂乱，然内容全面，诸如版本学发展简史、版本学与其他学科的关系、书籍装订简史的梳理，版本名词术语的解释、历代版刻优劣的品评、古籍版本的保护等，多为他书所未有。严佐之的《古籍版本学概论》（1989）结构清晰，分章讨论了版本的认识、版本的历史、版本的鉴定、版本的考订等问题，将版本源流的梳理与考订、版本优劣的评价与比较专门列出，突出其在版本学研究中的重要性，可

谓卓识。李致忠的《古书版本学概论》（1990）以作者精湛的学识和
国家图书馆珍贵的古籍藏本为基础，系统全面地论述了古书版本学的
起源、发展以及鉴定古书版本的方法和基本知识。古书版本鉴定方法
不仅讲述精详，条分缕析，并结合实例，配有书影，很是难得。书中
对古书用纸演变规律、历代刻书特点、版本造伪与鉴别方法的总结，
发人所未发，对校勘、著录及编目在版本学中的作用也特别重视。陈
宏天的《古籍版本概要》（1991）为作者在北京大学为古典文献专业
授课时的撰写的教材，在简要介绍版本基本概念、鉴定方法和发展历
史的基础上，重点论述了宋刻本、金元刻本、明清刻本、抄本、稿本
的概况、特征和鉴别方法。曹之的《中国古籍版本学》（1992）为国
家教委统编文科教材，全书45万余字，体例严整，内容新颖，信息
量大，分概论、源流、鉴定三编，全面论述了古籍版本学的基本理
论，梳理了古籍版本学的发展历史，总结了古籍版本的鉴定方法，建
立了古籍版本学的完整体系，其中写本源流、雕版起源、版本考订等
部分尤富新意。姚伯岳的《版本学》（1993）以揭示版本和版本学的
实质，建立版本学系统严密的学科体系为宗旨，故其书尤重视对版本
概念的分析、版本学研究对象、范围、内容、目的、任务，以及版本
学与校勘学、目录学、书史学等相关学科关系的论述，并在梳理版本
学史的基础上，以版本分析、类型、评价、鉴定、源流、对勘、目录
来构建版本学体系，内容全面。唯其论述不以古籍版本为限。此书后
经作者增补《中国历代图书版本及鉴别》《中国古代的主要版本及类
型》等内容，更名为《中国图书版本学》再版。黄永年的《古籍版
本学》（2005）是在其多年授课讲义的基础上增补完成，作者为版本
目录专门名家，学识渊博，搜藏亦富，因不满足于掌握零碎的版本知
识，欲将之条理化，找出规律性，为版本学建立完整的体系而有此
作。全书分绪论、版本史和版本鉴别、版本目录三大部分，体例严
整。此外，该书从结构到内容均为作者自己的研究心得和成果，更为
难能可贵的是每部分均有专章论述研究方法，阐述古籍版本学研究的

角度和用途，如何进行古籍版本鉴别研究和体系构造、古籍版本目录的研究，金针度人，嘉惠后学。

由此可见，这一时期的版本学概论性著述，虽然都尽量涉及版本学的方方面面，但又都有自己的特点和侧重，彰显了版本学家不同的学术造诣和眼光。

2. 专科版本学著作

和通论性版本学著述相比，专科版本学著述较少，代表性论著有吉文辉、王大妹主编的《中医古籍版本学》（2000）、欧阳健的《古代小说版本简论》（2005）和肖克之的《农业古籍版本丛谈》（2007）。《中医古籍版本学》是编者在参考中国古籍版本学和中医文献学的基础上，结合近年中医古籍版本研究的最新成果和个人长期从事古籍管理工作的实践经验编纂而成的。全书分五章，论述中医古籍版本学的内容与作用、中医古籍版本的类型、中医古籍版本鉴定的各种途径和方法，介绍中医古籍版本生产流布与演变等情况、中医主要典籍的版本系统及珍本现存情况，既继承了通论版本学的框架结构，又突出了中医古籍版本学的特色，堪为专科版本学著作的典范。《古代小说版本简论》以小说为对象，从古代小说文体与版本、搜访与鉴定、书名与分卷、祖本与别本、简本与繁本、原本与补本、抄本与印本等方面展开论述，清楚明白地阐明了小说版本学涉及的各个关键问题，以及版本知识在小说阅读和研究领域的重要作用。《农业古籍版本丛谈》是作者撰写的有关农业类古籍版本的文稿汇编，虽然绝大部分内容是重要农业典籍如《齐民要术》《农桑辑要》《农政全书》的版本考证或源流探析，但也有不少的篇章如《治蝗古籍版本说》《蚕桑古籍版本说》《农业古籍辑佚与孤本》《新中国农业古籍整理概说》等，总结了农业古籍版本的特征和刊刻规律，为农业古籍版本学的建立和完善做了有益的探索。

3. 专题版本学著作

专题版本学著作是以某一类型或某一断代、某一区域为专题进行版本学研究的著作。

以类型为专题的版本学代表作是《中国版本文化丛书》（2002），丛书由著名学者任继愈领衔主编，薛冰、徐雁为执行主编，共计14种，分宋本、元本、明本、清刻本、少数民族古籍版本、佛经版本、稿本、批校本、坊刻本、家刻本、活字本、插图本、新文学版本等多种专题，图文并茂，深入浅出，既有纵向的梳理，也有横向的展示，几乎涵盖了中国版本文化的全部，理清了中国版本文化发展的线索和源流，首次集中反映了我国版本文化研究的风貌和水平。

以断代为专题的版本学著作有李明杰的《宋代版本学研究——中国版本学的发源及形成》（2006）和江曦的《清代版本学史》（2013）。李著分上、下两编，以先宋同书异本的产生、善书观的演进及择善而从的学术传统来探讨中国版本学的发源，以宋代版本学形成的社会基础、研究对象及核心内容的确立、善本观及版本学的研究方法、具体标志来论述中国版本学的形成。江著阐述了清代版本学发展的学术和社会背景、发展概况，总结了清人的版本学思想与方法。对清代的重要版本学家和版本学著作的学术成就与不足进行了深入探讨，较为客观地厘清了清代版本学的发展轨迹，集中阐释清代版本学发展的趋势和规律，从宏观和微观两个方面对清代版本学进行系统深入的研究。

以区域为专题的版本学著作主要有陈正宏的《东亚汉籍版本学初探》（2014），该书把古代中国及其周边受汉文化影响的国家和地区以汉语撰写、刊印的书籍作为研究对象，首倡"东亚汉籍版本学"概念，通过整体论述和个案研究相结合的方式初步探讨了诸如印本鉴定、活字问题、古籍套印等相关问题，举证直接，论理详密，在更为广阔的时空背景下，分析中国古籍版本与日本、朝鲜、越南、琉球等汉籍版本在整体上的历史关联，揭示了中国古籍版本的源头和中心地位。

（二）版本鉴定著作

虽然在通论性的版本学著作中都会有部分内容涉及古籍版本鉴定，但因版本鉴定在古籍版本学中的重要性无与伦比，所以仍有不少专门论述古籍版本鉴定的著作问世，归纳版刻规律，总结鉴定经验。

魏隐儒、王金雨编著的《古籍版本鉴定丛谈》（1984），① 是国内第一部专门系统研究古籍版本鉴定问题的著作，受到国内外版本学家的重视，并被译成日文在日本出版。全书分 10 章，从古籍版本史、古书版本类型、术语、古书用纸、古书印刷和鉴定方法诸方面，对古籍版本鉴定问题作了全面、详尽的阐述；并对活字本、批校本、抄本、伪本等类型的古籍版本的鉴定方法作了专门的论述；最后还适当介绍了一些鉴定古籍版本应具备的知识。李致忠的《古书版本鉴定》（1997）是又一部影响广泛的版本鉴定著作，书分三编：上编史证，讲书籍的产生、初兴与发展、书籍的生产资料与生产方法以及书籍的装帧艺术；中编版本，论述版本和版本学的名称、版本学的功用、善本、版本类型与称谓和版本造伪与辨伪的方法；下编鉴定，集合具体依据和实例，详细论证了一般刻本书、活字印本书和抄写本书的鉴定方法。全书史论与具体例证结合，内容丰富，论证精详，曾多次再版。陈正宏、梁颖编著的《古籍印本鉴定概说》（2005）由通行印本鉴定、特殊印本鉴定、印本鉴定专题、印本鉴定辅助工具四编组成，比较全面地介绍了古籍印本的各种基础知识和鉴定技能。其中有关汉文佛经与域外汉籍的版本鉴定、书版的断修补拼等内容，填补了相关领域的研究空白。附录有《古籍印本常用术语汇释》和《民国图书印本鉴藏小识》，也非常实用。

（三）版本考订著作

版本源流的考订是古籍版本学在版本鉴定之外的又一重要内容，

---

① 此书是在王子霖《古籍版本知识》的基础上增删改写而成，王书为 1960 年受中国书店委托而作，时魏隐儒曾参与整理，后油印上、下两册，作为古籍版本培训教材内部使用，并未署编者名，后北京图书馆等机构也作为参考教材使用，但均未正式出版。

历来为藏书家和研究者所重，改革开放之后也出现了众多的古籍版本考订著作，大致可分为专书版本考订著作和专题版本考订著作两种，尤以前者为最多。

专书版本考订著作以《红楼梦》系列为大宗，有魏绍昌的《红楼梦版本小考》（1982）、郑庆山的《红楼梦版本及其校勘》及《续编》（2002）、刘世德的《〈红楼梦〉版本探微》（2003）、曹立波的《红楼梦版本与文本》（2007）、杨传镛的《红楼梦版本辨源》（2007）等，这些著作对《红楼梦》的版本问题进行了深入研究，成为"红学"研究的基础。此外，考订《史记》版本的有张玉春的《〈史记〉版本研究》（2001）、张玉春等的《史记版本及三家注研究》（2005）；考订《文选》版本的有傅刚的《〈文选〉版本研究》（2000）、范志新的《〈文选〉版本论稿》（2003），他们分别对《史记》和《文选》的版本源流、版本特征进行分析，深化了《史记》和《文选》的研究。另外，蒋星煜的《明刊本〈西厢记〉研究》（1982）、刘辉的《〈金瓶梅〉成书与版本研究》（1986）、高正的《〈荀子〉版本源流考》（1992）、张国风的《〈太平广记〉版本考述》（2004）、陈耀东的《寒山诗集版本研究》（2007）、蔡锦芳的《杜诗版本及作品研究》（2007）、刘世德的《三国志演义作者与版本考论》（2010）等，都对相关著作的版本进行了考订。

专题版本考订著作数量较少，主要有马继兴的《经典医籍版本考》（1987）和曹丽芳的《唐末别集版本源流考述》（2015）。两书分别对经典医籍和唐末别集类版本进行考证，对于了解部分医学典籍和别集类文献的版本情况有很大帮助。

（四）版本学工具书及图录

鉴于古籍特别是善本古籍的稀缺性及保护条件的限制，并不是所有的研究者都可以接触到古籍原本。在这种情况下，版刻目录对于那些没有机会见到众多古籍善本、原本的研究者就显得非常必要，不管是版本鉴定，考订源流，还是进行版本比较、校勘，都离不开专门著录古籍版刻情况的目录书。改革开放以来，这类版本学著作越来越多，为人们了解、研究和利用版本提供了方便。

改革开放以来出版的具有代表性的版刻目录著作主要可分三类。第一类是全国性版刻目录。杨绳信编《中国版刻综录》（1987），就是一部有关中国古代刻书资料的综合目录。该书以北京图书馆、上海图书馆等馆藏机构所藏古籍为主，分宋元版刻、明代版刻、清代版刻、活字与套版四章，章下首列官刻，私刻则按斋室名称分条，每条著录有刻书地、人、斋室名号、书籍名称、现存何处及资料来源等各项信息，计约13000条，全面系统地反映了宋元明清各代刊刻古籍的状况，是研究中国古代版刻史的重要资料。第二类是断代版刻目录。杜信孚编《明代版刻综录》（1983）根据宁波天一阁、北京图书馆等国内富藏明版图书机构的现藏书目，结合《四库简明目录标注》等历代书目44种，辑出明版图书版本资料8000余种，按官刻、私刻、坊刻分类著录，书名下除录卷帙、时地外，并有监修、校刻人小传，兼及行格、牌记及版刻特点，卷末附书名索引，是学习明代书史，鉴别明代版本，了解书林掌故的重要参考书。潘国允、赵坤娟编《蒙元版刻综录》（1996），仿《明代版刻综录》之例，汇辑涉及有元一代刻印古籍资料的版本目录90余种，收录官、家、坊主持刻印者近四百家，涉及刻印古籍千余种，对研究元代古籍版刻状况、印刷发展史均有一定价值。第三类是地方性版刻目录。《浙江历代版刻书目》（2008）是一部地方性版刻书目，该书从现存的古籍书目及方志资料中搜集浙江一地的刻书信息汇辑而成，按宋、元、明、清及方志五部分编排，每部分按经、史、子、集、丛五类著录，每条书目基本上列书名、卷数、作者或编者、出版单位、出版时间、版式（只列行数与字数）、收藏单位等项并附书影百余幅，是研究浙江古籍版刻状况的得力工具书。

在古籍善本越来越稀缺的情况下，许多研究者不得不借助版本图录来了解、欣赏及鉴别古籍善本，学习版本知识，现代科学技术的发展又使得版本图录出版的精细化成为可能，于是出现了众多的版本书影、图录著作。

改革开放以来出版的代表性书影、图录著作主要有：吴希贤的《历代珍稀版本经眼图录》（2003），该书以稀见的珍本书影为主，录宋、金、元刻本书影 51 种，明刻本书影 179 种，传世甚少的明刻本医书书影 25 种，清代刻本医书书影 1 种，清代刻本书影 60 种，共计316 种，详细介绍原书的纸质、规格、版式、刻本年代以及收藏钤印等情况；熊小明的《中国古籍版本图志》（2007），收录各种古籍版刻图录，范围更广，并叙述古籍版本的起源及早期应用，对历代刻本的各个方面做了详尽的论述。此外，根据国务院办公厅《关于进一步加强古籍保护工作的意见》的要求，国家对全国各级图书馆、博物馆及民间收藏古籍展开普查，于 2008 年编成由国家图书馆出版社出版的《第一批国家珍贵古籍名录图录》，全书按《第一批国家珍贵古籍名录》条目选配书影，共著录珍贵古籍 2392 种，其中汉文古籍2282 部，民族文字古籍 110 部。汉文古籍包括简帛 117 种、敦煌文书72 件、古籍 2020 部、碑帖 73 部，初步展示了我国古籍版刻整体面貌。

除上述全国性的版刻图录外，还有按朝代编辑的版刻图录出版，如赵前编《明代版刻图典》（2007），汇集国家图书馆藏珍贵明代古籍约 300 种，分类著录其时代、作者、刊行者、地点及其版本特征。黄裳的《清代版刻一隅》（1992），首先注意到清版书的价值，从其个人藏书中选出稀见之本 95 种印成图录，附叙录载何年所刻、序题跋者及流传情况，弥补了古籍版本学研究在这方面的不足。黄永年、贾二强的《清代版本图录》（1997），选清刻本 350 种，集中了清代各个时期各种样式的版本的代表性刻本，比较全面地反映了清代版刻状况的面貌，每种有解说，书后附索引，并附黄永年的《清代版本述略》一文，对于了解清代版本具有重要作用。一些图书馆也编纂有本馆所藏版刻图录者，如上海图书馆编《善本书影》（1978），选馆藏精善之本（包括抄本、稿本、批校本）30 种扫描油印，并附有说明；湖北省图书馆编《湖北省图书馆藏古籍善本图录》（2004），收录各类善本 180 种，分历代刻本，活字、套印、钤印本，抄本、稿本，日本、朝鲜刻本四部分，各部分按经、史、子、集排序，各书分别著录书名、卷数、著者、版本、载体形态、刻工、板框尺寸、附注、钤印等，重在反映我国雕版印刷、活字印刷、彩色套印技术以及名家手迹、海内外刻本之一斑。此外，还有关于牌记的专门图录，如林申清编《宋元书刻牌记图录》（1999）、国家图书馆古籍馆编《清代版刻牌记图录》（2007）等，这些牌记图录对于鉴定古籍版本都十分有用。

版本的鉴定还离不开专门的工具书如索引、辞典等。改革开放以来出版的版本工具书，主要有刊工索引、题记索引等。如王肇文编《古籍宋元刊工姓名索引》（1990），收录近年影刊、影印的宋元善本书 370 种，刊工 4500 人，包括《刊工姓名索引》和《采用书版本简介》两大部分，前者著录刊工姓名、所刊书名、版本及其代号四项，后者著录书名、编著者、版本、版式、刊工及其收藏者等项，该书在宋元版本的鉴定方面有着非常重要的价值。李国庆编《明代刊工姓名索引》（1998）也为研究明代版刻情况及鉴定明版图书提供了可靠依据。罗伟国、胡平编《古籍版本题记索引》（1991），搜集有关古籍版本的书目、题跋记、读书志、书影等 102 种，收录 50000 余种古籍的版本著录与题跋情况，基本上囊括了宋代以来所有的古籍题跋之作，后附书名索引及著者索引，检索极为方便，是古籍版刻研究与拍卖收藏的重要工具书。此外，瞿冕良编《中国古籍版刻辞典》（2001），共收辞目 2 万余条，其中版刻名词 600 余条，刻书家、抄书家 8000 余条，刻工 1 万余条，参考工具书 300 余条，条目丰富，深入细致，是研究中国古籍版刻难得的好助手。

版刻目录、版本图录、版刻辞典、索引、书影等版本学工具书的出版，为广大的研究者和学习版本知识的人提供了极大方便，同时也大大促进了相关领域研究的发展。

（五）版本研究论文

据笔者不完全统计，改革开放以来至 2011 年，在全国各类杂志上发表的古文献版本学研究的论文近三千篇，是此前各阶段版本学论文总数的 20 倍还要多，足见这一时期版本学研究的繁荣。

版本源流的考订是古文献整理研究的重要基础工作，随着改革开放之后古文献整理和研究工作的快速发展，发表了大量的古文献版本考订论文，是版本学研究发表论文最多的领域。这些论文对以《史记》为代表的史籍、以《高适集》《王维集》为代表的别集、以《天工开物》为代表的农业典籍、以《聊斋志异》为代表的小说等古籍版本进行研究考订①，考证版本源流和特征，极便人们利用。四部典籍中大凡一些重要文献的版本问题，均有学者进行研究，涉及范围甚广。

研究版本鉴定方法的文章也很多，基本包括古籍版本鉴定与古籍版本辨伪两大部分。或泛论古籍版本鉴定方法②；或根据藏书印、字体、刻工、人物、受墨等特征讨论版本鉴定③；或依据书目讨论古籍鉴定④；或讨论版本鉴定错误的原因⑤；或讨论数字时代版本鉴定的

---

① 主要有易孟醇《〈史记〉版本考索》，《中国出版》1987 年第 2 期；安平秋等《明刻〈史记〉版本述论》，《文史》2007 年第 1 期；孙钦善《〈高适集〉版本考》，《文献》1982 年第 11 期；陈铁民《〈王维集〉版本考》，《古籍整理与研究》1990 年第 5 期；潘吉星《〈天工开物〉版本考》，《自然科学史研究》1982 年第 1 期；骆伟《〈聊斋志异〉版本研究》，《图书馆论坛》1995 年第 5 期；曹书杰《黄奭辑佚书版本考》，《古籍整理研究学刊》1998 年第 6 期；陈志伟、韩建立《〈西厢记〉版本述要》，《图书馆学研究》2002 年第 10 期；等等。

② 如冀淑英《关于版本的鉴别》，《山东图书馆学刊》1982 年第 1 期；宋效先《古籍版本鉴定的三部曲》，《图书馆学研究》1991 年第 1 期；陈正宏《域外汉籍及其版本鉴定概说》，《中国典籍与文化》2005 年第 1 期；等等。

③ 如王竞《藏书印与版本鉴定概说》，《图书馆建设》1979 年第 1 期；曹之《古籍字体与版本鉴定》，《图书馆界》1982 年第 2 期；王宏川《浅谈利用刻工鉴定古籍》，《河南图书馆学刊》1985 年第 2 期；李雄飞《以人物为主线鉴定古籍版本的几个实例》，《津图学刊》1995 年第 1 期；肖克之等《古籍受墨特点与版本鉴定》，《收藏》1997 年第 10 期；等等。

④ 如司马朝军《〈四库全书总目〉与古籍版本鉴定》，《图书情报知识》2003 年第 2 期等。

⑤ 如刘蔷《"天禄琳琅"版本鉴定错误及其原因探析》，《图书馆杂志》2011 年第 9 期等。

方法①。涉及古籍版本鉴定的方方面面。由此可以看出，改革开放以来古籍版本鉴定方法的研究越来越全面和深入，外在形式和内容鉴定都受到了应有的重视。

版本学史的研究发展迅速，雕版印刷起源的问题受到人们关注②，历代刻书状况受到人们重视，深入探讨的文章精见迭出。③ 一些著名版本学家、版本学著作也成为人们的研究对象，个案研究成果丰硕，从微观上切实推进了版本学史的研究，为人们从宏观上总结古代版本学理论和方法演变的规律打下了基础。

版本学思想和基础理论的研究也取得了不少进展，如卢中岳的《版本学研究漫议》、郭松年的《古籍版本与版本学》、姚伯岳的《"版本"考辨》等文章，均对版本、版本学等本体论问题进行了探讨。李致忠的《中国版本学及其研究方法》重点讨论了版本学与校雠学、目录学的关系，进而从序跋、避讳字、刻工、地理沿革、机构职官变迁、衔名尊称谥号六个方面总结版本鉴定的方法。④ 时永乐、门凤超的《古籍版本学的研究内容》认为古籍版本学的研究内容包括版本学基础理论、版本学史、版本鉴定、版本类型、版本源流、版本目录学、版本的断代研究、版本的地域研究及古籍的装订形式研究等内容，并就相关问题进行了探讨。⑤

进入 20 世纪 90 年代，人们开始反思版本学研究的成绩与不足，试图对以往的版本研究成果做出总结。石洪运对 20 世纪 90 年

---

① 如董运来《数字时代古籍版本鉴定方法的新拓展》，《图书馆论坛》2007 年第 3 期等。

② 如李金荣《雕版印刷起源考》，《图书与情报》1987 年第 1 期；曹之《雕版印刷起源说略》，《传统文化与现代化》1994 年第 1 期等。

③ 主要有李致忠《唐代刻书考略》，《宁夏图书馆通讯》1980 年第 1 期；骆兆平《天一阁刻书考略》，《图书馆研究与工作》1981 年第 4 期；郑伟章《方功惠碧琳琅馆藏书刻书考》，《求索》1989 年第 1 期；曹之《明代藩府刻书考》，《图书与情报》1991 年第 2 期；宋丹《明代北京官方刻书考》，《北京高校图书馆学刊》1997 年第 3 期；顾宏义《宋代国子监刻书论》，《古籍整理研究学刊》2003 年第 4 期；李明杰《明代国子监刻书考略（上、下）》，《大学图书馆学报》2009 年第 3、5 期等。

④ 李致忠：《中国版本学及其研究方法》，《文献季刊》2006 年第 1 期。

⑤ 时永乐、门凤超：《古籍版本学的研究内容》，《图书馆理论与实践》2008 年第 4 期。

代以前版本学基础理论研究作了全面综述。① 王国强对 20 世纪 80 年代至 90 年代所产生的版本学著作中有关版本学理论的观点从四个方面做出述评。② 周铁强对 1990 年以来版本学研究中的学科性质界定、研究对象、研究内容、研究目的、研究方法等基础的问题作了综述和评论。③ 郝润华、景雪敏从综合性研究、版本学理论与思想研究、版本发展史研究、版本鉴定研究几个方面对 20 世纪 90 年代以来的版本学研究进行了评论。④ 曹之、司马朝军将 20 世纪的版本学以 1949 年新中国成立为界分为两个时期进行论述，先从版本学著作、版本目录和善本书影、版本学家三个方面介绍了 20 世纪前半期的版本学研究所取得的成就，指出该阶段版本学研究虽取得了不少成绩，但基本上没有关于版本学理论的专门研究；20 世纪下半期尤其是改革开放以来版本学研究飞速发展，在版本学专著、版本目录和书跋汇编、版本学基础理论、版本学史、版本源流、版本鉴定、新书版本鉴定等方面都取得了很大成就，同时也存在很多不足⑤，这篇文章对 20 世纪版本学的发展进行了全面、深入的总结。李明杰则从版本学的起源、历史分期、各阶段的版本学成就、版本学家及其流派等四个方面对 20 世纪中国古籍版本学史的研究现状做了综合评述，指出所取得的成就和存在的不足，并指明了今后应关注重视的方向。⑥

总之，改革开放以来的版本学研究取得了丰硕的成果，但也存在不少问题：大量论著中重复研究较多，原创性不够；版本学家研

---

① 石洪运：《版本学基础理论研究述评》，《黑龙江图书馆》1991 年第 3 期。

② 王国强：《关于中国古籍版本学基础理论研究现状述评》，《河南图书馆学刊》1993 年第 1 期。

③ 周铁强：《近年来古籍版本学理论研究评述》，《上海高校图书情报学报》1995 年第 1 期。

④ 郝润华、景雪敏：《二十世纪九十年代以来版本学研究综述》，《古籍整理研究学刊》2011 年第 1 期。

⑤ 曹之、司马朝军：《20 世纪版本学研究综述》，《图书与情报》1999 年第 3 期。

⑥ 李明杰：《20 世纪中国古籍版本学史研究综述》，《古籍整理研究学刊》2003 年第 2 期。

究主要集中在少数著名人物身上，覆盖面比较窄；有些领域尚未涉及或涉及较少，如对文献写本的历史及鉴定方法的研究，几如空白；研究视野狭窄，从学术文化发展的宏观层面来考察版本与版本学的演变还做得不够；版本学与学术史、文化史、史学史、文学史的交叉综合研究也做得不好等。这些问题尚需在今后的研究中进一步深化。

二 古文献分类叙录研究

目录学是古文献学的重要组成部分，分类和叙录则是目录学的两项重要内容，和版本学研究一样，改革开放之初的 20 世纪 80 年代是我国目录学研究的一个高潮，"也是我国目录学研究承上启下的一个转型期，既有对传统目录学全面系统的总结，也有书目情报等新概念的引入"①。进入 20 世纪 90 年代，关于古典目录学基本理论及目录学史的研究有了飞速发展。2000 年以来，相关研究继续向广度和深度发展，尤其是在断代目录学和目录学家思想研究方面颇有建树。以下从古文献分类研究、古文献叙录研究以及古文献目录的整体研究三个方面来进行总结。

（一）古文献分类研究

古文献分类是自从目录学诞生以来，历代文献目录学家都十分重视的问题。传统的古籍分类法在现代的图书分类中面临诸多的挑战，改革开放以后对古代图书分类及其现今适用性及其发展趋势的研究依然争论不断，涌现了不少研究论文和一些有代表性的著作。据不完全统计，这一时期以古文献分类为主题公开发表的研究论文有 150 余篇，内容主要集中在以下几个方面。

其一，古籍分类法的介绍。这类研究多发表于 20 世纪 80 年

---

① 柯平、刘旭青：《改革开放 40 年我国目录学研究的成就、问题与思考》，《情报资料工作》2019 年第 5 期。

代，主要探讨六分法、四分法等古籍分类系统及后世的修订、完善等问题。① 其二，对古籍分类历史进行梳理，揭示我国古籍分类法的产生、发展、演变及其背后深层的社会文化原因，尤其对四部分类法的产生和发展过程进行了深入探讨。② 其三，探讨古籍分类法的现今适用性。本来，中国古籍分类主要是使用"经史子集"四部分类法，民国以来受西方学科分类的影响，新的图书分类方法产生，在这样的大背景下，如何分类古籍引起了人们的关注，崔健英认为从实践层面来讲，使用四部分类，古籍易于归属，学术源流易于辨识，目录结构也显得完整，四部分类仍是最适用的古籍分类方法③；曹之等人则逐一批驳采用传统四部分类法的对口论、工具论、熟悉论、多数论、问题论等观点，主张古今图书统一宜采用新法分类。④ 姚伯岳、郑明等人表达了与前两种都不同的观点，姚伯岳在分析了古籍分类的历史和现状后提出，线装古籍的分类需要的是专门用于类分古籍的高度稳定的古籍分类法。《中图法》和《四库法》都不能胜任，需要一部新编的《中国古籍分类法》出现，这是中国古籍分类历史发展的大势所趋。郑明也从古今图书分类的差异角度出发，认为古籍与现代图书应按各自独立的分类法进行分类，呼吁适时出版专门的古籍分类法，并从类目设置、索引编制等方面提出了制定

---

① 主要有杨殿珣《谈谈古籍和古籍分类》，《国家图书馆学刊》1979 年第 1 期；谈今《古籍的分类问题》，《图书馆学刊》1981 年第 2 期；楚庄《经史子集——我国的古籍及其分类》，《天津师大学报》1982 年第 5 期；等等。

② 主要有王国强《略论我国古代图书分类体系的沿革及其原因》，《河南图书馆学刊》1985 年第 3 期；曹淑文《四部分类顺序的确定者李充》，《图书与情报》1983 年第 3 期；黄建国《试论我国古籍四部分类的形成和发展》，《杭州大学学报》（哲学社会科学版）1993 年第 3 期；等等。

③ 崔健英：《中国古籍分类问题初析》，《图书馆学研究》1983 年第 4 期。

④ 见曹之《关于古籍分类的几个问题》，《武汉大学学报》（社会科学版）1987 年第 2 期；余东《古籍分类应在四库法基础上进行发展》，《广东图书馆学刊》1986 年第 4 期；陈超《古籍分类不宜只采用四库法》，《图书馆理论与实践》1987 年第 4 期；等等。

专门古籍分类法的设想。① 其四，古籍分类理论的研究。这方面的研究以傅荣贤的系列文章为代表。从 1994 年开始，傅荣贤陆续发表了多篇研究中国古代图书分类的论文，并于 1999 年出版了《中国古代图书分类学研究》一书②，他明确提出了"中国古代图书分类学"这一概念，从文化知识论的角度对中国古代图书分类的特征、形式、价值取向、意义等方面进行了理论探讨和总结，认为古代图书分类学超越了仅把分类系统当作反映学科谱系的总结系统，以及作为信息存取系统的操作层面，指出古代文献的类分本质上就是世界和人的类分，是社会秩序的确定和巩固，显现了极其深刻的分类本体论意识，很多观点发前人所未发。

（二）古文献叙录研究

叙录也称解题、提要，是中国目录学自《别录》《七略》以来形成的优良传统，和古籍分类法一起塑造了中国古代目录学"辨章学术，考镜源流"的个性特征。改革开放以来，对古代文献叙录研究的论文并不多，且大多围绕着刘向的《别录》或叙录体例演变进行探讨，但从应用角度出发，今人撰写的古籍叙录文章或编纂的古籍叙录著作则数量众多，蔚为大观。

刘向的《别录》虽然久佚，但作为叙录体的开创之作，其校书步骤、叙录撰写体例和佚文真伪依然成为叙录研究的重要内容。③ 对叙录体目录产生的文化背景、体例、特点、学术价值等问

---

① 分别见姚伯岳《试论中国古籍分类的历史走向》，《图书馆理论与实践》1993 年第 4 期；郑明《古籍分类管见》，《图书馆学研究》2009 年第 2 期等。

② 傅荣贤：《中国古代图书分类学研究》，台湾学生书局 1999 年版。

③ 如张璋《从刘向校书看〈管子叙录〉》，《管子学刊》1989 年第 3 期；姚娟《刘向撰〈说苑叙录〉解读》，《阜阳师范学院学报》2009 年第 2 期；安东《刘向〈列子叙录〉真伪考辨》，《井冈山学院学报》2009 年第 2 期；马达《刘向〈列子叙录〉非伪作》，《河南大学学报》（社会科学版）2000 年第 1 期；陈隆予《刘向校书叙录中的几个问题》，《陕西教育学院学报》2004 年第 2 期；傅荣贤《作为上行文书的刘向叙录》，《山东图书馆学刊》2011 年第 6 期；等等。

题，人们也进行了深入探讨，并揭示了其对当今提要目录的借鉴意义。①

除研究古代叙录体目录外，还有很多今人对古籍的解题、叙录发表，见诸于各种学术刊物，约有 400 余篇，蔚为大观。具有代表性的有王利器的《颜氏家训集解叙录》、姜亮夫的《巴黎所藏敦煌写本〈道德经〉残卷叙录（上、下）》、李致忠的《北京图书馆藏善本书叙录（一、二、三、四）》、袁行云的《清人诗集叙录（上、下）》、舒大刚的《苏轼〈东坡书传〉叙录》、郭英德的《稀见明代戏曲选本三种叙录》、启功的《敦煌俗文学作品叙录》等。这些文章或延续传统，或发扬新意，均为古籍叙录的传承和发展增砖添瓦。

除了单篇的文章之外，改革开放以来也涌现了不少古文献叙录著作，据粗略统计约有 25 种。这些著作丰富了古文献叙录的实践，有助于古文献叙录研究的推进。

表 5 – 2　　　　　　　　　今人所著重要文献叙录著作一览

作者	书名	出版单位	出版时间
王重民	敦煌古籍叙录	中华书局	1979
胡文彬	红楼梦叙录	吉林人民出版社	1980
杨震方	碑帖叙录	上海古籍出版社	1988
徐自强	北京图书馆藏石刻叙录	书目文献出版社	1988
河南省文物局	河南碑志叙录	中州古籍出版社	1992
李剑国	唐五代志怪传奇叙录	南开大学出版社	1993
袁行云	清人诗集叙录	文化艺术出版社	1994

---

①　如闵定庆《叙录体目录生成的文化机制——〈七略〉研究之一》，《古籍整理研究学刊》1993 年第 5 期；高长青《叙录体的创立对后世目录学的影响——兼论目录学的演变和发展》，《甘肃社会科学》2005 年第 1 期；黄景行《解题目录叙略》，《四川图书馆学报》1987 年第 3 期；陈方《解题目录体例评议》，《图书馆论坛》1999 年第 2 期；等等。

续表

作者	书名	出版单位	出版时间
刘镇伟等	大谷明清小说叙录	大连出版社	1995
李孝聪	欧洲收藏部分中文古地图叙录	国际文化出版公司	1996
祝尚书	宋人别集叙录	中华书局	1999
武新立	明清稀见史籍叙录	江苏古籍出版社	2000
许建平	敦煌经籍叙录	中华书局	2006
周勋初	唐代笔记小说叙录	凤凰出版社	2008
赵荣蔚	唐五代别集叙录	中国言实出版社	2009
胡旭	先唐别集叙录	中国社会科学出版社	2011

（三）古文献目录整体研究

相对于古文献分类、叙录的单独研究来说，改革开放以来对古文献目录的整体研究不仅内容丰富，而且成果众多。

首先，构建古文献目录学体系，产生了不少优秀的著作。来新夏的《古典目录学浅说》，首次完整探讨了目录的起源、目录学的兴起发展和作用、古典目录的类别体制、古典目录学发展的历史，并论述了分类学、版本学、校勘学等古典目录学相关学科的主要内容，最后还从整理古典目录学文献、研究古典目录和古典目录学家、撰写新的古籍目录、刊印古典目录及研究著作四方面提出建议，作为古典目录学将来的发展方向。① 该书体例严谨，论列精当。罗孟祯的《中国古代目录学简编》（1983）侧重介绍各个时期目录学的代表著作，并简要探讨了目录学的功用及与版本学、校勘学的关系。曹慕樊的《目录学纲要》（1988）梳理了中国目录学的发展历史，重点介绍了版本知识、校勘学、辨伪与辑佚等的历史与方法，显然他是把这些学科作为目录学的一部分来看待的。周少川的《古籍目录学》（1996）是首

---

① 该书首次由中华书局出版于 1981 年。此后经增补改订，更名为《古典目录学》，1991 年仍由中华书局出版，2013 年再次出版修订本。

部在古典目录学研究的基础上，为配合古籍整理研究工作而撰写的目录学著作，涉及的对象不仅包括古代书目，也包括近现代编写的各种古籍目录和索引，全书包括基础理论（目录的起源与目录学的形成、古籍目录学的研究对象和范围）、基本知识（古代目录的体制、古籍目录学发展史、近现代古籍目录索引举要）和应用方法（古籍目录学的实践与运用）三大部分内容，不仅丰富了古文献目录学的研究内容，还首次对古籍目录学学科理论做了阐释并构建了完整的学科体系，填补了前人研究的不足和缺憾。

其次，目录学史的研究也不断得到加强和深化。王重民的《中国目录学史论丛》（1984）是后人在其教学讲义遗稿的基础上整理而成，全书从先秦写到元初，十分注重将目录学的起源、发展及成就与各时期的社会政治、经济、文化等背景联系起来，材料翔实，考论精核。吕绍虞的《中国目录学史稿》（1984）把目录学发展分为五个时期，以时代为序论述中国目录学的发展进程。乔好勤的《中国目录学史》（1992）从社会发展、文化积累和学术变迁的角度考察传统目录学的演进，把中国目录学从殷商至当代的发展历史分为九个时期，系统阐述了各时期编目工作和目录学研究的主要成就、存在问题及发展趋势，对许多目录学著作和目录学家都给予了客观的评价，是20世纪下半叶编撰的第一部中国目录学通史。余庆蓉、王晋卿的《中国目录学思想史》（1998）是我国第一部系统研究和阐释中国目录学思想发展史的著作，全书按时间顺序，分目录学思想的萌芽、汉代目录学思想的奠定、魏晋南北朝目录学思想的演进、隋唐目录学思想的发展、宋代目录学思想理论的形成、明清目录学思想的总结、近代目录学思想的变革、当代目录学思想的新思潮等，介绍评价了其间有代表性的目录学家及其著作，从思想史的高度来研究目录学的发展历程及其规律性，多发前人所未发。王国强的《明代目录学研究》（2000）系统研究了明代的藏书事业、目录学发展史、书目编撰事业、书目类例、书目著录、书目中的文献记录、目录学理论等问题，可作为断代目录学史研究的代表。

其三，专科目录学著作出现。随着目录学研究的发展和目录学在各相关学科研究中基础作用的加强，改革开放新时期出现了诸多专科目录学著作。如陈秉才、王锦贵的《中国历史书籍目录学》（1984）、谢灼华的《中国文学目录学》（1986）、王锦贵的《中国历史文献目录学》（1994）、高潮、刘斌的《中国法制古籍目录学》（1993）等。这些专科目录学著作的出现，不仅构建了各学科的目录学体系，而且为相关学科的研究提供了入门途径。

其四，古文献目录的整理成绩斐然。古人为我们留下了数量众多的古籍目录著作，以往虽进行过一些整理工作，但数量有限。1978年以来，在广大古籍整理工作者的努力下，陆续整理出版了大量的古籍目录著作，如《增订四库简明目录标注》《清史稿艺文志及其补编》《书目答问补正》《读书敏求记》《四库全书简明目录》《直斋书录解题》《士礼居藏书题跋记》《郡斋读书志校证》《藏园订补郘亭知见传本书目》《四库全书总目提要补正》《四库全书总目提要》《越缦堂读书记》《铁琴铜剑楼藏书目录》，等等，都被整理出版。这里不能不提的还有几套丛书，一是中华书局影印出版的《宋元明清书目题跋丛刊》，收录由宋至清书目题跋95种；二是上海古籍出版社整理出版的《中国历代书目题跋丛刊》，分四辑出版，点校整理历代书目题跋著作，成为古籍研究者不可多得的重要资料。值得一提的还有王承略、刘心明主编的《二十五史艺文经籍志考补粹编》，随着中华书局点校本二十四史的出版发行，《汉志》《隋志》《两唐志》《宋志》《明志》都有了较好的整理本，《考补粹编》就是在此基础上收录二十五史中的艺文志或经籍志及其在宋代至民国间的考证、注释与补遗之作，共计83种，每种都作了标点校勘，根据时代和篇幅分为27卷30册。这是史志目录首次大规模的汇辑和整理，显示了各代藏书与著述之盛，为贯通考察典籍的成书、著者、卷帙、真伪流传等情况，提供了最基本、最可靠的依据。此外，一些书目提要著作、藏书家传记、辞典、目录学资料汇编等相继出版，丰富了文献学研究的内容①。

　　据笔者不完全统计，1978—2011 年，国内公开发表的古文献目录学研究论文约有 1200 篇。通过分析这些研究文章，我们发现，20 世纪 80 年代主要集中在对重要目录学著作、目录学家和断代目录学的研究上。② 20 世纪 90 年代，人们开始将目录学史与传统文化背景和哲学思考相结合，从文化史的角度进行传统目录学研究的趋向日益明显。③ 进入 21 世纪，人们除了继续对传统目录学进行文化思考外，进而对古典目录学的学术传统、学科特征、价值取向等进行研究，对目录史上的重大问题进行反思，使传统目录学研究不断向纵深发展。④

　　（四）新的古籍目录的编纂

　　值得称道的是，改革开放以来学者们在进行古文献目录研究的同时，还从不同角度重新编纂了大批新的古籍目录，包括国家古籍目录、地区古籍目录、公藏古籍目录、私藏古籍目录、专题古籍目录、专书古籍目录等。

---

　　①　如严佐之《近三百年古籍目录举要》，华东师范大学出版社 1994 年版；来新夏主编《清代目录提要》，齐鲁书社 1997 年版；申畅《中国目录学家传略》，中州古籍出版社 1987 年版；《中国目录学家辞典》，河南人民出版社 1988 年版；李万建《中国著名目录学家传略》，书目文献出版社 1993 年版；全根先《中国近现代目录学家传略》，国家图书馆出版社 2011 年版；卢正言主编《中国古代书目辞典》，广西教育出版社 1994 年版；彭裴章主编《目录学研究资料汇辑》，武汉大学出版社 1986 年版；彭裴章主编《目录学研究文献汇编》，武汉大学出版社 1996 年版；等等。

　　②　见李万建、赖茂生《目录学论文选》，书目文献出版社 1985 年版。书中收录了王重民、来新夏、谢德雄、谢国桢、倪士毅、丁瑜、朱天俊等人研究古代目录学家、目录学著作、断代目录学成就的文章。

　　③　代表性论文有李国新《论中国传统目录结构体系的哲学基础》，《北京大学学报》1991 年第 4 期；柯平《关于目录学文化研究的思考》，《武汉大学学报》1993 年第 2 期；高路明《古籍目录与中国古代学术》，《北京大学学报》1993 年第 5 期；傅荣贤《论传统目录学之伦理观》，《四川图书馆学报》1997 年第 2 期；王国强《中国古典目录学新论》，《图书与情报》1992 年第 1 期；等等。

　　④　如王心裁《试论中国目录学传统》，《大学图书馆学报》2000 年第 3 期；黄顺荣、傅荣贤《传统目录学本质特征论》，《图书馆理论与实践》2001 年第 4 期；陈耀盛《中国目录学学术思想史论纲》，《图书馆杂志》2002 年第 5 期；徐有富《目录学与中国学术史》，《新世纪图书馆》2007 年第 2 期；傅荣贤《中国古代目录学学术价值之反思》，《图书情报知识》2008 年第 2 期；王记录《中国传统目录学的文化品格及其价值取向》，《河北学刊》2013 年第 2 期；等等。

国家古籍目录。《中国古籍善本书目》是 20 世纪古籍目录实践的巨大成果①，收录了全国各省、市、县（台湾暂缺）图书馆、博物馆、文物保管委员会、高等院校、中国科学院及所属各研究所、中等学校、文化馆、寺庙等 781 个单位所藏古籍善本约 13 万部，分经、史、子、集、丛五部著录，是目前最全的古籍善本书目。王重民《中国善本书提要》（1983）是一部具有很高学术价值的古籍善本解题目录，是书收录作者经眼古籍善本 4300 余种，着重介绍每书的版本特征，致力于辨析版本源流和版本异同，多有所得，并编有书名、撰校刊刻人名、刻工人名及刻铺号四种索引，使用也极为方便。《中国古籍总目》（2009）是在全国各公私收藏机构逐步积累的馆藏古籍目录与各学科专家编纂的专科目录的基础上，参考以往范例，集中力量编纂的全面反映中国古代文献流传与存藏状况的总目录，全目分经、史、子、集、丛五部，共 26 册，著录古籍近 20 万种，是首次在全国图书馆界、学术界对中国古籍文献资料进行了深入细致的清理，具有开创性与总结性，堪称中国古籍整理研究的重大成果。

地区古籍目录。主要有宋慈抱的《两浙著述考》（1985）、蒋元卿的《皖人书录》（1989）、王绍曾主编《山东文献书目》（1993）、《江苏艺文志》（1995）、刘纬毅主编《山西文献总目提要》（1998）、吕友仁主编《中州文献总录》（2002）等。这些书都是以省为单位，著录该省学人的著作。就体例而言，《山西文献总目提要》最为完备，其于每书详列书名、卷数、作者，并撰写提要、记载版本，堪称地区古籍目录的代表之作。

公藏古籍目录。各大公立图书馆都编有所藏古籍目录，如北京师范大学图书馆编《北京师范大学图书馆中文古籍书目》、北京图书馆（即今国家图书馆）编《北京图书馆古籍善本书目》、中国人民大学图书馆编《中国人民大学图书馆古籍善本书目》、骆兆平编《北京大

---

① 1985 年起陆续出版。

学图书馆藏善本书录》等，这些都是公开出版的。还有众多的图书馆有古籍编目但没有公开出版，如南京大学图书馆编《南京大学图书馆藏古籍善本图书目录》、武汉大学图书馆编《武汉大学图书馆善本书目》等。这些以公藏单位所藏古籍或古籍善本为收录对象编著的古籍目录，体例完备者首推《北京图书馆古籍善本书目》，该书目详记版式特征，极为实用。这些古籍目录较为翔实地记载了本单位古籍的收藏情况，不仅反映了馆藏古籍的特点，也有利于读者使用和阅读。

　　私家古籍藏书目录。较有影响的有傅增湘的《藏园群书经眼录》，收录凡经眼知见之善本约 4500 种，每书详载时代、版本、版式、本书序跋、刻书牌记、后人题记、收藏印记，是一部学术价值很高的版本提要目录。其他如瞿启甲编《铁琴铜剑楼藏书题跋集录》是汇辑铁琴铜剑楼所藏善本书所附前贤题跋而成的目录，收录图书380 多种。李盛铎的《木樨轩藏书题记及书录》既有题记又有书录，其中题记 173 篇是整理者从李氏藏书中辑录出来的，书录收书 1464 种，记录图书特征，诸如卷帙编次、缺卷配叶、行格字数、版心题字、卷端题署、刻工姓名、讳字牌记、收藏印章、藏书题跋等。这是今人对近代藏书家古籍的编目整理。还有当代藏书家对自己搜藏的编目，代表性作品是韦力的《芷兰斋书跋初集》（2012），嗣后又有续集、三集、四集陆续出版，该书以作者所藏精椠名抄为基础，不仅在版本著录与鉴定上承继前人传统，还记述图书背后的逸闻趣事及自己的研究心得，不乏真知灼见，足以增广见闻。

　　专题古籍目录。这类书目较多，如雷梦辰的《清代各省禁书汇考》收录有清一代禁书目录；《敦煌遗书总目录索引》《敦煌遗书总目索引新编》为汇集敦煌遗书的总目录；杨殿珣编《中国历代年谱总录》、王树民的《史部要籍解题》、谢国桢的《增订晚明史籍考》、来新夏的《近三百年人物年谱知见录》、张舜徽主编《中国史学名著题解》、吴枫的《隋唐历史要籍集释》等为史学方面的专题古籍目录；骆兆平编《天一阁藏明代地方志考录》、崔建英编《日本见藏稀见中国地方志书录》等为方志古籍专题目录。此外还有郭蔼春主编《中国分省医籍考》、朱祖延的《北魏佚书考》、许肇新的《宋代蜀人著作考》、王宝平编《中国馆藏和刻本汉籍书目》、王绍曾编《清史稿艺文志拾遗》等。专题古籍目录一方面反映了相关领域的研究、发展状况，另一方面为之后的研究提供了方便。

专书古籍目录。中国古代重要典籍，影响深远，相关研究数量繁多，通过编目以反映其研究状况及其在中国文化史上的地位，催生了专书古籍目录。如洪湛侯等的《楚辞要籍解题》、崔富章的《楚辞书目五种续编》、周采泉的《杜集书录》、郑庆笃等的《杜集书目提要》、山东省图书馆编《易学书目》等。

这些古籍目录的编纂继承和发展了古文献整理编目的优良传统，丰富了古文献分类叙录工作的内容，是古籍目录学在现实中的实践，为古文献研究的进一步开展打下了坚实的基础，为古文献研究者提供了极大的便利。

第三节　古文献辨伪、校勘研究

陈垣先生有言："日读误书而不知，未为善学也。"[①] 古文献的辨伪和校勘是进行古文献研究的基础工作，虽然在这方面前人已经取得了优异的成绩，但改革开放以来的研究更是呈现突飞猛进的发展态势，尤其是科学技术的进步、文献数字化的普及，为古文献辨伪和校勘的研究提供了极大的便利，催生出了众多优秀的成果。

一　古文献辨伪研究

改革开放新时期是古文献辨伪研究取得丰硕成果和古文献辨伪学

---

① 陈垣：《通鉴胡注表微·校勘篇第三》，辽宁教育出版社1997年版，第29页。

多元发展的时期。在此期间，古文献辨伪理论进一步深化，方法更加多样，辨伪范围更加宽广，成果空前增多，古文献辨伪研究逐渐进入了繁荣阶段。

（一）对前人辨伪成果的重新审视和反思

改革开放之前，学术研究受政治运动的影响较大，甚至在特殊时期出现了任意歪曲历史、曲解史料的现象。改革开放新时期，学者们摆脱了现代迷信、教条主义和实用主义的精神枷锁，以求实求真的态度考辨典籍文献和史实，对之前的错误进行拨乱反正。再加上 20 世纪 70 年代以来多次重大古文献出土造成的冲击，更使人们不得不对前人的辨伪成果进行重新审视和反思，这些都对新时期古文献辨伪学的发展产生了重要影响。

首先，对特殊时期错误结论的拨乱反正。典型的例子有《李秀成自述原稿》和《埃曼尔诗笺》真伪的考辨。20 世纪五六十年代对《李秀成自述原稿》真伪的考辨夹杂着政治因素，"文化大革命"中更是把李秀成定为叛徒加以批判，并残酷迫害持不同意见的学者。20 世纪 80 年代拨乱反正以后，学术界再次对《自述原稿》进行考辨，相关论文有数十篇。重要文章有陈旭麓的《〈李秀成供〉原稿释疑》、荣孟源的《曾国藩所存李秀成供稿本考略》、钱远镕的《李秀成〈书供〉原稿考辨——与荣孟源同志商榷》、庾裕良的《忠王李秀成自述考》、倪墨炎的《〈李秀成自述〉真伪辨》、黄永年的《〈忠王李秀成自述〉原稿抽毁辨》等。对这一问题的考辨，影响较大的是罗尔纲的《李秀成自述原稿注》[①] 一书，该书由《李秀成自述原稿考证》和《李秀成自述原稿注》两部分组成，前一部分通过对《自述原稿》的内容、笔迹，包括语汇、用词、语气等进行精心考辨和分析，再次确认是李秀成的亲笔，而非曾国藩的伪造，并认为曾国藩对《自述原稿》有过撕毁、删削行为；后一部分对《自述原稿》作了翔实的注

---

① 中华书局 1982 年版，1995 年又出增补本。

释，材料丰富，分析精辟，证明非李秀成则其他人皆不可能写出来。
《坎曼尔诗笺》曾作为唐诗的最早手迹并以其浓烈的阶级斗争意识在
"文化大革命"中轰动一时，郭沫若作《〈坎曼尔诗笺〉试探》，肯
定了它为唐代文物，而且给予高度评价，在学术文化界产生了不小的
影响，坎曼尔诗笺也成为"文化大革命"期间文物工作的伟大成绩，
成为歌颂民族团结、控诉阶级压迫的珍贵文书。① 尽管郭文发表之
时，就有学者如张政烺提出异议，但直到改革开放以后，才有了全面
的考证。20 世纪 80 年代初，萧之兴的《关于〈坎曼尔诗笺〉年代的
疑问》首先对其抄写年代提出怀疑，② 其后又有钱伯泉的《〈坎曼尔
诗笺〉新探》《〈坎曼尔诗笺〉和吐谷浑人》对郭文提出意见，认为
诗笺为吐谷浑人遗物。之后，杨镰的《〈坎曼尔诗笺〉辨伪》《西域
史地研究与〈坎曼尔诗笺〉的真伪》两文③，通过精心考辨，艰苦调
查，反复取证，首次提出并详细论证了该诗笺为今人伪作。尽管后来
又有些不同的意见发表，但基本上都不能影响诗笺为伪作的判断。

其次，受出土文献的冲击，对前人辨伪成果重新审视和反思。20
世纪 70 年代以来，大批简牍帛书出土，如安徽阜阳西汉汝阴侯夏侯
灶墓出土《晏子春秋》残简，山东临沂银雀山汉墓出土《孙子》《六
韬》《尉缭子》《管子》《晏子春秋》《墨子》《孙膑兵法》等残简，
长沙马王堆汉墓出土《老子》《战国纵横家书》《易经》以及阴阳、
天文、五行、杂占等十多种 12 余万字，河北定县（今河北省定州
市）汉墓出土《晏子春秋》《论语》《儒家者言》《哀公问五义》《文
子》《太公》等 8 种残简，湖北云梦睡虎地出土《编年纪》《日书》
等十多种秦简等。这些简牍帛书的出土对学术界造成了极大的冲击，
因为其中有历来被怀疑或断言是伪书的《文子》《尉缭子》《鹖冠
子》《晏子春秋》《六韬》《孙膑兵法》等，促使学术界开始对前人

---

① 郭沫若：《〈坎曼尔诗签〉试探》，《文物》1972 年第 2 期。

② 萧之兴：《关于〈坎曼尔诗笺〉年代的疑问》，《光明日报》1980 年 11 月 8 日。

③ 分别刊于《文学评论》1991 年第 3 期、《西域史地研究》1994 年第 2 期。

辨伪成果进行重新审视和考辨。其成果主要有裘锡圭的《考古发现的秦汉文字资料对于校读古籍的重要性》、李学勤的《马王堆帛书与〈鹖冠子〉》、罗漫的《〈列子〉不伪和当代辨伪学的新思维》、任继愈的《"伪书"并不全伪》等。① 郑良树对这时期的反思作了很好的总结，他认为竹简帛书的出土为古籍辨伪提供了最上等资料，也是检验千百年来古籍辨伪成果的试金石。总结反思前贤的得失，他提出古籍辨伪应该态度平实、方法严密、论证周备、论断谨慎②，确为卓识。

　　进入 21 世纪以后，对前贤所秉持的文献辨伪理论和方法的整体反思愈加深入。陈力由古籍辨伪学的概念定位入手，评议梁启超、王国维的文献辨伪方法的得失，认为古史辨派"有罪推定"导致大量原本没有问题的文献被判为伪书，这是 20 世纪文献辨伪存在的最大问题，此外 20 世纪 30 年代瑞典汉学家高本汉从逻辑入手对梁启超等提出的文献辨伪方法的批评，并未得到应有的重视。③ 杨善群的《辨伪学的歧途——评〈尚书古文疏证〉》《论古籍辨伪的拨乱反正》《近三十年来古籍辨伪研究工作的新进展》④ 通过对《尚书古文疏证》辨伪方法以及《孙子》《老子》《孔子家语》等古书由伪变真的讨论，认为出土简帛文献是打开文献辨伪迷局的一把钥匙，以往的文献辨伪研究在疑古思想的指导下，轻视出土文献，不注重事物的本质及其变化，以偏概全，使得伪书的范围扩大化，很多文献被错判成伪书，古书辨伪的拨乱反正必将打破这一局面，促进学术史著述的繁荣。张昌红的《古籍辨伪献疑》对传统文献辨伪的概念、目的、方法、证据和论证过程等提出质疑，并对存在的问题进行反思。⑤ 李零

---

　　① 这四篇文章依次发表于《中国社会科学》1980 年第 5 期、《江汉考古》1983 年第 2 期、《贵州社会科学》1989 年第 2 期、《群言》1991 年第 6 期。

　　② 郑良树：《古籍真伪考辨的过去与未来》，《文献》1990 年第 2 期。

　　③ 陈力：《二十世纪古籍辨伪学之检讨》，《文献》2004 年第 3 期。

　　④ 三文依次发表在《淮阴师范学院学报》2005 年第 3 期、《学术界》2007 年第 4 期、《中华文化论坛》2011 年第 1 期。

　　⑤《图书馆论坛》2011 年第 4 期。

《简帛古书与学术源流》一书的部分内容，以余嘉锡的《古书通例》
为基础，结合出土文献的作者、书名、构成和流传的研究，全面讨论
传统文献辨伪学的局限，提出新的文献辨伪思路和方法。①

（二）古文献辨伪学研究

改革开放的新时期，也有不少成果对古文献辨伪学进行了系统总
结和研究。孙钦善的《古代辨伪学概述（上中下）》是其中的代表②，
他提出中国古代辨伪历史是"分两条线交错发展的：一条是关于书
籍的名称、作者、年代真伪的考辨；一条是关于书籍的内容诸如事
实、论说真伪的考辨"，并分析了先秦两汉至明清辨伪的分期和特
点，总结和评价了中国古代辨伪的成就，多有创见。类似的文章还有
孔智华的《我国古籍中的伪书和辨伪学》、黄镇伟的《辨伪学研究书
录》、杨昶的《中国传统辨伪学散论》、张谦元的《辨伪学论纲》等。

辨伪学研究的深入离不开辨伪学史的梳理。改革开放新时期，研
究汉代、宋代、明代、清代等断代辨伪学的论文较多，对各代辨伪学
的发展、特点等问题作了探讨和论述。讨论辨伪学家的论文更是内容
丰富，对历史上著名的辨伪学家进行了系统研究，如司马迁、王充、
刘知幾、柳宗元、欧阳修、朱熹、郑樵、胡应麟、宋濂、阎若璩、姚
际恒、崔述、章学诚、顾颉刚、梁启超、张心澂、胡适、吕思勉、张
舜徽、白寿彝等，均纳入人们的研究范围之内。

辨伪学研究成果的积累也助推了辨伪学专门著作的产生。杨绪敏
的《中国辨伪学史》（1999）是首部贯穿古今的辨伪学史著作，他将
中国辨伪学分为四个时期：（一）疑古思想的萌芽及辨伪学初起时期
（先秦汉魏南北朝）；（二）辨伪学的发展时期（唐宋）；（三）辨伪
学的成熟时期（明清近代）；（四）辨伪学的再发展时期（现当代），
全面系统地叙述了从战国至现当代人们考辨伪书、伪史、伪说等方面

① 李零：《简帛古书与学术源流》，生活·读书·新知三联书店 2004 年版。
② 载于《文献》1982 年第 14、15、16 辑。

所取得的成就，深入细致地分析总结了历代辨伪学家的辨伪思想和辨伪方法，并作了客观、公允的评价，全书资料丰富，论证充分，系统梳理了中国辨伪学发展史。司马朝军的《文献辨伪学研究》（2008）是一部关于辨伪学的专题论文集。全书分为源流、专题和书目三编。《源流编》纵向考察了自西汉至清末民初两千年间辨伪学史上的代表性人物与专著，并提出了自己的看法；《专题编》为作者6篇关于《经义考》《经解入门》《读升庵集》《野处类稿》《黄陵庙记》《伪书通考》的辨伪力作，曾在学术界产生过较大的反响；《书目编》是文献辨伪学相关的专科目录，属相对完备的专题书目。本书既全面总结了传统辨伪学的成就与方法，也结合出土文献作了较为深刻的反思，援据甚博，考辨亦精，深化了辨伪学研究。佟大群的《清代文献辨伪学研究》（2012）是断代辨伪学的代表作，该书在高度概括清以前文献辨伪学发展的历史及其成就、清代文献辨伪学发展环境等问题的基础上，分清初、清中期和清后期三个阶段，将宏观和微观，纵向和横向，个案和专题等研究方法相结合，系统考察了清人文献辨伪研究的历史及成就，对学界以往忽略的诸多问题都进行了探讨，极具价值。值得一提的还有杨昶编写的《辨伪学讲义》[①]，该讲义产生较早，虽未以专著的形式出版，但从辨伪和辨伪学、伪书产生的原因、辨伪学简史、近百年来辨伪学的发展四个方面对辨伪学的主要内容进行了系统的总结和阐发，虽较为简略，但仍不失为了解和研究辨伪学的重要参考。

（三）古文献辨伪思想理论的研究

辨伪思想、理论的探讨和总结是辨伪学发展的标志，也是促进文献辨伪工作发展提高的催化剂。改革开放新时期的辨伪思想、理论研究，在深度和广度上均远超以往。

此期辨伪思想、理论的研究涉及面广，包括对辨伪学的概念、范

[①]　该书收入《国学知识指要》，广西人民出版社1993年版。

围、意义、任务、方法的辨析，以及作伪原因、伪书价值、辨伪心态的讨论，都进行了深入的分析，发表了不少成果。荣孟源的《史料和历史科学》（1987）一书，有相当多的篇幅探讨史料辨伪问题。作者认为鉴别史料首先要考察其来源，其次要考察其制作原料和技术，还可以从史料装帧和外观形式上去考察是否合乎当时的制度、印章、字体、文体等情况。难以辨明真伪的史料，不要遽下结论。他还提出史料有"真却是伪""伪反是真""真伪杂糅"三种特殊情况，给文献辨伪工作带来很大启示，非常珍贵。洪湛侯、姜亮夫、施天侔、陈漱渝、崔文印、牟玉亭、汤志钧等人均对辨伪、辨伪思想、辨伪理论、辨伪方法等问题进行了讨论，① 另有不少研究者考察了历代辨伪学家的辨伪思想，成果丰硕。王记录的《说中国古代辨伪的思想》一文，将古代学者疑古辨伪的思想归结为四个方面：对伪史、伪书等产生原因的论述，对作伪手法、作伪类型以及辨伪态度和原则的分析，对伪书范围及类型的归纳，对伪书价值的评判，首次对中国古文献辨伪思想进行了系统总结。②

（四）古文献辨伪方法的研究

改革开放新时期，文献辨伪方法研究的发展主要表现在三个方面：一是对前人辨伪方法的研究和总结；二是反思传统文献辨伪方法存在的不足，研究古书体例并提出新的文献辨伪方法；三是探索建立文献辨伪方法的体系。

对前人辨伪理论、方法进行系统的研究和总结，有助于理清辨伪学遗产，为研究工作的进一步开展打下坚实的基础。对此，改革开放

---

① 洪湛侯：《古籍的考辨》，《文献》1982 年第 12 辑；姜亮夫：《古籍辨伪私议——有关古籍整理研究的若干问题之四》，《学术月刊》1983 年第 6 期；施天侔：《论辨伪》，《河北师院学报》1987 年第 1 期；陈漱渝：《作伪和辨伪》，《求是》1988 年第 5 期；崔文印：《伪书与伪本》，《书品》1989 年第 4 期；牟玉亭：《古书作伪原因考》，《古籍整理研究学刊》1994 年第 3 期；汤志钧：《经史纠误和辨明真伪》，《史林》1996 年第 3 期。

② 王记录：《说中国古代辨伪的思想》，《淮北煤炭师范学院学报》（哲学社会科学版）2007 年第 4 期。

新时期，研究者对历代辨伪学家的辨伪遗产进行了清理，对他们在辨伪学理论、方法方面的贡献进行了总结，成果丰硕。如王余光的《顾颉刚在中国历史文献学上的贡献——关于辨伪方法的理论与实践》总结了顾颉刚在疑古辨伪工作中对于辨伪方法理论的探讨和实践运用;① 童子希的《高似孙辨伪方法探析》以《子略》为对象，总结了高似孙在辨伪学上的成就，将其辨伪方法归纳为九种，肯定了他在中国辨伪学史上是上承柳宗元，下启宋濂、胡应麟的重要地位,② 等等。另外，人们还吸收前贤辨伪的方法，归纳出辨识伪书的方法，如严季澜的《中医古籍辨伪方法刍议》就根据胡应麟在《四部正讹》中提出的"辨伪八法"以及梁启超在《中国历史研究法》中提出的辨识伪书 12 条公例，结合中医古籍辨伪的特点，对中医古籍的辨伪方法作了详细论述。③

对传统文献辨伪实践的反思，标志着文献辨伪学研究的水平、层次的逐渐提高和日趋完善。改革开放新时期，人们在系统总结前人辨伪理论、方法的同时，开始反思他们在辨伪实践中的得失。如杨善群的《辨伪学的歧途——评〈尚书古文疏证〉》对清代前期产生重大影响的疑古辨伪著作《尚书古文疏证》的辨伪方法进行审视和反思，认为阎若璩虽然在考辨《古文尚书》之伪上功劳卓著，但他运用的很多方法都存在问题，证据似是而非;④ 许彰明的《胡应麟的小说辨伪得失考论——兼论胡应麟辨伪方法的得失》肯定了胡应麟小说辨伪在承继前人已有辨伪成果的基础上，运用"辨伪八法"对疑伪之书进行综合辨伪，显现出他在小说研究中史家的眼光和对研究对象独特的艺术审视能力，但同时也揭露了由于他对伪书界定的随意与辨伪

---

① 王余光:《顾颉刚在中国历史文献学上的贡献——关于辨伪方法的理论与实践》,《四川图书馆学报》1984 年第 4 期。

② 童子希:《高似孙辨伪方法探析》,《黄冈师范学院学报》2012 年第 1 期。

③ 严季澜:《中医古籍辨伪方法刍议》,《北京中医药大学学报》1998 年第 4 期。

④ 杨善群:《辨伪学的歧途——评〈尚书古文疏证〉》,《淮阴师范学院学报》2005 年第 3 期。

方法的不科学性，导致他在小说辨伪的过程中存在主观臆断和随意性，甚至对同一本书真伪的判断出现前后抵牾等情况。① 李零在《简帛古书与学术源流》《中国方术正考》两书的部分内容中表达了对传统文献辨伪观念和方法的反思，并在此基础上提出了新的文献辨伪方法：真伪的概念是对著作权而言的；著作权的概念古今有别，很多古书的不同可能只是记录、传抄、整理和流传的不同，而不一定是伪书；文献辨伪学可称作古书年代学；很多年代问题可以通过确定古书的年代来解决，而不是以真伪论之。古代著作权很不明确，但是师说和家法非常清楚，可以根据诸子之书的师说和家法，参照其内容，以确定其相对年代，数术方技之类的实用书籍往往授受不明，学无家法，只好推源于某个传说人物，属于古人所谓的"伪托"，这不是造伪，只是这类书籍的特殊表达方式。

此外，王林艳对中国古代文献辨伪的方法体系进行了总结，她认为中国古代文献学家在长期的文献辨伪实践中逐步形成了从文献作者、文本内容以及文献流传三个方面入手考辨文献真伪的方法体系：从作者角度辨伪，主要考察书籍与撰作者的行迹、思想、学术水平、生卒年代等方面的矛盾，进而发现问题，做出判断；从文本出发辨伪，主要从文本中的文体、风格、语词、史实、称谓、制度、地理沿革等内容来考察是否与事实相符，继之判断文献真伪；从文献流传辨伪，主要考察文献在社会上流传时是否见之于目录记载、是否被别人征引以及是否有佚文流传等，依靠文献流传时存留下的印痕来辨其真伪。② 古代文献学家围绕文献的产生、内容和流传所形成的辨伪方法体系，是中国历史文献学极具民族特色的一部分，值得继承和发扬。

---

① 许彰明：《胡应麟的小说辨伪得失考论——兼论胡应麟辨伪方法的得失》，《广西师范学院学报》（哲学社会科学版）2011 年第 2 期。
② 王林艳：《中国古代文献辨伪的方法体系述评》，《淮北师范大学学报》（哲学社会科学版）2011 年第 6 期。

（五）古文献辨伪成果

这时期古文献辨伪的成果，多是就历史上曾有争议的古文献进行深入的考辨，使一些学术公案得到解决或是理清了思路。

关于古文《尚书》的真伪之辨是改革开放以来学者争论的焦点。古文《尚书》之真伪，历史上就有人怀疑，清初阎若璩作《尚书古文疏证》，定古文《尚书》为伪，几成铁案。改革开放以来，特别是随着"走出疑古时代"观点的提出，人们对古文《尚书》的真伪问题重新进行了讨论。杨善群连续发表多篇文章①，力辨古文《尚书》不伪。他经过稽查考核，证明古文《尚书》自西汉以后长期流传于世，至魏晋之际完备成集而形成传授关系，非一人一时之伪造；他通过对古文《尚书》与旧籍引语的比较，得出六条反证，阐明古文《尚书》绝非编自旧籍引语，而是别有来源的真古文献；古文《尚书》具有珍贵的学术价值，可补充许多历史事实，订正旧籍引文之讹和纠正旧注之误等。杨氏以实事求是的态度，对古文《尚书》进行全面评论，提出了许多突破传统观点的新见解。

从古文《尚书》与先秦典籍的关系上辨其真伪，也是这一时期考辨古文《尚书》的新动向。王蓓在对梅本古文《尚书》25篇的内容作了详细的分析之后，指出25篇古文的思想观点与今文《尚书》相比，呈现出惊人的前后一致性，而且古文25篇所呈现的思想与孟子的思想观点及历史观极为吻合，指出古文《尚书》25篇出自战国时期孟子之手的润色与加工。② 郑杰文通过对《墨子》引《尚书》文40则，与今文《尚书》、孔壁古文《尚书》、汉代新出"百两"《尚书》、东晋梅赜古文《尚书》等《尚书》传本比较，指出墨家所传《尚书》有独自的选本系统，梅赜古文《尚书》不但与《墨子》之

---

① 分别是《古文〈尚书〉流传过程探讨》，《学习与探索》2003年第4期；《古文〈尚书〉与旧籍引语的比较研究》，《齐鲁学刊》2003年第5期；《论古文〈尚书〉的学术价值》，《孔子研究》2004年第5期。

② 王蓓：《论梅本古文〈尚书〉的渊源》，《文献》1997年第2期。

《尚书》引文不同，而且与 16 种先秦文籍中 163 次《尚书》引文也不同，所以"梅赜抄袭前世古籍中《尚书》引文而伪造古文《尚书》"的传统观点应重新研究，梅赜古文《尚书》可能是一个民间所传古文《尚书》的真实传本。① 张富祥则从方法论的角度讨论了以往古文《尚书》辨伪存在的问题，认为今本《尚书》是继承汉代古文《尚书》百篇框架的体制而来，前人对《尚书》的考辨，注重今古文之别，从传本源流、古籍引文、书篇内容、文辞体格等方面论证今本古文经之伪，忽视了《尚书》流传的复杂性及古代遗文的类型差异，而以一种标准统一《尚书》的体制是不现实的，在方法上尚欠周密，不能视为定论。②

　　随着"清华简"整理工作的开展，再次掀起了对古文《尚书》相关篇目真伪讨论的热潮。唐旭东指出"清华简"《尹诰》篇"惟尹既及汤成有一德"和"尹念天之败西邑夏"两句分别见于今本《尚书》之《太甲上》和《咸有一德》而略有异，"清华简"的整理者据此断定《咸有一德》甚至《尚书》古文 25 篇为伪作。但《太甲上》和《咸有一德》不是作伪心态下的产物。鉴于今、古文《尚书》同"清华简"都是整理散乱的竹简的产物，多种原因都可能导致这两句话在古文《尚书》中被分置在 2 篇之中，故《尹诰》中的两句话跟清华简都不足以证伪古文《尚书》。③ 虞万里认为清华简《尹诰》之公布，因其文字与《古文尚书·咸有一德》全然不同，似乎为《古文尚书》逸十六篇的伪作找到了铁证，但仔细比对《尹诰》和《咸有一德》两篇，文字虽不同，文意却有很大的关联性。不可想象魏晋间一位没有见到过《尹诰》的人能够根据"惟尹躬及汤咸有壹

　　① 郑杰文：《〈墨子〉引〈书〉与历代〈尚书〉传本之比较——兼议"伪古文〈尚书〉"不伪》，《孔子研究》2006 年第 1 期。

　　② 张富祥：《古文〈尚书〉辨伪方法异议》，《古籍整理研究与中国古典文献学科建设国际学术研讨会论文集》，山东大学文史哲研究院编，2009 年。

　　③ 唐旭东：《"清华简"不足证伪古文〈尚书〉》，《中国古代散文研究论丛》2012 年第 1 期。

德”一句敷衍发挥出一篇与先秦古文《尹诰》暗合的文字。从秦汉间经师阐发经典大义的"传体"形式去认识，《咸有一德》很可能是孔安国阐述《尹诰》经旨之传文，由孔氏或其弟子完善记录后上送秘府。逮及曹魏立古文博士，寻访《古文尚书》逸篇，始整理秘府旧简。由于没有经文可供校正，所整理的篇章不免有错简与残缺，文字不免有讹误，但它的书写简式却仍与刘向所校中古文《尚书》每简二十余字相当，显露出两者的历史关联。① 《咸有一德》性质和来源的确定，为《古文尚书》二次整理提供了一个极具典型的实例，从而也为探索《古文尚书》来源和形成开凿出一线曙光。黄怀信认为清华简《尹诰》首句"惟尹既及汤咸有一德"，《尚书·咸有一德》及《礼记·缁衣》和郭店楚简《缁衣》所引《尹诰》均作"惟尹躬暨汤咸有一德"。该句在《咸有一德》为全篇核心，前后文逻辑严密，具有原创性。而简书《尹诰》则既去"躬"字，又衍"及"字，且只独立一句，与下文没有逻辑联系，应是取用前者。所以《咸有一德》当不晚于简书所出之公元前 305±30 年，不可能是魏晋之人伪造。如此，则《古文尚书》（不必全部）之时代当不晚于清华简。②

除古文《尚书》外，洪成玉、徐仁甫、胡念贻等人围绕《左传》的作者和真伪进行再考辨，基本排除了刘歆伪作的可能性。③ 漆永祥、司马朝军、李若晖、伏俊琏围绕俞樾的《古书疑义举例》和江藩的《经解入门》展开讨论，认为俞樾的《古书疑义举例》不是抄袭《经解入门》而成，并就《经解入门》的真伪往复辩难，得出了

---

① 虞万里：《由清华简〈尹诰〉论〈古文尚书·咸有一德〉之性质》，《史林》2012 年第 2 期。

② 黄怀信：《由清华简〈尹诰〉看〈古文尚书〉》，《鲁东大学学报》（哲学社会科学版）2012 年第 6 期。

③ 见洪成玉《〈左传〉的作者决不可能是刘歆与徐仁甫先生商榷》，《北京师院学报》1979 年第 4 期；徐仁甫《论刘歆作〈左传〉》，《文史》1981 年第 11 辑；胡念贻《〈左传〉的真伪和写作时代问题考辨》，《文史》1982 年第 11 辑。

非江藩之作的可靠结论。① 另外，《竹书纪年》《列子》《商君书》《逸周书》《大金国志》《江汉文集》《善余堂文集》、陆游的《南唐书》以及诗学、中医等典籍，都有相关文章发表，对其真伪进行考辨。

在辨伪古籍的同时，还出现了对前人文献考辨成果进行总结的集成性专著。邓瑞全、王冠英主编的《中国伪书综考》是一部全面介绍、考证我国历史上作伪书籍的专门著作。② 该书收录古代包括近代有伪作疑问的书籍1200种，依传统分类方法排列，分经、史、子、集、道、佛六部分，近代伪书列于最后。每一大类下又细分小类，每部书有解题，说明作伪的程度或类型、作伪者或被作伪者的生平履历、分析作伪原因、书的主要内容、书的辨伪过程、书的学术价值及使用方法、书的存佚情况和现存版本，内容详细。对最早疑伪的资料、成熟的辨伪成果、重要辨伪成果、近年最新科研成果都进行了引录，全面反映学术界相关研究的进展和现状。该书是在前人研究的基础上对历代伪书做了一次较全面的清理，对当代学界的辨伪成果进行了系统归纳整理，也是迄今收录伪书最多的目录专著，既能提供翔实的辨伪资料，又为研究者提供多方面的线索，是一部对于古籍整理和学术文化研究极有价值的工具书。俞兆鹏的《中国伪书大观》（1998）是在宋濂《诸子辨》、胡应麟《四部正讹》、姚际恒《古今伪书考》、崔述《考信录》、梁启超《古书真伪及其年代》、顾颉刚《古史辨》、张心澂《伪书通考》等历代重要辨伪著作的基础上，博采各家议论、汇集今人成果编纂而成的。全书分伪书概论、伪书解题、伪书简明题识三篇，系统而又详细地介绍了中国伪书的基本情

---

① 见漆永祥《俞樾〈古书疑义举例〉系袭江藩〈经解入门〉而成》，《中国语文》1999年第1期；司马朝军、李若晖《俞樾〈古书疑义举例〉系袭江藩〈经解入门〉而成吗？——与漆永祥先生商榷》，《中国语文》1999年第5期；伏俊琏《俞樾〈古书疑义举例〉不是袭〈经解入门〉而成》，《古汉语研究》2000年第2期。

② 黄山书社1998年版。

况，给研究古书提供了便利。此外还有刘建国的《先秦伪书辨证》（2004），该书站在反疑古的立场上，阐明先秦49部所谓伪书实为可以信据的真书，再次辨析前人考证出的所谓伪书皆为真书，以恢复其本来面目。

综上所述，可以看出改革开放以来古文献辨伪学研究呈现以下特点：（1）文献辨伪学研究范围进一步拓展，更多文献辨伪学家进入了研究视野，域外文献辨伪学译介得到了加强；（2）文献辨伪方法体系研究引起关注，梁启超文献辨伪方法体系长期被学界奉为圭臬，近十年来，学者们试图在新的学术视野中建设更实用、科学的文献辨伪方法体系；（3）人们对传统文献辨伪理念和方法的反思更加深入，也更加富于建设性，符合文献整理实际的辨伪方法也越来越明朗。古文献辨伪学今后应该着力的重点是：（1）丰富文献辨伪学基本理论。及时总结文献辨伪实践，加强中国文献辨伪学的理论建构；（2）引进异域尤其是西方文献辨伪学。西方文献辨伪学在欧洲传统学术中占据重要地位，历史悠久，方法体系严密，能够给中国文献辨伪学提供借鉴；（3）整合现有文献辨伪方法。由于文献辨伪理念及文献的时代、载体、类型、文体等的差别，中国文献辨伪方法众多而分散，需要整合出一个合理的文献辨伪方法体系；（4）重新检验传统文献辨伪方法视野下的辨伪成果。出土文献及新的文献辨伪方法帮助学界修改了传统文献辨伪部分成果的失误，这种校验应该进一步加强，以还文献的本真面目。

二 古文献校勘研究

陈垣先生认为"校勘为读史先务"[1]，并结合自己校勘《元典章》的具体实践，总结归纳了对校、本校、他校、理校的校勘通则，为校勘学的建立做了开创性的工作，也为后世的校勘实践和校勘学理论研

---

[1] 陈垣：《通鉴胡注表微·校勘篇第三》，辽宁教育出版社1997年版，第29页。

究铺平了道路。改革开放新时期，虽然校勘理论研究仍不能出陈垣先生"校勘四法"的范围，但在具体的校勘实践和校勘学相关问题的研究上也取得了不小的成就。

（一）校勘学著作

随着古籍整理研究工作的开展，古文献校勘实践加强和理论方法研究的深入，改革开放新时期产生了多部专门的校勘学著作。这些校勘学著作多产生在20世纪80年代，丰富了校勘学内容，为校勘学体系的完善打下了基础。

戴南海出版的《校勘学概论》（1986）是改革开放以来比较重要的一种校勘学著作，该书约取胡朴安、陈垣、蒋元卿、周祖谟、张舜徽、蒋礼鸿等诸学者的成就而成。论述了校勘的定义、功用、方式、内容、依据、条件、方法、态度、应注意的问题、校记的写法、校本的序跋，对于校勘原则和方法的论述较为详尽，并讨论了与校勘关系密切的古文献辑佚、辨伪方面的内容。倪其心的《校勘学大纲》（1987）内容更为充实，论述了校勘学的研究对象、校勘的历史发展和校勘学的形成、古籍的基本结构和校勘的根本原则、校勘的一般方法和考证的科学依据、致误原因的分析和校勘通例的归纳、校勘实践的具体方法步骤、出校的原则和校记的要求，并论述辑佚、辨伪和校勘的关系。该书在校勘例证和理论方法上汲取了前人和时贤的研究成果，兼采众长，基本上涵盖了校勘和校勘学史、校勘学的基本理论以及校勘实践的方法和技能三部分内容，大体构建了以校勘学的历史、理论、实践（方法）为核心的知识体系。自此以后的校勘学著作，基本上都包含了历史、理论和方法三大部分内容，只是侧重有所不同而已。如王云海、裴汝诚的《校勘述略》（1988），对校勘学史进行了梳理，总结了校勘古籍的基本知识和技能、校勘应注意的问题以及校勘方法。该书对校勘学史的探讨较为详细，对校勘学史上重要学者与其著作均有评述。钱玄的《校勘学》（1988）一书，分别论述了字句校勘、篇章校勘、句读及标点校勘、校补、校勘方法、校勘简史及重要著作。该书最大特点是注重校勘学的应用性，书中较多引用了古今校勘实例及前人经验之谈，为研习者进行校勘实践提供切实帮助。管锡华的《校勘学》（1991）同样包含了校勘学史、校勘方法如校勘的步骤、应注意的问题、校记的写法、校勘体例的拟定、校勘说明的撰写、校勘底稿的选择等内容，并分别介绍目录和版本知识在校勘中的运用。林艾园的《应用校勘学》（1997）是又一部强调实践应用的校勘学专著。该书直接罗列古书讹误的十种情况，从校版本、谨识字、知文义、谙故实、审制度、察义例、辨讳名等角度谈如何发现校勘问题，详细论述校勘方法、介绍校勘记的类型及书写位置、校勘注意事项，通过释例总结句读标点错误的原因。该书不涉及校勘学史及校勘理论探讨，例证多为作者教学及参与整理古籍并参加点校二十四史、《续资治通鉴长编》的实践所得，令人耳目一新。张涌泉、傅杰的《校勘学概论》（2007）同样对校勘学的作用和内容、古书讹误的类型、校勘的条件和方法、校勘记和序跋、校勘中应注意的问题、古代校勘源流述略等进行了讨论，在继承前人校勘学著述基础上有所创新。另外，田代华主编的《校勘学》（1995）是全国首部针对中医文献专业编写的《校勘学》教材，该书除了介绍一般的校勘学史、校勘方法外，主要针对中医古籍校勘的一般程序、常用中医古籍校勘记的书写要求等问题展开讨论。该书尽量结合中医专业的特点，选用中医古籍校勘的实例对问题加以说明，特别适合中医古籍整理者使用。

除一般性校勘学著述外，深入研究校勘史的著作也出现了。李更的《宋代馆阁校勘研究》（2006）对宋代馆阁校勘进行了深入研究，分析了馆阁制度源流、宋代馆阁制度沿革，详细论证了宋代馆阁图书校理的运作情况，深入分析了北宋馆阁校勘的方法、校改处理、校勘原则等问题，探究了南宋馆阁校勘的衰微与学术文化重心的转移，是迄今为止对宋代馆阁校勘研究的最重要的成果。王湘华的《晚清民国词籍校勘研究》（2012）是专门研究词籍校勘的专书，全书以晚清民国时期的词籍校勘实绩为理论依据，介绍晚清民国词学昌明的背景，总结归纳词籍讹误的原因、校勘的方法原则与校记的处理，并重点论述了朱祖谋的词籍校勘之学及晚清民国梦窗词的校勘工作，在厘清词籍校勘历史的基础上，试图探求词籍校勘的基本理论，弥补了相关领域研究的不足。

（二）校勘学研究论文

改革开放新时期，发表了大量研究古文献校勘的论文，其研究内容主要集中在以下几个方面。

首先，是校勘学史的梳理。这方面的论文最多，主要涉及三方面的内容。一是对校勘学史整体状况的概述和评论。如孙钦善的《古代校勘学概述（上下）》、来新夏的《校勘与校勘学》、李永球的《论校勘学的起源与发展》等文章，① 对校勘学的产生、发展的历史进行了梳理，对取得的成就进行了评价，总结了可资借鉴的经验。二是对各历史时期校勘学成就和特点的研究。相关成果主要集中在清代，如杨寄林论述了清代校勘学具有校勘总任务和最高要求的首次提出、校勘资料的拓展和明辨、校勘方法的综合运用与邃密化等特点；② 叶树声总结了乾嘉时期校勘学的特点，认为乾嘉时期校勘的目的较为明确、校勘范围较为广博、校勘力量较为雄厚、校勘方法较为科学、校勘成就较为显著、校勘经验较为丰富；③ 傅杰也对清代校勘学的主要特点进行了概括，并对卢文弨、戴震、钱大昕、段玉裁、王念孙、王引之、顾广圻、俞樾等清代学者在校勘学方面的成就分别作了概述和评论。④ 其他时代的校勘学成就及特色也有人

---

① 三人文章分别刊登在《文献》1981 年第 2、3 期，《历史教学》1981 年第 9 期，《高校图书馆工作》1988 年第 3 期。

② 杨寄林：《略论清代校勘学的若干新特点》，《河北师院学报》1987 年第 1 期。

③ 叶树声：《乾嘉校勘学概说》，《安徽大学学报》1989 年第 4 期。

④ 傅杰：《清代校勘学述略》，《浙江学刊》1999 年第 3 期。

论述，但成果不多。三是对历代校勘学家的成就、贡献的研究。这类文章较多，郑玄、颜之推、欧阳修、吴缜、顾炎武、段玉裁、顾广圻、卢文弨、钱大昕、戴震、黄丕烈、孙星衍、孙诒让、阮元、俞樾、叶德辉、梁启超、王国维、胡适、吴汝纶、陈垣、鲁迅、张舜徽、高亨等一大批校勘学家的校勘学成就、校勘学思想、校勘学方法都被人们进行了深入发掘，所涉校勘家尤以校勘学兴盛期的清代乾嘉时期为最多。

其次，是校勘方法的探讨。一是对前人校勘方法的总结，如漆永祥的《论段、顾之争对乾嘉校勘学的影响》论述了乾嘉时期校勘学家段玉裁和顾广圻之间在古籍校勘方面的争论，涉及校勘中对待古本的态度、校勘原则方法、校勘成果处理等诸多问题，反映了顾、段之间对校勘的不同态度，是乾嘉时期校勘学理论与方法的一次全面性学术检讨，对乾嘉校勘学的发展有促进和推动作用，后来校勘学家便从他们的经验教训中汲取两家之长而弃其短，使校勘更加精到。① 与此同时，人们对乾嘉时期的校勘名家卢文弨、王念孙、王引之的校勘学思想和方法也进行了总结和阐发。② 王绍曾的《胡适〈校勘学方法论〉的再评价》中认为胡适的《校勘学方法论》是在总结陈垣校勘实践的基础上而撰写的，有很多值得总结的方法，应该对胡适的历史考证方法重新作出恰如其分的评价。③ 葛菜云的《结合陈垣〈校勘学释例〉谈谈古书校勘的方法》以陈垣《校勘学释例》为重点探讨了古书校勘的方法，认为应通过分析古书致误的原因，剖析出一个较为合理的校勘方法。④ 二是结合时代发展，提出新的校勘方式。如苏芃探讨了在汉语古籍数据库的研发和使用日益普遍的背景下，他校资料

---

① 漆永祥：《论段、顾之争对乾嘉校勘学的影响》，《古籍整理研究学刊》1991 年第 3 期。
② 陈修亮：《卢文弨校勘学思想与方法》，《古籍整理研究学刊》2005 年第 1 期；郭明道《王氏父子的校勘学：思想、方法和成就》，《社会科学家》2006 年第 2 期等。
③ 王绍曾：《胡适〈校勘学方法论〉的再评价》，《学术月刊》1981 年第 8 期。
④ 葛菜云：《结合陈垣〈校勘学释例〉谈谈古书校勘的方法》，《宿州教育学院学报》2004 年第 3 期。

的获取方式发生了巨大的改变，因此陈垣校勘四法的具体应用可作重新检视，作者从一系列个案的校勘实例中归纳证实，古籍数据库的开发意味着一个他校时代的降临，相关的学术规范与选题策略也值得探讨与思考完善。① 还有人探讨了校勘方法在专科古籍中的应用问题，如章华英的《校勘学方法在古琴打谱中的运用》指出距今已久的琴谱，由于辗转抄写、刻印以及妄删、误改等原因，以致出现很多讹误，打谱中的谱字及指法校勘十分关键，从文献学的角度分析了古谱中的讹误类型及致误原因，借鉴近代学者陈垣总结的校法四例，探讨校勘方法在琴乐打谱中的运用，提出了古琴打谱的校勘原则和校记要求。②

　　最后，是校勘学理论的总结。程毅中结合历史上的校勘实例，重点讨论了死校和活校两种校勘学理论的优劣。③ 汪小琴论述了中国校勘学实践与理论，根据其发展特征，以朝代为序大致可分为两汉开创时期、魏晋至明末快速发展时期、清代全盛时期、辛亥革命至今新的发展时期四个阶段，各阶段衔接紧密，形成了完整的中国校勘学发展脉络。④ 王记录结合中国古代文献校勘悠久的历史传统，详细论述了内涵丰富的文献校勘思想，认为就校勘目的而言，古人首先是求得文献原本之真，恢复古籍原貌；其次是勘正古籍中的错误，不诬古人，有益后人，促进学术发展；再者是通过校勘古籍，稽古右文，经世致用，有利于国家文治建设。就校勘原则而论，古人坚持实事求是的原则，主张用多闻阙疑的态度审慎对待古籍，对于古籍中的字句讹舛，绝不轻改妄改。对于校勘家的修养，古人认为，广博专精，勤勉细心，勇于反思，是主体修养的内在条件；广搜异本，占有其

　　① 苏芃：《他校时代的降临——e 时代汉语古籍校勘学探研》，《中国典籍与文化》2012 年第 2 期。

　　② 章华英：《校勘学方法在古琴打谱中的运用》，《乐府新声》2009 年第 1 期。

　　③ 程毅中：《古代校勘学的得失与当代古籍整理》，《传统文化与现代化》1993 年第 4 期。

　　④ 汪小琴：《中国校勘学学科体系发展研究综述》，《图书馆学刊》2010 年第 8 期。

他相关材料，吸收前人校勘成果，博采通人，务从其善，是主体修养的外在条件。① 该文是首篇系统而完整地论述中国古代文献校勘思想的作品。

第四节 古文献考证与注释研究

考证与注释都是整理古文献常用的方法，也是进行古文献研究必须的学问。考证、注释之学，源远流长，自先秦至于晚近，无数前哲先贤对古文献的方方面面进行疏通清理，正本清源，去伪存真，有功于中国学术甚巨。

一 古文献考证研究

新中国成立之后的前 30 年，受政治运动的影响，学术界对考据的方法及其作用过分贬抑，并对一些代表性学者进行了不尽合理的批判。改革开放以后，考据在文献整理和学术研究中的重要作用再次被肯定和强调，考据史和考据方法、思想、应用的研究非常活跃，考据和义理之间关系的探讨也越来越深入，各方面都产生了许多优秀的作品，尤其是多部考据学专门著作的撰述和出版，既是对以往考据学研究成果的总结，也为古文献整理和研究提供了有益的参考，推动了古文献考证研究的发展。

（一）对考证作用的认识和肯定

整理文献必然涉及对文献的考证，学术研究也需以考证作为重要的方法，才能得出可靠的结论，正如陈垣所说"考证为史学方法之一，欲实事求是，非考据不可"②。以考据为主要方法的实证主义曾在 20 世纪前半期整理国故等学术运动的影响下，成为时代思潮，在

---

① 王记录：《中国古代文献校勘思想三论》，《河北学刊》2011 年第 3 期。
② 陈垣：《通鉴胡注表微·考证篇》，辽宁教育出版社 1997 年版，第 96 页。

文学、历史等研究领域占据近乎垄断的地位。1949 年以后，为考据而考据和烦琐考据被视为资产阶级学术，胡适等人的考据方法和实践成果以及乾嘉考据学都受到严厉批判，① 考据在学术研究中的作用被严重削弱，实事求是的学风也因此受到影响，影射史学的产生当与此不无一定的关系。

"文化大革命"结束之后，以真理标准问题的讨论为契机，科学的实证精神得到重视，考证方法在文献整理和学术研究中的作用重新得到认识和肯定。1979 年，随着纪念五四新文化运动 60 周年研讨会的召开和系列专门研究文章的发表，胡适在新文化运动中的积极作用得到肯定，其考据方法和实践成果也被重新评价。全增嘏、尹大贻率先撰文肯定了胡适"大胆的假设、小心的求证"的治学方法的正面意义。② 赵俪生也就自己之前对胡适考据、校勘方法的不当批评进行了反思，肯定了"大胆假设，小心求证"的合理性，但并不认为其为考据的正途。③ 魏同贤、欧阳健等分别肯定了胡适在《红楼梦》《水浒传》考证上取得的成果。④ 1979 年 12 月上海书店还复印出版了胡适的《中国章回小说考证》。孙钦善以清朝著名考据学者戴震为代

---

① 对胡适等人的考据方法及乾嘉烦琐考据的批判从 1955 年持续至 1976 年，代表性论文有琦书耕《红楼梦的历史真实与艺术真实兼谈考据》，《文史哲》1955 年第 1 期；田余庆《清除胡适思想在历史考据中的影响》，《历史研究》1955 年第 1 期；范文澜《看看胡适的"历史态度"和"科学的方法"》，《历史研究》1955 年第 3 期；赵俪生《批判胡适反动的考据方法和校勘方法》，《文史哲》1955 年第 5 期；荣孟源《史学、史料和考据》，《新史学通讯》1956 年第 6 期；袁世硕《对〈中国诗史〉考据的批判》，《山东大学学报》（中国语言文字版）1959 年第 1 期；罗思鼎《论乾嘉考据学派及其影响》，《学术月刊》1964 年第 5 期；刘益安《论乾嘉考据学派的历史作用及批判继承问题》，《学术月刊》1965 年第 1 期；俞绍初《评胡适〈水浒〉考证的反动本质》，《郑州大学学报》（哲学社会科学版）1975 年第 4 期；承名世《朱元璋的两通军令——兼论清人的烦琐考证》，《文物》1976 年第 7 期；等等。

② 全增嘏、尹大贻：《评胡适的"大胆假设，小心求证"》，《复旦学报》（社会科学版）1979 年第 3 期。

③ 赵俪生：《胡适历史考证方法的分析》，《学术月刊》1979 年第 11 期。

④ 见魏同贤《胡适的红楼梦考证在红学史上的地位》，《红楼梦学刊》1979 年第 2 辑；欧阳健《重评胡适的〈水浒〉考证》，《学术月刊》1980 年第 5 期。

表，论述了其在古文献整理实践和理论上的建树，提出要批判继承清代考据学的历史经验。① 这些都显示出学术界对于考证方法及其作用认识的转变。

对考证态度的转变纠正了以往的错误批判，"回到乾嘉时代去"的提法凸显了恢复实事求是学术传统的要求，也催生了众多的考证成果，② 但一些学者担心学术研究会再次走向烦琐考据，由此引发了关于考据和义理关系的讨论。陈忠龙就对 1979 年之后《历史研究》发表大量考证文章的做法提出了意见，认为有的考证益处不是很大，研究者把大量的精力用于考证一些无关紧要的问题是大可不必的。③ 赵俪生虽然在前文肯定了考据的方法和作用，但此时也明确地提出"光考据不行，还需要思辨"④。杨向奎则表明他并不菲薄中国传统的考据，但新旧考据学派都有各自的局限性，和马克思主义史学是有本质区别的，传统的考据可以得出材料的真伪、是非，却不会有材料的生命观念即事物的本质反映出来。⑤ 这些观点肯定考据具有一定的作用，但很有限。更多的学者则是在承认考据局限的基础上，充分肯定其在文献整理和学术研究中的积极作用。如来新夏系统总结了考据的基本方法，揭示其实践应用性，又简括了前人对于考据方法及其流弊的评论，认为应该尊重前人的考据成果，考据可以为研究工作的抽象概括和具体分析提供便利，与义理不可偏废。⑥ 齐世荣以陈垣、陈寅恪对于杨妃入道之年的考证为例，

---

① 孙钦善：《戴震与古籍整理——兼谈对清代考据学派历史经验的批判继承》，《北京大学学报》（哲学社会科学版）1980 年第 1 期。

② 1949—1976 年的近 30 年，除批判文章之外，以考证、考据为名的研究成果约有黄芝岗《明矿徒与清会党——四川哥老会考证》，《历史教学》1951 年第 3 期；罗尔纲《关于南京堂子街太平天国某王府壁画考证》，《文物参考资料》1953 年第 3 期；金毓黻《辽国驸马赠卫国王墓志铭考证》，《考古学报》1956 年第 3 期；刘乃和《陈宏谋与考据》，《北京师范大学学报》（人文社会科学版）1962 年第 2 期等 20 余篇，而 1978—1980 年三年间公开发表的考证成果就有近 40 篇。

③ 陈忠龙：《关于"考证"文章的意见》，《历史研究》1981 年第 1 期。

④ 赵俪生：《光考据不行，还需要思辨》，《文史哲》1982 年第 2 期。

⑤ 杨向奎：《马克思主义史学如何看待考据》，《中国史研究》1983 年第 2 期。

⑥ 来新夏：《如何应用与看待考据》，《社会科学战线》1985 年第 1 期。

总结两位先生的考据方法并分析了如何运用的问题，最后重点指出考据在史学研究中具有提供可靠材料的重要作用，史学家不能只顾考据，不研究问题，也不能只谈微言大义，不顾历史事实，并对当时出现的随意解释史料、胡乱拼凑史实的做法提出了批评。① 类似的文章还有何顺果的《考据是必要的》、吴江的《考据之学未可废》、盛巽昌的《史料亦需打假》等。经过这一系列的讨论，考据在古文献整理和研究中的作用得到了充分的肯定。与此同时，古文献考据历史、考据方法的研究成果也在不断涌现。

（二）考据史研究的深入

改革开放新时期，对考证历史的研究在时间上呈现出明显的上溯趋势，早期集中在清代尤其是乾嘉时期以及 20 世纪初的新考证学派，随后逐渐上溯至对明代中后期的求实思潮与考据实践和宋代考据成就的研究，研究的内容不断扩展，深度不断开掘。当然，最主要的研究成果还是集中在清代。

1. 宋、明考据学研究

宋代是以理学著称的时代，但也是文献考据特别是历史文献考据兴起的时代，不仅形成了众多的考史成果，也对后世产生了重要影响，不少学者认为清初考据诸大师如顾炎武等即是继承宋儒考据传统而开创一代学风的。

庞天佑就理学与宋代考据学发展的密切关系进行了探讨，认为理学的兴起使宋代学者治学抛开传注而直接从经典中寻求义理，既导致了以训诂章句为主要特征的经义考据的衰落，又因打破注疏以新义解经，审视古史、古说中的问题，促使宋代学者在辨伪方面取得了一系列成就，理学的思辨对考据学的发展具有重要意义，求理成为思维的目的，对史事的考据成为阐释义理的手段，虽然理学促进了宋代考据

---

① 齐世荣：《杨妃入道之年考读后——兼论考据在史学研究中的作用和地位》，《北京师范大学学报》（社会科学版）1989 年第 5 期。

学的发展，但也对其发展造成了消极影响，天理支配一切的观点，导致出现空疏和义理化的倾向。① 邹志峰对宋代考据史学的兴起及其原因进行了初步考察，对宋代考据史学进行类型划分，勾勒出发展脉络，并且分析了宋代考据史学三个有突出成就的方面："疑古与考据""国史与考据""笔记中之考据"，加深了对宋代史学的理解。② 刘宇揭示了宋代考据笔记的特征：考证繁杂、不只专注于经史、考证中夹杂议论、考据与实证相结合、与经世致用相结合、相互之间多有学术共鸣与争鸣，认为宋代考据笔记对中国古代考据学的发展产生了深远影响。③ 赵振对程颢、程颐的考据成就进行了阐发，认为他们作为宋代理学的奠基者，治学虽以义理为宗，但亦不舍考据，并通过对儒家经典及前人传注中有关问题的考辨，以恢复和重建儒家经典文本及其诠释系统，从而为其理学思想体系的建构创造了条件。④ 汤勤福认为朱熹的考据学具有参互考证、脚踏实地、动有依据、把握义理的特点，总结了其考据学在校勘、考证、辨伪、训诂上的成就。⑤ 邹志勇认为李心传的《建炎以来系年要录》具有正史与说部互证的特点，并梳理了宋代考据史学发展的基本脉络。⑥ 方如金、陈欣系统总结王应麟的考据学理论并探讨了其对清代考据学的影响。⑦ 卢萍论述了黄震的考据学成就，认为他承袭朱熹的考证之法，通过本证、他证、理证、存疑等多种方法，对史籍文字、史事是非、史书真伪、地理等进行考证，澄清了很多史实，为后世留下了宝贵的资料。⑧ 这些研究为追溯、

---

① 庞天佑：《理学与宋代考据学》，《湛江师范学院学报》（哲学社会科学版）1996 年第 4 期。

② 参见邹志峰《宋代历史考据学的兴起及其发展演变》，《文献》2000 年第 4 期；《宋代考据史学三题》，《史学史研究》2000 年第 3 期。

③ 刘宇：《略论宋代的考据笔记》，《江西社会科学》2011 年第 12 期。

④ 赵振：《二程考据论》，《史学史研究》2008 年第 3 期。

⑤ 汤勤福：《论朱熹的考据学》，《北方论丛》1998 年第 6 期。

⑥ 邹志勇：《正史与说部之互证：李心传考据史学辨析》，《山西师大学报》（社会科学版）2003 年第 4 期。

⑦ 方如金、陈欣：《王应麟的考据学理论及其对清代的影响》，《安徽师范大学学报》（人文社会科学版）2004 年第 2 期。

⑧ 卢萍：《略论黄震的考据学》，《船山学刊》2006 年第 4 期。

梳理考据学兴起的过程提供了有益的参考。

明代中晚期的实学思潮，被诸多学者认为是影响清代考据学产生的重要原因，所以对这一时期的考据学成就和代表性人物的研究，也有不少的成果。

杨绪敏论述了明代求实思潮的兴起及在其影响下考据学所取得的成就，认为明代考据之风是对宋学内部考证求实风气的继承和发展，同时又直接或间接的启迪和影响了清初和乾嘉时期的考据学，在唐宋以来考据学史上起到了承上启下的重要作用，并专门分析了明中叶以来史学考据的兴起的原因，结合王世贞、焦竑、朱国桢、谈迁、钱谦益等人的考史实践，分析了他们所取得的成就及存在的缺失。① 亢学军、侯建军认为从中国学术史的发展看，明代中晚期考据学的复兴与清代考据学在学术思想、治学方法及学术成果的继承与发扬上，都是一个不可分割的整体，梳理了这一时段的学者在批判宋明理学空疏学风、倡导怀疑和求真精神、用实证考据的方法从事学术研究的史实，阐发了其对明清之际学风由虚向实转变产生的影响。② 赵良宇的系列文章论述了明代中后期考据学者在文献考据方面取得的进展，指出他们具有批判空疏学风、强调博学与博证、注重学术讨论和批评的特点，使学术规范建设由不成熟逐渐走向成熟，虽然也存在好奇博杂、引用材料时不注所出、妄删引文、论证疏漏讹误等诸多局限，但在学术史上承前启后，推动了传统考据学的发展，成为传统考据学走向鼎盛的枢纽。③ 另外，人们对杨慎、胡应麟等明代考据学代表人物也进行了较为深入的研究。这些成果加深了对明代考据学史的研究，有利于厘清考据学发展的历史脉络。

---

① 见杨绪敏《明代求实思潮的兴起与考据学的成就及影响》，《江苏社会科学》2004 年第 4 期；《明中叶以来史学考据的兴起及其成就与缺失》，《安徽史学》2009 年第 2 期。

② 亢学军、侯建军：《明代考据学复兴与晚明学风的转变》，《河北学刊》2005 年第 5 期。

③ 有《明代考据学的学术成就与得失》，《图书与情报》2007 年第 2 期；《论明代中后期考据学的成就及其局限》，《求索》2007 年第 4 期；《明代考据学的学术特点及其学术地位》，《辽宁大学学报》（哲学社会科学版）2008 年第 4 期；等等。

2. 清代考据学研究

清代特别是乾嘉时期是古文献考据发展的极盛时代，1978 年以来对清代以及乾嘉考据学的研究非常繁荣，超越了任何一个时代。以下从清代考据学的整体研究、清代考据学者的个案研究、乾嘉考据学派研究三个方面分别叙述。

首先，是对清代考据学的整体研究。来新夏在梳理考据学的历史发展的基础上，对清代考据学渊源、随着历史发展而出现各具特点的不同发展阶段进行了论述；① 杨洪从形成、鼎盛、衰落三个阶段简要概述了清代考据学的发展历程；② 邹华清以清代考据学所取得的成就为例，分析了考据学的功用和价值；③ 孙钦善首先对考据学的内涵作了界定，然后详细探讨了清代考据学的分期和派别问题，他将清代考据学分为清初期（顺、康两朝）、清中期（乾、嘉两朝，雍正朝亦可划入）、清晚期（道光至光绪二十五年甲骨卜辞发现之前）、清末（光绪二十五年甲骨卜辞发现以后）四个时期，对于学术派别的划分，作者认为清中期扬州学派的划分颇多混乱，在考据学上尤其难以成立，实为皖派之流衍。④ 罗志田详细探讨了考据作为一种研究方法，在清代特定学风影响下成了几乎涵盖一切的学名的过程，有助于从学术内在的逻辑理路认识这一中国学术史上的独特现象。⑤ 郭康松的《清代考据学研究》（2001）一书对清代考据学进行了系统、全面、深入的研究。该书从学术史的角度，围绕清代考据学的名称、起源、与文字狱的关系、兴盛的社会历史原因、学术宗旨、治学精神、研究方法、学术规范、学术特点、前人评论考据学的偏颇、考据学对后世的贡献与影响等问题进行了探讨，在吸收前人研究成果的基础上，对清代考据学的系列

① 来新夏：《清代考据学述论》，《南开学报》（哲学社会科学版）1983 年第 3 期。
② 杨洪：《简议清代考据学》，《华夏文化》2000 年第 1 期。
③ 邹华清：《为清代考据学辩护》，《出版科学》2002 年第 2 期。
④ 孙钦善：《清代考据学的分期和派别》，《中国文化研究》2004 年第 1 期。
⑤ 罗志田：《方法成了学名：清代考据何以成学》，《文艺研究》2010 年第 2 期。

问题提出了不少值得肯定的新见解，值得重视。

　　其次，是对清代考据学者的个案研究。主要以清初和乾嘉时期学者为主。清初主要涉及顾炎武、王夫之、马骕、阎若璩等，人们从不同的角度对这些学者的考据成就、治学态度、考据思想与方法进行了深入分析。① 乾嘉时期学者的研究以戴震和钱大昕为最多，也最深入。徐道彬的《戴震考据学研究》（2007）是首部对戴震考据学进行系统而全面研究的著作，该书分析了戴震考据学背景及特点，对戴氏在文字、音韵、训诂、校勘、版本、目录、辨伪、辑佚等方面的学术成就进行深入探究，对戴震考据学成就、方法、思想进行了总结，指出戴震考据学既具有一般考据学实事求是、无征不信的共性，也带有明显的时代特征和徽州地域文化特色，以及自身为学空所依傍、深造自得、明经致用的个性特点。孙钦善、吴学满、程嫩生等人也对戴震的考据学成就、思想和方法进行了解读。② 钱大昕考据学是乾嘉时期考据学研究的热点，汪受宽、黄爱平、王记录、刘心明等人分析了钱大昕实事求是、无征不信的考据学思想，从不同角度探讨了钱大昕利用文字音韵训诂学、金石学、避讳学、版本学、天文历算学知识进行考据的方法，确立了钱大昕在中国考据学史上的地位。③

---

　　① 裴成发：《山西古代著名的考据学家——阎若璩》，《晋图学刊》1988 年第 2 期；郝润华：《顾炎武与清代考据学》，《西北师大学报》（社会科学版）1989 年第 2 期；王俊义：《顾炎武与清代考据学》，《贵州社会科学》1997 年第 2 期；吴长庚：《清代经典考据学之祖——顾炎武》，《湖南大学学报》（社会科学版）2007 年第 2 期；商庆夫、陈虎：《马骕与清代的史学与考据学》，《东岳论丛》1997 年第 3 期；李峰：《王夫之的考据学》，《船山学刊》2003 年第 3 期；等等。

　　② 见孙钦善《戴震与古籍整理——兼谈对清代考据学派历史经验的批判继承》，《北京大学学报》（哲学社会科学版）1980 年第 1 期；《清代考据家兼思想家戴震》，《文史知识》1984 年第 2 期；吴学满《戴震对考据学的继承与发展》，《安徽工业大学学报》（社会科学版）2005 年第 6 期；《论戴震从考据学到义理之学的回归》，《内蒙古农业大学学报》（社会科学版）2009 年第 3 期；程嫩生《戴震治诗中的考据方法与乾嘉考据学》，《山西师大学报》（社会科学版）2008 年第 6 期。

　　③ 见汪受宽《试论钱大昕的历史考证学》，《兰州大学学报》1991 年第 2 期；黄爱平《钱大昕与乾嘉考据史学》，《清史研究》1993 年第 3 期；王记录《钱大昕历史考据学的渊源、理论和方法》，《山西师大学报》（社会科学版）1997 年第 2 期；刘心明《钱大昕与清代金石考据学》，《山东大学学报》（哲学社会科学版）2011 年第 4 期。

此外，郑朝晖以惠栋的《易大义》为例，分析了其中所体现的惠栋复经书原貌、考典章制度、述微言大义的考据学特色;[①] 漆永祥论述了臧庸的学术渊源，揭示了臧庸汉宋兼采、考据与义理并重的学术特色;[②] 邵东方对崔述的考据学与清代汉学的关系进行了分析和比较，认为两者都是承儒家知识传统而来，但崔述多以演绎法推断上古史实和古书真伪，与汉学家偏重归纳且较多借助文字音韵的手段解释经书不同，他不是清代考据学的典型代表。[③] 李峻岫、刘蔷、贾慧如分别对凌廷堪、孙星衍、洪颐煊的学术方法和治学成就进行了总结和阐述。[④] 这些成果都极大地丰富了清代考据学的研究。

最后，是对乾嘉学派的研究。改革开放新时期，对乾嘉学派的研究成果斐然，主要集中在乾嘉学派形成的原因、乾嘉学者的义理观，乾嘉学派的整体特征三个问题上。

新中国前 30 年对乾嘉考据学的批判，很重要的原因是当时学术界普遍认为乾嘉考据学的成因是"清朝士人慑于文字狱之暴力，一部分人逃往故纸堆里，专心做考据，久而成为风气……是协助清朝统治的工具"[⑤]，所以改革开放以后，随着学术上的拨乱反正，对乾嘉考据学派成因的研究引起了热烈的讨论。戴逸以为"清代学者回复到汉儒经说，这是从清初以来学术思想发展的必然归宿"[⑥]。周维衍认为顾炎武、阎若璩的学术成就和考证方法为乾嘉学派的形成打下了基础，他们并未被文字狱所驱使，称文字狱频兴是带有民族

---

① 郑朝晖:《略论惠栋的考据学特色与既济思想——以〈易大义〉为例》,《周易研究》2005 年第 1 期。

② 漆永祥:《乾嘉考据学家臧庸》,《西北师大学报》(社会科学版) 1995 年第 5 期。

③ 邵东方:《论崔述的考据学与清代汉学之关系》,《清史研究》1998 年第 1 期。

④ 详见李峻岫《凌廷堪考据学发微》,《古籍整理研究学刊》2002 年第 5 期;刘蔷《论孙星衍的考据学思想及实践》,《清华大学学报》(哲学社会科学版) 2005 年第 6 期;贾慧如《试论洪颐煊〈读书丛录〉的历史考据》,《历史教学》2010 年第 8 期。

⑤ 范文澜:《看看胡适的"历史的态度"和"科学的方法"》,《历史研究》1955 年第 3 期。

⑥ 戴逸:《汉学探析》,载《清史研究集》(二),中国人民大学出版社 1982 年。

偏见的看法，没有文字狱，乾嘉学派也会产生。① 王俊义则认为康乾盛世是乾嘉学派兴盛的根本原因和条件，长期以来，不少论著把清代的文字狱说成是乾嘉学派产生的主要和唯一的原因，是片面、不可取的。② 随着研究的不断深入，人们开始注意从思想学术史的视角、从学术内在矛盾运动中探讨乾嘉学派的成因。陈祖武等探讨了乾嘉学派的产生的内在学术原因，认为乾嘉学派的成因主要是学术内在矛盾的历史发展，其次才是政治经济等条件的作用，是内外因共同作用的结果。③ 同类的文章还有王琼的《乾嘉学派的成因及其评价》、林香娥的《乾嘉考据学热潮成因新探》、姜广辉的《乾嘉考据学成因诸问题再探讨》等，可以看出改革开放以来对这一问题研究的系统全面和层层深入。

　　新中国前30年批判乾嘉考据学的另一重要原因，是普遍认为考据学者们只知埋首故纸堆，进行烦琐考据，不关心时事和社会问题。改革开放之后，诸多学者对乾嘉考据学的义理观和社会关怀、理想追求等进行了研究。高正根据清代各时期学术风气的特点和考据学主要代表人物的学术活动，从客观义理和主观义理两个方面，分清初经世致用、考据学开创、蔚成风气、鼎盛、衰落、清代学术终结六个时期，论述了清代考据学者的义理之学，指出考据学者不仅讲义理而且十分重视自己的义理之学。④ 李葆华撰文认为乾嘉考据学者主观上的着眼点绝非为考据而考据，而是"中国文化传统中人生价值的最后归宿和最高体现——明道"⑤。张晶萍探讨了乾嘉考据学者的义理观，论述了在治学范式由虚趋实的同时，乾嘉考据学者的思想范式也由宋儒的形而上的思辨转化为人伦日用的关怀，他

---

　　① 周维衍：《乾嘉学派的产生与文字狱并无因果关系》，《学术月刊》1983年第2期。
　　② 王俊义：《清代的乾嘉学派》，《文史知识》1983年第3期。
　　③ 陈祖武：《从清初的反理学思潮看乾嘉学派的形成》，《清史论丛》第6辑，中华书局1985年版。
　　④ 高正：《清代考据家的义理之学》，《文献》1987年第4期。
　　⑤ 李葆华：《乾嘉考据学者的理想追求》，《求是学刊》1993年第5期。

们通过对典章制度的考证来把握圣人之义，将抽象的义理实体化，重视道德的实践性和可行性，对被遗忘的现实人性给予了关怀。①欧明俊也对长期以来一些学者认为乾嘉学派只重考据、不重思想、不关心现实的看法进行了批评，阐发了乾嘉学派的主流是非常重视义理、关注现实的观点。②在相关著作中，也对这一问题有所涉及，如黄爱平的《朴学与清代社会》（2003）有《考据学中的义理探索》专节，以戴震、凌廷堪、阮元为例阐释了一些有识见的学者，或借助训诂考据的方法，或根据经籍考证的成果，来尝试提出新的思想主张，建立新的经学传承，以取代理学的道统传承和理论体系；王记录的《钱大昕的史学思想》（2004）设有专章《钱大昕的史论与政论》，探讨其对社会、民生、士风等的思考，认为钱大昕虽然没有专门地讨论历史现象、阐述历史发展的鸿篇巨制，但他通过考史的形式论史，也发表不少自己的政治见解和主张。这些研究表明，乾嘉学者隐藏在考据之后，或体现在考据之中的义理探索、社会关怀，反映出他们并不是一味地埋头故纸堆，而是在从事学术研究的同时，对历史上与现实中种种政治、社会现象也给予了积极的关注。

对乾嘉学派的整体研究以两部专著为代表。一是漆永祥的《乾嘉考据学研究》（1998）。该书共十章，前两章分别从乾嘉时期学术思潮与学术观念的变化、乾嘉时期的社会面貌与文化政策两方面，分析了考据学派形成的原因；第三章分小学研究方法的先进性与科学化、古书通例归纳法的客观化与规律化、实事求是与无征不信、博涉专精和综贯会通阐发了乾嘉考据学的方法；第四章论述诸家分派说的局限以及提出惠、戴、钱三派说；第五至第七章分别阐述惠栋、戴震、钱大昕的考据学成就和得失；第八章探讨乾嘉考据

---

① 张晶萍《从形而上的思辨到人伦日用的关怀——关于乾嘉考据学者的义理观探讨（之一）》，《上饶师范学院学报》2003 年第 1 期。

② 欧明俊：《重新认识和评价"乾嘉学派"》，《中国社会科学报》2011 年 2 月 22 日。

学的思想；最后两章从乾嘉考据学的学术成就与学术地位、乾嘉考据学之式微与弊端，论述考据学的得失。该书从学术史的角度出发，对乾嘉考据学的成因、方法、派别、思想、优劣得失到学术地位等方面进行了纵深全面的考察与研究，在文字狱与考据学形成的关系、考据学的分派、考据学思想、考据学的得失等问题上都提出了一些新的见解，是研究乾嘉考据学派的佳作。二是罗炳良的《清代乾嘉历史考证学研究》（2007）。该书专门对乾嘉时期的历史考证学成就进行了论述。开篇导论概括叙述了乾嘉历史考证学的发展和成熟、宗旨和特征、成就和局限、研究的历史和现状，然后分上中下三篇展开论述，上篇《理念与思想》，分别阐发了乾嘉历史考证学实事求是的理念、乾嘉历史考证学家的历史思想、《四库全书总目》的史学批评思想；中篇《征实与考信》，依次介绍了赵翼、钱大昕、王鸣盛、崔述等乾嘉学者历史考证著述的撰述内容和取得的成就；下篇《撰述与文献》，总结乾嘉历史考证学者的历史撰述和整理文献的成绩，及阮元在历史文献学上的贡献。本书全面考量乾嘉历史考证学派的学术成果，正确看待乾嘉历史考证学的功过，恰当评价历史考证学派的贡献，以史实为依据，揭橥乾嘉历史考证学派在考史理念、考据成果、历史撰述和文献整理各方面的成就，是首部全面研究清代乾嘉历史考证学的专著。

3. 民国考据学研究

考据学的发达虽以清中叶为最，但民国时期考据学经过晚清的衰颓，一度振兴，几乎笼罩了整个学术领域，产生了一批以考据知名的学者，也取得丰硕的考证成果。对这一时期的考据学进行深入研究，是改革开放新时期的新现象。

对民国考据名家的研究成绩斐然。吴怀祺结合中国近代考据史学的发展，探讨了王国维的历史考据学，从对材料开阔的看法、二重证据法、研究学问的通达识见三方面，论述了近代考据史学对传统的超越和对西方的借鉴，认为应肯定其取得的成就，但也要科学分析其存在的问题。① 周少川系统总结了陈垣以论证缜密、建构体例、融会贯通的新史学考据在宗教史、历史文献学、元史诸领域的研究成果及做出的典范性贡献。② 牛润珍全面论述了陈垣继承乾嘉考据，将传统人文精神与近代科学思想、方法结合，以新考据学的卓越成就，奠立了近代意义的年代学、史讳学、校勘学等历史学辅助学科，以新考据学的卓越成就，为 20 世纪中国传统史学劈造了一个新时代。③ 胡守为简要介绍了陈寅恪注重事证、诗文证史的考据方法及实践。④ 丁鼎比较了陈寅恪与王国维的考据方法及观点，认为继承乾嘉学派无征不信的学风、借鉴西方科学的逻辑方法，用严密的考据进行史学研究，是王国维、陈寅恪治史的共同特点，也由于治史范围和知识结构的差异而各具特色。⑤ 王俊义总结了郭沫若在学术研究中运用考据学的方法和成果，阐释了其对传统考据学的继承和批判。⑥ 龚咏梅通过分析顾颉刚对清代考据学的论辩，阐发了他对考据学的认识和思考。⑦ 何周论述了吕思勉考据的宗旨及其原因。⑧ 房列曙、吴云峰讨论了胡适治学的特点及其与乾嘉考据学的学术关联，深化了对胡适考据学的研究。⑨

对民国考据学发展脉络的研究逐渐深入。罗志田从学术演变的内在理路考察民初考据史学在"脱除清代经师之旧染"，而走向"今日史学"新认同的过程，并述及民初考据史学与清代汉学和宋学的某些内在关联，特别侧重于论述道咸以降的"新宋学"对民初考据史

　　① 吴怀祺：《中国近代考据学和王国维的"古史新证"》，《北京师范大学学报》1989 年第 1 期。

　　② 周少川：《陈垣：20 世纪的历史考据大师》，《历史教学》2000 年第 1 期。

　　③ 牛润珍：《陈垣与 20 世纪中国新考据学》，《史学史研究》2000 年第 4 期。

　　④ 胡守为：《陈寅恪先生的考据方法及其在史学中的运用》，《学术研究》1980 年第 4 期。

　　⑤ 丁鼎：《王国维、陈寅恪史学考据比较论》，《文史哲》1996 年第 3 期。

　　⑥ 王俊义：《郭沫若对传统考据学的批判继承》，《青海社会科学》1993 年第 4 期。

　　⑦ 龚咏梅：《顾颉刚对清代考据学的论辩》，《探索与争鸣》2001 年第 3 期。

　　⑧ 何周：《吕思勉的考据学宗旨及原因》，《常州大学学报》（社会科学版）2011 年第 3 期。

　　⑨ 房列曙、吴云峰：《论胡适与乾嘉考据学派》，《安徽史学》2007 年第 6 期。

学的影响。① 王惠荣认为民国考据学风的盛行，并非突兀而起，而是由内因外缘交织而成。从学术渊源来说，民国考据学无疑是对乾嘉考据学的继承与发展；从外部环境来看，国际学术潮流的注重实证与国内整理国故运动的兴起，恰为民国考据学风提供了良好的生存机遇，学者个人主观上的提倡、推动，也是其中的重要原因。② 总体来说，民国考据学风的形成是多方面因素促成的，不是传统考据学在新形势下的简单复兴，而是具有新的时代特征，并取得了巨大的成就，影响深远，值得学界持续关注和研究。

陈其泰主编的《20世纪中国历史考证学研究》（2005）是对20世纪历史考证学进行系统研究的著作。全书分七章，首章以乾嘉学术奠定基础、四大新史料发现的刺激、新史学思潮和新文化运动的推动、西方史学思想和方法的影响论述20世纪中国历史考证学的形成，第二章分别论述王国维、陈寅恪、陈垣历史考证学的重大成就，第三章阐发胡适、顾颉刚、傅斯年历史考证的理论和风格，第四章以孟森、吕思勉、岑仲勉、钱穆、汤用彤为代表论述新历史考证学在断代史和专史研究领域的成就，第五章以徐旭生、陈梦家、徐中舒、谭其骧为代表论述1949年以后中国大陆新历史考证学的进展，第六章以劳榦、严耕望、饶宗颐、张光直为代表论述1949年以后中国台湾、香港新历史考证学的进展，第七章是对新历史学考证方法的思考和展望。该书全面分析了20世纪历史考证学形成的条件，探讨了众多考证名家的成就，并从方法论的角度对新历史考证学的学术内涵和时代特征进行了阐述。

（三）考证方法研究的拓展

改革开放新时期，人们在对中国传统考据学成就进行探讨的同时，开始进行考证方法的研究、总结和拓展，在传统考证学方法的基

---

① 罗志田：《"新宋学"与民初考据史学》，《近代史研究》1998年第1期。
② 王惠荣：《民国时期的考据学风与其兴盛之原因》，《江汉大学学报》（人文科学版）2006年第5期。

础上，提出新的考证方法，以适应飞速发展的文献整理工作的需要。

1. 旧方法的总结

葛志毅等人认为重人事的史学文化的征实传统，长期发蕴播散为中国古代史学中的考据方法，指出考据学的发展经历了一个由单一的文献到文献的历史考证，再发展到地上地下相结合的二重证据法，进而增至与现代手段相结合的多重证据法的过程，有着清晰的脉络可以追寻，并总结了各个时期代表性学者的考据方法。① 这是对中国考据方法的发展历史进行梳理。

王希平就清代考据学的勃兴、成因、方法及著名学者的考据方法进行了分析，对清代考据方法做了较为全面的论述；罗检秋从中西学术交流的角度探讨了清末民初考据学方法的发展；薛其林梳理了西方引进的实证方法与中国传统固有的乾嘉考据方法经由比较鉴别而有消化渗透、交叉互补、融合创新的历程；华世铳论述了钱大昕的考据方法；张金铣总结了赵翼《廿二史札记》考据、比较、归纳的研究方法；刘仲华分析了清代考据学中以子证经、史的方法；司马朝军、王文晖阐发了《四库全书总目》的考据准则；任嘉禾论述了郭沫若对史料考据中判断原则的变革，② 这些是对各个时期代表性学者和作品考据方法的具体探讨。

王国维的"二重证据法"影响深远，是改革开放新时期考据法

---

① 参见葛志毅《史重人事 长于征实——中国传统史学中的考据方法评述》，《历史教学》1991 年第 11 期；吴欣、张世超《传统考据方法演变和发展》，《吉林师范大学学报》（人文社会科学版）2004 年第 3 期。

② 王希平：《谈清代考据学研究方法》，《重庆交通大学学报》（社会科学版）2008 年第 4 期；罗检秋：《清末民初考据学方法的发展》，《中国社会科学院近代史研究所青年学术论坛》（2002 年卷）；薛其林：《民国时期西方实证方法与乾嘉考据方法之渗透与互补》，《湘潭大学社会科学学报》2003 年第 4 期；华世铳：《钱大昕的考据方法简论》，《云南民族学院学报》1991 年第 1 期；张金铣：《考据—比较—归纳：〈廿二史札记〉研究方法述评》，《安徽大学学报》（哲学社会科学版）1999 年第 2 期；刘仲华：《试析清代考据学中以子证经、史的方法》，《清史研究》2001 年第 1 期；司马朝军、王文晖：《试论〈四库全书总目〉的考据准则》，《图书情报知识》2004 年第 3 期；任嘉禾：《史料间的矛盾与考据中的判断——兼论郭沫若对判断原则的变革》，《内蒙古大学学报》（哲学社会科学版）1982 年第 3、4 期。

研究的热点。据不完全统计，改革开放新时期相关研究多达 30 余篇。吴怀祺概括了王国维治史的方法即二重证据法和古史新证论，并就其中科学因素进行了探索；① 彭汶论述了王国维二重证据法的逻辑及其方法论意义；② 巩富文追溯了二重证据法的起源及王国维的完善；③ 陈其泰认为王国维自觉继承了乾嘉学者的考证方法，同时融合了西方新学理，形成了"二重证据法"，取得了丰硕的成果，在近代学术史上具有重要意义；④ 李学勤认为王国维的"二重证据法"实际是对古史研究中历史学和考古学关系相辅相成的表述；⑤ 乔治忠则认为王国维的"二重证据法"，是针对"古史辨"派提出的反对理念，在上古史的研究中负面作用很大，造成不良影响，应及早摒弃。⑥ 尽管人们对"二重证据法"的价值认识不一，但相关的探讨确乎加深了人们对"二重证据法"的理解。

2. 新方法的拓展

改革开放新时期考据新方法的拓展主要表现在两个方面：一是在原有方法上的推进；二是技术进步的影响。

原有方法的推进主要表现在"三重证据法""四重证据法"的提出。三重证据法即文献、考古、民族资料相结合的研究方法，其提出者为徐中舒。⑦ 随着时间的推移，人们对三重证据法的研究和论述不

---

① 吴怀祺：《王国维的二重证据法和古史新证论》，《河北学刊》1987 年第 5 期。

② 彭汶：《试论王国维的"二重证据法"及其逻辑方法论意义》，《江淮学刊》1990 年第 4 期。

③ 巩富文：《二重证据法溯源》，《西北大学学报》（哲学社会科学版）1993 年第 1 期。

④ 陈其泰：《王国维"二重证据法"的形成及其意义（上、下）》，《北京行政学院学报》2005 年第 4、5 期。

⑤ 李学勤：《"二重证据法"与古史研究》，《清华大学学报》（哲学社会科学版）2007 年第 5 期。

⑥ 乔治忠：《王国维"二重证据法"蕴义与影响的再审视》，《南开学报》（哲学社会科学版）2010 年第 4 期。

⑦ 相关文章可参看彭裕商《徐中舒："古史三重证"的提出者》，《中国社会科学报》2009 年 8 月 27 日；周书灿《谁是"古史三重证"的提出者》，《中国社会科学报》2010 年 2 月 11 日；周书灿《"古史三重证"的提出者考论》，《中华文化论坛》2010 年第 2 期；等等。

断深化。牛润珍梳理了文献学、考古学、民族学三者之间的关系,[①]
周书灿指出古史三重证法使古史研究的领域不断拓宽,科学性得到大
大增强。[②] 不同于徐中舒的观点,叶舒宪将借助于文化人类学成果而
对文字、实物,乃至民俗、神话材料所进行的演绎和阐释称为"三
重证据法",认为中国传统考据方法在 20 世纪以来所经历的由"一
重"到"多重"、由训诂考据到文化阐释的变迁,可以看作新材料的
发现和西方学术的输入在国学领域所激起的反应和调适过程。[③] 杨向
奎根据民俗调查资料,结合史书上的相关内容,专门就"三重证据
法"中的"用活的存在来证实历史上的记载"即第三种证据进行了
阐发。[④] 此后叶舒宪又讨论了人类学对传统的国学方法的开拓与更
新,认为文学人类学和历史人类学作为现代以来的人文研究新范式,
在方法论上与国学考据学相对接,经历了从 20 世纪初期的二重证据
说,到 20 世纪 90 年代的三重证据说,再到 21 世纪初的四重证据说,
梳理了从信古、疑古、释古到立体释古的四阶段发展演变轨迹,并对
立体释古范式的现阶段应用实践及其前景,做出了学术评估与展
望。[⑤] 宁可以"二重证据法"为依据,论述了历史研究从依赖于文字
史料,到与出土实物、实地调查与文字史料相参证,以及采取实验手
段在某种程度上重演历史,实际上就是多重证据的结合,有利于正确
历史结论的得出。[⑥]

技术进步的影响主要体现在计算机的使用和文献电子化的普及给
传统考据法带来的变革上。黄一农曾提出"e 时代考据"的概念,[⑦]

---

① 牛润珍:《论历史研究的"三重证法"》,《河北学刊》1987 年第 2 期。
② 周书灿:《论"古史三重证"》,《江西师范大学学报》(哲学社会科学版) 2010 年第 3 期。
③ 叶舒宪:《国学方法论的现代变革》,《文史哲》1994 年第 3 期。
④ 杨向奎:《历史考据学的三重证》,《中国社会科学院研究生院学报》1994 年第 5 期。
⑤ 叶舒宪:《国学考据学的证据法研究及展望——从一重证据法到四重证据法》,《证据科学》2009 年第 4 期。
⑥ 宁可:《从"二重证据法"说开去——漫谈历史研究与实物、文献、调查和实验的结合》,《文史哲》2011 年第 6 期。
⑦ 黄一农:《两头蛇——明末清初的第一代天主教徒》,上海古籍出版社 2006 年版。

认为随着现代网络和电子资料库的普及，学者们有机会在很短时间内掌握前人未曾寓目的材料，来填补探索历史细节时的缝隙，或透过逻辑推理，迅速论断先前待考的疑惑或矛盾，一个有条件孕育 e 考据学派的时代来临了。e 考据的提法引起了广泛关注，李天纲在充分肯定黄一农著作成就及 e 考据时代的到来会带来巨大变化的基础上，强调考据手段的改善，不能取代对考据方法的掌握，考据还必须由学者本人来完成。① 程芸则步武黄一农之后，用 e 考据的方法对明代传奇作家进行了考证并取得可喜的成果。② 黄一农本人也不断用 e 考据的方法来探索新的研究领域，不断扩大着新考据方法的影响。③

（四）考证学专著的出现

改革开放新时期，随着考据学研究的发展，多部考据学专著出版，成为考据学理论与方法研究逐渐深化的标志。

庞天佑的《考据学研究》（1994）是改革开放以后第一部全面系统研究考据学的专著。该书共十章，首章总论考据与考据学的内容，第二至九章分别介绍先秦考据学、汉代考据学、魏晋南北朝考据学、隋唐时期考据学、宋代考据学、元明考据学、清初考据学、乾嘉考据学的情况，既有时代背景的介绍，又有方法特征的总结。末章论述近代考据学与乾嘉考据学的区别、联系及在中国近代学术史上的重要地位。对于考据学，以往国内外的学者们虽多有研究，但往往局限于具体的个别问题，缺乏系统的全面的研究，《考据学研究》在前人研究的基础上，以马克思主义为指导，广征博引，首次对考据学这门中国土生土长的学问进行全面、系统的探讨，是对学术界的一大贡献。与庞著偏重于历史的梳理不同，任嘉禾的《考据学新探》（1996）是偏

---

① 李天纲：《E 时代的考据之魅》，《书城》2007 年第 4 期。
② 程芸：《明传奇作家初考（四则）——"E 时代文史考据"尝试之一》，《中山大学中国非物质文化遗产研究中心会议论文集》，2008 年。
③ 黄一农：《e - 考据时代的新曹学研究——以曹振彦生平为例》，《中国社会科学》2011 年第 2 期。

重于总结考据方法的专门著作。该书导论讲考据学的定义、我国的传统考据方法以及对考据方法的继承和发展，之后分四章详细论述了归纳法（一般归纳法、二重证据归纳法）、内外线结合法、处理史料间矛盾的方法、揭穿四讳法（为尊者讳、为亲者讳、为贤者讳、为本国讳）等四类考据方法，最后综合比较四类考据方法的优劣。书末有附录《国学五大师述评》，对王国维、鲁迅、胡适、冯友兰和郭沫若的考据学方法和成就进行了简要的论述和评价。汪启明的《考据学论稿》（2010），从对"考据"一词的溯源切入，然后讨论考据学的概念，论述考据学的学术价值、学术宗旨、基本方法、研究内容等，结合语言文字学、文献学论述了传统考据学的思想方法，探讨了考据学与音韵学、文字学、训诂学、校勘学、辨伪学、辑佚学、目录学的密切关系，梳理二重证据法的源流，最后从理论和实践两方面系统阐述考据学的跨学科特性。该书构建了系统而全面的考据学理论体系，举证翔实，见解独到，是考据学理论与实践相结合的成功范本。此外，王育林《中医古籍考据例要》（2006）把人们阅读中医古籍时所必备的知识作了简明扼要的梳理和讲述，介绍了古今学者研究中医古籍的许多成果，分中医古籍本文之学、中医古籍传注之学、中医古籍考据举例三部分，讨论了考据在中医古籍整理中的运用问题。

改革开放新时期，考证类专书越来越多，显示出当代学者的考证功力。朱则杰作《清诗考证》对重要的清代诗歌文献学著作、总集别集、作家作品进行考察，全书所涉及的各种大大小小的具体问题，约以千计，在考证的过程中，或反面批评，或正面引述，基本上涵盖了现有清代诗歌的各种研究论著。在一定程度上是以考证的形式为此前的清代诗歌研究做一个大致的总结；朱星的《金瓶梅考证》系统考证了《金瓶梅》的版本、作者、审伪的经过等问题；胡念贻的《楚辞选注及考证》，选注部分对于屈原的《离骚》《天问》《九歌》等作品做了简明的题解和注释，考证部分仿照朱熹《楚辞辨证》例，讨论和说明作品的真伪、写作年代、某些作品的文义和词句的辨析等，引证丰富，有不少独到见解；蒋星煜的《西厢记考证》共收有作者的20篇文章，大体可分《西厢记》明刊本、清刊本考证，《西厢记》完成时代、曲文异同，以及插图、附录、作者、校评者的考证，《西厢记》对其他戏曲、小说的关系或影响的探索、考证等，考索精密，具有较高的参考价值；陈来的《朱子书信编年考证》是作者对《朱子文集》卷二十四至六十四、《续集》卷一至卷十一、《别集》卷一至卷六中朱熹所有的两千三百多封书信进行的编年考证，精审严谨，极见功力，为阐明朱熹思想前后发展的脉络提供了坚实的文献基础，对朱熹生平和思想的研究都有重要的参考作用；马旷源的《〈西游记〉考证》以考证中国古典文学名著《西游记》中神话人物的渊源出处为主，兼及古代其他一些神话，对《西游记》的有关问题进行了充分的考证，取得了一定的成绩。

此外，还有选录各类型考据学论文而集成的著作，如王子今的《趣味考据》，选录涉及日常物质生活和精神生活的富有趣味的考证文章，向读者呈现了富有科学观念、学术发明、生活气息、知识趣味的考证学成果。傅杰编的《二十世纪中国文史考据文录》以发表年限为准、以作者生年为序，选录了20世纪文史方面的代表性考据论文160余篇，对20世纪文史考据的代表性成果和治学特点进行了集中展示。

二　古文献注释研究

注释既指疏通、解释古籍的文字，也指疏通、解释古籍的活动。注释是阐释古文献的重要方法，也是整理古文献的重要形式。古文献的注释，也即注疏和训诂，源远流长，自先秦至晚近，由经注而及于史、子、集，留下了众多优秀的古籍注本，积累了不少成功的注释方法和经验。注释和训诂都是为理解古代文献语言服务的，在相当长的历史时期内，注释被包含在训诂的范围之内。至清乾嘉时期，训诂学逐渐转向纯语言学的方向发展，至近代章太炎提出建立中国的语言文字学，而把训诂与音韵、文字并列于其内，使附属的注释研究一度衰落。1949 年以后，尤其是 20 世纪 80 年代以来，随着大规模的以注释为核心的古籍整理工作的开展，对注释的专门研究也逐渐加强，注释学也开始逐渐由初创而建立。

（一）古文献注释学的创立

古文献注释学的建立是当代学者对新训诂学的性质、研究对象等内容进行重新界定的结果，当然古代丰富的典籍注释实践和对注释理论的探索，也为古文献注释学的建立作了充分的学术准备。

作为学科名称，"注释学"最早由朱星提出。他自述其在 1973 年写成的《中国注释学概论》初稿中，首次使用了"注释学"的名称，并对注释的概念、起源、旧注的种类、体例、格式、得失，以及怎样作注、选集并选注的问题进行了初步探讨①，其后颇有响应者。1981 年以后，国家对古籍整理工作特别重视，而古籍整理的重要工作之一就是古籍注释，因此学术界展开了一场关于古籍注释的讨论。1987 年在山西太原召开了首届"全国古籍注释改革研讨会"，集中讨论了古籍注释的原则、内容和方法等问题，提出应当对古籍注释史进行理论的总结和研究，并从中汲取古人注释的经验和教训，以服务于现今的古籍整理工作。这次会议讨论的结果后经过靳极苍整理汇集为《古籍注释改革研究文集》（1989），反映了古籍注释研究方面的新成果。其后随着古籍注释实践、古籍整理和文献课程的开设，有关古籍注释的论著不断问世，如汪耀楠的《注释学纲要》②、董洪利的《古籍的阐释》（1993）、黄亚平的《古籍注释学基础》（1995）、范进军的《古文校点注译简论》（1997）、靳极苍的《注释学刍议——七十多年治学教学在方法和理论上的总结》（2000）、李红霞的《注释学与诗文注释研究》（2008）等，为注释学的建立做出了重要贡献。与

---

① 朱星：《注释学刍议》，《河北师院学报》（哲学社会科学版）1979 年第 1 期。

② 该书有语文出版社 1991 年版，1997 年再版，2010 年外语教学与研究出版社更名"注释学"版。

此同时，还有不少论文探讨注释学问题，尤其是许嘉璐对注释学提出了独到见解，① 这些论著对注释的相关问题都作了有益探索，也为注释学的创建奠定了坚实的基础。

构建注释学体系，必须搞清楚注释学的性质、内容，与相关学科的关系等诸多问题。

在注释学学科性质及归属问题上，人们有不同的看法，一种观点认为注释学是语言学的一个部门，与语音学、词汇学、语法学、修辞学、方言学、文字学、篇章学等相并列；另一种观点则认为，中国古籍注释学的基本性质，是研究中国古籍的一般规律和方法的科学，应属于中国古代文献学，可以将传统训诂学的词义研究归入词义学，而直接将训诂学演变成注释学；还有一种观点认为注释学是研究文籍注释的内容和方法，探讨注释文籍的规律的科学。② 这三种观点都有一定的学术基础，一方面注释所处理的对象是记载语言的文字，本来就包含在训诂学中，属于语言研究的范畴；另一方面，注释是古籍整理的重要内容，而古籍整理属于文献学，故归入文献学也理所应当。这种分歧表明，在学科初创时期，对注释学性质的认识还比较模糊。但实际上作为古籍整理的重要内容，注释学与目录、版本、校勘、辑佚、辨伪并列，看作古文献学的分支学科，是比较合理的。随后出版的文献学专著，如杨燕起、高国抗的《中国历史文献学》（1989）等，就将传注学作为文献学的分支学科，这一认识也逐渐获得了广泛的认同。

注释学应该包括哪些内容，也是人们关注的重要问题。许嘉璐认为注释学应该包括：注释书的发展史；古代注释家、注释书的研

---

① 许嘉璐：《中学课本文言文注释商榷（续）——兼论注释学的研究》，《北京师范大学学报》1984 年第 3 期；《注释学刍议》，许嘉璐：《语言学论文集》，商务印书馆 2005 年版。

② 朱星：《注释学刍议》，《河北师院学报》（哲学社会科学版）1979 年第 1 期；韩格平：《训诂学能否演进为中国古籍注释学——建国以来训诂学研究的回顾与展望》，《古籍整理研究学刊》1989 年第 5 期；汪耀楠：《注释学》，外语教学与研究出版社 2010 年版，第 8—10 页。

究与评价；注释工作与各个时代政治、文化、思想状况的关系；注
释与校勘；词语训释与章旨分析的结合；词语训释与串讲、翻译的
结合；古人修辞表达方式的揭示；书面含义与言外之意的分析；注
释书各种类型的比较；歧解的原因与评议等。① 后来他在《注释学
刍议》一文中又说，注释学的基本框架应由以下几部分组成：一是
注释学的性质、任务和意义；二是注释的内容、体例和类型；三是
注释的方法；四是判断注释正误优劣的标准；五是注释工作产生谬
误的原因；六是注释学与其他学科的关系；七是我国注释学的优良
传统和各个时期代表作的评介；八是注释工作的现状与展望。② 两
相比较可以看出，前期更注重注释史的研究、注重对注释具体方法
和内容的研究，后期则更注重学科理论的建设。黄亚平主张根据古
籍注释研究的现状，应重点加强立足于未来机器整理古籍层面上的
注释理论研究及其可操作程序的研制工作，从注释的理据、操作的
原则、使用的方法、注释批评的标准、注释术语的规范等方面入
手，建设古籍注释学的理论框架，③ 颇有新见。李红霞将注释学的
研究内容归纳为注释专书研究、注释史研究、注释理论研究、注释
方法研究、注释实践五个方面，④ 可谓条理清晰，内容全面。对
"注释学"研究内容和框架的讨论，为注释学研究的全面开展及学
科构建打下了良好基础。

　　为了更明确地界定注释学的性质和研究框架，学者们还探讨了注
释学与相关学科尤其是与训诂学的关系。

　　汪耀楠的《注释学纲要》辟有《注释学与训诂学》一节来探讨
两者之间的关系，认为注释与训诂大致相同，但也有明显的区别：注

---

① 许嘉璐：《中学课本文言文注释商榷（续）——兼论注释学的研究》，《北京师范大学学报》1984 年第 3 期，第 86—94 页。
② 许嘉璐：《注释学刍议》，《语言文字学论文集》，商务印书馆 2005 年版，第 42—63 页。
③ 黄亚平：《建设古籍注释研究理论框架的重要意义》，《古籍整理研究学刊》2002 年第 3 期。
④ 李红霞：《注释学与诗文注释研究》，中国大地出版社 2008 年版，第 30—34 页。

释的范围比训诂广、注释不必受时代限制、注释之名浅显易懂。董洪利的《古籍的阐释》也有《训诂学与注释》专节，认为注释中有训诂，但并不能包摄所有的训诂；训诂中有注释，但不是所有的注释都是训诂。训诂与注释的交叉重叠和共同之处，主要表现在传注训诂与注释的关系上，传注训诂就是注释，但注释的内容要比传注训诂的范围广，两者在解释对象和研究方法上存在诸多的不同。李红霞的《注释学与诗文注释研究》则认为注释与训诂的含义同中有异，注释与训诂同步产生，注释学有为理解古代文献服务的功能，注释为训诂学的研究提供了丰富的资料，不断发展和完善的训诂理论又为注释实践提供了理论的指导。虽然相当长的时间内注释研究包含在训诂学的研究范围之内，但随着现代训诂学日益偏向于语言文字的研究，有必要建立专门独立的典籍注释学。

注释学和训诂学之间关系的探讨和厘清，有助于对注释学研究内容和框架的界定，为注释学的最终建立开辟道路。

（二）古文献注释研究

改革开放新时期，关于古文献注释的研究主要集中在古文献注释的原则、方法、类型、古文献注释史等几个方面。

1. 古文献注释的内容、原则、方法、类型研究

对于注释的内容，汪耀楠在《注释学纲要》中提出注释应该从词义的演变入手，关注那些古代词汇或词义在现代的改变甚至消失，重视涉及史实的名物词、虚词等；要在做好版本选择、文字校勘的基础上，辨句读、释词义、明通假。董洪利在《古籍的阐释》中认为注释的内容包括解释语言文字（通假、语法、词义、句读）、考证和介绍作者的历史背景、阐释和发挥作品的思想意义、考证补充历史事实和名物典故等，层次分明，内容全面。

文献注释有没有客观性，应该遵循什么样的原则，也引起学者关注。杜敏以《孟子》赵岐注和朱熹注为主要材料，探讨了影响典籍注释的主要因素，典籍注释的客观性及其各种因素对注释客观

性所造成的影响。① 李红霞则在《注释学与诗文注释研究》中设有专章探讨典籍注释的原则，详细论述了典籍构成的基本要素、地位，以及这些要素（典籍文本、注释者、读者、时代环境）对典籍注释的影响，典籍注释的客观性与主观性等问题，认为典籍注释是语言的传意活动，要受到诸构成要素的制约，既具有客观性，又具有主观性，是客观性和主观性的结合和统一。刘畅提出可以从语言规律、语用规则等方面入手，制定出一套古籍注释的标准，以指导注释实践，既给读者以评价标准，注释者也可以来反观自己的注释成果。②

　　这些研究成果关注影响典籍注释活动的各种因素，探讨它们对典籍注释的内容和方法所产生的作用，并进而分析典籍注释传意的客观性与主观性，有助于人们在注释中规避相关错误，建立合适的评价标准，以做到恰当合理的解释、疏通文献典籍。

　　学者们还就不同内容的注释方法展开了讨论。靳极苍根据自己的注释实践，在《注释学刍议》中提出了"三体会、三解释、四分析"的诗文注释方法，即体会作者、作品、形象，解释语词和典事的原始意义、具体意义和形象意义，分析作品的时、地、人、事，可操作性强，应用范围广泛。董洪利的《古籍的阐释》则主要论述了名物典章制度和历史背景等内容的释义原则，认为名物释义要选择恰当的信息，与原文内容相互补充，做到既简明又便于理解，对于人物的评价应尽量公正得体。同时还应根据不同类型文献的特征，合理调整注释内容，如哲学著作应侧重思想的揭示，文学作品应增加文学欣赏的内容。这些对现今的古籍注释工作都具有很好的借鉴和启发。在诗文注释领域，关于注释应该采用何种语言形式，形成了三种不同的看法：有的主张释疑解难、注重语言疏解和赏

---

① 杜敏：《论典籍注释传意的客观性》，《陕西师范大学学报》2004 年第 6 期。
② 刘畅：《古籍注释中的语境规则》，《古籍研究》2007 年第 1 期。

析，以现代汉语释义，不溯源出处、不征引文献和考证，认为注释面向的是广大青年学生，注文应当使用现代汉语，反对偏重知识考据和疏引类的注释；① 有的则主张采用注明出典的传统注释方法，认为不但可以积累资料，开阔眼界，还可以引导读者去参阅其他书籍，省却翻检之劳；② 有的则主张应根据读者的需要制定注释的原则，是对前两种意见的折中。③ 王宁、李国英以《文选》五臣注和李善注为例，阐发了疏解疑难和征引文献两种类型的注释方法的特点，认为各有所用，前者是基础适合初学者，后者是提高适合研究者。④ 总体来说，典籍注释还是要适应不同层次群体的需要，采取不同的原则，注重不同的内容，运用不同的方法。

学者们对古籍注释类型的研究多集中在对典籍注释类型的分类上。汪耀楠的《注释学纲要》从注释的内容（文字注释、章句、义理、综合）、性质（首注自为、补述、辨证、校订、纂集）、知识量（简注、详注、集注）等不同角度进行分类，颇具开创性；董洪利的《古籍的阐释》继承传统的研究方法，把注释分为集注、注疏、字注、串讲、校注、译注六种体式；简文晖认为我国古代注释有简单的训诂、注疏、义疏、正义，篇幅宏丰的补注、集解，还有建立在考证校雠基础上的史考体注释，⑤ 并以史籍注释为主，梳理了各种类型注释方式相续而生、相辅而行的全过程；黄亚平在总结前人研究成果的基础上，从内容上将注释类型分为词义、章句、义理、史传、音义五

---

①　见靳极苍《再谈古书注释要为当前读者服务》，《古籍注释改革研究文集》，山西人民出版社1989年版，第1—15页；董醒斌《古诗词注解和鉴赏应更新方式》，《古籍注释改革研究文集》，山西人民出版社1989年版，第73—81页。

②　宋谋场：《对古籍注释的一些思考》，《古籍注释改革研究文集》，山西人民出版社1989年版，第82—89页。

③　孙玄常：《古籍注释漫谈》，《运城高等专科学校学报》2000年第1期。

④　王宁、李国英：《李善的〈昭明文选注〉与征引的训诂体式》，《中外学者文选学论集》，中华书局1998年版，第473页。

⑤　简文晖：《浅谈我国古代注释方法的种类及其演变》，《古籍整理研究学刊》1997年第2期。

类，① 较为全面而得体。

由此可以看出，与古代典籍注释类型研究者不同的是，现代学者对典籍注释的分类更多着眼于注释的内容，而不是体式。注释的类型研究应该着眼于全部的古籍注释文献，在所划分出的类别中，任何一部古籍注释文献都应该在其中找到合适的位置和归属。注释类型不应该局限在注释书所用名称，如"传""笺""说""义"等，而要分析这些名称的含义，把它们作为分类的参考，但是不能完全据此分类，否则所分类别必然有重复和交叉之处。对古籍注释类型进行划分，可以按照不同标准，如内容、手段、风格、读者层次等，把典籍注释分成不同的类型，在不同的类型中，归纳每一类型区别于其他类型的主要特征。

2. 古文献注释学史的研究

注释学史研究是改革开放新时期注释学研究的大宗，产生了不少的成果，主要可以分为整体研究、专人专书研究和专题研究三大类。

整体研究。汪耀楠的《注释学纲要》第十一章专门梳理了古代注释史，首先指明中国古代注释史是由注经产生和发展的，注释史在一定程度上就是经学史；然后将古代注释史划分为注释基础的奠定（东汉以前）、注释的繁荣（东汉）、注释的深入和全面发展（魏晋南北朝至隋）、经典注释的统一与"文选学"的形成（唐）、注释学的变古革新和《诗》的解放（宋）、经注的衰微（明）、经学的复兴和注释理论的发展（清）七个阶段。除了"《文选》注"以外，作者主要以经书注释为材料总结了历代注释的特点及其形成的原因，所以这部分可以看作经书注释的历史总结。董洪利的《古籍的阐释》在第一章"概说"部分从经注与其他古籍注释两大角度论述了两汉至清代的古籍注释史，比较全面，但限于篇幅，对于各个阶段古籍注释的特征和不同类型典籍注释的特征，总结得还

---

① 黄亚平：《古籍注释类型刍议》，《西北师大学报》（社会科学版）1999 年第 3 期。

不够系统和条理化。胡运飙总结了战国至汉代古籍注释的发展，指出汉代古籍注释的范围、方法和体式已经成熟，奠定了后代注释的基础。① 阎崇东则系统梳理了注释的起源、形成和发展的历史过程，② 对注释史进行了概括性的总结。

专人专书研究。专人、专书研究，常常是结合在一起的，对注释专书特点的总结，也往往就是对注释者个人思想和特点的研究。余敏辉以欧阳修的《诗本义》为对象，总结和探讨了他在批判继承前人成果的基础上，立足六经本身，敢于破除迷信、创发己见、自立新说的注释学成就。③ 李开以王夫之的《周易外传》和《楚辞通释》为例，论述了王夫之在释词解句、解释典故、解释语法条件下，以解释语意为基础，阐述哲学思想的注释特色。④ 吕芹认为全祖望的注释学有自己的特点，他采取多种注释形式，扩大注释范围；不通篇注释字音、字义、词义，将注释重点放在对古籍自身内容的注释上；将自己的历史主张及思想寓于所注释的历史事件中。⑤ 对经籍注释的研究，陈松长论述了朱熹《诗集传》注释《诗经》的特色；⑥ 对子籍注释的研究，黄亚平解析了赵岐《孟子章句》在分章、析句和贯通辞气等方面的注释情况；⑦ 对史籍注释的研究，程金造对《史记》三家注进行了研究，⑧ 颜师古《汉书注》的研究也比较多⑨。在诗歌注释研究方面，对杜甫诗歌注释的研究比较深入，王新芳、孙微反思了绵延千余年的杜诗注释学，认为对历代杜诗注释真伪优劣的辨析，必须经过

---

①　胡运飙：《古籍注释的起源及其在战国两汉的发展》，《贵州民族学院学报》（哲学社会科学版）2002 年第 2 期。

②　阎崇东：《谈古籍注释》，《中国历史文献研究会第 26 届年会论文集》，2005 年。

③　余敏辉：《欧阳修〈诗本义〉的注释学成就》，《古籍研究》2008 年第 2 期。

④　李开：《王夫之的注释学思想初探》，《船山学报》1988 年第 2 期。

⑤　吕芹：《试论全祖望的注释学特点》，《徐州师范大学学报》（哲学社会科学版）2007 年第 1 期。

⑥　陈松长：《〈诗集传〉的训诂特色》，《古汉语研究》1989 年第 3 期。

⑦　黄亚平：《试论〈孟子章句〉的注释特点》，《古籍整理研究学刊》1996 年第 2 期。

⑧　程金造：《论史记三家注》，《文史》1979 年第 7 辑。

⑨　王智群：《二十年来颜师古〈汉书注〉研究述略》，《古籍整理研究学刊》2003 年第 4 期。

广泛的调查研究，然后博观约取，对于存疑处应该尽量采取客观的态度，避免主观臆断，既不可过分追求标新立异，也不能抱残守缺、固步自封，同时应在严谨校勘的基础上，权衡杜诗创作的主客观情景，运用科学的注释方法和通达的注杜观念，尽量避免穿凿附会的发生，从而使得注释内容最大限度地贴近杜诗原义。① 其他关于赵次公杜诗注、钱谦益的《钱注杜诗》、朱鹤龄的《辑注杜诗》等皆有论文论著进行研究。对李善注《文选》、冯应榴注苏轼诗、查慎行补注苏轼诗、冯浩注李商隐诗、戴震注屈原赋、李壁注王安石诗等也都有相关研究。② 这其中也有对专人专书注释思想和方法的研究，如李凯从清人注释杜甫诗歌的接受视域、诠释目标、诠释态度和方法、诠释的核心观念等几个方面，选取有代表性的杜诗注论述了清代注杜的主流诠释思想。③ 这些对注释专书、专人的研究，以历代有代表性的注释著作、人物作为主要的研究对象和材料，分析总结注释内容、注释方法、注释思想等方面的特点，为系统整体的注释史、注释理论、方法的研究打下了坚实的基础。

专题研究。专题研究往往是对特定范围或时期的注释学著作的特点或成就进行的分析和总结。如王勋敏以唐代典籍注释材料为对象，分析了唐人在注释理论、注释方法、对前人成果的利用、个人修养等几个方面的特点；④ 郑阿财则选取敦煌文献中有关注释的专门材料探讨

---

① 王新芳、孙微：《杜诗注释学史的学术反思》，《湖北大学学报》（哲学社会科学版）2011 年第 3 期。

② 卞仁海：《李善的征引式注释》，《信阳师范学院学报》2005 年第 3 期；王友胜：《冯应榴〈苏轼合注〉平议》，《武陵学刊》1998 年第 5 期；何泽棠：《清初注释学视野下的〈苏诗补注〉》，《广州大学学报》（社会科学版）2009 年第 9 期；王友胜：《冯浩〈玉溪生诗笺注〉的研究方法与学术创获》，《湘潭大学社会科学学报》2003 年第 2 期；郭全芝：《戴震的〈屈原赋注〉》，《江淮论坛》2001 年第 3 期；周焕清：《试论李壁对诗歌笺释学的贡献》，《南京师范大学学报》2005 年第 5 期等。

③ 李凯：《清人注杜的诠释学观念》，《杜甫研究学刊》2002 年第 3 期。

④ 王勋敏：《唐代典籍注释方法论初探》，《湖北大学学报》（哲学社会科学版）1994 年第 4 期。

隋唐时期的注释形式；① 胡振龙对李白诗古注本的注释特征和内容进行
阐发，评析了杨齐贤、萧士赟、胡震亨、王琦四家之注的成就与失
误。② 张三夕选取宋诗宋注作专题，分析其特征，评述它在宋代诗注中
的成就和地位。③ 李一飞研究了清代几种有代表性的唐代诗文笺注本，
从辑佚的完备、校勘的精审、注释的缜密等方面作了简要述评，总结
出注者深厚的学力、严谨的学术规范等是这一时期注释者的共同特
点。④ 李红霞以诗文注释为对象，系统梳理了由两汉至清的诗文注释的
历史，论述了知人论世、以意逆志、追求原意等诗文注释中的基本问
题，探讨了考证背景、说明事实、溯源释典、解释名物、注释语意、
艺术赏析等的注释方法，⑤ 是首部专门研究诗文注释的著作。

　　这些对注释的专题性研究，总结每一个时期或每一类文献注释的
主要特征，突出它们的注释特色和不同的注释内容和方法，并探讨这
些文献注释的同异，分析同异产生的原因，为专门注释学理论及普通
注释学理论的建立作了必要的材料上和学术上的准备。

　　3. 古文献注释学的多学科交叉研究

　　随着西方解释学的介入，20 世纪 90 年代中后期到 21 世纪初，注
释学研究出现了新的特征，即注重从注释的思想上解析古籍注释的特
征。周光庆倡导要建立中国的古典解释学，并大体规划了解释学研究
的课题，其后就朱熹、王弼、戴震、董仲舒等注释经书的解释方法论
及思想展开了全面研究，使古籍注释的研究走向既重方法论又重阐释
思想的方向。⑥ 周裕锴以西方阐释学理论为观照，以中国学术史为对

　　① 郑阿财：《论敦煌文献展现的六朝隋唐注释学——以〈毛诗音隐〉为例》，《敦煌学辑
刊》2005 年第 4 期。
　　② 胡振龙：《李白诗古注本研究》，陕西人民出版社 2006 年版。
　　③ 张三夕：《宋诗宋注管窥》，《古籍整理与研究》1989 年第 4 期。
　　④ 李一飞：《清代几种唐集笺注本略评》，《湖南科技大学学报》（社会科学版）2006 年第 2 期。
　　⑤ 李红霞：《注释学与诗文注释研究》，中国大地出版社 2008 年版。
　　⑥ 周光庆：《中国古典解释学导论》，中华书局 2002 年版。书中论述了中华文化的形成发
展、主体特征、表达特征，阐发了中国古典解释学的发生发展、典范体式、语言解释、历史解
释、心理解释等内容，提出了重建中国古典解释学的主张。

象，对中国古代的阐释学理论和诞生于中国文化土壤之上的阐释学传统作了系统的分析和研究，进行了理论上的归纳和总结。他认为先秦诸子的论道辩名、两汉诸儒的宗经正纬、魏晋名士的谈玄辩理、隋唐高僧的译经讲义、两宋居士的参禅说诗、元明才子的批书评文、清代学者的探微索隐，各有其标举的阐释理论或阐释方法，体现出鲜明的时代特色。这种诞生于中国文化土壤上的独具特色、自成体系的阐释学理论足可与西方阐释学理论相媲美。① 该书充分注意到中西文化之间存在的历史背景和文化精神的深刻差异，力图建构中国古代阐释学的理论网络，实现东西方文化之间有体系的跨文化对话。杜敏从传意语言学及训诂学相交叉的角度，选取汉代赵岐的《孟子章句》、宋代朱熹的《孟子集注》作为研究对象，分析所传之意的异同点及影响因素等问题，将注释学、训诂学和传播学等结合在一起，对典籍注释活动的程序、结构，以及对注释结果的影响因素等几个方面从理论上作了说明，为注释学的研究提供了崭新的视角。②

综上所述，改革开放以来古文献注释学的研究，呈现出初期从宏观层面的学科界定、内容框架设置，逐渐转向微观层面的原理、方法、类型、历史发展的趋势的剖析，特别是多学科交叉研究的兴起和发展，预示了今后古文献注释学研究的新方向。

第五节　古文献辑佚、流通与典藏研究

改革开放新时期，有关古籍辑佚、流通和典藏的研究出现了繁盛的局面，其特点主要表现在三个方面：一是对传统古文献辑佚、流通与典藏的状况进行梳理与总结，展现了其丰富的内容和成就；二是重视对传统古文献辑佚、流通与典藏的思想和理论的探讨，揭示了其蕴

---

① 周裕锴：《中国古代阐释学研究》，上海人民出版社 2003 年版。
② 杜敏：《赵岐、朱熹〈孟子〉注释传意研究》，中国社会科学出版社 2004 年版。

含的民族思维特征；三是从社会史的角度对传统古文献辑佚、流通与
典藏进行分析，体现出一代学术发展的新特点。

一　古文献辑佚研究

古文献辑佚起源甚早，至清而臻于极盛，对于其所取得的成就，
自晚清至民国，学者多有总结评述。1949 年以后至 20 世纪 70 年代
末，受政治运动的影响，古文献辑佚研究和实践颇为沉寂。改革开放
以来，随着学术研究的复苏，古文献辑佚学的探讨呈现出蓬勃发展的
局面，在辑佚个案研究、理论探索和辑佚实践上都取得了丰硕的成
果，并且伴随着学术专业化的加快，许多学者在梳理辑佚学历史、总
结辑佚学理论方法的基础上，致力于辑佚学学科的建设。

（一）古文献辑佚历史的梳理

前人对于文献辑佚历史的研究，如梁启超、刘咸炘、王重民等，
或是整体叙述，或是个案研究，或为专题探讨，后世的学者多沿着他
们开拓的路径继续前进和深化，并在气象、格局、层次、深度上大大
拓展。

曹书杰的《中国古籍辑佚学论稿》是系统总结辑佚活动产生发
展的历史沿革和各时期特点的代表作，该书从佚文献、辑佚、辑佚学
入手，考察了从先秦至清代等历代文献的聚散存佚，分析了辑佚的起
源问题，讨论了自宋元至当代文献辑佚的成就，尤其重点分析了清代
文献辑佚的繁盛及其成绩。① 该书资料丰富、内容翔实，它的出版弥
补了辑佚学史研究的不足。

清代是辑佚学发展的鼎盛时期，出现了一大批辑佚名家。正因为
此，改革开放新时期辑佚学个案研究，主要集中在清代。作为清代著
名辑佚学家的马国翰是学界关注的重点，相关文章不下十余篇，分别
介绍马国翰的生平，总结了其辑佚的方法与成就，辑佚书的体例和特

---

① 曹书杰：《中国古籍辑佚学论稿》，东北师范大学出版社 1998 年版。

点，并探讨了他的藏书活动与辑佚活动之间的关系。① 黄奭是另一位较受关注的辑佚学者，人们对其家世、生平及辑刊佚书始末、辑佚的贡献进行了考述。② 此外，王谟、严可均、洪颐煊、汤球、戴震、孙星衍等一大批清代著名辑佚学家的辑佚成就、辑佚方法、辑佚思想也得到充分研究。③ 其他如梁启超、鲁迅、赵万里、张舜徽的辑佚学成就和理论也引起人们重视，推动了辑佚学研究的视野由清向近代的扩展。

辑佚学的专题研究包括对某一特定时期、特定种类的文献辑佚的系列考述。清代是古文献辑佚的极盛时代，众多的专题研究依然集中在这一时期。张升从清代文化的大背景出发，根据辑佚的历史和辑佚自身的特点，探讨了清代辑佚出现和兴盛的原因。在对清代辑佚发展特点进行分析研究的基础上，指出虽然清人对辑佚有普遍怀疑其学问性的倾向，但在辑佚实践中企求并刻意贯彻的"求用、求古、求全、求善"指导原则，正是辑佚的学问性所在。④ 杨祖逵、顾亚东也梳理总结了清代辑佚兴盛发展的原因，认为清代辑佚是"本经"运动、"西学中源"论、实学思想共同推动的结果。⑤《四库全书》的编纂是清代的重要文化工程，在古文献辑佚上也取得了很大的成就，有鉴于此，人们对四库馆臣辑佚之学的缘起、过程、成就与不足进行了梳

---

① 沙嘉孙：《马国翰和〈玉函山房辑佚书〉》，《山东图书馆季刊》1983 年第 2 期；赵荣蔚：《论〈玉函山房辑佚书〉的体例特色》，《图书馆论坛》2010 年第 6 期；郭国庆：《清代辑佚与图书典藏——以马国翰为个案的研究》，《贵州民族大学学报》（哲学社会科学版）2010 年第 4 期。

② 曹书杰：《黄奭及其辑佚活动始末考》，《东北师大学报》1992 年第 5 期；冀淑英：《黄奭对辑佚工作的贡献》，《北京图书馆馆刊》1992 年第 1 期。

③ 褚赣生：《王谟及其文献辑佚活动评述》，《文献》1987 年第 2 期；陈华：《试论严可均对文献辑佚的贡献》，《杭州大学学报》（哲学社会科学版）1996 年第 1 期；郭春环：《洪颐煊和他的辑佚成就》，《古籍整理研究学刊》1999 年第 1 期；庄华峰：《汤球对两晋十六国史书的辑佚》，《史学史研究》2000 年第 2 期；徐道彬、杨应芹：《戴震辑佚成就述论》，《安徽大学学报》2005 年第 4 期；焦桂美：《论孙星衍的辑佚学思想、方法及成就》，《图书馆理论与实践》2008 年第 6 期。

④ 张升：《论清代辑佚兴盛的原因》，《古籍整理研究学刊》1994 年第 5 期；《对清代辑佚的两点认识》，《文献》1994 年第 1 期。

⑤ 杨祖逵、顾亚东：《清代辑佚思想探源》，《图书馆理论与实践》2007 年第 6 期。

理、分析和总结，探讨了《四库全书》的编纂对清代辑佚学的影响。① 俞艳庭、赵景雪、袁敏、陈见微还分别对清代三家《诗》、魏晋子书的辑佚成就进行了论述。② 李涵、胡喜云还对今人在清代辑佚学方面所取得的成就和存在的问题进行了梳理。③

对清代辑佚研究的代表性成果是喻春龙的《清代辑佚研究》和郭国庆的《清代辑佚研究》，喻书通过钩稽、梳理相关史料，对清代辑佚者及辑本进行了汇考，考证出清代有辑佚成果者 456 人，辑本种类广涉四部几近万卷，对《清史稿艺文志拾遗》进行了纠谬补阙，并有对四库馆臣以及戴震、周永年等名家辑佚的评述。④ 郭著则从清代学术研究互动的角度探讨了清代辑佚书兴盛的原因，并从凡例角度论述了清代辑佚方法，最后总结了清代辑佚的不足之处。⑤ 两书对清代辑佚的全面研究，有助于促进学术界对清代辑佚学研究的进一步深入。

除清代辑佚研究成果较为丰富之外，李梅训、郑杰文等人对古代谶纬文献的禁毁、散失和辑佚的情况进行了专题研究。⑥ 赵章超、况立秋对六朝及唐五代文言小说辑佚的历史和成就进行了回顾。⑦ 肖克之、郑琪结合农业古籍著录与散失情况，探讨了农业古籍辑佚的

① 李春光：《〈四库全书〉辑佚成就述评》，《社会科学辑刊》1991 年第 4 期；鲁夫：《从四库编纂看清代辑佚学的发展》，《河南图书馆学刊》1992 年第 2 期；王世学：《〈四库全书〉与清代辑佚》，《中国图书馆学报》1993 年第 3 期。

② 俞艳庭：《清儒三家〈诗〉辑佚成就述略》，《唐都学刊》2006 年第 2 期；袁敏：《清人辑佚魏晋子书成果述评》，《西南石油大学学报》（社会科学版）2010 年第 3 期；陈见微：《析清人辑佚〈傅子〉的成就》，《文献》2000 年第 3 期。

③ 李涵：《清代辑佚研究述略》，《图书馆杂志》2000 年第 4 期；胡喜云、王磊：《清代辑佚学研究综述》，《图书与情报》2009 年第 1 期。

④ 喻春龙：《清代辑佚研究》，上海古籍出版社 2010 年版。

⑤ 郭国庆：《清代辑佚研究》，民族出版社 2011 年版。

⑥ 李梅训、庄大钧：《谶纬文献的禁毁和辑佚》，《山东大学学报》（人文社会科学版）2002 年第 1 期；郑杰文：《古佚书整理中的谶纬辑佚和研究》，《山东大学学报》（哲学社会科学版）2003 年第 1 期。

⑦ 赵章超、况立秋：《六朝及唐五代文言小说辑佚的回顾与前瞻》，《西南大学学报》（社会科学版）2009 年第 3 期。

方法与内容，以及历代辑佚的成绩。① 张如青的系列文章梳理了古代医籍辑佚的历史，总结了古代医籍辑佚的成就，论述了古代医籍辑佚的方法。② 王小盾等人对古代音乐文献的辑佚原则和方法作了专门论述。③ 苗怀明、王珺对 20 世纪中国古代戏曲文献的辑佚进行了总结。④ 这些都是以特殊门类的古文献辑佚进行专题研究的优秀成果。

曹书杰的论文沿着历史的轨迹，系统总结了近百年间辑佚研究发展的历史过程和基本特点，对各个历史时期辑佚学研究发展的基本状况、代表学者、主要成果和观点进行了总体的概括和系统的评介，揭示了辑佚学作为一门独立学科的演进形成过程，并对 21 世纪的辑佚学研究做出展望。⑤

（二）古文献辑佚方法的总结

文献辑佚需要一定的方法，前人积累了很多经验，需要认真总结，为我所用。陈光贻在梳理辑佚学起源、发展历史的基础上，首次对明悉辑录遗书佚文的存况、辨证古书佚文的真伪、辨别同名异书或同书异名等辑佚工作的要点进行了总结。⑥ 胡道静对辑佚的原因、辑佚的类型、辑佚的历史沿革和手段进行了系统的说明和梳理。⑦ 徐德林对清代著名辑佚学家严可均的辑佚方法进行了探索和总结，认为大

---

① 肖克之：《农业古籍辑佚与孤本说》，《农业考古》2004 年第 1 期；郑琪：《中国农业古籍辑佚考略》，《安徽农业科学》2010 年第 2 期。

② 张如青：《论古医籍辑佚》，《文史知识》1997 年第 3 期；《论古医籍辑佚（续）》，《中医药文化》1998 年第 1 期；《论古医籍辑佚（续三）》，《中医药文化》1998 年第 2 期。

③ 王小盾、余作胜：《从〈琴操〉版本论音乐古籍辑佚学》，《音乐研究》2011 年第 3 期。

④ 苗怀明：《20 世纪中国古代戏曲辑佚的回顾与反思》，《文学遗产》2004 年第 6 期；王珺：《20 世纪中国戏曲辑佚学史研究》，《鸡西大学学报》2010 年第 3 期。

⑤ 曹书杰：《20 世纪的辑佚学研究（1949 年以前）》，《淮阴师范学院学报》（哲学社会科学版）2000 年第 5 期；《20 世纪辑佚学研究（1950—1998）》，《淮阴师范学院学报》（哲学社会科学版）2001 年第 1 期；《中国辑佚学研究百年》，《东南学术》2001 年第 5 期。

⑥ 陈光贻：《辑佚学的起源、发展和工作要点》，《史学史研究》1983 年第 1 期。

⑦ 胡道静：《网罗遗文的事业和学问：辑佚工作与辑佚学》，《上海社会科学院学术季刊》1985 年第 2 期。

致说来有缀合法、存异同、注出处、加按语、作小传，并具有精校勘以辑佚、校类书以辑佚、通金石以辑佚的特点。① 陈尚君评述前代古籍辑佚的成就得失，认为古籍数码化为现代学者从事古籍辑佚提供了新的难得的机遇，人们可以在前人已有成果的基础上，遵循现代学术的规范，取得超过前代的成就。② 曹书杰的《中国古籍辑佚学论稿》专门辟出《辑佚方法绪论》（包括辑本质量分析、辑佚工作程序、辑本整理的形式、辑佚的知识储备、辑佚成果的总结）、《佚文献的搜辑》（包括佚文搜辑的规则、佚文搜辑的方法、辑佚的主要资源）、《佚文献的考究》（包括考究的原则途径、佚书考究的意义、佚文真伪的考识、佚文文字的校理、佚文内容的考证）三章，归纳概括了辑佚工作的基本原则、程序，以及诸多的技术方法问题，③ 使辑佚的方法具有了形而上的特征，是对文献辑佚方法最为系统全面的总结。

（三）古文献辑佚的理论探讨

对古文献辑佚的理论探讨是和古文献辑佚学的学科建设同步进行的。最早提出辑佚学概念的当属晚清学者皮锡瑞，他在《经学历史》中把"辑佚书""精校勘""通小学"作为清朝经师有功于后学的三件事，并将辑佚与"校勘之学""音韵之学"并称，认为"至国朝而此学极盛"④。尽管清代辑佚古文献的成就获得了后世一致的认可，但辑佚学的概念直到改革开放后才逐渐被学者接受并予以提倡、讨论和阐发。陈光贻使用了"辑佚学"并梳理了其起源和历史发展。⑤ 徐德明在回顾古文献辑佚的发展历史，总结古文献辑佚成就，肯定其保存民族文献的重大贡献的基础上，认为"辑佚书决非雕虫小技，而是大有学问的"，旗帜鲜明地提出了辑佚学"与目录、版本、校勘、

---

① 徐德林：《严可均辑佚方法初探》，《古籍整理研究学刊》1987 年第 4 期。
② 陈尚君：《古籍辑佚学在数码时代的发展机缘——史广超〈永乐大典辑佚述稿〉序》，《古籍整理研究学刊》2009 年第 6 期。
③ 曹书杰：《中国古籍辑佚学论稿》，东北师范大学出版社 1998 年版。
④ 皮锡瑞：《经学历史》，中华书局 2004 年版，第 241 页。
⑤ 陈光贻：《辑佚学的起源、发展和工作要点》，《史学史研究》1983 年第 1 期。

文字、音韵、训诂等学科一样，应成为一门独立的学科"①。此后，杨燕起、高国抗主编的《中国历史文献学》把辑佚学当作文献学的分支学科，单列一章，提出了建立辑佚学学科的意见和大致构想。② 曹书杰在对辑佚实践和类别进行分析的基础上，对辑佚学的内容和概念进行了大胆的探讨，给出了比较科学的定义，并尝试回答了辑佚学的研究对象和范围、辑佚活动产生的原因、辑佚的意义等基本理论问题，③ 后曹又专门撰文论述了这一问题。④ 曹书杰的研究为辑佚学的独立和学科的建设做了非常有益的探索。

对于辑佚学的理论建构，归功于两部重要的专著。一是王玉德《辑佚学稿》，凡7万字，首次富有创造性地勾勒了辑佚学学科体系的框架，运用逻辑学的方法对"辑佚学"的学科概念进行了较为科学的解说，虽然相对简略，不能对诸多问题进行深入探讨，但因为是第一部辑佚学专论，可看作辑佚学走向独立、成熟的重要一步。⑤ 一是前文已提到的曹书杰的《中国古籍辑佚论稿》。该书探讨了辑佚学学科的诸多理论问题，如辑佚和辑佚学的定义、辑佚的类型和特征、辑佚学的性质和对象、任务和内容、目的和意义等，较为系统地总结了辑佚活动产生发展的历史沿革和各时期的发展水平、代表学者、主要成果等，归纳概括了辑佚工作的基本原则、程序，以及诸多的技术方法问题，使辑佚的方法具有了形而上的特征。书中还总结了辑佚学研究的历史，指出了今后辑佚工作和辑佚学研究的任务，可以说完成了辑佚学的理论建构，标志着辑佚学研究进入了全新的时代。王玉德、曹书杰两人的辑佚学专著，详略不同，而体式接近，均以古人的辑佚工作与总成果为对象，考察了历史文献的聚散存佚与辑佚学的起

---

① 徐德明：《辑佚学应成为一门独立的学科》，《古籍整理研究学刊》1986年第2期。

② 杨燕起、高国抗：《中国历史文献学》，北京图书馆出版社2003年版，第337—358。

③ 曹书杰：《辑佚与辑佚学》，《古籍整理研究学刊》1990年第2期。

④ 曹书杰：《辑佚学的性质对象任务内容和意义》，《古籍整理研究学刊》1999年第4期。

⑤ 王玉德：《辑佚学稿》，李国祥主编：《古籍整理研究（八种）》，武汉工业大学出版社1989年版。

源、辑佚的方法原则、前人辑佚的得失，以及如何整理辑佚成果与开拓辑佚研究新局面，内容丰富，资料充实，为现代辑佚学理论体系的建立提供了样式。

（四）古文献辑佚的成果

改革开放以来，古文献辑佚也取得了丰硕的成果，值得称道。

辑佚是从诸多古籍文献中爬梳淘金，复原已佚之书，本身是复杂的古籍整理工作，它要求辑佚者不仅要有渊博的学识，而且要有文献学的基本功力，所以辑佚大都出于专家学者之手。较有代表性的人物有胡道静、周天游。胡道静曾辑佚古文献多种，有《熙宁字说钩沉》《宋人笔记钩沉》《沈存中选著钩沉》等手稿，毁于动乱。晚年重新辑佚，已出版的有《沈括诗词辑存》《种艺必用校录》等。[1] 并发表《梦溪忘怀录钩沉》。[2]《沈括诗词辑存》前后历经60年，毁而重辑，从《永乐大典》残本中钩出，得沈括《长兴集》未载之韵作含残句凡58首。周天游辑有《八家后汉书辑注》《〈七家后汉书〉校注》《史略校笺》《汉官六种》等。[3]《〈七家后汉书〉校注》以汪文台的辑本为底本进行整理增补，作者又新增晋人张莹的《后汉南记》一种成《八家后汉书辑注》，凡25卷，作者用多种七家《后汉书》辑本互相比勘，方法科学，校勘精确，注释翔实，是自清以来多家辑本中最好的一种。作者采用的辑佚方法和程式，既存前人辑佚之法，又颇多创见。书后附有人名索引，甚便使用。

个人辑佚之书可称道的还有许多。如朱祖延《北魏佚书考》(1985) 考录北魏佚书62部，分经、史、子、集四部，易、诗、礼、乐、春秋、五经总义、小学、编年、杂史、霸史、职官、仪注、刑法、杂传、地理、五行、医方、艺术、别集等19类，每一书名之下，

---

① 两书分别由上海书店于1986年、农业出版社于1985年出版。

② 胡道静：《梦溪忘怀录钩沉》，《杭州大学学报》1981年第1期。

③ 这四部辑佚著作分别由上海古籍出版社、河北人民出版社、书目文献出版社、中华书局于1986年、1987年、1987年、1990年出版。

首据史传，略陈作者家世爵里，然后广为钩稽散见于群书的遗文佚句。若前人已有辑佚之作，则取以互勘，征引旧籍，详注篇名卷数，以便寻检，甄采旧说，俱注出处，间有所见，则附以按语。本书辑集兼具考证，详赅精审，是研究北魏政治、经济、文化的重要文献。贺次君的《括地志辑校》（1980）是在孙星衍辑录本的基础上，重新校勘并增补的本子。此书共四卷、包括一百五十七州、四百五十一县，另外还附有西域，北狄、东夷三地方，本为唐代一部规模巨大的地理著作。贺次君辑校本，比孙星衍辑本增多了几十条，而且纠正了孙本中的错误，是我国目前所能见到的最好本子，且书后附有四角号码索引，查检极为便利。陈尚君的《全唐诗补编》（1992）、马蓉等主编的《永乐大典方志辑佚》（2004）等，搜辑保存了相关文献资料，具有极高的学术价值，也是重要的辑佚著作。

此外，还有许多单篇文章，或考佚书，或辑佚文，搜剔爬梳，使众多久佚的文献资料得以重现在人们面前，嘉惠学林，功不可没，不一一赘述。

二　古文献流通研究

古文献流通即古文献的传播与利用。有文献的生产，就必然有文献的传播和利用。文献流通对于人类社会的物质生产和精神发展有巨大的推动作用，中国的古文献浩如烟海，这些文献在不断的流通中传播了文化，培养造就了无数的人才。改革开放新时期，对古文献流通的研究成果不是很多，但也颇具代表性。

（一）古文献流通的整体研究

吴聿明较早对我国古代利用藏书发挥其社会职能的主要手段进行了系统简要的概括。[①]浦保清对我国古代的藏书利用问题进行了分析，认为随着古代藏书的发展，古文献的流通也在不断地加速，在

---

① 吴聿明：《我国古代图书流通述略》，《四川图书馆学报》1984 年第 3 期。

漫长的历史过程中，古人倡导了切实可行的流通原则和多种多样的流通方法。① 蔡炜以年代为序，从先秦两汉至明清，考述了我国古代不同时期图书的流通情况，梳理了古代图书从收藏到流通的漫长过程。② 李瑞良的《中国古代图书流通史》是国内第一部比较系统全面研究中国古代图书流通历史的专著。作者认为中国古代图书流通史实际上就是我国古代图书编纂、出版、发行、收藏与阅读的历史演变史。全书以时代为序，分别探讨了周秦、两汉、三国两晋南北朝、隋唐五代、宋元、明清各阶段的图书生产与流通。摸清了我国图书生产和流通的发展脉络与演进轨迹，揭示了其历史发展的连续性和阶段性。③ 作者把图书流通史放在中国文化史的总体中来考察，把它看作文化史的一部分进行研究。同时又把图书流通放在商业运作之中，作为生产和消费的中间环节予以论述。图书生产与流通的特殊性成为该书叙事立论的重点。该书论点新颖，立论稳妥，论证周详，史料丰富，对中国古代图书编印与传播领域的成就作了较全面的总结。另外，彭斐章主编的《中外图书交流史》论述了从汉魏直到民国时期的中外图书交流情况，④ 是首部对中外图书交流的历史进行系统总结的著作。杨虎、肖阳著《中国书业》的第三章《传承之道》专门探讨中国古代典籍的收藏、保护与传播，第七章有专节论述《古代中外的书籍交流》。⑤ 这些研究都深化了人们对中国古文献流通史的认识。

（二）古文献流通专题研究

古文献流通史的专题研究包括对古代图书市场、古代藏书流通、古代文献流通管理、古代文献流通形式、古文献流通理论等进行的专

① 浦保清：《略谈古代的图书流通》，《图书馆工作与研究》1984 年第 4 期，第 17、18 页。
② 蔡炜：《我国古代图书流通情况述略》，《四川图书馆学报》2004 年第 5 期，第 71—73 页。
③ 李瑞良：《中国古代图书流通史》，上海人民出版社 2000 年版。
④ 彭斐章主编：《中外图书交流史》，湖南教育出版社 1998 年版。
⑤ 杨虎、肖阳：《中国书业》，五洲传播出版社 2010 年版。

门研究。

古代图书市场研究。于宝华探讨了古代图书市场对文献传存的影响，提出古代图书市场经历了长时间的发育过程，在雕版术的推动下才完成了向单纯图书售卖的转变，而所谓"重用轻藏"的社会收藏倾向是图书市场高度发展，珍贵图书的应有价值终被社会认可的必然演化结果，且古代图书商业活动是在薄利的市场环境中进行，并由此推动了文献在各个阶层的广泛传播，诱发了印刷技术的进步，活跃了学术与创作，丰富了大众文化生活。[①] 杨立民、侯翠兰根据我国古代图书市场发展的特点，分西汉末年图书市场的产生、南北朝时期的大发展、唐宋时期质的飞跃、明清时期达到顶峰几个阶段，完整梳理了古代图书市场流通的历史。[②] 古代图书市场的研究还有一些成果，散见于对中国图书发行史、中国古代书业史的研究专著中。如郑士德的《中国图书发行史》按朝代分章，论述了上自先秦下迄 20 世纪末中国两千多年的图书发行历史，全面系统地反映了我国书业的产生、发展和演变转型的历史，包括历朝历代发展书业的决策、书业事件、书业机构、书业人物、书林掌故、书林趣闻，还包括历代的图书市场及其管理、历代的代表著作等，[③] 对总结中国古代文献流通中的图书市场与管理，具有开拓性的意义。高信成的《中国图书发行史》按中国古代图书发行史、中国近代图书发行史、中国现代图书发行史分为三编，以浓缩的笔墨对各个时期书肆、书坊、书店的发生、发展、繁荣、衰落的境况予以记述，其古代部分对古文献出版发行的状况进行了较为详尽的梳理。[④] 林应麟的《福建书业史——建本发展轨迹考》以福建地区为研究对象，立足于整体文化背景，在对各个历史时期的

---

① 于宝华：《简论古代图书市场对文献传存的影响》，《津图学刊》1995 年第 3 期。
② 杨立民、侯翠兰：《中国古代图书市场流通论》，《图书馆论坛》1998 年第 5 期。
③ 郑士德：《中国图书发行史》，高等教育出版社 2000 年版。
④ 高信成：《中国图书发行史》，复旦大学出版社 2005 年版。

文化教育情况进行概括介绍的基础上，着重对书业经营进行了论述，① 是区域性图书市场研究的佳作。

　　古代藏书流通研究。程磊对古代书院藏书流通的传统进行了阐发，② 程焕文对古代私人藏书"藏而致用，流通开放"特点进行了探讨，③ 李龙如对历史上具有流通意识的藏书家进行了介绍，并给予充分肯定，④ 张一民对私人藏书家在传播流通图书的社会活动中所起到的积极作用进行了分析，⑤ 杜小保对我国古代官府藏书楼、寺院藏书楼、书院藏书楼和私人藏书楼的图书流通范围、流通方式、借阅制度等进行了系统又概括的研究等。⑥

　　古代文献流通方式研究。曾主陶认为，通过书肆进行文献的多向流通、由帝王进行文献颁赐而实现定向流通是中国古代文献流通的主要形式，文献要在全社会中实现多层次、全方位的流通，还必须依靠借阅与赠送等其他辅助形式。⑦ 花家明结合社会发展状况，梳理了官书垄断、抄写传播和印刷传播三种主要书籍流通形式的演变，认为每一种流通形式都对中国古代文化的传播和发展产生了深远的影响。⑧

　　古代文献流通理论研究。陈少川对我国古代文献流通史上的重要人物曹溶、丁雄飞、周永年、国英等人的文献流通理论作了深入探讨。⑨ 高桥智以探讨杨守敬观海堂藏书的特殊意义为例，在介绍分析

---

　　① 林应麟：《福建书业史——建本发展轨迹考》，鹭江出版社 2004 年版。

　　② 程磊：《古代书院藏书流通的传统》，《宁夏图书馆通讯》1982 年第 2 期。

　　③ 程焕文：《藏而致用 流通开放——中国古代私人藏书的本质和主流》，《图书馆学研究》1987 年第 4 期。

　　④ 李龙如：《我国封建社会私人藏书活动中的流通家》，《图书馆》1998 年第 1 期。

　　⑤ 张一民：《我国古代私人藏书活动中的流通家》，《图书馆理论与实践》2004 年第 1 期。

　　⑥ 杜小保：《古代藏书楼图书流通研究》，《河南理工大学学报》（社会科学版）2005 年第 6 期。

　　⑦ 曾主陶：《中国古代文献流通管理（一）》，《图书馆》1989 年第 6 期；《中国古代文献流通管理（二）》，《图书馆》1990 年第 2 期；《中国古代文献流通管理（三）》，《图书馆》1991 年第 6 期。

　　⑧ 花家明：《文化传播视野中的中国古代书籍的流通形式》，《图书馆论坛》2007 年第 2 期。

　　⑨ 陈少川：《浅探我国古代关于图书流通理论的发展与沿革》，《晋图学刊》1988 年第 2 期。

中日两国其他几个显著实例的基础上，勾勒了中国从明末至现代主要善本的流通，以及日本江户时代初期至末期主要汉籍善本的流通情况，并据此论述了建构正确的古籍流通学体系的必要性。① 程千帆、徐有富的《校雠广义·典藏编》设有专章《图书流通》，分三节详细论述了图书流通思想的形成与发展、流通方式、流通的规章制度，② 是较早对流通思想、方式、制度进行系统研究的重要成果。此外，刘孝文、和艳会通过考察历代佣书业情况，认为佣书是我国古代兼具图书流通、传播和复制功能的独特文化活动。③ 何俊伟则以特定的地区为范围，论述了大理古代图书流通的形成与发展、流通的形式，以及在形成独具特色的"南诏大理历史文化"中的重要价值。④

　　整体来看，古文献流通的研究尽管取得了一些成绩，但还处在起步阶段，需要更多的学者予以关注，进行更广泛、深入的梳理、分析和探讨。

三　古文献典藏研究

　　古文献的收集和典藏，是古文献保存、传承和研究、利用的基础。正是由于无数前贤对文献的收集、典藏和利用，才有了我国学术的发展进步和今天丰富珍贵的民族文化遗产。有鉴于此，对于古文献典藏的研究历来也是学术界关注的重点。改革开放以来的古文献典藏研究取得了丰硕的成果，不仅系统梳理了古文献典藏的历史，全面研究了古代的藏书楼、藏书家，还深入探讨了藏书文化，建立了典藏专学。

（一）古文献典藏史研究

1. 典藏通史研究

许碚生、李春秋概述了中国古代书籍的起源和发展、官私藏书楼

---

① 高桥智：《古籍流通的意义：善本和藏书史》，《中国典籍与文化》2010 年第 1 期。

② 程千帆、徐有富：《校雠广义·典藏编》，齐鲁书社 1998 年版，第 450—502 页。

③ 刘孝文、和艳会：《古代佣书业发展及文化贡献概述》，《图书情报论坛》2011 年第 3 期。

④ 何俊伟：《大理古代图书流通史略》，《大理学院学报》2005 年第 6 期。

的产生和发展。① 罗敏文的系列文章梳理了中国藏书由先秦到明清的
发展过程，对古代藏书形态的演变、古代藏书的积聚与消亡、古代藏
书事业发展的特点、古代藏书对各代科学文化发展所起的作用等问题
进行了初步探讨。② 在文献典藏通史的研究方面，还出版了很多专
著。许碏生的《古代藏书史话》虽是不足 50 页的小册子，但较为全
面地论述了古代藏书的起源以及秦至清藏书状况的发展变化；③ 焦树
安的《中国古代藏书史话》首先概述中国古代藏书的情况，分析了
中国古代藏书的起源，然后系统论述了秦至近代藏书的发展与特点，
整体框架虽与许著相似，但内容较为丰富；④ 刘渝生的《中国藏书起
源史》分藏书的酝酿和萌芽、最早的官府藏书、最早的私人藏书三
篇专门就中国藏书起源问题进行了探讨；⑤ 傅璇琮、谢灼华主编的
《中国藏书通史（上、下）》，在厘清藏书和藏书史概念的基础上，将
中国藏书分为官府藏书、私家藏书、寺观藏书、书院藏书四大系统，
并把中国藏书史分为起源、兴起、发展、繁荣、鼎盛、转型六个阶
段，以时代和朝代为序，分八编论述了先秦至 20 世纪的藏书历史，
其中有丰富的出版史内容和资料；⑥ 徐凌志主编的《中国历代藏书
史》按照藏书活动的继承特性，以历史朝代为经，设先秦两汉魏晋
南北朝藏书、隋唐五代藏书、宋辽金时期藏书、元代藏书、明代藏
书、清代藏书、民国时期藏书七章，简明揭示了历史上不同时期的藏
书概况，从其所经历的萌芽、雏形、成熟的发展过程，阐明藏书活动
的地域性、阶段性、继承性和多样性的基本特征。⑦

---

① 许碏生、李春秋：《我国古代藏书史话》，《四川图书馆学报》1980 年第 4 期。

② 罗敏文：《中国古代藏书史话》，《图书馆》1984 年第 1、3、5 期；《中国古代藏书事业
一瞥》，《图书馆界》1986 年第 1 期；《中国古代藏书事业漫话》，《赣图通讯》1986 年第 1 期。

③ 许碏生：《古代藏书史话》，中华书局 1982 年版。

④ 焦树安：《中国古代藏书史话》，商务印书馆 1991 年版，2004 年再版。

⑤ 刘渝生：《中国藏书起源史》，江西人民出版社 1994 年版。

⑥ 傅璇琮、谢灼华主编：《中国藏书通史（上下）》，宁波出版社 2001 年版。

⑦ 徐凌志主编：《中国历代藏书史》，江西人民出版社出版 2004 年版。

2. 典藏专史研究

改革开放新时期，典藏专史研究成果丰硕，可以分为公共藏书研究、私家藏书研究、区域藏书研究三大类。

公共藏书研究。公共藏书包括官府、书院、寺观等公共机构的藏书。官府藏书产生最早，地位也极其重要，相关研究成果也较多。李更旺系统地对先秦至南北朝官府藏书的设置、机构、处所进行了考述；① 刘渝生、程焕文、华欣、翟晓岩、海继才、王子舟、陈德弟、冷一江、陈雪云等人对官府藏书活动的研究涵盖了从周朝至明清的各个时期；② 费愉庆就汉至清代重要的官府藏书机构择要作了概述，理清了古代官府藏书机构产生、发展、消亡的基本脉络；③ 齐秀梅、杨玉良等著《清宫藏书》，比较系统地介绍了清宫藏书源流、清宫藏书概况、清宫藏书的装帧与维护、清宫藏书的典守与利用等。④ 张升的《明清宫廷藏书研究》分上下两编，分别论述明清两代宫廷藏书的收集、藏书目录、藏书处所、藏书的利用以及藏书的流散等问题。⑤ 朱赛虹、何东红的《中国官府藏书》按时序依次论述了发轫之初的商周官府藏书、成型定制的秦汉官府藏书、承前启后的魏晋南北朝官府藏书、飞速发展的隋唐五代官府藏书、灿烂夺目的宋辽金夏元官府藏书、繁荣昌盛的明代官府藏书、

---

① 李更旺：《先秦至南北朝官府藏书设置考——兼对〈中国古代图书事业史一鉴表（上）〉补遗》，《图书馆学刊》1982 年第 4 期；《先秦至西汉官府藏书处所名称考》，《图书馆学刊》1983 年第 3 期；《西汉官府藏书机构考》，《图书馆学刊》1984 年第 1 期；《南北朝诸国官府藏书机构考》，《河南图书馆学刊》1986 年第 3 期。

② 见刘渝生《周王朝官府藏书处所辨析》，《图书情报工作》1986 年第 4 期；程焕文《隋代官府藏书史略》，《河南图书馆学刊》1987 年第 4 期；华欣《汉代的官府藏书》，《出版发行研究》1988 年第 3 期；翟晓岩《明代的官府藏书及其利用》，《甘肃社会科学》1993 年第 6 期；海继才《北宋的皇帝与官府藏书》，《中国出版》1997 年第 7 期；王子舟《隋代官府藏书考述》，《图书馆学研究》1998 年第 3 期；冷一江《唐代官府藏书在人才培养中的作用》，《图书与情报》2003 年第 2 期；陈雪云《明清官府的藏书与利用》，《河南图书馆学刊》2003 年第 6 期；陈德弟《三国两晋官府藏书活动述略》，《贵图学刊》2004 年第 2 期；等等。

③ 费愉庆：《中国古代官府藏书机构考》，《当代图书馆》2004 年第 3 期。

④ 齐秀梅、杨玉良等：《清宫藏书》，紫禁城出版社 2005 年版。

⑤ 张升：《明清宫廷藏书研究》，商务印书馆 2006 年版。

盛极转衰的清代官府藏书、转型变制的近代政府藏书，对中国古代的官府藏书做了系统研究。①

　　收藏图书是历代书院的传统，也形成了我国古代藏书系统的重要门类。改革开放以来，有关书院藏书的研究成果颇多，人们从不同的角度对古代书院藏书的概况、发展历程、特点、成就及历史地位进行了论述。② 对我国古代书院藏书流通的传统、利用与管理制度、藏书与教学的关系、藏书与刻书的互动关系、藏书的采集与分类等问题进行了探讨。③ 大梁书院、岳麓书院、箴言书院、广雅书院、白鹿洞书院、嵩阳书院、味经书院、冠山书院等中国古代各大书院藏书的历史、基本情况与管理也受到人们重视，进行了探究。④人们还从断代史的角度，对由宋至清各个时期书院藏书的总体情况进行了分析。⑤ 赵连稳的《中国书院藏书》对中国书院藏书进行了

　　① 朱赛虹、何东红：《中国官府藏书》，贵州人民出版社 2009 年版。
　　② 主要有徐文《我国书院藏书漫谈》，《图书馆杂志》1985 年第 3 期；杨建东《古代书院藏书概述》，《四川图书馆学报》1985 年第 5 期；陆汉荣、张炳文《古代藏书的一种重要类型——书院藏书》，《苏州大学学报》1987 年第 4 期；牛红亮《略论我国古代的书院藏书》，《晋图学刊》2004 年第 4 期；王立贵《论我国古代书院的藏书事业及其成就》，《新世纪图书馆》2011 年第 5 期等。
　　③ 主要有程磊《古代书院藏书流通的传统》，《宁夏图书馆通讯》1982 年第 2 期；何如《我国书院藏书制度述略》，《黑龙江图书馆》1990 年第 1 期；陆汉荣《浅谈书院藏书与书院教学的关系》，《大学图书馆学报》1990 年第 1 期；邓洪波《试论书院藏书的管理体系》，《图书馆理论与实践》1996 年第 3 期；梅莉《古代书院藏书的利用与管理》，《江苏图书馆学报》1997 年第 6 期；张麦青《略论我国书院藏书与刻书》，《鄂州大学学报》2004 年第 2 期等。
　　④ 申畅：《大梁书院及其藏书》，《河南图书馆学刊》1983 年第 3 期；拓夫：《岳麓书院藏书述略》，《图书馆》1985 年第 4 期；邓洪波：《箴言书院及其藏书（上、下）》，《图书馆》1988 年第 6 期、1989 年第 2 期；莫仲予：《广雅书院藏书》，《岭南文史》1991 年第 1 期；漆身起：《白鹿洞书院藏书考》，《江西图书馆学刊》1995 年第 4 期；徐雁：《嵩阳书院藏书楼》，《书屋》1999 年第 6 期；白君礼：《味经书院藏书摭拾》，《四川图书馆学报》2005 年第 6 期；张梅秀：《清末冠山书院藏书及其管理》，《晋图学刊》2008 年第 4 期等。
　　⑤ 韩淑举：《清代书院藏书初探》，《山东图书馆季刊》1988 年第 3 期；贾秀丽：《宋元书院刻书与藏书》，《图书馆论坛》1991 年第 2 期；邓洪波：《元代书院的藏书事业》，《图书馆》1996 年第 4 期；邓洪波、樊志坚：《明代书院的藏书事业》，《江苏图书馆学报》1996 年第 5 期；王河：《两宋书院藏书考略》，《江西社会科学》1998 年第 8 期；王志勇：《清代书院藏书的购置与分编著录》，《山东教育学院学报》2008 年第 4 期。

概括分析，并分省介绍了甘肃、陕西、贵州、四川、云南、河北、山西、辽宁、河南、湖南、广东、安徽、江苏、江西、浙江和福建近 40 家书院的藏书历史及现状，① 是首部对中国书院藏书进行系统研究的专著。

寺观藏书也是公共藏书的重要类型之一，它们随着宗教的兴衰而兴衰，有着一千多年的发展历史。陈曙率先对寺观藏书的起源及其意义、寺观藏书的发展过程、寺观藏书的特性进行了梳理、概括和总结。② 徐寿芝论述了寺观藏书的概况、发展历程，特别分析了寺观藏书与政治、经济、文化之间的关系，肯定了寺观藏书在古籍整理特别是在目录学上取得的成就，及在保存文化典籍、普及古代的教育事业、促进各民族的融合与中外文化交流上的贡献。③ 人们还对浙江、山西、衡阳等地寺观的藏书概况、发展历史和影响等问题进行了探讨。④ 徐建华、陈林的《中国宗教藏书》论述了佛教、道教、基督教的藏书历史。佛教藏书讨论了佛教藏书的起源、手写大藏时期的佛教藏书、雕版大藏时期的佛教藏书、近现代佛教藏书；道教藏书讨论了道教藏书的起源、雕版道藏之前的道教藏书、雕版道藏之后的道教藏书；对基督教藏书情况，作者讨论了明末清初基督教藏书之肇发、鸦片战争前后基督教藏书之兴起、20 世纪上半叶基督教藏书之发展等。⑤ 该书是对我国寺观藏书进行系统研究的开创之作。

私家藏书研究。私家藏书是我国藏书史上历史悠久、影响巨大的藏书类型，在保存典籍、促进书籍的流通和学术文化的发展等方面为功甚巨。改革开放以来，私家藏书的研究取得了巨大成绩。人们从各

---

① 赵连稳编著：《中国书院藏书》，贵州人民出版社 2009 年版。

② 陈曙：《论寺观藏书》，《图书馆理论与实践》1992 年第 2 期。

③ 徐寿芝：《古代寺观藏书及整理》，《图书馆理论与实践》2003 年第 6 期。

④ 如欧明生《衡阳寺观藏书浅析》，《图书馆》1996 年第 1 期；李如斌、范继玲《山西寺观藏书史略》，《晋图学刊》2000 年第 4 期；刘杭《浙江寺观藏书述要》，《图书馆研究与工作》2004 年第 3 期等。

⑤ 徐建华、陈林：《中国宗教藏书》，贵州人民出版社 2009 年版。

个方面对我国古代私家藏书的概况、利用、起源、历史变迁、文化功能、社会贡献、兴衰与社会变迁、流派等问题进行了概括和总结。① 纵向上探讨了不同朝代私家藏书的总体情况，② 横向上探讨了不同地区私家藏书的状况。③ 周少川则深入探讨了古代私家藏书的类型、措理之术、藏书楼的构建与命名、藏书的心态情结等问题，揭示了古代私家藏书所蕴含的文化意蕴，在私家藏书研究方面具有开创意义。④ 范凤书的《中国私家藏书史》依据书籍制作的演变和发展，逐代论述了中国私家藏书的发展，重点介绍了历代著名大藏书家、藏书世家的收藏活动、藏书思想和学术成就，又以整体或专题的形式论列了与私家藏书有关的藏书楼、藏书章、藏书家的功绩、藏书家的区域分布、私家藏托文献探考等问题。⑤ 刘大军的《中国私家藏书》按照先秦、秦汉、魏晋南北朝、隋唐五代、宋代、元代、明代、清前期、近现代的时序，叙述了各个时期私家藏书的概况，对私家藏书的历史发

---

① 如王晋卿《我国私家藏书及其目录》，《图书与情报》1985 年第 4 期；王国强《我国私家藏书的起源试探》，《山东图书馆季刊》1988 年第 1 期；于宝华《私家藏书的历史变迁》，《津图学刊》1996 年第 2 期；郭丽萍《论传统私家藏书的文化功能》，《山西师大学报》1999 年第 2 期；袁逸《中国古代私家藏书的特征及社会贡献》，《浙江学刊》2002 年第 2 期；徐雁平《私家藏书之兴衰与社会文化之变迁》，《博览群书》2005 年第 9 期；郑丽《我国古代私家藏书流派浅析》，《四川图书馆学报》2011 年第 1 期等。

② 如谷亚成、张芳梅《秦汉私家藏书略述》，《西北大学学报》1992 年第 2 期；谢灼华《清代私家藏书的发展》，《图书情报知识》2000 年第 1 期；范凤书、张德新《唐、五代私家藏书述略》，《图书馆理论与实践》2002 年第 1 期；叶雪冬《辽金元时代私家藏书概略》，《烟台师范学院学报》2002 年第 1 期；牛红亮《试析魏晋南北朝的私家藏书》，《图书馆杂志》2003 年第 6 期；王朝运《汉代私家藏书探微》，《图书馆理论与实践》2010 年第 3 期等。

③ 如刘尚恒《安徽私家藏书述略》，《安徽史学》1987 年第 1 期；施礼康《古代上海地区私家藏书概述》，《史林》1987 年第 3 期；齐秀荣《山东古代私家藏书简述》，《山东图书馆季刊》1987 年第 2 期；黄增章《广东私家藏书楼和藏书家的地位与贡献》，《中山大学学报》1998 年第 6 期等。

④ 周少川：《论古代私家藏书的类型》，《文献》1998 年第 4 期；《古代私家藏书措理之术管窥》，《中国典籍与文化》1998 年第 3 期；《古代私家藏书楼的构建与命名》，《中国典籍与文化》2000 年第 1 期；《文化情结：中国古代私家藏书心态探微》，《图书馆学研究》2002 年第 6 期；《中国古代私家藏书文化研究论纲》，《中国图书馆学报》2002 年第 6 期；《藏书与文化——中国古代私家藏书文化研究刍议》，《安徽大学学报》2003 年第 2 期等。

⑤ 范凤书：《中国私家藏书史》，大象出版社 2001 年版。

展做了较好的梳理。①

区域藏书研究。区域藏书史研究的相关论文在以上内容中已有所涉及，在此就具有代表性的专著和论文集进行介绍，以见区域藏书研究的繁盛。江庆柏的《近代江苏藏书研究》不仅全面探讨了近代江苏藏书的总体状况，而且对近代南京地区藏书、镇江地区藏书、常州地区藏书、无锡地区藏书的情况进行了深入发掘，② 是近年来我国区域藏书史研究的重要成果；叶瑞宝等的《苏州藏书史》比较详细系统地梳理和论述了苏州地区的藏书历史，内容涉及学校藏书、寺观藏书和私家藏书。书中特别注重对学校藏书、寺观藏书这两个以前人们重视不够的领域作了资料搜集和理论探索工作，③ 有一定的开拓性。顾志兴的《浙江藏书史》以时代为主线，起自东汉三国，迄于民国时期，以私家藏书为主，又搜集丰富材料，兼记官府、书院、寺观藏书，对浙江长达 2000 年藏书事业作了系统的论述。④ 曹培根编著《常熟藏书家藏书楼研究》收录有关常熟藏书家藏书楼研究的论文 14 篇，内容涉及常熟藏书流派及代表人物，常熟藏书家藏书楼与浙江、山东藏书家藏书楼的比较，同时还叙述了中国藏书之乡常熟的崛起及其文化、历史掌故等。⑤ 王绍仁主编的《江南藏书史话》收录了 66 篇有关江南地区藏书史研究的论文，⑥ 集中展现了江南藏书史研究的成果。

（二）藏书家研究

藏书家研究，是改革开放以来藏书史研究成果最多的领域，人们或按朝代，或按地区，或按学派，或专注名家，或发掘乡贤，对古代藏书家进行了系统而全面的探讨，涉及藏书人物众多。

---

① 刘大军、喻爽爽编：《中国私家藏书》，贵州人民出版社 2009 年版。
② 江庆柏：《近代江苏藏书研究》，安徽文艺出版社 2000 年版。
③ 叶瑞宝等：《苏州藏书史》，江苏古籍出版社 2001 年版。
④ 顾志兴：《浙江藏书史》，杭州出版社 2006 年版。
⑤ 曹培根：《常熟藏书家藏书楼研究》，上海文化出版社 2002 年版。
⑥ 王绍仁主编：《江南藏书史话》，上海古籍出版社 2009 年版。

　　以时代进行研究，人们系统梳理了从汉到明历代藏书家的基本情况，① 并汇辑了历代藏书家的资料；② 按地域进行研究，人们发掘了湖南、江浙、四川、山西、广东、安徽等地藏书家事迹；③ 对个人进行研究，人们对藏书家宋敏求、刘恕、尤袤、马曰琯、宋荦、吴翌凤、黄丕烈等的藏书活动进行了阐述；④ 从整体上对历代藏书家进行研究，人们从不同角度对古代藏书家保存图书的贡献、藏书家的分类、私家藏书与国家图书事业的关系、印鉴、藏书铭、敬业精神、学术成就、特点、文化心态等进行了深入论述。⑤

　　特别值得一提的是，改革开放新时期，研究藏书家的专著如雨后春笋，纷纷出版，为藏书家研究做出了重要贡献。林申清编的《明清著名藏书家藏书印》是一部有关藏书家事迹、藏书史料以及藏书

　　① 郁鹏：《早期的私人藏书家（一）、（二）》，《读书》1980 年第 5 期；《宋代的藏书家（一）、（二）、（三）、（四）》，《读书》1980 年第 5、6 期；《元代的藏书家》，《读书》1980 年第 6 期；《明代的藏书家（一）、（二）》，《读书》1980 年第 6、7 期。

　　② 范凤书：《中国历代藏书家资料辑要（一）、（二）、（三）、（四）》，《河南图书馆季刊》1981 年第 3、4 期，1982 年第 1、2 期。

　　③ 刘志盛：《清代湖南藏书家简介》，《湘图通讯》1980 年第 1 期；崔文印：《江浙藏书家史略》，《读书》1980 年第 8 期；瞿凤起：《乾隆中苏城四大藏书家》，《文献》1984 年第 4 期；范凤书：《四川藏书家资料汇辑》，《四川图书馆学报》1985 年第 6 期；范凤书：《江西历代藏书家资料汇辑》，《赣图通讯》1986 年第 2 期；薛愈：《山西历代藏书家》，《晋图学刊》1988 年第 4 期；黄国声：《广东的藏书家》，《中国典籍与文化》1993 年第 4 期；张建：《清代徽州寄籍藏书家》，《中国地方志》2007 年第 10 期等。

　　④ 罗蔚文：《清代扬州大藏书家马曰琯》，《扬州师院学报》1982 年第 2 期；刘洪元：《北宋藏书家刘恕》，《赣图通讯》1982 年第 3 期；黄燕生：《宋代藏书家尤袤》，《图书馆杂志》1984 年第 2 期；江向东：《宋代藏书家宋敏求》，《图书与情报》1986 年第 3 期；王幼敏：《清代中期著名藏书家吴翌凤》，《文献》1990 年第 2 期；徐春燕：《清初河南藏书家宋荦》，《河南图书馆学刊》2005 年第 6 期等。

　　⑤ 刘意成：《古代私人藏书家对保存图书文献的贡献》，《赣图通讯》1983 年第 4 期；程焕文：《关于私人藏书家的分类》，《宁夏图书馆通讯》1985 年第 4 期；范凤书：《藏书家与国家图书事业发展之关系》，《四川图书馆学报》1986 年第 4 期；林申清：《藏书家印鉴概述》，《图书与情报》1992 年第 4 期；龚华萍：《试论我国著名私人藏书家的藏书铭》，《江西社会科学》1993 年第 11 期；陈少川：《我国古代著名藏书家敬业精神与学术成就考》，《河北科技图苑》1998 年第 4 期；王新田：《浅析古代藏书家的特点》，《图书馆杂志》2000 年第 9 期；来新夏：《藏书家文化心态的共识和分野》，《博览群书》2003 年第 8 期；肖东发：《藏书家的历史贡献》，《中华读书报》2009 年 1 月 14 日等。

印的资料汇编，共收明清两代近 60 位著名藏书家传记及藏书印鉴数百枚（藏书印鉴皆有识文）。双色套印、朱墨灿然，学术性、资料性、可读性、鉴赏性四美并具；① 陈德弟的《先秦至隋唐五代藏书家考略》将先秦至隋唐五代之藏书家搜罗 400 余人，按朝代顺序排列，分先秦、秦汉、三国两晋南北朝、隋唐、五代十国五个时期，对每位藏书家，考述其生平、藏书状况，对每位藏书家的藏书特点、藏书活动等，略作诠释与评论，凡可知其藏书来源、流迁去向等内容，也尽加叙述，为相关的研究提供了方便。② 此外，郑伟章等著《中国著名藏书家传略》《文献家通考》、苏精著《近代藏书三十家》等藏书家传记，搜罗相关藏书家事迹，内容丰富，可备参阅。此外，王绍曾、沙嘉孙的《山东藏书家史略》，薛愈的《山西藏书家传略》，杜泽逊、程远芬的《山东著名藏书家》等地方藏书家传略，搜罗各地藏书家事迹，为人们了解地区藏书及文化活动提供了方便。王河主编的《中国历代藏书家辞典》，李玉安、陈传艺主编的《中国藏书家辞典》、梁战、郭群一主编的《历代藏书家辞典》，李玉安、黄正雨主编的《中国藏书家通典》等多种藏书家辞典，既是改革开放以来藏书家研究的重要成果，也为相关研究的深入开展提供了便利。

（三）藏书楼研究

藏书楼既是我国古代官方机构、民间团体和私人收藏图书文献的建筑物，也是藏书家和学者、读书人研读、迻录、考订、校雠图书的场所。不管是官府藏书楼、寺观藏书楼、书院藏书楼，还是私家藏书楼，都在保存民族文献，传承中华文化上发挥了重要的作用。藏书楼研究是古文献典藏研究的重要组成部分，产出了许多优秀的成果。诸多学者对藏书楼的命名、藏书印、藏书楼制度延续的原因、藏书楼的构建与命名、藏书楼的沿革兴衰、藏书楼图书流通、藏书楼建筑、藏

---

① 林申清编：《明清著名藏书家藏书印》，北京图书馆出版社 2000 年版。
② 陈德弟：《先秦至隋唐五代藏书家考略》，天津古籍出版社 2011 年版。

书楼与社会发展的关系、藏书楼的空间生态、藏书楼开放的实践与影响等进行了梳理和总结;① 人们对海源阁、徐家汇藏书楼、尊经阁、天一阁、古越藏书楼、京师大学堂藏书楼、文渊阁、涉园藏书楼等典藏机构的概况、历史、收藏也进行了深入的个案研究。② 黄建国、高跃新主编的《中国古代藏书楼研究》是 1997 年在杭州大学召开的"中国古代藏书楼国际学术研讨会"的论文结集，共收录论文 35 篇，这些文章对古代藏书楼既有宏观的论述，也有微观的考辨，有较高的参考价值。③ 任继愈主编的《中国藏书楼》（全三册）是藏书楼研究的力作，④ 该书以中国藏书楼为论说对象，采用史、论、表等体例形式，全景式地展现历代藏书楼面貌。全书分为上、中、下三编。上编为藏书论。首先按官府、私家、寺观、书院四大系统概论藏书楼的产生、藏书活动的兴衰、各藏书系统的特点及其历史贡献。然后从不同角度，剖析藏书的来源、私家藏书观、藏书与借书、藏书与刻书、藏书家与目录学、藏书与书厄、藏书与书籍保护、藏书家与版本学、藏书家与书商、藏书与藏书印等，探讨藏书活动和民族文化形成与发展之间的规律。中编是藏书楼发展史。按朝代分期，先概说各时期不同

---

① 范凤书:《私人藏书楼命名考析》,《河南图书馆学刊》1983 年第 4 期；林申清:《清末四大藏书楼藏书印考》,《图书馆杂志》1989 年第 6 期；罗小明:《论我国封建藏书楼制度长期延续的原因》,《图书馆界》1991 年第 4 期；周少川、刘蔷:《古代私家藏书楼的构建与命名》,《中国典籍与文化》2000 年第 1 期；吴稌年:《藏书楼的兴衰探源》,《图书与情报》2001 年第 1 期；王纯:《中国著名私家藏书楼考略》,《图书馆建设》2001 年第 1 期；曹之:《古代藏书楼封闭之原因刍议》,《图书馆论坛》2003 年第 6 期；赵美娣、叶杭庆:《中国古代藏书楼建筑散论》,《图书与情报》2007 年第 6 期；叶杭庆、赵美娣:《论古代藏书楼与社会经济发展的关系》,《图书馆工作与研究》2008 年第 7 期；马艳霞:《古代私人藏书楼的开放实践、思想与影响》,《大学图书馆学报》2010 年第 6 期等。
② 骆伟:《晚清山左藏书楼——海源阁》,《山东图书馆季刊》1981 年第 1 期；葛伯熙:《徐家汇藏书楼简史》,《图书馆杂志》1982 年第 2 期；徐光复:《吉林最早的官修藏书楼——尊经阁》,《图书馆学研究》1986 年第 5 期；胡明:《范氏天一阁藏书楼》,《贵图学刊》1996 年第 3 期；徐雁:《古越藏书楼》,《书屋》1999 年第 5 期；沈弘:《戊戌年京师大学堂藏书楼考》,《中华读书报》2002 年 1 月 16 日；王铭珍:《皇家藏书楼——文渊阁》,《北京档案》2004 年第 4 期等。
③ 黄建国、高跃新主编:《中国古代藏书楼研究》,中华书局 1999 年版。
④ 任继愈主编:《中国藏书楼》,辽宁人民出版社 2001 年版。

历史背景下的藏书活动，然后分系统介绍重点藏书楼的名称、建筑格局及藏书楼主人的家世、生平、收书、求书、读书、鉴书、校书、著书、刻书、编目等活动和其他学术成果，以及藏书的流传存佚等情况，直至近现代藏书楼向图书馆的嬗变过程。下编为"中国藏书大事年表"，以中国帝王年号为序，以藏书事件与人物事迹为纲，展示几千年的藏书历史。附录有《中国藏书楼索引》《中国藏书家索引》。此外，骆兆平编《天一阁藏书史志》重点记述了天一阁藏书楼和藏书活动的历史，分为书楼志、藏书志、碑帖志、书画志、人物志、艺文志六卷，重在录存有关文献，适当增写了部分介绍性文字，是藏书楼专史研究的代表性作品。①

（四）典藏文化研究

典藏文化随着文献典藏活动的发展而形成，可谓源远流长，然而长期没有受到学术界的关注。直到20世纪90年代末才陆续有研究成果面世，来新夏的两篇文章率先对中国藏书文化的基本理论和与人文精神之间的关系进行了探讨；② 周少川的《藏书与文化——古代私家藏书文化研究》是首部从文化的视角来研究中国古代私家藏书文化的专著。全书六章，第一章"绪论"对于私家藏书与私家藏书文化、古代私家藏书文化在中国文化史上的地位、从文化视角研究私家藏书的意义等进行了宏观性的论述。随后的五章则分专题对古代私家藏书文化的各个方面予以探讨。具体内容有：古代私家藏书发展源流、古代私家藏书与社会历史环境、古代私家藏书的基本模式、古代私家藏书的文化意蕴、古代私家藏书的文化成就，附录有《藏书楼号一览表》等。③ 该书选题富有新意，以扎实的论述，填补了典藏文化研究领域的空白。此后周少川又发表多篇论文，阐述了中国古代私家藏书

① 骆兆平：《天一阁藏书史志》，上海古籍出版社2005年版。
② 来新夏：《中国藏书文化的基本理论》，《书城》1997年第5期；来新夏：《中国的藏书文化与人文主义精神》，《图书馆》1997年第5期。
③ 周少川：《藏书与文化——古代私家藏书文化研究》，北京师范大学出版社1999年版。

的发展线索和特征，说明中国古代私家藏书文化研究的对象、内容和意义，探讨从文化视角开展古代私家藏书研究的基本思路和方法，在总结中国古代私家藏书具有自觉性、多样性、情趣性及互补性等特征的基础上，提出古代私家藏书文化研究必须坚持唯物主义观点，注意从其政治环境、地域、藏书类型、社会功能等方面予以研究，从文化视角去探索其重要意义，还对藏书家的文化心态进行了细致的考察，不断把相关研究推向深处。此外，人们还评析了秦汉时期、齐梁时期的藏书文化，① 讨论了岭南、苏南、浙江等地的藏书文化，② 对家族、宗室藏书文化进行了梳理，诸如对叶姓、海宁查氏家族、明代宗室等藏书文化进行了探讨。③ 桑良至的《中国藏书文化》（2002）一书，对中国古代、近代、现代的藏书活动进行了深入研究，特别介绍了藏书文化的源流，藏书对中国传统文化及现代文化发展所起的作用，历代藏书家及其思想，官方藏书、私人藏书活动，藏书楼、藏书室到现代图书馆的发展，甚至藏书的轶闻趣事、诗词赋都有介绍。薛贞芳的《徽州藏书文化》（2007）对区域藏书文化进行了深入研究。另外，徐良雄主编的《中国藏书文化研究》、张建嵩主编的《海宁藏书文化研究》是两部论文集，所收论文均从不同角度对中国藏书文化进行了探析。

（五）古文献典藏学研究

随着古文献典藏研究的不断发展，成果的日益丰富，古文献的典藏能否成为一门专学的讨论进入了学者们的视野。率先对这一问题进

---

① 张凤霞、张弘：《秦汉时期私家藏书文化述论》，《东岳论丛》2008 年第 5 期；廖铭德：《齐、梁朝藏书文化评析》，《古籍整理研究学刊》2008 年第 1 期。

② 陈耀盛：《岭南近代私家藏书文化研究》，《图书馆理论与实践》2005 年第 2 期；曹红军：《明清苏南藏书文化研究》，《连云港师范高等专科学校学报》2005 年第 4 期；周惠琴：《浅析明代苏州私家藏书文化》，《大学图书情报学刊》2004 年第 4 期；万蔚萍：《明清浙江藏书楼藏书文化体系新探》，《中共浙江省委党校学报》2006 年第 5 期。

③ 吴建华、殷伟仁：《叶姓藏书文化简论》，《苏州大学学报》2005 年第 6 期；韩逢华：《海宁查氏家族藏书文化简论》，《上海高校图书情报工作研究》2007 年第 2 期；张凤霞、张鑫：《明代宗室藏书文化述论》，《东岳论丛》2010 年第 7 期。

行探索的是徐雁，他在总结中国古代藏书实践和藏书思想的基础上，提出建立"中国古代藏书学"的设想。他指出中国古代藏书学的发展是充分的，屹然立足于中国学术之林，并从中国古代藏书学研究的内容、古代藏书学历史发展概略、古代藏书学研究的价值三个方面进行了论述。① 真正着手建立文献典藏学并进行系统论述的是程千帆和徐有富，他们在《校雠广义·典藏编》第一章中详细论述了典藏学的建立和功用，然后依次分典藏单位、图书收集、书籍亡佚、图书保管、图书流通等专题对典藏学包含的具体内容进行了深入的探讨，② 为典藏学的确立和进一步发展做了很好的奠基工作。时至今日，典藏学作为研究我国古代书籍保管与利用规律的一门学问，正获得越来越多的认同，产生了越来越多的优秀成果。

第六节　出土文献研究

相对于传世文献而言，考古发掘出土的或经过鉴定、来源明确的馆藏品文字材料，都可叫作出土文献。出土文献历代都有，文献学所言的出土文献主要指近代以来借助现代田野考古手段从地下发掘出土的古代文献，主要有甲骨文、敦煌文献、简帛文献、金石文献等。近代以来的数次重大考古发现，使得大量的古代文献得以出土，极大地丰富了我国的民族文化遗产，也促进了相关研究的飞速发展。我们这里重点以 20 世纪以来大量出土的简牍、帛书，还有碑刻、墓志等为对象，简要介绍改革开放新时期出土文献研究的状况。

一　简帛文献研究

随着简牍、帛书在全国各地的不断出土，简帛文献研究获得了长

---

① 徐雁：《我国古代藏书实践和藏书思想的历史总结——中国古代藏书学述略》，《四川图书馆学报》1986 年第 1 期。

② 程千帆、徐有富：《校雠广义·典藏编》，齐鲁书社 1998 年版。

足的发展。改革开放新时期，大陆及港台发现与整理了敦煌汉简、悬泉置汉简、楼兰和尼雅文书、武威汉简、居延汉简、马王堆帛书、银雀山汉简、定县汉简、云梦睡虎地秦简、阜阳汉简、张家山汉简、甲湾汉简、郭店楚简、上海博物馆藏战国竹简、走马楼吴简、清华简等大批的简帛文献，研究成果也非常之多。

（一）通论性著作

简牍出土于 20 世纪，随着简牍出土数量不断增加，整理、研究简牍成为学术界的专学，为了总结简牍整理研究的经验，提出简牍学的理论与方法，相关著述也应运而生，为简牍学的进一步发展奠定了基础。林剑鸣的《简牍概述》、高敏的《简牍研究入门》是两部简牍学的入门书，向人们介绍了简牍学的相关知识，并提出了简牍研究的方法等问题，对大众了解简牍及简牍研究具有重要的促进作用。① 郑有国的《中国简牍学综论》是我国第一部研究出土简牍的专著。② 书中综合研究了古籍中关于简牍出土的记载、近代简牍的发掘情况，新中国成立前后简牍出土的概况，重点论述和介绍了简牍形式与称呼、编联及符号、简牍的残缀组合及简册复原，还详细论述了解放前后简牍的命运、遭际，介绍了国内外学者研究简牍的成果、各家的不同观点和贡献。李均明、刘军《简牍文书学》较系统全面地阐述了简牍文书的一般规律，对简牍文书的质材、文字、符号、版面及文体、稿本、分类作了较详尽的考述，又着重对书檄、簿籍、律令、案录、符券、检褐六大类文书中的具体文种举例说明，揭示文书行政的内在联系，③ 是首部对简牍文书进行全面探索的专著。张显成的《简帛文献学通论》是研究简帛文献学的专著，讨论了简帛文献的特殊价值、简帛文献学的对象和内容，梳理了简帛发现的历史，介绍了简帛的分类，论述了简帛文献的研究价

---

① 两书分别由陕西人民出版社于1989年、广西人民出版社1984年出版。
② 郑有国：《中国简牍学综论》，华东师范大学出版社1989年版，2008年再版。
③ 李均明、刘军：《简牍文书学》，广西教育出版社1999年版。

值，描述了简帛的体制、体例，讨论了简帛的分类。① 李宝通编《简牍学教程》通过分析敦煌汉简、天水秦简、武威医药简、武威礼仪简、居延汉简、居延新简等内容，对其所反映的秦汉时期的政治、经济、军事、社会制度、人文信仰、地理疆域、边郡生活、医药理论、古代礼仪等进行了深入浅出的阐释，并通过这样的方式讲解简牍的研究方法，② 是高等院校历史专业学生了解、学习、掌握简牍学基本知识和研究方法的通俗教程。耿相新的《中国简帛书籍史》是国内第一部从出版的视角来撰写的简帛书籍史，勾勒出了自春秋战国至东汉时期简帛书籍的宏观变化，从书籍的内容变化切入学术研究，考察了简帛书籍的起源，比较了简帛书籍与纸本书籍的异同，对简帛书籍的著作形式以及目录、章、序等的流变作了综合论述，③ 这些是以往的书籍史研究所没有关注到的。

（二）专题性著作

改革开放新时期，对简牍的专门研究日益红火，出版了大量研究专题简帛的学术著作，为人们有效利用简帛资料从事历史文化研究提供了极大帮助。其中，校释类著作主要有谢桂华、李均明、朱国炤的《居延汉简释文合校》、骈宇骞的《银雀山汉墓竹简〈晏子春秋〉校释》、邓球柏的《帛书周易校释》、吴小强的《秦简日书集释》、徐志钧的《老子帛书校注》等。④ 这些校释著作运用多重证据法，对这些出土文献进行诠解，颇益学界利用。专题研究著作主要有高敏的《云梦秦简初探》、陈直的《居延汉简研究》、韩仲民的《帛易说略》、李学勤的《简帛佚籍与学术史》、李零的《简帛古书与学术源流》、黄文杰的《秦至汉初简帛文字研究》、吕亚虎的《战国秦汉简

---

① 张显成：《简帛文献学通论》，中华书局 2004 年版。
② 李宝通编：《简牍学教程》，甘肃人民出版社 2011 年版。
③ 耿相新：《中国简帛书籍史》，生活·读书·新知三联书店 2011 年版。
④ 以上五部著作分别由文物出版社、书目文献出版社、湖南人民出版社、岳麓书社、学林出版社于 1987 年、1988 年、1987 年、2002 年出版。

帛文献所见巫术研究》、黄灵庚的《楚辞与简帛文献》等。① 这些专
题性研究著作把出土文献与历史研究、学术研究相结合，重新阐释中
国历史，直接促进了相关领域学术研究的进步。

　　简帛文献的大量出土，促进了语言文字学、文献学、学术史等相
关领域的大发展，产生的论文更是难以计数，蔚为大观，不再一一
列举。

二　碑刻文献研究

　　碑刻作为出土文献的重要组成部分，具有十分重要的研究价值。
我国碑刻文献异常丰富，记录内容十分广泛，文献真实可靠，产生时
间、地点可考，能为多学科研究提供第一手资料。碑刻文献的研究肇
端于两汉，建构于北宋，大盛于清，时名为金石学。晚近以来随着刻
石、志铭的不断发现，碑刻文献研究的成果也大量涌现，大有促使碑
刻研究也成为一门专学的趋势。

　　黄永年的《碑刻学》首标"碑刻学"之名，在概括碑刻学的历
史与现状，确定碑刻学命名、研究对象、研究领域的基础上，探讨了
碑刻的分类及标准，拓本的起源、优劣、分类、影印、装潢、藏印、
题跋，并分析碑刻文献中蕴含史料的种类及在研究中的应用，最后还
论述了碑刻文献书法体系的因革演变。② 该文虽稍嫌简略，但规模框
架已具，不愧为碑刻学的开创之作。徐自强、吴梦麟的《古代石刻
通论》是在作者授课讲义的基础上修改、扩充而成的，该书首先论
述了石刻的含义与中国石刻的起源，然后分时、分类、分地多角度地
介绍了中国古代的石刻文献，③ 充分揭示了碑刻文献的丰富内容和巨

---

① 以上八部著作分别由河南人民出版社、天津古籍出版社、北京师范大学出版社、江西教
育出版社、生活·读书·新知三联书店、商务印书馆、科学出版社、人民出版社于1979年、
1986年、1992年、2001年、2004年、2008年、2010年、2011年出版。
② 黄永年：《碑刻学》，《新美术》1999年第3期。
③ 徐自强、吴梦麟：《古代石刻通论》，紫禁城出版社2003年版。

大价值。毛远明的《碑刻文献学通论》是一部全面、系统研究碑刻文献学的通论性著作，讨论了碑刻的定义、碑刻文献学研究的对象、内容和任务；追溯了我国各类碑刻文献产生、发展的历史，揭示了各历史时期碑刻文献的状况和特征；全面清理了各类碑刻的形制、体式，归纳了碑刻文献的主要内容；介绍了碑刻文献的保存方式、现存面貌以及历代的著录情况；分析了碑刻文献的重要研究价值，总结了历代学者整理与研究碑刻文献取得的成果和存在的问题，特别注意反映碑刻文献的最新面貌和最新研究成果；具体阐述了今后碑刻文献整理、碑刻文献学学科建设的意见和今后利用碑刻文献从事各学科研究的重要理论问题。[①] 该书第一次系统构建碑刻文献学学科的理论体系，考察了历代碑刻文献整理与研究的脉络、学术思想、流派、特征，第一次对碑刻文献研究史进行大规模清理和总结，论述了碑刻文献研究未来发展的方向，构拟了完善、系统、科学、适用的学科发展规划，不仅丰富了普通文献学的内容，而且奠定了碑刻文献学学科研究的基础。有关碑刻文献的研究，也有诸多论文发表，不再一一罗列。

总之，改革开放新时期，随着简牍、碑刻的不断被整理出版，随着学界对简帛、碑刻理论与方法探讨的不断深入，简牍学、碑刻学等学科概念被人们提出，学科体系也随着研究的深入逐渐被完善。这些都说明，随着古文献学研究的逐渐深入，前人反复耕耘的"熟地"会有新的成果产生，前人涉足较少的"生地"更是大有作为的新天地，古文献学这门积蕴深厚的古老学科，定会在新的历史条件下焕发青春，为我国文化强国建设贡献自己的力量。

---

① 毛远明：《碑刻文献学通论》，中华书局 2009 年版。

第 六 章

古文献学科建设与人才培养

古籍整理与古文献学研究的人才培养问题，一直是改革开放以来古文献学科建设的重要内容。经过近40余年的努力，国家已经建立起培养机构较多（高校相关院系、研究所）、培养层次完善（本科生、硕士生、博士生三个层次）、培养方式灵活（长期培养与短期培训相结合）、师资队伍雄厚、课程设置合理的较为完备的古籍整理与古文献学研究人才培养体系。

第一节　对古籍整理及古文献学科
人才培养的重视

古籍整理需要专门人才，改革开放之初，由于受"文化大革命"影响，人才极度匮乏，古籍整理人才更是极度奇缺。因此，改革开放之初的1980年，裴汝成就提出要尽快培养古籍整理人才，他指出当时"有待整理的古籍很多，而从事此项事业的专业和业余人员甚少，任务要求与队伍状况极不相称。采取措施，尽快地改变这种局面，实为当务之急"①。1981年6月，北京大学中文系古典文献专业组织部分教师对古籍整理人才培养问题举行座谈会，提出了古籍整理后继

---

① 裴汝成：《要尽快培养古籍整理人才》，《古籍整理出版情况简报》1980年第6期，总第78期。

乏人，必须"趁着老先生还在，赶快抓古籍整理人才的培养"①。
及至 1981 年 9 月 17 日，中共中央下发《关于整理我国古籍的指
示》，要求加强古籍整理工作，并指出人才培养问题："古籍整理
工作，可以依托于高等院校。有基础、有条件的某些大学，可以成
立古籍研究所。有的大学文科中的古籍专业（如北京大学中文系
的古典文献专业）要适当扩大规模。"② 中共中央《关于整理我国
古籍的指示》和国务院《国务院关于恢复古籍整理出版规划小组
的通知》发布后，古籍整理人才培养的问题就引起学术界的广泛
关注。

一　20 世纪 80 年代的认识、建议与举措

改革开放之初，人们面临的是古籍整理人才极度匮乏的状况。
张政烺提出，由于古籍整理人才本来就培养得少，加上"文化大革
命"的破坏，相关人才"已经出现青黄不接的局面"，因此必须
"迅速加强古籍整理队伍的建设"③，以适应新时期古籍整理的要
求。陈宏天认为，"有系统地整理古籍是一项很繁重的任务，决非
一朝一夕所能完成。从长远的观点看，关键在于源源不断地培养出
一定数量的合格人才"，鉴于当时"专门培养这方面人才的地方很
少"，遂建议"古籍整理规划小组、出版部门、教育部门和计划部
门都来重视这方面人才的培养，使得古籍整理事业越来越兴旺起
来"④。北京师范大学历史系召开古籍整理工作座谈会，同样提出

---

　　① 《要重视古籍整理人才的培养——北大中文系古典文献专业教师座谈纪要》，《古籍整理
出版情况简报》1981 年第 4 期，总第 83 期。
　　② 《中共中央关于整理我国古籍的指示》，杨牧之主编：《古籍整理与出版专家论古籍整理
与出版》，凤凰出版社 2008 年版，第 2 页。
　　③ 张政烺：《加强古籍整理队伍建设，加快古籍整理出版速度》，《古籍整理出版情况简
报》1981 年第 5 期，总第 84 期。
　　④ 陈宏天：《为古籍整理工作培养更多更好的人才》，《古籍整理出版情况简报》1981 年第
5 期，总第 84 期。

"要培养新一代的古籍整理人才"①。另外，白寿彝指出："目前整理古籍最重要的，还是队伍问题。"② 戴逸指出，"古籍整理最大的困难是缺乏专门人才"，因此迫切需要培养古籍整理专门人才③。刘乃和认为："现在动手整理古籍很重要，但更重要的是在整理的同时，培养今后更多的能做古籍整理工作的人，要使整理古籍的事业后继有人，并要后来居上。"④

学术界的呼吁引起国家的高度重视。1982 年 7 月 20 日，古籍整理出版规划小组向国务院提交《古籍整理出版规划小组请示报告》，《报告》中指出："鉴于熟悉古籍整理工作的老一代专家学者逐渐凋谢或年迈体衰，后继乏人的状况相当严重，而古籍整理工作人才又需要具有比较广博的古籍知识和比较高深的中国的文、史、哲方面有关专门知识，因此应采取各种有效措施，积极培养古籍整理的专门人才。"⑤ 国务院 1982 年 8 月 23 日对此做出批复，原则同意请示报告。对此周祖谟予以高度评价："教育部关于落实古籍整理的初步设想是很好的。他们提出整理古籍要立足于'救书、救人、救学科'，要把整理、研究和培养新生力量结合起来，这种意见很对。我们应当大力培养整理古籍的人材。"⑥

至于如何培养人才，学者给出一系列建议。白寿彝建议采用多种形式来培养人才："培养的方法可以是各种各样的。可以在有条件的高等院校，开设古典文献专业。可以招古典文献的研究生，也可以对古典文献的研究生成绩好的，授予历史学或语言学、文学硕士、博士

① 《北师大历史系关于古籍整理工作座谈纪要》，《古籍整理出版情况简报》1981 年第 5 期，总第 84 期。

② 白寿彝：《关于整理古籍的几个问题》，《文献》1981 年第 10 辑。

③ 戴逸：《古籍整理的五点建议》，《文献》1981 年第 10 辑。

④ 刘乃和：《我的一些想法》，《文献》1981 年第 10 辑。

⑤ 全国古籍整理出版规划小组：《古籍整理出版规划小组请示报告》，新闻出版总署图书出版管理司《图书出版管理手册 [（2006）修订]》，中国法制出版社 2006 年版，第 290 页。

⑥ 周祖谟：《要培养整理古籍的人才》，《文献》1982 年第 13 辑。

学位，也可以吸收一些有水平的大学毕业生，在工作中培养他们。也可以吸收一些中学毕业的优秀的学生，加以系统的专门训练，使他们能更快的投入到工作上来。"① 他还提出创办短期讲习班来培养人才，"比如说我们集合一些同志，办一个历史文献讲习班，招收几十个学员。经过几年的培养，是不是就会培养一点人材"②。

刘乃和认为应该充分发挥老先生的作用，让他们培养本科生和研究生，同时让他们在实际工作中带徒弟："趁着现在六七十岁的老先生还健在，趁着他们还能教课、工作、写文章，赶紧培养接班人。培养办法很多，主要的应抓两方面：一是培养大学本科生和研究生，这样培养，时间平均较长，但为长远打算，不能放松，这是百年大计。二是由老先生在实际工作中带徒弟，青年在工作中既做老先生的学生，又做老先生的助手，随时请教、研讨，尽快把老先生专业特长学到手。这二者不能偏废。"③ 萧璋也认为要积极培养大量古籍整理专门人才，要发挥学有专长的老先生们的作用，"老先生可以亲自标点译注古书，也可以培养标点译注古书的人材，哪方面对这个工作利益更大呢？我看，若考虑到长远利益，那么把老先生的主要精力用来培养人材更为适宜。因为老先生埋头于搞标点译注，培养接班人的工作势必受到影响。老先生不可能在生前把全部古书标点译注完毕，如果后继无人，今后又由谁来继续完成这一工作呢？道理是很清楚的"④。

顾廷龙认为："大学文科应设古典文献学系。创设研究所，将所有研究者组织起来。大学生或研究生都必须具有一定的文字、音韵、训诂、目录、版本的基本功。将来各专一经，分别研究。凡古籍专业人员，能通外语固好；如对外语没有学过或学得不深的，大学生似可

---

① 白寿彝：《关于整理古籍的几个问题》，《文献》1981 年第 10 辑。
② 白寿彝：《关于历史文献学问题答客问》，《文献》1982 年第 14 辑。
③ 刘乃和：《我的一些想法》，《文献》1981 年第 10 辑。
④ 萧璋：《关于古籍整理的几点意见》，《文献》1982 年第 11 辑。

许其免修，加深其古汉语的研读。青年中有自学古书而有一定门径或基础，能否破格招为大学生或研究生，广开才路。"①

　　吴泽指出古籍整理工作需要大量专业人才来担任，为此他建议"教育部和有关部门，能及时筹建一所文献专业性质的大专院校；或选择国内某些设备较全、师资较强的高等院校，再增设一些文献专业的系、科，及时地培养较多、较好的专业人才"②。杨廷福针对当时古籍整理人才青黄不接的状况，也建议"亟应仿北京大学古代文献专业例，于有条件之高校增设此类专业或恢复无锡国专之类学校"③。杨伯峻建议"在全国有条件的城市里，办几个以学习古典文献为重点的初、高中，先熟读若干打基础的重要古书，先给他们以感性认识……高中毕业后，视其学习情况，可以分别保送入设有古典文献专业的大学"④。王绍曾则建议"在全国有条件的城市办几所古典文献专科学校"⑤，招收初中毕业的文史爱好者，从基础上培养人才。王剑英也提出"要办一些以学习古典文献为重点的文史学校"⑥。

　　很显然，专家学者认识到古籍整理人才培养的重要性和紧迫性，提出了由老一代文献学家担纲培养人才的建议，并提出增设古文献学专业，培养古籍整理的本科生、硕士和博士。同时创办短期讲习班，创办相关学校，培养相关人才。

　　为了统一思想，做好古籍整理人才培养工作，1983 年 2 月 25 日至 3 月 4 日，教育部在北京召开高等院校古籍整理研究、人才培养规

---

　　① 顾廷龙：《整理出版古籍小议》，《文献》1981 年第 10 辑。
　　② 吴泽：《关于整理古籍的几点浅见》，《文献》1982 年第 12 辑。
　　③ 杨廷福：《古籍整理与培养人才并举刍议》，《文献》1982 年第 11 辑。
　　④ 杨伯峻：《关于培养古籍整理队伍之我见》，杨牧之主编：《古籍整理与出版专家论古籍整理与出版》，凤凰出版社 2008 年版，第 757 页。
　　⑤ 王绍曾：《培养古籍整理队伍小议》，杨牧之主编：《古籍整理与出版专家论古籍整理与出版》，凤凰出版社 2008 年版，第 759 页。
　　⑥ 王剑英：《要办一些以学习古典文献为重点的文史学校》，杨牧之主编：《古籍整理与出版专家论古籍整理与出版》，凤凰出版社 2008 年版，第 764 页。

划会议，周林发表讲话，指出："要使古籍整理研究工作持续不断地进行下去，关键在于大力培养后继人才，尽快解决古籍队伍'青黄不接'的严重现象。充实现有的整理研究队伍，首先需要的是较高质量的人才，重点是多培养研究生……至于设立古籍整理的专业，招收本科生，从长远看是需要的……为了加快研究生的培养，我们提倡办研究生班，由个人和集体相结合进行培养，专业基础课，请有专长的专家讲授，确定研究方向后，专业课由导师讲授。"① 同时提出"要积极培养少数民族的古籍整理研究人才"。针对当时文科专业内容单调，不能适应精神文明建设的需要的现状，指出要重视学科建设，"要通过古籍整理研究工作，加强学科建设，把空白和薄弱的学科建设起来，逐步形成中心"②。指出高等院校要做好四件事，即办研究机构、办专业、办研究班、招研究生。③

　　1983 年 11 月 11 日至 15 日，高校古委会在京召开第一届委员会第一次会议，部署全国高校古籍整理研究工作与人才培养工作。"委员会认为高等院校开展古籍整理研究工作，重点应放在人才培养上。"具体而言，"要努力办好现有的专业，请学术造诣较高的导师多带研究生，举办研究生班，加快人才培养的步伐"④。1984 年 4 月，古委会在杭州召开全国古籍整理研究所所长会议，周林指出整理古籍是关系子孙后代的大事，要"出人才，出成果，走正路"⑤。同年 6 月，章学新在高校古委会召开的全国二十九个省市自治区教育厅主管高校古籍工作同志的会议上指出："整理古籍工作，要长期坚持下

---

① 周林：《发扬民族灿烂文化，培养古籍整理人才——在教育部高校古籍整理研究规划会议上的讲话》，杨忠主编：《高校古籍整理十年》，江西高校出版社 1991 年版，第 11 页。
② 周林：《发扬民族灿烂文化，培养古籍整理人才——在教育部高校古籍整理研究规划会议上的讲话》，杨忠主编：《高校古籍整理十年》，江西高校出版社 1991 年版，第 12—13 页。
③ 周林：《发扬民族灿烂文化，培养古籍整理人才——在教育部高校古籍整理研究规划会议上的讲话》，杨忠主编：《高校古籍整理十年》，江西高校出版社 1991 年版，第 13—14 页。
④ 《全国高等院校古籍整理研究工作委员会首次会议纪要》，《高教战线》1984 年第 3 期。
⑤ 《古籍整理与研究信息》，《文教资料简报》1985 年第 1 期。

去，培养后继人才，具有战略意义。"① 在经过细致调查的基础上，"古委会在1984年10月、1985年12月和1989年10月召开了三次人才培养工作会议，研究本科生与研究生的培养规格、课程设置、外语要求及如何办好研讨班等问题，经过几年的工作，古籍整理的人才培养工作已初具格局"②。

1984年10月，高校古籍整理人才培养工作会议在上海召开，讨论了古文献学专业本科生和研究生的培养规格问题以及进一步办好讲习班的问题。大家一致认为"古籍整理是一门综合性的学科，涉及文、史、哲等诸多领域，高等院校培养的古籍整理人才，应比一般文科学生在理论、知识和实践技能方面具有更扎实和更广泛的基础"。"四年制本科毕业生应该具有文、史、哲的基本知识，阅读古籍的基本能力和从事古籍整理研究及用书面形式表达研究成果的基本能力。""二年制以上的硕士研究生，应该在具备本科毕业生应有的知识和能力的基础上，进一步做到初步兼通文史并有一门专长，能够独立地从事一般古籍的整理，独立进行学术研究。"③ 1989年10月，高校古籍整理人才培养工作会议在济南召开，会上总结了古籍整理人才培养的成绩，一是明确了培养目标和规格，二是建立了科学的、系统的课程体系，三是摸索出了独特的教学方法，四是形成了严谨踏实的学风。④ 可以说，古籍整理与古文献学科人才培养的问题一直深受关注。

与此同时，各专业类古籍整理人才培养问题也被提上议事日程。

---

① 章学新：《进一步落实中央指示，扎扎实实地整理地方文献》，杨忠主编：《高校古籍整理十年》，江西高校出版社1991年版，第27页。

② 安平秋：《前言》，全国高校古籍整理工作委员会秘书处编：《辉煌十年——全国高校古籍整理研究成就》，上海古籍出版社1994年版，第5页。

③ 《高校古籍整理人才培养工作会议纪要》，杨忠主编：《高校古籍整理十年》，江西高校出版社1991年版，第32页。

④ 杨忠：《全国高等院校古籍整理研究工作委员会秘书处关于古籍整理人才培养工作的汇报》，杨忠主编：《高校古籍整理十年》，江西高校出版社1991年版，第159—161页。

1982 年，农业出版社召开农业古籍整理出版规划座谈会，提出"加强农业古籍整理人才的培养"，"建议农业院校开设农史课，有条件的农业大学和农事研究单位招收研究生，在专家的带领下，边研究，边整理，既出人才，又出成果"①。1983 年，全国中医古籍整理出版规划落实工作会议在青岛召开，会议指出，"鉴于目前中医古籍文献专业人才缺乏，中医文献专家要做好传帮带，各中医院校可考虑培养一定数量的古籍文献专业人才，也可带一批研究生"②。少数民族古籍整理人才培养问题也备受重视。1984 年 3 月 1 日，国家民族事务委员会针对民族古籍缺乏系统整理，且破坏严重，而缺乏整理古籍人才的现状，请示国务院培养民族古籍整理人才："要立即着手培养新生力量。各有关教育和科研部门，特别是民族院校，要把培养民族古籍整理人才，纳入招生计划。在录取标准上，可予以适当照顾，以逐步形成民族古籍整理、研究人员的梯队。"③ 1984 年 4 月 19 日，国务院办公厅向各省市人民政府、国务院各有关部委发布《国务院办公厅转发国家民委关于抢救、整理少数民族古籍的请示的通知》，指出"少数民族古籍范围广、种类多，现懂民族古籍的人已不多，且有的年事已高，在工作中要注意培养这方面的人才，把抢救、整理民族古籍的工作搞好"④。

总之，20 世纪 80 年代，针对古籍整理与古文献学人才普遍匮乏的现状，从学界到政府，不仅提出各种有益的相关人才培养的建议，而且采取了一系列措施，明确了人才培养的目标和规格，建立了系统

---

① 《农业出版社召开农业古籍整理出版规划座谈会》，《古籍整理出版情况简报》1982 年第 90 期。

② 《全国中医古籍整理出版规划落实工作会议在青岛召开》，《中医古籍整理出版情况简报》1983 年第 1 期。

③ 《国家民族事务委员会关于抢救、整理少数民族古籍的请示》，《中华人民共和国国务院公报》1984 年第 8 号。

④ 《国务院办公厅转发国家民委关于抢救、整理少数民族古籍的请示的通知》（国办发〔1984〕30 号），《中华人民共和国国务院公报》1984 年第 8 号。

的人才培养的课程体系，为改革开放新时期古籍整理与古文献学人才培养打下了坚实基础。

二 20 世纪 90 年代的认识、建议与举措

进入 20 世纪 90 年代以后，随着市场经济的发展，古籍整理人才培养又遭遇瓶颈，主要问题就是在市场经济大潮冲击下，古籍整理研究成果出版难，很多高校对古籍整理成果的价值认识不足，从事古籍整理的学人晋升职称难，导致参与古籍整理的学者越来越清贫，坚守古籍整理的青年学人越来越少，古籍整理和古文献学专业本科生和研究生的招生越来越困难。"报考文献学专业的学生逐渐减少，在研究生招生工作中，甚至出现报考人数少于招生人数的反常现象。生源减少，也使新生入学时的质量有所下降。古典文献学专业毕业生分配也日益困难，学生难以找到专业对口的工作，而不得不改行"[1]。在此背景下，从政府到学者，再次呼吁国家采取有效措施，加强人才培养。诸伟奇指出，进入 20 世纪 90 年代以后，古籍整理的质量有所下降，"这与古籍整理方面的人才缺乏有很大关系"，他说："古籍整理像其他学科一样，面临着商品经济大潮的冲击，古籍整理界人心思动，而且有些高校科研单位不把古籍整理算作研究成果，绝大多数文史研究工作者包括一些著名教授功力不够，难以胜任古籍整理的工作，所以要注重人才的培养，保持古籍整理的连续性。"[2]

1992 年 5 月，第三次全国古籍整理出版规划会议于北京召开，此次会议得到党和国家领导人的重视，江泽民、李鹏为大会题词。李铁映参加开幕式并作重要讲话，提出要让整理出版古籍服务于建设有中国特色的社会主义，并指示："要不断发现和培养人才，力求做到

---

① 杨忠：《全国高等院校古籍整理研究工作委员会秘书处关于古籍整理人才培养工作的汇报》，杨忠主编：《高校古籍整理十年》，江西高校出版社 1991 年版，第 164 页。

② 《第三次全国古籍整理出版规划会议部分代表发言纪要·第四组专家学者意见》，《古籍整理出版情况简报》1992 年第 260 期。

既出成果，又出人才，使古籍整理出版工作代有传人。"① 中央领导人的号召再次得到学者响应，他们纷纷提出建议，期望进一步推动古籍整理人才培养工作。程千帆认为古籍整理"人才出现了断层，不能很好地衔接起来"，因此必须重视人才培养，"人不在多，就是要办好"，"国家对这方面的人才培养应该有具体的手段，否则我们将无法继承这门学问"。任继愈针对"文献专业招生不够，培养的学生太少"，难以适应古籍整理的需要和要求，提议从大学中挑选一批各种专业的毕业生，"给他们补充有关古籍整理的知识如版本、目录、音韵、训诂等，这样更会有效，也不需要三五年那样长的时间，半年一年就可以了，比文献专业的培养更能满足古籍整理的要求"。他还建议继续有针对性地"办一些培训班"。袁行霈指出培养人才，"我以为他们仅仅掌握古籍整理的一些技术还不够，应该是文、史、哲、考古等某一领域的专家，最好能兼通一两个学科，能够承担综合性的跨学科研究。关于人才培养，领导小组最好也能规划一下，使中青年学者的学术水平与能力得以全面发展"②。夏自强针对古籍整理人才培养不足的问题，"呼吁国家拨些经费，给省市学校的专业，支持培养古籍整理人才"③。伍精华指出，"少数民族古籍整理人才很缺乏"，提出"是否可以考虑在中央民院设置少数民族古籍整理专业。中华56 个民族有自己的优秀文化，所以抢救、整理古籍的同时，应该抢救人才和培养专业队伍"④。

1992 年批准的《中国古籍整理出版十年规划和"八五"计划

---

① 李铁映：《第三次全国古籍整理出版规划会议上的讲话》，《古籍整理出版情况简报》1992 年第 259 期。

② 以上均见《第三次全国古籍整理出版规划会议发言摘要》，《中国典籍与文化》1992 年第 2 期。

③ 《第三次全国古籍整理出版规划会议部分代表发言纪要·第三组专家学者意见》，《古籍整理出版情况简报》1992 年第 260 期。

④ 《第三次全国古籍整理出版规划会议上部分代表发言纪要·伍精华同志发言摘要》，《古籍整理出版情况简报》1992 年第 259 期。

（1991 年—1995 年—2000 年）》指出，虽然已经通过各种办法培养出了一批古籍整理、出版和研究人才，但是"培养古文献人才不能孤立地仅看作是单纯为了满足古籍整理出版研究的需要，还要从更大的范围看，那就是通过古文献学习方式培养起来人才"，因为从历史上看，但凡成就卓越的人物，一般都受过古文献的熏陶。因此从培养优秀的社会主义建设人才考虑，所培养的人才要有一定的古文献素养，"但从目前的实际来看，还远不能说已经可以满足需要，还应在原有基础上进一步在质量上和数量上有计划地培养古文献方面人才。这样做不仅可以逐步满足古籍整理出版方面人才的需要，而且还可以向各行各业输送合格的通晓古文献的干部"①。

20 世纪 90 年代，古籍整理与古文献学人才培养因为受到市场经济的冲击，面临生源不足、人才流失等新的困境，在这种情况下，专家学者提出稳定队伍、增加人才培养经费、培养文史哲考古兼通的人才等建议，要求从政府到高校都要采取相关措施，增加招生数量，提升培养质量。这些建议得到国家重视，古籍整理与古文献学人才培养问题再度受到重视。这其中起最积极作用的是教育部全国高等院校古籍整理研究工作委员会。自 1983 年高校古委会成立以来，在历次古委会工作会议上都强调古籍整理与古文献学人才培养问题。进入 20 世纪 90 年代，高校古委会积极推动古籍整理人才培养方案的制定、专业课程设置及教学内容的检查、人才培养规划的实施、人才培养规格的制定等，在市场经济大潮的冲击下，如同中流砥柱，有力维持与推动了古籍整理人才培养工作。

三 21 世纪以来的认识、建议与举措

通过 20 世纪八九十年代的努力，古籍整理与古文献学人才培养

---

① 国务院古籍整理出版规划小组：《中国古籍整理出版十年规划和"八五"计划（1991 年—1995 年—2000 年）》，1992 年 6 月 25 日。

取得了较大成绩，相关人才匮乏的现象基本得到解决。但是，进入21世纪以后，随着经济社会与科技的飞速发展，古籍整理与古文献学研究日新月异，古籍整理又面临新的问题，在诸多专门领域仍然存在人才不足的问题。其人才不足主要存在以下四个领域：古籍数字化、古籍修复与保护、图书馆古籍整理、少数民族及科技古籍整理。

20世纪80年代，古籍数字化工作已经引起人们的注意，但由于各方面的原因，发展一直较为缓慢。自20世纪90年代开始，古籍数字化问题日益引起人们关注，并有各种数据库产生。进入21世纪以后，古籍数字化迅速发展，已经形成了建设主体多元、资源类型丰富、功能日益完善、系统开发度高的局面。据相关专家对古籍数字化开发的高校、科研院所、古籍存藏单位、商业公司及出版机构的调查统计，截至2010年，我国约有179家单位从事古籍数字化项目开发，并生成了包括古籍书目数据库、古籍全文数据库在内的各类数据库415个。[①] 可以这么说，古籍数字化深度参与到人文学术领域，不仅极大地提高了研究效率，而且带来了研究方法的改变，推动了中国传统文化研究各个方面的发展。2011年，文化部下发《关于进一步加强古籍保护工作的通知》，进一步明确要求"加快古籍的数字化建设，抓好专业队伍建设，在古籍数字化机制上创出新路"。在这种背景下，对古籍整理数字化人才的需求快速增长，相关人才严重短缺的问题日益彰显。这是因为从事古籍数字化工作，必须具备两大素养，一是要掌握互联网、计算机等先进技术，二是要具备专业的古籍整理和古文献学知识。这是一种复合型专业人才，只有具备这两方面的素养，才能产出高质量的古籍数字化成果。

应该看到，在古籍数字化发展的过程中，不少高校在相关研究生培养过程中，也开始了古籍数字化课程的开设，并举办了短期古籍数

---

① 李明杰等：《中文古籍数字化实践及研究进展》，陈传夫主编：《图书馆学研究进展》，武汉大学出版社2010年版。

字化人才培训班。但是，古籍数字化人才培养是一项系统工程，需要政府、高校、科研机构、数字企业充分合作，发挥联合攻关的优势。对此，有专家指出，古籍数字化人才培养，必须对高校现有古籍相关学科的学科体系进行改革，适应时代需求，明确培养目标，定向培养古籍整理数字化专门人才。① 也有人指出，古籍数字化人才培养必须打破原有的分散状态，形成"古籍数字化"基层人员培训长效机制。② 有专家提出具体的培养路径，即政府部门要发挥人才培养的扶持作用，高校要发挥人才培养的主体作用，数字企业要发挥人才培养的导向作用，科研机构要发挥人才培养的支撑作用，以构建多元互补的古籍数字化人才培养路径。③ 还有专家更明确提出多渠道、分层次培养古籍数字化人才的途径："一是在有条件的高等院校设置古籍数字化专业，培养一批技术精湛、素质较高的人才。二是推动出版单位与高校研究机构加强合作、建设培训基地，构建学位教育、项目培养、职业培训相结合的古籍数字化人才培养体系，加强古籍数字化人才的学位培养和在职培训。三是积极开展国际与地区间古籍数字化人才的交流与合作。最终形成古籍数字化人才培训长效机制，培养一批业务骨干，为古籍数字化建设提供人才保障。"④

在人类历史的发展过程中，由于天灾人祸，古籍屡遭厄运，凡保存至今者，都弥足珍贵。因此，修复和保护破损古籍，使之流传下去，就成了 21 世纪以来古籍整理最重要的任务之一。据 2006 年《中华读书报》报道，我国有超过 1000 万册的破损古籍亟待修复，但我国从事古籍修复工作的技术人员不足 100 人，如果这些破损古籍都需要修复，需要近千年时间才能完成。⑤ 现有的古籍修复人才，还存在

---

① 李桂荣：《浅议古籍数字化人力资源的开发与管理》，《第二届中国古籍数字化国际学术研讨会论文集》，五洲传播出版社 2011 年版。

② 陈爱民、陈荔京：《古籍数字化与共建共享》，《国家图书馆学刊》2012 年第 5 期。

③ 葛怀东：《古籍数字化人才培养研究》，《兰州教育学院学报》2014 年第 6 期。

④ 刘志江：《略谈古籍数字化的问题与对策》，《出版参考》2019 年第 10 期。

⑤ 韩晓东：《古籍修复人才极度匮乏》，《中华读书报》2006 年 4 月 5 日。

年龄结构偏大、知识结构不合理等问题①。这样严峻的现实不能不引起古籍整理学界的关注，有鉴于此，培养古籍修复和保护人才就成了21世纪以来古籍整理人才培养的重要内容。

2003年，文化部下发《中国古籍特藏保护计划》，在明确提出用20年时间完成古籍普查和保护工作的同时，将培养古籍修复人才作为一项重要内容。同年，教育部和文化部联合下发《关于开展培养古籍修复人才试点工作的通知》，以北京、上海、江苏三省市为试点，开展古籍修复人才的培养，并提出"分层培养、长短结合"的原则，试图通过10年左右的时间，培养一支技术熟练、基本满足需要的古籍修复队伍。

为了满足古籍修复人才的需求，人们提出诸多建议。有学者针对高校古籍修复专业人才培养，提出在培养目标上，要将古籍修复人才界定为技能型紧缺人才，在专业教学体系中引入职业认证，课程设置则由公共基础课、学科基础课、专业模块课和拓展类课程四大模块组成。② 有人借鉴国外古籍修复人才培养的经验，提出根据中国国情，建立正规的学历教育，为古籍保护的可持续发展储备人才；开展多种形式的在职培训；实施资格认证制度。③ 有人在此基础上提出四点建议：建立高层次学历教育，为古籍保护输送人才；开办多种在职进修，为古籍保护速成人才；实施职业资格认证，为古籍修复人员定位；建立古籍保护协会，推动行业发展进步。④

总之，针对古籍修复与保护人才匮乏的情况，21世纪以来，人们提出了学历培养、联合培养、分层培养等建议，大到学科体系的建立，小到具体课程的设置，面面俱到，在理论及操作层面上形成了共

---

① 王斌：《我对古籍修复人才培养的几点认识》，《图书馆学刊》2010年第8期。
② 葛怀东：《新时期古籍修复专业的办学定位与人才培养方案》，《新世纪图书馆》2007年第6期。
③ 陈红彦：《国外古籍修复人才的科学培养对我们的启示》，《国家图书馆学刊》2009年第4期。
④ 胡万德、孙鹏：《古籍修复人才培养现状调研报告》，《图书馆论坛》2012年第2期。

识，推动了古籍修复与保护人才培养事业的发展。[①]

图书馆是收藏古籍的主要机构，需要大量的古籍整理人才。可是，自改革开放以来，图书馆古籍整理人才一直比较匮乏，无法适应图书馆古籍保护、开发和利用的工作要求。20 世纪八九十年代，人们呼吁加快古籍整理与古文献学人才培养，却忽略了图书馆古籍整理人才与一般古籍整理人才的差别，进入 21 世纪以后，人们开始重视图书馆古籍整理人才的培养问题，提出了诸多建议。

图书馆古籍整理工作，涉及古籍普查、古籍修复与保护、古籍编目、古籍数字化等诸多问题，古籍的物质载体、形态规制、记录方式、生产方式、编撰发行、典藏散佚、分类编目、版本鉴定、保护方法和开发利用等，都在其研究范围之内，除了具有传统古籍整理与古文献学的修养外，还必须具有图书馆学的修养，具有综合性、复合型和实践性强的特点。因此，图书馆古籍整理人才与一般古籍整理人才的培养是不同的，不能混为一谈。有鉴于此，人们指出，图书馆古籍整理人才必须具备古代汉语、目录学、版本学、古代文化知识和科学技术知识等，具有驾驭古籍文献的能力，熟练掌握有关的工具书及其检索方法、理解和熟练掌握图书馆古籍工作有关规则、掌握计算机技能和网络知识。[②] 还有学者提出了一个真正合格的图书馆古籍整理人员，必须具备的最小限度的知识是："第一，图书馆学知识；第二，工具知识，包括古汉语知识、计算机等现代化技术知识、工具书知识；第三，古籍基本知识；第四，古籍分类、编目、版本鉴定知识；第五，古籍保护（含装裱和修复）知识。"[③]

21 世纪以来，人们认识到图书馆承担着服务经济、文化建设的重要任务。利用馆藏古籍文献为广大读者服务，在保护古籍的同时，

---

① 耿兴岩：《国内古籍修复人才培养研究综述》，《图书馆界》2017 年第 2 期。

② 陈莉、韩锡铎：《试论图书馆古籍工作的任务和人才培养》，《图书馆论坛》2005 年第 5 期。

③ 王国强：《图书馆古籍整理人才培养问题的思考》，《山东图书馆学刊》2011 年第 5 期。

有效开发利用古籍，必须培养复合型、应用型的古籍整理人才，只有这样才能适应古籍整理事业的发展、图书馆事业的发展和广大读者的需求。

在浩如烟海的中华古籍文献中，少数民族古籍文献和科技古籍文献有自身的特点。就少数民族古籍文献而言，我国有 55 个少数民族，每个民族的文献都有各自的特点，有汉文记录的民族文献，有本民族文字记录的文献，有简易图符文献，有口碑文献等，表现为强烈的地域性和民族性。就科技古籍而言，涉及医学、农学、数学、物理、化学、建筑、天文等诸多自然科学内容，表现为强烈的专业性。正因为少数民族古籍与科技古籍的这种特殊性，从事相关古籍整理的人员在具备一般古籍整理学术修养的同时，还必须具备相应的专业素养。随着古籍整理事业的不断发展，人们对相关人才培养的呼声越来越高。

2008 年 1 月，国家民委、文化部发布《关于进一步加强少数民族古籍保护工作的实施意见》，该意见在深刻分析了新时期少数民族古籍工作的重要性和紧迫性后强调指出："培养造就一支贯彻党的民族政策，热爱民族文化事业，具有各项扎实功底和良好素质的少数民族古籍工作人才队伍，是做好少数民族古籍工作的重要保证。"少数民族古籍整理人才，主要包括翻译、解读与研究人才、技术保护与修复人才、数字化与公共服务人才等诸多方面。对此，该实施意见从国家层面提出建立"少数民族古籍文献人才培养与科学研究基地"，创立完善少数民族古籍学的学科体系，坚持以提高少数民族古籍工作人员的理论水平和专业技能为重点，把短期培训、学历教育和高精尖人才培养结合起来，以更好地满足保护、整理、研究少数民族古籍工作的不同需要，促进少数民族古籍工作的深入开展。2010 年 12 月，第三次全国少数民族古籍工作会议在北京召开，对少数民族古籍人才培养和队伍建设工作提出了明确要求："科学制定少数民族古籍人才培养规划，不断完善多渠道分层次的少数民族古籍人才培养模式和人才储备机制，大力培养民间口传古籍传承人。继续做好'国家民委少数民族古籍文献人才培养与科学研究基地'建设，积极探索少数民族古籍人才引进机制，加强师资队伍建设。要根据少数民族古籍学科的特点，将培养通用型管理人才和专业型研究人才、在职培训和学历教育、理论学习与调查实践相结合。要按照少数民族古籍人才的特点，在招生规模、招考方式、专家聘请、授课方式等方面，创新思路，积极探索有利于少数民族古籍人才培养的新路子。不断整合资源，优化结构，培养造就一支数量充足、结构合理、精通少数民族古籍工作的专业人才队伍。"[1] 国家层面的号召与设计对少数民族古籍整理人才的培养起到了切实的推动作用。

　　改革开放以来，我国科技古籍的整理取得了极大进步，在古代科技文献书目的编纂、科技文献的汇编、选编、影印、点校、注释、今译以及科技文献数据库建设等方面都卓有成就。科技文献整理范围扩大、整理层次深化，科技文献整理出版的方式有了较大创新。与此同时，科技文献整理学科失衡、体例芜杂、学术失范等问题也显露出来，之所以存在这些问题，关键原因还是相关人才青黄不接，能够熟练地整理中国科技古籍的年轻人数量非常有限，无法完成数量众多的科技古籍的整理工作。对此，有学者指出，仅仅寄希望于常规的转变观念、政策引导和经费支持，从而按部就班、渐入佳境式的培养相关人才的想法，是难以扭转目前科技古籍人才不足这一局面的，必须"依托相关研究院所和高等学校，在全国范围内建立若干个国家层面的科技古籍整理出版与人才培养基地"[2]，这是一种将科技古籍整理出版和人才培养结合起来的复合型的研究和教育相兼顾的科研及人才培养机制。具体做法是在国家相关部门的支持下，在有科技古籍整理传统的科学史或相关学科教学研究单位设立基地，以科技古籍整理项

---

　　[1]　冯秋菊：《人才培养和队伍建设是少数民族古籍事业的长期任务》，《广西民族研究》2013 年第 2 期。

　　[2]　李雅清、项赟飚：《建立科技古籍出版与人才培养基地的意义与实践》，《传播力研究》2018 年第 15 期。

目带动硕士生及以上层次的高端人才培养，围绕一个科技古籍整理项目选修课程，既可出书，亦能出人。这种相对独立于常规教育机制的培养模式，有利于培育符合科技古籍整理工作需要的复合型人才。①

由以上论列可知，进入 21 世纪，有关古籍整理人才培养的讨论更加有针对性，也反映出随着古籍整理事业的发展，常规人才与专门人才的需求会越来越多，人才培养问题是古籍整理与古文献学研究永恒的任务。

第二节　人才培养的层次、数量与质量

改革开放新时期古籍整理与古文献学科人才培养的基础奠定于 20 世纪 80 年代，是在国家的有力推动下实现的。国家民委、农业部、卫生部、科技部等各部委对相关古籍整理人才的培养都非常重视，而尤以教育部所属全国高等院校古籍整理研究工作委员会在人才培养方面贡献最大。1983 年 2 月，教育部召开高校古籍整理研究规划会议，制订了培养古籍整理人才的方案。1984 年 10 月，高校古委会在上海召开了高校古籍整理人才培养工作会议，交流了各个高校的工作和经验，检查了专业的课程设置和教学内容。1985 年 12 月又召开了人才培养座谈会，并成立了人才培养专家工作小组。② 此后，高校古委会一直把"抓人才培养"当作最重要的任务来做，③ 采取了一系列的措施，有力推动了改革开放初期的古籍整理人才培养向前发展。这主要表现在如下方面：一是成立了不同层次的人才培养机构；二是明确了培养目标与规格；三是课程设置与教材编写渐成体系；四

---

① 李雅清、项赟飚：《建立科技古籍出版与人才培养基地的意义与实践》，《传播力研究》2018 年第 15 期。

② 杨忠：《全国高等院校古籍整理研究工作委员会秘书处关于古籍整理人才培养工作的汇报》，杨忠主编：《高校古籍整理十年》，江西高校出版社 1991 年版，第 158 页。

③ 《高校古委会曹亦冰副秘书长关于古委会秘书处工作的汇报》，全国高等院校古籍整理研究工作委员会秘书处古籍信息研究中心编《高校古籍工作通报》第 62 期，2000 年 7 月。

是形成了严谨求实的学风。可以说，20 世纪 80 年代在古籍整理及古文献学人才培养方面所取得的这些成果，对以后的人才培养产生了深远的影响。

20 世纪 80 年代初，针对古籍整理人才匮乏的状况，根据《中共中央关于整理我国古籍的指示》中提出的依托高等院校，适当扩大古籍整理与古文献学科规模以及成立古籍研究所的要求，改革开放伊始，各个高校纷纷建立起人才培养机构，"（20 世纪）八十年代前期，在高校系统陆续建立了一批古籍整理的科研与教学机构，其中高校古委会直接联系的有 18 个研究所、一个研究中心、一个研究室和四个古典文献专业，共 24 家……在此之外，各省市所属院校和部分国家教委直属院校也陆续建立了 70 个研究所、室"①。这里面既有古文献学本科专业的设置，又有研究生层次的培养。这些机构的主要任务有两个：一是培养人才，二是整理研究古籍。"各研究机构，应当积极承担整理和教学任务"，并制订人才培养、科学研究和教材建设规划。②

在国家相关部门及各个高校的努力下，改革开放新时期，古籍整理及古文献学人才培养形成了"两个渠道，三个层次"的人才培养模式。所谓"两个渠道"，"一是通过整理和研究的实践培养学术接班人，围绕若干个科研项目的开展带出若干个有特色的学术群体……二是通过学校的教学培养人才"。所谓"三个层次"，"是指通过学校的教学培养人才，分为本科生、研究生和研讨班三个不同层次"③。通过这样的人才培养模式，培养了一大批适应古籍整理、古文献研究和国家文化建设的优秀人才。

---

① 安平秋：《前言》，全国高校古籍整理工作委员会秘书处编：《辉煌十年——全国高校古籍整理研究成就》，上海古籍出版社 1994 年版，第 2—3 页。
② 周林：《发扬民族灿烂文化，培养古籍整理人才——在教育部高校古籍整理研究规划会议上的讲话》，杨忠主编：《高校古籍整理十年》，江西高校出版社 1991 年版，第 14 页。
③ 安平秋：《前言》，全国高等院校古籍整理工作委员会秘书处编：《辉煌十年——全国高校古籍整理研究成就》，上海古籍出版社 1994 年版，第 5 页。

一 本科生的培养

20 世纪 80 年代前，全国高校只有北京大学中文系设有古典文献学本科专业，该专业成立于 1959 年，是古籍整理与古文献学人才培养走向科学化的标志。可惜，该专业在"文化大革命"期间惨遭破坏，被迫停止招生。直到 1977 年才正式恢复招生，结果导致专业人才培养出现断层。因为古籍整理人才奇缺，为了培养更多基本功扎实、学风严谨、动手能力强的古籍整理基础人才，1983 年，教育部又批准杭州大学（现并入浙江大学）、南京师范大学、上海师范学院（现上海师范大学）增设古典文献本科专业，招收古典文献学本科生，予以培养。1991 年山东中医学院开设本科中医文献专业，招收五年制本科生。

北京大学古典文献本科专业自成立以来，在魏建功、周祖谟、阴法鲁、严绍璗、倪其心、孙钦善等人的先后主持下，经过多年努力，"筚路蓝缕，惨淡经营，逐渐建成一个相当规模的古典文献专业，拥有一支精整的师资队伍，形成一套完整的课程设置，明确了培养目标和发展方向，积累了教学经验和教学方法，同时编撰了一些适用的教材和资料"①。其最初的培养目标是：在中国古典文献方面掌握坚实的基础理论和系统的专门知识，具有从事古籍整理及本学科的科研教学能力的专业人才。"实践证明，古典文献专业的教学效果较好，培养出来的人才具有以下特点：第一，基本功扎实，学风谨严。第二，知识广泛，动手能力强。第三，适用面广，适应能力强。"② 可以看出，北京大学中文系古典文献专业最初主要是培养古籍整理人才，比较专一。但是，随着改革开放的深入、文化事业的发展以及社会对人

---

① 《北京大学中文系古典文献专业》，杨忠主编：《高校古籍整理十年》，江西高校出版社 1991 年版，第 327 页。

② 孙钦善：《北京大学古典文献学专业与北京大学古文献研究所》，《古籍整理出版情况简报》1989 年第 213 期。

才的多方面需求，该专业的培养目标也逐渐从"一专"向"一专多能"转化，"要求学生既是古籍整理的专门人才，又是能从事传统文化教学、研究的人才"。"为此，专业的课程设置、教学计划坚持以古籍整理的理论、知识、技能及方法为基本，向传统文化领域拓展"①。除了继续开设传统的汉语言文字课程、历史文化课程、古文献学课程、工具书的使用、古籍整理实践、国内外古籍整理信息等基本技能训练课程外，同时拓展课程覆盖面，开设专书选读的系列课程（包括《论语》《孟子》《荀子》《庄子》《诗经》《楚辞》《左传》《史记》等）和传统文化专题类课程（包括中国传统文化概论、儒家思想文化、道家思想文化、宗教文化、政治礼俗制度、古代社会生活文化等）。② 目的是适应社会的需求。实践证明，一专多能的培养目标切实可行，"学生的基础知识面广，社会需要的适用性宽；基本功扎实，学风比较严谨，独立工作能力踏实；大体符合一专多能的要求"。"初步统计，该专业历届毕业生约有80%从事古籍整理出版、教学、研究工作以及图书文博系统有关古籍整理研究的工作，其中许多同志已经成为各单位的业务骨干，有些同志在文、史、哲等学术文化领域取得显著成就，已是知名学者"③。

北京大学古典文献专业本科生的培养对其他三所培养古典文献专业本科生的高校影响很大。杭州大学中文系古典文献专业本科生的专业课程设置主要有四部分，分别是汉语言文字学方面的课程、古典文献学方面的课程、专书选读、古代历史文化方面的课程。明显借鉴了北京大学古典文献学专业的培养模式而又稍作变通。南京师范大学中文系古典文献学专业、上海师范大学古籍所古典文献专业本科生的课

①　《北京大学中文系古典文献专业》，杨忠主编：《高校古籍整理十年》，江西高校出版社1991年版，第328页。

②　《北京大学中文系古典文献专业》，杨忠主编：《高校古籍整理十年》，江西高校出版社1991年版，第328页。

③　《北京大学中文系古典文献专业》，杨忠主编：《高校古籍整理十年》，江西高校出版社1991年版，第328页。

程设置与此大同小异。除了有上述内容外，南京师范大学古典文献专业增加了应用文科课程，包括文秘学、管理学、公共关系等。

随着国家改革开放的进一步深入，科技、文化日益发展，古籍整理事业和古文献学研究不断进步，古文献学专业的本科教学也必然要与时俱进，不断提高培养质量，以适应时代要求，体现时代特色。1995 年，高校古委会针对古文献学专业本科生培养，采取了五项措施："第一，加强本科生的专业基础课教学。第二，强化外语教学。第三，加强电脑课程，为每个专业拨款八万元购买电脑。第四，增加奖学金。第五，加强专业课实习及对历史文化遗存的考察。"① 这五项措施的实施，拓宽了学生的知识面，让学生掌握了现代技术，为后来利用数字化技术整理古籍奠定了基础。

总之，经过多年努力，四个古典文献本科专业在办学上逐渐明确了培养目标和规格，摸索出独特的教学方法，形成了严谨踏实的学风。其一，在培养目标方面，所培养的学生，"具有坚实的马克思主义理论素养，具有深厚的文史哲基础知识，具有阅读古书、从事古籍整理与研究的基本能力，同时还应该具有能准确地反映整理与研究成果的文字表达能力"②。因为古文献学是一个综合性的边缘学科，它和语言文字、文学、历史、哲学、教育、经济、法律、科技等方面都有密切联系，因此培养的学生必须知识面宽广、基本功扎实；又由于古文献学是一门实践性很强的学科，因此学生必须具备较强的动手能力；还由于我国古代文化遗产精华与糟粕并存，学生必须掌握马克思主义理论，以增强自己鉴别是非的能力。其二，在教学方法上，也形成了特色。"一是改变了封闭性的教学方法而采用开放性的方法"，形成了专业内外、系内外、校内外的协作；"二是特别强调打好基

---

① 《高校古委会杨忠秘书长关于今后工作设想的报告》，《高校古籍工作通报》2000 年 7 月第 62 期。

② 杨忠：《全国高等院校古籍整理研究工作委员会秘书处关于古籍整理人才培养工作的汇报》，杨忠主编：《高校古籍整理十年》，江西高校出版社 1991 年版，第 159 页。

础"，都十分重视古汉语及文字、音韵、训诂、目录、版本、校勘等课程的教学，强调阅读、背诵经典原著；"三是注重实践"，也就是注重整理古籍的能力的培养，让高年级学生参与古籍的点校整理，让学生融会贯通所学知识。其三，形成了严谨踏实的学风。四个古典文献学本科专业所培养的学生，在治学上都能够注重实学、不事浮夸、严谨细密。①

与此同时，四个古文献学本科专业在各自的专业建设上也不断完善，并形成了特色。北京大学文献专业历史悠久，师资力量强，"有一整套完善的课程体系和管理章法，基础雄厚，经验丰富"；杭州大学文献专业师资力量也比较整齐，"课程安排比较全面……学生工作也比较细致，专业工作进步较快"；上海师范大学是研究所办本科专业，学生便于参加科研工作，"师生方向一致，教师的科研成果可以及时应用到教学中去"；南京师范大学古典文献专业则"充分吸收了无锡国专的成功经验，基本功训练比较扎实"。② 总之，文献学本科人才的培养走出了一条符合中国古籍整理需求、具有自身特色的道路。

二 研究生的培养

改革开放初期，古籍整理与古文献学研究生的培养主要是由20世纪80年代初成立的高校古籍研究机构完成的。进入20世纪90年代以后，随着高等教育事业的发展，古典文献学和历史文献学的硕士点和博士点不断增加，研究生培养规模也不断扩大，培养的相关人才也越来越多。需要说明的是，高校古籍整理研究机构的成立情况及在古籍整理方面所取得的成就，我们在第二章第三节中已有较为详细的

---

① 杨忠：《全国高等院校古籍整理研究工作委员会秘书处关于古籍整理人才培养工作的汇报》，杨忠主编：《高校古籍整理十年》，江西高校出版社1991年版，第159—162页。

② 杨忠：《全国高等院校古籍整理研究工作委员会秘书处关于古籍整理人才培养工作的汇报》，杨忠主编：《高校古籍整理十年》，江西高校出版社1991年版，第162页。

论述。我们在这里主要回顾和总结的是它们在人才培养方面的情况。

改革开放初期，高校古委会就要求已经成立的这些研究机构必须尽快形成自己的方向和特色，"各校要从现有的学术优势出发，根据自己的知识结构、图书资料、阶段性成果，并注意结合当地的历史、地理和社会条件，经过认真讨论，确定本所的学术方向和特色……以便有计划有目的地进行人才培养和图书资料的建设。另一方面，要把科研和教学紧密结合起来，把研究机构办成既能造就高质量的人才，又能出重大整理研究成果的学术单位"①。根据教育部和高校古委会的要求，各高校根据自己的实际情况，经过几年努力，"这些机构有专职编制、有学术带头人和学术梯队，有明确的学术方向，有一定规模的办公用房和图书资料及必备的设备"②，开始在古籍整理与研究方面、在人才培养方面均发挥巨大作用，成为改革开放新时期古籍整理与古文献学研究的中坚力量。再加上"高校的古籍整理工作者在数量上约占全国古籍整理人员的百分之八十"③，人才储备较多，到20世纪90年代初，这些科研教学机构已经显现出自身的特点：一是自成系统，二是实力较强，三是大多数研究机构已经形成自己的研究方向和特色。④

研究生的培养是和国务院学位委员会关于硕士学位授权点和博士学位授权点的布局相关的。1981年11月，经国务院批准，北京大学中国古典文献学专业、华中师范大学历史文献学专业、中国社会科学院历史文献学（古文献学）专业获得首批博士学位授予权。中国社

---

① 《全国高等院校古籍整理研究所所长会议纪要》，杨忠主编：《高校古籍整理十年》，江西高校出版社1991年版，第19—20页。

② 安平秋：《前言》，全国高校古籍整理工作委员会秘书处编：《辉煌十年——全国高校古籍整理研究成就》，上海古籍出版社1994年版，第9页。

③ 安平秋：《全国高校古籍整理研究工作十年》，杨忠主编：《高校古籍整理十年》，江西高校出版社1991年版，第503页。

④ 安平秋：《全国高校古籍整理研究工作十年》，杨忠主编：《高校古籍整理十年》，江西高校出版社1991年版，第502—503页。

会科学院研究生院、华中师范大学的历史文献学专业，北京大学、东北师范大学、华东师范大学的中国古典文献学专业，中国中医研究院、山东中医学院的中医文献专业获得硕士学位授予权。这些学位点的设立，拉开了改革开放新时期古籍整理与古文献学高层次人才培养的序幕。

1984 年 1 月，国务院学位委员会又批准第二批博士和硕士学位授予单位，北京师范大学、杭州大学的中国古典文献学专业获得博士学位授予权。中国人民大学历史文献学（档案学）专业、陕西师范大学历史文献学专业、兰州大学历史文献学（敦煌学）专业以及北京师范大学、复旦大学、武汉大学、杭州大学中国古典文献学专业获得硕士学位授予权。1985 年 12 月，国务院学位委员会特批博士和硕士学位授予单位，中国社会科学院历史文献学专业获得博士学位授予权。

1986 年 7 月，国务院学位委员会批准第三批博士和硕士学位授予单位，中国中医研究院中医文献专业获得博士学位授予权。北京师范大学历史文献学专业及上海师范大学、南开大学、南京大学、南京师范大学、山东大学、湖北大学、四川大学、杭州大学的中国古典文献学专业，安徽中医学院、上海中医学院的中医医史文献专业获得硕士学位授予权。1990 年 11 月国务院学位委员会第四批博士和硕士学位授予单位中，内蒙古医学院的中医医史文献获二级学科硕士学位授予权。

以这些硕士和博士学位点为支撑，20 世纪 80 年代，古籍整理与古文献学研究生的培养取得了显著成绩。从培养目标上看，"研究生的培养有更高的要求，注重培养他们独立研究和解决问题的能力"[①]。"培养规格要求在具备本科生应有的知识、能力基础上，做到初步兼通文史，并有一门专长，能够独立从事一般古籍的整理，独立进行学

---

① 杨忠：《全国高等院校古籍整理研究工作委员会秘书处关于古籍整理人才培养工作的汇报》，杨忠主编：《高校古籍整理十年》，江西高校出版社 1991 年版，第 163 页。

术研究"①。从培养方法上看，研究生的培养方法比本科生更为灵活。
"由于各位导师都学有专长，治学方法也各有心得，研究生的培养方
法、课程设置便各有特色"②，或师承导师衣钵，继承导师学术专长；
或参与古籍整理项目，从中锻炼成长。如黄永年先生的研究生从事唐
代文史及古籍研究、章培恒先生的研究生从事明代文化的探讨等，均
属于继承导师专长。北京大学古文献研究所主编的《全宋诗》、四川
大学古籍所主编的《全宋文》、复旦大学古籍所主编的《全明诗》
等，都让研究生参与其中，在古籍整理中得到锻炼和提高。总之，研
究生的培养"一方面靠课堂教学，另一方面靠参加科研实践。这一
点各研究所和专业都做得较好"③。

　　20 世纪 90 年代后期，中国高等教育事业开始进入快速发展的轨
道，古典文献学和历史文献学的硕士点与博士点不断增加，能够培养
古籍整理与古文献学研究生的院校越来越多，研究生培养的规模越来
越大。现不惮其烦，罗列如下：

　　1998 年 6 月，国务院学位委员会审议通过第七批博士和硕士学
位授予单位，北京大学、北京师范大学、中国社会科学院研究生院、
复旦大学、南京大学、山东大学获中国语言文学一级学科博士学位授
予权；北京大学、北京师范大学、中国社会科学院研究生院、南开大
学、复旦大学、南京大学、武汉大学、中山大学获历史学一级学科博
士学位授予权。兰州大学获历史文献学二级学科博士学位授予权。北
京大学、北京师范大学、中国社会科学院研究生院、复旦大学、南京
大学、山东大学等获中国语言文学一级学科硕士学位授予权。北京大
学、北京师范大学、中国社会科学院研究生院、南开大学、复旦大

---

　　① 安平秋：《前言》，全国高校古籍整理工作委员会秘书处编：《辉煌十年——全国高校古籍整理研究成就》，上海古籍出版社 1994 年版，第 6 页。

　　② 杨忠：《全国高等院校古籍整理研究工作委员会秘书处关于古籍整理人才培养工作的汇报》，杨忠主编：《高校古籍整理十年》，江西高校出版社 1991 年版，第 163 页。

　　③ 《高校古委会杨忠秘书长关于今后工作设想的报告》，《高校古籍工作通报》第 62 期，2000 年 7 月。

学、南京大学、武汉大学、中山大学等获历史学一级学科硕士学位授予权。同时，聊城大学获中国古典文献学二级学科硕士学位授予权；河南师范大学、新疆大学获历史文献学二级学科硕士学位授予权。

2000 年 12 月，国务院学位委员会审议通过第八批博士和硕士学位授予单位，南开大学、华东师范大学、浙江大学、华中师范大学、中山大学、四川大学等获中国语言文学一级学科博士学位授予权；中国人民大学、吉林大学、华东师范大学、上海师范大学、南京师范大学、厦门大学、四川大学等获历史学一级学科博士学位授予权；中国中医科学院、上海中医药大学、南京中医药大学、广州中医药大学等获中医学一级学科博士学位授予权。南开大学、华东师范大学、上海师范大学、南京师范大学、浙江大学、华中师范大学、中山大学、四川大学等获中国语言文学一级学科硕士学位授予权；中国人民大学、吉林大学、华东师范大学、厦门大学、四川大学等获历史学一级学科硕士学位授予权；北京中医药大学、中国中医科学院、上海中医药大学、南京中医药大学、广州中医药大学等获中医学一级学科硕士学位授予权。西华师范大学获中国古典文献学二级学科硕士学位授予权；内蒙古师范大学、哈尔滨师范大学、贵州师范大学等获历史文献学二级学科硕士学位授予权；江西中医学院获中医医史文献二级学科硕士学位授予权。

2003 年 7 月国务院学位委员会审议通过第九批博士和硕士学位授予单位，首都师范大学获中国语言文学一级学科博士学位授予权；首都师范大学、东北师范大学、福建师范大学、山东大学、武汉大学、华中师范大学、云南大学、陕西师范大学等获历史学一级学科博士学位授予权；天津中医学院、黑龙江中医药大学、湖北中医学院、湖南中医学院、成都中医药大学等获中医学一级学科博士学位授予权。安徽大学获历史文献学二级学科博士学位授予权；河南大学、西北师范大学等获中国古典文献学二级学科博士学位授予权。首都师范大学、苏州大学、福建师范大学、武汉大学、淮北煤炭师范学院等获中国语言文学一级学科硕士学位授予权；首都师范大学、东北师范大学、山东大学、华中师范大学、云南大学、陕西师范大学等获历史学一级学科硕士学位授予权；天津中医学院、黑龙江中医药大学、湖南中医学院、成都中医药大学等获中医学一级学科硕士学位授予权。烟台师范学院、中南民族大学、西华师范大学、西南民族大学、西北民族大学、宁夏大学获中国古典文献学二级学科硕士学位授予权。

2006年1月，国务院学位委员会审议通过第十批博士和硕士学位授予单位，这次博士和硕士学位点的布局更加广泛，全国各地100多所高校均可以培养古籍整理与古文献学高层次人才，或培养博士，或培养硕士，因涉及学校较多，不再一一罗列。

我们之所以不惮其烦地将改革开放以来古文献学博士、硕士学位授权点的情况罗列出来，目的是要说明以下情况：第一，20世纪80年代，古籍整理与古文献学研究生培养主要集中在北京、上海、武汉、南京、杭州等主要高校，招生规模不大。及至20世纪90年代后期以后，博士、硕士学位点的分布逐渐均衡，一些边远省份也开始招收相关研究生，培养古籍整理与古文献学研究生的单位越来越多，成效越来越大，基本上能够满足古籍整理研究、教学的需要。第二，国家对古文献学和古籍整理高层次人才的培养是非常重视的，其表现就是自上而下宏观调控，通过设立学位点的形式，让有条件培养这方面人才的高校参与到相关人才培养的队伍中，不断扩大人才培养的规模。第三，20世纪80年代，古籍整理与古文献学研究生绝大多数都分配到古籍整理研究与教学部门，初步解决了人才奇缺的问题。21世纪以来，古籍整理与古文献学研究生的就业面越来越宽广，满足了社会文化建设各方面的需要。

三 研修班的设立

除了本科生、硕士生和博士生这种全日制的人才培养方式外，改革开放以来，古籍整理各领导部门和各高校还举办了各式各样的古籍整理出版和古文献研究的学习班、研修班、培训班，这些学习班、研修班和培训班的学制从半年、一年到两年不等，都是有针对性地专业培训，特点是及时、快速、针对性强，与全日制培养相互补充。

1983—1984 年，很多著名学者开始举办文献整理培训班。吉林大学于省吾主办古文字学讲习班，吉林大学金景芳主办先秦文献讲习班，四川大学杨明照主办历史文献讲习班，杭州大学姜亮夫、蒋礼鸿主办敦煌学讲习班，华中师范大学张舜徽主办历史文献讲习班，东北师范大学古籍所主办古籍整理讲习班，陕西师范大学史念海、黄永年举办古籍整理讲习班，共招收 180 名学员。① "参加学习的是高等院校的文科教师和社会科学院系统的研究人员。其中讲师和助理研究员以上的占三分之一。"另外，1983 年 10 月 14 日，经教育部批准，青海省教育厅委托青海师范学院举办古籍整理研究讲习班，招收本省学员 22 名。

在培训过程中，各培训班广邀名师为学员授课，如 1983 年华中师范大学历史文献研究所受教育部委托举办为期半年的历史文献学讲习班，共有 26 名来自全国高校的中青年教师接受培训。除张舜徽主讲外，还聘请了萧萐父、周大璞、赵俪生、来新夏、刘乃和、仓修良、施丁、李格非、朱祖延等著名学者为讲习班授课，"全身心的投入，使讲习班中不少人成为文献学研究的专门人才"②。1985 年，高校古委会在复旦大学举办全国高校古籍整理讲习班，北京大学周祖谟、复旦大学徐鹏分别任正副班主任，招收学员共 32 名，聘请裘锡圭、许嘉璐、金开诚、葛兆光、刘乃和、楼宇烈、黄永年等知名学者授课。

1987 年 7 月 15 日至 8 月 20 日，北京大学文献研究所与江西师大、九江师院在庐山联合举办"白鹿洞传统文化研讨班"及古籍整理讲习班，讲授课程为版本学、文字学、文选学、校勘学等，北京大

---

① 《教育部委托老专家举办古籍整理研究讲习班》，《高教战线》1984 年第 3 期。
② 李国祥、周国林：《刚健笃实，博通致远——写在历史文献研究所建所 20 周年之际》，周国林、刘韶军主编：《历史文献学论集》，崇文书局 2003 年版，第 2 页。

学安平秋、孙钦善、李致忠等教授授课，共招收学员 65 人；同年与深圳大学合办传统文化研讨班；1989 年和 1990 年与北京师范大学古籍整理研究所合办两期中医古籍研讨班。1990 年 9 月复旦大学古籍整理研究所与中文系合办中国传统文化研讨班。

北京师范大学古籍所于 1989—1990 年举办古籍整理进修班。1990 年暑期，与江西九江师专在庐山合办"中国传统文化讲习班"。1990 年 9 月复旦大学古籍整理研究所与中文系合办了一期中国传统文化研讨班。

2001 年 10 月，全国古籍整理出版规划领导小组办公室在北京举办了第一期全国古籍社编辑培训班，"培训班聘请了出版系统和高等院校的杨牧之、李国章、李致忠、倪其心、孙钦善、程毅中、曾贻芬、许逸民、赵昌平、熊国祯等 10 位古籍整理出版专家授课。此举深受广大古籍编辑的欢迎，全国共有 28 家出版社（包括非古籍出版专业出版社）的近 60 名编辑参加了这次培训"①。自此以后，每年都要举行一期古籍编辑培训班，至 2011 年连续举行了 10 届。

一些地方院校也纷纷开设古籍整理讲习班，培养人才。如 1984 年 9 月至 1985 年 8 月，西北师范学院受甘肃省高教局委托，由该学院古籍整理研究所主办古籍整理讲习班，录取学员 11 名，另有旁听生 10 余名。山东大学古籍整理研究所受山东省古籍整理规划小组委托，于 1985 年、1986 年先后举办两期古籍整理专业培训班，培训该省学员 100 余名。②

除常规的古籍整理和古文献学讲习班、培训班之外，专业培训班也纷纷召开，诸如中医古籍整理与古文献培训班、少数民族古籍整理与古文献培训班、法律古籍讲习班、古籍出版社编辑培训班等。

从 1983 年到 1986 年的四年时间里，全国共举办中医文献、中

---

① 全国古籍整理出版规划领导小组办公室编：《古籍整理出版十讲》，岳麓书社 2002 年版，"前言"第 5 页。
② 杨忠主编：《高校古籍整理十年》，江西高校出版社 1991 年版，第 305 页。

医古汉语学习班 8 次，培养了专业人员 400 名。① 中医古籍整理出版规划小组还提出，"除继续办好各种形式的古籍整理与文献研究学习班、进修班、研究班外，有条件的中医学院、研究院应给高年级学生开设'中医文献学'专业或选修课……拟逐步创造条件，请国内有关专家联合举办中医古籍文献研究高级班，一方面对专家们的经验进行抢救性继承，另一方面争取较为迅速地培养一些青年骨干和学术带头人"②。1988—1989 年，北京师范大学古籍所受国家中医药管理局委托，经国家教委批准，举办两期中医古籍整理研修班，招收 63 名学员。

民族古籍整理与民族文献研究的人才培养同样进行得如火如荼。截至 1985 年，中央民族学院民语系开办了彝文文献干部专修班，培养了一批彝文人才；新疆维吾尔自治区聘请了新疆社会科学院、新疆文联和新疆大学等单位的专家学者，于 1985 年举办了一期察哈台文进修班；辽宁省在辽宁大学历史系开设了满文课；北京市也举办了满文学习班。③ 全国少数民族古籍整理出版规划小组还委托中央民族学院在 1986 年开办"民族古籍整理专业进修班"，招生 100 名，结业后基本能从事民族古籍整理工作。④ 全国少数民族古籍整理出版小组还号召"有条件的省、自治区，也可举办各种类型的进修、培训班……总之，要多渠道地培养人才"⑤。"据不完全统计，通过类似的途径和方式，全国已先后培养了专兼职少数民族

---

① 白永波：《四年来中医古籍整理出版工作的回顾和今后工作的建议》，《古籍整理出版情况简报》1986 年第 157 期。

② 白永波：《四年来中医古籍整理出版工作的回顾和今后工作的建议》，《古籍整理出版情况简报》1986 年第 157 期。

③ 李鸿范：《两年来民族古籍整理工作情况和对今后工作的一些意见》，《古籍整理出版情况简报》1985 年第 150 期。

④ 《全国少数民族古籍整理工作会议在京召开》，《古籍整理出版情况简报》1985 年第 150 期。

⑤ 《全国少数民族古籍整理工作会议在京召开》，《古籍整理出版情况简报》1985 年第 150 期。

古籍整理、研究人员 5000 余人，有效地推动了少数民族古籍事业的发展。"①

全国古籍整理出版规划领导小组历来重视对古籍出版社编辑的培养，截至 2004 年，举办了四期古籍社编辑培训班，其中第四期培训班于 2004 年在北京举行，共培训了来自全国 22 个古籍出版社的 40 名编辑。开设的课程有《出版改革与古籍整理出版工作》《大型丛书的编辑与出版》《历史文献整理研究的热点问题与出版契机》《经学研究的热点问题与出版契机》《古籍的电子化》《古籍整理与版本的选择》《考古文献的整理与出版》《古籍整理规范化漫谈》等。②

改革开放新时期古籍整理与古文献学各类研修班的开设，有几个明显的特点：一是与高校、科研院所的全日制人才培养互补，完善了古籍整理及古文献学人才培养体系，是多渠道培养人才的有益探索，很多没有受过全日制教育的学员因为参加研修班而成为古籍整理的专门人才。二是针对性强，目的明确。古籍出版社编辑研修班、少数民族古籍整理研修班、中医药古籍整理研修班等，都是本专业、本领域的专业培训，学即可用，保证了古籍整理人才的迅速成长。三是理论学习与古籍整理实践相结合，拓展了古籍整理与古文献学人才的知识面，增强了他们的动手能力，故而能够及时从事古籍整理。

四　人才培养的成效

在"两个渠道，三个层次"的培养模式下，各类古籍整理与古文献学人才培养工作取得相当大的成就。鉴于各种原因，我们很难把改革开放以来古籍整理与古文献学人才培养的数量统计清楚。但是，从 20 世纪 80 年代至 90 年代的十年时间里，人才培养的数量和成效

---

① 冯秋菊：《人才培养和队伍建设是少数民族古籍事业的长期任务》，《广西民族研究》2013 年第 2 期。

② 《第四期古籍社编辑培训班在京举行》，《古籍整理出版情况简报》2004 年第 10 期，总404 期。

依然有很多数字可以反映出来，虽非全貌，但可窥一斑。

截至 1993 年 10 月，10 年间四个古典文献本科专业共招收本科生 488 名，其中毕业生 325 名；共招收硕士研究生 364 名，毕业生 244 名；招收博士研究生 57 名，毕业生 35 名；各类研讨班多年来为高校、古籍出版社及图书博物系统，培训了四五百名在职工作人员。"以上三个层次培养出来的古籍整理人才，一般分配（或回到）各古籍整理研究机构、教学单位、图书博物系统、出版社及与古籍整理研究有关的文化教育部门工作，缓解了七十年代后期到八十年代初期那种古籍整理青黄不接、后继乏人的状况。"[①] 各个层次的毕业生在各自的工作岗位上不仅都能做到独立从事学术研究，而且普遍在古籍整理领域有着突出的表现。如黄永年自 1982 年开始培养历史文献专业硕士研究生起，到 1988 年，共培养了五届 22 名硕士研究生，研究生班一届 11 名，除 3 名尚在读外，其余 19 名均顺利毕业，研究生班有 10 名学生均申请并取得学位。这些学生在工作岗位上均有突出的表现。当时陕西师范大学古籍所共有 12 名工作人员，其中有 8 名都是黄永年培养的硕士毕业生。北京大学古典文献专业已毕业学生中，"绝大多数的人从事古籍整理、出版、教学、研究和图书文博系统有关古籍专业的工作，其中多数人已成为骨干力量。如北京中华书局编辑部的编辑中约有百分之五十是这个专业的毕业生，它的一些编辑室的负责人，基本上是这个专业的毕业生"[②]。总之，截至 1993 年 10 月，"各研究所自 1983 年以后培养出来的研究生，已有一批人升为副教授、副研究员或副编审，其中有的在学术上取得了显著的成绩，成为较有名气的青年学者"[③]。

---

① 安平秋：《前言》，全国高校古籍整理工作委员会秘书处编：《辉煌十年——全国高校古籍整理研究成就》，上海古籍出版社 1994 年版，第 7 页。

② 孙钦善：《北京大学古典文献学专业与北京大学古文献研究所》，《古籍整理出版情况简报》1989 年第 213 期。

③ 安平秋：《前言》，全国高校古籍整理工作委员会秘书处编：《辉煌十年——全国高校古籍整理研究成就》，上海古籍出版社 1994 年版，第 5—6 页。

改革开放新时期人才培养的成就是巨大的，由此，我们可以做出这样的基本判断，进入 20 世纪 90 年代后，随着各项工作的顺利展开，除了一些特殊领域外，古籍整理与古文献学人才匮乏的问题基本得以缓解。

第三节　课程设置与教材建设

无论是本科生、研究生的培养，还是讲习班学员的培养，都要求开设相当数量的课程。开设课程就需要有教材，否则教师就无法进行有效教学。但是，由于"文化大革命"对高等教育的摧残，及至改革开放初期，古文献学专业的教材奇缺，古文献学专业"所设置的课程几乎都没有现成的教材"，必须"要自己写教材"①。为了教学需要，古文献学专业的教材编写由此起步。及至今日，古文献学的教材建设已成绩斐然。可以这样说，改革开放以来古籍整理与古文献学的发展，有一部分动力是从课程设置和教材编写开始的。

一　课程设置

由于古文献学是一门综合性的边缘学科，它与古代语言文字学、文学、历史学、哲学、古代经济、法律、科技等学科都有千丝万缕的联系。古文献学还是一门实践性很强的学科，需要进行实际操作能力的培养。因此，古文献学课程涉及的内容就极为丰富。

我们先看古文献学本科专业的课程设置。

北京大学中文系古典文献学专业按照古典文献学的学科特性和需要开设课程，基本包括五大部分：其一，汉语言文字方面，以古代语言文字为主。开设有现代汉语、古代汉语、文字学、音韵学、训诂学、《说文解字》等；其二，古代历史文化方面。开设的有中国通

---

① 黄永年：《培养文献学研究生的经验体会》，《古籍整理出版情况简报》1988 年第 202 期。

史、中国文学史、中国哲学史、中国文化史等；其三，古文献和古文献学方面。开设有古代历史要籍介绍、中国古代文学要籍介绍、目录学、版本学、校勘学、中国古文献学史、文献专书讲读等；其四，基本技能训练方面。包括写作、计算机原理与使用、工具书使用、古籍整理实习、出版编辑工作实习、历史文化遗存考察等；其五，科学情报信息方面。包括国内古籍整理现状、国外汉学等。① 北京大学古典文献本科专业的这套课程体系对上海师范大学、南京师范大学、杭州大学的古典文献专业的影响很大。这三校的课程基本上是在北京大学课程体系基础上，根据自身师资力量和研究特点增删损益而成，核心内容基本没有变化。

上海师范大学古典文献专业开设的课程也包括五大类，一是语言文字，开设古代汉语、现代汉语、文字学、音韵学、训诂学等；二是历史文化知识，开设中国通史、中国哲学史、中国文化史、中国文学史、中国经济史、国学概论、历史地理等；三是专书选读，开设《论语》《楚辞》《左传》《史记》《汉书》选读等；四是古籍整理基础知识及情报信息，开设目录学、版本学、校勘学、辞典学、文献专业写作、编辑学、中国古代史料学、档案学、图书馆分类学、方志学、博物馆学、文化管理学、计算机应用、英文打字、书法等；五是专业选修课，开设宋史研究、唐诗与中国文化、唐宋词与宋史、《史记》与《通鉴》研究、中国古代官制史、中国史学史、诸子研究等。② 南京师范大学古典文献专业开设的课程有六个方面：马列主义理论；古典文献专书导读；文献学（包括目录学、版本学、校勘学）；语言文字学（包括文字学、词汇学、语法学、音韵学以及出土文献研究）；文化（包括文化史、中国文学史、中

---

① 孙钦善：《全国高校古委会人才培养工作会议发言选辑·孙钦善发言》，杨忠主编《高校古籍整理十年》，江西高校出版社1991年版，第169页。

② 《上海师范大学古典文献专业》，全国高等院校古籍整理工作委员会秘书处编：《辉煌十年——全国高校古籍整理研究成就》，上海古籍出版社1994年版，第15页。

国通史）；应用文科课程（包括文秘学、管理学、公关学等）。① 杭
州大学古典文献专业课程包括四大类，一是语言文字学，开设语言
学、古代汉语、现代汉语、文字学、音韵学、训诂学、修辞学、逻
辑学、《说文》研究、俗语词研究、写作等；二是古代历史文化，
开设中国通史、古代文化常识、中国古代哲学史、中国文学史、中
国古代文论选、唐宋词通论、中国古代文学作品选、敦煌学等；三
是古典文献学，开设中国文献学、文献要籍解题、工具书使用法、
目录学、版本学、词典学、古籍整理实习等；四是专书选读，开设
《诗经》、《楚辞》、诸子、《文选》、《史记》、《汉书》选读等。② 由以
上论列可以看出，上海师范大学、南京师范大学、杭州大学三校的
核心课程与北京大学完全一致，但又体现出自己的特色。如上海师
大开设了辞典学、编辑学、档案学、图书馆分类学、方志学、博物
馆学、文化管理学、书法、唐宋史研究等，南京师范大学开设了秘
书学、管理学等，杭州大学开设了逻辑学、俗语词研究等。四院校
既有一致的主干课程，又各具异彩。

　　总之，改革开放新时期，古典文献本科专业以北京大学古典文献
专业为代表，已经"建立起了科学的、系统的课程体系"③。这套课
程体系既有文献学基本功训练，又有古籍整理动手能力训练；既有文
史哲核心知识的学习，又拓展延伸到社会科学其他领域，保证了培养
目标的实现。

　　我们再看研究生课程设置。

　　和本科生培养有所不同，研究生的培养有更高的要求，"硕士
生、博士生的学位课程在本科生专业课的基础上向纵深开掘，水平更

---

① 《南京师范大学中文系古典文献专业》，杨忠主编：《高校古籍整理十年》，江西高校出
版社1991年版，第331页。

② 《杭州大学古典文献专业》，全国高等院校古籍整理工作委员会秘书处编：《辉煌十
年——全国高校古籍整理研究成就》，上海古籍出版社1994年版，第19页。

③ 杨忠：《全国高等院校古籍整理研究工作委员会秘书处关于古籍整理人才培养工作的汇
报》，杨忠主编：《高校古籍整理十年》，江西高校出版社1991年版，第159页。

加提高，范围更加专精"①。再加上"各位导师都学有专长，治学方法也各有心得，研究生的培养方案、课程设置便各有特色"②。实际上，各校古文献学专业研究生课程的设置既有相通之处，又各具特色，体现出各学位点研究方向的基本特征。比如北京师范大学古籍所为研究生开设的课程有古籍整理与传统文化、文字学、音韵学、训诂学、校勘学、版本学、目录学、中国文献学史、中国文化史知识以及专书、专史等选修课。③ 南京大学古典文献研究所为研究生开设的课程则有文字学、音韵学、训诂学、史料学、年代学、目录学、版本学、专书选读等。④ 山东大学古籍所为古典文献学研究生"开设的研究生课程有先秦两汉文献解题及选读、文字音韵训诂、雅书研究、目录版本学、中国文化史、中国学术史、两汉经学和文献学、先秦诸子、诗经与楚辞以及专书导读等"⑤。华东师范大学古籍室开设的课程有政治理论课；文字、音韵、训诂学；版本、目录、校勘学；古代科技、文化、诗赋词曲、礼乐、职官、兵刑等；工具书的使用；校点实践活动等。⑥ 很明显，在古文献学研究生培养上，文字、音韵、训诂、版本、目录、校勘都是各个学校必须开设的基础课程，这是古籍整理与古文献学研究生必须掌握的基本功。

与此同时，各校又根据自身的研究方向，在研究生培养方面形成了自己的特色。比如复旦大学古籍所与明代文献的整理研究相结合，

①　孙钦善：《北京大学古典文献学专业与北京大学古文献研究所》，《古籍整理出版情况简报》1989 年第 213 期。

②　杨忠：《全国高等院校古籍整理研究工作委员会秘书处关于古籍整理人才培养工作的汇报》，杨忠主编：《高校古籍整理十年》，江西高校出版社 1991 年版，第 163 页。

③　《北京师范大学古籍整理研究所》，杨忠主编：《高校古籍整理十年》，江西高校出版社 1991 年版，第 300 页。

④　《南京大学古典文献研究所》，杨忠主编：《高校古籍整理十年》，江西高校出版社 1991 年版，第 301 页。

⑤　《山东大学古籍整理研究所》，杨忠主编：《高校古籍整理十年》，江西高校出版社 1991 年版，第 305 页。

⑥　《建设古籍整理专业，培养古籍整理人才》，《古籍整理出版情况简报》，1981 年第 4 期，总第 83 期。

培养的研究生多从事明代文献的整理与研究；吉林大学古籍所在古文字学研究方面独树一帜，他们培养的研究生也大多从事古文字学研究；四川大学古籍所在《全宋文》整理方面卓有成就，研究生也多数从事相关古籍整理与研究，进入 2000 年，该所又承担《儒藏》整理，研究生又多从事儒学文献的整理研究。如此等等，都体现出各自的特色。

在研究生培养过程中，很多专家学者都有自己的体会，黄永年先生就曾总结过自己培养研究生的经验，可以看作改革开放新时期专家学者对研究生培养的普遍感受。陕西师范大学对文献学研究生开设的基础课程有目录学、版本学、古籍整理概论等；辅助课程有文字训诂学、碑刻学、唐史史料学、日本的中国学等；专书研究课程有韩昌黎文集研究、吴梅村诗集研究、太平广记研究、旧唐书研究等；专题研究有文史专题研究等。之所以开设这些课程，黄永年有较为详尽的解释：开设基础课程的目的是要使研究生对四部要籍有个全面的了解，初步学到古籍版本的知识及鉴别方法，并使研究生对古籍整理有基本的了解并掌握相应的技能。开设辅助课程是为了让不以研究先秦两汉文学为方向的研究生，略知文字训诂、音韵的大概，并能利用工具书，补一下大学本科时未开的课，掌握一些从古籍中查资料的方法并了解一些国外研究的状况。开设专书研究课程的目的是补救研究生在本科阶段不看古籍原书的缺陷。而专题研究课程则是要研究生从中学会如何独立从事科研、撰写学术论文的方法。同时黄永年又指出课程的设置要从培养要求与研究生实际水平出发，绝不能全凭导师能力和兴趣来设置课程，"也就是说大框框要从整体出发，个别具体课程则可机动灵活"①。

除了研究生课程的设置外，一些培训班也沿袭了研究生培养的课程设计。1983 年 10 月，青海师范学院举办的古籍整理研究讲习班，

---

① 黄永年：《培养文献学研究生的经验体会》，《古籍整理出版情况简报》1988 年第 202 期。

开设课程有目录学、训诂学、音韵学、版本学、古汉语语法、历史地理学、中国历史要籍等十数门课程。1984 年 9 月，西北师范大学古籍整理研究所举办的古籍整理讲习班，开设文字学、训诂学、音韵学、版本目录学、文史工具书使用法、敦煌文学、校勘学、古籍选读、杜诗研究等十门课程。与研究生培养不同的是，这些课程都是以专题讲座的方式开设的。

二　教材编写

要想将课程讲授好，就必须有高质量的教材作为辅助。由于中华人民共和国成立以来，古典文献学的教研工作相当薄弱，使许多课程缺乏相应的教材以为教研之用。黄永年指出，要想讲好课，要做好两点，其一就是要有教材，要自己写教材。"且不说所设置的课程几乎都没有现成的教材，即使有，也是人家的，学术观点、思想结构和自己不可能一样，写得坏的不用说了，即使有价值的，也只能叫研究生参考，不能图省气力拿过来替代自己撰写。"① 为此广大从事古籍整理工作的学者纷纷编纂相关教材，由此在 20 世纪 80—90 年代，出现了一批高质量的培养古籍整理人才的教材。还要指出的是，20 世纪 80—90 年代的古文献学与古籍整理教材，基本上都是由学者自编的讲义演化而来。及至 21 世纪以来，教育部加强教材建设，指定了一批古文献学与古籍整理教材，教材问题才得到根本解决。

其一，古文献学与古籍整理总论类教材。张舜徽的《中国文献学》，"为我国文献学领域的奠基性著作，分十二编，六十章。除论述文献学的范围、任务和古代文献的流传及类别外，对版本、目录、校勘等有关整理文献的基本知识，论述尤为详明。前人整理文献的具体工作和丰硕成果，历代校雠家整理文献的辉煌业绩，书中都作了总

---

① 黄永年：《培养文献学研究生的经验体会》，《古籍整理出版情况简报》1988 年第 202 期。

结性的介绍。最后两编，对今后整理文献的工作指出了努力途径，提出了具体设想"①。王欣夫的《文献学讲义》为已故复旦大学教授王钦夫 1957—1960 年在中文系讲授"文献学"课程时所用讲稿，"全书对目录、版本、校雠三个方面的源流演变以及主要代表人物和重要著作，从历史发展的角度作了较为全面的叙述"②。吴枫的《中国古典文献学》将中国古典文献学分为古典文献导论、古典文献的源流与分类、古典文献的类别与体式、四部书的构成及其演变、类书、丛书与辑佚书、文献目录与解题、版本、校勘与辨伪、古典文献的收藏与阅读等八个专题，进行了简要论述。③ 杨燕起、高国抗主编的《中国历史文献学》，分上、中、下三编，对历史文献学的相关理论概念、历史文献学史、历史文献学的具体内容等进行了叙述。④ 洪湛侯的《中国文献学新编》，从形体、方法、历史、理论等四个方面立目，深入探讨文献的载体及形体之特点、文献整理诸方法、文献发生发展的历史以及文献学理论等问题，颇具新意。⑤ 此外，古文献学总论教材还有王余光等的《中国历史文献学》、罗孟祯的《古典文献学》、张大可主编的《中国文献学》、杜泽逊的《文献学概要》、张三夕主编的《中国古典文献学》、董恩林的《中国传统文献学概论》、黄爱平的《中国历史文献学》等。

　　黄永年的《古籍整理概论》系著者根据多年从事古籍整理和古文献学教学的经验写成，就古籍整理的底本、影印、校勘、辑佚、标点、注译、索引诸问题进行了探析。⑥ 高振铎主编的《古籍知识手册》，为东北师范大学古籍整理研究所为适应高校及研究院所整理研究、教学和古籍爱好者阅读古籍的需要而编写。该书由古籍概说、古

① 张舜徽：《内容提要》，《中国文献学》，中州书画社 1982 年版。
② 王欣夫述：《前言》，《文献学讲义》，上海古籍出版社 1986 年版。
③ 吴枫：《中国古典文献学》，齐鲁书社 1982 年版。
④ 杨燕起、高国抗主编：《中国历史文献学》，书目文献出版社 1989 年版。
⑤ 洪湛侯：《中国文献学新编》，杭州大学出版社 1994 年版。
⑥ 黄永年：《古籍整理概论》，陕西人民出版社 1985 年版。

代汉语知识、文化知识等三大类 28 项内容构成，内容断限上起先秦、下至辛亥革命。① 李国祥主编的《古籍整理研究（八种）》，是李国祥组织华中师范大学历史文献学科部分中青年教师撰述的八部书稿，作为研究生学习的教材或参考用书。该书选题注重实践，如王玉德的《辑佚学稿》、张积的《出土文献概述》、徐梓的《中国历史文献索引》、余和祥的《古文今译纵横谈》、段喜春的《古书标点释例》、李晓明的《古籍注释的理论与实际》等，都是实践性很强的选题。谢贵安的《校勘学纲要》、姚伟钧的《中国传统目录学导论》虽是常规题目，但在撰述中也甚注意实践性论述。该书还加强对薄弱领域的研究，如王玉德的《辑佚学稿》、张积的《出土文献概述》都是以往文献学著作中没有系统论述过的。并且编撰赅详得宜，每个选题字数为五万左右，甚便后学入门。②

其二，版本学教材。版本学著作在 20 世纪五六十年代，有陈国庆的《古籍版本浅说》，该书对版本的由来，版本的名称、款识以及书籍的装订、装饰等问题进行了梳理。③ 毛春翔的《古书版本常谈》④和王雨的《古籍版本知识》⑤ 都对版本学知识进行了介绍。

改革开放以后，版本学教材数量增加。施廷镛著《中国古籍版本概要》，对版本及写本的起源及其发展、雕版印书的起源及其发展、各种版本、古籍版本的鉴别等问题进行了深入剖析。⑥ 戴南海著《版本学概论》，是著者在西北大学研究生讲授版本学的讲稿基础上撰成，对版本学的相关概念、古籍发展的历程、古籍雕版印刷史、书籍装订史、版本名词术语、鉴别版本的方法、佛藏、道藏版本的雕刻和鉴别、活字印本、印刷术发明后的抄写本书、批校本、历代版刻的

① 高振铎主编：《古籍知识手册》，山东教育出版社 1988 年版。
② 李国祥主编：《古籍整理研究（八种）》，武汉工业大学出版社 1989 年版。
③ 陈国庆：《古籍版本浅说》，辽宁人民出版社 1957 年版，中华书局 1963 年修订本。
④ 毛春翔：《古书版本常谈》，中华书局 1962 年版，上海古籍出版社 2006 年增订版。
⑤ 王雨：《古籍版本知识》，中国书店 1962 年版。
⑥ 施廷镛：《中国古籍版本概要》，天津古籍出版社 1987 年版。

优劣以及如何保护古籍版本等诸问题进行了探析。张舜徽称该书"条理清晰，阐述详明"①，黄永年称该书"搜集的资料特别丰富"②。严佐之著《古籍版本学概论》共分五章，"始之以版本认识，籍资开章明义之助；次之以雕版历史，具述自宋迄清传刻渊源，辨析公私流别，瞭若指掌，兼及抄校稿本，明其支流；次之以鉴定，别其真赝，昭人明眼；终之以考订，比勘是正，涉及治学之心法"③。该书被称为"目前探讨版本之学最为完备而系统的专著"④。陈宏天著《古籍版本概要》，从版本学发展、雕版印刷、版本鉴定、历代刻本等问题进行阐述，对清代部分论述尤详。⑤ 曹之著《中国古籍版本学》，分概论、源流、鉴定三编对中国古籍版本学进行了系统论述。概论编对古籍版本、古籍版本学、古籍的结构、古籍版本的类别以及古籍版本发展史等诸问题进行了探讨；源流编对历代的写本、刻本的发展历程进行了系统的梳理；鉴定编对版本鉴定的方法进行了论述。⑥ 姚伯岳著《版本学》，除对版本学的基本概念、版本学史进行阐述外，重点对版本类型、评价、鉴定、源流、对勘、目录等诸问题进行了梳理。其突出的特点是将对版本学的研究延伸到了现代图书，并在建立系统严密的学科体系方面做出了有益的尝试⑦。黄永年著《古籍版本学》，该书由"绪论""版本史和版本鉴别""版本目录"三部分构成。其中第二部分是主体。该书注重研究方法的总结，新见迭出，且条理清晰，通俗易懂。⑧

其三，目录学教材。来新夏著《古典目录学浅说》，该书初稿曾

① 张舜徽：《题辞》，戴南海：《版本学概论》，巴蜀书社 1989 年版。
② 黄永年：《序》，戴南海：《版本学概论》，巴蜀书社 1989 年版。
③ 潘景郑：《序》，严佐之：《古籍版本学概论》，华东师范大学出版社 1989 年版。
④ 周子美：《序》，严佐之：《古籍版本学概论》，华东师范大学出版社 1989 年版。
⑤ 陈宏天：《古籍版本概要》，辽宁教育出版社 1991 年版。
⑥ 曹之：《中国古籍版本学》，武汉大学出版社 1992 年版。
⑦ 姚伯岳：《版本学》，北京大学出版社 1993 年版，2004 年更名《中国图书版本学》再版。
⑧ 黄永年：《古籍版本学》江苏教育出版社 2005 年版。

在南开大学、天津师范大学讲授使用，后经多次修订，1981 年由中华书局出版，该书对目录学的概念、兴起与发展、体制、作用以及其与相关学科的关系进行了阐述。[1] 1986 年著者依据国家教委"七五"教材规划的要求，重新撰写，1991 年修订本更名为《古典目录学》，由中华书局出版，"窃谓此作广征博引，深入浅出，叙述简要，议论平实，颇多创见，足为研究古典文献及传统目录学者入门之阶梯"[2]。罗孟祯著《中国古代目录学简编》，系著者为四川师范学院历史系学生讲授用的讲义的基础上撰成，著者约取诸家见解，对目录学发展史进行了梳理，并重点介绍了《汉书艺文志》《隋书经籍志》《通志校雠略》等目录学著作。[3] 曹慕樊著《目录学纲要》，为著者在其教学讲义基础上撰成，对目录学基本概念、目录学史、版本知识、校勘学、辨伪与辑佚等诸问题进行了深入阐述。[4] 周少川著《古籍目录学》，是著者根据北京师范大学教学讲义删改增补而成，该书对目录学的相关概念、古代目录的体制、古籍目录学发展史、古籍目录学的实践与运用等问题进行系统阐发。其中许多观点不乏新见，尤其是近现代古籍目录学发展史、近现代古籍目录、索引举要等部分的阐述，是前人没有做过的工作。[5]

此外，相关著作还有吕绍虞的《中国目录学史稿》、乔好勤的《中国目录学史》、王锦贵的《中国历史文献目录学》、倪士毅《中国古代目录学史》等。

其四，校勘学教材。戴南海著《校勘学概论》，是著者为西北大学古籍整理研究生授课讲义，约取诸家之说而成，对校勘的原则和方法，"作了详细论述"[6]。倪其心著《校勘学大纲》，是著者为北京大

①　来新夏：《古典目录学浅说》，中华书局 1981 年版。
②　顾廷龙：《〈古典目录学〉叙》，来新夏：《古典目录学》，中华书局 1991 年版，第 9 页。
③　罗孟祯：《中国古代目录学简编》，重庆出版社 1983 年版。
④　曹慕樊：《目录学纲要》，西南师范大学出版社 1988 年版。
⑤　周少川：《古籍目录学》，中州古籍出版社 1996 年版。
⑥　李学勤：《序》，戴南海：《校勘学概论》，陕西人民出版社 1986 年版。

学古典文献学本科生、研究生授课而撰述，重点探讨了古籍校勘的原则、方法和考证依据，对致误原因和校勘通例进行了分析与归纳，对校勘实践的具体方法步骤进行了阐述，剖析了出校的原则与校记的要求，并探讨了辑佚、辨伪与校勘的关系。① 钱玄著《校勘学》，是著者1985年秋为南京师范大学古文献专业研究生讲授校勘学的讲稿，后经整理修改撰成。著者认为校勘学是一门综合性的应用学科，因此该书"尽量结合当前整理古籍的实际，多引用一些古今学者校勘的实例，以及前人的宝贵经验之谈；着重说明校勘的各种对象，以及各种校勘方法的运用"② 管锡华著《校勘学》，该书是著者在其为安徽大学中文系本科生授课讲稿基础上撰成，重在对学理的总结及应用，因详论校勘的方法及相关问题，并梳理了校勘的整个工作步骤，又附有《形近易讹字表》等三个表。③ 张涌泉、傅杰著《校勘学概论》，对校勘学的基本概念、作用，校勘的内容、条件、方法，校勘记和序跋等问题进行了深入的阐述。④

其五，辑佚学教材。曹书杰著《中国古籍辑佚学论稿》是最重要的一部。东北师范大学古籍研究所自1987年将辑佚学列为所内研究生必修课，由曹书杰讲授，该书是著者在长期教学研究的基础上撰成，对辑佚学相关概念、历代文献的聚散存佚、宋元明清时期的辑佚、现当代辑佚的成绩、辑佚学研究的进程、辑佚方法绪论、佚文献的搜辑、佚文献的考究等问题进行了阐述。该书被认为是"属于填补空白的专著"，"是近年来古典文献学研究中的重要收获"⑤，是"第一部独立刊行且颇具规模的辑佚学专著，使辑佚学摆脱了附庸地

---

① 倪其心：《校勘学大纲》，北京大学出版社1987年版、2004年再版。
② 钱玄：《校勘学》，江苏古籍出版社1988年版，第175页。
③ 管锡华：《校勘学》，安徽教育出版社1991年版，2003年巴蜀书社修订本更名为《汉语古籍校勘学》。
④ 张涌泉、傅杰：《校勘学概论》，江苏教育出版社2007年版。
⑤ 吴枫：《吴序》，曹书杰：《中国古籍辑佚学论稿》，东北师大出版社1998年版。

位，真正成为一门独立的学科"①。

　　另外，20 世纪 90 年代前期，在古籍整理日益发展的情况下，"由于四个古典文献专业所在单位的学科基础和课程设置互有差异，为了提高古典文献专业的教学质量，在古委会领导的安排下，古委会设立的'学科建设和人才培养小组'的专家同古委会秘书处人员一起，与四个古典文献专业的负责人和教师共同协商，采取了一系列提高教学质量的措施"。由于四个古典文献专业的课程设置大致统一，为了保证教学质量，大家认为应该有一套质量较高的教材或教学参考书。同时古籍整理研究生也需要一套古文献学基础知识丛书，以提高他们的知识水平。为此古委会成立了古文献学教材编委会，裘锡圭、杨忠任主编，自 1995 年起，经过多次协商，最终决定编一套《古文献学基础知识丛书》。最终由江苏教育出版社出版 11 种，即麦耘的《音韵学概论》，方一新的《训诂学概论》，黄永年的《古籍版本学》，张涌泉、傅杰的《校勘学概论》，赵国璋等的《文史工具书概述》，杨忠、刘玉才等的《古代文化知识》，孙钦善的《文献学文选》，董治安等的《经部要籍概述》，黄永年的《史部要籍概述》《子部要籍概述》，曾枣庄的《集部要籍概述》等。②

　　20 世纪八九十年代，中国古籍整理及古文献学科的建设与发展，是在整理古籍、科学研究、培养人才相互交织的情况下共同推进的。诸多科研成果，尤其是各种文献学著述的出版，实际上都是适应古籍整理与古文献学教学而产生的，最初基本上都是被作为教材使用的。这样一批教材，不仅适应了教学的需要，而且在古文献学及各分支学科体系、理论与方法的构建上做出了极大贡献。

---

　　①　刘乾先：《刘序》，曹书杰：《中国古籍辑佚学论稿》，东北师大出版社 1998 年版。
　　②　裘锡圭、杨忠：《前言》，张涌泉、傅杰著：《校勘学概论》，江苏教育出版社 2007 年版，第 2 页。

第　七　章

中国港澳台地区的古籍整理与古文献学研究

香港、澳门和台湾是中国领土，文化上同宗同源。尽管由于种种历史原因，三者与中国内地在很长时间内都处在隔膜状态，但由于文化上的共通性，在古籍整理与古文献学研究方面，彼此既一脉相承而各具特色，成为百年来中国古籍整理与古文献学研究的重要力量，与中国内地的古籍整理与古文献学研究交相辉映，绚丽多彩。

第一节　港澳台的古籍整理

在古籍整理方面，香港、澳门和台湾因政治、经济和文化的差异而各有侧重和特色。总体而言，台湾的古籍整理成果数量可观，成就较高，香港和澳门的古籍整理虽然也取得了一些成就，但尚处于浅层次的古籍调查、编目梳理状态，深度的整理还有待将来完成。

一　台湾的古籍整理

台湾的古籍典藏主要由两部分组成，一是 1949 年以前台湾本地的古籍典藏，这些古籍数量不大，且大部分是私人藏书楼所藏，如台湾彰化县"吕氏藏书楼"即收藏古籍两万余册，台北图书馆（后改名"中央图书馆"台湾分馆）、台中图书馆等也有古籍收藏，所藏各不过几千册而已。[①] 因为当时台湾的古籍典藏数量不大，文化事业也

---

① 杨杞：《台湾古籍整理工作述评》，《台湾研究》1996 年第 4 期。

不发达，所以还谈不上什么古籍整理工作。恰如彭正雄所说，"在
（20 世纪）40 年代末期以前，台湾地区典藏的古籍数量有限，所以
也说不上有什么整理的工作"①。二是 1949 年国民党败退台湾时携带
过去的古籍文献。1949 年国民党败退台湾，携带大批文物和古籍渡
海，使台湾的古籍典藏数量猛增，为此后台湾的古籍整理提供了丰富
的资源，这些迁台的古籍文献也成为台湾古籍整理的最主要内容。

台湾地区古籍收藏较多的单位有台湾"国家图书馆"（原"中央图
书馆"）、台湾"故宫博物院"图书馆、台湾"中研院"历史语言研究所
（傅斯年图书馆）、台湾大学图书馆、台湾师范大学图书馆。此外，台湾
地区的东海大学图书馆、中国文化大学图书馆、"中央图书馆"台湾分
馆、政治大学图书馆、台湾文献委员会等也有不少古籍收藏。

因为有古籍收藏，而古籍又是学术研究和文化传播的根本依据，
因此，台湾的古籍整理在 1949 年后逐渐发展起来。迄今为止，古籍
整理数量可观，成绩斐然。

台湾"中央图书馆"一直比较重视古籍的编目、影印、整理等。
该馆在台湾庋藏古籍最多，且有为数不少的珍本、孤本与善本。据相
关学者统计，该馆所藏古籍善本约 15 万册，宋刊本 281 部（种）、金
元刊本 360 种、明刊本 8339 种、名家稿本与批校本近 1000 种、历代
手抄本有 3500 余种、清刊（刻）本有 2000 余种，还有高丽、安南本
古籍等。在整理方面，该馆于 1958 年、1961 年分别编印《"国立中
央图书馆"宋本图录》《"国立中央图书馆"金元本图录》。1967 年，
又编印出版《"国立中央图书馆"善本书目增订本》，合旧目甲、乙
两编为一。1986 年，印行《"国立中央图书馆"善本书目增订二版》
及《"国立中央图书馆"特藏选录》。1972 年，《"国立中央图书馆"
墓志拓片目录》由中华丛书编审委员会印行。

1968—1988 年间，台湾"国家图书馆"编印出版了《善本题跋

真迹》，并自行影印或由出版社影印出版的善本书甚多，使得馆藏珍品古籍得以广为流布。自行影印的比较重要的选辑及丛刊有《明代艺术家文集汇刊》7 种、《明代艺术家文集汇刊续集》6 种、《明代版画选初辑》14 种、《元人珍本文集汇刊》10 种、《艺术赏鉴选珍》9 种以及《历史通俗演义》7 种等。单行本则有《龙江船厂志》《黄河图》《台湾古地图》《重修台郡各建筑图说》《景印宋本五臣集注文选》等，数量颇多，难以尽列。出版社影印较为著名的古籍有《明清未刊稿汇编》400 余种（联经出版社）、《中国史学丛书》65 种（学生书局）、《清代稿本百种汇刊》180 册（文海出版社）、《南宋群贤小集》（艺文印书馆）等。其他如成文出版社、文海出版社、学生书局等都影印过馆藏方志，新文丰出版公司、广文出版社、文史哲出版社、学海出版社等出版社亦陆续影印过“国家图书馆”的精选古籍。这一时期可谓是古籍影印出版最为蓬勃的时期。

1989 年，台湾地区行政管理机构核定“国家图书馆”实施“古籍整编计划”，主要任务之一就是选印具有学术与参考价值的古籍。1990 年，出版《“国立中央图书馆”拓片目录——墓志部分》，编印出版《善本序跋集录》《标点善本题跋辑录》《四库经籍提要索引》《善本书志初稿》及《梁启超知交手札》等；并精选《大易粹言》《尚书》《尚书表注》《东都事略》《新大成医方》《楚辞集注》《笺注陶渊明集》等宋刻善本 6 种、元刻善本 1 种，共 7 部善本汇编为《“国立中央图书馆”善本丛刊》。2001 年台湾“国家科学委员会”策划推动数字典藏国家型科技计划，10 年来陆续完成了 7729 种善本古籍数字化典藏。

2012 年，台湾“国家图书馆”依据台湾“‘国家图书馆’特藏古籍文献复制品借印出版管理要点”，与世界书局、大块文化出版股份有限公司、台湾商务印书馆、新文丰出版公司等分别签订了合作或授权出版协议。2012 年就分别授权世界书局出版明版汲古阁精钞本《梅屋诗余》《神器谱》《太古遗音》，授权大块公司出版国宝级古籍宋嘉定六年焦尾本《注东坡先生诗》，授权台湾商务印书馆出版《四库全书初次进呈存目》。2013 与世界书局合作出版《希古堂珍藏秘籍》（包括宋李龏编《唐僧弘秀集》、唐欧阳詹撰《欧阳行周文集》、宋欧阳修撰《醉翁琴趣外篇》、宋黄庭坚撰《山谷琴趣外编》、宋洪适撰《盘洲乐章》等五部珍贵古籍）、《金石昆虫草本状》。同年与新文丰出版公司合作出版《台湾珍藏善本丛刊·古钞本明代诗文集》第一辑（包括许继《观乐生诗集》、平显《松雨轩集》等 17 部古钞本）。与大陆合作出版《子海珍本编·台湾卷》20 种。①

　　台湾"故宫博物院"除藏有大量珍贵文物外，还藏有大量古籍文献，包括善本书籍、清宫档案文献及满蒙藏文献书籍等。台湾"故宫博物院"的图书文献馆所典藏的古籍文献主要有四大类，一是清宫档案文献。自 1973 年起，台湾"故宫博物院"就陆续出版《宫中档康熙朝奏折》等数十种档案目录、索引与原档案，并建置"清代宫中档及军机处档件资料库""清代文献档册目录资料库""大清国史人物列传资料库""史馆档传包传稿线上资料库"等线上检索系统。故宫博物院图书文献馆所藏清宫档案包括宫中档"朱批奏折"、军机处档折件"奏折录副"、清宫档册（包含军机处档册、内阁部院档册、《满文原档》及国史馆纂修《清史稿》汇抄辑录之档册等）及诏令官书类档案。约计 900 余册。而诏令官书类档案，则包含《清太祖实录》38 册、《清太宗实录》273 册、《清世祖实录》139 册、《清圣祖实录》197 册、《清世宗实录》150 册、《清高宗实录》1416 册、《清仁宗实录》350 册、《清宣宗实录》367 册及《清文宗实录》28 册。另外，《清代帝后妃陵寝营建修缮档案》《内务府活计档：造办处各作成做活计清档》《养心殿造办处史料辑览》等，皆为珍贵之文献。以上档案文献，是研究清代政治、军事、农业、工业、商业、水

---

① 详见俞小明《古籍复刻、经典再现——国家图书馆善本古籍重印出版》，《全国新书资讯月刊》2012 年 6 月号第 162 期；张围东《国家图书馆古籍文献保存、整理与利用》，《全国新书资讯月刊》2014 年 10 月号第 190 期。

利、财政、交通运输、工程、文教、法律、外交、民族、宗教、天文地理、反清斗争、列强侵华等的重要资料。二是善本古籍。台湾"故宫博物院"典藏21万余册中国善本古籍，上至北宋，晚至清末，是台湾地区重要的善本古籍典藏单位之一，其中不乏天壤孤本、佳刊精妙之作，成为特色之核心馆藏。1983年编成《"国立故宫博物院"善本旧籍总目》，建置"善本古籍影像资料库"。图书文献馆藏有丰富的丛书及类书，如《百部丛书集成》《丛书集成简编》《丛书集成新编》《四库全书》《宛委别藏》《古书题跋丛刊》《古本戏曲丛刊》等。其中，《百部丛书集成》包含101种丛书，如《百川学海》《学海类编》《汉魏丛书》《琳琅秘室丛书》《武英殿聚珍版丛书》《经典集林》《二酉堂丛书》《金陵丛刻》《泾川丛书》《稗海》《诗词杂俎》等，收书4144种，可谓集中国历代重要丛书之大成。而类书方面，有《艺文类聚》《北堂书钞》《太平御览》《古今图书集成》等历代重要类书。台湾"故宫博物院"所藏，以宋版古籍约200种最为珍贵，而藏于昭仁殿的天禄琳琅藏书、武英殿殿本图书，皆是极其珍贵之善本。三是《文渊阁四库全书》。台湾"故宫博物院"藏清乾隆朝文渊阁《四库全书》及摛藻堂本《四库全书荟要》均举世闻名。四是家谱族谱资料。台湾"故宫博物院"图书文献馆藏族谱9300余种，编辑成《"国立故宫博物院"所藏族谱简目》，所藏中文家族谱牒文献资料几乎涵盖了中国大陆、台湾地区及域外（韩国与琉球）各大姓氏的族谱文献。其中，约有2000余种属于1949年以前刊印的传统族谱，多为明、清及民国初年所纂修的族谱；而台湾纂修的家谱亦多达6000余种，内容多属于清代汉人移垦台湾及家族活动的记录，是研究明清与民国初年家族、社会的庞大资料库。①

台湾"中研院"中国文哲研究所在整理古籍方面较有成就。台

---

① 叶淑慧：《书香遍九重："国立故宫博物院"图书文献馆之典藏述论》，《"国家图书馆"馆刊》2014年第1期。

湾"中研院"中国文哲研究所成立于 1989 年，研究方向主要有五个：古典文学、近代文学、经学文献、中国哲学、比较哲学。办有两种刊物：《中国文哲研究集刊》和《中国文哲研究通讯》；出版有《中国文哲专刊》《近代文哲学人论著丛刊》《中国文哲论集》《图书文献专刊》《珍本古籍丛刊》《古籍整理丛刊》等。"有关古籍整理的成果，分别纳入《中国文哲专刊》《珍本古籍丛刊》《古籍整理丛刊》中"①。其古籍整理主要表现在以下几个方面。② 一是文学古籍的整理，主要在诗、词、小说和别集的整理方面有较多成果。如王叔岷整理《诗品》《列仙传》，出版《钟嵘诗品笺证稿》和《列仙传校笺》；林庆彰、林子雄补编廖燕的《二十七松堂集》，由《二十七松堂集》《廖燕作品补编》《廖燕研究资料汇编》组成；陈庆浩影印韩国奎章阁本《型世言》（《三刻拍案惊奇》《别刻拍案惊奇》均为其残本），直接促进了两岸对该书的研究；杨菁点校的《苏舆诗文集》，收录《辛亥溅泪集》《自怡堂诗集》及散见各书的单篇文章，附有《传记资料》《著作提要》《相关资料》等；林玫仪主持的《全宋词调式、韵法检索系统》和《词谱词律调式、韵法检索系统》，是把古籍数字化的尝试，前者将唐圭璋《全宋词》、孔凡礼《全宋词辑补》中 2 万余首宋词的作者、词牌、调式、韵脚、字数等，后者把《钦定词谱》、万树《词律》所收各词的作者、词牌、调式、韵脚、字数、别名等，全部输入电脑，转为数字化检索，对词学研究有极大助益。二是经学文献的整理。首先是编辑经学研究目录，均由林庆彰主编，分别是《乾嘉学术研究目录》（1900—1993）、《晚清经学研究文献目录》（1901—2000）、《经学研究论著目录》（1912—1987）、《经学研

---

① 林庆彰：《"中央研究院"中国文哲研究所整理古籍的现况》，《中国文哲研究通讯》1996 年第 6 卷第 2 期。

② 详见林庆彰《"中央研究院"中国文哲研究所整理古籍的现况》，《中国文哲研究通讯》1996 年第 6 卷第 2 期；林祥征《台湾"中研院"文哲所的古籍整理》，《闽台文化交流》2011 年第 2 期。

究论著目录》（1988—1992）、《经学研究论著目录》（1993—1997）、《日本研究经学论著目录》（1900—1992）。《乾嘉学术研究目录》（1900—1993）是"中研院"文哲所"乾嘉经学研究计划"的成果之一，共收专著和论文 3480 条，分清代学术通论、乾嘉学术通论、四库学、乾嘉学者通论等项，后附《引用工具书目录》《作者索引》。《晚清经学研究文献目录》（1901—2000）是文哲所 2002 年启动的"晚清经学研究计划"的成果之一，收录中国大陆、台湾地区以及日本、欧美等地研究晚清经学的专著和论文 9570 条，分晚清学术通论和晚清经学家分论两部分，后附《引用书目》和《作者索引》。《经学研究论著目录》（1912—1987）、《经学研究论著目录》（1988—1992）、《经学研究论著目录》（1993—1997），三种目录几乎囊括了20 世纪的经学研究著述，涵盖了两岸暨香港、澳门的经学研究成果，每个条目有多种出处者，一一加以说明。凡书名或作者遭篡改者，也加以标示。所收论文集，除将各篇目散入有关类目外，均在该条目下列出所有篇目，以方便检索，体例堪称完备。《日本研究经学论著目录》（1900—1992）收录日本学者研究经学的专著和论文，兼及外国学者在日本刊物发表的论文、日本学者在国外刊物发表的论文、外国学者对日本经学研究成果的评论以及日本翻印中国学者的著作。其次是对经学古籍的点校整理，主要有林庆彰主持点校的《姚际恒著作集》，全书 6 册，收录了姚际恒的《诗经通论》（顾颉刚点校）、《尚书通论辑本》（张晓生辑点）、《礼记通论辑本（上）》（简启桢辑点）、《礼记通论辑本（下）》（简启桢辑佚、江永川标点）、《春秋通论》（张晓生点校）、《古今伪书考》（童小玲汇辑）、《好古堂书目》（林庆彰点校）、《好古堂家藏书画记》（林耀椿点校）、《续收书画奇物记》（林耀椿点校），囊括了姚际恒的所有著作。林庆彰、蒋秋华、杨晋龙、张广庆编审，许维萍、冯晓亭等点校的《点校补正经义考》，将翁方纲的《经义考补正》、罗振玉的《经义考校记》及《四库全书总目》中涉及《经义考》之文字，逐条系于《经义考》相关条目之下，并用新式标点符号加以标点。林庆彰、杨晋龙主编，陈淑谊、叶纯芳、王清信整理的《陈奂研究论集》，搜集海内外研究陈奂的文献，分传记、年谱和著作研究两部分，并编辑《陈奂相关资料汇编》，加以新式标点。叶纯芳、王清信点校的《汪中集》，该书包括《述学》《汪容甫先生遗书》《汪容甫文笺》三部分，都加以新式标点。林子雄点校《刘寿曾集》，收录《传雅堂文集》64 卷《诗集》6 卷。此外，文哲研究所于 1988 年启动"乾嘉经学研究计划"，除了对乾嘉学派进行内涵研究外，还点校了一系列乾嘉学者的著述，如惠栋的《周易述》《易汉学》《古文尚书考》、庄存与的《春秋正辞》、王鸣盛的《尚书后案》、段玉裁的《诗经小学》、孔广森的《公羊通义》、凌廷堪的《礼经释例》、孙星衍的《周易集解》、牟庭的《诗切》《同文尚书》、张惠言的《易义别录》、江藩的《经解入门》、焦循的《易学三书》、方东树《汉学商兑》、胡承珙《毛诗后笺》、陈奂《诗毛氏传疏》等。其三，哲学文献的整理，主要有中国大陆学者吴光、陈剩勇等人点校的《刘宗周全集》，这是文哲研究所李明辉、钟彩钧负责主持的"刘蕺山学术思想主题研究计划"的一部分，反映了两岸学者的密切合作。另外，李丰楙主持"道藏全文检索系统"，将道教著作数字化。

台湾"中研院"文哲所还整理了很多研究论集，诸如《啖助新春秋学派研究论集》《杨慎研究资料汇编》《姚际恒研究论集》《朱彝尊经义考研究论集》等。

台湾"中研院"文哲研究所的古籍整理有自己的特点，一是整理成果涵盖面广，举凡经、史、子、集均有整理；二是研究与整理相辅相成。文哲研究所的第一要务是对传统文化进行研究，但研究的基础是文献，因此，当进行某一专题的研究时，即开始对该专题的文献进行整理。如《刘宗周全集》的整理就是在"刘蕺山学术思想主题研究计划"之下进行的；三是海峡两岸密切合作，文哲研究所的很多古籍整理项目都邀请了大陆研究院所和高校专家学者参与。①

　　除以上机构对古籍典藏与整理做出巨大贡献外，台湾一些著名学者在古籍整理上面也做出了重要贡献。在胡适、蒋复璁、王云五、屈万里、杨家骆、刘兆祐等学者的带动下，台湾古籍的校点、汇编与影印工作取得了极大成就。

　　1954年，艺文印书馆根据张其昀设计的《中国文化要籍》书目开始影印一些古籍，开台湾影印古籍之嚆矢。20世纪50年代，台湾的古籍影印虽然有所增加，但数量并不多。进入20世纪60年代，随着台湾经济的发展和教育及学术研究的复苏，古籍影印进入第一个高潮。当时，台湾商务印书馆、世界书局、中华书局、广文、鼎文、学生等一批出版社纷纷加入古籍影印出版的行列，此时编印和影印的古籍有《古今图书集成》《永乐大典》《丛书集成简编》《百部丛书集成》《国学基本丛书四百种》《百衲本二十四史》《宋元明善本丛书》《宋元古籍善本丛书》《索引本佩文韵府》《宋代地理丛书》《明史稿》等。②

　　迄今为止，台湾所刊印的古籍仍以影印本为多，而所影印之古籍，多以丛书汇编的形式呈现。如上述大部头丛书，多是汇编影印而成。诸如周骏富编《明代传记资料丛刊》《清代传记资料丛刊》，屈万里编《明代史籍汇刊》《清代稿本百种》《明清未刊稿汇编》《尚书异汇录》，王国庆主编《台湾公私藏古文书汇编》《中国方志丛书》，黄永武主编《敦煌宝藏》等。

　　在台湾，《四库全书》的影印影响很大。1969年，王云五提出影印《四库全书珍本初集》，受到台湾学界广泛欢迎，从1969年到1974年，《四库全书珍本》影印至第五集，前后五集共出书960种，

---

　　①　林庆彰：《"中央研究院"中国文哲研究所整理古籍的现况》，《中国文哲研究通讯》1996年第6卷第2期。

　　②　辛广伟：《台湾出版史》，河北教育出版社2000年版，第61页。

合四库原本 7993 册，《四库全书》中的罕见珍本基本收录完毕，四库珍本影印告一段落。1981 年元月王云五去世后，张连生提出影印《四库全书》完整本的提议，未获批准。1982 年 9 月，台北"故宫博物院"管理委员会第八届第十次常务会议决议同意影印《文渊阁四库全书》，一时备受学界关注。1986 年 3 月，《文渊阁四库全书》的影印工作告竣，全书连同目录索引，共 1501 册，皇皇《四库全书》终于率先影印出版，嘉惠学界甚巨。

除了汇编影印古籍外，台湾学者还为古籍撰写提要，如王云五主编的《续四库全书提要》，曹永和、王世庆主编的《台湾文献书目解题》，吴幅员撰《台湾文献丛刊提要》，昌彼得撰《台湾公藏族谱解题》，刘兆祐的《四库著作元人提要补正》等。

在古籍整理方面，为古籍标点也是台湾古籍整理的主要任务之一。20 世纪五六十年代，张其昀主持对宋、元、明正史进行标点分段，但标点不善。1957—1972 年，周宪文主编《台湾文献丛刊》，收入和台湾有关的古籍 600 种，进行标点分段。20 世纪 70—80 年代，高明主编《中华丛书》的"历代文汇卷"，自先秦至清朝共分八巨册，对选文进行了标点分段。

校勘和辑佚是古籍整理的重要内容。台湾对古籍整理的校勘工作比较重视。黄彰健主持校勘的《明实录》是台湾古籍校勘的代表作，在《明实录》校勘中，广搜异本，参校明代各种典籍，质量极高。在古籍辑佚方面，台湾学者的成果并不多，顾力仁所撰《永乐大典及其辑佚书研究》是其代表作，其他则多为校注古籍时附录辑佚文而已。

台湾也很重视古籍今译工作，主要成果有台静农主持的《四书》《古文观止》《唐诗三百首》等古籍的今译，共有 10 余种古籍出版了译注本。此外，还有屈万里的《尚书今注今译》《诗经诠释》、严灵峰的《中英对照老子章句新编》等。前述《中华丛书》中也收录有《史记今译》《天官书今译》《通鉴今译》等篇章。台湾"中华文化复兴委员会"还主编了《古书今注今译丛书》，共注译古籍36种，传播了传统文化。

　　此外，台湾一些学者在古籍整理中做出了重大贡献，值得关注。如杨家骆于1949年渡海到台湾后，担任世界书局总编辑、总经理等职，并任教于台湾师范大学、台湾大学、辅仁大学、中国文化大学等，他热心古籍整理与出版，1954年开始计划出版"中国学术名著"丛书，预计出版十辑5000种古代重要典籍。直到1963年5月，出版了"中国学术名著"六辑，共计图书2860种，22608卷，精装成800册。此后因种种原因，"中国学术名著"未再继续出版。六辑2860种的"中国学术名著"汇集了中国各方面的重要典籍，第一辑到第六辑共汇集收录"朴学丛书"87种、"朱子、小学及四书五经读本"11种、"中国史学名著"139种、"中国思想名著"274种、"中国文学名著"301种、"词学丛书"63种、"中国笔记小说名著"37种、"中国通俗小说名著"37种、"历代会要"9种、"中国目录学名著"88种、"读书札记丛刊"214种、"历代诗文总集"350种、"曲学丛书"134种、"中国俗文学丛刊"163种、"中国科学名著"8种、"十四经新疏"13种、"国史汇编"7种、"历代学案"5种、"诗话丛编"12种、"全元杂剧"258种、"类书丛编"1种（即《永乐大典》辑本100册）、"正史广编"2种、"通鉴汇编"6种、"中外交通史名著"10种、"艺术丛编"378种、"十三经注疏补正"54种、"大陆各省文献丛书"22种、"崔东壁遗书"3种。这套"中国学术名著"的整理出版，主要采取了以下四种方式：一是影印原刊本，如谢启昆的《西魏书》影印光绪癸未重雕树经堂藏本，唐晏的《两汉三国学案》影印湖阳郑氏龙溪精舍刊本等；二是重印上海世界书局旧排本，如黄汝成的《日知录集释》、俞樾的《诸子平议》、王先慎的《韩非子集解》、魏源的《圣武记》等，都是根据世界书局在上海时的旧排本加以重印的；三是影印中国大陆学者的新校新注本，如陈垣的《通鉴胡注表

微》、陈寅恪的《元白诗笺证稿》、王利器的《盐铁论校注》、胡道
静的《梦溪笔谈校证》、周祖谟的《广韵校勘记》等；四是台湾的
新排印本，如丁文江的《梁任公年谱长编》、董作宾的《董作宾学
术论著》等。另外，杨家骆还在每部学术名著出版时撰写"要指"
一篇，考学术之流变，言著作之得失，为人们认识该部著作提供极
高的参考价值。① 总之，杨家骆主持整理出版"中国学术名著"，
是台湾古籍整理的重要成果之一。

台湾子部文献的整理，从 1949 年到 1990 年的 40 年时间里，共
整理子部文献 90 部。② 就整理方法而言，有校勘、训诂、校补、训
释、笺注、汇注、疏证、集解、考证等多种形式。其中不乏资料翔
实、校释详密、论断精审、学术价值极高的作品，如王叔岷的《庄
子校诠》、陈启天的《增订韩非子校释》、严灵峰的《老子达解》、李
涤生的《荀子集释》等，都是古籍整理中的典范。

台湾学者还希望在古籍整理方面加强两岸学者的交流，做到
"资料互通""作品交流""合作研究"以及合作"培养人才"③。

于惠在比较了中国台湾与大陆古籍整理的情况后认为："纵观台
湾学界近几十年来，因为偏重专科研究，轻忽漠视文献的整理与研
究，从事图书文献学的风气渐趋衰微，连带影响此类人才的培育。恶
性循环的结果，使得台湾在图书文献学方面的研究成果每况愈下，导
致台湾原本在图书文献学的优势面临崩解的危机。相较之下，中国大
陆积极投入，自 20 世纪 80 年代始，大陆即意识到掌握图书文献等同
主掌治学利基，因而不惜耗费巨资，全面系统地对大陆地区古籍进行
整理和保护工作，且积极投入编纂文史总集特别是大型的断代总集，

---

① 胡楚生：《杨家骆教授整理古籍之成果——以编刊〈中国学术名著〉为例》，《书目季
刊》2001 年第 35 卷第 2 期。

② 胡楚生：《四十年来台湾地区子部古籍校释整理之成果及其检讨》，《书目季刊》1996 年
第 30 卷第 2 期。

③ 胡楚生：《四十年来台湾地区子部古籍校释整理之成果及其检讨》，《书目季刊》1996 年
第 30 卷第 2 期。

几十年来已取得了举世瞩目的成就。不仅于此，仅以古籍文献专业研究所的现况而论，在中国大陆有超过 20 所以古籍文献为专业的研究所，相反的在台湾却仅有一所。两岸在文献整理与研究的消长大势已不言自明！"① 从中可以看出，在古籍整理方面，大陆远远超过台湾。大陆在古籍整理方面的投资巨大，不断培养人才，形成了一支代有所承的古籍整理队伍。

林庆彰对台湾古籍整理人才的匮乏非常担忧，他说："至现在，全台湾以图书文献学为专业的学者不及十人。所以，数年前台湾大学图书馆要整理善本书，竟然找了大陆的人才来协助。"② 深感台湾在图书文献学研究领域里前辈凋零，后继乏人，需要积极培养相关专业人才。为了达到培养古籍整理与古文献学研究人才的目的，林庆彰主编《中国历代文学总集述评》一书时，参与人员基本都是"中央研究院"古典文献学的硕士研究生，经过这样的实际训练，培养学生整理古籍的能力。

正是因为担忧古籍整理人才的青黄不接，台湾还特重视古籍整理人才的培养。刘兆祐在《台湾地区博硕士论文在整理古籍方面之成果并论古籍整理人才之培育》一文中对此有深入分析。③ 台湾在 1954 年开始设立中国文学（语文）研究所，以培养人才，到 20 世纪 90 年代后期，已经有 20 余所相关研究所，培养的硕士博士，在毕业论文选题方面不少都选择了古籍整理。有注释（包括注、笺、疏、集解等）、校勘、校注、叙录（包括解题、提要、著述考等）、佚书考、辨伪、引书考、版本考、凡例考、书目的整理与研究以及对古籍的综合研究等。"在与古籍整理有关的论文中，以注释或校释古籍的论

---

① 于惠：《图书文献，治学良方——〈中国历代文学总集述评〉读后看古籍文献整理》，《全国新书资讯月刊》2008 年 12 月号。

② 林庆彰等主编：《中国历代文学总集述评》"编者序"，台湾万卷楼图书股份有限公司 2007 年版。

③ 刘兆祐：《台湾地区博硕士论文在整理古籍方面之成果并论古籍整理人才之培育》，《书目季刊》1996 年第 30 卷第 2 期。

文，为数最多。""除了注释工作外，其他如校勘、辨伪、版本的考订、一书的综合研究等方面的论文，也为数可观。"① 台湾有关古籍整理的博士硕士论文，也存在一些问题，主要问题有以下几点：一是选题畸轻畸重，多数论文偏重于文学作品，于史部、子部的整理较少。即便是现有的选题中，还以唐宋文学古籍的注释与校勘为最多，且存在不少重复整理的现象；二是受到修业年限的限制，硕士、博士论文所整理的都是篇幅较小的古籍，部帙较大的古籍没有人整理；三是这些成果多数没有出版，致使这些成果没有得到充分利用；四是这些硕士、博士论文还没有以稿本为研究对象者，图书馆所藏大量稿本没有得到整理。据此，刘兆祐认为"整理古籍，是一项相当专门的学术，要大量培养这一方面的人才，需要有完善的计划"②。于是提出古籍整理人才培养的建议：第一，成立研究整理古籍的研究所。一直到20世纪90年代后期，台湾还没有专门研究整理古籍的研究所，所以也就没有专门培养古籍整理人才的学术机构，影响了古籍整理人才的培养。第二，在一般大学部及研究所开设有关课程。刘兆祐根据自己多年的了解，发现在台湾近20所大学的中文系和9所师范学院的语文系里，开设与古籍整理相关课程的，寥寥无几，学生的基本古籍知识极差。"因此，如果能在各大学及一般中文研究所开设有关整理古籍的基本课程，一方面可以扩大人才的培育面，另一方面也可以厚植整理古籍的基本知识。"第三，各研究所应与图书馆合作。在台湾，1958年，台湾师范大学国文研究所曾与"中央图书馆"合作，培养目录版本学人才；1973年，政治大学中文研究所也曾与"中央图书馆"合作，培养目录学专才。可惜时间都很短，效果不明显。事实上，台湾的"中央图书馆""故宫博物院""中研院"傅斯年图

①　刘兆祐：《台湾地区博硕士论文在整理古籍方面之成果并论古籍整理人才之培育》，《书目季刊》1996年第30卷第2期。

②　刘兆祐：《台湾地区博硕士论文在整理古籍方面之成果并论古籍整理人才之培育》，《书目季刊》1996年第30卷第2期。

书馆及"中央图书馆"台湾分馆等,都藏有丰富的善本图书,亟待整理印行。但各图书馆的人力有限,如各研究所能与图书馆合作,也是培育整理古籍人才的方法。第四,与出版机构合作,将古籍整理的成果有系统地予以印行,便于人们利用。第五,成立整理古籍的专责机构,负责指导和协调古籍整理工作。1984 年,昌彼得、吴哲夫、庄芳荣等人倡议成立的"四库全书索引编纂小组",隶属于文化复兴委员会,在整理《四库全书》方面发挥了巨大作用。如果成立古籍整理专责机构,对人才培养或有一定的促进作用。第六,订立奖助办法,专门奖励古籍整理成果,对于从事古籍整理的学者会是一个巨大促进。

尽管台湾古籍整理取得了很大成就,但和其他研究领域相比,依然存在重视不够的问题,有台湾学者在总结 1980 年以来新旧《唐书》的整理时说过一番这样的话:"快速发展的史学、蓬勃发展的古籍出版、大陆大专教育重视古籍研究、各类型学术刊物纷纷创刊及新史料的出现是自 1980 年以来新校本新旧《唐书》的校订能产生巨大成绩的关键;相反的在台湾的史学研究中比较重视主题式的研究,而研究人员亦流于个人研究的风格,相对也影响了古籍校勘的成果,因此在这个领域上,台湾的研究成果可以说相对地被边缘化,取得的成果也不多。"① 故此,台湾学者已经认识到,有计划、有系统地整理古籍是古籍整理的必由之路。刘兆祐说:"在目前尚无古籍研究所及专责整理古籍机构的情形下,如何有效统合各研究所的人力,开设理想的课程,配合台湾地区丰富的善本古籍,有计划、有系统的整理古籍,是各文史研究所值得重视的课题。"②

---

① 詹宗祐:《试论 1980 年以来新校本新旧〈唐书〉校勘研究》,《兴大历史学报》2007 年第 19 期。

② 刘兆祐:《台湾地区博硕士论文在整理古籍方面之成果并论古籍整理人才之培育》,《书目季刊》1996 年第 2 期。

二　香港、澳门的古籍整理

香港特别重视对华侨华人文献的收集、整理。在 20 世纪 70 年代初，香港大学图书馆便开始筹划成立一个香港文献资料特藏，得到孔安道纪念金的慷慨捐助。1974 年 4 月，为感谢孔安道纪念金对图书馆工作的大力支持，将香港文献资料特藏命名为孔安道纪念图书馆。该馆自创馆以来，在采集、整理和保存香港地方文献资料方面取得了丰硕的成果。他们通过征集文献、接受赠书、购买等方法，"已积累了大量的香港地方文献资料，计有书籍约八万本、期刊报章约一万二千种、期刊报章合订本五万余册及公司账簿四千册。馆藏还有大量的照片、视听资料、海报、文牍、场刊、地图、幻灯片、缩微资料和电子数据库等。可以说，在采集一个齐备的香港地方文献资料库的工作上，该馆已经取得非常理想的成果"①。这些文献可分为政府文献、账簿文牍等，为了使这些文献能够惠及读者，该馆还将这些文献进行整理，如英国殖民地部（Colonial Offiee）第 129 号档案（CO129）是公认的研究香港史的重要原始资料之一。这批档案的主要内容是历任香港总督与英国殖民地部大臣于 1842—1951 年间的信札及附带文件、英国殖民地部有关管治香港的公文及有关香港的往来文件，涉及接近四万份公函，是研究战前香港史的一套首要资料。鉴于 129 号档案的重要性，香港大学历史系冼玉仪博士在 20 世纪末即为档案编制索引，并将资料刻录于光盘，赠送给各大学术研究机构，不但方便学者利用这批档案，而且提高了检索效率。为了进一步让学者及公众更方便地在互联网上使用，该馆于 2003 年将索引从光盘转成网络版，并改良网络版的查索功能，检索结果更列出 129 号档案的文件号码及页数、公文的主题、发信者、收信者、关

---

① 尹耀全、陈桂英、陈国兰：《从香港出发：香港大学孔安道纪念图书馆华侨华人文献的收集、整理与简介》，刘泽彭主编：《互动与创新：多维视野下的华侨华人研究》，广西师范大学出版社 2011 年版，第 542 页。

键词及馆藏的缩微胶卷号码等，以方便读者简要地了解公文内容，再而决定是否需要到馆查阅缩微胶卷。①

除香港地方文献及档案资料的收集整理外，香港还编纂了不少古籍书目，如饶宗颐编《香港大学冯平山图书馆藏善本书录》（1970）、香港中山图书馆编《香港中山图书馆图书总目录》（1984）、邓又同编《香港学海书楼藏书目录》（1988）、香港中文大学编《香港中文大学图书馆善本书录》（1999）、香港大学图书馆编《香港大学冯平山图书馆藏善本书录》（2003）以及贾晋华主编的《香港所藏古籍书目》（2003）。其中贾晋华主编的《香港所藏古籍书目》是最为全面的一种，该古籍书目是香港地区诸家图书馆所藏中文古籍的总目录，收录香港地区诸家图书馆所藏中文古籍7386种及丛书子目18718种，收录范围为1911年以前写、抄、刻、印的各类中文古籍（包括译著及在日本、朝鲜等地出版的中文著作）。②《香港所藏古籍书目》有两个特点：一是基本按照经、史、子、集、丛五部分类，并根据香港地区所藏古籍情况、参考现代分类法略做调整；二是编者到各个图书馆核查古籍原书，对书名、著者、出版机构、版本等进行全面研究，纠谬订误。总之，这是迄今最为全面翔实的香港地区所藏古籍书目，为人们利用这些古籍提供了极大方便。此外，刘殿爵、陈方正主编有《香港中文大学中国文化研究所先秦两汉古籍逐字索引丛刊》。

自16世纪葡萄牙人踏足澳门伊始，澳门就成了中西文化交会的桥梁，其文献典籍也表现为汉文典籍与西洋文献共存的特点。就古籍收藏来看，古籍善本、地方文献以及西方宗教类古籍，是澳门地区古籍藏书的特色。澳门地区的古籍，主要收藏于政府的公共图书馆、学校图书馆及教堂寺庙图书馆。澳门地区的古籍主要收藏在澳门大学图

---

① 尹耀全、陈桂英、陈国兰：《从香港出发：香港大学孔安道纪念图书馆华侨华人文献的收集、整理与简介》，刘泽彭主编：《互动与创新：多维视野下的华侨华人研究》，广西师范大学出版社2011年版，第539—546页。

② 贾晋华主编：《香港所藏古籍书目》"前言"，上海古籍出版社2003年版。

书馆、澳门中央图书馆下辖的何东图书馆、澳门历史档案馆、八角亭图书馆、澳门圣若瑟中学图书馆、教业中学图书馆、培正中学图书馆、粤华中学图书馆等。① 澳门中央图书馆下辖的何东图书馆所藏古籍图书较多，约藏有中西古籍5000册。② 1958年，澳门葡萄牙人白乐嘉（1897—1988）将所藏刘承幹嘉业堂旧藏16种转售何东图书馆，其中《翁方纲纂四库提要稿》《罪惟录》《通鉴纪事本末补后编》等稿本和清稿本，弥足珍贵。何东图书馆还藏有不少澳门地方文献、大量清末民初蒙学著作、新式教科书、翻译教科书以及汉洋合璧的汉语教科书。此外，何东图书馆还收藏有不少汉译本西方传教士的宗教著作。民政总署大楼图书馆则收藏有17—20世纪中叶的外文古籍，特别是葡萄牙在非洲及远东地区活动的历史文献19000余册。澳门博物馆也收藏有不少古籍图书。澳门学校的古籍藏书以澳门大学图书馆所藏最为丰富，所藏"汉文古籍7000余种，13000余册，主要是明清时期的刻本、套印本、抄本、批校本等，内有大量岭南以及澳门的地方文献和西洋宗教类图书，颇具特色"③。澳门绝大多数的教堂、修道院、寺庙都藏有不少的汉文古籍以及佛道经书。④

由于历史的原因，在澳门回归之前，出版的葡文著作很多，而中文著作甚少，加之澳门当局对古籍整理并不重视，因此长期以来澳门的古籍整理基本上处于空白状态。自20世纪80年代后期，澳门开始重视古籍整理，举办了一系列和古籍相关的活动：一是举办古籍展览，让人们得以窥见澳门古籍的真面目；二是邀请大陆专家举办相关古籍整理讲座，加强了与大陆古籍整理界的交流；三是编

① 参见林金霞《澳门图书馆馆藏中文古籍探源》，《两岸三地古籍与地方文献》，澳门图书馆暨资讯管理协会2002年版。
② 林金霞：《澳门图书馆馆藏中文古籍探源》，《两岸三地古籍与地方文献》，澳门图书馆暨资讯管理协会2002年版，第29页。
③ 邓骏捷：《澳门各藏书系统汉文古籍的特色》，《文献》2009年第3期。
④ 参见邓骏捷《澳门各藏书系统汉文古籍的特色》，《文献》2009年第3期。

写馆藏古籍目录，试图摸清馆藏古籍的家底。① 另外，澳门地方文献是一笔重要的财富，一直深受澳门学者关注。澳门地方文献具有多语言性（葡萄牙文、中文、英文）、类别多元化、分布于世界各地等特点，② 为了有效保存这些文献，澳门学者提出搜集澳门地方文献，建立"澳门地方文献资料库"的设想，并付诸实施，澳门中央图书馆、澳门虚拟图书馆、澳门大学图书馆都建有地方文献资料库，供读者检索利用。③

　　澳门文献整理的成就主要体现在两个方面，一是档案文献的整理，二是古籍的整理。就档案文献整理来看，澳门基金会较早实施相关工作，聚合中国澳门、内地及葡萄牙的专家学者，先后整理出版有《葡中关系史料汇编》《中葡澳门交涉史料》《勘界大臣马楂度——葡中香港澳门勘界谈判日记 1909—1910》《清代澳门中文档案汇编》《明清时期澳门问题档案文献汇编》以及葡文版《粤澳公版录存》等④，为澳门史的研究打下了坚实的史料基础。就古籍整理来看，多立足于澳门本土文献，已经出版的有《澳门四百年诗选》《港澳诗选注》《澳门当代诗词纪事》《澳门诗词笺注》《汪兆镛诗词集》《汪兆镛文集》《澳门杂诗图释》《澳门碑刻录初集》《金石铭刻的澳门史——明清澳门庙宇碑刻钟铭集录研究》《（葡占）氹仔路环碑铭联匾汇编》《金石铭刻的氹仔九澳史——清代氹仔九澳庙宇碑刻钟铭等集录研究》《澳门名胜楹联辑注》以及《中国古籍珍本丛刊·澳门大学图书馆卷》《澳门大学图书馆古籍特藏图录》等。⑤ 另外，邓骏捷

---

　　① 林金霞：《澳门图书馆馆藏中文古籍探源》，《两岸三地古籍与地方文献》，澳门图书馆暨资讯管理协会 2002 年版，第 36—37 页。

　　② 王国强：《澳门文献的特征与资源库》，《澳门文献与澳门图书馆事业》，澳门图书馆暨资讯管理协会 2008 年版，第 26 页。

　　③ 参见邓华超《浅谈澳门地方文献资料库建设》，《澳门文献与澳门图书馆事业》，澳门图书馆暨资讯管理协会 2008 年版。

　　④ 吴志良、金国平：《挖掘原始档案文献，重现澳门史原貌》，《史学理论研究》2000 年第 4 期。

　　⑤ 邓骏捷：《澳门古文献整理述评——以文学文献为中心》，《图书馆杂志》2013 年第 12 期。

所编《澳门古籍藏书》值得重视，该书将澳门各图书馆所藏古籍进行编目介绍，颇便利用。当然，澳门的古籍整理尚处于分散状态，尚需进行多方面联合，以取得更大成就。

总之，港澳台与中国内地在古籍整理方面存在不同的情况，其一，内地的大专院校内有相当数量的古籍所，这些古籍所在 1999 年时约有 90 个，内地的重点大学都设有古籍所，古籍所的主要工作是培养校注古籍的人才，而古籍所的任务依层级及所在的地理位置的不同，其研究重点也不同。而台湾没有相关的古籍所，缺乏专门的古籍整理研究机构。其二，内地创办有多种专门刊发古籍整理和古文献学研究的刊物，如《古籍整理出版情况简报》《文献》《文史》《中华文史论丛》《古籍整理研究学刊》《历史文献研究》《古籍研究》《西南古籍研究》等，都为古籍研究工作提供了发表成果的舞台。台湾缺乏这种专门的研究刊物。其三，内地重视古籍整理成果的出版，有诸多专门的古籍出版社承担相关整理成果的出版，这也是港澳台——尤其是香港、澳门所不具备的。

第二节　港澳台的古籍整理数字化

台湾、香港在古籍数字化方面起步比中国内地要早一些，而以台湾的古籍数字化起步为最早。澳门的古籍数字化起步较晚，但发展速度很快。港澳台的古籍数字化与中国内地的古籍数字化相互借鉴、交相辉映，为中华古籍的传播和利用，扩大中华文化的影响，做出了重要贡献。

一　台湾的古籍数字化成就

早在 1984 年，台湾"中研院"就开始着手开发"瀚典全文检索系统"。从那以后，台湾的中文古籍数字化工作一直处于全球领先地位。台湾"中研院"、台北"故宫博物院"、台北大学、台湾大学、元智大学、淡江大学等学术研究机构都不同程度地参与了中文古籍数字化的工作，开发出了一系列颇具影响力的古籍数字化系统，也在资金投入和软件开发等方面积累了丰富的经验。在开发大规模的古籍数字化系统的同时，台湾的研究机构也注意结合本地学术资源，开发了很多具有台湾本地特色的古籍数字化成果，非常值得人们学习和仿效。

台湾的古籍数字化工作的发展与台湾的文化资源数字化政策的发展密切相关，其发展基本上可分为四个阶段：第一阶段，从 1984 年到 1998 年，是各部门各单位自发进行研发的阶段；第二阶段，从 1998 年到 2002 年，是台湾当局介入，进行统筹规划的阶段；第三阶段，从 2002 年到 2008 年，是台湾当局进一步整合古籍数字化资源的阶段；第四阶段，从 2008 年开始，台湾当局把数字文献资源与数字学习充分结合，台湾文化资源数字化发展进入一个新的阶段。

1984 年 7 月，台湾"中研院"启动"史籍自动化计划"。以此为发端，台湾的中国古籍数字化工作开始起步。此后，台湾"故宫博物院"、"国家图书馆"、"历史博物馆"、台湾文献处、文化建设委员会以及各高等院校也纷纷开展古籍数字化的工作，成绩显著，成为台湾古籍整理最具特色的部分。始于 1984 年的台湾"中研院"的史籍自动化计划"以及后来各部门所进行的古籍数字化，还都是各部门自发性的研究。随着研发的深入，到 20 世纪 90 年代中后期，古籍数字化工作已由个人及单位内部单打独斗发展为有计划的整合型研究，如"中研院"文哲研究所的"汉学研究资料库研发计划"、"中研院"语言研究所的"语言典藏与语言坐标计划"、台湾大学与中华佛学研究所的"电子佛典数位化计划"等，这一时期，台湾官方还没有进行有计划的支持。

随着电脑网络的发展，人类过去所创造的文化遗产和各类知识，都可以借助电脑、网络等现代科技加以保存、整理、传播和利用，使知识与文化资源得以全球共享，促进文明之间的交流、互鉴和共同发展。基于这样的想法，台湾有许多机构从事珍贵文献、文物的数字化工作，如台湾"国家图书馆"、台北"故宫博物院"、"历史博物馆"、"自然科学博物馆"、"中研院"、台湾大学、台湾文化建设委员会、台湾文化中心等。在这一过程中，台湾的古籍数字化经历了由各单位自行研发到官方介入并支持、主导的过程。

到了1998年，台湾"国家科学委员会"率先有计划地规划大型"数位博物馆专案先导计划"，这是政府部门有计划地规划古籍数字化的开始。2000年，台湾行政部门委托"中研院"规划"国家典藏数位化计划"；2001年，文化建设委员会规划"国家文化资料库"计划，都是由政府相关单位邀请学者有计划地规划、推动和落实。① 台湾的古籍数字化工作进入到政府主导，结合学术单位、典藏单位、产业界和民间力量共同推进的阶段。

台湾"国家科学委员会"的"数位博物馆专案计划"施行于1998年5月，当时的台湾"国家科学委员会"为了促进人文社会科学的研究，加强科学教育工作，开始推动"迎向新千禧——以人文关怀为主轴的跨世纪科技发展"方案，"数位博物馆专案计划"就是其中的计划之一。其主要目标就是整合建置一个适合"国情"并具有本土特色的"数位博物馆"，以发展教育性际网络内涵。② 目的是借助网络平台建立一个集文化、艺术、科技于一体的内涵丰富的网络典范，使一般民众得以不受时空限制，随时上网检索、浏览和利用其信息，进而丰富民众文化生活，享受终身学习的乐趣。③ "数位博物馆专案计划"分期进行，参与的单位不断增加。第一期数字化计划包括台湾风情和传统文化两大类，在台湾风情方面，有淡水河溯源、台湾少数民族（平埔族群）、蝴蝶生态面面观、台湾的淡水鱼

---

① 罗凤珠：《台湾地区中国古籍数位化的现况与展望》，《书目季刊》2001年第35卷第1期。
② 黄镇台：《以人文关怀为主轴的跨世纪科技发展》，《科学发展月刊》1999年第27卷第7期。
③ 王美玉：《数位博物馆专案计划成果》，《科学发展月刊》2000年第28卷第4期。

类、台湾的植物等；在传统文化方面，有传统思想与文学、不朽的殿堂——汉代的墓葬与文化、火器与明清战争等。第二期数字化计划的内容增加了许多，有故宫文物之美、玄奘西域行、淡水河溯源数位博物馆、台湾民间艺术家数位博物馆之建置、台湾老照片数位博物馆、台湾建筑史、生命科学数位博物馆、台湾少数民族（平埔族群）数位博物馆、中小学语言文学知识网路、寻回台湾本土的淡水鱼类、中医药针灸虚拟数位博物馆、兰屿生物文化多样性数位博物馆等。第三期数字化计划包括四大类，即语言文学与宗教艺术类、民俗文化与历史文物类、数学生物类、建筑与地理类。①

　　"国家科学委员会""国家典藏数位化计划"于 1999 年 7 月由台湾地区行政管理机构通过，由"国家科学委员会"具体实施。目标是要把台北"故宫博物院"、"国家图书馆"、历史博物馆、台湾文献委员会、自然科学博物馆、台湾大学和"中研院"的珍贵的文物、文献数字化，建立"国家"数字典藏，以保存文化遗产，建立公共资讯系统，促使高雅文化的普及化和大众化。计划包括台北"故宫博物院"文物数位典藏系统之规划与建置（主要目标是把台北"故宫博物院"精美文物、书画及清代档案进行数字化建档，建立完整的资料库）、"国家图书馆"典藏数位化（计划内容涵盖古籍文献、地方文献、期刊报纸等）、历史博物馆"国家"历史文物数位典藏资料库发展计划（主要目标是将该馆积累的珍贵资料全面数字化）、台湾文献委员会典藏日据与光复初期史料数位化、自然科学博物馆"国家"典藏数位化计划、台湾大学典藏数位化计划（内容涵盖历史文献、考古、地质、动物、植物、昆虫等，多数是与台湾有关的资料，如淡新档案、伊能手稿等）、"中研院""国家"典藏数位化计划（涵盖的内容较多，与文献有关的有地图、台湾少数民族风俗、台湾

---

①　陈雪华：《台湾地区数位化典藏与资源组织相关计划之发展》，《图书资讯学刊》2001 年第 16 期。

少数民族语言、台湾地方档案、近代经济外交文献、中原考古文物、金石拓片、古文书、文献、善本图籍等）。①

　　文化建设委员会"全国文化资料库"计划于 1999 年开始酝酿，2001 年开始实施，目的是要建立一个规模庞大的数字化文化资料库。搜集整合台湾文化资产，全面展现全民文化遗产，提供一个全民文化资料积累、共享和活化利用的机制。建立数字化"全国文化资料库"的文献来源有两个：一是公藏资料，包括公立博物馆、美术馆、档案馆、文物馆及其他公立机构保存的资料。二是民间资料，指公藏资料之外收藏于个人、私人机构的资料。②

　　2002 年，台湾启动"数位典藏国家型科技计划"，这个计划较之之前政府推动的古籍数字化有所不同，它是在上述"数位博物馆专案计划""国家典藏数位化计划"以及另外一个"国际数位图书馆合作计划"等三个计划的基础上，重新规划而成。这是一个人文与科技并重的数位典藏计划，其目标就是进一步整合之前的文献数字化工作，把台湾的重要文物、文献典藏数字化，建立"国家"数字典藏，促进人文与社会、产业与经济的发展。2003 年，台湾又推出"数位学习国家型科技计划"，2008 年起又将"数位典藏国家型科技计划"与"数位学习国家型科技计划"整合在一起，实施"数位典藏与数位学习国家型科技计划"。③ 整合后的"数位典藏与数位学习国家型科技计划"不仅仅是着眼于文化资源的典藏与公布，更重要的是要把这些资源用于民众的学习教育和文化产品的创意、创新，促进台湾文化产业的发展，扩大中华文化的影响力。这一计划更具全局性，参与的单位已遍及整个台湾，投入资金也是亿级的。可以说，从 1998

---

　　① 陈雪华：《台湾地区数位化典藏与资源组织相关计划之发展》，《图书资讯学刊》2001 年第 16 期。

　　② 陈雪华：《台湾地区数位化典藏与资源组织相关计划之发展》，《图书资讯学刊》2001 年第 16 期。

　　③ 《数位典藏国家型科技计划》，http：//www.ndap.org.tw/。

年以来，"台湾一直致力于将文化资产资源发展成为数位典藏，旨在将包括台湾博物馆、图书馆、档案馆在内的文化机构的珍贵典藏进行数字化，以呈现出台湾文化的多样性，从而促成数位内容与技术在研究、教育、文化与产业发展等多个领域内的发展"[①]。政府的支持效果明显，"数位典藏与数位学习科技计划现已成功建立起 750 个网站与资料库，收纳有 520 万数位典藏物件，并全部通过'典藏台湾'网站提供成果展示，为公众提供开放的资源利用渠道"[②]。

　　台湾地区于 2002 年实施的"数位典藏国家型科技计划"分两个阶段进行，第一阶段（2002—2006）着重对精选出的最具代表性的文化资产进行数字化工作，并建立相应标准与规范，共开发出包括"善本古籍"在内的 16 个主题的数位典藏项目。第二阶段（2007）主要是推广典藏成果应用，同时将藏品性质较相近的"善本古籍""档案""金石拓片"与"汉籍全文"四个主题合并成"文献与档案主题"，进一步整合相关数据的规划与建设。在计划实施过程中，包括诸如台北"故宫博物院"、"国家图书馆"、"中研院"历史语言研究所傅斯年图书馆、台湾大学图书馆等在内的单位都参与了古籍数字化相关的数据库建设，并取得了显著的成绩。目前，中国台湾地区较有代表性的古籍数字化成果包括："中央研究院"主持的"汉籍电子文献资料库""傅图善本古籍数典系统""傅图馆藏印记数据库""内阁大库档案数据库"，台湾"国家图书馆"主持的"古籍影像检索系统""中文古籍书目数据库""善本丛刊影像先导系统——明人诗文集初编""金石拓片资料库"等。[③]

　　为了推广古籍数字化，台湾还通过高校培养专门人才、通过不定

---

　　①　谢国兴、陈淑君：《整合资源，促进发展——台湾数位典藏计划》，《中国档案报》2016 年 2 月 15 日。

　　②　谢国兴、陈淑君：《整合资源，促进发展——台湾数位典藏计划》，《中国档案报》2016 年 2 月 15 日。

　　③　葛怀东：《台湾地区数位典藏计划对现阶段大陆古籍数字化项目的启示》，《四川图书馆学报》2014 年第 2 期。

期的研习班提供大众研习，并举办"科技与人文对话网络论坛"和
"数位世纪的高峰会谈"等活动，宣传古籍数字化。台北大学、东吴
大学还申请成立古典文学研究所，培养古籍整理、古文献研究以及古
籍数字化人才。①

　　可以说，从1984年至今，台湾的古籍数字化从分散进行到有组
织、有规划地进行，一步一个脚印，综合了自然科学与人文社会科学
领域的人力物力资源，"将本地区的动植物、地理、古籍、档案、影
音、文学艺术、文物考古、民俗资料等自然科学和人文社会科学领域
的资源均做了数字化处理，整合后发布在互联网上，供全世界浏览、
利用。在'数位典藏'技术研发和资源建设方面，台湾无疑已走在
了世界领先行列"②。

　　从技术开发及检索功能上看，台湾古籍文献资料数字化经过了五
个时期的发展：第一期，处理中文文字资料的时期；第二期，单机版
古籍全文资料库的研发时期；第三期，网络版古籍全文资料库的研发
时期；第四期，多功能、多媒体、多元化的文献资料库建设时期；第
五期，以3D动画技术呈现立体文献资料的时期。③从台湾古籍数字
化的研发主体来看，一开始主要是由资讯部门主导，结合研究部门、
学术部门和产业部门来完成的。这是因为中文文献数字化发展之初，
首先需要解决中文的编码与输入、输出的问题，这就需要资讯等技术
部门来完成。随着古籍数字化的发展，出现了资讯部门与学术部门共
同主导、学术部门主导、文献典藏机构主导等多种形式。"中研院"
的"史籍自动化计划"，一开始做单机版的二十五史古籍全文资料
库，就是资讯部门主导的，随着古籍全文资料库技术的逐渐成熟，
"中研院"开始尝试各种文献资料库的开发，1985年10月开发"汉

---

① 罗凤珠：《台湾地区中国古籍数位化的现况与展望》，《书目季刊》2001年第35卷第1期。
② 张全海：《台湾"数位典藏"工作的思考》，《中国档案》2014年第3期。
③ 罗凤珠：《台湾地区中国古籍文献资料数位化的过程与未来的发展方向》，《五十年来台湾人文学术研究丛书——文献学与图书资讯学》，台湾学生书局1989年版。

代墓葬综合研究资料库"，1986 年 2 月开发"台湾'土著'语言资料库"，1986 年 4 月开发"台湾日据时代户籍资料库"，1987 年 1 月开发"清代竹堑地区土地申告书资料库"以及 1989 年开发"说文解字和玉篇资料库"等，技术全由"中研院"自主开发。而且还出现利用影片处理技术所做的古籍资料库，如傅斯年图书馆开发的"善本书影片资料库"等。1995 年开始，台湾还陆续与其他地区建立发展共享古籍资料的合作关系。除了"中研院"和一些大学之外，文献典藏机构如图书馆、博物馆也进行古籍数字化工作。文献典藏机构收藏丰富的文献资料，将文献资料数字化，除了使文献资料以不同形式的媒体保存之外，还可为使用者提供更方便的流通渠道。如台湾"国家图书馆"的"明人诗文集资料库"、台北"故宫博物院"的"书画文物数据库"、"中研院"傅斯年图书馆的"善本书影片资料库"、"中研院"历史所的"文物图像资料库"、台湾大学淡水河溯源计划的淡新档案、伊能文库、岸里大社文书、人类学系所藏古文书等都是由典藏机构主导的古籍文献数字化工作。

　　台湾古籍数字化经过最初的只有文字内容，逐步增加表格、平面图片、声音、立体文物图片、影片等，愈来愈满足研究者的需要。总之，台湾的古籍数字化的功能越来越完备，"从平面的图书到立体的文物，从文字文献到多媒体文献，从无声的语文到有声的语音，从纸本文献到数位文献，从静态艺文图片到动态影剧影片，从原典文献到专书期刊等研究资料，古籍文献数位化的资料包含早期文献原典的文字、图片、文物资料，后期发光影像工业发展之后所记录的声音、影片资料，以及研究资料等。文献数位化的内容随着资讯技术的进步而从文字媒体拓展到多媒体，也随着使用者的需要而从文献原典资料扩充到研究资料"①。

　　在台湾，从事古籍数字化研究和开发工作的重镇是台湾"中研

---

① 罗凤珠：《台湾地区中国古籍数位化的现况与展望》，《书目季刊》2001 年第 35 卷第 1 期。

院"。自1984年，"中研院"历史语言研究所率先进行"史籍自动化"工作，近代史所、台湾历史研究所、资讯所等也进行古籍数字化工作，已逐步建立了内容异常丰富的古籍数字化资料库。这些资料库依据类别可分为影像处理、全文检索、书目及档案检索三大类型。截至2009年，已经发展到包括汉籍电子文献在内的16个典藏资料库系统，可以提供 Metadata56 万多笔、数字影像100多万幅以及三亿五千多万字的史料全文。[①] 其主要数字化资源见表7-1。[②]

表7-1　　　　　　　　　　台湾数字化古籍文物资源

数字化古籍名称	网址	基本内容
汉籍电子文献资料库	http：//hanchi. ihp. sinica. edu. tw	该资料库源于1984年"史籍自动化"项目的二十五史全文数据库，后来发展为"汉籍全文数据库"，内容包括经、史、子、集四部，包含宗教文献、医药文献、文学文献、文集、政书、类书、史料汇编等，累计收录历代典籍460多种（包括二十五史、诸子、十三经、古籍十八种、古籍三十四种、大正新修大藏经、古汉语文献语料库、台湾方志、台湾档案、台湾文献丛刊、道藏、清代经世文编及续编、"中华民国"史事日志等全文资料库），计有三亿五千八百余万字，几乎囊括了所有重要的典籍
考古资料数位典藏资料库	http：//archeodata. sinica. edu. tw	该资料库以史语所考古工作成果为主，分为遗址、遗迹、遗物、影像等四个子资料库，收纳考古工作相关的各种照片、线绘图、拓片、田野记录表、墓葬记载表、地图等各式记录

---

① 《"中央研究院"历史语言研究所数位资源介绍》，《汉学研究通讯》2009年第28卷第1期。

② 该表根据谢清俊、林晰《"中央研究院"古籍全文资料库的发展概要》（《中文计算语言学期刊》1997年第2卷第1期）和史语所数位知识总体经营计划《"中央研究院"历史语言研究所数位资源介绍》（《汉学研究通讯》2009年第28卷第1期）制成。

续表

数字化古籍名称	网址	基本内容
青铜器拓片数位典藏资料库	http：//rub. ihp. sinica. edu. tw/~bronze/	该资料库收藏的青铜器拓片，包括精美的全形拓片和数量庞大的铭文拓片
甲骨文数位典藏资料库	http：//rub. ihp. sinica. edu. tw/~oracle/	该数据库收藏史语所甲骨文拓片约 4 万余件
汉代简牍资料库	http：//rub. ihp. sinica. edu. tw/~woodslip/	该数据库收藏的汉简以居延汉简为主，包括罗布淖尔汉简、敦煌小方盘城汉简和武威刺麻湾汉简
汉代石刻画像拓本数位典藏资料库	http：//rub. ihp. sinica. edu. tw/~hanrelief/h/	收藏汉代石刻画像拓本 1500 多件，包含山东、河南、四川、江苏等地所出土的画像石和画像砖
佛教石刻造像拓本数位典藏资料库	http：//rub. ihp. sinica. edu. tw/~buddhism/	收藏佛教造像拓片约 4000 件，是全台湾收藏佛教造像拓片最丰富的数据库。不仅有中国河南、河北、山西、山东、陕西、四川和甘肃的石刻造像拓片，而且还有日本的石刻造像拓片。因很多古碑今不存，故这些拓片弥足珍贵
辽金元拓片数位典藏资料库	http：//rub. ihp. sinica. edu. tw/~lcyrub/	以史语所收藏的辽金元三朝碑拓为主，而以元代碑拓为最多。拓片包括墓志、墓碑、造像、经幢、诗词、圣旨等，是研究辽金元历史文化的宝贵资料
傅图善本古籍数典系统	http：//ndweb. iis. sinica. edu. tw/rarebook/search/	包含傅斯年图书馆所收藏的善本书、古籍线装书、金石拓本、俗文学等书目资料
傅图馆藏印记资料库系统	http：//ndweb. iis. sinica. edu. tw/sealdb/system/	整合史语所傅斯年图书馆所有典藏之印记，并将典藏善本古籍、拓片上原有收藏家、鉴赏者、题识者等印记予以析录，即可以此获取古籍版本佐证，发现递藏经过，又能兼及欣赏篆刻书法之美

续表

数字化古籍名称	网址	基本内容
傅图人名权威资料库	http：//ndweb. iis. sinica. edu. tw/fsnpeople/search/	整合史语所傅斯年图书馆藏善本图籍所涉及之各式人名，同步建构其基本生平、传略资料及作品集等，以提供各种数位典藏之考证资料
中国西南少数民族资料库	http：//ndweb. iis. sinica. edu. tw/race_ public/index. him/	该资料库的内容为 1928—1946 年史语所工作人员在中国南方、西南和东北地区进行田野调查时所收集、保存下来的近现代少数民族的文物、文书和照片。这批民族调查报告，对于研究少数民族历史文化具有重要价值
内阁大库档案资料库（目录、全文影像）	http：//www. ihp. sinica. edu. tw/db/gsa	内容为史语所所藏内阁大库档案，包括诏令、题奏、移会、贺表、三法司案卷、实录稿本、各种黄册、簿册、史书、录书以及内阁各厅房处的档案、修书各馆档案、试题、试卷等，是研究明清历史最为直接的史料
明清档案人名权威资料库	http：//archive. ihp. sinica. edu. tw/ttsweb/html_ name/	整合明清档案所涉及各式人名，同步建构其基本生平、传略资料及作品集等，以提供各种数位典藏之考证资料

继"中研院"之后，台北大学古籍数字化工作也取得了极大成就。台北大学古籍数字化成果丰富，主要是在王国良、刘宁慧、周亚民、杨果霖四位教授推动下进行的。与"中研院"不同，台北大学的古籍数字化研发，主要是围绕中文系和古典文献学的课程而进行的。由于台湾"对古典文献的探索与研究，未若中国大陆盛行，

是以开发合宜应用的文史系统，将对于台湾图书文献学的拓展，会有些许的助益"。台北大学开发的数据库，有论著目录、专业系统、全文检索、知识专库，以及工具索引等，资料总数已达 40 余万笔。①

　　台北大学的古籍数字化不仅仅提供检索、阅读，还朝着有利于学术研究的方向发展。如杨果霖筹建的"古典文献学研究主题资料库"，准备开发各种教学学术网站，为了推广"古典目录学"的研究，拟筹设"古籍书目网"，专司古典目录学研究的介绍及整理，希望能结合"目录学""目录辨伪学"课程，让学生有更多整理书目文献的实际操作，并提供更多书目文献的信息，以利于古典目录学研究的推广及应用。还在数据库中导入文化地理概念，从文化地理学的角度，逐步观察文献学家的地理分布及其转移，以及开发有关文人交游、学风转移、区域文化、古籍出版、藏书分布等诸多课题，借此观察文献、地理与学者之间的关系以及历朝学术变迁的情况。导入文献学或目录学的"研究趋势"分析，借以呈现各时期研究情况，或是展现各区域发展的情形。杨果霖的"古典目录学研究主题资料库"已开始应用"热门推荐""专业推荐""特别推荐"等方式，主动提供各种推荐主题，以供学者参考。②

　　杨果霖曾将台北大学古籍数字化成果列成表格，兹根据杨果霖所列表格，选取与古籍整理最为相关的内容转录，见表 7 - 2。③

---

　　① 杨果霖：《台北大学古籍数位化成果及其展望》，《中国文哲研究通讯》2015 年第 25 卷第 4 期。

　　② 杨果霖：《台北大学古籍数位化成果及其展望》，《中国文哲研究通讯》2015 年第 25 卷第 4 期。

　　③ 参见杨果霖《台北大学古籍数位化成果及其展望》，《中国文哲研究通讯》2015 年第 25 卷第 4 期；《台北大学"古典目录学研究主题资料库"的筹建及其展望》，《书目季刊》2015 年第 49 卷第 1 期；《台北大学"古籍辨伪资料系统"的建置及其应用》，《古典文献与民俗艺术集刊》2013 年第 2 期。

表7-2　　　　　　　　　　　　　台北大学古籍整理字化成果

数字化古籍名称	参与者	类型	成果简介
台湾文史哲论文集篇目索引系统	王国良 刘宁慧	资料库	网址：http://memory. ncl. edu. tw/tm_ sd/about. jsp 共计收录台湾"国家图书馆"所藏论文集作品3300余种，近6万篇篇目
古籍辨伪资料系统	杨果霖	资料库	网址：http://120. 126. 128. 164/bianwei/list. php 尝试以现代资料库的方式，有系统的整理古代的伪书资料，使读者能进一步检索到辨伪资料，并考察历朝伪书状态，以为辨伪学研究之用。该系统共收入1528种伪书，合计6255笔资料，是目前辑录伪书较为完备之作
中国历代藏书印记检索系统	杨果霖	资料库	网址：http://120. 126. 128. 164：82/LSS/Default. aspx 该系统共收录47162笔资料
中国文献学论著检索系统	杨果霖	资料库	网址：http://120. 126. 128. 164：81/socrb/BibliInfoList. aspx 该资料库原拟筹建"中国藏书学论著检索系统"，以应藏书学研究之用，为求经费利用的最大化，故扩大收录的内容，成为"中国文献学论著检索系统"。该系统共收入69089笔资料
中文参考用书检索系统	杨果霖	资料库	网址：http://120. 126. 128. 164：81/socrb/BookInfoList. aspx 该系统有助于查考各种工具书资料。共收入12322笔资料
古典文献学家传记暨著述咨询系统	杨果霖	资料库	网址：http://120. 126. 128. 164：81/GIEAS/Search. aspx 该系统旨在统合古典文献学家的传记及著述资料，以提供读者更多参考信息。共收录传记资料2089笔，著述资料257317笔
古典目录学研究主题资料库	杨果霖	资料库	网址：http://www. cbtc2. ntpu. edu. tw：81/GDMLS/search. aspx 该系统模仿台湾"国家图书馆""台湾民间传说主题资料库"及"台北学研究主题资料库"模式，将与古典目录学相关的内容汇聚在同一主题资料库内，搭配热门推荐、专业推荐、特别推荐，功能多样。该资料库收录传记资料2089笔、著述资料273511笔、论著资料122932笔、辨伪资料6256笔、鉴藏资料47162笔，总计近40万笔资料

续表

数字化古籍名称	参与者	类型	成果简介
古典文献学相关网路资源检索系统	杨果霖	资料库	网址：http://120.126.128.164：81/SOCRB/CNetSourceList. aspx 该系统的原始资料以《中国文史哲研究相关网路资源整理》为基础，再辅以"古籍数位化研究"之课程涉及，逐步增订而成，共收录 5677 个网站资料
古籍资料检索系统	刘宁慧 杨果霖	资料库	网址：http://www.cbtc1. ntpu. edu. tw/list. php 该资料库可供民众查检古籍书名、作者、版本、参考书目、卷页等资料，附带查询藏印、藏地等资料。该系统收录 273511 笔资料
中国古籍丛书目录资料库	刘宁慧	资料库	网址：http://nccu. predragon. org/ntpubooks/index. html
古籍资讯研究网	王国良 刘宁慧 杨果霖	"科技部"计划	网址：http://www.cbtc2. ntpu. edu. tw：81/RBOOK/index. aspx 该网站共计有最新消息、发展理念、成员介绍、发展历程、学术成果、资料专区、选课资讯、教材专区、讨论专区、活动记录等项。
台湾文史哲论文集篇目索引系统	王国良 刘宁慧	产官学合作	网址：http://memory. ncl. edu. tw/tm_ sd/about. jsp 共计收录台湾"国家图书馆"藏论文集作品 3300 余种，近 6 万篇篇目。希望借由便捷的电脑网络检索及浏览分类功能，提升图书馆资讯服务，并与全球分享文史哲论文集篇目检索成果
古典目录学研究主题资料库暨相关分析	杨果霖	"科技部"计划	网址：http://www. cbtc2. ntpu. edu. tw：81/GDMLS/search. aspx
中国历代藏书印记检索系统暨相关分析	杨果霖	"科技部"计划	网址：http://120. 126. 128. 164：82/LSS/Default. aspx 该系统共收录 47162 笔资料

续表

数字化 古籍名称	参与者	类型	成果简介
古籍辨伪资料索引暨其相关分析	杨果霖	"科技部"计划	网址：http://120.126.128.164/bianwei/list.php
古籍版本题记索引新编暨其相关分析	杨果霖	"科技部"计划	网址：http://www.cbtc1.ntpu.edu.tw/list.php 该系统总计有 268089 笔资料
中国古籍丛书目录资料库	刘宁慧	"科技部"计划	网址：http://nccu.predragon.org/ntpubooks/index.html

　　除"中研院"、台北大学以外，台湾大学、元智大学、台北"故宫博物院"、台湾"国家图书馆"等研究机构也开发出了相关的古籍数字化全文检索系统。

　　台湾大学中华电子佛典线上藏经阁大正藏全文检索系统（http://ccbs.ntu.edu.tw/cbeta/result/search.htm）是台大佛学资料库的一部分，是中文大藏经古籍数字化的重要成果之一，在目前网络佛教资料库中最为完备，数据库所收文献资料横跨中西。系统文本是以日本大藏出版株式会社《大正新修大藏经》第 1 卷至第 85 卷为录入底本。

　　台北故宫寒泉检索系统（http://libnt.npm.gov.tw/s25/index.htm）由台湾陈郁夫主持开发，因网页和系统资料存放在台北"故宫博物院"的服务器内，故称"故宫寒泉"。该系统包括十三经、二十五史、先秦诸子及《全唐诗》《宋元学案》《明儒学案》《白沙全集》《四库总目》《朱子语类》《红楼梦》《资治通鉴》《续通鉴》等。就规模而言，尚无法与汉籍资料库相比，但有《四库总目》《朱子语类》《通鉴》《续通鉴》这样的特色收藏。

台湾元智大学"网络展书读"中华典籍数据库（http://cls. admin. yzu. edu. tw/）。该数据库由罗凤珠主持开发。分网络私塾、古典小说、数位文物、诗词韵文、网络资源五大部分，收录对象主要为中国古典文学资料。数据库下分诗经、全唐诗、唐宋词、宋诗、台湾古典汉诗、红楼梦、三国演义、金瓶梅、水浒传等多个各自独立的全文检索系统。该系统在台湾深受欢迎，曾荣获多项荣誉，是台湾古籍数字化成果中使用率较高的一个。

台湾比较有名的古籍数字化检索系统还有台北"故宫博物院"的"古典文献全文检索数据库"（http://www. lib. ktu. edu. tw/online/intro/oldbook. htm）、台湾大学的"古文书数字检索系统"（http://pegasus. csie. ntu. edu. tw），前者所收内容也十分丰富；后者以收集台湾当地的历史资料和文献为主，被称为台湾历史的数字图书馆和博物馆。此外，台湾"汉学研究中心资料库"（http://www. ccs. ncl. edu. tw/data. html）以及台湾"国家图书馆"古籍文献咨询网（http://www. ncl. edu. tw/bq. htm）也可提供古籍数字化服务。①

台湾"国家图书馆"的"台湾地方文献典藏数字化"也颇具规模和特色。在台湾"数位典藏科技计划"的推动下，台湾"国家图书馆"对馆藏台湾地方文献进行数字化整理，建立的数据库有：其一，"台湾乡土文献影像资料库"（http://twinfo. ncl. edu. tw/local/），内容包括台湾各地地方志、台湾地方政府出版的图书文献、政府公报、统计资料等。其二，"台湾记忆系统"（Taiwan Memory）（http://memory. ncl. edu. tw），该系统主要涵盖丰富的图书文献、史料、图像、新闻影音及历史人物资料，以文字、声音、影像等多种形

---

① 参见杨虎《港台地区古籍数字化资源述略》，《电子出版》2003 年第 8 期。

态展示出来。其中图书文献包括"馆藏光复后台湾地区官修地方志
目录""馆藏光复初期台湾地区出版图书目录"等八大主题资料库；
图像包括"十九世纪台湾图像""日治时期台湾明信片""台北市老
照片"等五个专题；史料包括古书契和家谱，建立了古书契资料库
和台湾家谱资料库；影音新闻资料收录1962年台湾电视新闻开播以
来的晚间新闻内容；人物资料则收录明清至日占时期台湾重要人物近
2000人的基本资料与小传。其三，"台湾概览系统"（Taiwan Info）
（http://twinfo. ncl. edu. tw/），整合政府公报、统计调查、政府出版
品等馆藏与资料库，辅以各类主题资讯典藏管理系统，发挥延伸阅读
与知识管理功能，建立概览台湾地区人、事、时、地、物的新的资
料库。①

另外，台湾中华佛学研究所与法鼓佛教学院数位典藏团队于
2001年开始，与台湾大学、台北艺术大学等多方学者合作，完成了
"台湾佛教文献数位资料库"（http://buddhistinformatics. ddbc. edu.
tw/taiwanbuddhism/tb/）与"台湾佛教数位博物馆：蓬莱净土游"
（http://buddhistinformatics. ddbc. edu. tw/taiwanbuddhism/formosa/）两
个数位典藏计划。"台湾佛教文献数位资料库"以建置一个包含台湾
佛教文献在内的数字化资料库为目的，其内容不仅记录了相关书目，
并收集了相当完整的图书全文，如期刊论文全文、书籍和期刊论文目
录、访谈记录、文件、图片等，以满足国内外学者在网络上进行书目
检索以及阅览全文的需求。而"台湾佛教数位博物馆：蓬莱净土游"
主要是以典藏台湾佛教相关重要寺院与组织为主，包括文物、人物、
宗派传承、寺院的历史与3D影像等。这两个数据库保存了许多有关
台湾佛教的珍贵资料。2007年，台湾法鼓佛教学院数位典藏团队又
启动了"台湾佛教期刊数位典藏"（http://buddhistinformatics. dd-

---

① 陈丽玲：《台湾地区地方文献典藏数位化及运用——以国家图书馆为例》，《研考双月
刊》2008年第3期。

bc. edu. tw/taiwan_ fojiao/）与"台湾佛寺时空平台"（http://buddhis-tinformatics. ddbc. edu. tw/taiwanbudgis）。"台湾佛教期刊数位典藏"把 187 期台湾佛教期刊数字化。该刊自 1947 年创刊到 1973 年结束，完整记录了台湾战后的佛教发展过程。"台湾佛寺时空平台"则将 5000 多座台湾佛教寺院发展历程透过现代化的资讯技术予以呈现，内容包括寺院的基本资料和简介、相关照片、影片等。①

二 香港、澳门的古籍数字化

香港的古籍数字化工作开始于 20 世纪 80 年代末，从事古籍数字化工作的重镇是香港中文大学中国文化研究所下属的中国古籍研究中心。该中心虽然成立于 2005 年，但它的前身"汉达古文献资料库"（http://www. chant. org）已经早在 1988 年就成立且进行古籍数字化工作。"汉达古文献资料库"包含三大内容，即传世文献、出土文献和汉达研究丛书，"相关研究成果通过书刊及互联网发表，网站名为'汉达文库'"②。2005 年香港中文大学中国文化研究所中国古籍研究中心成立后，古籍数字化工作归新成立的研究中心负责。"一直以来，中心致力于全面整理中国古代传世及出土文献，并建立电脑资料库，借此进行多项研究工作，然后通过各种媒体出版研究成果。"③在香港"大学及理工拨款委员会"等的经费支持下，从 1988 年以来，香港中文大学开始了一系列古籍数字化工作，取得了很大的成绩。

"汉达古文献资料库"（http://www. chant. org）现已提供约 1100 万字的古籍网络检索服务。包括"先秦两汉一切传世文献计算机化

---

① 洪振洲、马德伟、许智伟：《台湾佛教数位典藏资料库之建置》，《教育资料与图书馆学》2011 年第 1 期。

② 何志华：《香港中文大学中国古籍研究中心出土文献数据化研究之回顾与前瞻》，《中国文哲研究通讯》2011 年第 2 期。

③ 何志华：《香港中文大学中国古籍研究中心出土文献数据化研究之回顾与前瞻》，《中国文哲研究通讯》2011 年第 2 期。

数据库""魏晋南北朝一切传世文献计算机化数据库""竹简帛书出土文献资料库""甲骨文资料库""金文资料库""中国传统类书数据库"等几个大的数据库。所收古籍内容广泛，数量巨大，学术质量也高。

"先秦两汉一切传世文献计算机化数据库"。该资料库收录先秦两汉的全部传世文献，无论经、史、子、集还是文献字数多寡，均悉数输入数据库。所据版本大多为《四部丛刊》本，并经由研究人员重新标点、校勘。随后又陆续编纂了《先秦两汉古籍逐字索引丛刊》《先秦两汉一切传世古籍互见文献研究》等，并由此开始编纂"汉达古籍研究丛书"，包括《先秦两汉引用经籍资料》《唐宋类书引用先秦两汉文献资料》等。① 数据库提供多种检索方式，不同研究领域的学者均可利用数据库开展研究工作。

"魏晋南北朝一切传世文献计算机化数据库"。该数据库于1992年开始研发，已输入文献近1000种，超过2500万字。其收录对象是魏晋南北朝时期的全部传世文献，不分种类，无论多寡，力求竭泽而渔。版本多为《四部丛刊》或《玉函山房辑佚书》本，经过重新标点、校勘。因六朝文献散佚较多，研究人员多参照清人辑佚成果，重新搜集整理，保证了资料库的质量。

"竹简帛书出土文献电脑化资料库"，简称"竹简帛书出土文献资料库"。该资料库共分两期进行。1994年进行"竹简帛书出土文献电脑资料库"，选取包括古代典籍、公文、律令、书信等十二种竹简帛书出土文献约140万字输入电脑，收录资料包括《居延汉简释文合校》《武威汉简》《武威汉代医简》《马王堆汉墓帛书》《银雀山汉墓竹简》《睡虎地秦墓竹简》《散见简牍合辑》等。资料库以文物出版社提供之释文为本，经研究人员重新标点并校勘。第二期项目继续对

---

① 何淑苹、郭妍伶：《先秦两汉古籍文献数据化推手——专访香港中文大学何志华教授》，《中国文哲研究通讯》2009年第4期。

资料库进行扩展，收录整理 1996 年后新出土简帛文献中与传世文献相关者，包括《定县汉简》《阜阳汉简》《张家山汉简》《郭店楚简》及《楚竹书》等，研究人员先依据原拓片考定释文，后按出土文献之内容及其与传世文献的关系重新考释出土文献，内容包括释文整理、传世文献中相关资料之搜集、互见文献或同一文献不同版本之比较等。该资料库检索功能强大，提供图文对应功能，提供"竹简帛书资料库统计资料"，并能进行出土文献与传世文献的文句比较等。①

"甲骨文全文电脑化资料库"，简称"甲骨文资料库"。1996 年开始实施，旨在收录当时海内外最重要的七种重要甲骨材料：《甲骨文合集》《小屯南地甲骨》《英国所藏甲骨集》《东京大学东洋文化研究所藏甲骨文字》《怀特氏等收藏甲骨文集》《天理大学附属参考馆甲骨文字》《苏德美日所藏甲骨》，共计卜辞 53862 片。研究分两期进行，历时五载，共整理、校勘约 100 万字甲骨卜辞。资料库所收甲骨文字均经研究人员重新临摹并加以校勘、释文，并设有收录所有甲骨文字的字形总表，每字下附有释文、隶定字、《类纂》编号，并增补了相当数量前人未收录的甲骨文字及其片号。在检索方面，可以通过甲骨单字、关联字符串以及句式进行检索。还提供甲骨文字出现字数频率数据，以便专业学者研究分析。提供释文对照功能，在视窗上可以显示甲骨文字原字形及隶定释文，方便研究者参照。该资料库是当前最有影响的以甲骨文字形为系统并具有多项类目功能检索的甲骨文数据库，不仅方便甲骨文研究者、古文字研究者，也为深入研究商代政治、社会和文化提供了方便。②

"金文全文电脑化资料库"，简称"金文资料库"。该项目启动于 1999 年，收录的资料主要来源于中国社会科学院考古所编的《殷周

① 何志华：《香港中文大学中国古籍研究中心出土文献数据化研究之回顾与前瞻》，《中国文哲研究通讯》2011 年第 2 期。

② 何志华：《香港中文大学中国古籍研究中心出土文献数据化研究之回顾与前瞻》，《中国文哲研究通讯》2011 年第 2 期。

金文集成释文》，总计收录 12021 件铜器，约 18000 张拓本（包括摹本），近 100 万字器物资料说明，另有 14 万字隶定释文，皆经研究人员仔细校勘。2010 年又新增 820 件新近出土器物资料。研究人员吸收前人研究成果，务求为专业金文研究学者提供准确的研究数据。资料库备有金文铭文、释文对照检索功能，并附有词串数据统计。提供器物的年代、发现地、现藏、著录等资料说明和注释，设有金文字形总表检索等，并设有字频、词串统计等功能，便于研究者检索、统计和分析。①

"中国传统类书数据库"。该数据库于 2000 年开始研发，目的是建立最为完备的类书电子资料库，并将类书中的引文与传世文献文本进行对比研究，探求类书引文与传世文本之异同，方便学者利用类书进行研究。资料库收录自魏晋六朝至明清时期的所有传世类书，诸如《初学记》《北堂书钞》《太平御览》《册府元龟》《永乐大典》等皆在收录之列，总字数超过 6000 万字，可以进行单字、词句及分类索引。

"从实际的成果来看，'汉达古文献数据库中心' 开发的古籍数字化资源有以下几方面的特点：首先是非营利性的，多是在政府的支持下进行的；其次，注重古籍数字化的学术性，服务对象主要是专业研究者；复次，注意优势互补，如数据库所用底本大多选用大陆整理出版的著作；最后，研究开发并不是纯粹的技术问题，既牵涉到文献统计、检索等问题，也进行了校勘、注释等工作，具有很强的学术研究色彩"。②

除了"汉达文库"这样专职进行古籍数字化工作的研发机构外，香港的一些出版公司也注意与中国内地和台湾地区相关机构合作开发大型的古籍数字化出版物，如国家"九五"电子出版重点项目——

---

① 何志华：《香港中文大学中国古籍研究中心出土文献数据化研究之回顾与前瞻》，《中国文哲研究通讯》2011 年第 2 期。

② 杨虎：《港台地区古籍数字化资源述略》，《电子出版》2003 年第 8 期。

文渊阁《四库全书》电子版，就是香港迪志公司与北京书同文公司以及上海人民出版社共同研制开发的。此外，香港中文大学图书馆还开发了"郭店楚简资料库"等。

与台湾、香港及中国内地相比，澳门的古籍数字化起步较晚，但有自身的特色。在古籍数字化方面，澳门虚拟图书馆（网址：www. macaudata. com）是澳门首个开通的网上电子图书馆。该虚拟图书馆于1999年设立，收集和整理有关澳门文献和学术研究成果，建立全文电子书库，截至2012年，共计有图书586册，期刊381册，供读者免费下载使用。澳大图书馆自2003年开展古籍文献电子化计划，预计将所藏中文古籍6000多种以及大量岭南文献以及清代中晚期于中国刊行的天主教古籍通过扫描的方式电子化。现已建立澳门大学图书馆古籍影像系统及西文古籍影像系统。截至2012年，古籍影像系统已有195种（840册）古籍可供查阅，西文古籍影像系统已有112种全文电子书可供查阅。澳门历史档案库（网址 http：//www. archives. gov. mo）收录有民政厅、土地工务运输局、市政厅等10个机构的卷宗、图片，收录案卷的起止时间是1630—2000年，胶卷复本的起止时间是1459—1970年，共19种语言。该档案库收录澳门历史档案最多、时间范围最长。这些历史档案的数字化，为人们研究澳门历史文化起到了积极作用。另外，澳门"中央图书馆"数据库（网址：http：//www. library. gov. mo/Topic_ 04/Topic_ 04_ 03. asp）收录有《汉洋古字典展览目录》《利玛窦相关文献展览目录》《馆藏文德泉神父图书目录数据库》《中葡关系四百五十年数据库》等，极便阅览。①

从澳门古籍数字化来看，因为起步晚，在技术上，尚需进一步统

---

① 参见邓骏捷《澳门大学图书馆古籍电子化计划简述》，《第一届中国古籍数字化国际学术研讨会论文集》，五洲出版社2009年版；王国强《澳门文献资源数字化概况2012》，《书的传人Ⅳ——澳门文献书目学论集》，澳门图书馆暨资讯管理协会2013年版；毛建军《澳门古籍文献数字化及其利用》，《图书馆学研究》2013年第15期。

一技术标准。与中国内地和台湾、香港相比，其古籍信息资源的共建共享还比较滞后。澳门古籍数字化不应只局限于澳门本土，还需要与中国内地、台湾、香港密切合作，亟须实现真正意义上的信息资源共建共享。

总之，随着电子、通信、网络技术的发展，古籍数字化乃大势所趋。中国台湾、香港、澳门在开发古籍数字化过程中，有很多自身的特色。从其发展历程来看，随着电脑、通信、网络技术的不断进步，古籍数字化资料库也不断完善、整合，功能越来越强大；港澳台古籍数字化的发展，不是盲目进行，而是有计划地研发。尤其是台湾，还有着比较系统的规划，并按照规划进行建设；港澳台古籍数字化大多不以营利为目的，因此在很大程度上保证了古籍数字化的学术性和公益性；港澳台古籍数字化成果的检索功能都比较强大，非常有利于学术研究；港澳台地区的古籍数字化成果，大多数由大学或研究所主持研发，如台湾"中研院"所属各研究所、台湾大学、香港的香港中文大学、澳门的澳门大学等都是古籍数字化的中坚力量，开发了一些颇具影响力的古籍检索系统；港澳台古籍数字化的服务对象具有多元性，如台湾数亿字的古籍数字化成果，针对不同层次的人群开发不同功能的内容和检索系统，有为专家学者提供服务的学术性系统，也有为普通民众甚至中小学生提供服务的普及化读物系统，最大限度发挥了文献在文化传播中的作用。

综观中国内地与港澳台的古籍数字化，可以说都有各自的优势，利用新技术开发中国丰富的古籍资源，需要学者的共同努力，其成果也要惠及整个华夏民族甚至全球。从港澳台的古籍数字化系统来看，其古籍的底本大部分采用了中国内地出版的标点和校刊成果，从这个意义上讲，这些成果也是学者们的共同心血。可以说，中国内地和港澳台在古籍数字化开发方面，携手共进，优势互补，标准统一，网络互通，是大势所趋，也是开发高质量古籍数字化系统的必要条件，更是广泛传承中华优秀传统文化的必由之路。

第三节　港澳台的古文献学研究

总体而言，和中国内地相比，港澳台的古文献学研究相对薄弱。但是，认真分析研判，我们发现港澳台的相关研究仍取得了重要的成就，特别是台湾、香港学者的古文献学研究，值得称道者甚多。

一　对古籍整理与古文献学研究价值的讨论

对于古籍整理与古文献学研究的重要性，港台学者有非常深刻的认识，香港中文大学郑良树认为，"一部古籍从地下出土，必须要有人来整理与编纂，学术界才能运用；古籍必须要有人注解，甚至翻译，学者才方便；古籍在流传的过程中，不断有新加材料，甚至伪造材料，使书本出现真伪附益等问题，必须有人加以考订辨别，学者才不会上当；有的古籍已亡佚了，必须有学者从古籍里辑录出来，学术界才得以研究；这些，都是非常基本的工作，而且也是非常重要的工作。试想，如果没有学者专门从事这些工作，历史学家、社会学家及哲学家等，如何研究中国文化呢？"[①] 在他看来，古籍整理与古文献学研究的重要意义就在于它是基础性工作，是从事中国古代政治、经济、文化、军事、外交、学术等研究的前提和基础，没有这个基础工作，人们就会在研究中国传统文化时陷入迷茫。

对于古籍整理的理论，郑良树也进行了总结，他发表《论古籍整理的涵义和工作方向》一文，[②] 讨论了什么是古籍，什么是古籍整理以及古籍整理的形式等问题，在他看来，所谓"古籍"，就是书写在"主流"传播工具上的篇章，如书写在龟甲、竹木简、缣帛、纸上的"古书"，都应该叫作"古籍"，而书写在铜器上的铭文、木石

---

① 叶金辉：《国学、汉学与中文系的困境和反思——郑良树教授访谈录》，《马来西亚华社文史总论》2008 年第 2 期。

② 郑良树：《论古籍整理的涵义和工作方向》，《书目季刊》1994 年第 27 卷第 4 期。

上的碑刻、陶器上的陶文以及内府里的档案，皆因不是书写在主流的传播工具上，因此不能称为"古籍"。对于古籍整理的内涵，郑良树认为应该把古籍整理与古籍研究区分开来。所谓古籍整理，就是对原来的古籍进行各种加工处理，包括编订、考释、注解、校勘乃至今译等，目的是让读者掌握正确的资料，便于利用，是一种前期工作。所谓古籍研究，就是对古籍作各种发挥性的创造，对古籍中蕴含的思想观念、典章制度、名物材料等进行探讨，是后期工作。在他看来，古籍整理就是通过对古籍的编、校、注、辨、辑、译等手段，使古籍以本来面目呈现在人们面前，便于利用。①

在台湾，1964 年，屈万里出版《古籍导读》一书，该书分上中下三编，上编概略地介绍了中国的古籍，并为青年人拟定了一份初学必读古籍简目，涵盖经史子集，共 39 种。中编说明了研读古籍必须具备的两点常识：明版本与辨伪书。下编为《周易》《论语》等八部古籍解题。该书坚持以经史子集四部论古籍，对古籍的概念进行了梳理，尤其对版本及版本学、伪书和辨伪学进行了讨论，出版后在台湾有很大影响，可以看作古籍整理与古文献学研究的入门书。

二　对古文献学及相关分支学科的研究

相对于中国大陆，台湾地区所出版的文献学专著就显得薄弱许多，仅有几部由单篇论文合编的论文集。如林庆彰的《图书文献学研究论集》（台北文津出版社 1990 年版）、胡楚生的《图书文献学论集》（台湾学生书局 2002 年版）。除此之外，文献学方面的专著较少。周彦文编《中国文献学》（台北市五南出版社 1993 年版）是其中的代表。② 这是 1991 年周彦文在淡江大学中文研究所硕士班教授中国文献学，当时曾以时代为序，带领学生做各朝代文献的探

---

① 郑良树：《论古籍整理的涵义和工作方向》，《书目季刊》1994 年第 27 卷第 4 期。
② 台北市五南出版社 1993 年版。

讨，后来各同学将研究成果加以整理汇集，编成了《中国文献学》一书。这部书依时代顺序编写，基本上是中国文献学史的架构。比较特殊的是贯穿这部书的关于文献的整体观念。当时在课堂上和学生相互讨论的过程中，作者与学生确认了"文献不可能在没有任何背景因素下孤立的产生，任何一种文献体裁的发生，都有其学术诱因"的共识。在此观念下，该书的写作方法，乃是由各朝代的学术发展为主轴，导引出各种文献的叙述，所以全书的体制是文献学史，但是全书的内容则迹近于中国学术史。这部书企图在文献学理论上重开新局，将文献的产生纳之于学术流变之下。

1949 年以来，台湾的目录学研究颇有成效，出版的目录学著作颇多，其内容多是对中国目录学进行"史"的探讨。如昌彼得的《中国目录学讲义》（台湾文史哲出版社 1973 年版），李曰刚的《中国目录学》（台湾明文书局 1983 年版），昌彼得、潘美月的《中国目录学》（台湾文史哲出版社 1986 年版），胡楚生的《中国目录学》（台湾文史哲出版社 1995 年版），"台湾的目录学著作仍以阐述中国目录学史为多"[①]。周彦文的《中国目录学理论》（台湾学生书局 1995 年版）则别具一格，主要探讨历代书目与学术观念之间的互动关系，考察历代书目所反映的思想观念。澳门学者邓骏捷出版《澳门华文文学研究资料目录初编》（澳门基金会 1996 年版），梳理了澳门华文文学研究资料的基本情况。

自 20 世纪 50 年代以来，台湾、香港的典籍文献辨伪，因历史的原因而自成系统地发展着，出了一些较有影响的辨伪成果。

综观台湾的文献辨伪研究成果，不少是围绕历史上有真伪争议的典籍进行深入的辨伪考证。如对《尚书》，特别是《古文尚书》的辨伪，自 50 年代起持久不衰，不仅有对全书的辨伪，也有对某些篇章

的辨伪。如罗锦堂的《尚书伪孔传辨》（《大陆杂志》1958 年第 12
期）、屈万里的《〈尚书〉中不可尽信的材料》（台湾《新时代》
1961 年第 3 期）、尚逵斋的《尚书金縢之谜》（《建设》1961 年第 3
期）、毛宽伟的《尚书金縢疑辨》（《达德学刊》1964 年第 2 期）、于
大成的《谈伪古文尚书》（台湾《新生报》1968 年 7 月 30 日）、朱
门的《古文尚书真伪之辨》（《台湾日报》1971 年 2 月 28 日）、周凤
五的《伪古文尚书问题重探》（台湾大学中国文学研究所硕士论文，
1974 年，屈万里指导）、庄雅州的《大禹谟辨伪》（《孔孟月刊》
1978 年第 2 期）、许锬辉的《伪古文泰誓疏证》（《木铎》1979 年第 8
期）、朱廷献的《泰誓真伪辨》（《孔孟月刊》1980 年第 4 期）、饶宗
颐的《论古文尚书非东晋孔安国所编成》（《选堂集林》上册，台北
明文书局 1982 年版）、钟克豪的《尚书伪文丛考》（台北，1983 年撰
者印行）、朱廷献的《尚书金縢篇考释》（《中华文化复兴月刊》1985
年第 4 期）和《今古文尚书之传授及其伪篇考》（《尚书研究》，台北
商务印书馆 1987 年版）。值得注意的是，对历代学者都认为是伪作的
《古文尚书》，也出现了新的观点。如王保德的《〈古文尚书〉非伪作
的新考证》（《文坛》1970—1971 年第 124—129 期）及《再论〈古
文尚书〉非伪作的新考证》（《建设》1978 年 26 卷第 8 期—27 卷第 3
期）。其他典籍辨伪或研究辨伪学家的著作和论文也得以出版，或见
于众多学术刊物之中，如张严的《孝经郑注真伪辨疑》（《孝经通
识》，台北商务印务馆 1970 年版）、方炫琛的《春秋左传刘歆伪作窜
乱辨疑》（政治大学中国文学研究所硕士论文，1979 年，周何指导）、
吴铭能的《梁启超的古书辨伪学》（台湾师大国文研究所硕士论文，
1990 年，刘纪曜指导）等。①

　　香港的古文献学研究主要表现在辨伪学领域，代表人物是香港中

---

　　①　刘重来：《中国二十世纪文献辨伪学述略》，《历史研究》1999 年第 6 期。

文大学的郑良树教授。1984 年，郑良树出版《续伪书通考》一书。①
从书名可以看出，该书是继 20 世纪 40 年代张心澂《伪书通考》之后
的"续篇"。②《伪书通考》下限止于 1939 年，《续伪书通考》起自
1940 年，止于 20 世纪 80 年代初期，是该阶段辨伪学成果的汇录之
作，全书汇集的辨伪成果主要有以下四类：一是"散见学报、学术
期刊之辨伪论文"；二是"新刊之古籍，书前、书后涉及辨伪之序、
跋"；三是"各专书内涉及辨伪之章节，或著录其书名、作者及主要
之结论"；四是"已入《古史辨》而为新、旧版《伪书通考》所未
搜及者"③。该书将收录的辨伪文献按四部分类法分为经、史、子、
集四部分，每部分再分小类。如经部分易、书、诗、礼、春秋、孝
经、经总、四书、小学 9 类；史部则分正史、编年、别史、杂史、地
理、史评 6 类，编排井然有序。所收录之辨伪成果，古今学者皆有。
如欧阳修、郑樵、朱熹、王应麟、方孝孺、钱大昕、梁启超、胡适、
余嘉锡、顾颉刚、傅斯年、钱穆、冯友兰、马叙伦、岑仲勉、杨伯
峻、屈万里、张岱年等。该书还附有《〈伪书通考〉正续编考订古籍
索引》及《〈伪书通考〉正续编资料索引》，极方便查阅。可以说，
该书是继张心澂《伪书通考》之后又一次集文献辨伪作品之大成的
著作。

　　郑良树还著有《古籍辨伪学》一书，④ 这是 20 世纪 80 年代以来
古籍辨伪学理论与方法研究的重要著作，对辨伪学进行全方位总结。
该书以编著者的论文《论古籍辨伪学的新趋势》代序，开宗明义就
从古籍辨伪与古史辨伪的关系上阐明典籍辨伪的意义。他说："古籍
辨伪学和古史辨伪似乎是双胞胎的孪兄弟。古籍如果是伪造的，书内
所载的古史恐怕就有问题；研究古史的虽然未必一定要同时研究古

---

①　郑良树：《续伪书通考》，台湾学生书局 1984 年版。
②　郑良树：《古籍辨伪学》"自序"，台湾学生书局 1986 年版。
③　郑良树：《续伪书通考》"凡例"，台湾学生书局 1984 年版。
④　郑良树：《古籍辨伪学》"自序"，台湾学生书局 1986 年版。

籍。不过，他却不可轻易忽视古籍真伪的问题。所以，它们有着不可分割的密切关系……从事古史研究的人，固然不可忽视古籍的真伪；从事古籍辨伪的人，也应知其对古史的影响和震撼力量。"其余共分九章，第一章论述古籍辨伪学的学科性质及研究范围，附论"伪书产生的原因"；第二章论述古籍辨伪学的意义及学术地位，附论"辨伪的发生"；第三章和第四章论述古籍辨伪及辨伪学的发展源流，附论"唐人的辨伪学"；第五章论述古籍辨伪学的方法；第六章对古籍辨伪的方法进行检视和反思，附论"辨伪的态度"；第七章是古籍辨伪示例，用具体例证来说明辨伪应该注意的问题；第八章论述古籍辨伪的新趋势；第九章是对古籍辨伪著作的简单介绍。全书附有《有真伪问题之古籍一览表》，便于人们查考伪书。在该书自序中，郑良树指出："古籍辨伪学所研究的应该是古籍的作者、成书时代及附益等三方面的课题，通过这三方面的研究来鉴定古籍的真和伪。"但同时他指出，由于年代久远，很多原来认为是"伪书"的古籍，经过考证，可能是"真书"，相反，原来认为是"真书"的古籍，经过考证，可能是"伪书"。面对这么一种情况，郑良树认为，"古籍辨伪学实际上应该包含来往的两条研究路线，不但要研究'真'书，也要考订'伪'书，是一门'真到伪''伪到真'双轨同时进行的学问"①。该书对从张心澂到梁启超的古籍辨伪的原则、方法、心态等进行了反思，提出了自己的见解，树立了辨伪学的学术地位。除此之外，郑良树还发表了《古籍辨伪学的意义和学术地位》《古籍辨伪学的成立及其范畴》《疑古与复古——论古籍辨伪的方向》等论文，进一步讨论辨伪学的理论与方法问题。他的论文《疑古与复古——论古籍辨伪的方向》（《书目季刊》29 卷 1 期），认为 20 世纪 70 年代末期以后，在"古史辨"派学说因大量竹简帛书出土而受到"震撼"时，学术界又存在着"复古""回头走"的现象，从而指出："今天，

---

① 郑良树：《古籍辨伪学》"自序"，台湾学生书局，1986 年版。

我们走出'疑古'的限圃时，更应该讲证据、讲方法、讲理论，在检验及反思'古史辨'学派诸多说法时，才不会盲目地、情感地回头走。"这种观点无疑对文献辨伪学界是有启迪意义的。①

林庆彰主编的《中国历代文学总集述评》，针对清代以降新编问世、坊间现刊的中国历代古典文学总集 27 种，酌以分类并逐一进行述评。述评的对象有：诗总集类，包括《先秦魏晋南北朝诗》《全唐诗》《全五代诗》《全宋诗》《全辽金诗》《全金诗》与《全明诗》7种；赋总集类，《全汉赋》1 种；词总集类，包括《新编全唐五代词》《全宋词》《全金元词》《全明词》及《全清词·顺康卷》5 种。散曲总集类，包含《全元散曲》《全明散曲》《全清散曲》3 种；戏曲总集类，包括《全元戏曲》《全明杂剧》《全明传奇》3 种；散曲与戏曲总集类，《全元曲》1 种；古文总集类，计有《全上古三代秦汉三国六朝文》《全唐文》《全宋文》《全辽金文》《全辽文》《全元文》及《全明文》7 种。该书从各种总集的编辑缘起、编者生平、文献成书的经过、体例选目特点到版本的流传、比较，从收录是否遗缺，到该书内容的真伪、优劣特点，甚至其影响与不足，都予以论析、说明。此外，还将类型近似的文学总集加以类聚，比较其间的异同和差别。如此一来，所有入门的研究学者或能借由本书按图索骥，截取理解中国文学知识的快捷方式，不失为简便有效的中国古典文学的参考工具书。②

需要引起注意的是，2003 年，澳门学者杨开荆在《澳门特色文献资源研究》（2003）一书中提出了"澳门文献学"的概念，引起了澳门研究学者的关注。"澳门文献学"的研究对象是利用各种史料及目录，探讨各时期有关澳门的文献，并分析澳门文献类型的形成和特征，揭示澳门文献发展史上的重要著作；评价各种文献汇编、书目索

---

① 刘重来：《中国二十世纪文献辨伪学述略》，《历史研究》1999 年第 6 期。

② 于惠：《图书文献，治学良方——〈中国历代文学总集述评〉读后看古籍文献整理》，《全国新书资讯月刊》2008 年 12 月号。

引的优劣，探讨澳门文献工具书的编制和方法等。通过对澳门文献进行系统梳理和系统揭示，以帮助读者了解和选择澳门文献提供参考数据。构建全澳文献信息资源网络总库，使读者能以科学的方法和最快时间查找到所需信息资源。立足于这一角度来探讨"澳门文献学"，一是传承澳门历史文化遗产，梳理澳门历史上留存下来的珍贵文献资源，尤其是澳门地方文献等；二是有效管理日益增长的浩如烟海并在不断涌现的文献信息资源，加速建立澳门文献目录、期刊索引，将以往澳门出版的期刊进行二次文献加工，整理索引目录，甚至全文资料数据库；各图书馆合作建设特色的数据库，如论文库、特藏库等；三是研究如何开拓更深更广的文献信息资源，使世界各地有价值的文献信息资源成为澳门知识宝库，科学地进行组织、分类；开拓国际资源，加强与外地有关澳门文献信息资源联系，将外地存有的澳门资源进行收集和整理。总之，将各文献信息资源科学地整合成为一个完整的全澳文献信息资源网络总库，最终为使用者提供一站式的信息资源搜寻服务，令澳门文献资源能发挥更大效益。①

三　古籍整理与古文献学课程体系的构建

在台湾学者看来，"中国大陆方面，在教育政策支持之下，有关古典文献学的探索与研究，逐渐走向复兴之路，而相关学术机构竟多至九十个，其中许多重点发展的机构，常能获得大笔经费的奖助，而有助于提升学术竞争力……两相比较之下，台湾地区古典文献的研究与发展，已逐渐丧失国际竞争力，这是值得我们深思的问题"②。为了更好地开展古籍整理与古文献学研究，台湾成立了相关的研究机构，主要有台湾云林科技大学的汉学资料整理研究所、台北大学的古

---

① 杨开荆、赵新力：《澳门图书馆的系统研究》，广东人民出版社 2007 年版，第 196—197 页。

② 杨果霖：《台北大学"古典目录学研究主题资料库"的筹建及其展望》，《书目季刊》2015 年第 1 期。

典文献研究所、淡江大学汉语文化暨文献资源研究所等。① 这些研究机构立足于培养相关人才，逐步建立了自己的课程体系。

台湾云林科技大学汉学所是以"台湾汉学、传统汉学、国际汉学三大领域"为范畴，并企图"将三大领域的整理研究与计算机技术科技整合，做文献数字化典藏"为发展目标。在此目标下，该所设有台湾文学专题研究、台湾古迹研究专题、古籍版本目录学、敦煌文献与文学专题研究、汉语语言学、传统诗学整理专题、信息与文献整理、中文数据处理研究，以及世界各地区的汉学专题研究等课程。这些课程显示与该所的发展目标十分契合，走的是典籍文献的认识、整理，以及数字化能力的培训。该所还设有文献学研究一门课，课程介绍说这门课是在"针对各种文献资料做深入的探讨"。台北大学古典文献研究所开设的课程方向和云科大大致相同，在数字化方面则有电子文献开发与利用一门。淡江大学汉语文化暨文献资源研究所则是一个新的构想，企图结合语言学与文献学，做文化学的研究。总之，认识典籍文献，进而培养研究典籍文献以及文献数字化的能力，是这些研究所共通的方向。中国大陆有许多的文献系所，走的也是类似的路径。而事实上，这些科系大多是由文史科系的教师们所组成，顶多再加上部分双修电子科技的教师辅助而成。所以在整体基型上，还是脱离不了汉学的思考模式，同时也摆脱不了典籍数字化在当前所形成的压力。

改革开放以来，中国大陆和台湾两地不断有新的文献研究机构成立，为文献学的研究带来蓬勃的生机；同时各种文献学的相关学术会议也不时举办；大型文献资料的编纂和出版，也不断地推陈出新。再加上近年来古籍数字化风行，许多大型古今典籍都以具有检索功能的资料库形态出现，也都列入所谓的文献学领域，使得文献学显现出领域无限庞大和资源永不衰竭的气势。这些现象，似乎都在宣示着文献

---

① 周彦文：《由两岸文献学的现况论文献学的定位问题》，《书目季刊》2009 年第 1 期。

学还有许多的研究空间，诱使许多学者及青年学子纷纷投入这个领域。若就中国内地及港澳台文献学的发展近况来看，由于整体的文化环境、学术氛围、学术资源有所不同，所以展现出来的研究成果也都各自有异。但是毕竟同源同种，中国内地及港澳台的文献学事实上还是在相同的领域中做研究，其研究方法和所从事的研究方向，也大致相类似。尤其重要的是，中国内地及港澳台在概念上，对于"文献学"的认知也是大同小异，这就为中国内地及港澳台古文献学研究的合作与繁荣打下了基础。

结　　语

　　改革开放新时期，古籍整理和古文献学的研究都取得了迈越前代的巨大成就。就古籍整理来讲，大量古籍被整理出来，"1978 年至 2009 年古籍整理出版（古籍）近两万种"[①]。改革开放以来至 2011 年前后，整理出版的古籍近 2 万种，让人叹为观止。就古文献学的研究来讲，大量古文献学研究的通论性和专科性的著述出版，20 世纪 80 年代到 90 年代，仅文献学通论类的著作都达到 300 余种[②]，数量惊人。可以这样说，改革开放新时期，中国的古籍整理和研究，无论是数量还是质量，无论是队伍建设还是国家资金投入，都是之前任何一个时期所无法望其项背的。不仅如此，改革开放新时期的古籍整理和古文献学研究还出现了不同于以往各个时期的新趋势和新特点，预示着古籍整理和古文献学研究的未来方向。

一　古籍整理的新趋势和新特点

　　改革开放新时期是中国古籍整理最为辉煌的时期，古籍整理的范围扩大，数量猛增，质量提高，人才培养成绩显著。其发展之快，成就之大，前无古人。这在前面的章节中已经进行了归纳总结。在古籍整理取得辉煌成就的同时，这一时期的古籍整理工作也有着明显的新趋势和新特点，表现如下。

---

①　邬书林：《无愧历史，珍惜时代，出好古籍精品》，《出版发行研究》2010 年第 11 期。
②　谢灼华、石宝军：《中国文献学研究发展述略》，《中国图书馆学报》1993 年第 2 期。

（一）国家主导，规划有序

改革开放新时期古籍整理的最基本特征是国家主导，规划有序。在中国，古籍整理一直是国家文化建设的重要组成部分，有组织、有规划、有秩序、有目的地向前推进，表现为极强的连续性和系统性。虽然在国家主导下进行古籍整理并非始于改革开放新时期，但是对古籍整理工作指导最到位、影响最大、取得成效最显著的就是这一时期。1981 年 9 月，中共中央下发了《关于整理我国古籍的指示》，阐明了古籍整理的重要性，对古籍整理领导组织的成立、规划制订、人才培养、整理成果的出版、经费保障等，都提出了具体的办法和要求。这说明党和政府高度重视古籍整理事业，改革开放伊始就把它上升到国家层面来进行组织管理，为古籍整理有计划地开展创造了良好的环境，提供了一系列保障。

第一，自上而下成立了各类古籍整理出版领导机构，在不同层面上指导、规划、协调古籍整理工作。从国家最高层面来看，1958 年，国务院就成立了古籍整理出版规划领导小组。但是，在 1966—1976 年的特殊历史时期里，古籍整理工作陷于停滞，规划小组也不复存在。1981 年 12 月，中共中央决定恢复国务院古籍整理出版规划领导小组，领导和协调全国的古籍整理出版工作。[①] 在此影响下，1983 年 1 月，卫生部正式成立中医古籍整理出版办公室，负责规划、协调中医古籍整理出版工作；1983 年 9 月，全国高校古籍整理与研究工作委员会（简称高校古委会）经教育部批准成立，负责指导、协调高校古籍整理及人才培养工作；1984 年 7 月，国家民委成立全国少数民族古籍整理出版规划领导小组，具体组织、协调、指导少数民族古籍的抢救与整理出版工作；专家学者也建议农业部成立农业古籍出版规划领导小组，有计划地开展工作。此外，各省、市、自治区也纷纷

---

① 《国务院古籍整理出版规划小组恢复》，《人民日报》1981 年 12 月 23 日。

成立各种古籍整理出版领导机构，指导协调地方古籍整理出版。这些古籍整理领导机构，归属于政府部门，经常召开古籍整理工作会议，总结古籍整理工作的经验，研究古籍整理存在的问题，讨论古籍整理的发展方向，发挥着主导古籍整理与研究方向的重要作用。值得一提的是，国务院古籍整理出版规划小组召开国家古籍整理出版规划会议时，党和国家领导人往往做出指示，以体现党和国家对古籍整理出版工作的关怀。如1992年5月在北京召开第三次全国古籍整理规划会议，时任国家领导人的江泽民、李鹏以及宋平、李瑞环等，或为大会题词，或发来贺电。党和国家领导人对古籍整理工作的关注，对古籍整理事业的顺利开展起了极大的推动作用，也使古籍整理工作较好地贯彻了国家的意志并服务于国家的文化发展战略。

第二，制订古籍整理出版规划，有计划地进行古籍整理。古籍整理既是古籍整理专家个人的志业，更是在国家计划指导下进行的文化建设事业。中国古籍浩如烟海，数量巨大，没有规划就会陷入盲目整理的泥淖之中，混乱而无序。正因为这样，改革开放新时期，古籍整理的规划性越来越强。就全国性古籍整理出版来讲，在国务院古籍整理出版规划小组领导下，共制订了6个全国性古籍整理出版规划，分别是《古籍整理出版规划（1982—1990）》《中国古籍整理出版十年规划和"八五"计划（1991—1995—2000）》《中国古籍整理出版"九五"重点规划（1996—2000）》《国家古籍整理出版"十五"（2001—2005）重点规划》《国家古籍整理"十一五"（2006—2010）重点规划》以及《2011—2020年国家古籍整理出版规划》。在国家层面上如此有目的、有计划、有步骤地规划古籍整理工作，是以前所没有的。除了国家古籍整理出版规划外，各部委也都制订了本部门、本行业的古籍整理出版规划，如1982年，在卫生部领导下，制订了中医古籍整理出版九年规划①；同年，在农业部领导下，农业古籍整理出版工作座谈会拟定了1982—1990年九年选题规划（草案）②；1986年，在国家民委领导下，制订了1986—1990年少数民族古籍整理出版规划，开始有计划有步骤地进行民族古籍的整理③；在教育部指导下，全国高等院校古籍整理研究工作委员会多次召开古籍整理与人才培养工作会议，设立高校古籍整理项目，制订古籍整理人才培养规划④；地方史志协会也拟定方志整理出版规划。⑤ 各省、市、自治区也制订有本地区的古籍整理出版规划。通过这些不同层次的古籍整理出版规划的制订、落实和实施，较好地推动了改革开放以来古籍整理事业的全面协调发展。可以这样说，从国家到地方的古籍整理出版规划的科学制订，使得"一个由国家主导、体现国家意志、代表国家水平的脉络清晰的古籍（整理）出版体系已经形成"⑥。

第三，设立古籍整理出版机构与古文献研究和教学机构，有组织有系统地进行古籍整理图书的出版和古文献学的研究与人才培养。1958年，中华书局被指定为专业古籍出版社。改革开放之后，古籍整理事业迅猛发展，已有的出版力量已经远远不能满足古籍整理图书的出版要求。为了适应改革开放以来古籍整理事业的发展，国务院古籍整理出版规划小组与相关部门协调，一批专业的古籍出版社纷纷出现，除了中华书局之外，各省、市、自治区也先后建立了自己的古籍图书出版社，诸如北京古籍出版社、天津古籍出版社、江苏古籍出版

① 《卫生部〈关于下达1982—1990年中医古籍整理出版规划〉的通知》，《中医古籍整理出版情况简报》1983年第1期。

② 木舌：《古籍整理四十年大事记》，《古籍整理研究学刊》1989年第5期。

③ 吴肃民：《全国少数民族古籍整理出版规划会议在沈阳召开》，《古籍整理出版情况简报》1986年总161期。

④ 杨忠主编：《高校古籍整理十年》，江西高校出版社1991年版，第6—167页。

⑤ 沈锡麟：《古籍整理出版工作综述》，《中国出版年鉴（1983）》，商务印书馆1983年版，第220页。

⑥ 冯文礼：《国家主导，国家意志，国家水平——〈2011—2020年国家古籍整理出版规划〉编制综述》，《中国新闻出版报》2012年11月12日。

社、浙江古籍出版社、中州古籍出版社、齐鲁书社、岳麓书社、黄山书社、巴蜀书社、三秦出版社、书目文献出版社（北京图书馆出版社）、中医古籍出版社、文物出版社等，有20余家。再加上其他出版社也承担了部分古籍的出版，古籍整理出版能力空前增强，呈现了前所未有的繁荣局面。

古籍整理是代代相承的事业，中共中央在《关于整理我国古籍的指示》中特别强调古籍整理人才的培养问题，因此，建立古籍研究与人才培养机构乃势在必行，否则古籍整理事业就难以持续发展。有鉴于此，教育部于20世纪80年代初在文史基础较好的高校陆续建立了一批古籍整理研究和人才培养机构，"1983年至1984年间，全国高校先后建立起70个古籍整理研究教学科研机构，其中20个研究所室和4个古典文献学专业为古委会直接联系的单位"①。随着高等教育的发展，古籍整理和古文献学研究人才培养规模不断扩大，已经形成了从本科生、硕士生到博士生的层次分明而又系统的古籍整理人才培养体系。此外，各级古籍整理出版规划领导机构和各高校相关研究机构，还定期不定期举行了各种各样古籍整理短期培训班，在全国范围内形成了以全日制本科生、硕士生和博士生培养为主，以短期培训班为辅的古籍整理人才培养机制，培养了大批古籍整理与古文献学研究人才，为古籍整理事业的发展提供了强有力的智力支持。

第四，设立古籍整理优秀图书奖，鼓励古籍整理多出精品，提高古籍整理质量。国家对古籍整理的引导作用还表现在对优秀古籍整理图书的奖励方面，在国家层面上设立优秀古籍整理图书奖，逐步提升古籍整理质量，在古籍整理出版领域形成了良好的学风。1992年，新闻出版署和全国古籍整理出版规划领导小组在人民大会堂举行"全国首届古籍整理图书奖"颁奖大会，奖励了117种优秀古籍整理

---

① 安平秋：《前言》，全国高校古籍整理工作委员会秘书处编：《辉煌十年——全国高校古籍整理研究成就》，上海古籍出版社1994年版，第9页。

图书。其中，《甲骨文全集》《古逸丛书三编》《永乐大典》等7种图书获得了特别奖，《先秦汉魏晋南北朝诗》《华阳国志校补图注》《通典》等15种图书获得了一等奖，《戏曲小说书录解题》《中国兵书集成》《蒙古秘史校勘本》等29种图书获得了二等奖，《九章算术注释》《日下旧闻考》《文心雕龙今译》等56种图书获得了三等奖，《山左名贤遗书》《天一阁藏明代方志选刊续编》《中医古籍整理丛书》等10种图书获得丛书奖。这次古籍整理图书奖评出后，又连续在《古籍整理出版情况简报》上刊登"古籍整理获奖图书经验谈"，交流成功的经验。此后又连续举办多届全国古籍整理图书奖，在古籍整理与研究领域产生了较好影响，切实提升了古籍整理的质量。2006年，中国出版工作者协会古籍出版工作委员会设立"全国古籍整理优秀图书奖"，自2006年起，每年召开一届。这些举措进一步强化了古籍整理出版的质量管理，在提高古籍整理的质量、弘扬中华民族的优秀传统文化方面起到了重要的促进作用。

由以上四个方面可以看出，改革开放新时期，国家对古籍整理进行了自上而下的指导，通过编制规划、实施项目、建立研究出版机构及人才培养机构等措施，组织有关专家、高校、出版单位及各行业部门来落实古籍的整理、研究、出版以及人才培养等系列工程，已经建立了一个由国家主导、古籍领导机构协调、专家发挥特长的古籍整理研究、出版和人才培养机制。正是这种有领导、有规划，有协调的机制，使得全国的古籍整理研究、出版和人才培养得到有效管理和调控，整理出版了一系列具有文化战略意义，功在当代、利在千秋的古籍项目。

（二）古籍整理范围扩大，整理成果渐成系列

改革开放新时期，古籍整理的总体布局迅速扩大，选题范围明显拓宽。这表现在两个方面，一是人们一直关注较多的传统的文史哲古籍的数量迅速增加，且出现诸多规模巨大、数量众多的集大成之作。

如历代总集、别集以及一些大型的类书、丛书等。一向不为人瞩目的民国文献，在此期间也受到关注，《民国笔记大观》《民国文献资料丛编》《民国期刊资料分类汇编》等被整理出版，引起了广泛的关注。一些地方古籍和文化资源在当地政府和地方高校的大力合作下，也被挖掘出来，整理出了一批很有分量的地方文献，如"安徽古籍丛书""湖湘文库""巴蜀丛书""辽海丛书""八闽文献丛书""绍兴全书""山左名贤遗书""豫章丛书""云南史料丛书"等。这些都是传统文史哲古籍整理扩大的具体表现。二是少数民族古籍整理备受关注，科技类古籍整理得到重视。少数民族古籍的整理体现着国家对少数民族典籍和文化传承的重视，在国家民委的规划下，系统整理出版了民族特色浓厚、版本珍贵、富有学术价值和现实意义的少数民族古籍。中医古籍、农学古籍及旧方志的整理也都取得了很多标志性的重大成果。由原来注重文史哲文献的整理发展到对少数民族文献以及中医、农业等科技类文献的整理，古籍整理的范围越来越大，举凡在中国古代历史上发挥过重要作用的各类古籍，都被有计划地整理出来，很多都是前代所不曾涉足的古籍整理项目，这是改革开放以前所没有的现象。

随着改革开放以来古籍整理范围的扩大，古籍整理的系统性和系列性也逐渐显现。其大致情况如下。

古籍整理目录系列：编纂出版了《中国丛书综录》《古籍图书目录》《中国古籍善本书目》《中国古籍总目》《新中国古籍整理图书总目录》等综合性目录著作以及《中国少数民族古籍总目提要》《中国农业古籍目录》等专业目录著作等。这些古籍整理目录标明了每种书的版本和馆藏，汇集整理了全球收藏的现存中国古籍的绝大部分版本，是集中全面清理古籍总量的集成性成果，不仅为研究者提供了便利，也为今后的古籍整理工作提供了一座完备的信息资料库。

"四库"系列：整理出版了《四库全书》（包括文渊阁《四库全书》和文津阁《四库全书》两种藏本）、《续修四库全书》《四库全书存目丛书》《四库禁毁书丛刊》及其《补编》《四库未收书辑刊》等，并影印出版，使中国古籍灿然备列。

"九全一海"系列：《两汉全书》《魏晋全书》《全唐五代诗》《全宋诗》《全宋文》《全元文》《全元戏曲》《全明文》《全明诗》以及《清文海》等10部断代诗文总集。除《金明文》《金明诗》未能编完外，其他8部都已完成。这项由全国高校古委会规划组织的大型古籍整理工程，有系统、有目的地把自汉至清各代的主要诗文都囊括进来，是研究中国古代各个时期历史、文化的重要基础典籍。

丛书系列：整理出版有《中外交通史籍丛刊》《古逸丛书三编》《新编诸子集成》《中国古典文学基本丛书》《理学丛书》《年谱丛刊》《中国地方志集成》《中医古籍珍本集成》《中国少数民族古籍集成》以及《中国兵书集成》等。这些丛书具有极高的文献价值，是从事相关研究必须阅读的基本典籍。

文学系列：诗、词、文是文学类古籍的核心，经过改革开放40年来的整理，已经形成了系列作品。就诗而言，已经整理出版了《诗经》《楚辞》《先秦汉魏晋南北朝诗》《全唐诗》《全唐诗补编》《全唐诗外编》《全五代诗》《全宋诗》《全宋诗订补》《宋诗钞》《全辽金诗》《全金诗》《全元诗》，从先秦到明代，诗的发展源流渐清。就词而言，已经整理出版的有《全唐五代词》《全宋词》《全宋词补辑》《全金元词》《全明词》《全明词补编》《全清词》等，由唐到清，词的发展及变化一目了然。就文而言，从《全上古三代秦汉三国六朝文》的整理开始，《全唐文》《全宋文》《全辽文》《全元文》等陆续整理出版，部帙庞大，一代文章尽现其中。另外，散曲已经整理出版了《全元散曲》《全明散曲》《全清散曲》，赋类有《全汉赋》《全魏晋赋校注》的整理出版，小说则有《古本小说集成》《古本小说丛刊》出版等。

史学系列：纪传体、编年体、纪事本末体、会要体、史料笔记等，多个体系的古籍都被整理出来，为历史研究提供了宝贵的资料。

纪传体的"二十四史"及《清史稿》是中华人民共和国成立后最早整理出来的系列古籍，是最具标志性的古籍整理成果。改革开放后，完成了"二十四史"及《清史稿》的重印，而且启动了二十四史及《清史稿》修订工程。编年体的《春秋》《左传》《汉纪》《后汉纪》《续资治通鉴长编》《建炎以来系年要录》《续资治通鉴》《明通鉴》等，都被整理出来，与改革开放前整理的《资治通鉴》等形成编年体系列。纪事本末体的《左传纪事本末》《通鉴纪事本末》《宋史纪事本末》《辽史纪事本末》《金史纪事本末》《元史纪事本末》《明史纪事本末》等全部整理出来，汇编为《历代纪事本末》。另外还有白话精评《历代纪事本末丛书》出版。会要体的《春秋会要》《秦会要》《西汉会要》《东汉会要》《唐会要》《五代会要》《宋会要》《明会典》《清会典》等，也被整理出版，形成历代会要系列。史料笔记系列则整理出版了《唐宋史料笔记丛刊》《元明史料笔记丛刊》《清代史料笔记丛刊》等。另外还有《通典》《通志》《文献通考》等"三通"系列，也都或标点，或注释，或影印，呈现在人们面前。史学系列古籍的整理出版，为历史研究提供了极大便利，直接推动了传统文化的研究和弘扬。

重大古籍整理出版也形成了系列，譬如《中华大藏经》《道藏》《儒藏》的整理和陆续出版，形成了具有极高的历史和文物价值的儒、释、道系列古籍图书。各类大型出土文献的整理也已成规模和体系。如俄藏、英藏、法藏敦煌文献，吐鲁番出土文书系列，马王堆汉墓帛书整理本，俄藏黑水城文献。《甲骨文合集》《殷周金文集成》《中国藏西夏文献》《天水放马滩秦简》《居延新简》《敦煌汉简》《郭店楚墓竹简》《张家山汉墓竹简》《长沙走马楼三国吴简》《上海博物馆藏战国楚竹书》《清华大学藏战国竹简》等大量简牍也陆续整理出版。少数民族古籍、农学古籍、中医古籍、旧方志的整理也呈现出系统性和系列性的特点，如《中国少数民族古籍集成》《中国农学珍本丛刊》《历代珍稀版医籍丛书》《中国地方志集成》等。

古籍整理的系列化不仅表现在大型古籍整理项目上，即使对某一朝代、某一地区、某一作家、某一流派的文献整理，也呈现出系列性。如"三苏"系列，就有苏轼的《苏轼诗集》《苏轼文集》《苏轼词》《苏轼资料汇编》《苏轼年谱》《苏轼词集编年校注》《东坡志林》《宋刊足本施顾注东坡先生诗》，苏洵和苏辙的《嘉祐集》《苏辙集》《龙川略志·龙川别志》，苏门六君子的《黄山谷诗注》《张耒集》《后山诗注补笺》《秦观资料汇编》《晁补之集》《淮海居士长短句》《豫章黄先生词》《晁氏琴趣外编》等。①

改革开放新时期，文、史、哲、语言文字、少数民族、中医、农业、综合等古代文献都有比较系统而全面的整理本问世，系列整齐，源流渐清。这样一些系列古籍的整理出版，充分展示了当今我国古籍整理的实力和水平。经过改革开放新时期几十年的努力，古籍整理已经"逐渐理出了一个学科、一个门类发展的脉络与轮廓"②，无论是学术价值和社会意义都不可低估。

（三）古籍今译成果显著，惠及大众

1981 年中共中央在《关于整理我国古籍的指示》中明确提出，古籍整理"要有今译，争取做到能读报纸的人多数都能看懂"③。在此号召下，古籍今译成了改革开放新时期古籍整理的一大特征，一度成为热点，引起诸多讨论。实际上，中华人民共和国古籍整理的大众普及取向可以追溯到"文化大革命"期间，由于政治的原因，《论语》《孟子》《韩非子》《史记》《资治通鉴》等古籍都出现了多种选译或全译本。尽管今日看来，这些译本大多曲解文意，但毕竟是一次

---

①　刘尚荣：《中华书局"三苏"系列图书述评》，《古籍整理出版情况简报》1999 年第 6 期。

②　杨牧之：《古籍出版中的几个问题》，杨牧之主编：《古籍整理与出版专家论古籍整理与出版》，凤凰出版社 2008 年版，第 206 页。

③　《中共中央关于整理我国古籍的指示》，杨牧之主编：《古籍整理与出版专家论古籍整理与出版》，凤凰出版社 2008 年版，第 1 页。

不可忽视的古籍整理大众化的尝试。到 20 世纪 80 年代，随着十年动乱的结束、国家教育事业的复苏和全民文化水准逐步提高，人们阅读古籍、了解传统文化的愿望越来越强烈，古籍今译终于成了大势所趋。

古籍今译是一项非常复杂的古籍整理活动，也是一项富有社会意义的文化传播活动。改革开放新时期的古籍今译有三个明显的特点，一是有系统，二是部头大，三是理论探讨热烈。所谓有系统，是指这一时期的绝大多数古籍今译都不是单本出版，而是成批出版，有一辑、二辑甚至三辑、四辑，每辑少则三五本，多则几十本、上百本，构成系列。譬如上海古籍出版社推出的《中国古典文学作品选读》，采用选译和选注的方式，以诗、词、赋、散文、小说、戏剧、笔记、书信、日记、故事等不同文体进行分类，按系列分册出版，成为有影响的古典文学作品选本。再如贵州人民出版社出版的《中国历代名著全译丛书》，精选古代经史子集名著 50 种，以全注全译形式整理出版，被认为是众多古籍今译图书中质量较高的一套。岳麓书社出版的《古典名著普及文库》，收录有代表性的中国古典名著 50 余种，以小号简体字编排，便于阅读。还有全国高校古委会组织古籍整理专家用近十年时间编写的《古代文史名著选译丛书》，2011 年由凤凰出版社出版，该套丛书精选从先秦到晚清的 134 部文史名著进行注释、翻译和解题，每部书都由提要、原文、注释、译文四部分组成，对普及传统文化起到了很好的作用。另外还有《中华古籍译注丛书》等系列今译著作。所谓部头大，是指那些卷帙浩繁、古奥难懂的大部头古籍也有今译。如《十三经译注》《四书五经全注全译》《二十四史全译》《白话资治通鉴》等译作，皆卷帙庞大，体量可观。

所谓理论探讨热烈，是指改革开放新时期，随着"古籍今译热"的出现，今译古籍出现了诸多问题，学界围绕古籍今译的理论、原则和方法进行了热烈讨论，在古籍今译的目的和意义方面，人们普遍认为今译具有普及优秀传统文化、提高全民族文化素养的社会意义；在古籍今译的原则方面，绝大多数学者都认为今译必须遵循信、达、雅的原则，并要把"信"放在第一位；在今译的方法方面，大多数学者主张以直译为主，直译与意译并用，提倡注译结合、译文与原文结合，要精选优秀古籍进行翻译；今译者要具备深厚的学养。与此同时，学者们也认识到古籍今译的局限性，承认很多古籍的内容无法正确今译。① 这些理论和方法的探讨具有很强的针对性，为今后建构系统的古籍今译理论和方法论体系准备了条件。

古籍今译为普通读者提供了可供了解传统文化的基本读本，较好地解决了古籍的普及问题，这是改革开放新时期古籍整理的重大成就之一。"古籍今译是一项极富挑战性的工作，因为其中涉及古代汉语、古代典章制度、文化常识等内容，整理难度极高，这也对古籍整理者提出了更高的要求。在未来一段时间内，古籍今译仍将成为古籍整理的热点和焦点所在。"②

（四）古籍整理走出国门，域外汉籍影印回国

改革开放新时期古籍整理的又一个新趋势就是加快了古籍整理出版"走出去"和"引回来"的步伐。中国古籍"走出去"，按柳斌杰的说法就是"积极将中国优秀典籍翻译成外国文字，提高中华文化在人类文明中的话语权"③。为此，1995 年由新闻出版总署直接筹划并组织实施立项的《大中华文库》，是国家"九五"古籍整理出版规划的跨世纪重大工程，也是我国历史上首次全面系统地向世界翻译介绍中国文化典籍的大型系列丛书，同时还是一种全新的古籍整理样式。《大中华文库》精选中国古代代表性最强、影响力最大的典籍百

---

① 王珏：《改革开放新时期古籍今译问题的论争及理论建构》，《郑州大学学报》2016 年第5 期。

② 周少川、陈祺：《百年古籍整理事业与古文献学的历史性发展》，《淮北师范大学学报》2011 年第 4 期。

③ 庄建：《"十二五"国家古籍整理出版五大工程确定》，《光明日报》2011 年 3 月 30 日。

余种，精心点校整理，首先译成流畅、准确、典雅的白话文，然后组织不同专业的中外专家译成英语、德语、俄语、西班牙语等，目的是要把整理本的经典性、白话译本的准确性和外文译本的权威性集于一体，向国外传播中国古代的文化和思想，让世界了解中国。《大中华文库》现已全部出齐，受到海内外读者和学术界、出版界的广泛关注。另外，改革开放新时期，中医古籍英译也成为一股潮流，超过 30 余部中医古籍译成外文，① 把中国的中医文化介绍到国外。这些都是古籍整理适应全球化时代的要求，提升中国文化软实力的重大举措。

中国古籍"引回来"，是改革开放新时期古籍整理的又一重大文化工程。因为种种原因，众多中国古籍流散海外，"据粗略统计，战时流失日本的古籍至少有 300 万册；美国国会图书馆中的中国古籍有60 余万册，其中有善本书 2000 余种、地方志 2938 部、少数民族古籍3600 余种；英法掠走的珍贵敦煌文书不计其数"②。有鉴于此，中共中央《关于整理我国古籍的指示》特别强调要把流散海外的古代文献引流回国，并在国家层面组织实施了"流失海外中国古籍回归工程"。于是，整理出版存藏海外的中国古籍，就被提到全国古籍整理出版规划的日程上了。正是在这样的背景下，流失海外的汉籍整理出版就成了新时期古籍整理出版的热点。改革开放以来，流落海外的珍稀文献陆续整理出版。《英国所藏甲骨文》《瑞典斯德哥尔摩远东古物博物馆藏甲骨文字》《俄藏敦煌文献》《俄藏敦煌黑水城文献》《俄藏敦煌艺术品》《法藏敦煌西域文献》《日藏弘仁本文馆词林》《日本宫内厅书陵部藏宋元汉籍影印丛书》《美国哈佛大学哈佛燕京图书馆中文善本汇刊》《日藏汉籍善本书录》《日本藏中国罕见地方志丛刊》《梵蒂冈图书馆藏明清中西文化交流史文献丛刊》《韩国所藏中国汉籍总目》等，都是这一时期整理出版的。中华典籍在历尽

---

① 邱枞：《中医古籍英译历史的初步研究》，博士学位论文，中国中医科学院，2011 年。
② 庄建：《"十二五"国家古籍整理出版五大工程确定》，《光明日报》2011 年 3 月 30 日。

劫波后，终于坠典回归，虽吉光片羽，却弥足珍贵。此外，《域外汉籍珍本文库》是国家"十一五"重点出版工程项目，旨在对域外汉籍进行完整而系统的整理，遴选孤本和善本，借此准确把握汉文古籍在域外流传、佚散、收藏、保存的基本状况。2008 年已出版第一辑，此后 5 年内计划影印 800 册，2000 余种。据安平秋介绍，"日本宫内厅藏 68 种宋元版汉籍的影印本即将在上海古籍出版社出版，日本国会图书馆、内阁文库（国立公文书馆）藏本的影印工作也已经完成，今后将逐步扩大日本各藏书机构汉籍影印工作。此外，《美国图书馆藏宋元版汉籍图录》即将出版，也是由我们主持的国家社科基金重大项目《国外所藏汉籍善本丛刊》正在有序进行"①。《美国图书馆藏宋元版汉籍图录》后来经由曹亦兵等人整理，中华书局 2015 年出版。可以说，中国古籍是中外文化交流的独特存在和重要媒介，改革开放以来，"东西方文化交流中的典籍交流已被国家高度重视"②。由此可见，域外汉籍的整理出版势必成为将来古籍整理出版的重头戏。

（五）古籍整理不断规范，整理标准逐渐确立

随着改革开放新时期古籍整理事业的不断发展，古籍整理案例的不断积累，古籍整理的规范和标准逐渐引起人们关注，一些涉及古籍整理规范与标准的著述出现，成为改革开放新时期古籍整理的新趋势和新特点。

为了避免古籍整理与出版工作的混乱，从 20 世纪 80 年代初起，就不断有古籍整理工作者总结一些古籍整理工作的经验教训，归纳出古籍整理的通例，意欲成为古籍整理的一种规范或标准。如程毅中的《古籍校勘释例》，归纳出古籍校勘的一些通则，诸如校勘之前版本的比较与选择、严格区分校勘与考证的界限、何时出校记、何时不出

---

① 杜羽：《典籍耀故邦，学术惠四海——访全国高校古籍整理研究工作委员会主任、北京大学中文系教授安平秋》，《光明日报》2012 年 5 月 15 日。
② 毛瑞方：《中国古籍与古文献学的涉外问题》，《河南师范大学学报》2017 年第 3 期。

校记、校勘记的位置与写法、校勘改字的原则等，① 罗列古籍整理例证，条分缕析，言之有物，实际上就是为古籍校勘立则。与此同时，具有丰富的古籍整理与出版经验的中华书局，也开始对古籍整理的规范化给予关注，1991 年，赵守俨曾召集程毅中、傅璇琮、张忱石、许逸民等人一起商讨，"拟根据不同的专题，分头撰写出当今古籍整理的各种体例细则"②。目的是为古籍整理树立标准、建立规范，防止粗制滥造。2011 年，许逸民出版《古籍整理释例》一书，为古籍整理工作者提供了一个明确、具体、可供参考的操作规范。书中涉及古籍整理规范和标准的内容有古籍标点释例、校勘释例、注释释例、今译释例、辑佚释例、索引释例、影印释例等，另有"点校本二十四史及清史稿修订工程标点分段办法举例""校勘记撰写细则举例""专名线、书名线使用细则举例""古籍影印出版的规范问题"等。③许逸民长期致力于古籍整理工作，书中所提示的操作规范都靠大量例证来说明问题，他所归纳的古籍整理通则和规范，是百年来古籍整理历史经验积淀的结果，也是古籍整理发展到一定程度后从实践向理论和方法提升的结果。

几乎同时，我国行业部门古籍整理的规范也在逐渐确立。以中医古籍整理规范的建立为例，21 世纪以来，随着大量中医古籍不断被整理出版，整理过程中出现的问题也逐渐积累起来，引起人们的重视。为了进一步消除中医古籍整理中出现的问题，提高中医古籍整理的质量，国家中医药管理局政策法规与监督司于 2007 年设立中医古籍整理标准化项目，研究中医古籍整理与出版的基本规范，目的是为中医古籍整理与出版提供一个基本标准。经过多年努力，中华中医药学会编纂了第一部指导中医古籍整理出版的规范标准《中医古籍整理规范》（以下简称《规范》）。该《规范》是改革开放新时期中医

---

① 程毅中：《古籍校勘释例》，《书品》1991 年第 4 期。
② 许逸民：《古籍整理释例》，中华书局 2011 年版，第 307 页。
③ 许逸民：《古籍整理释例》，中华书局 2011 年版。

古籍整理经验的积累，内容包括校勘规范、标点规范、注释规范、今译规范、辑佚规范、评述规范、影印规范、汇编规范、索引规范、编排规范等10个部分。①《规范》根据不同的整理要求设立了不同的规范和标准。比如"校勘规范"，规定了中医古籍整理中校勘的基本术语、一般程序、校勘内容与方法、出校原则、校勘记的撰写原则、点校说明的撰写要求等，并列举例证以说明问题②，简洁明了，一目了然。再如"今译规范"，在原则上，规定"以直译为主"，"译文力求信、达、雅"；在具体方法上，"今译方法可概括为'留（保留）'、'对（对应）''换（替换）''补（补充）''删（删除）''调（调整）'"，并列举例证来说明何为留、对、换、补、删、调，直观且可以遵循③。《规范》使中医古籍整理与出版有了可以操作的标准，避免了中医古籍整理用语矛盾，版本混乱等问题，有效保证了古籍整理的质量，同时也说明我国中医古籍整理已经逐渐进入规范化的阶段，为其他专科类古籍整理树立了标杆，引领专科类古籍整理逐步走向规范化和标准化。

虽然改革开放新时期古籍整理不断走向规范，且有了可以依据的基本标准，但是，正如许逸民所说："古籍整理作为一个新兴学科，其理论和规范尚处在逐渐发展成熟过程之中，目前尤须众多的学者投身其间，进行多方面的探索，总结经验，归纳提高，逐步确立古籍整理的一整套完善的规范。"④

（六）整理方式多种多样，古籍数字化不断创新

"整理方式的多样化是社会进步赋予的时代特色"⑤。复制影印、

---

① 　中华中医药学会：《中医古籍整理规范》，中国中医药出版社2012年版。

② 　中华中医药学会：《中医古籍整理规范》，中国中医药出版社2012年版，第1—8页。

③ 　中华中医药学会：《中医古籍整理规范》，中国中医药出版社2012年版，第19—25页。

④ 　许逸民：《古籍整理释例》，中华书局2011年版，第308页。

⑤ 　周少川、陈祺：《百年古籍整理事业与古文献学的历史性发展》，《淮北师范大学学报》2011年第8期。

校勘、标点、注释、考订等,都是民国以来古籍整理普遍采用的常规方式。这种常规方式在改革开放以来的古籍整理中虽继续沿用,但得到不断改进,推陈出新。譬如古籍今注、今译、注译结合;全集、总集、合集及资料汇编;绘图本整理样式等。都是以前较少使用的整理方式。任乃强的《华阳国志补校图注》采用校勘、辑补、标点、注释、附论、绘图相结合的方式整理《华阳国志》,其中的"附论"和"绘图"就是很大的创新,书中把考订详密、论述较长的注文附于书后,成为专题论文,恰切地把注与论结合起来。由于《华阳国志》最精彩之处在地志,为了更清晰地了解西南历史地理,整理者根据自身对《华阳国志》及西南历史地理的谙熟,绘出地图 19 幅,插入书中,图文互参,极便利用。《华阳国志校补图注》贯通历史文献、出土材料和实地情形,把校、补、点、注、论、图结合起来,在古籍整理和文献研究上极具创新意义。有些整理成果还突破语言限制,吸收国外学者的研究成果,利用外文文献进行校注,这更是之前没有过的。如季羡林等的《大唐西域记校注》,校勘方面参照国内外不同版本,包括外国学者的整理本,但校勘远比国外学者详尽;注释方面大量利用了国外学者整理《大唐西域记》的成果,但又指出外国研究的不足和错误,更为精详。书中附录的书目不下 500 种,其中主要都是外文书。这种集合中外学者研究成果,利用外文进行古籍整理的尝试,无疑是方式方法上的创新。

随着现代科技手段的进步,借助于新技术,出现了古籍整理的新方式,最为典型的例子就是高保真复制手段在古籍整理中的运用。2002 年启动的"中华再造善本工程",利用现代高仿真影印手段,悉数保留原有的题跋、批校、印鉴等,采用仿真原大影印,对 1300 余种珍贵善本进行复原,装帧方式也一如古书原貌,把古籍的文物性与艺术性有机统一起来,让珍本古籍以本来面目呈现出来,实现了"继绝存真,传本扬学"的目的。再如《清文海》,采用的是底本影印的方式,底本、标点、校勘一同影印,避免了排印出版中可能出现的种种错误，是古籍整理新方式的有益尝试。前面提到的《大中华文库》，是新时期汉籍外译的代表，而"外译"显然是新时代所赋予的古籍整理新方法①。随着古籍整理的深入，会有更多的古籍整理新方式出现。不断创新的古籍整理新方法必将有利于古籍的修复和保护。

　　古籍整理最不同于以前的样态就是古籍数字化。数字化技术的普遍使用体现了古籍整理方式变革的新趋势，这是信息技术发展的必然结果。新时期古籍数字化对古籍整理的影响日趋增大，在实践和理论两个方面都取得了前所未有的成就。就古籍数字化的实践来讲，数字化技术为古籍整理提供了新的条件，使一系列数据库的建设成为可能，这不仅使古籍整理的成果以数字化的方式呈现出来，而且实现了资料检索与查询的便捷；就古籍数字化的理论来讲，古籍数字化的技术问题，古籍字库的国家标准问题，古籍数字化的开发战略等，都成为学界讨论的对象。可以这样说，信息技术的迅猛发展，为古籍保存、传播和使用提供了新的平台和手段，它使古籍的传播速度迅速加快、使用效率大大提高。古籍数字化对于学术研究、古籍在公共文化领域的广泛传播以及弘扬传统文化都具有划时代的意义。为此，全国古籍整理出版规划领导小组明确指出，在古籍整理过程中要使用现代科技手段，"加速推进古籍整理出版数字化；加快推进'中华古籍数据库'等重大项目的建设"②。可以预见，数字化技术与古籍整理的结合在未来会越来越紧密。

（七）形成了系统的培养体系，人才培养成效显著

　　重视古籍整理专门人才的培养，形成了系统的培养体系，培养了不同层次的古籍整理研究及出版人才，是改革开放以来古籍整理的重

---

　　①　周少川、陈祺：《百年古籍整理事业与古文献学的历史性发展》，《淮北师范大学学报》2011 年第 4 期。

　　②　庄建：《"十二五"国家古籍整理出版五大工程确定》，《光明日报》2011 年 3 月 30 日。

要特点。早在1959年，北京大学中文系就开始招收古典文献专业本科生，这是中华人民共和国系统培养古籍整理专门人才的开端。改革开放新时期，古籍整理人才的培养已经形成系统和规模。就高校的全日制人才培养而言，已经形成从本科生、硕士生到博士生的不同层次的、系统的人才培养体系。除原来的北京大学外，杭州大学（现并入浙江大学）、南京师范大学、上海师范大学也设置了古典文献学本科专业，另外有90余所高校的古籍研究机构、中文系、历史系、图书情报系甚至图书馆，都培养从事古籍整理和研究的硕士研究生和博士研究生。中央和地方的各级社科院，有的也建有相应的古籍研究机构，并培养古籍整理人才。此外，各级古籍整理出版规划领导机构和各高校相关研究机构，还定期不定期举行了各种各样的古籍整理短期培训班、研修班、讲习班等，包括常规的古籍整理与古文献研究培训班以及专业性较强的培训班，诸如少数民族古籍整理与研究培训班、中医古籍整理培训班、旧方志整理培训班、科技古籍整理培训班、法律古籍整理培训班、古籍整理出版社编辑培训班等。譬如国务院古籍整理出版规划领导小组办公室从2001年起，连续多年举办古籍整理出版社编辑专题培训班，培训古籍编辑600余人。这些培训班及时、快速、针对性强，与全日制古籍整理与研究人才的培养相辅相成，在全国范围内形成了以全日制本科生、硕士生和博士生培养为主，以短期培训班为辅的古籍整理人才培养机制，几十年来培养了大批古籍整理与古文献学研究人才。

二 古文献学科发展的新趋势和新特点

古籍整理的实践催生了古文献学科，古文献学科的发展又指导古籍整理的规范化。二者相互影响、相辅相成、相得益彰。改革开放新时期，随着古籍整理事业的飞速发展，古文献学的研究也日趋深入，在学科理论建设、分支学科发展、研究方法的探讨等方面都取得了突破性进展，反映了古文献学科发展的新趋势和新特点。

（一）古文献学学科体系逐渐完善

中国古代文献整理与研究起源甚早，但一直只有"校雠学"的说法，没有"文献学"这一称谓。近代意义上的古文献学科创建于20世纪20年代，在西学东渐的大背景下，传统的校雠学开始向近代文献学转化。1920年，梁启超在《清代学术概论》中首次提出"文献学"这一概念，1928年，郑鹤声、郑鹤春兄弟出版《中国文献学概要》一书，预示着"文献学"开始迈出前进的步伐。其后，随着文献学研究的不断深入，关于文献学学科体系的论争一直没有停止过，使这门古老的学问不断焕发出青春的光彩。

从文献学史的角度看，20世纪关于文献学学科体系的讨论，主要有两次高潮，一次是20世纪30年代左右，另一次就是改革开放新时期。20世纪30年代左右，随着梁启超提出"文献学"这一概念以及郑鹤声兄弟写出《中国文献学概要》这部著作，关于文献学学科体系的构建就成了学界讨论的一个重要问题。尽管20世纪上半叶学术界中西新旧杂陈，思想观念比较复杂，但关于文献学学科体系的建设却成就巨大。一大批著名文献学家如陈垣、杜定友、胡朴安、刘咸炘、王国维、顾颉刚、罗振玉、孙毓修、姚名达、汪辟疆、蒋伯潜、钱基博、余嘉锡、柳诒徵、张心澂、陈登原、蒋元卿等，著书立说，在目录学、版本学、校勘学、辨伪学、典藏学等领域另开新篇，通过自己的研究，丰富并奠定了后来文献学的学科框架，为后来文献学体系的建立打下了良好基础。

与之前古文献学的发展有所不同，改革开放新时期古文献学学科体系的发展与古籍整理实践的关系更加密切。改革开放新时期丰富的古籍整理实践以及日益瞩目的古籍整理成就，直接推动了古文献学学科理论及体系的发展。20世纪80年代以来，学术界围绕"文献""文献学"等学科概念，"古典文献学""历史文献学"的学科设置进行激烈讨论，使古文献学的学科理论、学科架构的讨论走向深入。与此相应，古文献学的论著不断出版，据不完全统计，20 世纪 80 年代以来，出版的文献学通论方面的著作就接近 400 余种。1982 年，张舜徽的《中国文献学》及吴枫的《中国古典文献学》出版，接着，王欣夫的《文献学讲义》、罗孟祯的《古典文献学》以及洪湛侯的《中国文献学新编》等书也先后出版，对古文献的源流、分类、考证、注释、版本、校勘、流通、辑佚、辨伪、编纂等做出了较为系统的梳理，继往开来，为文献学学科体系的建立起到了推动作用。应该特别指出的是，张舜徽在《中国文献学》一书中，从基本理论、文献学史、文献学研究方法等几个方面，初步构建了文献学的学科体系。基本理论主要涉及对"文献"的理解，文献学史论述了我国不断发展的文献学的历史，文献研究的方法则将目录学、校勘学、版本学的方法作为整理古代文献最重要的基础知识。书中指明文献学的总任务是使古奥、离散的古代文献条理化、系统化、通俗化、明朗化。文献整理和研究主要有四种形式：论著、编述、注释和抄纂等。① 张舜徽在《中国文献学》中所初步构建的文献学的学科框架，对后来的文献学著述影响很大。随后，又相继出版了一批各种名目的"文献学""古典文献学""历史文献学""传统文献学"著作，这些著作虽风格各异，但从它们所涉及的范围，可以看出古文献学大致包括以下几个方面的内容：一是历史文献学史，即对中国历史文献研究进行"史"的梳理和总结；二是对文献整理方法的研究与总结；三是对文献的归纳与分析，即探讨历史文献的编纂、价值、类别、体裁等；四是对历史文献分支学科，诸如目录、版本、校勘、辑佚等的探讨。从某种意义上讲，这些著作对于丰富文献学的研究内容，促进文献学科的发展，起了重要作用。与此同时，因古籍整理工作的迅速开展，对古籍整理理论与方法进行总结的著作也不断出版，黄永年的

---

① 周少川：《张舜徽先生在新时期对文献学学科建设的贡献》，《历史教学》2011 年第 11 期。

《古籍整理概论》、冯浩菲的《中国古籍整理体式研究》、来新夏的《古籍整理讲义》、刘琳、吴洪泽的《古籍整理学》等都是这方面的代表作。

经过改革开放新时期几十年的探讨，古文献学的体系逐渐明朗，对"文献""文献学"等基本概念的辨析使文献学研究的对象越来越明晰，对文献学史的回顾使文献学更加具有了学科史的意义。在内容上，由最初的目录、版本、校勘三方面的内容逐渐扩大到版本、目录、校勘、注释、整理、鉴别、流传、辨伪、辑佚、典藏、编纂等多方面内容，在研究方法上，由最初的文献互证发展到文献与文物、文献与图像、文献与历史、文学、哲学、自然科学等的相互比勘和印证。可以这样说，经过学者们长期不断的努力，古文献学作为一门专业学科的地位已经奠定，其学科研究的对象、内容、范围渐趋明确，学科理论的提炼，学术史的总结也正在不断地推进之中，中国古文献学的学科知识体系渐趋成熟。

（二）古文献学理论探讨渐趋深入

就在古典文献学的学科知识体系渐趋成熟的同时，其理论建设也引起专家学者的注意。

较早对古文献学进行理论探索的是白寿彝，他从历史文献学的角度切入，首先论述了历史文献学学科建立的重要性，在他看来，"研究历史，必须要研究历史文献。既然要研究文献，就需要建立历史文献学这门学科。历史文献学可以帮助我们搜集、分析并正确地运用历史文献，使我们的历史工作在文献方面具有良好的条件"，由此他提出建立"科学的历史文献学"。① 其次，阐述了历史文献学的学科体系及内容。在他看来，历史文献学的内容包含四个部

---

① 白寿彝：《谈历史文献学》，《白寿彝史学论集》，北京师范大学出版社 1994 年版，第507—508 页。

分，即"一、理论的部分。二、历史的部分。三、分类学的部分。四、应用的部分"①。按他的论述，所谓理论的部分，包括历史和历史文献，历史学和历史文献学，历史文献作为史料的局限性，历史文献的多重性，历史文献和有关的学科等；所谓历史的部分，就是对历史文献学的进程及其规律给予总结，对其优良的传统和成果予以继承和发展"；所谓分类学的部分，就是根据历史文献本身的各种不同的性质、特点对文献进行分类，这种分类必须从文献本身出发，而不能从前人目录书出发。所谓应用部分，包括目录学、版本学、校勘学、辑佚学和辨伪学等，这部分内容和我国传统的校雠学研究范围大体相同。白寿彝所厘定的历史文献学的四部分内容，实际上就是对历史文献学学科体系的论述，这一体系突破了传统的目录、版本、校勘、辑佚、辨伪的范围，而作了更加宏阔的思考，对历史文献学科发展影响深远。继白寿彝之后，刘乃和对历史文献学的价值、意义、内容及理论建设也提出了自己的看法。她认为文献学研究应该包括纵横两个方面的内容，所谓纵的方面，就是文献学科自身由无到有、由小到大、由浅及深、由简及繁的发展变化的过程。所谓横的方面，就是文献学所包括的内容，诸如目录、版本、校勘、辑佚、辨伪、注释、考证等。② 这一纵一横构成了历史文献学的内容体系。

除了对古文献学的体系和研究内容进行讨论外，周少川还率先提出"文献学概论"的设想，指出文献学概论以古文献学的理论问题为研究对象，只探讨理论方面的问题而不作基础知识的阐述。他认为，在论述文献学研究的历史发展时，要把视角放在探讨文献增长演变与社会需要之间相互促进、相互制约的关系上，去摸索文献与文献学研究发展的历史规律。同时要把文献学研究的历史发展放在中国传统文化的大背景中，考察传统文化的土壤如何发生、发展了文献研

---

① 白寿彝：《再谈历史文献学》，《白寿彝史学论集》，北京师范大学出版社 1994 年版，第 558 页。

② 向燕南：《刘乃和教授谈当前历史文献学的研究》，《史学史研究》1993 年第 3 期。

究，考察文献研究在传统文化中的地位、影响和作用。他还指出，文献学的理论体系，大致可包括理论基础及本体论、认识论和方法论四个方面。理论基础是文献学理论赖以存在的科学依据，是指导文献学理论不断发展的方针，马克思主义理论是文献学理论建设的基础。文献学理论体系的本体论主要在于文献观，要解决文献的本质和特征、文献的形态、文献的价值和功能等问题。文献学的认识论，要解决文献学的对象和任务，文献学的学科结构，文献学研究的历史发展规律，文献学的实践意义，文献学与传统文化，文献学与当代文化建设等课题。文献学的方法论，要讨论文献学研究的传统方法，文献学研究与边缘学科，文献学研究对当代科技成果的吸收等问题[①]。周少川所提出的文献学理论建设的方方面面，从更高的层面上构建古文献学理论体系，富有启发意义。

与此同时，有关历史文献学的学科定位问题，人们也提出了自己的看法。有学者认为，文献学是一门具有边缘性、综合性、交叉性的学科，主张把文献学既作为一门独立的学科门类，又作为一级学科对待。下属中国古典文献学和现代文献学两个二级学科，每个二级学科又包括若干个三级学科。由于文献学的交叉性特征，在根据文献学上所规定的研究范围、方法、理论等分别研究各门学科的文献时，就出现了专科文献学。历史文献学曾经代表整个中国传统文献学，随着专科文献学著作的不断出现，历史文献学的专科文献学性质和地位逐渐形成定局。[②] 也有学者指出，中国历史文献学是一门以历史文献及其整理研究工作为研究对象的，以复原、求真和致用为主要任务的专科文献学。它从属于历史学，具有综合性、基础性和实践性的突出特点。[③] 迄今为止，有关文献学的研究内容及学

---

① 周少川：《浅谈建立文献学的理论体系》，《历史文献研究》，北京师范大学出版社 1994 年版，第 382—383 页。

② 冯浩菲：《中国文献学的现状及历史文献学的定位》，《学术界》2000 年第 4 期。

③ 张子侠：《关于中国历史文献学基本理论的几点认识》，《安徽大学学报》2005 年第 4 期。

科定位的讨论依然没有停止，这些讨论对于推进文献学学科的理论建设具有重要意义，对于我们认识古代文献学的思想内涵具有启发意义。

（三）古文献学分支学科发展迅速

随着古文献学学科体系的逐步建立以及文献学研究范围的扩大，各分支学科的研究也发展迅速，相关论著层出不穷，在目录学研究、版本学研究、校勘学研究、辨伪学研究、辑佚学研究、出版史研究、藏书史研究、文献学史研究等领域都取得了令人瞩目的成就，成果丰硕，盛况空前①，其中不乏填补空白的专著，极大地丰富了改革开放以来我国的古文献学研究，产生了诸如目录学、版本学、校勘学、辨伪学、辑佚学、注释学等诸多文献学分支学科，大大丰富了古文献学的研究。这些文献学的分支学科，既古老又年轻。说它们古老，是因为它们都有着悠久的历史，说它们年轻，是因为其真正作为一门学科来建设，还只是改革开放新时期几十年的事情。

中国的古典目录学在西汉时就达到了很高的水平，20 世纪上半叶，古典目录学研究出现一次高潮，一大批目录学著作出版，初步建立了古典目录学的学科框架。及至改革开放以来，古典目录学研究又掀起一次高潮，发表了诸多论著，研究内容涉及目录学的起源、目录学的功用、目录学的体例与类例沿革、古代目录学家、目录学著作、目录学思想、目录学的意蕴、目录学史、目录学与社会文化、目录学与传统学术、目录学与古籍整理、目录学与文献学研究等。比之 20 世纪上半叶，这一时期的研究更加深入，眼界更加开阔，涉及的范围更加广泛。在不断的探讨中，古典目录学的体系也逐步被理清，目录与目录学的概念、目录的内容、目录的种类、目录的功用等，成为古

---

① 见蒋宗福《新时期中国文献学研究综述（1978—2005）》，《绵阳师范学院学报》2006 年第 4 期。

典目录学的核心内容。

改革开放新时期的古籍版本学研究突飞猛进，成果众多，令人刮目相看。研究的问题涉及版本学的基本理论与基本问题、版本学学科体系的构建、版本学史的梳理、对版本源流的考察、版本鉴定方法的归纳总结等方面。版本学基础理论是版本学的支柱，这一时期对这一问题的讨论包括"版本"与"版本学"的概念、版本学的研究对象、研究内容、研究方法、与相关学科的关系和研究版本的意义等。这一时期，人们对版本学家、版本源流、版本学史、版本的鉴定方法等，都进行了热烈讨论。更为重要的是，版本学的学科体系在这时期得以确立，通过讨论，人们认为版本学应该包括的基本内容有：古籍版本学的基本理论，诸如什么是版本、版本学，版本学的研究对象、研究内容，版本学与相关学科的关系，研究版本学的意义等；古籍版本学史，诸如版本学的发展阶段、发展规律，各阶段的主要成果、代表人物、研究特点、理论成就等；版本源流，即文献古籍的制作方式，诸如写本源流、刻本源流、雕版印刷术的起源、活字本源流、拓本源流、石印本源流、单部文献版本的源流等；版本鉴定的方法与规律；版本学的研究方法；等等。这种内容明晰的学科体系架构，实际上已经昭示了版本学具有独立的学科地位。

在中国，文献校勘是一门古老的学问，有着时代积累的实践经验和方法总结，是一笔丰厚的文化遗产。进入 20 世纪，随着古籍整理事业的发展，校勘日益变得重要，对校勘学的研究也日渐深入。特别是改革开放新时期，校勘学不仅研究成果众多，而且初步建立了自己的学科框架。这一时期的校勘学研究成果丰硕，涉及校勘学家、校勘学专书、校勘学史、校勘思想、校勘思潮、校勘学方法等诸多内容。在校勘学学科建设上，人们讨论了校勘学基础理论、校勘学家的修养、校勘程序与步骤、校勘的基本方法、校勘成果的处理等问题，对古籍整理与研究起到了指导的作用。

文献辨伪学构建于 20 世纪上半叶，改革开放以来，是中国文献辨伪学多元发展时期。^① 这一时期的辨伪学研究主要表现在四个方面，一是对前人辨伪工作进行了较为系统的总结和研究，包括辨伪学家、辨伪学著作、辨伪学史的研究等。二是针对历史上曾有真伪争议的典籍文献进行重新审视或深入考辨，譬如对《左传》《列子》《商君书》《逸周书》《尚书》《竹书纪年》《谷梁传》等的考辨等。三是辨伪学理论研究的深化。辨伪理论是辨伪学发展水平的标志，改革开放新时期，人们辨析了辨伪学的概念，讨论了辨伪的范围、意义、任务和方法，考察了作伪的原因及伪书的价值，分析了辨伪的心态等，这些理论探讨和分析，无论从深度和广度上都超过了以往任何时期。四是辨伪学有了一个比较准确的学科体系上的基本定位，即文献学的分支学科。20 世纪 80 年代以来的几乎所有的古文献学著作都把辨伪和辨伪学列入其中。辨伪学不仅是古文献学的分支学科，它自身也有自己的学科体系。

古籍辑佚历史悠久，但把辑佚作为一种专门的学问加以研究总结，则始于 20 世纪初，而把它作为一门独立的学科进行探讨和学科构建，则是改革开放以后的事了。这一时期，学界对辑佚家、辑佚书、辑佚史、辑佚活动、辑佚思想进行了深入研究，并提出了"辑佚学应成为一门独立的学科"的看法，开始了辑佚学的学科构建。《古籍整理研究（八种）·辑佚学稿》和《中国古籍辑佚学论稿》的相继出版，说明辑佚学已经具备作为一门独立的学科的资格。随后，辑佚个案和专题研究更加广泛深入，辑佚学研究日益受到人们关注。可以这样说，新时期的辑佚学研究迈越以往，并促成了辑佚学这门独立学科的基本形成，这是改革开放新时期中国古文献学研究领域最重要的收获之一。

中国的典籍注释起源甚早，注释的典籍涵盖经、史、子、集四部，留下了许多优秀的古籍注本，积累了很多成功的注释方法和经

---

① 刘重来：《中国二十世纪文献辨伪学述略》，《历史研究》1999 年第 6 期。

验。但是，注释学作为一门学科来建设，却是改革开放新时期的事情。这一时期，人们对注释专书、注释史、注释学理论、注释学实践进行了深入探讨，并结合西方诠释学理论对中国古代的注释思想进行了分析。人们在研究中总结了古代典籍注释的体例类型、提出了古籍注释的要求和原则，并从实践中总结出具体的注释方法。注释学以古籍注释的原则、方法、规律等为研究对象，它从注释古书的实际工作中总结归纳出规律性的东西，指导人们的古籍整理实践。在研究内容和学科框架问题上，人们认为注释学主要应该研究注释发展史，古代注释家，注释专书，注释工作与各个时代政治、思想、文化的关系，注释与校勘、词语训释、章旨分析等的关系，注释类型的比较等。总之，注释学是探索注释古籍的各个环节的规律与方法的学问。

从以上论述可以看出，20 世纪 80 年代以来，古文献学分支学科的研究迅猛发展，"在研究思路上体现出学术史与专学理论并重的路径"①，有两点特别突出，一是个案研究日益深入，二是学科体系逐渐完善。这些分支学科的学科体系建构强大地支撑了古文献学科的学科建设，成为古文献学科发展的动力。

（四）古文献学研究方法的交叉综合

改革开放新时期古文献学研究的第三个趋势和特点是"古文献学研究的交叉与综合"。对此，周少川进行了深入分析，总结了新时期古文献研究的八个结合，即传世文献研究与出土文献研究的结合，文献学研究与社会史、文化史的结合，文献学研究与学术史研究的结合，文献学研究要与社会发展的实际需要结合，文献学研究要注意纸质文献和电子文献的结合，文献学的实证研究和理论研究的结合，域外汉籍研究与域内西书研究的结合，中外文献学研究方法的结合。②

---

① 周少川、陈祺：《百年古籍整理事业与古文献学的历史性发展》，《淮北师范大学学报》2011 年第 4 期。

② 周少川：《新世纪古文献学研究的交叉与综合》，《文献》2010 年第 3 期。

这八个方面的结合昭示着古文献学研究正从单一向度研究向综合研究发展。在既往的古文献学研究中，交叉综合的研究方法已经显现，但有些方面还需加强。

在研究材料上，把传世古籍与出土文献、域外汉籍，甚至是域内西书相结合，开展古籍整理和古文献研究，进行不同类型的文献比勘。这是 20 世纪上半叶"二重证据法"的发展，同时又有了自己的创造。20 世纪大批出土文献的发现，大量域外汉籍的回归，不仅扩大了学术研究的资料范围，而且开阔了学术研究的眼界。不少学者利用出土文献与传世文献、域外汉籍与传世文献进行比勘，在古籍整理中进行校勘、笺证、纠谬、补遗，同时进行文本的流变研究。如彭浩利用郭店竹简、马王堆帛书、王弼注本、河上公本、龙兴观碑本合堪《老子》，出版《郭店楚简〈老子〉校读》，日本学者服部千村利用竹简本、和刻樱田本、影宋魏武注本、武经七书本校勘《孙子兵法》，出版《孙子兵法新校》等。体现的都是交叉综合的研究方法。与此同时，有些学者利用出土文献与传世文献相结合的方法开展古代政治、经济、法律、文化、思想、军事等多方面的研究，开展古文书、古文字的研究等，都取得了突破性进展。在对古文献材料载体的研究上，出土文献也发挥了不可替代的作用。

文献的产生、聚散以及文献学的发展演变，都与社会历史的发展、学术文化的发展密切相连，拓宽文献研究的视野，打破从文献到文献这一传统研究思路的局限，将文献学与社会史、文化史、学术史的研究相结合，密切联系社会发展的实际需要，在保持文献学研究特色的同时，不断开辟新的领域，为文献学注入新的活力，是文献学交叉综合研究方法的又一体现。如周少川的《藏书与文化——古代私家藏书文化研究》就体现了这一特色。该书打破以往藏书研究局限于藏书家、藏书楼、藏书数量、藏书特色的狭小范围的局面，尝试把文献学与社会史、文化史相结合，从深层次上挖掘古代私家藏书的文化内涵，从多角度观照私家藏书，把私家藏书作为一种文化现象，置于社会历史环境和文化发展的总相中进行考察。在考察私家藏书发展时，结合社会经济的发展、政治的稳定、造纸技术与印刷技术的水平，来认识私家藏书事业的发展，对藏书进行了一次社会史的分析，令人耳目一新。在考察私家藏书的文化内涵时，从文化史的角度切入分析藏书家的心态、藏书楼、藏书印、藏书习俗、藏书风尚等，深入挖掘藏书背后的深刻意蕴，阐释了私家藏书在促进不同文化层之间的交流和保存、传播文化遗产中的作用，得出了一系列新的答案。可以这样说，把文献学与社会史、文化史、学术史结合起来进行研究，不仅为文献学的研究开辟新的道路，同时也为社会史、文化史、学术史等相关研究增添新内容。

改革开放以来，随着电脑网络的不断普及，古文献数据库不断得到建设，大面积实现了古文献的数字化和网络化，这些储存量大、管理便易、检索方便、阅读便捷的古籍数据库，不仅实现了载体的变化，更是文献研究方法的变革。那么，传统的纸质文献研究与数字文献的结合就成了新时期人们关注的重要问题。相关研究就成了改革开放新时期文献学研究的新特点。在这方面，人们利用纸质文献与数字文献相比勘，减少数字文献的错误，把电子信息技术引入考证领域，进行"e考据"，利用关键词检索重新梳理古籍信息等，做了很多具体的工作并进行了理论上的探讨。借助现代科技手段进行文献学研究，已经成为改革开放新时期文献学研究的一大趋势。

（五）古文献学研究逐步显示出国际视野

改革开放新时期，中国学者的眼界越来越开阔，学术研究借鉴西方的理论与方法成为一时潮流。和其他学科相比，古文献学研究借鉴西方的步子虽然迈得晚了一些，但依然显示出自身的魅力和良好的发展势头。

改革开放新时期，随着"域外汉籍"的不断整理和海外汉学研究的不断深入，中国古文献学研究的视野越来越开阔，西方文献学研究的成果、理论与方法逐渐进入中国学者的视野，中西文献学不同的学术传统和学术范式之间发生了碰撞。古文献学开始打破自我封闭式的研究方法，借鉴西方文献学研究的经验，从"他者"的角度审视自身的特点，从而更加准确地审视自我，完善自身的理论和方法论建设，虽然刚刚起步，尚未形成系统的研究，但发展的势头不容小觑。

实际上，西方文献学有着悠久的历史。早在希腊化时代，西方就开始了早期的文献整理活动。经过中世纪和近代的发展，西方近代文献整理方法奠基，文献考据、校勘的理论及方法日渐成熟，目录学产生，书籍史研究兴盛。这些都是改革开放新时期中国古文献学研究借鉴的内容。20 世纪 80 年代末，西方目录学理论与方法的引介一时成为热点，西方校勘学的相关理论和论著也被译介到中国，国外"新书籍史"的研究在中国引起较大反响。从改革开放新时期古文献学研究的国际视野来看，有以下几个方面表现明显，一是域外汉籍整理与研究的深入开展，除了大量域外汉籍被影印回国外，中国古籍在海外的流传及影响也进入人们的研究范围，产生了不少研究成果。二是中西文献学比较研究开展起来，中西文献校勘、目录、考证方法的异同受到人们关注，西方新书籍史及与文献学相关的研究得以开展，产生了一些研究成果。总之，古文献学研究的国际视野和国际化是新时期文献学理论研究和学科建设的重要趋势之一，正像周少川所说，"国内已有一些年轻学者关注这一问题，开展了初步的工作，这是本学科值得高度期许的一个发展方向"①。相信随着国际化程度的进一步加深，这一领域的研究将会越来越兴盛。

三　古籍整理与古文献学研究存在的问题

虽然改革开放新时期古籍整理与古文献学研究取得了令人瞩目的

---

① 周少川：《新世纪古文献学研究的交叉综合》，《文献》2010 年第 3 期。

成绩，但是，我们也不能不看到，新时期古籍整理与古文献学研究还存在诸多问题，指出这些问题，并予以纠正，是今后提高古籍整理质量、深化古文献学研究必须要做的工作。

（一）古籍整理存在的问题

其一，古籍整理重复现象严重。重复整理古籍，表现在各个领域，尤以文学古籍重复整理的问题最多。杨牧之等人整理了一个材料，发现"以丛书形式出版的古旧小说多达50多种"。"甲以大的概念搞一套丛书，乙又以小的概念立一套丛书，比如，古典文学丛书有了，再搞一个古典小说丛书，古典小说名目有了，又设一个笔记体小说、话本小说，笔记体小说下又有分朝代的笔记小说。一个古典小说就搞出十套、二十套丛书来。此外，还有以小说内容为类（言情、神怪、轶闻、人物等）组织的丛书，有按文体（文言、白话）组织的丛书，有按版本组织的丛书，不一而足。"①《三国演义》《水浒传》《西游记》《红楼梦》四大小说就有上百种版本，前后相因，没有新意。"据不完全统计，截至1995年年底，全国以各种不同形式出版的'四大名著'已达近百个版本之多，虽然形式多种多样（如标点本、插图本、豪华珍藏本、评点本、袖珍本、节选本、改写本、绘图改编本），但绝大多数是在低水平层次上重复出版的标点排印本。"② 其他如唐宋八大家等著名学者的文集、先秦诸子的今译等，重复出版也相当严重。中医古籍也存在严重的低水平重复校注现象，如宋人钱乙的《小儿药证直诀》一书，改革开放以来就有十余个校注本，但水平都没有超出1922年的张山雷笺正本和1991年的张灿玾校注本。以至于有人指出"低水平重复校注在当前中医古籍整理中

---

① 杨牧之：《古籍出版中的几个问题》，杨牧之主编：《古籍整理与出版专家论古籍整理与出版》，凤凰出版社2008年版，第213页。
② 金良年：《试析四大古典小说重复出版及其治理对策》，《古籍整理出版情况简报》1996年第11期，总312期。

是一个相当普遍的现象"①。

影印古籍中也有重复影印的现象，且采用了很多劣本，"已经有好的、公认的古籍整理本，还要影印错误多、价值不大又没有进行加工整理的版本"②。古籍今译中重复翻译的现象也很严重。一部书有多种译本，陈陈相因，各类诗词鉴赏辞典也存在内容重复的问题。所谓"古籍今译一哄而起，鉴赏辞典互相抄袭"③。

总之，"现在的古籍出版物中，无价值重复的品种，大而无当的大项目太多，看起来很繁荣，其实真正有贡献的东西并不多"④。这种"伪整理"的现象在新时期古籍整理中还是比较普遍的。

其二，古籍整理粗制滥造现象严重。这在两个领域表现尤为突出：古籍影印和古籍今译。"古籍影印中的问题越来越多，越来越严重"。问题主要有这么几点，一是"对原书漫漶之处不作描修，也不会描修，缺页缺字不作配补，也不懂配补，加上印制粗糙，字迹不清，这样的影印书无法使用"。二是"不认真选择底本，不作任何加工，有的既无出版说明，又没有新编目录，更有甚者，一部影印书，拼版之后，连总页码也没有编"⑤。"现在的古籍今注今译，做得太滥，质量太差"⑥。古籍今译的错误尤其明显，"古籍今译中的错误不但数量多，错误程度比较严重，而且还会产生深远的不良后果"。"有些古籍图书的整理质量不高，特别是一些今注今译的图书，贪大求快，动辄几百万上千万字，且又成于众手，时间

①　王尊旺：《中医古籍重复整理问题刍议》，《中医文献杂志》2017 年第 3 期。
②　杨牧之：《古籍出版中的几个问题》，杨牧之主编：《古籍整理与出版专家论古籍整理与出版》，凤凰出版社 2008 年版，第 214 页。
③　固班：《深化改革，落实规划——全国古籍出版座谈会综述》，《古籍整理出版情况简报》1993 年第 270 期。
④　金良年：《面临新世纪的古籍出版业》，《古籍新书目》2000 年 1 月 28 日，第 125 期。
⑤　杨牧之：《古籍出版中的几个问题》，杨牧之主编：《古籍整理与出版专家论古籍整理与出版》，凤凰出版社 2008 年版，第 214 页。
⑥　金良年：《面临新世纪的古籍出版业》，《古籍新书目》2000 年 1 月 28 日，第 125 期。

仓促，译注的质量较差，甚至错漏很多"①。"所以有人说：'今译出，古籍亡，文化灭'。"② 虽然耸人听闻，但说明了古籍今译问题的严重。

除古籍影印与古籍今译出现的问题较为严重外，其他古籍整理质量低劣的现象也所在多有，版本、校勘、标点、注释错误百出，错谬遍地，不忍卒读，尤其是那些号称是"经典名著""传世珍藏"的大型套书，多数都存在着"图书内容上多为拼凑而成，校注水平很低且文字差错甚多"的现象③。还有一些专业类古籍，诸如古代农书、医书的整理，因为整理者缺乏相关知识而贻笑大方的事例也经常出现。总之，改革开放以来，"经济利益的驱动力将古籍出版迅速地推向市场调控的轨道。选题重复、内容庸俗、粗制滥造等弊端日渐显露，导致古籍出版出现了一些盲目、混乱和质量低下的不良现象"④。

其三，选题庸俗化倾向比较明显。有关言情小说、阴阳五行、星象占卜、帝王秘闻、后妃私事的古籍被整理出来，把糟粕当精华，古籍整理出版事业沉渣泛起。对此，匡亚明在第三次全国古籍整理出版规划会议上严肃指出，古籍整理领域的有些人"以整理古籍普及传统文化为名，把带有严重封建内容的东西拿出来，什么麻衣神相、奇门遁甲等都出来了，这样做不但不利于社会主义精神文明建设，而且是有害的，应该引起我们高度重视"⑤。"在选题上，有些古籍图书把

① 《1994 年全国古籍整理出版工作座谈会纪要》，《古籍整理出版情况简报》1994 年第 11 期，总第 288 期。
② 方长：《宁可慢些，但要好些——九种大型古籍今译图书质量检查报道读后》，《古籍整理出版情况简报》1994 年，总 287 期。
③ 马建农：《对古籍出版发行工作的一点思考》，《古籍整理出版情况简报》2001 年第 11 期，总 369 期。
④ 《古籍整理出版规划座谈会纪要》（上），《古籍整理出版情况简报》2000 年第 4 期，总 350 期。
⑤ 匡亚明：《认真整理出版古籍，弘扬优秀传统文化——在第三次全国古籍整理出版规划会议上的讲话》，《古籍整理出版情况简报》1992 年第 259 期。

关不严，抉择不精，出版后带来了一些消极影响，如明清艳情小说出版过滥等，有单纯追求经济效益的现象"①。1995 年全国古籍出版年会上，仍有人提出古籍整理选题的问题，"选题平庸，有些古籍图书在选题上把关不严，不分精华和糟粕，其中有些书毫无价值，有些甚至是有害的"②。这些古籍的整理出版无疑造成谬种流传，贻害无穷。

其四，古籍整理作品知识产权保护不力，抄袭剽窃现象严重。古籍整理的形式很多，诸如校勘、编目、标点、注释、笺证、辑佚、汇编、今译、影印，等等，不管哪种形式，都凝聚了整理者的心血和智慧。可是，由于种种原因，人们对古籍整理作品的保护意识普遍较弱。比如"二十四史"，早有中华书局权威点校整理本，但是，改革开放以来，各种版本的"二十四史"纷纷出版，其实绝大多数在标点上都是抄袭中华书局本。另外，数字盗版更是严重，经典古籍成盗版重灾区，以至于"中华书局 2000 多种古籍整理图书，30% 被数字出版公司盗版"③。这种现象在 20 世纪 90 年代尤其严重，引起了学术界和法律界的重视，人们纷纷呼吁加强古籍整理著作权的保护，使古籍整理在正常的轨道上前进。

其五，民间文献的整理和研究还远远不够。民间文献是指直接产生并保存在民间的文献，是民众历史信息的物质反映和存留。这些文献大多散失在民间，不为官方所重。它们或以口头形式流传，或以非主流的文字形体存在，具有地域性、自发性、微观性和多样性的特点，同时也具有重要的史料价值和社会价值。民间文献主要包括文书、契约、收据、账本、谱牒、日记、书信、小报、标语、口号等，它们散见于民间，具有数量大、分布广、易散失等特点，给文献的收

---

① 《1994 年全国古籍整理出版工作座谈会纪要》，《古籍整理出版情况简报》1994 年第 11 期，总第 288 期。

② 孙洪军：《1995 年全国古籍出版年会纪要》，《古籍整理出版情况简报》1995 年第 9 期，总 298 期。

③ 韩亚栋：《古籍整理遭盗版，善本变劣本》，《北京日报》2012 年 8 月 13 日。

集整理带来了很大困难，故而对它们的收集整理一直起步较晚。虽然现在已经有《中国当代民间史料集刊》《浙江畲族民间文献资料总目提要》等民间文献的编纂整理，但和数量庞大的民间文献相比还远远不够，也没有引起国家层面足够的重视。民间文献是了解民间社会的重要载体，整理研究民间文献是历史学、社会学、人类学研究的重要一环。了解认识民间文献，随着社会的发展和时代的变迁，对民间文献进行收集、整理、保存和研究，保留民众鲜活的生活场景，补充、完善和丰富历史研究的内容，是一件极具学术价值和社会意义的事情。

（二）古文献学研究存在的问题

其一，低水平重复现象严重。20世纪80年代以来，文献学著作的出版相当丰富，文献学通论著作、文献学分支学科的著作层出不穷，数量不下百千种，相关研究论文更是数以千万计。但是，这些著述除少数具有一定的创新之外，大多鲜少新意。就文献学通论著作来讲，自张舜徽《中国文献学》出版以后，后出的诸多文献学通论著述无论框架结构、研究内容都处在模仿状态。随着文献学通论著述出版的增加，相互模仿就更加严重，出现了严重的低水平重复。在文献学分支学科领域，低水平重复现象也所在多有，这说明文献学研究亟待深化和创新。在当前知识经济时代，古文献学的发展也要从过去狭窄的版本、目录、辨伪、校勘等研究中走出，在保留传统的基础上将研究重点转向文献的传播和文献的交流，关注文献的产生、传递与接受过程中的人文关怀方面的问题，使古文献学研究在一个更为宏观的层面上进行。

其二，文献学研究的问题意识不强，与现实社会脱钩现象比较严重。文献学研究当然要"埋头故纸"，青灯黄卷，对古籍进行校勘、辨伪、辑佚、考证等研究，把富有文化内涵的古籍整理出来，传承优秀文化。新时期古文献学研究在这方面所取得的成就有目共睹，堪称辉煌。但同时，文献学研究不纯粹是书斋里的学问，凸显问题意识，体现现实关怀，文献学也不能例外。文献学研究要自觉适应社会需要，关注当今中国的主要问题，研究意义则会更大。诸如南海文献、钓鱼岛文献、边疆文献、水利文献、环境文献；等等，都涉及当今社会的重要问题，具有较强的学术价值和现实意义。文献学理应关注这些有关国计民生的大问题，对这些文献进行深入挖掘，拓宽文献学研究的空间，使文献学这门古老的学科焕发青春的活力。

其三，缺乏对古代文献学思想遗产进行较为全面的清理和总结。改革开放以来，古籍整理及古文献学研究取得了很大成就，这对于古文献学科建设都起着至关重要的作用。但是，我们也不能不看到，要想把古文献学研究进一步推向前方，除了要从文献整理和研究的实践中汲取营养外，还要继承前人的思想遗产，在前人的基础上前行。有鉴于此，对中国古代文献学思想进行系统清理和总结就必不可少。揭示中国古代文献学发展的历程及演变规律，总结古代文献学的民族特点，归纳古代文献学的思想成就，清理古代文献整理的经验和方法，发掘古代文献学的优良传统，是古文献学科进步的前提和基础。而事实上，迄今为止，这方面的研究依然非常薄弱，除了孙钦善《中国古文献学史》，曾贻芬《中国历史文献学史述要》，吴怀祺主编、王记录著《中国史学思想通论·历史文献学思想卷》等少数几部相关著述外，相关研究并不多见。这与中国代有所承的文献整理传统及文献学发展是极不相称的。中国有着几千年整理和研究文献典籍的历史，在对文献典籍的整理和研究过程中，古人总结了很多有益的理论和方法，积累了丰富的文献学思想，这是一笔值得深入发掘和阐发的丰厚的思想遗产。加强对中国古代文献学思想的研究，具有重大的理论价值和实践意义：一是可以丰富文献学史的研究内容，从思想层面上深化对古文献学内涵和价值的认识；二是可以为建立当代文献学理论体系提供思想来源和理论依据；三是可为当前的文献整理和研究提供直接的借鉴。这些，都会有力推动和促进古籍整理及古文献学科的发展①。

其四，少数民族文献学的理论建设极不成熟。就整个中国古文献学来讲，理论及方法论建设都是需要加强的，少数民族文献学的理论建设就更需要加强。尽管改革开放以来少数民族古籍整理和研究都取得了卓越的成就，但是，少数民族文献学理论的建设还极不成熟，这是因为少数民族文献学涉及众多民族，每一民族都有着不同的特点，这就给少数民族文献学的理论建设造成很大困难。诸如少数民族文献学的内涵及概念界定、研究对象、研究内容、学科体系等问题，至今尚没有一个权威的界说。至于不同类型、不同区域、不同民族的少数民族文献学建设，更需要进行理论上的辨析。

其五，古籍数字化理论和方法研究亟待深入。20 世纪 80 年代，中国古籍数字化的实践就已开始，迄今为止的几十年时间里，经过起步、探索、介绍到提高、建设、初步发展再到基本完善、商业应用和网络化，"古籍数字化走过了一条快速发展的道路，成果丰富，效益显著，对学术研究工作起到了极大的助力作用"②。但是"从上世纪 80 年代到本世纪初期，古籍数字化研究多侧重于实践层面（包括古籍数字化的现状、成果以及发展趋势等）的研究与开发，而有关古籍数字化的概念、性质、特征等基础理论研究却相对滞后，未能引起学术界的足够重视"③。加之古籍的数字化是一个非常复杂的跨学科课题，涉及古文献学、计算机、网络等多学科的理论、方法和技术，理论的滞后、技术的复杂，使得古籍数字化现在进入了一个发展的瓶颈期。而要解决这些问题，把古籍数字化工作推上一个新台阶，必须

---

① 王记录：《新世纪古文献学研究亟待深化的若干问题》，《廊坊师范学院学报》2013 年第 2 期。

② 耿元骊：《三十年来中国古籍数字化研究综述（1979—2009）》，《第二届中国古籍数字化国际学术研讨会论文集》，五洲传播出版社 2011 年版。

③ 李广龙：《我国古籍数字化理论研究综述》，《情报探索》2009 年第 11 期。

加强理论及方法论研究，使古籍数字化工作获得整体的理论指导与支持。正如有的学者所说："古籍数字化的理论问题比技术问题更为重要，因为一旦理论发生了偏差，技术越高明，则解决方案越是难以成功。"①

---

① 史睿：《试论中国古籍数字化与人文学术研究》，《国家图书馆学刊》1999 年第 2 期。

主要参考文献

一　古文献学著作

上海图书馆编：《善本书影》，上海古籍书店 1978 年版。

高敏：《云梦秦简初探》，河南人民出版社 1979 年版。

王重民：《敦煌古籍叙录》，中华书局 1979 年版。

胡文彬：《红楼梦叙录》，吉林人民出版社 1980 年版。

杨殿珣编：《中国历代年谱总录》，书目文献出版社 1980 年版。

朱星：《金瓶梅考证》，百花文艺出版社 1980 年版。

王树民：《史部要籍解题》，中华书局 1981 年版。

来新夏：《古典目录学浅说》，中华书局 1981 年版。

蒋星煜：《明刊本西厢记研究》，中国戏剧出版社 1982 年版。

罗尔纲：《李秀成自述原稿注》，中华书局 1982 年版。

骆兆平编：《天一阁藏明代地方志考录》，书目文献出版社 1982 年版。

魏绍昌：《红楼梦版本小考》，中国社会科学出版社 1982 年版。

吴枫：《中国古典文献学》，齐鲁书社 1982 年版。

谢国桢：《增订晚明史籍考》，上海古籍出版社 1981 年版。

许碚生：《古代藏书史话》，中华书局 1982 年版。

张舜徽：《中国文献学》，中州书画社 1982 年版。

陈秉才、王锦贵：《中国历史书籍目录学》，书目文献出版社 1984 年版。

郭蔼春主编：《中国分省医籍考》，天津科学技术出版社 1984 年版。

洪湛侯等编：《楚辞要籍解题》，湖北人民出版社 1984 年版。

胡念贻：《楚辞选注及考证》，岳麓书社 1984 年版。

林剑鸣：《简牍概述》，陕西人民出版社 1984 年版。

吕绍虞：《中国目录学史稿》，安徽教育出版社 1984 年版。

王重民：《中国目录学史论丛》，中华书局 1984 年版。

魏隐儒、王金雨编著：《古籍版本鉴定丛谈》，印刷工业出版社 1984
　　年版。

张舜徽主编：《中国史学名著题解》，中国青年出版社 1984 年版。

黄永年：《古籍整理概论》，陕西人民出版社 1985 年版。

瞿良士辑：《铁琴铜剑楼藏书题跋集录》，上海古籍出版社 1985 年版。

犁播编：《中国农学遗产文献综录》，农业出版社 1985 年版。

李盛铎：《本犀轩藏书题记及书录》，北京大学出版社 1985 年版。

宋慈抱：《两浙著述考》，浙江人民出版社 1985 年版。

徐召勋：《目录学》，安徽教育出版社 1985 年版。

中国古籍善本书目编辑委员会编：《中国古籍善本书目》，上海古籍
　　出版社 1985—1998 年版。

朱祖延：《北魏佚书考》，中州古籍出版社 1985 年版。

陈直：《居延汉简研究》，天津古籍出版社 1986 年版。

崔建英编：《日本见藏稀见中国地方志书录》，书目文献出版社 1986
　　年版。

戴南海：《校勘学概论》，陕西人民出版社 1986 年版。

刘辉：《〈金瓶梅〉成书与版本研究》，辽宁人民出版社 1986 年版。

彭裴章主编：《目录学研究资料汇辑》，武汉大学出版社 1986 年版。

王欣夫：《文献学讲义》，上海古籍出版社 1986 年版。

谢灼华：《中国文学目录学》，书目文献出版社 1986 年版。

许肇新：《宋代蜀人著作考》，巴蜀书社 1986 年版。

郑庆笃等编：《杜集书目提要》，齐鲁书社 1986 年版。

郑伟章等：《中国著名藏书家传略》，书目文献出版社 1986 年版。

周采泉：《杜集书录》，上海古籍出版社 1986 年版。

北京图书馆编：《北京图书馆古籍善本书目》，书目文献出版社 1987 年版。

邓球柏：《帛书周易校释》，湖南人民出版社 1987 年版、湖南出版社 1996 年版。

马继兴：《经典医籍版本考》，中医古籍出版社 1987 年版。

倪其心：《校勘学大纲》，北京大学出版社 1987 年版、2004 年第 2 版、2022 年版。

荣孟源：《史料和历史科学》，人民出版社 1987 年版。

申畅编：《中国目录学家传略》，中州古籍出版社 1987 年版。

施廷镛：《中国古籍版本概要》，天津古籍出版社 1987 年版。

吴枫：《隋唐历史要籍集释》，中州古籍出版社 1987 年版。

谢桂华、李均明、朱国炤：《居延汉简释文合校》，文物出版社 1987 年版。

杨绳信编：《中国版刻综录》，陕西人民出版社 1987 年版。

曹慕樊：《目录学纲要》，西南师范大学出版社 1988 年版。

高振铎主编：《古籍知识手册》，山东教育出版社 1988 年版。

蒋星煜：《西厢记考证》，上海古籍出版社 1988 年版。

骈宇骞：《银雀山汉墓竹简〈晏子春秋〉校释》，书目文献出版社 1988 年版。

钱玄：《校勘学》，江苏古籍出版社 1988 年版。

申畅等编：《中国目录学家辞典》，河南人民出版社 1988 年版。

王云海、裴汝诚：《校勘述略》，河南大学出版社 1988 年版。

徐自强：《北京图书馆藏石刻叙录》，书目文献出版社 1988 年版。

杨震方编著：《碑帖叙录》，上海古籍出版社 1982 年版。

陈来：《朱子书信编年考证》，上海人民出版社 1989 年版。

戴南海：《版本学概论》，巴蜀书社 1989 年版。

高敏：《简牍研究入门》，广西人民出版社 1989 年版。

蒋元卿：《皖人书录》，黄山书社 1989 年版。

靳极苍、全国首届古籍注释改革研讨会编：《古籍注释改革研究文集》，山西人民出版社 1989 年版。

雷梦辰：《清代各省禁书汇考》，书目文献出版社 1989 年版。

李国祥主编：《古籍整理研究（八种）》，武汉工业大学出版社 1989 年版。

李玉安、陈传艺编：《中国藏书家辞典》，湖北教育出版社 1989 年版。

罗孟祯：《古典文献学》，重庆出版社 1989 年版。

严佐之：《古籍版本学概论》，华东师范大学出版社 1989 年版。

杨燕起、高国抗主编：《中国历史文献学》，书目文献出版社 1989 年版。

郑有国编著：《中国简牍学综论》，华东师范大学出版社 1989 年版。

华德公编著：《中国蚕桑书录》，农业出版社 1990 年版。

李致忠：《古书版本学概论》，书目文献出版社 1990 年版。

林庆彰：《清初的群经辨伪学》，文津出版社 1990 年版。

倪波主编：《文献学概论》，江苏教育出版社 1990 年版。

王肇文编：《古籍宋元刊工姓名索引》，上海古籍出版社 1990 年版。

陈宏天：《古籍版本概要》，辽宁教育出版社 1991 年版。

程千帆、徐有富：《校雠广义·版本编》，齐鲁书社 1991 年版。

管锡华：《校勘学》，安徽教育出版社 1991 年版。

焦树安：《中国古代藏书史话》，商务印书馆 1991 年版。

来新夏：《古典目录学》，中华书局 1991 年版。

梁战、郭群一主编：《历代藏书家辞典》，陕西人民出版社 1991 年版。

罗伟国、胡平编：《古籍版本题记索引》，上海书店 1991 年版。

汪耀楠：《注释学纲要》，语文出版社 1991 年版。

王河主编：《中国历代藏书家辞典》，同济大学出版社 1991 年版。

杨忠主编：《高校古籍整理十年》，江西高校出版社 1991 年版。

中国人民大学图书馆古籍整理研究所编:《中国人民大学图书馆古籍善本书目》,中国人民大学出版社1991年版。

曹之:《中国古籍版本学》,武汉大学出版社1992年版。

高正:《〈荀子〉版本源流考》,中国社会科学出版社1992年版。

韩仲民:《帛易说略》,北京师范大学出版社1992年版。

河南省文物局编:《河南碑志叙录》,中州古籍出版社1992年版。

黄裳:《清代版刻一隅》,齐鲁书社1992年版。

乔好勤编著:《中国目录学史》,武汉大学出版社1992年版。

王绍曾、沙嘉孙:《山东藏书家史略》,山东大学出版社1992年版。

崔富章编著:《楚辞书目五种续编》,上海古籍出版社1993年版。

董洪利:《古籍的阐释》,辽宁教育出版社1993年版。

高潮、刘斌:《中国法制古籍目录学》,北京古籍出版社1993年版。

李剑国:《唐五代志怪传奇叙录》,南开大学出版社1993年版。

李万建:《中国著名目录学家传略》,书目文献出版社1993年版。

马旷源:《〈西游记〉考证》,云南人民出版社1993年版。

山东省图书馆编:《易学书目》,齐鲁书社1993年版。

王绍曾主编:《山东文献书目》,齐鲁书社1993年版。

王余光:《中国文献学史要略》,广西人民出版社1993年版。

姚伯岳:《版本学》,北京大学出版社1993年版。

安平秋:《安平秋古籍整理工作论集》,中国古籍出版社1994年版。

洪湛侯:《中国文献学新编》,杭州大学出版社1994年版。

刘渝生:《中国藏书起源史》,江西人民出版社1994年版。

卢正言主编:《中国古代书目辞典》,广西教育出版社1994年版。

庞天佑:《考据学研究》,新疆大学出版社1994年版。

全国高等院校古籍整理工作委员会秘书处编:《辉煌十年——全国高校古籍整理研究成就》,上海古籍出版社1994年版。

孙钦善:《中国古文献学史》,中华书局1994年版。

王锦贵:《中国历史文献目录学》,北京大学出版社1994年版。

严佐之：《近三百年古籍目录举要》，华东师范大学出版社 1994 年版。

袁行云：《清人诗集叙录》，文化艺术出版社 1994 年版。

黄亚平：《古籍注释学基础》，甘肃教育出版社 1995 年版。

刘镇伟等编著：《大谷本明清小说叙录》，大连出版社 1995 年版。

田代华主编：《校勘学》，中国医药科技出版社 1995 年版。

王宝平主编：《中国馆藏和刻本汉籍书目》，杭州大学出版社 1995 年版。

吴肃民：《中国少数民族古籍概论》，天津古籍出版社 1995 年版。

赵国璋主编：《江苏艺文志》，江苏人民出版社 1995 年版。

李孝聪：《欧洲收藏部分中文古地图叙录》，国际文化出版公司 1996 年版。

潘国允、赵坤娟编著：《蒙元版刻综录》，内蒙古大学出版社 1996 年版。

彭裴章等编：《目录学研究文献汇编》，武汉大学出版社 1996 年版。

任嘉禾：《考据学新探》，内蒙古大学出版社 1996 年版。

薛愈编著：《山西藏书家传略》，山西古籍出版社 1996 年版。

周少川：《古籍目录学》，中州古籍出版社 1996 年版。

范进军：《古文校点注译简论》，辽宁古籍出版社 1997 年版。

黄永年、贾二强：《清代版本图录》，浙江人民出版社 1997 年版。

来新夏主编：《清代目录提要》，齐鲁书社 1997 年版。

李致忠：《古书版本鉴定》，文物出版社 1997 年版。

林艾园：《应用校勘学》，华东师范大学出版社 1997 年版。

刘跃进：《中古文学文献学》，江苏古籍出版社 1997 年版。

程千帆、徐有富：《校雠广义·典藏编》，齐鲁书社 1998 年版。

程千帆、徐有富：《校雠广义·校勘编》，齐鲁书社 1998 年版。

邓瑞全、王冠英主编：《中国伪书综考》，黄山书社 1998 年版。

李国庆编纂：《明代刊工姓名索引》，上海古籍出版社 1998 年版。

刘纬毅主编：《山西文献总目提要》，山西人民出版社 1998 年版。

张玉范、沈乃文主编：《北京大学图书馆藏善本书录》，北京大学出版社 1998 年版。

倪士毅：《中国古代目录学史》，杭州大学出版社 1998 年版。

彭斐章主编：《中外图书交流史》，湖南教育出版社 1998 年版。

漆永祥：《乾嘉考据学研究》，中国社会科学出版社 1998 年版。

余庆蓉、王晋卿：《中国目录学思想史》，湖南教育出版社 1998 年版。

俞兆鹏主编：《中国伪书大观》，江西教育出版社 1998 年版。

曹书杰：《中国古籍辑佚学论稿》，东北师范大学出版社 1998 年版。

程千帆、徐有富：《校雠广义·目录编》，齐鲁书社 1999 年版。

傅荣贤：《中国古代图书分类学研究》，台湾学生书局 1999 年版。

黄建国、高跃新主编：《中国古代藏书楼研究》，中华书局 1999 年版。

李冬生主编：《新中国民族古籍工作》，民族出版社 1999 年版。

李均明、刘军：《简牍文书学》，广西教育出版社 1999 年版。

林申清编著：《宋元书刻牌记图录》，北京图书馆出版社 1999 年版。

杨绪敏：《中国辨伪学史》，天津人民出版社 1999 年版。

郑伟章：《文献家通考》，中华书局 1999 年版。

周少川：《藏书与文化：古代私家藏书文化研究》，北京师范大学出版社 1999 年版。

祝尚书：《宋人别集叙录》，中华书局 1999 年版。

敦煌研究院编：《敦煌遗书总目索引新编》，中华书局 2000 年版。

傅刚：《〈文选〉版本研究》，北京大学出版社 2000 年版。

吉文辉、王大妹主编：《中医古籍版本学》，上海科学技术出版社 2000 年版。

江庆柏：《近代江苏藏书研究》，安徽文艺出版社 2000 年版。

李瑞良：《中国古代图书流通史》，上海人民出版社 2000 年版。

林申清编著：《明清著名藏书家·藏书印》，北京图书馆出版社 2000 年版。

王国强：《明代目录学研究》，中州古籍出版社 2000 年版。

吴小强：《秦简日书集释》，岳麓书社 2000 年版。

武新立：《明清稀见史籍叙录》，江苏古籍出版社 2000 年版。

郑士德：《中国图书发行史》，高等教育出版社 2000 年版。

杜泽逊：《文献学概要》，中华书局 2001 年版。

范凤书：《中国私家藏书史》，大象出版社 2001 年版。

傅杰编：《二十世纪中国文史考据文录》，云南人民出版社 2001 年版。

傅璇琮、谢灼华主编：《中国藏书通史》（上、下），宁波出版社 2001
　　年版。

瞿冕良编著：《中国古籍版刻辞典》，齐鲁书社 2001 年版。

李学勤：《简帛佚籍与学术史》，江西教育出版社 2001 年版。

任继愈主编：《中国藏书楼》（全 3 册），辽宁人民出版社 2001 年版。

姚淦铭：《王国维文献学研究》，江苏古籍出版社 2001 年版。

叶瑞宝等：《苏州藏书史》，江苏古籍出版社 2001 年版。

张玉春：《〈史记〉版本研究》，商务印书馆 2001 年版。

澳门图书馆暨资讯管理协会编：《两岸三地古籍与地方文献》，澳门
　　图书馆暨资讯管理协会 2002 年版。

蔡焜主编、曹培根编著：《常熟藏书家藏书楼研究》，上海文化出版
　　社 2002 年版。

查洪德、李军：《元代文学文献学》，中国社会科学出版社 2002
　　年版。

靳极苍：《注释学刍议》，山西人民出版社 2000 年版。

吕友仁主编：《中州文献总录》，中州古籍出版社 2002 年版。

桑良至：《中国藏书文化》，中国财政经济出版社 2002 年版。

王绍曾编：《清史稿艺文志拾遗》，中华书局 2000 年版。

徐志钧校注：《老子帛书校注》，学林出版社 2002 年版。

郑庆山：《红楼梦的版本及其校勘》，北京图书馆出版社 2002 年版。

周光庆：《中国古典解释学导论》，中华书局 2002 年版。

范志新：《文选版本论稿》，江西人民出版社 2003 年版。

刘琳、吴洪泽：《古籍整理学》，四川大学出版社 2003 年版。

刘世德：《〈红楼梦〉版本探微》，华东师范大学出版社 2003 年版。

全国古籍整理出版规划领导小组办公室编：《功在千秋的事业——新中国古籍整理出版成就》，中华书局 2003 年版。

王子今编：《趣味考据》，云南人民出版社 2003 年版。

吴希贤：《历代珍稀版本经眼图录》，中国书店 2003 年版。

徐良雄主编：《中国藏书文化研究》，宁波出版社 2003 年版。

徐自强、吴梦麟：《古代石刻通论》，紫禁城出版社 2003 年版。

张三夕主编：《中国古典文献学》，华中师范大学出版社 2003 年版。

周裕锴：《中国古代阐释学研究》，上海人民出版社 2003 年版。

杜敏：《赵岐、朱熹〈孟子〉注释传意研究》，中国社会科学出版社 2004 年版。

杜泽逊、程远芬：《山东著名藏书家》，山东文艺出版社 2004 年版。

湖北省图书馆编：《湖北省图书馆藏古籍善本图录》，北京图书馆出版社 2004 年版。

李零：《简帛古书与学术源流》，生活·读书·新知三联书店 2004 年版。

林应麟：《福建书业史——建本发展轨迹考》，鹭江出版社 2004 年版。

刘建国：《先秦伪书辨正》，陕西人民出版社 2004 年版。

徐凌志主编：《中国历代藏书史》，江西人民出版社 2004 年版。

叶树声、许有才：《清代文献学简论》，安徽大学出版社 2004 年版。

张国风：《〈太平广记〉版本考述》，中华书局 2004 年版。

张建峰主编：《海宁藏书文化研究》，西泠印社 2004 年版。

张显成：《简帛文献学通论》，中华书局 2004 年版。

陈正宏、梁颖编：《古籍印本鉴定概说》，上海辞书出版社 2005 年版。

高信成：《中国图书发行史》，复旦大学出版社 2005 年版。

黄永年：《古籍版本学》，江苏教育出版社 2005 年版。

李玉安、黄正雨编著：《中国藏书家通典》，中国国际文化出版社
　2005 年版。

欧阳健：《古代小说版本简论》，山西人民出版社 2005 年版。

潘树广、黄镇伟、涂小马：《文献学纲要》，广西师范大学出版社 2005
　年版。

齐秀梅、杨玉良等：《清宫藏书》，紫禁城出版社 2005 年版。

全国古籍整理出版规划领导小组办公室编：《古籍整理出版丛谈》，
　广陵书社 2005 年版。

王绍曾：《目录版本校勘学论集》，上海古籍出版社 2005 年版。

张玉春、应三玉：《史记版本及三家注研究》，华文出版社 2005
　年版。

张大可、俞樟华：《中国文献学》，福建人民出版社 2005 年版。

顾志兴：《浙江藏书史》（上、下），杭州出版社 2006 年版。

郝桂敏：《中国古典文献学简明教程》，吉林人民出版社 2006 年版。

李更：《宋代馆阁校勘研究》，凤凰出版社 2006 年版。

李明杰：《宋代版本学研究——中国版本学的发源及形成》，齐鲁书
　社 2006 年版。

吕斌：《胡应麟文献学研究》，中国社会科学出版社 2006 年版。

王俊杰主编：《中国古典文献学概论》，齐鲁书社 2006 年版。

王育林：《中医古籍考据例要》，学苑出版社 2006 年版。

李零：《中国方术正考》，中华书局 2006 年版。

许建平：《敦煌经籍叙录》，中华书局 2006 年版。

张富祥：《宋代文献学研究》，上海古籍出版社 2006 年版。

张升：《明清宫廷藏书研究》，商务印书馆 2006 年版。

张岩：《审核古文〈尚书〉案》，中华书局 2006 年版。

蔡锦芳：《杜诗版本及作品研究》，上海大学出版社 2007 年版。

曹立波：《红楼梦版本与文本》，中华书局 2007 年版。

陈耀东：《寒山诗集版本研究》，世界知识出版社 2007 年版。

国家图书馆古籍馆编:《清代版刻牌记图录》,学苑出版社 2007 年版。

罗炳良:《清代乾嘉历史考证学研究》,北京图书馆出版社 2007 年版。

全国古籍整理出版规划领导小组办公室编:《新中国古籍整理图书总目录》,岳麓书社 2007 年版。

王国强:《汉代文献学研究》,线装书局 2007 年版。

肖克之:《农业古籍版本丛谈》,中国农业出版社 2007 年版。

熊小明:《中国古籍版本图志》,湖北人民出版社 2007 年版。

徐道彬:《戴震考据学研究》,安徽大学出版社 2007 年版。

薛贞芳:《徽州藏书文化》,安徽大学出版社 2007 年版。

杨传镛:《红楼梦版本辨源》,北京图书馆出版社 2007 年版。

张涌泉、傅杰:《校勘学概论》,江苏教育出版社 2007 年版。

赵前编著:《明代版刻图典》,文物出版社 2007 年版。

《澳门文献与澳门图书馆事业》,澳门图书馆暨资讯管理协会 2008 年版。

《浙江省出版志》编纂委员会办公室编:《浙江历代版刻书目》,浙江人民出版社 2008 年版。

黄文杰:《秦至汉初简帛文字研究》,商务印书馆 2008 年版。

李红霞:《注释学与诗文注释研究》,中国大地出版社 2008 年版。

司马朝军:《文献辨伪学研究》,武汉大学出版社 2008 年版。

杨牧之主编:《古籍整理与出版专家论古籍整理与出版》,凤凰出版社 2008 年版。

周勋初:《唐代笔记小说叙录》,凤凰出版社 2008 年版。

诸伟奇:《古籍整理研究丛稿》,黄山书社 2008 年版。

刘大军、喻爽爽编著:《中国私家藏书》,贵州人民出版社 2009 年版。

毛建军主编:《古籍数字化理论与实践》,航空工业出版社 2009 年版。

毛远明：《碑刻文献学通论》，中华书局 2009 年版。

苏精：《近代藏书三十家》，中华书局 2009 年版。

王绍仁主编：《江南藏书史话》，上海古籍出版社 2009 年版。

徐建华、陈林编著：《中国宗教藏书》，贵州人民出版社 2009 年版。

赵连稳编著：《中国书院藏书》，贵州人民出版社 2009 年版。

赵荣蔚：《唐五代别集叙录》，中国言实出版社 2009 年版。

中国古籍总目编纂委员会编：《中国古籍总目》，中华书局、上海古
　　籍出版社 2009 年版。

朱赛虹、何东红编著：《中国官府藏书》，贵州人民出版社 2009
　　年版。

刘世德：《三国志演义作者与版本考论》，中华书局 2010 年版。

吕亚虎：《战国秦汉简帛文献所见巫术研究》，科学出版社 2010 年版。

彭树欣：《梁启超文献学思想研究》，光明日报出版社 2010 年版。

汪启明：《考据学论稿》，巴蜀书社 2010 年版。

杨虎、肖阳：《中国书业》，五洲传播出版社 2010 年版。

杨琳：《古典文献及其利用》，北京大学出版社 2010 年版

余敏辉：《欧阳修文献学研究》，人民出版社 2010 年版。

喻春龙：《清代辑佚研究》，上海古籍出版社 2010 年版。

曾晓梅编著：《碑刻文献论著叙录》，线装书局 2010 年版。

曾贻芬、崔文印：《中国历史文献学史述要》，商务印书馆 2010 年版。

张公瑾、黄建明主编：《中国民族古籍研究 60 年》，中央民族大学出
　　版社 2010 年版。

陈德弟：《先秦至隋唐五代藏书家考略》，天津古籍出版社 2011
　　年版。

耿相新：《中国简帛书籍史》，生活·读书·新知三联书店 2011 年版。

郭国庆：《清代辑佚研究》，民族出版社 2011 年版。

胡旭：《先唐别集叙录》，中国社会科学出版社 2011 年版。

黄灵庚：《楚辞与简帛文献》，人民出版社 2011 年版。

李宝通、黄兆宏主编：《简牍学教程》，甘肃人民出版社 2011 年版。

全根先编著：《中国近现代目录学家传略》，国家图书馆出版社 2011 年版。

王记录：《中国史学思想通论·历史文献学思想卷》，福建人民出版社 2011 年版。

王立清：《中文古籍数字化研究》，国家图书馆出版社 2011 年版。

许逸民：《古籍整理释例》，中华书局 2011 年版。

蔡先金、赵海丽编著：《电子文献学引论》，电子工业出版社 2012 年版。

黄建年：《古籍计算机断句标点与分词标引研究》，安徽师范大学出版社 2012 年版。

佟大群：《清代文献辨伪学研究》，人民出版社 2012 年版。

王湘华：《晚清民国词籍校勘研究》，岳麓书社 2012 年版。

韦力：《芷兰斋书跋初集》，国家图书馆出版社 2012 年版。

中华中医药学会编：《中医古籍整理规范》，中国中医药出版社 2012 年版。

朱则杰：《清诗考证》，人民文学出版社 2012 年版。

江曦：《清代版本学史》，中国社会科学出版社 2013 年版。

王国强：《书的传人Ⅳ——澳门文献书目学论集》，澳门图书馆暨资讯管理协会 2013 年版。

项楚、罗鹭主编：《中国古典文献学》，中国人民大学出版社 2013 年版。

陈正宏：《东亚汉籍版本学初探》，中西书局 2014 年版。

曹丽芳：《唐末别集版本源流考述》，辽宁师范大学出版社 2015 年版。

张三夕、毛建军主编：《汉语古籍电子文献知见录》，世界图书出版公司 2015 年版。

二　其他著作和文献汇编

《邓小平文选》，人民出版社 1994 年版。

《陈云文选》，人民出版社 1995 年版。

《陈云文集》，中央文献出版社 2005 年版。

《陈云传》，中央文献出版社 2005 年版。

《陈云年谱》，中央文献出版社 2015 年版。

《三中全会以来重要文献选编》，人民出版社 1982 年版。

《中国共产党第十二次全国代表大会文件汇编》，人民出版社 1982
　　年版。

《十一届三中全会以来有关重要文献摘编》，红旗出版社 1990 年版。

《社会主义精神文明建设文献选编》，中央文献出版社 1996 年版。

《中国共产党第十七次全国代表大会文件汇编》，人民出版社 2007
　　年版。

中华人民共和国新闻出版署政策法规司编：《中华人民共和国现行新
　　闻出版法规汇编（1991—1996）》，人民出版社 1997 年版。

新闻出版总署图书出版管理司编：《图书出版管理手册（2006）修
　　订》，中国法制出版社 2006 年版。

新闻出版总署图书出版管理司编：《图书、音像、电子出版物出版管
　　理手册》（2013），中国法制出版社 2013 年版。

全国高校社会科学科研管理研究会编：《中国高校人文社会科学研究
　　通鉴（2001—2010）》，武汉大学出版社 2013 年版。

国家图书馆研究院编：《我国图书馆事业发展政策文件选编（1949—
　　2012）》，国家图书馆出版社 2014 年版。

徐家良等：《中国社会组织评估发展报告（2014）》，社会科学文献出
　　版社 2014 年版。

三 论文

刘贵访：《批判·继承·发展——斥"四人帮"反对批判地继承文化遗产的谬论》，《中山大学学报》（哲学社会科学版）1977 年第 6 期。

王利器：《颜氏家训集解叙录》，《徐州师范学院学报》1978 年第 3 期。

朱天俊：《郑樵目录学思想初探》，《社会科学战线》1978 年第 3 期。

袁行云：《〈书目答问〉和范希增的〈补正〉》，《社会科学战线》1979 年第 1 期。

陈光贻：《建议编辑〈中国地方志集成〉》，《史学史资料》1979 年第 1 期。

杨殿珣：《谈谈古籍和古籍分类》，《国家图书馆学刊》1979 年第 1 期。

王竞：《藏书印与版本鉴定概说》，《图书馆建设》1979 年第 1 期。

朱星：《注释学刍议》，《河北师院学报》（哲学社会科学版）1979 年第 1 期。

全增嘏、尹大贻：《评胡适的"大胆假设，小心求证"》，《复旦学报》（社会科学版）1979 年第 3 期。

洪成玉：《〈左传〉的作者决不可能是刘歆——与徐仁甫先生商榷》，《北京师院学报》1979 年第 4 期。

陈旭麓：《〈李秀成供〉原稿释疑》，《上海师范大学学报》（哲学社会科学版）1979 年第 4 期。

荣孟源：《曾国藩所存李秀成供稿本考略》，《中华文史论丛》1979 年第 1 辑。

杨牧之：《中华书局〈古籍整理出版情况简报〉复刊》，《出版工作》1979 年第 9 期。

赵俪生：《胡适历史考证方法的分析》，《学术月刊》1979 年第 11 期。

魏同贤：《胡适的红楼梦考证在红学史上的地位》，《红楼梦学刊》

1979 年第 2 辑。

《夏衍同志谈文化遗产的重要性》，《古籍整理出版情况简报》1980
年第 1 期，总第 73 期。

孙钦善：《戴震与古籍整理——兼谈对清代考据学派历史经验的批判
继承》，《北京大学学报》（哲学社会科学版）1980 年第 1 期。

邓绍基：《建国以来关于继承文学遗产的一些问题》，《文学遗产》
1980 年第 1 期。

李致忠：《唐代刻书考略》，《宁夏图书馆通讯》1980 年第 1 期。

倪士毅：《宋代目录学家晁公武和〈郡斋读书志〉》，《杭州大学学
报》（哲学社会科学版）1980 年第 1 期。

郭惠文整理，王重民遗著：《顾广圻的校勘学》，《吉林省图书馆学会
会刊》1980 年第 1 期。

裘锡圭：《考古发现的秦汉文字资料对于校读古籍的重要性》，《中国
社会科学》1980 年第 5 期。

李侃：《古籍的命运和新时期的需要》，《古籍整理出版情况简报》
1980 年第 5 期，总第 77 期。

裴汝成：《要尽快培养古籍整理人才》，《古籍整理出版情况简报》
1980 年第 6 期，总第 78 期。

谢国桢：《明清时代的目录学》，《历史教学》1980 年第 3 期。

萧之兴：《关于〈坎曼尔诗笺〉年代的疑问》，《光明日报》1980 年
11 月 8 日。

胡守为：《陈寅恪先生的考据方法及其在史学中的运用》，《学术研
究》1980 年第 4 期。

欧阳健：《重评胡适的〈水浒〉考证》，《学术月刊》1980 年第 5 期。

许碚生、李春秋：《我国古代藏书史话》，《四川图书馆学报》1980
年第 4 期。

郁鹏：《早期的私人藏书家（一）（二）》，《读书》1980 年第 5 期。

郁鹏：《宋代的藏书家（一）（二）（三）（四）》，《读书》1980 年第

5、6 期。

郁鹏：《元代的藏书家》，《读书》1980 年第 6 期。

郁鹏：《明代的藏书家（一）（二）》，《读书》1980 年第 6、7 期。

陈忠龙：《关于"考证"文章的意见》，《历史研究》1981 年第 1 期。

谈今：《古籍的分类问题》，《图书馆学刊》1981 年第 2 期

白寿彝：《关于整理古籍的几个问题》，《文献》1981 年第 10 辑。

戴逸：《古籍整理的五点建议》，《文献》1981 年第 10 辑。

刘乃和：《我的一些想法》，《文献》1981 年第 10 辑。

顾廷龙：《整理出版古籍小议》，《文献》1981 年第 10 辑。

《白寿彝先生谈古籍整理工作》，《古籍整理出版情况简报》1981 年
  第 5 期，总第 84 期。

张政烺：《加强古籍整理队伍建设，加快古籍整理出版速度》，《古籍
  整理出版情况简报》1981 年第 5 期，总第 84 期。

陈宏天：《为古籍整理工作培养更多更好的人才》，《古籍整理出版情
  况简报》1981 年第 5 期，总第 84 期。

李侃、赵守俨：《一定要把古籍整理工作抓紧搞好》，《古籍整理出版
  情况简报》1981 年第 5 期，总第 84 期。

张政烺：《加强古籍整理队伍建设，加快古籍整理出版速度》，《古籍
  整理出版情况简报》1981 年第 5 期，总第 84 期。

来新夏：《魏晋南北朝目录学成就概述》，《群众论丛》1981 年第
  6 期。

陈克明：《略论〈孙膑兵法〉》，《社会科学辑刊》1981 年第 6 期。

骆兆平：《天一阁刻书考略》，《图书馆研究与工作》1981 年第 4 期。

姜亮夫：《巴黎所藏敦煌写本〈道德经〉残卷叙录（上、下）》，《云
  南社会科学》1981 年第 2、3 期。

孙钦善：《古代校勘学概述（上、下）》，《文献》1981 年第 8、9 辑。

来新夏：《校勘与校勘学》，《历史教学》1981 年第 9 期。

王绍曾：《胡适〈校勘学方法论〉的再评价》，《学术月刊》1981 年

第 8 期。

范凤书：《中国历代藏书家资料辑要（一）（二）（三）（四）》，《河南图书馆季刊》1981 年第 3、4 期，1982 年第 1、2 期。

李一氓：《论古籍和古籍整理》，《人民日报》1982 年 1 月 20 日。

谭其骧：《当前最紧迫的任务是翻印古籍》，《文献》1982 年第 11 辑。

萧璋：《关于古籍整理的几点意见》，《文献》1982 年第 11 辑。

杨廷福：《古籍整理与培养人才并举刍议》，《文献》1982 年第 11 辑。

吴泽：《关于整理古籍的几点浅见》，《文献》1982 年第 12 辑。

周祖谟：《要培养整理古籍的人才》，《文献》1982 年第 13 辑。

刘宣：《中国历史文献研究会制订古籍整理和著述规划》，《文献》1982 年第 13 辑。

白寿彝：《关于历史文献学问题答客问》，《文献》1982 年第 14 辑。

孙钦善：《〈高适集〉版本考》，《文献》1982 年第 11 辑。

洪湛侯：《古籍的考辨》，《文献》1982 年第 12 辑。

王力：《关于古籍今译的一些意见》，《文献》1982 年第 14 辑。

孙钦善：《古代辨伪学概述（上、中、下）》，《文献》1982 年第 14、15、16 辑。

潘吉星：《〈天工开物〉版本考》，《自然科学史研究》1982 年第 1 期。

冀淑英：《关于版本的鉴别》，《山东图书馆学刊》1982 年第 1 期。

赵俪生：《光考据不行，还需要思辨》，《文史哲》1982 年第 2 期。

曹之：《古籍字体与版本鉴定》，《图书馆界》1982 年第 2 期。

戴逸：《汉学探析》，《清史研究集》（二），中国人民大学出版社 1982 年版。

黄炯旋：《试论梁启超对中国目录学的贡献》，《云南图书馆》1982 年第 4 期。

乔好勤：《略论我国 1919—1949 年的目录学》，《云南图书馆》1982 年第 1 期。

胡代炜：《开掘宝藏，做好湖南古籍整理出版工作》，《求索》1982年第4期

楚庄：《经史子集——我国的古籍及其分类》，《天津师大学报》1982年第5期。

谭纪、刘显才：《社会主义精神文明是历史遗产的继承与发展》，《学术论坛》1982年第4期。

任嘉禾：《史料间的矛盾与考据中的判断——兼论郭沫若对判断原则的变革》，《内蒙古大学学报》（哲学社会科学版）1982年第3、4期。

程磊：《古代书院藏书流通的传统》，《宁夏图书馆通讯》1982年第2期。

李更旺：《先秦至南北朝官府藏书设置考——兼对〈中国古代图书事业史一览表（上）〉补遗》，《图书馆学刊》1982年第4期。

罗蔚文：《清代扬州大藏书家马曰琯》，《扬州师院学报》（社会科学版）1982年第2期。

苏双碧：《建设社会主义精神文明和历史遗产的批判继承》，《社会科学研究》1983年第1期。

李学勤：《马王堆帛书与〈鹖冠子〉》，《江汉考古》1983年第2期。

曹淑文：《四部分类顺序的确定者李充》，《图书与情报》1983年第3期。

崔健英：《中国古籍分类问题初析》，《图书馆学研究》1983年第4期。

姜亮夫：《古籍辨伪私议——有关古籍整理研究的若干问题之四》，《学术月刊》1983年第6期。

来新夏：《清代考据学述论》，《南开学报》（哲学社会科学版）1983年第3期。

胡如雷：《对出版古籍的几点建议》，《古籍整理出版情况简报》1983年第104期。

杨向奎：《马克思主义史学如何看待考据》，《中国史研究》1983 年第 2 期。

刘重来：《关于〈逸周书〉的一桩悬案》，《西南师范学院学报》（人文社会科学版）1983 年第 1 期。

王俊义：《清代的乾嘉学派》，《文史知识》1983 年第 3 期。

陈光贻：《辑佚学的起源，发展和工作要点》，《史学史研究》1983 年第 1 期。

申畅：《大梁书院及其藏书》，《河南图书馆学刊》1983 年第 3 期。

刘意成：《古代私人藏书家对保存图书文献的贡献》，《赣图通讯》1983 年第 4 期。

范凤书：《私人藏书楼命名考析》，《河南图书馆学刊》1983 年第 4 期。

黄燕生：《宋代藏书家尤袤》，《图书馆杂志》1984 年第 2 期。

王余光：《顾颉刚在中国历史文献学上的贡献——关于辨伪方法的理论与实践》，《四川图书馆学报》1984 年第 4 期。

李庆：《顾千里对校勘学的贡献》，《复旦学报》（社会科学版）1984 年第 3 期。

孙钦善：《清代考据家兼思想家戴震》，《文史知识》1984 年第 2 期。

许嘉璐：《中学课本文言文注释商榷（续）——兼论注释学的研究》，《北京师范大学学报》1984 年第 3 期。

吴聿明：《我国古代图书流通述略》，《四川图书馆学报》1984 年第 3 期。

浦保清：《略谈古代的图书流通》，《图书馆工作与研究》1984 年第 4 期。

罗敏文：《中国古代藏书史话》，《图书馆》1984 年第 1、3、5 期。

瞿凤起：《乾隆中苏城四大藏书家》，《文献》1984 年第 22 辑。

来新夏：《如何应用与看待考据》，《社会科学战线》1985 年第 1 期。

李致忠：《北京图书馆藏善本书叙录（一）（二）（三）（四）》，《文献》1985 年第 1、2、3、4 期。

王宏川：《浅谈利用刻工鉴定古籍》，《河南图书馆学刊》1985 年第
　2 期。

王国强：《略论我国古代图书分类体系的沿革及其原因》，《河南图书
　馆学刊》1985 年第 3 期。

戚立煌：《也谈历史研究的任务和目的问题》，《光明日报》1985 年 6
　月 12 日第 3 版。

一波：《校勘学法则与杜诗填补》，《社会科学》1985 年第 5 期。

陈祖武：《从清初的反理学思潮看乾嘉学派的形成》，《清史论丛》第
　6 辑，中华书局 1985 年版。

程金造：《论史记三家注》，《文史》1979 年第 7 辑。

胡道静：《网罗遗文的事业和学问：辑佚工作与辑佚学》，《上海社会
　科学院学术季刊》1985 年第 2 期。

王晋卿：《我国私家藏书及其目录》，《图书与情报》1985 年第 4 期。

范凤书：《四川藏书家资料汇辑》，《四川图书馆学报》1985 年第
　6 期。

程焕文：《关于私人藏书家的分类》，《宁夏图书馆通讯》1985 年第
　4 期。

袁行云：《清人诗集叙录（上、下）》，《社会科学战线》1986 年第 1、
　2 期。

余东：《古籍分类应在四库法基础上进行发展》，《广东图书馆学刊》
　1986 年第 4 期。

胡有猷：《中国古籍注释概说》，《益阳师专学报》1986 年第 1 期。

徐德明：《辑佚学应成为一门独立的学科》，《古籍整理研究学刊》
　1986 年第 2 期。

范凤书：《江西历代藏书家资料汇辑》，《赣图通讯》1986 年第 2 期。

范凤书：《藏书家与国家图书事业发展之关系》，《四川图书馆学报》
　1986 年第 4 期。

徐雁：《我国古代藏书实践和藏书思想的历史总结——中国古代藏书学述略》，《四川图书馆学报》1986 年第 1 期。

黄景行：《解题目录叙略》，《四川图书馆学报》1987 年第 3 期。

曹之：《关于古籍分类的几个问题》，《武汉大学学报》（社会科学版）1987 年第 2 期。

陈超：《古籍分类不宜只采用四库法》，《图书馆理论与实践》1987 年第 4 期。

易孟醇：《〈史记〉版本考索》，《中国出版》1987 年第 2 期。

李金荣：《雕版印刷起源考》，《图书与情报》1987 年第 1 期。

高正：《清代考据家的义理之学》，《文献》1987 年第 4 期。

吴怀琪：《王国维的二重证据法和古史新证论》，《河北学刊》1987 年第 5 期。

牛润珍：《论历史研究的"三重证法"》，《河北学刊》1987 年第 2 期。

徐德林：《严可均辑佚方法初探》，《古籍整理研究学刊》1987 年第 4 期。

程焕文：《藏而致用 流通开放——中国古代私人藏书的本质和主流》，《图书馆学研究》1987 年第 4 期。

刘尚恒：《安徽私家藏书述略》，《安徽史学》1987 年第 1 期。

施礼康：《古代上海地区私家藏书概述》，《史林》1987 年第 3 期。

齐秀荣：《山东古代私家藏书简述》，《山东图书馆季刊》1987 年第 2 期。

曹书杰：《古籍整理与电子计算机应用研究的思考》，《古籍整理研究学刊》1988 年第 1 期。

王国强：《我国私家藏书的起源试探》，《山东图书馆季刊》1988 年第 1 期。

黄永年：《培养文献学研究生的经验体会》，《古籍整理出版情况简报》1988 年第 202 期。

孔繁士：《古籍整理与精神文明建设》，《殷都学刊》1988 年第 2 期。

李开：《王夫之的注释学思想初探》，《船山学报》1988 年第 2 期。

朱金甫：《建国以来明清档案史料编纂工作概论》，中国档案学会档案文献编纂学术委员会编：《建国以来档案文献编纂工作得失研讨论文集》，档案出版社 1988 年版。

李永球：《论校勘学的起源与发展》，《高校图书馆工作》1988 年第 3 期。

许殿才：《卢文弨校勘学述》，《史学史研究》1988 年第 3 期。

韩淑举：《清代书院藏书初探》，《山东图书馆季刊》1988 年第 3 期。

陈漱渝：《作伪和辨伪》，《求是》1988 年第 5 期。

吴怀祺：《中国近代考据学和王国维的"古史新证"》，《北京师范大学学报》（社会科学版）1989 年第 1 期。

郑伟章：《方功惠碧琳琅馆藏书刻书考》，《求索》1989 年第 1 期。

顾志华：《黄丕烈与校勘学》，《古籍整理研究学刊》1989 年第 2 期。

郝润华：《顾炎武与清代考据学》，《西北师大学报》（社会科学版）1989 年第 2 期。

叶树声：《乾嘉校勘学概说》，《安徽大学学报》1989 年第 4 期。

钱存训：《〈文献〉创刊十周年纪念祝词》，《文献》1989 年第 4 期。

钱仲联：《〈文献〉读后感》，《文献》1989 年第 4 期。

缪钺：《〈文献〉杂志创刊十周年感言》，《文献》1989 年第 4 期。

张岱年：《〈文献〉杂志建刊十周年感言》，《文献》1989 年第 4 期。

胡道静：《"务实""求是"学风的胜利》，《文献》1989 年第 4 期。

唐圭璋：《刻感与期望——庆祝〈文献〉创刊十周年》，《文献》1989 年第 4 期。

张三夕：《宋诗宋注管窥》，《古籍整理与研究》1989 年第 4 期。

刘乾先：《古籍今译势在必行大有可为》，《古籍整理研究学刊》1989 年第 5 期。

管成学、冯秋季：《建国后科技古籍整理述略》，《古籍整理研究学刊》1989 年第 5 期。

木舌：《古籍整理四十年大事记》，《古籍整理研究学刊》1989 年第
　　5 期。

孙钦善：《章学诚的古文献学思想和成就》，《北京大学学报》（哲学
　　社会科学版）1989 年第 5 期。

齐世荣：《杨妃入道之年考读后——兼论考据在史学研究中的作用和
　　地位》，《北京师范大学学报》（社会科学版）1989 年第 5 期。

韩格平：《训诂学能否演进为中国古籍注释学——建国以来训诂学研
　　究的回顾与展望》，《古籍整理研究学刊》1989 年第 5 期。

林申清：《清末四大藏书楼藏书印考》，《图书馆杂志》1989 年第
　　6 期。

曾主陶：《中国古代文献流通管理（一）》，《图书馆》1989 年第
　　6 期。

曾主陶：《中国古代文献流通管理（二)》，《图书馆》1990 年第
　　2 期。

郑良树：《古籍真伪考辨的过去与未来》，《文献》1990 年第 2 期。

曹书杰：《辑佚与辑佚学》，《古籍整理研究学刊》1990 年第 2 期。

黄永年：《〈忠王李秀成自述〉原稿抽毁辨》，《陕西师大学报》（哲
　　学社会科学版）1990 年第 4 期。

陈铁民：《〈王维集〉版本考》，《古籍整理与研究》1990 年第 5 期。

华世铣：《钱大昕的考据方法简论》，《云南民族学院学报》1991 年
　　第 1 期。

贾秀丽：《宋元书院刻书与藏书》，《图书馆论坛》1991 年第 2 期。

汪受宽：《试论钱大昕的历史考证学》，《兰州大学学报》1991 年第
　　2 期。

王俊义：《论乾嘉学派的学术成就与历史局限》，《社会科学辑刊》
　　1991 年第 2 期。

赵光贤：《崔述在古史辨伪上的贡献和局限》，《史学史研究》1991

年第 2 期。

孙钦善：《论王守仁的古文献学思想》，《古籍整理研究学刊》1991 年第 2 期。

曹之：《明代藩府刻书考》，《图书与情报》1991 年第 2 期。

石洪运：《版本学基础理论研究述评》，《黑龙江图书馆》1991 年第 3 期。

杨镰：《〈坎曼尔诗笺〉辨伪》，《文学评论》1991 年第 3 期。

漆永祥：《论段、顾之争对乾嘉校勘学的影响》，《古籍整理研究学刊》1991 年第 3 期。

刘浦江：《再论〈大金国志〉的真伪——兼评〈大金国志校证〉》，《文献》1990 年第 3 期。

程毅中：《古籍校勘释例》，《书品》1991 年第 4 期。

黄镇伟：《辨伪学研究书录》，《贵图学刊》1991 年第 4 期。

李国新：《论中国传统目录结构体系的哲学基础》，《北京大学学报》（哲学社会科学版）1991 年第 4 期。

任继愈：《"伪书"并不全伪》，《群言》1991 年第 6 期。

葛志毅：《史重人事 长于征实——中国传统史学中的考据方法评述》，《历史教学》1991 年第 11 期。

魏亚南：《一位老革命家的志趣——李一氓与中国古籍》，《古籍整理出版情况简报》1991 年第 238 期。

阴法鲁：《古籍今译问题商榷》，《中国典籍与文化》1992 年第 1 期。

杨忠：《古籍今译四议》，《中国典籍与文化》1992 年第 1 期。

冀叔英：《黄奭对辑佚工作的贡献》，《北京图书馆馆刊》1992 年第 1 期。

王增清：《论中国古代的书院藏书》，《湖州师专学报》1992 年第 1 期。

农卫东：《梁启超文献学思想研究》，《广西师范大学学报》（哲学社会科学版）1992 年第 1 期。

谷亚成、张芳梅：《秦汉私家藏书略述》，《西北大学学报》（哲学社会科学版）1992 年第 2 期。

季羡林：《漫谈古书今译》，《群言》1992 年第 2 期。

许嘉璐：《说今译》，《中国典籍与文化》1992 年第 2 期。

柯平：《关于目录学文化研究的思考》，《武汉大学学报》（哲学社会科学版）1993 年第 2 期。

庞祖喜：《王鸣盛的文献学思想及其实践》，《广西师范大学学报》（哲学社会科学版）1992 年第 3 期。

许殿才：《卢文弨著述叙录》，《文献》1992 年第 3 期。

乔治忠：《乾隆皇帝的史地考据学成就》，《社会科学辑刊》1992 年第 3 期。

林申清：《藏书家印鉴概述》，《图书与情报》1992 年第 4 期。

卢心铭：《〈资治通鉴〉今译体例的一个创新——兼谈当前"古籍今译热"》，《古籍整理研究学刊》1992 年第 5 期。

刘范弟：《〈三国志今译〉误译举隅》，《古籍整理研究学刊》1992 年第 6 期。

曹书杰：《黄奭及其辑佚活动始末考》，《东北师大学报》1992 年第 5 期。

漆永祥：《钱大昕校勘学述论》，《古籍整理研究学刊》1993 年第 1 期。

暴鸿昌：《袁枚与乾嘉考据学》，《史学月刊》1993 年第 1 期。

王国强：《关于中国古籍版本学基础理论研究现状述评》，《河南图书馆学刊》1993 年第 1 期。

周光庆：《中国古典解释学研究刍议》，《华中师范大学学报》1993 年第 2 期。

周光庆：《朱熹经典解释方法论探析》，《华中师范大学学报》1993 年第 2 期。

谢灼华、石宝军：《中国文献学研究发展述略》，《中国图书馆学报》

1993 年第 2 期。

黄爱平：《钱大昕与乾嘉考据史学》，《清史研究》1993 年第 3 期。

黄建国：《试论我国古籍四部分类的形成和发展》，《杭州大学学报》
　　（哲学社会科学版）1993 年第 3 期。

王世学：《〈四库全书〉与清代辑佚》，《中国图书馆学报》1993 年第
　　3 期。

向燕南：《刘乃和教授谈当前历史文献学的研究》，《史学史研究》
　　1993 年第 3 期。

张清常：《古籍今译与"信、达、雅"》，《语言教学与研究》1993 年
　　第 4 期。

姚伯岳：《试论中国古籍分类的历史走向》，《图书馆理论与实践》
　　1993 年第 4 期。

曾贻芬：《朱熹的注释和辨伪》，《史学史研究》1993 年第 4 期。

路新生：《崔述与顾颉刚》，《历史研究》1993 年第 4 期。

邵宁宁、王晶波：《古籍今译与现代文化建构》，《中国典籍与文化》
　　1993 年第 4 期。

程毅中：《古代校勘学的得失与当代古籍整理》，《传统文化与现代
　　化》1993 年第 4 期。

李葆华：《乾嘉考据学者的理想追求》，《求是学刊》1993 年第 5 期。

高路明：《古籍目录与中国古代学术》，《北京大学学报》（哲学社会
　　科学版）1993 年第 5 期。

闵定庆：《叙录体目录生成的文化机制——〈七略〉研究之一》，《古
　　籍整理研究学刊》1993 年第 5 期。

漆永祥：《段玉裁校勘学述论》，《古籍整理研究学刊》1993 年第
　　6 期。

白寿彝：《谈历史文献学》，《白寿彝史学论集》，北京师范大学出版
　　社 1994 年版。

白寿彝：《再谈历史文献学》，《白寿彝史学论集》，北京师范大学出

版社 1994 年版。

周少川：《浅谈建立文献学的理论体系》，《历史文献研究》北京新五辑，北京师范大学出版社 1994 年版。

田奕：《古籍整理与研究的电脑化》，《中国文化》1994 年第 1 期。

曹之：《雕版印刷起源说略》，《传统文化与现代化》1994 年第 1 期。

张升：《对清代辑佚的两点认识》，《文献》1994 年第 1 期。

周勋初：《〈唐语林校证〉惨淡经营始末》，《古典文学知识》1994 年第 2 期。

赵光贤：《〈逸周书·作洛〉篇辨伪》，《文献》1994 年第 2 期。

叶舒宪：《国学方法论的现代变革》，《文史哲》1994 年第 3 期。

胡可先：《汉代辨伪略说》，《徐州师范学院学报》1994 年第 3 期。

牟玉亭：《古书作伪原因考》，《古籍整理研究学刊》1994 年第 3 期。

暴鸿昌：《章学诚与乾嘉考据学派》，《北方论丛》1994 年第 4 期。

张三夕：《书林盛事 学术大业——读程千帆、徐有富著〈校雠广义·目录编〉〈版本编〉札记》，《南京大学学报》1994 年第 4 期。

杨文柱：《〈三国志今译〉指疵——兼对古籍今译工作谈点意见》，《天津师大学报》（社会科学版）1994 年第 5 期。

傅荣贤：《中国古代图书分类的基本特征》，《四川图书馆学报》1994 年第 5 期。

杨向奎：《历史考据学的三重证》，《中国社会科学院研究生院学报》1994 年第 5 期。

张升：《论清代辑佚兴盛的原因》，《古籍整理研究学刊》1994 年第 5 期。

敏泽：《关于古籍今译问题》，《人民日报》1995 年 1 月 24 日。

周铁强：《近年来古籍版本学理论研究评述》，《上海高校图书情报学报》1995 年第 1 期。

李雄飞：《以人物为主线鉴定古籍版本的几个实例》，《津图学刊》1995 年第 1 期。

牟玉亭：《古籍辨伪学史述略》，《珠海教育学院学报》1995 年第
　1 期。

杨昶：《中国传统辨伪学散论》，《荆楚文史》1995 年第 2 期。

蒋寅：《〈杜诗详注〉与古典诗歌注释学之得失》，《杜甫研究学刊》
　1995 年第 2 期。

张政烺：《关于古籍今注今译》，《传统文化与现代化》1995 年第
　4 期。

傅荣贤：《中国古代图书分类的标识符号》，《图书与情报》1995 年
　第 4 期。

傅荣贤：《论中国古代图书分类的价值取向》，《江苏图书馆学报》
　1995 年第 4 期。

漆永祥：《乾嘉考据学家臧庸》，《西北师大学报》（社会科学版）
　1995 年第 5 期。

骆伟：《〈聊斋志异〉版本研究》，《图书馆论坛》1995 年第 5 期。

苍铭：《整理藏文古籍　弘扬藏族优秀文化传统——五省区藏文古籍
　第四次协作会议综述》，《民族工作》1995 年第 7 期。

于宝华：《私家藏书的历史变迁》，《津图学刊》1996 年第 2 期。

管敏义：《略论古籍今译》，《宁波师院学报》（社会科学版）1996 年
　第 2 期。

胡楚生：《四十年来台湾地区子部古籍校释整理之成果及其检讨》，
　《书目季刊》1996 年第 30 卷第 2 期。

刘兆祐：《台湾地区博硕士论文在整理古籍方面之成果并论古籍整理
　人才之培育》，《书目季刊》1996 年第 30 卷第 2 期。

汤志钧：《经史纠误和辨明真伪》，《史林》1996 年第 3 期。

丁鼎：《王国维、陈寅恪史学考据比较论》，《文史哲》1996 年第
　3 期。

邓洪波：《试论书院藏书的管理体系》，《图书馆理论与实践》1996
　年第 3 期。

杨杞：《台湾古籍整理工作述评》，《台湾研究》1996 年第 4 期。

黄永年：《论古籍的选注选译》，《古籍研究》1996 年第 4 期。

傅荣贤：《中国古代图书分类的形式结构——以线性次序为基础的结构模式》，《图书与情报》1996 年第 4 期。

庞天佑：《理学与宋代考据学》，《湛江师范学院学报》（哲学社会科学版）1996 年第 4 期。

邓洪波：《元代书院的藏书事业》，《图书馆》1996 年第 4 期。

傅荣贤：《中国古代图书分类的表义倾向》，《四川图书馆学报》1996 年第 4 期。

邓洪波、樊志坚：《明代书院的藏书事业》，《江苏图书馆学报》1996 年第 5 期。

刘尚荣：《中华书局"三苏"系列图书述评》，《古籍整理出版情况简报》1999 年第 6 期。

宗胜利：《80 年代"文化热"研究综述》，《理论前沿》1996 年第 16 期。

林庆彰：《中央研究院中国文哲研究所整理古籍的现况》，《中国文哲研究通讯》1996 年第 6 卷第 2 期。

彭正雄：《台湾地区古籍整理及其贡献》，《衡阳师专学报》（社会科学）1997 年第 1 期

傅荣贤：《论传统目录学之伦理观》，《四川图书馆学报》1997 年第 2 期。

叶树声：《梁启超对辨伪学的贡献》，《淮北煤师院学报》（社会科学版）1997 年第 2 期。

王蓓：《论梅本古文〈尚书〉的渊源》，《文献》1997 年第 2 期。

王记录：《钱大昕历史考据学的渊源、理论和方法》，《山西师大学报》（社会科学版）1997 年第 2 期。

简文晖：《浅谈我国古代注释方法的种类及其演变》，《古籍整理研究学刊》1997 年第 2 期。

宋丹：《明代北京官方刻书考》，《北京高校图书馆学刊》1997 年第
　　3 期。

何砚华：《校勘学在宋代的发展》，《广西教育学院学报》1997 年第
　　4 期。

刘炜：《上海图书馆古籍数字化的初步尝试》，《图书馆杂志》1997
　　年第 4 期。

来新夏：《中国藏书文化的基本理论》，《书城》1997 年第 5 期。

来新夏：《中国的藏书文化与人文主义精神》，《图书馆》1997 年第
　　5 期。

王小琪：《古籍整理出版亟待规范化》，《社科信息文荟》1997 年第
　　9 期。

肖克之：《古籍受墨特点与版本鉴定》，《收藏》1997 年第 10 期。

谢清俊、林晰：《"中央研究院"古籍全文资料库的发展概要》，《中
　　文计算语言学期刊》1997 年第 1 期。

王国强：《中国古典目录学新论》，《图书与情报》1992 年第 1 期。

张春蕾：《从古典目录中看中国传统知识结构的演变》，《湖北师范学
　　院学报》（哲学社会科学版）1998 年第 1 期。

陈秉仁：《古籍善本数字化的尝试——中国古籍善本查阅系统述略》，
　　《现代图书情报技术》1998 年第 1 期。

邵东方：《论崔述的考据学与清代汉学之关系》，《清史研究》1998
　　年第 1 期。

罗志田：《"新宋学"与民初考据史学》，《近代史研究》1998 年第
　　1 期。

余敏辉：《吴缜的校勘学成就》，《史学史研究》1998 年第 2 期。

周少川：《古代私家藏书措理之术管窥》，《中国典籍与文化》1998
　　年第 3 期。

周少川：《论古代私家藏书的类型》，《文献》1998 年第 4 期。

管锡华：《乾隆四库谕文献学思想初探》，《中国文化研究》1998 年

第 4 期。

曹书杰：《黄奭辑佚书版本考》，《古籍整理研究学刊》1998 年第 6 期。

汤勤福：《论朱熹的考据学》，《北方论丛》1998 年第 6 期。

雷晓静：《当代回族古籍整理事业的开拓与发展》，《回族研究》1999 年第 1 期。

傅荣贤：《中国古代图书分类的意义建构》，《四川图书馆学报》1999 年第 1 期。

漆永祥：《俞樾〈古书疑义举例〉系袭江藩〈经解入门〉而成》，《中国语文》1999 年第 1 期。

史睿：《论中国古籍的数字化与人文学术研究》，《北京图书馆馆刊》1999 年第 2 期。

陈方：《解题目录体例评议》，《图书馆论坛》1999 年第 2 期。

曹之、司马朝军：《20 世纪版本学研究综述》，《图书与情报》1999 年第 3 期。

黄永年：《碑刻学》，《新美术》1999 年第 3 期。

傅杰：《清代校勘学述略》，《浙江学刊》1999 年第 3 期。

黄亚平：《古籍注释类型刍议》，《西北师大学报》（社会科学版）1999 年第 3 期。

孙建越：《中华古籍的数字化——〈文渊阁四库全书〉电子版》，《中国电子出版》1999 年第 4 期。

杨绪敏：《明清辨伪学的成立及古书辨伪之成就》，《中国社会科学院研究生院学报》1999 年第 4 期。

曹书杰：《辑佚学的性质对象任务内容和意义》，《古籍整理研究学刊》1999 年第 4 期。

周少川：《继往开来，迈向新世纪——中国历史文献研究会成立 20 周年回顾》，《历史文献研究》（总第 19 辑），华中师范大学出版社 2000 年版。

李运富：《谈古籍电子版的保真原则和整理原则》，《古籍整理研究学刊》2000年第1期。

金良年：《面临新世纪的古籍出版业》，《古籍整理出版情况简报》2000年第2期，总348期。

庄华峰：《汤球对两晋十六国史书的辑佚》，《史学史研究》2000年第2期。

邹志峰：《宋代考据史学三题》，《史学史研究》2000年第3期。

邹志峰：《宋代历史考据学的兴起及其发展演变》，《文献》2000年第4期。

王达：《中国明清时期农书总目》，《中国农史》2001年第1、2、3、4期、2002年第1期。

杨洪：《简议清代考据学》，《华夏文化》2000年第1期。

何顺果：《考据是必要的》，《史学理论研究》2000年第1期。

周少川、刘蔷：《古代私家藏书楼的构建与命名》，《中国典籍与文化》2000年第1期。

周少川：《陈垣：20世纪的历史考据大师》，《历史教学》2000年第1期。

王心裁：《试论中国目录学传统》，《大学图书馆学报》2000年第3期。

牛润珍：《陈垣与20世纪中国新考据学》，《史学史研究》2000年第4期。

冯浩菲：《中国文献学的现状及历史文献学的定位》，《学术界》2000年第4期。

吴江：《考据之学未可废》，《炎黄春秋》2000年第10期。

盛巽昌：《史料亦需打假》，《社会科学报》2000年12月4日。

曹书杰：《20世纪的辑佚学研究（1949年以前）》，《淮阴师范学院学报》（哲学社会科学版）2000年第5期。

曹书杰：《20世纪辑佚学研究（1950—1998）》，《淮阴师范学院学报》（哲学社会科学版）2001 年第 1 期。

曹书杰：《中国辑佚学研究百年》，《东南学术》2001 年第 5 期。

王纯：《陈垣文献学思想评述》，《图书与情报》2001 年第 1 期。

冯广宏：《考古发现对辨伪学的冲击》，《文史杂志》2001 年第 1 期。

邓瑞全：《陈垣与〈校勘学释例〉》，《五邑大学学报》（社会科学版）
　　2001 年第 3 期。

章继光：《陈垣先生对校勘学的贡献》，《五邑大学学报》（社会科学
　　版）2001 年第 3 期。

龚咏梅：《顾颉刚对清代考据学的论辩》，《探索与争鸣》2001 年第
　　3 期。

黄顺荣、傅荣贤：《传统目录学本质特征论》，《图书馆理论与实践》
　　2001 年第 4 期。

舒大刚：《苏轼〈东坡书传〉叙录》，《西南民族学院学报》（哲学社
　　会科学版）2001 年第 4 期。

傅荣贤：《中国古代目录学研究之我见》，《图书与情报》2001 年第
　　4 期。

李振华：《古籍今译的文化探讨》，《江汉大学学报》2001 年第 5 期。

胡楚生：《杨家骆教授整理古籍之成果——以编刊〈中国学术名著〉
　　为例》，《书目季刊》2001 年第 35 卷第 2 期。

马建农：《对古籍出版发行工作的一点思考》，《古籍整理出版情况简
　　报》2001 年第 11 期，总 369 期。

罗凤珠：《台湾地区中国古籍数位化的现况与展望》，《书目季刊》
　　2001 年第 35 卷第 1 期。

陈雪华：《台湾地区数位化典藏与资源组织相关计划之发展》，《图书
　　资讯学刊》2001 年第 16 期。

张三夕：《简论电子时代历史文献的整理与研究》，《历史文献研究》
　　总第 21 期，华中师范大学出版社 2002 年版。

周国林：《关于古籍今译的几点思考》，《中国古代历史文化研究论

集——熊铁基先生七十华诞纪念》，华中师范大学出版社 2002年版。

范凤书、张德新：《唐、五代私家藏书述略》，《图书馆理论与实践》2002 年第 1 期。

邹华清：《为清代考据学辩护》，《出版科学》2002 年第 2 期。

黄亚平：《建设古籍注释研究理论框架的重要意义》，《古籍整理研究学刊》2002 年第 3 期。

韩格平：《略谈古籍注释中的逻辑思维》，《古籍整理研究学刊》2002年第 3 期。

周少川：《文化情结：中国古代私家藏书心态探微》，《图书馆学研究》2002 年第 6 期。

周少川：《中国古代私家藏书文化研究论纲》，《中国图书馆学报》2002 年第 6 期。

王育红：《近 50 年来中国古籍出版的成就、缺失及其对策》，《中国出版》2002 年第 3 期。

陈耀盛：《中国目录学学术思想史论纲》，《图书馆杂志》2002 年第 5 期。

傅荣贤：《中国古代目录学的学科自省》，《图书馆理论与实践》2002年第 2 期。

傅荣贤：《中国古代目录学是一门成熟的学科吗?》，《图书馆杂志》2002 年第 6 期。

傅荣贤：《中国古代目录学的历史学宿命及其还原》，《图书馆杂志》2002 年第 10 期。

陈志伟、韩建立：《〈西厢记〉版本述要》，《图书馆学研究》2002 年第 10 期。

姚伯岳、张丽娟、于义芳、廖三三：《古籍元数据标准的设计及其系统实现》，《大学图书馆学报》2003 年第 1 期。

陈祖武：《乾嘉学派研究与乾嘉学术文献整理》，《光明日报》2003

年 4 月 22 日。

周少川：《藏书与文化——中国古代私家藏书文化研究刍议》，《安徽
　　大学学报》2003 年第 2 期。

司马朝军：《〈四库全书总目〉与古籍版本鉴定》，《图书情报知识》
　　2003 年第 2 期。

李明杰：《20 世纪中国古籍版本学史研究综述》，《古籍整理研究学
　　刊》2003 年第 2 期。

张灿玾：《新中国中医文献整理研究工作简要回顾》，《中医文献杂
　　志》2003 年第 3 期。

余敏辉：《欧阳修校勘学述论》，《史学史研究》2003 年第 3 期。

李峰、闫喜琴：《王夫之的考据学》，《船山学刊》2003 年第 3 期。

王佳靖：《浅谈计算机手段的介入对考据学的影响》，《安徽广播电视
　　大学学报》2003 年第 3 期。

张谦元：《辨伪学论纲》，《甘肃社会科学》2003 年第 4 期。

杨善群：《古文〈尚书〉流传过程探讨》，《学习与探索》2003 年第
　　4 期。

顾宏义：《宋代国子监刻书考论》，《古籍整理研究学刊》2003 年第
　　4 期。

徐寿芝：《古代寺观藏书及整理》，《图书馆理论与实践》2003 年第
　　6 期。

来新夏：《藏书家文化心态的共识和分野》，《博览群书》2003 年第
　　8 期。

杨虎：《港台地区古籍数字化资源述略》，《电子出版》2003 年第
　　8 期。

李致忠：《继绝存真，传本扬学——〈中华再造善本〉编纂出版情况
　　简介》，《中国出版》2003 年第 9 期。

张继红：《浅议古籍普及读物出版的几个问题》，《中国出版》2003
　　年第 10 期。

许逸民:《关于制作古籍数据库的几点想法》,《古籍整理出版情况简报》2003 年第 11 期,总第 393 期。

林梅村:《中国古代藏书考》,《考古学研究》2003 年。

孙钦善:《清代考据学的分期和派别》,《中国文化研究》2004 年第 1 期。

张一民:《我国古代私人藏书活动中的流通家》,《图书馆理论与实践》2004 年第 1 期。

吴春梅:《略论梁启超的历史文献学思想》,《安徽大学学报》(哲学社会科学版) 2004 年第 2 期。

瞿林东:《论魏晋至隋唐的历史文献学思想》,《安徽大学学报》(哲学社会科学版) 2004 年第 2 期。

方如金、陈欣:《王应麟的考据学理论及其对清代的影响》,《安徽师范大学学报》(人文社会科学版) 2004 年第 2 期。

费愉庆:《中国古代官府藏书机构考》,《当代图书馆》2004 年第 3 期。

葛菜云:《结合陈垣〈校勘学释例〉谈谈古书校勘的方法》,《宿州教育学院学报》2004 年第 3 期。

肖雪:《论陈垣先生的历史文献学思想》,《图书与情报》2004 年第 3 期。

陈力:《二十世纪古籍辨伪学之检讨》,《文献》2004 年第 3 期。

杨绪敏:《明代求实思潮的兴起与考据学的成就及影响》,《江苏社会科学》2004 年第 4 期。

李帆:《近代中国学术史上的戴震——以清末民初学者对其考据学之"科学"性的评估为核心》,《黄山学院学报》2004 年第 4 期。

蔡炜:《我国古代图书流通情况述略》,《四川图书馆学报》2004 年第 5 期。

李广德、许福明、吴奇才:《孔子文献学思想和方法研究》,《图书馆理论与实践》2004 年第 5 期。

傅荣贤：《文献阐释和中国古代目录学》，《图书馆》2004 年第 6 期。

杜敏：《论典籍注释传意的客观性》，《陕西师范大学学报》（哲学社会科学版）2004 年第 6 期。

傅璇琮：《关于〈中国古籍整理出版十年规划和"八五"计划〉制订工作情况说明》，《唐宋文史论及其他》，大象出版社 2004 年版。

舒大刚：《〈儒藏〉编纂之分类体系初探》，《国际儒学研究》第 13 辑，成都时代出版社 2004 年版。

陈尚君：《断代文学全集的学术评价——〈全宋诗〉成就得失之我见》，《文汇报》2004 年 11 月 14 日。

李铎、王毅：《关于古代文献信息化工程与古典文学研究之间互动关系的对话》，《文学遗产》2005 年第 1 期。

高长青：《叙录体的创立对后世目录学的影响——兼论目录学的演变和发展》，《甘肃社会科学》2005 年第 1 期。

陈正宏：《域外汉籍及其版本鉴定概说》，《中国典籍与文化》2005 年第 1 期。

吴建伟：《浅谈刘知几对经史的辨伪方法》，《河南图书馆学刊》2005 年第 1 期。

陈修亮：《卢文弨校勘学思想与方法》，《古籍整理研究学刊》2005 年第 1 期。

柯平：《中国目录学的现状与未来》，《图书馆杂志》2005 年第 3 期。

杨善群：《辨伪学的歧途——评〈尚书古文疏证〉》，《淮阴师范学院学报》（哲学社会科学版）2005 年第 3 期。

李格：《陈云与古籍整理》，《史学史研究》2005 年第 4 期。

张志云：《顾千里的校勘学——思想与方法》，《古籍整理研究学刊》2005 年第 4 期。

徐道彬、杨应芹：《戴震辑佚成就述论》，《安徽大学学报》（哲学社会科学版）2005 年第 4 期。

臧其猛：《王仁俊的辑佚学成就》，《淮北煤炭师范学院学报》（哲学社会科学版）2005 年第 4 期。

张子侠：《关于中国历史文献学基本理论的几点认识》，《安徽大学学报》（哲学社会科学版）2005 年第 4 期。

陈其泰：《王国维"二重证据法"的形成及其意义（上、下）》，《北京行政学院学报》2005 年第 4、5 期。

郑永晓：《古籍数字化与古典文学研究的未来》，《文学遗产》2005 年第 5 期。

刘蔷：《论孙星衍的考据学思想及实践》，《清华大学学报》（哲学社会科学版）2005 年第 6 期。

杜小保：《古代藏书楼图书流通研究》，《河南理工大学学报》（社会科学版）2005 年第 6 期。

徐春燕：《清初河南藏书家宋荦》，《河南图书馆学刊》2005 年第 6 期。

欧阳健：《数字化与〈三国演义〉版本研究论》，《东南大学学报》（哲学社会科学版）2005 年第 7 期。

徐雁平：《私家藏书之兴衰与社会文化之变迁》，《博览群书》2005 年第 9 期。

舒大刚：《儒藏总序——论儒学文献整理的必要性和紧迫性》，《西南民族大学学报》（人文社会科学版）2005 年第 9 期。

许嘉璐：《注释学刍议》，《语言文字学论文集》，商务印书馆 2005 年版。

李致忠：《中国版本学及其研究方法》，《文献》2006 年第 1 期。

郑杰文：《〈墨子〉引〈书〉与历代〈尚书〉传本之比较——兼议"伪古文〈尚书〉"不伪》，《孔子研究》2006 年第 1 期。

汤一介：《我们为什么要编纂〈儒藏〉?》，《北京大学学报》2006 年第 2 期。

孙琴：《国内古籍特色数据库建设现状分析》，《四川图书馆学报》2006 年第 2 期。

郭明道：《王氏父子的校勘学：思想、方法和成就》，《社会科学家》
　2006 年第 2 期。

郑永晓：《古籍数字化对学术的影响及其发展方向》，《社会科学管理
　与评论》2006 年第 4 期。

李翔翥：《从〈抱经堂丛书〉看卢文弨的校勘学思想与方法》，《邯郸
　职业技术学院学报》2006 年第 4 期。

蒋宗福：《新时期中国文献学研究综述（1978—2005）》，《绵阳师范
　学院学报》2006 年第 4 期。

王惠荣：《民国时期的考据学风与其兴盛之原因》，《江汉大学学报》
　（人文科学版）2006 年第 5 期。

孙振田：《李兆洛文献学思想述论》，《图书馆学刊》2006 年第 6 期。

张国刚：《"两头蛇"的行藏　读黄一农〈两头蛇：明末清初的第一
　代天主教徒〉》，《博览群书》2006 年第 7 期。

王国强：《汉代文献辨伪的成就》，《图书馆杂志》2006 年第 8 期。

毛建军：《古籍数字化概念的形成过程探析》，《科技情报开发与经
　济》2006 年第 22 期。

齐宝和、吴贵飙、崔光弼：《中国少数民族文字古籍文献现状调查》，
　中国民族图书馆编《第九次全国民族地区图书馆学术研讨会论文
　集》，辽宁民族出版社 2006 年版。

张大可：《古籍今译略论》，安平秋、杨富平主编《逐鹿中原》，陕西
　人民教育出版社 2006 年版。

仲伟民：《考据是历史学的生命》，《光明日报》2007 年 2 月 3 日。

安平秋等：《明刻〈史记〉版本述论》，《文史》2007 年第 1 期。

刘畅：《古籍注释中的语境规则》，《古籍研究》2007 年第 1 期。

孙琴：《两大中文古籍数据库比较研究》，《新世纪图书馆》2007 年
　第 1 期。

常娥、侯汉清、曹玲：《古籍自动校勘的研究和实现》，《中文信息学
　报》2007 年第 2 期。

徐有富：《目录学与中国学术史》，《新世纪图书馆》2007 年第 2 期。

赵良宇：《明代考据学的学术成就与得失》，《图书与情报》2007 年第 2 期。

杨牧之：《国家"软实力"与世界文化的交流——〈大中华文库〉编辑出版启示》，《中国编辑》2007 年第 2 期。

董运来：《数字时代古籍版本鉴定方法的新拓展》，《图书馆论坛》2007 年第 3 期。

周学文、江荻：《〈元朝秘史〉的计算机自动校勘方法》，《语言文字应用》2007 年第 3 期。

郭英德：《稀见明代戏曲选本三种叙录》，《清华大学学报》（哲学社会科学版）2007 年第 3 期。

傅荣贤：《中国目录学史研究方法论》，《江西图书馆学刊》2007 年第 3 期。

王记录：《说中国古代辨伪的思想》，《淮北煤炭师范学院学报》（哲学社会科学版）2007 年第 4 期。

赵良宇：《论明代中后期考据学的成就及其局限》，《求索》2007 年第 4 期。

杨善群：《论古籍辨伪的拨乱反正》，《学术界》2007 年第 4 期。

李天纲：《E 时代的考据之魅》，《书城》2007 年第 4 期。

周少川：《从私秘图书到公开藏书：文献学思想的发展》，《淮北师范大学学报》（哲学社会科学版）2007 年第 4 期。

李玉安：《中国藏书文化史研究论纲》，《图书情报论坛》2007 年第 4 期。

毛建军：《中文古籍书目数据库的调查与分析》，《图书馆论坛》2007 年第 5 期。

李学勤：《"二重证据法"与古史研究》，《清华大学学报》（哲学社会科学版）2007 年第 5 期。

詹宗祐：《试论 1980 年以来新校本新旧〈唐书〉校勘研究》，《兴大历史学报》2007 年第 19 期。

许逸民：《古籍今译释例》，《古籍整理出版情况简报》2007 年总第
　442 期。

郑恒雄：《台湾"当代目录学"发展之探讨——从传统走向现代》，
　《国家图书馆馆刊》2008 年第 1 期。

傅荣贤：《中国古代目录学学术价值之反思》，《图书情报知识》2008
　年第 2 期。

董恩林：《论传统文献学的内涵、范围和体系诸问题》，《史学理论研
　究》2008 年第 3 期。

陈丽玲：《台湾地区地方文献典藏数位化及运用——以国家图书馆为
　例》，《研考双月刊》2008 年第 32 卷第 3 期。

陈良武：《"训诂""义理""功用"——朱熹文献学思想研究之一》，
　《闽台文化交流》2008 年第 3 期。

赵振：《二程考据论》，《史学史研究》2008 年第 3 期。

张梅秀：《清末冠山书院藏书及其管理》，《晋图学刊》2008 年第
　4 期。

时永乐、门凤超：《古籍版本学的研究内容》，《图书馆理论与实践》
　2008 年第 4 期。

任继愈：《为中华文化建设的高峰筑基铺路——就编纂〈中华大典〉
　答河北学刊主编提问》，《河北学刊》2008 年第 4 期。

黄建年、侯汉清：《农业古籍断句标点模式研究》，《中文信息学报》
　2008 年第 4 期。

赵良宇：《明代考据学的学术特点及其学术地位》，《辽宁大学学报》
　（哲学社会科学版）2008 年第 4 期。

袁学良：《从历史和现实双向审视中国古籍目录之体系架构》，《图书
　馆理论与实践》2008 年第 5 期。

刘从明：《新中国中医古籍出版工作概述》，《贵阳中医学院学报》
　2008 年第 5 期。

左玉河：《学术期刊与中国史学研究的发展》，《河北学刊》2008 年第 5 期。

臧其猛：《梁启超在辑佚学理论方面的成就》，《巢湖学院学报》2008 年第 5 期。

焦桂美：《论孙星衍的辑佚学思想、方法及成就》，《图书馆理论与实践》2008 年第 6 期。

章宏伟：《改革开放 30 年出版大事记》，《编辑之友》2008 年第 6 期。

吴漫：《论王应麟的考据学成就——以〈困学纪闻〉为例》，《商丘师范学院学报》2008 年第 10 期。

韩晓东：《原创性古籍整理出版有减少趋势》，《中华读书报》2008 年 1 月 30 日。

罗炳良：《乾嘉学派的学术理念》，《光明日报》2008 年 9 月 14 日。

姚伯岳：《"高校古文献资源库"检索功能综述》，《中国索引学会第三次全国会员代表大会暨学术论坛论文集》2008 年。

王记录、林琳：《崔述考信辨伪思想述论》，《历史文献研究》总第 27 辑，2008 年。

程芸：《明传奇作家初考（四则）——"E 时代文史考据"尝试之一》，《中山大学中国非物质文化遗产研究中心会议论文集》，2008 年。

周彦文：《由两岸文献学的现况论文献学的定位问题》，《书目季刊》2009 年第 1 期。

启功、刘波：《敦煌俗文学作品叙录》，《文献》2009 年第 2 期。

杨绪敏：《明中叶以来史学考据的兴起及其成就与缺失》，《安徽史学》2009 年第 2 期。

姚俊元：《关于制定古籍数字化标准的思考》，《图书馆理论与实践》2010 年第 2 期。

臧其猛：《论张舜徽先生的辑佚学思想》，《大学图书情报学刊》2009 年第 2 期。

杨镰：《元诗文献辨伪》，《文学遗产》2009 年第 3 期。

吴学满：《论戴震从考据学到义理之学的回归》，《内蒙古农业大学学报》（社会科学版）2009 年第 3 期。

吴学满：《论戴震考据学的理性品格及其理论局限》，《廊坊师范学院学报》（社会科学版）2009 年第 4 期。

何淑苹、郭妍伶：《先秦两汉古籍文献数据化推手——专访香港中文大学何志华教授》，《中国文哲研究通讯》2009 年第 19 卷第 4 期。

刘伟、马曼丽：《周永年交游及其文献学思想考略》，《新世纪图书馆》2009 年第 4 期。

李明杰：《明代国子监刻书考略（上）——补版及新刻图书、底本及校勘问题》，《大学图书馆学报》2009 年第 3 期。

李明杰：《明代国子监刻书考略（下）——书工及刻工、版式行款、刻书经费、社会评价诸问题》，《大学图书馆学报》2009 年第 5 期。

毛建军：《〈中国基本古籍库〉的特色与启示——兼谈古籍全文数据库的标准与规范》，《管理学刊》2009 年 5 期。

潘德利、胡万德：《流散海外古籍文献回归策略研究》，《图书情报工作》2009 年第 7 期。

李云霞：《纪昀文献学思想探析》，《云南档案》2009 年第 7 期。

李广龙：《我国古籍数字化理论研究综述》，《情报探索》2009 年第 11 期。

吴家驹：《方志丛书出版述论》，《中国地方志》2009 年第 12 期。

杨清虎：《数字文献的版本鉴定》，《黑龙江史志》2009 年第 17 期。

常兰会：《浅谈梁启超对史料的辨伪方法》，《兰台世界》2009 年第 17 期。

周少川：《文献研究的园地，学术交流的窗口——〈历史文献研究〉集刊的介绍与回顾》，《中国历史文献研究会成立 30 周年纪念集》，华东师范大学出版社 2009 年版。

张涛：《中国历史文献研究会 30 年》，中国历史文献研究会编：《中

国历史文献研究会成立 30 周年纪念集》，华东师范大学出版社
2009 年版。

张富祥：《古文〈尚书〉辨伪方法异议》，山东大学文史哲研究院编
《古籍整理研究与中国古典文献学科建设国际学术研讨会论文集》，
2009 年。

罗志田：《方法成了学名：清代考据何以成学》，《文艺研究》2010
年第 2 期。

高桥智：《古籍流通的意义——善本和藏书史》，《中国典籍与文化》
2010 年第 1 期。

周少川：《新世纪古文献学研究的交叉与综合》，《文献》2010 年第
3 期。

傅荣贤：《论中国古代目录学研究的当代进路》，《图书馆》2010 年
第 3 期。

吴夏平：《谁在左右学术——论古籍数字化与现代学术进程》，《山西
师大学报》（社会科学版）2010 年第 3 期。

周书灿：《论 "古史三重证"》，《江西师范大学学报》（哲学社会科
学版）2010 年第 3 期。

乔治忠：《王国维 "二重证据法" 蕴义与影响的再审视》，《南开学
报》（哲学社会科学版）2010 年第 4 期。

黄桂秋：《新时期壮族古籍整理回顾（上）》，《百色学院学报》2010
年第 4 期。

马艳霞：《古代私人藏书楼的开放实践、思想与影响》，《大学图书馆
学报》2010 年第 6 期。

汪小琴：《中国校勘学学科体系发展研究综述》，《图书馆学刊》2010
年第 8 期。

贾慧如：《试论洪颐煊〈读书丛录〉的历史考据》，《历史教学》2010
年第 8 期。

付艾妮：《校勘学在中医古籍整理中的运用》，《中华医学图书情报杂

志》2010 年第 10 期。

邬书林：《无愧历史　珍惜时代　出好古籍精品》，《出版发行研究》
　　2010 年第 11 期。

杨琤：《寻古觅籍　成绩卓著　任重道远——国家民委副主任丹珠昂
　　奔谈少数民族古籍工作》，《中国民族》2010 年第 12 期。

哈斯托亚：《改革开放以来内蒙古自治区蒙古文古籍整理出版工作概
　　述》，《内蒙古科技与经济》2010 年第 24 期。

李秀华、陈毅华：《〈子藏〉工程专家论证会综述》，《诸子学刊》第
　　四辑，上海古籍出版社 2010 年版。

万姗姗：《华东师范大学召开〈子藏〉工程专家论证会》，《诸子学
　　刊》第四辑，上海古籍出版社 2010 年版。

杨善群：《近三十年来古籍辨伪研究工作的新进展》，《中华文化论
　　坛》2011 年第 1 期。

许彰明：《胡应麟的小说辨伪得失考论：兼论胡应麟辨伪方法的得
　　失》，《广西师范学院学报》（哲学社会科学版）2011 年第 2 期。

林祥征：《台湾“中研院”文哲所的古籍整理》，《闽台文化交流》
　　2011 年第 2 期。

黄一农：《e - 考据时代的新曹学研究：以曹振彦生平为例》，《中国
　　社会科学》2011 年第 2 期。

刘孝文、和艳会：《古代佣书业发展及文化贡献概述》，《图书情报论
　　坛》2011 年第 3 期。

何周：《吕思勉的考据学宗旨及原因》，《常州大学学报》（社会科学
　　版）2011 年第 3 期。

王记录：《中国古代文献校勘思想三论》，《河北学刊》2011 年第
　　3 期。

田爱虹：《浅谈校勘学理论著作》，《安徽文学》2011 年第 4 期。

刘心明：《钱大昕与清代金石考据学》，《山东大学学报》（哲学社会
　　科学版）2011 年第 4 期。

张昌红：《古籍辨伪献疑》，《图书馆论坛》2011 年第 4 期。

周少川、陈祺：《百年古籍整理事业与古文献学的历史性发展》，《淮北师范大学学报》（哲学社会科学版）2011 年第 4 期。

鞠明库：《古籍数字化与传统文献学》，《清华大学学报》2011 年第 5 期。

傅荣贤：《作为上行文书的刘向叙录》，《山东图书馆学刊》2011 年第 6 期。

王林艳：《中国古代文献辨伪的方法体系述评》，《淮北师范大学学报》（哲学社会科学版）2011 年第 6 期。

贺科伟：《我国古籍数字化标准体系建设刍议》，《科技与出版》2011 年第 8 期。

刘蔷：《"天禄琳琅"版本鉴定错误及其原因探析》，《图书馆杂志》2011 年第 9 期。

王大盈：《〈中国基本古籍库〉和〈瀚堂典藏〉两大古籍数据库比较研究》，《情报杂志》2011 年增刊第 1 期。

周少川：《张舜徽先生在新时期对文献学学科建设的贡献》，《历史教学》2011 年第 11 期。

王立贵：《论我国古代书院的藏书事业及其成就》，《新世纪图书馆》2011 年第 5 期。

吴海峰：《清代藏书家黄丕烈的藏书活动钩沉》，《兰台世界》2011 年第 26 期。

李荣菊、郑辉昌：《生态学视野中的中国古代藏书文化研究》，《重庆科技学院学报》（社会科学版）2011 年第 22 期。

洪振洲、马德伟、许智伟：《台湾佛教数位典藏资料库之建置》，《教育资料与图书馆学》2011 年第 49 卷第 1 期。

何志华：《香港中文大学中国古籍研究中心出土文献数据化研究之回顾与前瞻》，《中国文哲研究通讯》2011 年第 21 卷第 2 期。

张存良：《试谈电子文献学的学科建设》，《第二届中国古籍数字化国际学术研讨会论文集》，五洲传播出版社 2011 年版。

耿元骊：《三十年来中国古籍数字化研究综述（1979—2009）》，《第二届中国古籍数字化国际学术研讨会论文集》，五洲传播出版社 2011 年版。

尹耀全、陈桂英、陈国兰：《从香港出发：香港大学孔安道纪念图书馆华侨华人文献的收集、整理与简介》，刘泽彭主编《互动与创新：多维视野下的华侨华人研究》，广西师范大学出版社 2011 年版。

葛怀东：《古籍数字化的学科建设》，《中国科技信息》2012 年第 1 期。

毛建军：《古籍数字出版中的著作权问题》，《图书馆论坛》2012 年第 2 期。

孟豫筑：《贵州民族古籍出版的传承与发展》，《贵州民族大学学报》（哲学社会科学版）2012 年第 5 期。

刘冰、李广龙：《数字古籍"版本"商榷》，《河北科技图苑》2012 年第 5 期。

熊国祯：《古籍图书整理出版规范浅谈》，《中国编辑》2012 年第 5 期。

申利：《利用数字化资源提高古籍整理效率的实践和思考》，《图书情报知识》2012 年第 5 期。

杨霓：《我国古代图书分类法的发展与演变》，《兰台世界》2012 年第 15 期。

杨世文：《〈儒藏〉编纂与儒学文献整理》，舒大刚主编《经学年报 2010 年》，四川文艺出版社 2012 年版。

佟大群：《〈四库全书总目提要〉文献辨伪学成就研究》，《明清论丛》2012 年版。

唐旭东：《"清华简"不足证伪古文〈尚书〉》，谢飘云、马茂军、刘涛主编《中国古代散文研究论丛（2012）》，世界图书出版广东有限公司 2013 年版。

虞万里：《由清华简〈尹诰〉论〈古文尚书·咸有一德〉之性质》，《史林》2012 年第 2 期。

苏芃：《他校时代的降临——e 时代汉语古籍校勘学探研》，《中国典籍与文化》2012 年第 2 期。

杨善群：《清华简〈尹诰〉引发古文〈尚书〉真伪之争——〈咸有一德〉篇名、时代与体例辨析》，《学习与探索》2012 年第 9 期。

邓怡舟：《民国时期的校勘学研究》，《编辑之友》2012 年第 9 期。

毛建军：《古籍电子文献学学科建设刍议》，《第四届中国古籍数字化国际学术研讨会论文集》，2013 年。

葛怀东：《论古籍数字化标准体系建设》，《图书馆学刊》2013 年第 1 期。

王记录：《中国传统目录学的文化品格及其价值取向》，《河北学刊》（社会科学版）2013 年第 2 期。

王记录：《新世纪古文献学研究亟待深化的若干问题》，《廊坊师范学院学报》（社会科学版）2013 年第 2 期。

秦珂：《古籍整理和开发利用中的版权问题及其解决之策》，《图书馆论坛》2013 年第 3 期。

黄一农：《析探〈春柳堂诗稿〉作者宜泉之交游网络》，《红楼梦学刊》2013 年第 6 期。

龙伟、朱云：《中华古籍数字化国际合作及实践探讨》，《图书馆工作与研究》2013 年第 7 期。

谢乃和：《别让"E 考据"成为"伪考据"》，《中国社会科学报》2013 年 1 月 25 日。

程毅中：《古籍数字化须以古籍整理为基础》，《光明日报》2013 年 4 月 30 日。

张瑞龙：《e - 考据是"立体"史学而非"伪考据"》，《中国社会科学报》2013 年 9 月 23 日。

郭书春：《科技古籍整理出版现状亟待改变》，《中国新闻出版报》2014 年 2 月 17 日。

叶淑慧：《书香遍九重：国立故宫博物院图书文献馆之典藏述论》，《国家图书馆馆刊》2014 年第 1 期。

葛怀东：《台湾地区数位典藏计划对现阶段大陆古籍数字化项目的启示》，《四川图书馆学报》2014 年第 2 期。

葛怀东：《古籍目录学与古籍数字资源库建设》，《情报探索》2014 年第 3 期。

张全海：《台湾"数位典藏"工作的思考》，《中国档案》2014 年第 3 期。

葛怀东、许剑颖：《国内古籍数字化研究文献计量分析》，《情报探索》2014 年第 6 期。

葛怀东：《古籍数字资源库规范化建设》，《档案与建设》2014 年第 6 期。

尚永亮：《E 考据与文史教学的应对方略》，《中国大学教学》2014 年第 10 期。

赵晨：《新疆少数民族古籍工作综述》，《新疆地方志》2015 年第 2 期。

张文亮、党梦娇：《古籍数字化国际合作项目中的问题》，《图书馆学刊》2015 年第 3 期。

杜羽：《古籍整理出版：繁荣难掩隐忧　行业亟须规范》，《光明日报》2015 年 3 月 18 日。

刘梦溪：《古籍今译不宜大力提倡》，《北京日报》2015 年 7 月 20 日。

杨果霖：《台北大学"古典目录学研究主题资料库"的筹建及其展望》，《书目季刊》2015 年第 49 卷第 1 期。

杨果霖：《台北大学古籍数位化成果及其展望》，《中国文哲研究通讯》2015 年第 25 卷第 4 期。

方广锠：《数字化：开创古籍整理新局面》，《中国社会科学报》2015

年 11 月 10 日。

刘琴丽：《近七十年来中古墓志的整理与研究》，中国社会科学院历史研究所、马克思主义史学理论与史学史研究室编《理论与史学》第 2 辑，中国社会科学出版社 2016 年版。

谢国兴、陈淑君：《整合资源　促进发展——台湾数位典藏计划》，《中国档案报》2016 年 2 月 15 日。

王珏：《改革开放新时期古籍今译问题的论争及理论建构》，《郑州大学学报》（哲学社会科学版）2016 年第 5 期。

刘伟、王宏：《中国典籍英译：回顾与展望——王宏教授访谈录》，王祖友等《外语名家访谈录》第 2 集，世界图书出版广东有限公司 2016 年版。

王尊旺：《中医古籍重复整理问题刍议》，《中医文献杂志》2017 年第 3 期。

毛瑞方：《中国古籍与古文献学的涉外问题》，《河南师范大学学报》（哲学社会科学版）2017 年第 3 期。

冯立昇：《我国科技古籍整理研究的新成果——"中国科技典籍选刊"简介》，《中华读书报》2018 年 1 月 3 日。

吴敏霞：《陕西古籍整理出版事业四十年》，《新西部》2018 年第 31 期。

四　学位论文

赵有福：《古籍整理规范化研究》，硕士学位论文，曲阜师范大学，2007 年。

陈国庆：《数字技术在古籍整理中的运用初编》，硕士学位论文，兰州大学，2008 年。

王丽萍：《建国以来云南省少数民族古籍工作述论》，硕士学位论文，云南大学，2010 年。

姚迪：《建国后明清档案编纂研究》，硕士学位论文，辽宁大学，

2012 年。

崔雷：《中文古籍数字化研究》，硕士学位论文，吉林大学，2010 年。

邱玏：《中医古籍英译历史的初步研究》，博士学位论文，中国中医
科学院，2011 年。